MAXIMILIAN JACTA
Berühmte Strafprozesse

MAXIMILIAN JACTA

Berühmte Strafprozesse

Spektakuläre Fälle
der internationalen Kriminalgeschichte

ORBIS VERLAG

Genehmigte Sonderausgabe 2001
Orbis Verlag für Publizistik, München,
in der Verlagsgruppe Bertelsmann GmbH
www.orbis-verlag.de

© Erbengemeinschaft Schwinge
Druck und Bindung: GGP Media, Pößneck
Printed in Germany
ISBN 3-572-01242-2

Inhalt

Vorwort 7

Berühmte Strafprozesse in Deutschland

Eine skrupellose Giftmörderin
Der Fall Margarethe Gottfried 9

Ein Mord ohne erkennbares Motiv
Der Fall Carl Hau 30

Ein gerissener Kapitalverbrecher
Der Fall Sternickel 62

Umtriebe eines Massenmörders
Der Fall Peter Kürten 77

Verbrechen in Hypnose
Der Heidelberger Hypnose-Fall 124

Berühmte Strafprozesse in England

War es Jack-the-Ripper?
Der Fall George Chapman 149

Ein Giftmordprozeß aus dem Jahr 1912
Der Fall Seddon 163

Die Französin und der Orientale
Der Fall der Madame Fahmy 196

Berufsrisiko des Frauenarztes
Der Fall Dr. Pardhy 206

Ein Haus des Schreckens
Der Fall Evans-Christie 226

Gedächtnisverlust und seine Folgen
Der Fall Günther Podola 253

Berühmte Strafprozesse in Frankreich

Königsmord
Der Fall Ravaillac 280

Mysteriöse Giftmorde
Der Fall der Marquise der Brinvilliers 298

Unheimliche Macht über Frauen
Der Fall Landru 314

Berühmte Strafprozesse in den USA

Ein Harvard-Professor als Mörder
Der Fall Professor Webster 360

Irregeleitet durch Nietzsche
Der Fall Loeb-Leopold 374

Die Rechnung ging nicht auf
Der Fall Ch. H. Schwartz 412

Gangstertum
Der Fall Al Capone 424

Vorwort

Von 1962 bis 1974 veröffentlichte der namhafte Strafrechtler, Prozessualist und Publizist der Marburger Universität Erich Schwinge, ein sehr vielseitiger und produktiver Autor*), im Wilhelm Goldmann Verlag das 12bändige Werk »Berühmte Strafprozesse«, von denen jeweils drei Bände Deutschland, England, Frankreich und den USA gewidmet sind. Daneben erschien eine Taschenbuch-Ausgabe, die der Verfasser durch weitere Kriminalfälle ergänzt hat. Da die Sammlung in mehrere Sprachen übersetzt wurde, für die der Name Schwinge ungewohnt war, wählte man auf Wunsch des damaligen Verlegers das Pseudonym Maximilian Jacta.

Von dem Erfolg des Werkes zeugt, daß bei Erscheinen des dritten Deutschland-Bandes 1972 die Gesamtauflage mehr als eine Viertelmillion, zuletzt dann 650 000 Exemplare erreicht hat. Es ist daher sehr zu begrüßen, daß die Verlagsgruppe Bertelsmann – Orbis Verlag – die inzwischen vergriffenen Ausgaben der »Berühmten Strafprozesse« wenigstens in einer Auswahl der Leserschaft wieder zugänglich macht.

Schwinge hat sein eindrucksvolles Werk in dem Sinne geschrieben, der aus den Worten Schillers zum Ersten Teil seiner »Merkwürdigen Rechtsfälle nach Pitaval« spricht, wonach die Betrachtung von Kriminalfällen ein »wichtiger Gewinn für Menschenkenntnis und Menschenbehandlung« ist und dem Leser zugleich Rechtskenntnisse – vielleicht besser: Einsicht in das Rechtsdenken – vermittelt. In der Tat ist der Strafprozeß oft ein forensisches Drama, das tragische Situationen und Konflikte enthüllt und Einblicke in die Abgründe der menschlichen Seele gewährt.

Der große Vorzug von Schwinges Werk liegt darin, daß der Autor als Rechtswissenschaftler seine Schilderungen auf reiches Quellenmaterial auch aus ausländischen Bibliotheken stützt und doch, abhold jeder Effekthascherei und Sensationsmache, durch seine schlichte und sachliche Darstellung zu fesseln weiß, die daher nicht nur für den Juristen, sondern gerade auch für den juristischen Laien höchst interessant und instruktiv ist.

Über die Gesichtspunkte einer Auswahl der einzelnen Strafrechtsfälle für eine Neuausgabe kann man durchaus verschiedener

Ansicht sein – so etwa darüber, ob man mehr Gewicht legen soll auf die grausigen Fälle der Giftmörderinnen und Massenmörder oder auf kulturgeschichtlich bedeutsame, nicht minder Aufsehen erregende Strafprozesse wie z. B. den gegen Karl May und den Hauptmann von Köpenick, gegen den englischen Schriftsteller Oscar Wilde oder den französischen Hauptmann Dreyfus. Der Verlag hat sich für die erste Alternative entschieden, womit er wohl besonders auch dem Interesse des nichtjuristischen Lesers entspricht, haben doch Kriminalromane und Kriminalfilme fast immer nur Mordfälle zum Gegenstand.

Es ist daher zu wünschen, daß dem vorliegenden Band noch ein weiterer folgt, der auch Prozesse wie die eben genannten bringt. Aber wie man auch die Auswahl trifft, alle von Schwinge geschilderten Kriminalfälle bieten ein realistisches Bild von den dunklen Seiten der menschlichen Natur und der schwierigen Aufgabe der prozessualen Aufklärung und Wahrheitsfindung.

Würzburg, im Februar 2001   Prof. Dr. Günter Spendel

*) Siehe Günter Spendel, Kriminalistenporträts – Neun biographische Miniaturen, 2001, S. 92 ff.; Erich Schwinge, Ein Juristenleben im 20. Jahrhundert, 1997

Eine skrupellose Giftmörderin
Der Fall Margarethe Gottfried

In den 30er Jahren des vorigen Jahrhunderts erlebte Bremen einen Giftmordprozeß, der seinesgleichen sucht. Angeklagt war die 47-jährige Witwe eines Weinreisenden namens Gesche Margarethe Gottfried. Ihr wurde zur Last gelegt, nicht weniger als 15 Personen mit Arsenik vergiftet zu haben, darunter die meisten ihrer nächsten Angehörigen – ihren ersten Mann, ihre Mutter, ihren Vater, ihre Kinder, ihren Bruder und ihren zweiten Mann. In 14 weiteren Fällen war ihr Vorhaben mißlungen. Einige der Leichen waren seziert, die Todesursache aber nicht erkannt worden. Ihr Schicksal erreichte die Delinquentin erst, als sie den Versuch unternahm, auch noch den Handwerksmeister zu vergiften, an den sie ihr Haus verkauft hatte und mit dem sie darin wohnte. Der hatte schon monatelang an schwerer Übelkeit gelitten, und mit ihm seine Gesellen und Lehrlinge. Er hatte gegrübelt, worauf diese eigenartigen Erkrankungen wohl zurückzuführen seien, aber keine Erklärung dafür gefunden.

Da kam ihm eines Tages der Zufall zu Hilfe. Er hatte sich von einem Metzger ein Schwein schlachten lassen. Von einem Stück Fleisch, das ihm eben gebracht worden war, hatte er einen Teil verzehrt; das war ihm wider alle Gewohnheit gut bekommen. Er verschloß den Rest in einem Schrank und nahm sich vor, ihn am nächsten Tag zu verspeisen. Als er nun den Schrank öffnete, fiel ihm auf, daß das Fleisch sich nicht mehr in der Lage vom Vortage befand. Er hatte es mit der Schwarte nach unten gelegt, und jetzt befand sich die Schwarte oben. Als er das Fleisch umdrehte, nahm er darauf kleine weiße Körner wahr, die er früher schon einmal auf Salat und in einer Bouillon beobachtet hatte. Angesichts dieser Entdeckung kam dem jungen Meister ein Gedanke. Er ließ den Hausarzt kommen und machte ihn auf die weißen Körner aufmerksam. Der Arzt nahm daraufhin einige dieser Körner von dem Fleische ab und trug sie zu einem Chemiker. Bei der chemischen Analyse konnte zweifelsfrei festgestellt werden, daß es sich um – Arsenik handelte. Am 6. März 1828 wurde die Gottfried verhaftet. Die eingeleiteten Ermittlungen führten rasch zu dem Ergebnis, daß sie die Urheberin der geheimnisvollen Todesfälle war, die sich um sie herum ereignet hatten. Bald war ihr Name als der einer der gefährlichsten Giftmörderinnen ihrer Zeit in aller Munde.

Woher kam diese Frau, und was brachte sie zu diesen Untaten?

Margarethe Gottfried war die Tochter eines ehrsamen und gottesfürchtigen Schneidermeisters namens Johann Timm, der bei seinen Mitbürgern im Rufe großen Fleißes und unbedingter Zuverlässigkeit stand. Am 6. März 1788 waren ihm und seiner Frau Zwillinge geboren worden – ein Knabe und ein Mädchen. Das Mädchen entwickelte sich zur Freude seiner Eltern zu einem anmutigen, ja lieblichen Kind, das mit seinen hübschen Gesichtszügen und seiner freundlichen, offenen Art überall geschätzt und gern gesehen wurde. Schon mit zwölf Jahren wurde Gesche Margarethe, wie das Mädchen genannt wurde, aus der Schule genommen und mußte zu Hause die Arbeit einer Dienstmagd verrichten. Zugleich hatte sie dem Vater bei der Näharbeit zu helfen, gelegentlich aber auch Arbeiten außerhalb des Hauses zu übernehmen.

Alles, was ihr aufgetragen wurde, erledigte sie zur vollen Zufriedenheit ihrer Eltern. Sie fügte sich mustergültig in die Ordnung des Hauswesens ein, war eine gehorsame und zuverlässige Tochter, ließ es an Akten der Frömmigkeit und Wohltätigkeit nicht fehlen und bot alle Aussicht, auch als Ehefrau und Mutter vorbildlich zu wirken. Geiz, Genußsucht und niedrige Leidenschaften waren ihr offenbar wesensfremd. Eine gewisse Gefallsucht ließ sie allerdings Vergnügen daran empfinden, den Menschen gelegentlich Komödie vorzuspielen, das heißt ihnen etwas vorzutäuschen, was nicht den Tatsachen bzw. ihrer wahren Gesinnung entsprach. In ihrem späteren Leben von ihr zur Meisterschaft ausgebildet, machte es ihr diese Fähigkeit zur Täuschung und Verstellung möglich, ihre Umwelt viele Jahre lang über ihr Denken und Handeln hinters Licht zu führen.

Als sie mit 16 Jahren zum ersten Male auf einer großen Festveranstaltung erschien, erregte sie durch ihre Schönheit Aufsehen. Freier umdrängten und umwarben das junge Mädchen – sie aber wies einen nach dem anderen ab, bis sich eines Tages ein junger Geschäftsmann namens Miltenberg für sie interessierte, der Sohn eines wohlsituierten Sattlermeisters. Er war schon einmal verheiratet gewesen und hatte vor kurzem seine Frau durch den Tod verloren. Nun hielt er um die Hand von Margarethe Timm an, der ein so guter Ruf vorausging. Als Mittelsmann benutzte er für die Brautwerbung einen Magister, der mit seiner lateinischen Gelehrsamkeit schon oft um Hilfe in solchen Angelegenheiten angegangen worden war. Obgleich bekannt war, daß der junge Miltenberg zu einem leichtsinnigen, ja wüsten Lebenswandel neigte und daß es deswegen zu Konflikten mit seinem Vater gekommen war, wurde er gern erhört, war er doch der einzige Sohn eines Mannes, der als wohlhabend galt.

Am 6. März 1806 fand die Hochzeit statt, und zwar in dem gleichen Raume des Miltenbergschen Hauses, in dem die Braut später ihre Mutter vergiften sollte. Die Ehe zwischen den beiden jungen Leuten ließ sich zunächst gut an. Die junge Frau stand – was Aussehen, Auftreten, Bildung und Stellung in der Welt betraf – weit über ihrem Mann und gab bald den Ton im Hause an. Es gelang ihr, den Frieden zwischen Vater und Sohn wieder herzustellen. Innerlich vermochte sie sich freilich für diesen durch Ausschweifung heruntergekommenen und entnervten Mann nicht recht zu erwärmen, mochte er sie auch anbeten und mit Geschenken und Liebesbeweisen überschütten. Er war nicht so geartet, daß er ihr imponieren konnte.

Da aber lernte sie eines Tages auf einer öffentlichen Lustbarkeit einen Weinreisenden namens Gottfried kennen. Er war ein lebensfroher junger Mann, der sie glänzend zu nehmen verstand. Er war ihr Nachbar beim Festmahl und wich auch beim Tanze nicht von ihrer Seite. Sie tanzte schließlich nur noch mit ihm und tat so, als ob ihr Ehemann gar nicht mehr vorhanden sei. Ihren Eltern fiel das auf, und sie machten ihr deswegen die heftigsten Vorwürfe. Ihr Mann aber hatte offenbar gar nicht empfunden, wie sehr sie ihn vernachlässigt hatte, denn er nahm Gottfried nach Schluß des Balles mit zu sich in seine Wohnung. Und am Tage danach hatte er nichts dagegen, daß sie zu dritt zum Tanze gingen.

Von dem Tage ihres ersten Zusammentreffens an war die junge

Frau dem neuen Bekannten mit Leib und Seele verfallen. Ihr ganzes Sinnen und Trachten war hinfort darauf gerichtet, wie sie ihm gefallen könne. Ihren Mann störten ihre Beziehungen zu dem jungen Weinreisenden offenbar in keiner Weise. Er förderte sie sogar, vielleicht deshalb, weil er glaubte, seinen eigenen Vergnügungen dann um so ungestörter nachgehen zu können. Er war auch ein großer Liebhaber des Weines, und er wußte es zu würdigen, daß Gottfried manche gute Flasche ins Haus brachte.

Gottfried selber bewahrte der jungen Frau gegenüber zunächst eine gewisse Reserve. Sie war verheiratet, und er war sich nicht sicher, wie sie sich etwaigen Annäherungsversuchen gegenüber verhalten würde. Diese Zurückhaltung entfachte aber die Glut bei Margarethe Miltenberg nur um so stärker. Über den Widerstand, den ihr Gottfried entgegensetzte, vermochte sie indessen nicht hinwegzukommen.

Nachdem sie dann im September 1807 ein Mädchen geboren hatte, trat ein anderer Mann namens Kassow in ihr Leben. Er war wie Gottfried Weinhändler, aber ein Mann, der keine Hemmungen und Skrupel in der Verfolgung seiner persönlichen Interessen kannte. Als er ihr erkennbar seine Neigung zuwandte, fühlte sie sich geschmeichelt, weil Stand und Wohlstand dieses Mannes sich wesentlich über ihre eigene Sphäre erhoben. Eine bevorstehende zweite Niederkunft ließ es zunächst zur letzten Vereinigung nicht kommen. Im Herbst des Jahres 1808 war es aber dann so weit – die Sünde reifte zur Tat.

Ungefähr um die gleiche Zeit erschien Gottfried wieder in Bremen. Als ihm die Wohnung gekündigt wurde, bot Miltenberg ihm ein Zimmer in seinem Hause an. Gottfried zögerte keinen Augenblick, dieses Anerbieten anzunehmen. Er wurde in den Schoß der Familie aufgenommen, nahm dort die Mahlzeiten ein und verbrachte auch die meisten Abende in Gesellschaft des Ehepaares. Die junge Frau zog ihn bald ins Vertrauen. Sie beklagte sich bei ihm darüber, daß ihr Mann sich zu wenig um sie kümmere und sie ohne Geld lasse, und versuchte auf alle mögliche Weise, sein Interesse und sein Mitleid wachzurufen. Gottfried lieh ihr ab und an Geld, brachte ihr auch gelegentlich mit seiner Gitarre ein Ständchen dar. Später unternahmen sie ausgedehnte Spaziergänge miteinander, und dabei kam es bald zu Intimitäten zwischen ihnen. Kam der andere

Weinreisende von seinen Geschäftsreisen nach Bremen, so war sie auch ihm zu Willen und ließ es ihm an nichts fehlen. Dabei war sie aber bemüht, keinen etwas von den Beziehungen zu dem anderen merken zu lassen. Das gelang ihr auch.

Inzwischen aber geriet ihr Ehemann immer mehr in Schulden. Unfähig, den Verfall seines Vermögens aufzuhalten, ergab er sich dem Trunke. Die Frau fing an, ihren Mann zu hassen. 1810 brachte sie einen Knaben zur Welt, als dessen Vater man allgemein Kassow bezeichnete. 1814 folgte ein Mädchen nach, das in auffallender Weise Gottfried ähnelte. Anfang 1813 starb plötzlich ihr Schwiegervater, und jetzt stand zwischen ihr und dessen Nachlaß nur noch ihr Mann, der äußeren Erscheinung nach schon nicht viel mehr als ein wandelndes menschliches Wrack. Nachdem sich ihre Leidenschaft für Gottfried zu wilder Gier gesteigert hatte, schlug der Gedanke in ihr Wurzel, ihren Ehemann zu beseitigen. Er selbst hatte schon geäußert, er werde es als eine Wohltat empfinden, wenn dieses elende Dasein für ihn ein Ende fände. Sie war entschlossen, alles zu tun, ihm dabei zu helfen.

Da fiel ihr ein, daß ihre Mutter zur Vertilgung der Ratten und Mäuse öfter Gift verwendet hatte. Sie ging Ende Juli 1813 zu ihr hin und klagte ihr, sie habe in ihrem Schlafzimmer Mäuse. Die Mutter gab ihr den Rat, Arsenik auszulegen, und reichte ihr einige Stücke Schwarzbrot, auf die Arsenik gestreut war. Margarethe kratzte mit dem Messer das Gift von den Brotstücken ab und verwahrte es. Dann erzählte sie ihrer Mutter, daß die Mäuse alles Gift aufgefressen hätten; sie verband damit die Bitte, ihr noch etwas von diesem Gift zu verschaffen. Als sie schließlich genug Arsenik beisammen hatte, um einen Menschen ins Jenseits zu befördern, faßte sie nach langem inneren Kampfe den Entschluß, ihren Mann damit zu beseitigen. Sie gab das Gift auf ein Butterbrot und servierte es ihm. Der aß es, wurde krank und legte sich mit schwerer Übelkeit, Erbrechen, Durchfall und heftigen Leibschmerzen ins Bett. Dabei äußerte er Todesgedanken. Um sein Ende zu beschleunigen, reichte ihm seine Frau in einer Krankensuppe noch einmal eine Portion Gift. Halb wahnsinnig vor Schmerz krümmte und wälzte sich der Kranke im Bett umher und schrie und tobte dabei. Am 1. Oktober 1813 verstarb er. Der Arzt bezeichnete als Todesursache ein »hitziges Gallenfieber«. Erst nach dem Tode ihres Mannes ließ

Margarethe sich wieder sehen und spielte dabei der Welt die Rolle einer untröstlichen Witwe vor.

Damit hatte die junge Frau nach einem Gift gegriffen, das Unzählige vor ihr und nach ihr zu verbrecherischen Zwecken benutzt haben. Arsenik ist schon seit Jahrhunderten das »Mordgift« schlechthin[1]. Wenn jemand durch Gift aus dem Wege geräumt werden sollte, griff der Täter in den meisten Fällen zu dieser verhältnismäßig leicht zu beschaffenden und unauffälligen Substanz.

Arsenik ist nämlich geschmack- und geruchlos und läßt sich leicht in jeder Speise unterbringen. Es kommt in porzellanartigen Stücken oder als kristallinisches Pulver in den Handel und kann ohne große Mühe erstanden werden.

Das klassische Land der Arsenikvergiftungen war seit jeher die Steiermark. Als Abfallprodukt bei der Eisenerzverhüttung gewonnen[2], wurde Arsenik von den Zigeunern seit undenklichen Zeiten dazu verwendet, Pferde für den Markt »herzurichten«. Schon die Verfütterung kleiner Mengen reicht aus, daß die Pferde leistungsfähig und lebhaft werden, ein glattes, glänzendes Haarkleid erhalten und jung und gut genährt aussehen. Diese »Arsenikdiät« als eines der wirksamsten Mittel der sogenannten »Roßtäuscherei« ist von den Zigeunern allezeit virtuos praktiziert worden.

Später ist das Mittel dann auch auf Menschen angewandt worden. In der Steiermark und den angrenzenden Alpenländern hat sich daraus die sogenannte Arsenikesserei entwickelt. Vom Arsenikgenuß verspricht man sich in der dortigen Bevölkerung außer einer Steigerung des Wohlbefindens und einer Verbesserung des Aussehens eine Vermehrung der geschlechtlichen Leistungsfähigkeit auf männlicher, eine Verminderung der Empfängnisgefahr auf weiblicher Seite. In der »Medizinischen Welt« von 1928 hat ein Arzt von einer Frau, die als »Arsenikesserin« bekannt war, folgendes berichtet: »Die lebhafte und frisch aussehende Dame war plötzlich gealtert und lebensunlustig, als sie den gewohnheitsmäßigen Giftgenuß ...

---

[1] Vgl. dazu den berühmten Fall Seddon aus dem Jahre 1912, der in Band 1 (England I) dieser Sammlung geschildert worden ist. – Aufschlußreich der Aufsatz von Fritz Byloff: ›Die Arsenmorde in Steiermark‹. Monatsschrift für Kriminalpsychologie. 21. Jg. (1930) S. 1 ff.
[2] Arsentrioxyd, auch Hüttenrauch genannt, schlägt sich in den Giftkanälen der Hochöfen nieder und kann dort mit Meißel und Hammer entfernt werden.

aussetzte. Die zuvor frische Hautfarbe war einer runzelig-gräulichen gewichen, das Auge hatte seinen feurigen Glanz eingebüßt und das reiche Kopfhaar seinen seidenen Schimmer verloren. Erst die Wiederaufnahme des Arsenikgenusses brachte die vorige Frische wieder.« Besonders verbreitet ist das Arsenikessen bei Menschen, die Mut, Kraft und Ausdauer benötigen: Wilderern, Holzknechten und Berufsraufern. In der Regel wird das Gift – in kleinsten Mengen natürlich – geschabt auf Brot, Butter oder Speck genossen, in flüssiger Form nur ausnahmsweise. In den Alpenländern ist schon manche Giftmordanklage gescheitert, wenn der Nachweis erbracht werden konnte, daß der Verstorbene Arsenikesser gewesen war.

Zur Verübung von Giftmorden empfiehlt sich Arsenik durch seine vollständige Geschmack- und Geruchlosigkeit. Wer vorsichtig damit umgeht, braucht nicht zu fürchten, daß das Opfer etwas merkt. Nur dann, wenn das Gift nicht fein genug zerkleinert ist, kommt es vor, daß das Knirschen der Giftkörnchen beim Verzehren einer Speise Verdacht erregt. Da schon eine sehr geringe Menge – 0,1 g – tödlich wirkt, war in den Zeiten, in denen die Chemie ihre heutigen Untersuchungsmethoden noch nicht entwickelt hatte, der Beweis einer strafbaren Handlung außerordentlich erschwert. Wegen der geschilderten großen Vorzüge hat Arsenik Pflanzengifte wie die Tollkirsche, das Bilsenkraut, den Eisenhut und die Nießwurz schon seit langer Zeit aus der Mordkriminalität vollständig verdrängt. Sie waren dem Mann und der Frau aus dem Volke zwar leichter zugänglich, erforderten aber größere Mengen und waren nicht geschmack- und geruchlos. All diesen Umständen hatte Margarethe Gottfried es zu verdanken, daß sie ihr verbrecherisches Tun über so viele Jahre erstrecken konnte. Heute ist der Giftnachweis so einfach, daß ihr ohne Zweifel das Handwerk bald gelegt worden wäre.

Als Kapillargift wirkt Arsenik lähmend auf den Organismus. Die Vergiftung kann dabei chronisch oder akut auftreten. Die chronische Vergiftung, durch wiederholte Einführung kleiner Dosen von Arsenik bewirkt, führt zu dauernder Störung der Verdauung, Appetitlosigkeit, Darmkatarrh, Durchfall, Hautausschlag, Kopfschmerz und Lähmung. Bei der akuten Form der Vergiftung machen sich die Vergiftungserscheinungen, sofern größere Mengen eingenommen werden, oft schon 10 bis 20 Minuten nach der Zuführung bemerkbar. Oft ist mit Schwindel, Kopfschmerz und Übelkeit ein schwerer Brechdurchfall verbunden, der von heftigen Schmerzen in der Magengegend begleitet wird. Der Tod tritt häufig schon nach wenigen Stunden ein.

Eben darum, weil die Tötung des Opfers mit Hilfe dieses unauffälligen, rasch wirkenden Giftes ohne Anwendung physischer Gewalt möglich ist, gehören Arsenmorde – ebenso wie Giftmorde im allgemeinen – zur vorzugsweisen Domäne der Frauen. Sie setzen allerdings eine gewisse Vertrautheit mit den Lebensgewohnheiten des Opfers und räumliche Nähe voraus. Daraus erklärt sich, daß die meisten Morde dieser Art an Angehörigen der Familien- und Hausgemeinschaft verübt worden sind, wobei allezeit Anschläge der Ehefrau gegen ihren Mann im Vordergrund gestanden haben. Das, was vor Gericht von dem verbrecherischen Wirken der Margarethe Gottfried bekannt geworden ist, bestätigt diese Regel.

Arsenik war also das Gift, durch das die junge Frau auf die Bahn des Verbrechens gekommen war. Wenn ihr bei diesem ersten Versuch niemand auf die Spur kam, so hatte sie das einem unwahrscheinlichen Glücksumstand zu verdanken.

Die Leiche des so plötzlich Verstorbenen war nämlich in hohem Maße verdachterregend. Der Körper des Toten war stark angeschwollen und wies auffallende Flecken auf. Die Täterin war voller Sorge, daß jemand Verdacht schöpfen und eine Obduktion verlangen könne. Ihre Sorge war aber unbegründet – bei Leipzig war die große Völkerschlacht in der Entfaltung, alles starrte wie gebannt gen Südosten, und für die Umstände, die den Tod des jungen Miltenberg herbeigeführt hatten, interessierte sich in jenen entscheidungsreichen Wochen kein Mensch.

Ihren Mann war Margarethe damit los. Nachdem sie sich seiner auf diese Weise entledigt hatte, teilte sie ihre Neigung zwischen Gottfried und dem wieder erschienenen Kassow. Als ihr ältester Geselle, ein anständiger und tüchtiger Mann, um sie anhielt, lehnte sie sogleich ab. Sie hatte es auf Gottfried abgesehen.

Der aber zögerte. Wie deutlich sie ihm auch zu verstehen gab, daß sie erwarte, er werde um ihre Hand anhalten – er ließ nicht die Absicht erkennen, sich mit ihr zu verbinden.

Was aber war der Grund für diese Zurückhaltung? Margarethe konnte es sich nicht recht erklären. Miltenberg stand ihnen nicht mehr im Wege, er war tot. Lag es daran, daß ihre alten Eltern mehr als einmal erklärt hatten, sie wünschten ihre Verehelichung mit Gottfried nicht? Oder aber stieß er sich daran, daß sie Kinder hatte? Lag hier der Grund für seine Reserve, so mußten sowohl die Eltern wie die Kinder beiseite geschafft werden.

Margarethe ging zu einer weisen Frau und ließ sich die Karten legen. Dabei bekam sie zu hören, daß ihre ganze Familie aussterben und sie allein übrigbleiben werde. Diese Prophezeiung kam ihren geheimsten Wünschen entgegen. Sie zögerte nicht, den Ausspruch der weisen Frau unter die Leute zu bringen. Innerlich schon lange entschlossen, wartete sie nur auf einen günstigen Augenblick, zur Tat zu schreiten.

Da wurde plötzlich ihre 62 Jahre alte Mutter krank. Fast schien es, als ob es diesmal des Giftes nicht bedurfte, um sie aus dem Leben in den Tod zu befördern. Jedoch die Frau erholte sich wieder und ließ rasche Genesung erwarten. Das war nun eine Entwicklung, die ganz und gar nicht im Sinne ihrer Tochter lag. Da entdeckte diese plötzlich im Hause ihrer Eltern ein kleines Paket, auf dem »Rattenkraut« geschrieben stand. Dieser Fund kam ihr wie ein Wink des Schicksals vor.

Als sich der Zustand ihrer Mutter weiterhin besserte, ließ der Gedanke an das Gift sie nicht mehr los. Eines Tages war dann in ihr ein Entschluß gereift: Sie rührte das Gift – Arsenik – in ein Glas Limonade hinein und gab es ihrer Mutter zu trinken. Das Gift ließ rasch die Wirkung spüren. Schon am Tage danach fühlte sich die alte Frau sterbenskrank und bat um das Abendmahl. Ihrem Manne drückte sie die Hand und rief aus: »Wenn ich noch etwas erflehen darf: daß du mir bald folgst!« Noch vor Ende des nächsten Tages, am 2. Mai 1815, war sie tot.

Margarethe hatte ihre Mutter kaum unter die Erde gebracht, da ließ sie die jüngste Tochter ihr nachfolgen. Dieses Kind, etwas mehr als ein Jahr alt, schien ihr im Verhältnis zu Gottfried besonders hinderlich zu sein. Sie gab deshalb dem kleinen Mädchen ein Stück Kuchen, auf das Arsenik gestreut war. Das Kind schrie und wand sich in Krämpfen hin und her. Schon um 11 Uhr tat es den letzten Atemzug. Das geschah am 9. Mai 1815.

Adelheid, das älteste Kind, nicht ganz acht Jahre alt, hatte sich beim Begräbnis der Großmutter den Magen verdorben. Seine Mutter hoffte, daß es sterben werde. Als es wider Erwarten genas, gab sie ihm ebenfalls von dem Kuchen zu essen, und das Mädchen ging daran ebenso zugrunde wie seine Schwester. Sein Tod trat am 18. Mai 1815 ein.

Der Vater Margarethes hatte eben erst seine Frau zu Grabe geleitet, und nun mußte er auch noch den Tod zweier Enkelkinder erleben. Bei dem Leichenbegräbnis äußerte er beziehungsreich zu seiner Tochter: »Bei deinem dritten Kind wird dein Vater nicht mehr da sein.«

Dies nahm sie als einen Wink des Schicksals, und zwei Wochen nach dem Tode ihres zweiten Kindes verabreichte sie auch ihrem Vater eine mit Arsenik vergiftete Speise. In der darauffolgenden Nacht blieb sie angekleidet zu Haus und wartete darauf, gerufen zu werden. Gegen 4 Uhr nachts wurde bei ihr geklopft und ihr mitgeteilt, daß ihr Vater dringend nach ihr verlangt habe. Er sei plötzlich erkrankt, hieß es, sei aus dem Bett gesprungen, habe über unerträgliche Schmerzen im Unterleib geklagt und sich auf dem Fußboden hin und her gewunden. Die junge Frau reichte ihm Wasser und Wein, er redete irre und sprach von seiner verstorbenen Frau. Am 28. Juni 1815 war auch er tot. – »Schlagfluß«, sagte der Arzt.

Ungeachtet dieser Häufung von Todesfällen schöpfte niemand Verdacht. Die alten Leute hatten – wie man wußte – seit langem ihr Ende erwartet. Und Kinder starben zu damaliger Zeit leicht dahin.

Ein Junge, der fünfjährige Heinrich, war noch übrig. Man erzählte, er habe seine Mutter gefragt: »Mutter, warum nimmt dir der liebe Gott alle deine Kinder?« Margarethe sah in dieser Frage eine Mahnung, auch noch dieses Hindernis aus dem Wege zu räumen.

Bald war es so weit, daß sie auch diesem Kinde an das Leben ging. Das Gift warf den Jungen sofort auf das Krankenlager, er litt entsetzlich und wurde von Krämpfen heimgesucht, am 22. September 1815 aber endlich von seinen Qualen erlöst.

Im Verlauf von nur fünf Monaten, von Mai bis September 1815, hatte damit die Miltenberg, wie sie damals noch hieß, nicht nur ihre Eltern, sondern auch ihre drei Kinder mit Gift aus dem Wege geräumt.

Nun regte sich in der Bevölkerung doch Verdacht. Eine solche Kette von Todesfällen war ungewöhnlich; das alles konnte unmöglich mit rechten Dingen zugehen. Ihre Freunde und Bekannten gaben der Witwe von den Gerüchten, die in Umlauf waren, Kenntnis und rieten ihr, die letzte Leiche sezieren zu lassen. Mit vollkommener Gemütsruhe kam sie dieser Anregung nach und leitete bei den Behörden das Erforderliche in die Wege. Die Leiche wurde in Anwesenheit von Zeugen tatsächlich seziert, und der Gerichtsarzt gab als Ergebnis der Sektion bekannt, daß der Knabe an einer Verschlingung der Eingeweide und Darmentzündung gestorben sei. Damit schien aller Verdacht ausgeräumt und widerlegt zu sein.

Nachdem auch diese neue Gefahr an ihr vorübergegangen war, wurde die Frau von einer schweren, langwierigen Krankheit befallen. Als sie genesen war, ging sie dazu über, in größtem Umfang Wohltätigkeit zu üben. Sie wandte ihre Fürsorge den Armen zu und half, wo sie nur konnte. Kranke und Wöchnerinnen versorgte sie mit Speise und Trank und ließ ihnen ihre Pflege angedeihen. Wo auch immer der Hilferuf eines Bedürftigen zu hören war – sie war sofort zur Stelle und sprang ein. Sie kam in den Ruf, eine große Wohltäterin zu sein.

Da aber trat im Mai 1816 unerwartet ihr Bruder auf den Plan. Man hatte ihn, der in französische Kriegsdienste getreten war, längst für tot gehalten. Nun erschien er plötzlich, heruntergekommen, verarmt und verkrüppelt. Die Miltenberg schämte sich dieses Bruders, sie sah in ihm auch ein neues Hindernis für die von ihr so dringend herbeigewünschte Heirat mit Gottfried. Sie mußte ja auch befürchten, daß er auf seinen Erbteil Anspruch erheben werde. Rasch war ihr Entschluß gefaßt.

Schon zwei Tage, nachdem er in Bremen eingetroffen war, hatte sie ihn mit einem Gericht Schellfisch vergiftet.

Die Übelkeit hatte ihn gepackt, als er sich am Nachmittag in einem Wirtshaus befand. Ihn befiel dort schweres Erbrechen. Kaum brachte er noch die Kraft auf, sich nach Hause zu schleppen. Dort fing er an, irre zu reden, phantasierte von seinem Pferd und seinem Leutnant, brach in den Ruf »Vive l'empereur!« aus und war am Abend des 1. Juni 1816 tot. Dem Tischler, der seine Leiche in den Sarg legte, fiel ihr geschwollener Zustand sowie die braune und rote Gesichtsfarbe auf.

Wiederum schöpfte niemand Verdacht. Was war schon dabei, wenn ein invalider Krüppel, der in Rußland die Füße erfroren und aus

Frankreich vielleicht das Lazarettfieber mitgebracht hatte, nach der Heimkehr krank wurde und verstarb? Sollte man an einen Menschen, der in die Dienste des Feindes getreten war, überhaupt noch einen Gedanken verschwenden? Über diesen Tod vermochte sich niemand aufzuregen.

Nun waren alle Menschen aus dem Wege geräumt, die Gottfried hindern konnten, sie zu heiraten. Warum aber erklärte er sich ihr nicht? War es des Geschäftes wegen, das sie noch in Händen hielt? Auch dies gab sie jetzt ab.

Als Gottfried das nächstemal von der Reise zurückkam, trat sie ihm leidenschaftlich entgegen und forderte ihn auf, sie endlich zu ehelichen. Er wich erneut aus. Als er erkrankte, pflegte sie ihn aufopfernd, und da gab er endlich nach. Im Frühjahr 1816 gaben sie ihre Verlobung bekannt.

Sie spürte bald, daß irgend etwas ihn immer noch zaudern ließ. Als die Angst sie packte, er könne etwas von ihren Verbrechen erfahren haben, und als sie zu der Überzeugung gelangte, daß er sie nur gezwungen nehme, kam sie zu dem Entschluß, auch ihn zu vergiften und aus dem Wege zu räumen.

Am Tage nach dem Aufgebot schritt sie zur Tat. Sie verabreichte ihm vergiftete Mandelmilch. Erbrechen und Durchfall waren die Folge, und bald war zu erkennen, daß auch sein Leben dem Ende zugehe. Rasch wurde ein Geistlicher geholt, um die Trauung mit dem Sterbenden zu vollziehen. Er ließ sich dabei von ihr das Versprechen geben, sich nicht wieder zu verheiraten. In der Nacht darauf fing der Schwerkranke an zu toben, und drei Tage nach der Trauung, am 5. Juli 1817, war das Ende da. – Der Arzt sah die Todesursache in »hitzigem Fieber«.

Ihre bisherigen Verbrechen hatten der Frau das Gefühl ungeheurer Macht vermittelt. Sie hatte das Empfinden, Herrin über Leben und Tod der Menschen zu sein. Skrupel- und gewissenlos, wie sie war, berauschte sie sich daran.

Sie ließ jetzt aber eine Pause in ihren Untaten eintreten. Sechs Jahre lang, von 1817 bis 1823, geschah von ihr aus nichts, und die Akten wissen nicht einmal von dem Versuch einer Vergiftung.

Bald traten Männer mit Heiratsanträgen an die noch junge und hübsche Frau heran. Sie lehnte sie trotz drückender Schulden lange Zeit alle ab. Als Begründung gab sie an, sie habe ihrem verstorbenen Mann in die Hand versprochen, nicht wieder zu heiraten; an dieses Wort fühle sie sich gebunden.

Zu diesen Bewerbern gehörte u. a. ein Modewarenhändler namens Zimmermann. Von ihm bedrängt, verlobte sie sich schließlich mit ihm, hielt ihn aber dann hin und wich einer Eheschließung aus, nicht ohne von ihm laufend Geld zu borgen. Als er ihr lästig wurde, vergiftete sie ihn kurzerhand mit »Mäusebutter«, diesmal aber ratenweise, d. h. so, daß der Erfolg nicht mit einem Male eintrat, denn das wäre aufgefallen. Am 1. Juni 1823 gab auch dieser Mann seinen Geist auf. Die Ärzte sahen die Todesursache in »Leberverstopfung«, vielleicht auch in einer Choleraerkrankung.

Um die gleiche Zeit versuchte die Gottfried, auch eine ihrer Freundinnen ins Jenseits zu befördern. Diese hatte nämlich ihren Zorn dadurch erregt, daß sie über einen ihrer Liebhaber abfällige Äußerungen machte. Die ahnungslose Frau erkrankte sehr heftig, blieb aber am Leben.

Nun schritt die Gottfried zu immer neuen Taten. Bald bekam der, bald jener »Mäusebutter« aufs Brot gestrichen. Das Vergiften hatte alles Schreckenerregende für sie verloren, und sie betrieb es beinahe als Zeitvertreib.

Die Gottfried war damit auf dem Gipfelpunkt ihrer Aktivität angelangt. Von einer Tat wurde sie zur anderen getrieben. Sie hatte dabei schließlich ganz den Maßstab dafür verloren, wie schrecklich und grauenerregend das war, was sie tat.

Im Gefängnis wurde sie kurz vor ihrer Aburteilung gefragt, wie es bei ihren Untaten eigentlich in ihr ausgesehen habe. Sie erwiderte: »Mir war gar nicht schlimm bei dem Vergiften zumute. Ich konnte das Gift ohne die mindesten Gewissensbisse und mit völliger Seelenruhe geben. Es war mir, als wenn eine Stimme zu mir sagte, ich müsse es tun. Ich hatte gewissermaßen Wohlgefallen daran. Ich schlief ruhig, und alle diese Untaten bedrückten mich nicht im geringsten. Man schaudert sonst vor dem Bösen, bei mir war das nicht der Fall.«

Ab 1825 überstürzten sich bei ihr die Ereignisse. Im Frühjahr jenes Jahres beseitigte die Gottfried eine langjährige Freundin, die Musiklehrerin Anna Meyerholz. Dabei hatte sie es auf deren Ersparnisse abgesehen. Sie strich »Mäusebutter« auf Zwieback und ließ ihre Freundin diesen Zwieback essen. Schon auf dem Weg nach

Hause wurde die Frau von starkem Stuhlzwang und heftigem Erbrechen heimgesucht. Zu Hause schrie sie, »als wenn sie von einem Schwert durchschnitten würde«, geriet ins Toben, wurde gegen ihre Umwelt tätlich, packte die Menschen und schleuderte sie von sich. Am 21. März 1825 segnete sie das Zeitliche, von der Gottfried bis zu ihrem Ende aufs rührendste gepflegt. Nachdem der Tod eingetreten war, sorgte die Gottfried für rasche Einsargung der Leiche. Niemand schöpfte Verdacht gegen sie. Insgeheim raffte sie, in Gegenwart des blinden Vaters der Verstorbenen, alle Gegenstände von Wert zusammen und entfernte sich damit. – Der Arzt sprach von einer »heftigen Darmentzündung«. Bei der Einsargung fiel auf, daß die Leiche stark aufgedunsen war und einen sehr üblen Geruch verbreitete. Auch das erweckte keinen Verdacht.

Im Juli 1825 trachtete sie einem Lehrer nach dem Leben, angeblich, weil ihr seine Frau zuwider war. Dieses Unternehmen mißlang aber.

Ende 1825 wandte sie sich ihrem Untermieter zu, dem frommen Kommissionär Mosees, 33 Jahre alt, der zeitweise daran gedacht hatte, sie zu ehelichen. Ihm gab sie über einen längeren Zeitraum hinweg kleine Dosen von »Mäusebutter« ein, mit dem Ergebnis, daß er krank und immer kränker wurde. Als sein Zustand hoffnungslos geworden war, verabfolgte sie ihm eine tödliche Dosis, die ihn vor Schmerz rasend werden ließ. Bevor er am 5. Dezember 1825 das Zeitliche segnete, gelang es ihr, ihn dahin zu bringen, daß er ihr ein großes Legat aussetzte. Bei dem Leichenbegängnis fiel ihre Gleichgültigkeit auf. Zu einer Frau, die neben ihr stand, sagte sie, dies sei nun die einundzwanzigste oder zweiundzwanzigste Beerdigung, an der sie binnen weniger Jahre teilnehme. Der Arzt bezeichnete als Todesursache ein Magenleiden.

Neben diesen Hauptaktionen lief eine Anzahl kleinerer Vergiftungsversuche einher. Bald bekam der, bald jener »Mäusebutter« gereicht. Jedesmal gab es bei den Opfern schweres Erbrechen und Übelkeit.

Später in der Haft erklärte die Gottfried: »Zuweilen war ich monatelang von dem Triebe frei. Dann aber kam wieder eine Periode, wo ich mit dem Gedanken aufwachte: Wenn der oder die kommen sollte, da solltest du Gift geben. Meist gab ich die Mäusebutter an Personen ab, die mich allein besuchten, weil ich dann am stärksten den Trieb in mir fühlte!«

Daß niemand ihrem verbrecherischen Treiben auf die Spur kam, erregte ihre Verwunderung. Sie konnte es selbst oft nicht begreifen, wie leicht es war, die Menschen hinters Licht zu führen und ihnen den Argwohn zu nehmen. Gelegentlich trieb sie mit ihren Opfern sogar ihren Scherz. Als bei einer ihrer Freundinnen unter der Einwirkung ständigen Giftgenusses Flecken im Gesicht entstanden waren, hielt sie ihr mit erhobenem Zeigefinger vor, sie habe sich doch wohl nicht heimlich dem »Suff« ergeben.

Da sie immer mehr in Vermögensverfall geriet, sah sie sich eines Tages gezwungen, ihr Haus zu verkaufen; Käufer war der Spengler Rumpff. Als sie sich entschloß, das Haus an ihn zu veräußern, war sie schon willens, die Ereignisse so zu gestalten, daß es eines Tages wieder an sie zurückfallen müsse. Dazu war aber nötig, zuerst die Frau Rumpffs und dann so viele Mitglieder seiner Familie zu beseitigen, daß im Erbfall keine ernsthaften Anwärter auf den Nachlaß mehr vorhanden waren. Dann mußte sie Rumpff dazu bringen, sich mit ihr zu verloben. Anschließend war er unter Gifteinwirkung zu versetzen, und auf dem Totenbett mußte er dazu gebracht werden, ihr sein Vermögen zu vermachen.

Wie schon in allen anderen Fällen verstand es die Gottfried auch diesmal meisterhaft, sich in das Vertrauen ihrer Opfer einzuschmeicheln. Von ganz besonderer Bedeutung war, daß es ihr gelang, in den Kreis der Familie Rumpff aufgenommen zu werden. Sie redete dabei den neuen Freunden ein, sie müsse doch jemand wissen, dem sie ihr Hab und Gut hinterlassen könne. Dieses Täuschungsmanöver gelang ihr glänzend.

Die Ehefrau Rumpffs hatte sie schon kurz vor Weihnachten 1826 aus dem Wege geräumt. Alle Welt führte deren plötzlichen Tod auf die Entbindung zurück, die zwei Wochen vorher erfolgt war. In Wahrheit war es auch hier wieder die Gottfried gewesen, die den Tod herbeigeführt hatte. Zunächst hatte sie der Wöchnerin Gift in die Hafersuppe gegeben; als dies nicht gleich wirkte, gab sie ihr noch einmal eine Dosis, und die wirkte nach heftigem Erbrechen und Durchfall tödlich. Über das Ableben der Frau zeigte sich die Gottfried so untröstlich, daß man meinte, sie werde vor Kummer selbst auch noch sterben. Gleichzeitig bekamen die Magd und die Amme

Gift in die Speisen. – Der Arzt sprach von »rheumatischer Herzentzündung«.

Kaum waren einige Wochen ins Land gegangen, so bemühte sich die Gottfried, dem Witwer den Gedanken an eine Wiederverheiratung nahezubringen, und zwar mit ihr. Sie hatte inzwischen die Führung seines Hausstands übernommen. Er wies jedoch dieses Ansinnen kategorisch ab. Das mußte er damit büßen, daß die Gottfried auch ihn unter Gifteinwirkung setzte und dabei langsam, Schritt für Schritt vorging. Die schweren Qualen und Leiden dieses schleichenden Vergiftungsprozesses bekam Rumpff bald zu spüren.

Mittlerweile mußten einige andere daran glauben. Da war u. a. ihre einstige treue Dienerin Berta Cornelius, jetzt verehelichte Schmidt. Die Gottfried hatte es auf 50 Taler abgesehen, die sie im Besitz der jungen Frau wußte. Sie verabreichte ihr »Mäusebutter« in einer Kirschsuppe, während sie auf dem Wochenbett lag. Lange widerstand die Kranke dem Gift, dann aber erlag auch sie am 15. Mai 1827 der schweren Attacke. Kurz vor ihrem Tode hatte sie noch den Kummer, ihre dreijährige Tochter sterben zu sehen, die von der Kirschsuppe mitgenossen hatte.

Freunde in Hannover hatten der Gottfried 800 Taler geliehen, und nun drängten sie auf Rückzahlung. Das war ihr unangenehm und lästig; sie beschloß deshalb, diese Freunde ebenfalls mit Gift aus der Welt zu schaffen.

Als sie nach Hannover kam, nahm man sie aufs freundlichste auf und behandelte sie wie eine Tochter. Das hinderte sie aber nicht, am 17. Juli 1827 einen Schinken mit Gift zu präparieren und Stücke davon dem Haupt der Familie, dem 61 Jahre alten Beschlagmeister Kleine, vorzusetzen. Am 24. gab dieser daraufhin unter namenlosen Schmerzen seinen Geist auf. Der Arzt, der die Sektion durchführte, gab als Todesursache Gallenruhr an.

Am Tage nach dem Tod des Familienoberhauptes erkrankte die ganze Familie an starkem Erbrechen und Durchfall. Das war die Folge des Genusses einer Hafersuppe, die ebenfalls mit Gift präpariert worden war.

Wieder erregte die Gottfried keinerlei Verdacht. Im Gegenteil – der Schmerz, den sie äußerte, wirkte so tief und echt, daß sie von ihren Freunden mit Tränen und Liebesbeteuerungen in Hannover verabschiedet wurde. Es ist begreiflich, daß die Verbrecherin nach solchen Erfolgen die Furcht vor Entdeckung überhaupt ganz verlor.

Jetzt aber mußte das Vorhaben in der Familie Rumpff noch zu Ende geführt werden. Wenn der arme Mann von schwerem Brechreiz geplagt wurde und unter peinigender Übelkeit litt, sprach sie ihm tröstend zu, wischte ihm den Angstschweiß ab und vergoß Tränen darüber, daß der Herrgott sie nicht an seiner Statt leiden lasse. Und wenn er erschöpft und teilnahmslos auf seinem Bett lag, las sie ihm Trostsprüche vor.

Es erbitterte sie, daß sie mit ihrem Anliegen bei ihm keinen Schritt weiterkam. Weder machte er ihr einen Heiratsantrag, noch war er bereit, zu ihren Gunsten ein Vermächtnis zu Papier zu bringen. So entschloß sie sich, ein Ende zu machen und ihm die tödliche Dosis zu verabfolgen. Wie es dabei zu ihrer Entdeckung kam, wurde schon geschildert.

Nach ihrer Verhaftung am 6. März 1828 folgten zahllose Vernehmungen, in deren Verlauf die Verbrecherin Schritt für Schritt alles gestand, was sie getan hatte – vor allem, nachdem ihre Opfer exhumiert worden, und zwar nicht bei allen, aber den meisten von ihnen Arsenikspuren gefunden worden waren. Sie war sich von Anfang an klar darüber, daß ihr die Kapitalstrafe drohte. Daher sagte sie aus, böse Dämonen hätten sie zur Tat getrieben und ihr die Freiheit des Handelns geraubt. Sie wußte sich als eine Unglückliche darzustellen, der finstere Mächte den Hang zum Verbrechen in die Wiege gelegt hatten. Ihre Aussage zielte darauf ab, alle ihre Taten aus diesem angeblich unwiderstehlichen Trieb zu erklären, der es unmöglich mache, sie mit Verantwortung zu belasten.

Es waren aller Scharfsinn und alle Energie der Untersuchungsführer vonnöten, um dieser Argumente Herr zu werden und sie in der kriminellen Sphäre festzuhalten, in die sie mit all ihren Untaten hineingehörte.

In der Haft wurde sie von Visionen heimgesucht, in denen ihre Opfer vor sie hintraten und sie erschreckten. Diese Visionen wurden für sie oft so quälend und beunruhigend, daß sie von ihrem Lager aufsprang und bei Gott und der Welt bat, ihr nachts jemand in die Zelle zu legen. Die Pein des Gewissens rief die Menschen, denen sie das Leben genommen hatte, in immer neuer Gestalt ihr vor die Augen.

Die gerichtliche Untersuchung nahm zweieinhalb Jahre in Anspruch. Ganze Berge von Akten hatten sich mittlerweile mit Beweismaterial gegen sie aufgetürmt. Am 17. September 1830 sprach das Bremer Obergericht das Urteil: Es verhängte die Strafe des Todes mittels des Schwertes über sie.

Obgleich sie vor Gericht erklärt hatte, daß sie diese Strafe vollauf verdient habe, legte sie Berufung ein. Da das Gericht befürchten mußte, sie werde sich das Leben nehmen, wurde sie unter Bewachung von fünf Frauen gestellt, die sie Tag und Nacht nicht aus den Augen ließen. Um dem Tode auf dem Schafott aus dem Wege zu gehen, versuchte sie, sich durch Hungern das Leben zu nehmen. Als dies mißlang, versuchte sie die Fromme zu spielen und prunkte vor allen, mit denen sie in Berührung kam, mit salbungsvollen biblischen Sprüchen.

Am 14. April 1831 wurde ihr eröffnet, daß das Oberappellationsgericht zu Lübeck das Bremer Urteil bestätigt habe. Damit war ihre letzte Chance dahingeschwunden. Wieder klammerte sie sich an die Hoffnung, vor der Hinrichtung an Unterernährung und Entkräftung zugrunde zu gehen. Als dies fehlschlug, hatte sie nur noch die Äußerlichkeiten der Hinrichtung im Sinn.

Am 19. April 1831 wurde ihr eröffnet, daß am nächsten Morgen die Hinrichtung erfolgen werde. Sie erkundigte sich genau nach Ort und Stunde und betonte, sie habe nichts verheimlicht und wirklich nur diejenigen vergiftet, die auf der Liste des Untersuchungsrichters ständen. Ihr Herz sei unbeschwert und rein. Dann wurde sie einsilbig und zog sich auf sich selbst zurück. Der Geistliche, der um 5 Uhr zu ihr kam, traf sie schlafend an.

Mit dem damals üblichen Totenkleid angetan – einem weiten, weißen Gewand mit schwarzer Einfassung und schwarzen Bändern und Schleifen – saß sie aufrecht in dem Leiterwagen, der sie zur Richtstätte brachte, krampfhaft die Hand des neben ihr sitzenden Polizeidieners haltend.

Auf dem Marktplatz zu Bremen war das Schafott aufgeschlagen, elf Fuß hoch und schwarz behangen. Ihm gegenüber befand sich, sechs Fuß hoch, die ebenfalls schwarz drapierte Gerichtsbühne, von der aus das Todesurteil zur Verlesung kam. Nachdem der Justizsenator den Stab über ihrem Haupte zerbrochen und sie dem Scharfrichter übergeben hatte, reichte sie den Mitgliedern des Gerichts zum Abschied die Hand, nahm einen Schluck Wein zu sich und wurde auf das Schafott geführt. Dort nahm sie auf dem Richtstuhl Platz. Nachdem sie festgebunden worden war, trennte ein einziger kräftiger Hieb des Scharfrichters das Haupt von ihrem Körper.

Als damit der Gerechtigkeit Genüge getan war, brach die Menge in laute Rufe aus. Der Scharfrichter ergriff altem Brauch entsprechend den Kopf der Übeltäterin und zeigte ihn dem versammelten Volk. Dann wurde der Leichnam in einen mit Hobelspänen gefüllten Sarg gelegt und auf dem Schinderkarren unter militärischer Bewachung abtransportiert.

Der Bericht einer Lokalzeitung über das Ende von Margarethe Gottfried schließt mit folgenden Sätzen:

»Vor der Hinrichtung will man berechnet haben, daß 35 000 Menschen auf dem Platze der Exekution, aus den darangrenzenden Straßen und aus den daran befindlichen Häusern die Ausführung des Todesurteils ansehen könnten. Ist diese Berechnung richtig, so kennt man, da alle diese Plätze mit Menschen angefüllt waren, die Anzahl der Zuschauer, welche dieser ernste Akt der Justiz versammelt hatte, und welche sich sehr anständig benahmen.«

Seit der letzten Hinrichtung waren in Bremen 43 Jahre vergangen.

Bei der Sektion der Leiche ergab sich eine vollkommen regelmäßige Struktur aller edlen Körperteile, und es zeigte sich nichts, was auf mangelnde Zurechnungsfähigkeit der Verbrecherin deuten konnte. Im Museum zu Bremen wurde der Kopf der Hingerichteten noch lange in Spiritus aufbewahrt. In einem Schrank konnte man ihr Skelett in Augenschein nehmen. Die Erinnerung an diese raffinierte und skrupellose Massenmörderin blieb in der Bevölkerung Bremens und Niedersachsens noch lange lebendig.

Bis zum heutigen Tage streitet man sich darum, wie die Mordtaten der Margarethe Gottfried zu erklären seien. Habsucht hat in einigen Fällen eine Rolle gespielt, sie reicht aber für die Deutung ihres Gesamtverhaltens nicht aus. Die Gründe dafür müssen tiefer gesucht werden.

Der Meinung, Margarethe Gottfried könne aus Geld- und Besitzgier zu ihren Untaten verleitet worden sein, trat in einer mehr als 200 Seiten umfassenden Abhandlung »Über den Charakter der Gottfried« im Jahre nach der Hinrichtung schon der Berliner Strafrechtslehrer Carl Ernst Jarcke entgegen. Nicht durch Habgier seien ihre Untaten zu erklären, sondern durch Haltlosigkeit und menschliche Schwäche. Ihr habe – erklärbar aus der »allgemeinen Irreligiosität ihrer Umgebung und ihrer Zeit« – jeder tiefere religiös-sittliche Halt gefehlt, und so sei sie von einem Verbrechen zum anderen geführt worden. Das Fehlen jedes Widerstandes gegen verbrecherisches Tun verwerflichster Art bei dieser Frau sei »ein merkwürdiges Phänomen«. Dies begreife sich aber aus ihrer sittlichen Verworfenheit, und diese wiederum sei ein »Produkt jenes milden und glatten Indifferentismus gegen das Gute wie gegen das Böse, der heutzutage auflösend durch alle menschlichen Verhältnisse und so viele einzelne Gemüter geht und in seinem Resultate mit der fühllosesten Roheit völlig zusammentrifft«.

Erich Wulffen hat in seinem Buch über die »Psychologie des Giftmordes« den Fall Gottfried anders gedeutet und die Erklärung in dem Sexualmotiv gesucht: »Der Genuß, den sie aus dem Giftmord sog, scheint ihr in späteren Jahren als geschlechtlicher Ersatzwert – sexuelles Äquivalent – gedient zu haben.« – Die These Wulffens ist mit Recht auf Skepsis und Ablehnung gestoßen. Zwar ist es richtig, daß einige der Frauen, die als »Giftmischerinnen« in die Geschichte eingegangen sind, Naturen von starker Sexualität waren; es wirkt aber überspitzt, gewaltsam und in keiner Weise überzeugend, wenn Wulffen und einige andere Autoren im Sexualmotiv das spezifische Charakteristikum des weiblichen Giftmords erblicken wollen.

Die Gottfried selber hat von einem »Trieb« gesprochen, der sie in ihre Giftmorde gewissermaßen hineingetrieben habe. Monatelang habe sie sich von diesem Trieb frei gefühlt, dann aber habe er sie um so stärker in seinen Bann geschlagen. In diesem Zustande sei sie imstande gewesen, mit Lust Böses zu tun«, und habe »Wohlgefallen« dabei empfunden.

Man wird Margarethe Gottfried als sittlich entartet ansprechen müssen. Wir würden sie heute im Sinne Kurt Schneiders zur Gruppe der »gemütlosen Psychopathen« rechnen, d. h. zu denjenigen Persönlichkeiten, die durch Mangel an Mitleid, Scham, Reue und Gewissen charakterisiert werden und in ihren Handlungen stumpf, brutal und triebhaft sind. Sie kennen die Gesetze der Moral, handeln aber nicht danach.

Von dem Obergericht zu Bremen ist das im Grunde alles richtig beurteilt worden. In dem Bericht, den der Untersuchungsrichter dem Gericht vorgelegt hat, wird erklärt, den Schlüssel zu den Verirrungen dieser Frau liefere der Umstand, daß ihre »kalte Selbstsucht« durch keinerlei »sittliche Tiefe« in Schranken gehalten worden sei. In dem Urteil wird das »psychologische Rätsel«, als welches das Gericht diese Frau empfunden hatte, in gleicher Weise gedeutet: »Alle diese groben Verbrechen haben ihre Quelle und ihren Mittelpunkt in einem Egoismus, der durch kein tiefer dringendes religiöses Gefühl, durch keine sittliche Kraft gezügelt wird.« Die Äußerung der Angeklagten, daß sie bei ihrem verbrecherischen Tun Lust und Wohlgefallen empfunden habe, erkläre sich ohne Zweifel daraus, daß das Bewußtsein, Leben und Gesundheit anderer Menschen in der Hand zu haben und in das Getriebe des Schicksals eingreifen zu können, für sie von besonderem Reize gewesen sei. All das sei aber nur auf der Grundlage vollständiger Amoralität möglich gewesen.

Daß es der Verbrecherin gelang, so lange unentdeckt zu bleiben, hat niemand so sehr erstaunt wie sie selbst. Ihre Fähigkeit zu Lüge, Verstellung und Heuchelei hat einen wesentlichen Anteil daran.

Schrifttum: Eine Dokumentation des Falles enthalten Heft 21 und 22 von Hitzigs Annalen der deutschen und ausländischen Criminal-Rechts-Pflege (Berlin 1831). Neben einem ausführlichen Prozeßbericht des Bremer Senators Dr. Gildemeister findet man dort die Urteile und die oben erwähnte Charakter-Analyse von Carl Ernst Jarcke. – Vgl. weiter F. L. Voget, Lebensgeschichte der Giftmörderin Gesche Marg. Gottfried, geb. Timm, Bremen 1831 (V. war der Verteidiger der G.); Scholz, Die Gesche Gottfried, Berlin 1913.

Ein Mord ohne erkennbares Motiv
Der Fall Carl Hau

Am Abend des 6. November 1906, 20 Minuten vor 6 Uhr, klingelte bei der Witwe des Geheimen Medizinalrats Molitor in Baden-Baden das Telefon. Bei dem Zimmermädchen, das den Hörer abnahm, meldete sich der Postvorsteher Graf vom Hauptpostamt in Baden-Baden und bat, die gnädige Frau herbeizurufen. Das Mädchen glaubte, am Apparat die Stimme des Schwiegersohnes von Frau Molitor, des Rechtsanwalts Carl Hau, zu erkennen, und teilte diese Vermutung ihrer Arbeitgeberin mit. Zu ihrem Verhängnis achtete diese aber nicht auf den Hinweis. Der Anrufende – in der Tat Carl Hau – richtete die Bitte an Frau Molitor, sofort zum Hauptpostamt zu kommen; das von ihr reklamierte Aufgabeformular einer Depesche sei gefunden worden. Frau Molitor erwiderte, das Wetter sei sehr schlecht, und sie wolle wegen einer Erkältung nicht mehr ausgehen; sie werde am nächsten Vormittag kommen. Darauf antwortete der angebliche Postvorsteher, es sei dringend notwendig, daß sie noch heute komme, und zwar möglichst sofort. Frau Molitor kleidete sich daraufhin an und begab sich zu ihrer Tochter Olga, die bei Nachbarn zum Tee war. Sie wollte nicht allein über die dunkle Promenade gehen und bat Olga deshalb, sie zu begleiten. Auf dem Wege zum Postamt kamen die beiden Damen durch die Kaiser-Wilhelm-Straße. Als sie bei den Lindenstaffeln angekommen waren, fiel aus unmittelbarer Nähe ein Schuß; er traf Frau Molitor in den Rücken. Sie sank mit einem Schrei zusammen; das Geschoß hatte ihre linke Lunge und beide Herzkammern durchbohrt. Olga Molitor konnte gerade noch wahrnehmen, daß sich eine große, schlanke Gestalt aus einer Mauernische löste und davoneilte. Es war ein Mann, der einen dunklen Hut und einen dunklen, flatternden Mantel mit hochgestelltem Kragen trug. Da sie sich um ihre Mutter kümmern mußte, war es ihr nicht möglich, an die Verfolgung des Täters zu denken. Passanten, die nach einigen Minuten auf ihre Hilferufe herbeigeeilt waren, kamen zu spät, um noch etwas tun zu können. Wie die polizeilichen Sachverständigen feststellten, war der Schuß aus einem Revolver von 6 mm Kaliber aus einer Entfernung von nur 10 Metern abgefeuert worden. Die Entfernung konnte genau berechnet werden, weil das Kleid der Toten angesengt war.

Bei der Getöteten handelte es sich um eine in den besten Verhältnissen lebende, 62 Jahre alte Dame, die ein Vermögen von fast einer Million Mark besaß. Sie bewohnte in Baden-Baden eine luxuriöse Villa und spielte in der Gesellschaft des feudalen Badeortes eine große Rolle.

Im Frühjahr 1901 hatte sie sich mit ihren Töchtern Lina und Olga nach Ajaccio auf Korsika begeben und dort die Bekanntschaft des zwanzigjährigen Studenten Carl Hau gemacht. Aus wohlhabender Familie stammend, ohne Mutter aufgewachsen und vom Vater erzieherisch vernachlässigt, hatte Hau schon als Gymnasiast ein ausschweifendes Leben geführt und dadurch seine Gesundheit zerrüttet. Bereits während seiner Gymnasialzeit wurde er mit Syphilis angesteckt. Während er an der Universität Berlin studierte, gab ihm sein Arzt nach mehreren Blutsturzanfällen den Rat, in dem milden Frühjahrsklima von Korsika Erholung und Kräftigung zu suchen. Dabei lernte er Frau Molitor und ihre beiden Töchter kennen.

Binnen kurzer Zeit gelang es Hau, die Zuneigung der fünf Jahre älteren Lina Molitor zu gewinnen. Als er bei deren Mutter um ihre Hand anhielt, wurde er abgewiesen, weil Lina bereits einem Offizier zugedacht war. Er selbst befand sich außerdem noch in den Anfangssemestern seines Studiums. Daraufhin faßten die beiden jungen Leute den Entschluß zu gemeinsamer Flucht in die Schweiz. Vor ihrer Abreise hob Lina Molitor auf einer Sparkasse 2000 Mark ab. Als das Geld verbraucht war, beschlossen sie, zusammen aus dem Leben zu scheiden. Hau brachte seiner Geliebten einen Schuß in die linke Brust bei, der aber das Herz verfehlte und nicht tödlich war. Die Waffe jetzt auch gegen sich selbst zu richten, fehlte ihm der Mut. Damit war er zum ersten Male mit dem Strafgesetz in Konflikt gekommen. Zur Verantwortung gezogen wurde er deswegen aber nicht. Frau Molitor wurde telegrafisch unterrichtet, daß

Lina verwundet in einem Krankenhaus liege und dringend der Fürsorge bedürfe. Sie begab sich sofort an das Krankenbett ihrer Tochter und pflegte sie gesund.

Da die jungen Leute durch ihre Flucht in die Schweiz ins Gerede gekommen waren und ein Skandal drohte, hielten es die beiderseitigen Eltern für das klügste, ihren Widerstand gegen die Eheschließung aufzugeben. Die Hochzeit wurde im August 1901 mit großem Pomp in Mannheim gefeiert. Da Hau noch sechs Semester zu studieren hatte, waren er und seine Frau zunächst auf die Unterstützung ihrer Eltern angewiesen. Der junge Mann führte sein Studium in Washington zu Ende und legte dort auch mit glänzendem Erfolg die Prüfungen ab. Da Hau über ungewöhnlich gute Sprachkenntnisse verfügte – er beherrschte außer der deutschen die englische, französische und italienische Sprache vollkommen –, war es für ihn ein leichtes, eine lukrative Beschäftigung zu finden. Er wurde Privatsekretär des osmanischen Generalkonsuls in Washington, eines Dr. Schönfeld, und reiste mit ihm im Jahr 1903 nach Konstantinopel, um dort Industrie und Handel für die Weltausstellung in St. Louis zu interessieren. Später wurde er in Washington als Rechtsanwalt zugelassen und gleichzeitig zum Dozenten für Römisches Recht an der George-Washington-Universität ernannt. Im Auftrage amerikanischer Großfirmen war er dann mehrfach in Konstantinopel tätig. Dabei gab er große Summen aus, die er nur durch Inanspruchnahme des Vermögens seiner jungen Frau decken konnte. Das ausschweifende Leben, das er in Konstantinopel führte, erregte Aufsehen.

In Washington gelang es Hau, trotz seiner Jugend eine außerordentlich angesehene Stellung zu erringen. Er wurde in die feudalsten Klubs von Washington und New York als Mitglied aufgenommen und machte dort die persönliche Bekanntschaft Präsident Roosevelts und zahlreicher führender Männer aus der Industrie- und Finanzwelt, z. B. Morgans, Rockefellers und Harrimans.

Einige Wochen vor dem 6. November 1906 und an diesem Tage selbst kam es dann zu eigenartigen Vorfällen. Am 17. Oktober erschien in der Devisenabteilung einer Wiener Großbank ein hochgewachsener, elegant gekleideter junger Mann. Er stellte sich als Dr. Carl Hau aus Washington vor und bat um Auszahlung eines auf 400 Pfund lautenden Schecks der Londoner Bank Brown, Schiply

& Co. Da anhand des Reisepasses festgestellt werden konnte, daß die Unterschrift des Erschienenen echt war, wurden ihm anstandslos 9592 Kronen als Gegenwert ausgezahlt. Zwei Tage danach erhielt die Wiener Bank aus London ein Telegramm, in dem das Londoner Bankhaus vor der Einlösung des Schecks warnte, da er dem Inhaber Dr. Carl Hau im Orientexpreß auf der Reise von Konstantinopel nach Wien gestohlen worden sei. Die Wiener Bank erstattete daraufhin bei der Polizei Anzeige. Diese konnte feststellen, daß am Morgen des 17. Oktober mit dem Orientexpreß ein Reisender in Wien angekommen war, auf den die Beschreibung desjenigen, der der Bank den Scheck präsentiert hatte, genau zutraf. Der fragliche Mann hatte – wie weiter ermittelt werden konnte – seine Reise nach wenigen Stunden Aufenthalt fortgesetzt. In Frankfurt hatte er den Zug verlassen. Diebstahlsanzeige war bei dem Personal des Orientexpresses nicht erstattet worden.

Von Frankfurt aus begab sich Carl Hau am 18. Oktober nach Baden-Baden zu seiner Schwiegermutter, wo sich seine Frau mit ihrem Töchterchen aufhielt. Er blieb dort bis zum 25. und reiste dann mit seiner Frau, seinem Kind und seiner Schwägerin Olga nach Paris weiter, wo alle im Hotel Regina abstiegen.

Jetzt geschah wiederum etwas Eigenartiges. Frau Molitor erhielt am 29. Oktober ein Telegramm aus Paris, das folgenden Wortlaut hatte: »Erwarte Dich mit dem nächsten Zuge. Olga krank. Komme sofort. Lina.« Sie trat daraufhin, von ihrer Tochter Fanny begleitet, mit dem übernächsten Zug die Reise nach Paris an. Als sie dort ankamen, war niemand auf dem Bahnhof, um sie in Empfang zu nehmen. Und im Hotel Regina fand sie ihre Tochter gesund und wohlbehalten vor. Alle waren über ihr Erscheinen höchst erstaunt. Von einem Telegramm wußten sie nichts; das in Baden-Baden eingetroffene mußte also gefälscht worden sein.

Frau Molitor hatte sofort den Verdacht, das Telegramm sei ihr zugesandt worden, um sie aus ihrer Villa wegzulocken. Sie nahm an, daß ihr Haus während ihrer Abwesenheit von Einbrechern heimgesucht und ausgeraubt worden sei. Sie kehrte deshalb noch im Laufe des 31. Oktober mit ihren Töchtern Olga und Fanny nach Baden-Baden zurück, fand die Villa aber unversehrt vor. Wegen des fingierten Telegramms erstattete sie Strafanzeige.

Hau reiste mit Frau und Kind nach London weiter, um von dort die Heimreise nach Washington anzutreten. Da kam am 2. November ein Telegramm, in dem er von der Leitung der Standard Oil Company, einer Firma, für die er arbeitete, gebeten wurde, sofort nach Berlin zu reisen: »Nehmen Sie den nächsten Zug nach Berlin. Bewahren Sie absolutes Stillschweigen gegen jedermann. Eile dringend erforderlich. Teagle.« Dieses Telegramm hatte Hau, wie er gegen Ende der Voruntersuchung zugab, an sich selbst aufgegeben.

Hau verließ daraufhin Frau und Kind und fuhr auf den Kontinent zurück. Vor der Abreise ließ er sich in London von einem Friseur eine Perücke und einen falschen Bart ankleben, außerdem schaffte er sich einen langen, dunklen Mantel an. Den Bart warf er während der Überfahrt ins Meer. Er fuhr dann nicht nach Berlin, sondern nach Frankfurt am Main, wo er am 3. November ankam und im Hotel abstieg. Am 4. November, einem Sonntag, gab er ein Telegramm an seine Frau auf, worin er ihr mitteilte, der Ort des Zusammentreffens sei nach Frankfurt verlegt worden. Gleichzeitig schärfte er ihr absolutes Stillschweigen ein. Noch an demselben Sonntag bestellte er bei einem Friseur einen langen, dunkelbraunen Vollbart, den er am Montag in seinem Hotelzimmer anprobieren ließ. Die Perücke, die er aus England mitgebracht hatte, ließ er auf die Farbe des Vollbarts umfärben. Am Dienstag, dem Mordtag, ließ er Bart und Perücke anlegen und reiste dann mit dem D-Zug 10 Uhr 30 nach Baden-Baden ab. In Karlsruhe unterbrach er die Reise und gab sein Handgepäck in die Gepäckaufbewahrung. Durch seinen falschen Bart fiel er verschiedenen Personen auf. In Baden-Baden wurde er bis wenige Minuten vor dem Mord von zahlreichen Menschen beobachtet.

Als die schwere Bluttat geschehen war, richtete sich der Verdacht sofort auf Carl Hau. Manches von dem, was bekannt wurde, war allerdings sehr belastend für ihn. Einige Zeugen behaupteten, ihn am Tage des Mordes in Baden-Baden in seiner Vermummung gesehen zu haben. Das Zimmermädchen, das am Abend des 6. November den Anruf entgegengenommen hatte, sagte aus, es habe am Telefon genau seine Stimme erkannt. Weiter wurde festgestellt, daß Frau Molitor nicht zum Postamt bestellt worden war.

Auf diese Verdachtsmomente hin erging Haftbefehl, der am 7. abends in London vollzogen wurde, wohin Hau sich gerade zurückbegeben hatte. Er wurde Anfang 1907 ausgeliefert und in das Untersuchungsgefängnis von Karlsruhe verbracht.

Hau verweigerte zunächst jede Aussage. Als ihn sein Verteidiger darauf hinwies, daß er ihn für den Mörder halten müsse, wenn er sich weiterhin in Schweigen hülle, erwiderte er: »Gut, halten Sie mich für schuldig und richten Sie Ihre Verteidigung darauf ein, aber der Täter bin ich nicht gewesen!«

Anfang Juni 1907 erklärte ihm seine Frau anläßlich einer Unterredung im Untersuchungsgefängnis, sie habe ihn zunächst für unschuldig gehalten. Nachdem sie nun erfahren habe, daß er in der Türkei einen großen Teil ihres Vermögens vertan, allerhand dunkle Geschäfte getätigt und heimlich nach Baden-Baden gereist sei, habe sie keinen Zweifel mehr, daß er es gewesen sei, der ihre Mutter erschossen habe. Das aber sei für sie ein unerträglicher Gedanke. Sie könne sich auch nicht damit abfinden, daß man vor aller Welt ihre Familienverhältnisse erörtern werde. Sie werde sich deshalb das Leben nehmen. Zwei Tage danach ging sie im Pfäffikoner See bei Zürich ins Wasser. Dies war das zweite Opfer, das der Fall forderte. Der Vorgang verstärkte den Verdacht gegen den Beschuldigten.

Bis zum Ende seines Lebens blieb Carl Hau dabei, daß er den tödlichen Schuß nicht abgegeben habe. In allen anderen Punkten machte er Zugeständnisse. Noch während der Voruntersuchung gab er zu, das Londoner Telegramm an sich selber aufgegeben zu haben und am Mordtag nach Baden-Baden gereist zu sein. Am vorletzten Tag der Verhandlung bequemte er sich, angesichts von 13 Zeugen, die ihn in Baden-Baden beobachtet hatten, zu dem Geständnis, daß er sich am Nachmittag des 6. November, mit Perücke und falschem Bart angetan, in der Nähe der Villa seiner Schwiegermutter aufgehalten und sie und ihre Tochter gesehen habe. Am zweiten Verhandlungstag gab er zu, auch das Pariser Telegramm abgesandt zu haben, unmittelbar bevor er durch die geladenen Schriftsachverständigen überführt werden konnte.

Die Hauptverhandlung begann am 17. Juli 1907. Sie fand vor dem Schwurgericht bei dem Landgericht in Karlsruhe statt. Sie dauerte bei oft unerträglicher Hitze volle fünf Tage. Geladen waren nicht weniger als 72 Zeugen und neun Sachverständige. Die Verhandlung wurde nicht nur in Deutschland, sondern auch in zahlreichen anderen Ländern mit größter Spannung verfolgt. Sogar

Londoner, Pariser und New Yorker Zeitungen brachten spaltenlange Berichte. Entsprechend stark war die Presse vertreten. Draußen auf der Straße standen Tausende von Menschen, die keinen Einlaß mehr finden konnten. Den Zeitungsberichterstattern gelang es nur mit Hilfe der Polizei, Einlaß in den Gerichtssaal zu finden. Unter dem Publikum waren sehr viele Damen der Gesellschaft zu sehen.

Die Geschworenenbank war mit Handwerkern und Landwirten besetzt; nur ein einziger Mann von gehobener Bildung gehörte ihr an. Zum Obmann wurde ein Metzgermeister aus Bruchsal gewählt.

Von vier Gendarmen begleitet, betrat gegen 8 Uhr 30 der Angeklagte den Saal. Er erschien in schwarzem Gehrock, musterte mit Interesse das Publikum und ließ keinerlei Zeichen von Befangenheit oder Beunruhigung erkennen. Er erwies sich der Situation als vollkommen gewachsen.

Die Anklage lautete auf Mord. In einem Spiritusgefäß, das auf einem Tisch vor dem Vorsitzenden stand, war das Herz der Ermordeten zu sehen.

Bevor der Präsident des Schwurgerichts mit der Vernehmung zur Person begann, richtete er an den Angeklagten eine Frage: »Herr Hau, Sie sind genau wie ich Jurist. Wollen Sie nicht doch der Wahrheit die Ehre geben und die Tat zugeben?« – Der Angeklagte schüttelte den Kopf. – »Und warum wollen Sie denn kein Geständnis ablegen?« – »Weil ich nicht schuldig bin, Herr Vorsitzender. Ich habe meine Schwiegermutter nicht erschossen.« – »Wer aber hat dann den Mord begangen?« – »Das weiß ich nicht.«

Aus der Vernehmung zur Person ergab sich, daß Carl Hau am 3. Februar 1881 als Sohn eines Bankdirektors in Bernkastel geboren worden war. Nach dem Besuch der Gymnasien in Köln und Trier, erklärte der Angeklagte, habe er in Freiburg und Berlin Rechtswissenschaft studiert. Auf die Frage des Vorsitzenden gab er zu, sich viel und wahllos mit Frauen abgegeben zu haben. Von Berlin sei er nach einem Blutsturz auf den Rat seines Arztes hin einige Wochen zur Erholung nach Korsika gegangen, wo er Frau Geheimrat Molitor und ihre beiden Töchter Lina und Olga kennengelernt habe. Auf sein Zureden sei Lina Molitor mit ihm in die Schweiz geflohen, nachdem sie vorher 2000 Mark von der Bank abgehoben hatte. Vom Vorsitzenden gefragt, ob es richtig sei, daß sie dort den Entschluß gefaßt hätten, gemeinsam aus dem Leben zu scheiden, verweigerte der Angeklagte die Aussage.

Nachdem er dann mit seiner Frau nach Washington gegangen sei, fuhr Hau fort, habe er dort sein Studium beendet und 1905 die Zulassung als Rechtsanwalt erwirkt[1]. Später sei er als Dozent in den Lehrkörper der George-Washington-Universität aufgenommen worden. Mit dem osmanischen Generalkonsul Dr. Schönfeld sei er dann als dessen Sekretär im Winter 1905 auf 1906 und dann wieder im Herbst 1906 nach Konstantinopel gereist, um für die Beteiligung der Türkei an der Weltausstellung in St. Louis zu wirken und für amerikanische Großfirmen Abschlüsse zu tätigen.

Nach seinem Lebenswandel in Konstantinopel gefragt, gab der Angeklagte zu, mit Geld sehr verschwenderisch umgegangen zu sein. Er sei aber gezwungen gewesen, viel auszugeben und auf großem Fuße zu leben, weil er sonst geschäftlich nichts erreicht hätte. Als der Präsident seine Beziehungen zu einigen notorischen Lebedamen ins Gespräch brachte, reagierte Hau wieder ausweichend.

Präsident: »Ich kann mir nicht vorstellen, daß Ihre Abenteuer mit diesen sogenannten Damen zu Ihren Geschäften gehörten.« – Der Angeklagte: »Direkt nicht, Herr Präsident, aber die Beziehungen dieser sogenannten Damen, wie Sie sich ausdrücken, reichten sehr weit und vor allem sehr hoch. Ich mußte sie mir zunutze machen.«

Der Schwurgerichtspräsident ging jetzt zur Erörterung derjenigen Vorgänge über, die im Mittelpunkt der Verhandlung standen. Er fragte: »Sie haben zugegeben, am 6. November 1906 heimlich nach Baden-Baden gereist zu sein. Ihrer Frau sagten Sie, Sie müßten geschäftlich nach Berlin fahren. Am 6. November wurde Frau Molitor in Baden-Baden erschossen. Was wollten Sie dort?«.

Die Taktik, die der Angeklagte einschlug, als die erste Frage zur Sache an ihn gerichtet wurde, war ungewöhnlich. Er lehnte es kategorisch ab, sich zu äußern: »Über das, was ich am 6. November in Baden-Baden tun wollte, tat oder nicht tat – darüber verweigere ich die Aussage!« Solche Antworten sollte das Gericht bis zum Schluß der Hauptverhandlung von ihm noch häufig erhalten. Der

---

[1] In der Hauptverhandlung mußte Hau zugeben, daß er den Doktortitel nicht erworben hatte.

Angeklagte widersetzte sich der Aufklärung des Sachverhalts mit allen Kräften und machte mit einer Zähigkeit ohnegleichen Staatsanwaltschaft und Gericht jeden Fußbreit Boden streitig. Dauernd war von ihm zu hören: »Darüber äußere ich mich nicht«, »darüber lehne ich jede Auskunft ab«, »darauf verweigere ich die Aussage« usw. Zu einer solchen Haltung war der Angeklagte gewiß befugt, sein Verhalten erregte aber bei Juristen und Nichtjuristen Kopfschütteln und war für ihn bei Gericht nicht günstig, zumal man ihm schließlich doch eine Anzahl Zugeständnisse entreißen konnte. Die deutsche Strafjustiz hatte jedenfalls in einer Mordsache so etwas bei einem Angeklagten noch nicht erlebt!

In der Hauptverhandlung ging es darum, aufzuklären, was am 6. November 1906 in der Zeit von etwa 5 Uhr 47 bis etwa 6 Uhr 15 nachmittags in Baden-Baden auf der Kaiser-Wilhelm-Straße Ecke Lindenstaffeln geschehen war. Es drehte sich also um nicht einmal 30 Minuten! Schon jetzt deutete sich an, daß es bei der Renitenz des Angeklagten schwierig, ja vielleicht sogar unmöglich sein würde, volle Aufklärung in das Geschehen hineinzubringen. Der Präsident beschränkte sich darauf, dem Angeklagten zu erwidern: »Ich stelle fest, daß Sie im entscheidenden Punkt die Aussage verweigern. Bedenken Sie, daß es um Ihren Kopf geht!«

Hier erhob sich der Staatsanwalt und bat, dem Angeklagten vorzuhalten, daß schon in seiner Jugend manches passiert sei, was als anstößig bezeichnet werden müßte. Der Präsident unterbrach ihn bei diesen Worten und sagte, wenn der Vertreter der Anklage die Absicht habe, den Angeklagten über seine verschiedenen Frauengeschichten zu vernehmen, dann sei es doch wohl ratsam, die Öffentlichkeit auszuschließen.

Staatsanwalt: »Ich sehe dazu keinen Anlaß. Die Zuhörer sollen ruhig erfahren, was für ein wildes Leben der Angeklagte schon in seiner Jugend geführt hat.«

Präsident: »Angeklagter, Sie sollen schon als Schüler in Trier und später als Student in Freiburg und Berlin ausschweifend gelebt und sich viel mit Frauenzimmern abgegeben haben.« – »Ich bestreite das nicht...« Durch die Reihen der Zuhörer ging erneut Bewegung, es war Gemurmel zu hören.

»Nachdem Sie in Ajaccio Lina Molitor kennengelernt und zu ihr Beziehungen aufgenommen hatten, haben Sie sie veranlaßt, von ihrer Sparkasse 2000 Mark abzuheben. Damit wollten Sie Ihre Flucht finanzieren?«

Der Angeklagte nickte zustimmend.

Der Vorsitzende hielt es für ratsam, in diesem Augenblick dem Angeklagten noch einmal ins Gewissen zu reden: »Angeklagter, bevor wir in die Beweisaufnahme eintreten, möchte ich Sie noch einmal fragen, ob Sie zugeben, Ihre Schwiegermutter ermordet zu haben?« – Antwort: »Nein.«

»Wollen Sie auch in Abrede stellen, am Mordtag in Baden-Baden gewesen zu sein?«

»Nein, ich stelle das nicht in Abrede!«

»Besaß Frau Geheimrat Molitor Feinde?«

»Ich weiß es nicht. Wenn ich es wüßte, würde ich es nicht sagen.«

Den Vorsitzenden verließ jetzt für einen Augenblick die Geduld: »Angeklagter, was denken Sie sich eigentlich? Sie geben zu, mit einer Perücke und einem falschen Bart nach Baden-Baden gefahren zu sein. Wir wissen auch, daß Sie am Nachmittag des Mordtages mit verstellter Stimme im Haus Ihrer Schwiegermutter angerufen und sie unter einem Vorwand auf die Straße gelockt haben. Sie haben weiter zugegeben, daß Sie sich in der Stunde des Mordes vermummt und mit einem geladenen Revolver versehen in der Straße befunden haben, in der Frau Molitor erschossen wurde. Wollen Sie uns nicht endlich eine Erklärung für dieses eigenartige Verhalten geben?« – Der Angeklagte richtete sich hoch auf und blickte den Präsidenten fest an: »Ich habe nichts zu erklären, Herr Vorsitzender.«

Am zweiten Verhandlungstag war das Interesse der Presse und des Publikums eher noch größer als am ersten. Als Zuhörer hatte sich jetzt auch noch der badische Justizminister eingefunden.

Zu Beginn der Sitzung ließ sich der Staatsanwalt das Wort geben und kam noch einmal auf das ausschweifende Leben des Angeklagten in Konstantinopel zu sprechen. Dort habe er die ganze Mitgift seiner Frau durchgebracht. Dann wandte er sich dem mysteriösen Vorfall in der Wiener Bank zu und hielt Hau vor, daß er den Scheck selbst eingelöst habe – jenen Scheck, von dem er später behauptet hatte, er sei ihm gestohlen worden.

»Wen wollten Sie damals eigentlich betrügen?« fragte der Staatsanwalt.

»Ich hatte nicht die Absicht, irgend jemand zu betrügen. Als ich von Wien in Baden-Baden eintraf, merkte ich erst, daß mir das Geld, das ich für den Scheck erhalten hatte, gestohlen worden war. Ich kam ohne einen Pfennig bei meiner Frau und meiner Schwiegermutter in Baden-Baden an und erzählte ihnen von dem Diebstahl. Meine Schwiegermutter telegrafierte an die Bank, und die muß das Telegramm mißverstanden haben.«

Der Vorsitzende erkundigte sich jetzt bei dem Angeklagten, warum seine Frau nach Europa gekommen sei.

»Nach der Geburt unserer Tochter fing meine Frau an zu kränkeln. Es handelte sich um ein Unterleibsleiden, das eine Operation notwendig machte. Diese Operation ließ sie in München ausführen, während ich mich in der Türkei aufhielt. Zur Erholung fuhr sie anschließend zu ihrer Mutter nach Baden-Baden. Dort trafen wir uns, als ich aus der Türkei zurückkam.«

»Und wer wohnte außer Ihnen, Ihrer Frau und dem Kind in der Villa?« – Der Angeklagte zögerte: »Meine Schwiegermutter und die Dienerschaft natürlich.« – »Sonst niemand?« – »O doch, meine Schwägerin!«

Hier warf der Staatsanwalt die Bemerkung ein: »Ihre Schwägerin Olga hatten Sie im Augenblick wohl ganz vergessen?«

Diese Bemerkung gab dem Vorsitzenden Anlaß, folgende Frage zu stellen: »Als Sie damals auf Korsika die Bekanntschaft der Familie Molitor machten – mit wem waren Sie zuerst befreundet, mit Ihrer späteren Frau oder mit Olga?«

»Darauf verweigere ich die Auskunft«, lautete die überraschende Antwort.

Der Präsident fragte ihn nunmehr nach der Reise, die er Ende Oktober 1906 mit Frau, Kind und Schwägerin nach Paris unternommen hatte: »Hat es zwischen Ihnen und Fräulein Olga auf der Reise etwas gegeben?« – Antwort: »Darauf verweigere ich die Auskunft.« – »War Ihre Frau eifersüchtig auf ihre Schwester?« – »Das weiß ich nicht.«

Der Vorsitzende legte auf die jetzt folgende Frage besonderen Nachdruck: »Einige Tage, nachdem Sie in Paris angekommen waren, erhielt Ihre Schwiegermutter ein Telegramm, das folgenden Wortlaut hatte: ›Erwarte dich mit dem nächsten Zuge. Olga krank. Komme sofort. Lina.‹ Als Ihre Schwiegermutter nach Paris kam, traf sie Olga gesund und wohlbehalten an. Ihre Frau hatte das Telegramm nicht abgesandt. Ich frage Sie, Angeklagter: Haben Sie das Telegramm abgesandt?«

Antwort: »Auf diese Frage antworte ich nicht!«

Durch die Reihen der Zuhörer ging Bewegung, und es waren Zwischenrufe zu hören.

Präsident: »Dann muß ich annehmen, daß entweder Sie oder Ihre Frau das Telegramm abgesandt haben. Vielleicht wollte Ihre Frau ihre Schwester aus Paris entfernen. War das Ganze eine List Ihrer Frau, um ihre Mutter nach Paris zu bekommen, damit sie hier vermitteln könne?«

Der Angeklagte gab darauf wiederum keine Antwort.

Der Staatsanwalt benutzte die eingetretene Pause, um an Hau die Frage zu richten, ob er in Paris mit seiner Schwägerin stundenlang spazierengegangen sei. Der Angeklagte wich erneut aus, er könne mit seiner Schwägerin so viel spazierengehen, wie er wolle.

Hier griff nun der Verteidiger ein und teilte dem Gericht mit, daß Frau Hau vor ihrem Selbstmord in der Schweiz ein ausführliches Gespräch mit ihm gehabt habe. Dabei habe sie ihm verraten, ihr Mann habe das Telegramm aus Paris abgesandt: Er habe gefühlt, daß seine Neigung zu Olga das erlaubte Maß überschreite. Nach einer stürmischen Auseinandersetzung zwischen ihnen habe er wahrscheinlich das Telegramm an ihre Mutter gesandt, damit sie Olga zurückhole und damit dem unerträglichen Zustand in Paris ein Ende bereite.

Der Vorsitzende hielt diese Mitteilung dem Angeklagten vor und fragte ihn: »Kam das Telegramm von Ihnen oder nicht von Ihnen?« – »Darauf verweigere ich die Aussage.«

Der Staatsanwalt kam dann auf die Reise nach London zu sprechen. Unterwegs in Dover habe der Angeklagte seiner Frau ein Telegramm gezeigt, das folgenden Wortlaut hatte: »Nehmen Sie den nächsten Zug nach Berlin. Bewahren Sie absolutes Stillschweigen gegen jedermann. Eile dringend erforderlich.«

»Dieses Telegramm hatten Sie an sich selbst geschickt?« fragte der Staatsanwalt. – »Allerdings. Ich hatte auf dem Kontinent noch etwas zu erledigen, eine Angelegenheit geheimer Natur, über die ich nicht einmal meine Frau ins Bild setzen konnte.«

Präsident: »Das muß aber eine sehr mysteriöse Angelegenheit

gewesen sein. Sonst wären Sie wohl nicht erst nach London gefahren, um dort einen falschen Bart und eine Perücke zu erstehen!« – Antwort: »Es war ein wichtiges und geheimes Geschäft, das besondere Vorsichtsmaßregeln erforderte. Den falschen Bart habe ich übrigens auf dem Kanal ins Wasser geworfen; er war nicht gut.«

»Sie reisten aber gar nicht nach Berlin«, fuhr der Präsident fort, »sondern nach Frankfurt am Main. Am 4. November kamen Sie dort an. Aus welchem Grunde fuhren Sie gerade nach Frankfurt?« – »Ich hatte dort Besprechungen, muß es aber ablehnen, die Namen der Personen zu nennen, mit denen ich zu tun hatte.« – »Sie haben sich dann im ›Englischen Hof‹, wo Sie vom 4. bis zum 6. wohnten, einen Vollbart anfertigen und die Perücke umfärben lassen, sind am Nachmittag des 6. mit Perücke und falschem Bart nach Baden-Baden gefahren und dort gegen 2 Uhr nachmittags eingetroffen. Kurz nach 6 Uhr wurde Ihre Schwiegermutter erschossen.« Und an seine Frau habe er am 4. November nach London ein Telegramm gesandt, in dem es hieß: »Zusammenkunft nach Frankfurt verlegt. Bewahre absolutes Stillschweigen. Hoffe, Donnerstag oder Freitag zurück zu sein.« Ihrer Mutter aber habe Frau Hau geschrieben, ihr Mann habe geheime Order erhalten, nach dem Kontinent zurückzukehren. Sie müsse inzwischen in London die Kranke markieren.

Der Angeklagte stellte diese Angaben nicht in Abrede. Auf die Frage, warum er das alles getan habe, verweigerte er erneut die Auskunft, auch darüber, ob seine Schwägerin Olga von seiner Reise Kenntnis gehabt habe. Er gab auch keine Erklärung dafür, warum er in Karlsruhe einen Zug überschlagen und dort sein Gepäck hinterlegt habe. Diesen Vorhalten schloß der Vorsitzende eine Frage an, die der Angeklagte noch oft zu hören bekommen sollte: »Jetzt sagen Sie mir aber: Warum sind Sie nach Baden-Baden gefahren? Haben *Sie* Ihre Schwiegermutter erschossen?«

»Ich habe sie nicht erschossen. Über den Grund meiner Reise nach Baden-Baden gebe ich keine Auskunft.«

Der Präsident hielt dem Angeklagten nunmehr vor, was das Zimmermädchen ausgesagt hatte. Danach könne nicht zweifelhaft sein, daß er – Hau – den Anruf fingiert und selbst gesprochen habe.

Nach einigem Zögern gab der Angeklagte jetzt endlich zu, daß er in der Tat angerufen und seine Schwiegermutter auf das Postamt bestellt hatte. Er leugnete jetzt auch nicht mehr, sich vor der Abreise aus Frankfurt außer dem falschen Bart einen Revolver beschafft zu haben.

»Nachdem Sie Ihre Schwiegermutter auf das Postamt bestellt hatten, verließ sie ihre Villa etwa 5 Minuten vor 6 Uhr. Es dunkelte und war regnerisch. Wenige Minuten danach fiel der tödliche Schuß. Gegen 6 Uhr 15 verließen Sie mit dem Zug Baden-Baden. Waren Sie am Tatort, als der Schuß fiel?«

»Es ist möglich, daß ich in der Nähe war.«

»Haben Sie den Schuß gehört?«

»Darüber verweigere ich die Aussage.«

»Dann erklären Sie mir bitte folgendes: Was hat Sie bewogen, Ihre Schwiegermutter unter falschen Angaben aus dem Hause zu locken und fluchtartig Baden-Baden zu verlassen?«

Antwort: »Darüber will ich nicht aussagen.«

»Haben Sie in Baden-Baden einen Revolver bei sich gehabt, Angeklagter?«

»Darüber verweigere ich die Aussage.«

»In Ihrem Koffer ist ein Revolver gefunden worden, der geladen, aber nicht abgeschossen war.«

»Dann habe ich ihn auch bei mir gehabt.«

»Der Revolver war aber nicht abgefeuert. Hatten Sie vielleicht noch einen zweiten Revolver bei sich?«

Der Angeklagte blieb unbewegt. Den Blick geradeaus gerichtet, sagte er: »Über die Vorgänge in Baden-Baden werde ich nicht aussagen.«

Durch den Saal ging ein Raunen.

»Dann bleibt mir nichts anderes übrig, als Ihre Schwägerin zu hören.«

Bei diesen Worten war eine gewisse Unruhe bei dem Angeklagten zu verspüren. Der Vorsitzende, der dies beobachtet hatte, hielt es für richtig, Hau noch einmal zu ermahnen: »Bevor ich Fräulein Molitor in den Zeugenstand rufe, richte ich noch einmal die Frage an Sie: Haben Sie Ihre Schwiegermutter getötet?«

»Nein, ich habe mit der Tat nichts zu tun.«

»Haben Sie irgend jemand in Verdacht?« – »Nein.«

»Hat vielleicht Ihre Schwägerin Olga getroffen werden sollen?«

»Darauf verweigere ich die Antwort.«

»Halten Sie es für denkbar, daß Ihre Schwägerin geschossen hat?«

»Das ist völlig ausgeschlossen«, lautete die bestimmte und nachdrückliche Antwort.

Auf diese Antwort hin verlor der sonst so beherrschte, höfliche Vorsitzende für einen Augenblick die Fassung: »Wer war dann der Täter? Bitte sagen Sie uns das! Wollten Sie Ihre Schwiegermutter aus dem Wege räumen, um Ihrer Schwägerin gegenüber freiere Hand zu haben?«

Der Vorsitzende fuhr fort: »Ihre Mittel waren knapp geworden. Neues Geld stand nicht in Aussicht. Eine Vermutung ist naheliegend: daß Sie den Mord begangen haben, um über Ihre Frau in den Besitz des Vermögens Ihrer Schwiegermutter zu gelangen. Was sagen Sie dazu?«

Der Angeklagte gab darauf keine Antwort.

Der Vorsitzende schloß die Vernehmung des Angeklagten mit folgendem Vorhalt: »Ihre Frau hat sich das Leben genommen und vorher letztwillig verfügt, ihr Kind solle einen anderen Namen erhalten. Dieser Brief läßt erkennen, daß Ihre Frau Sie für schuldig gehalten hat. Was haben Sie dazu zu erklären?«

»Es war mir nicht möglich, ihr die Wahrheit mitzuteilen, da mir eine Unterredung unter vier Augen verweigert wurde.«

Dieses Testament und einige Briefe, die Lina Hau kurz vor ihrem Selbstmord an ihren Mann gerichtet hatte, sollte der Staatsanwalt dem Angeklagten noch mehrfach vorhalten. Sie bedeuteten eine schwere Belastung für ihn.

Seine ausweichenden Antworten waren für den Vorsitzenden Veranlassung, dem Angeklagten noch einmal vor Augen zu halten, wie unglaubwürdig seine Aussage sei: »Herr Hau – Sie arbeiten mit fingierten Telegrammen und Telefongesprächen, laufen mit einem falschen Bart, einer Perücke und einem geladenen Revolver durch die Gegend, locken Ihre Schwiegermutter durch einen fingierten Anruf aus dem Hause, und eine Stunde danach wird sie ermordet. Sie erklären entweder, davon nichts zu wissen, oder verweigern die Aussage. So etwas ist mir in langjähriger Praxis noch nicht vorgekommen. Wollen Sie denn zu diesen Indizien, die Sie belasten, gar nichts weiter erklären?«

Der Angeklagte blickte den Vorsitzenden lange an und überlegte. Dann erklärte er mit fester Stimme: »Ich möchte noch einmal betonen, daß ich meine Schwiegermutter nicht erschossen habe!«

Damit war ein neuer Versuch gescheitert, Hau zu einem Geständnis zu bringen.

Nach der Mittagspause des zweiten Verhandlungstages kam der Vorsitzende noch einmal auf das Telegramm zu sprechen, das Hau in Dover erhalten hatte. Es hatte ihn ja nach Berlin bestellt.

»Warum sind Sie statt nach Berlin nach Frankfurt am Main gefahren?« – »Ich hatte dort geschäftlich zu tun.« – »Mit wem hatten Sie dort geschäftlich zu tun?« – »Darüber verweigere ich die Auskunft!«

Der Vorsitzende fuhr fort: »Sie sind am 6. November 1906, einen Revolver in der Tasche und mit einem falschen Bart und einer Perücke angetan, nach Baden-Baden gefahren. Dort sind Sie gegen 2 Uhr nachmittags angekommen. Ihr Gepäck haben Sie vorher in Karlsruhe auf dem Bahnhof abgestellt. Bart und Perücke waren so schlecht ausgefallen, daß Sie Verdacht erregt haben. Sie haben dann Ihre Schwiegermutter durch ein fingiertes Telefongespräch auf das Postamt bestellt, und auf dem Wege dorthin wurde sie erschossen. Bitte erklären Sie uns das alles!«

Der Angeklagte lehnte auch dazu jede Äußerung ab.

Das Gericht trat nunmehr in die Beweisaufnahme ein. Zunächst wurden eine Anzahl Zeugen gehört, die in Karlsruhe und Baden-Baden einen jungen Mann gesehen hatten, der offensichtlich einen falschen Bart trug. Einer von ihnen hatte einen Polizeibeamten darauf aufmerksam gemacht, der hatte aber erwidert, es sei nicht verboten, einen falschen Bart zu tragen. Auch Bahnbeamten war dieser Bart aufgefallen. Vom Vorsitzenden gefragt, warum er nicht den Namen des Mannes festgestellt habe, erwiderte einer dieser Beamten, der Reisende habe sich in einem Abteil 1. Klasse befunden, und auf seinem Koffer seien Zettel von Hotels aus ganz Europa zu sehen gewesen. Da habe er nichts unternommen.

Aufsehen erregte die Aussage einer Frau von Reitzenstein, die nicht weit vom Hause Molitor eine Villa bewohnte. Sie war an dem Abend der Mordtat ausgegangen, um einen Brief in den Kasten zu werfen. In der Nähe der Lindenstaffeln war sie einem Mann mit schwarzem Vollbart begegnet, der mit langen Schritten bergan eilte. Auf dem Rückweg vom Briefkasten traf sie die beiden Damen Molitor, und ihnen folgte in 20 bis 30 Schritten Abstand ein Herr, der kleiner und älter als der erste war und österreichischen Bartschnitt trug. Gefragt, ob sie den Angeklagten wiedererkenne, sagte die Zeugin: »Ja, das war der mit dem schwarzen Vollbart!« Auf den Vorhalt des Staatsanwalts blieb Frau von Reitzenstein dabei, daß es sich um zwei verschiedene Männer gehandelt habe und daß der, den sie hinter den beiden Frauen gesehen habe, ein anderer gewesen sei. Das war nun eine Aussage, die die Täterschaft des Angeklagten wieder zweifelhaft erscheinen ließ. Die Verhandlung wurde immer aufregender![1]

Nach diesem Zwischenfall sah man mit ganz besonderer Spannung dem Auftreten der Schwägerin des Angeklagten Olga entgegen. Als sie den Zeugenstand betrat, wandten sich ihr alle Blicke zu. Die Zeugin, damals 26 Jahre alt, war eine sehr gut aussehende, elegante junge Frau, die sicher und selbstbewußt auftrat. Es fiel auf, daß sie ihren Schwager keines Blickes würdigte. Auch er hatte die Augen abgewandt.

Auf Befragen erklärte sie, daß sie aussagen wolle. Sie wurde unvereidigt vernommen.

Von der Ermordung ihrer Mutter gab sie folgende Schilderung: Am 6. November gegen Abend habe ihre Mutter sie bei Bekannten abgeholt und gebeten, mit ihr zum Postamt zu kommen; das Original des Pariser Telegramms sei aufgefunden worden. Sie seien dann zusammen aufgebrochen.

Die Zeugin fuhr fort: »Als wir weitergingen, hörte ich Schritte hinter uns. Mama sagte, sie fürchte sich. Ich suchte sie zu beruhigen. Plötzlich vernahmen wir die Schritte nicht mehr. Wir blieben eine Sekunde stehen und berieten, welchen Weg wir wohl zur Post einschlagen sollten. Da hörte ich mit einem Male die Schritte wieder hinter uns, und zwar näherten sie sich sehr rasch. Ich dachte, der Mann wolle uns überholen. Zwischen der zweiten und vierten Laterne der Kaiser-Wilhelm-Straße an der dunkelsten Stelle der Straße

[1] Durch die Aussage einer Zeugin namens Eisele wurden diese Zweifel später noch verstärkt. Diese Zeugin, die vor dem Schwurgericht nicht vernommen worden war, weil sie sich nicht rechtzeitig gemeldet hatte, bekundete, sie habe am Abend des 6. November an der Ecke der Fremersbergstraße und der Lichtenthaler Allee einen Herrn eine Droschke besteigen sehen. Erst kurz danach sei ein Schuß gefallen. Ein Droschkenkutscher namens Braun hatte dort tatsächlich einen Fahrgast aufgenommen und nach dem Bahnhof gefahren. Hau behauptete später, dieser Fahrgast sei er gewesen. Der Kutscher erkannte ihn aber nicht wieder.

wurde dann ein Schuß abgegeben. Mama machte eine halbe Wendung und fiel um. Ich wollte sie hochheben, warf aber noch einen Blick nach der Richtung, aus der der Schuß gekommen war. Ich sah den Mann um die Ecke eilen und die Straße herunterrennen und schrie um Hilfe.«

Vorsitzender: »Haben Sie Verdacht auf Ihren Schwager gehabt?« – Antwort: »Nein.« – »Hatten Sie Veranlassung zu der Annahme, daß Ihr Schwager Ihnen nach dem Leben trachtete?« – »Nein.« – »Haben Sie zu ihm in näheren Beziehungen gestanden?« – »Niemals.« – »Haben Sie geahnt, daß Ihre Schwester auf Sie eifersüchtig war?« – »Ich habe es später gehört.« – »Warum sind Sie mit nach Paris gegangen?« – »Ich kannte Paris noch nicht.«

Nach einigen Tagen Aufenthalt in Paris sei plötzlich ihre Mutter erschienen. Sie hätten sich nicht erklären können, was das rätselhafte Telegramm zu bedeuten habe. Es sei für sie ständiger Gesprächsstoff gewesen. Ihre Schwester habe es sicher nicht abgesandt.

Präsident: »Zu Eifersucht haben Sie also keine Veranlassung gegeben?» – »Niemals. Ich habe nur einmal in Paris bemerkt, wie mich meine Schwester unendlich traurig anschaute. Wir hatten uns sehr lieb, und mir hatte sie auch das Kind, mein Patenkind, anvertraut. Niemals ist unser Verhältnis getrübt worden, auch nicht durch Hau, den meine Schwester leidenschaftlich geliebt hat.«

»Was wissen Sie von dem Schuß, der auf Ihre Schwester abgegeben wurde?« – »Lina hat einmal erzählt, sie und Carl Hau hätten gemeinsam aus dem Leben scheiden wollen. Hau habe auf sie einen Schuß abgegeben, dann aber nicht den Mut gehabt, die Waffe auch gegen sich selbst zu richten.«

Verteidiger: »Haben Sie nach der Ermordung Ihrer Mutter die Vermutung geäußert, daß es sich um einen Racheakt handle?« – »Allerdings. Ich konnte mir die Tat nicht anders erklären.« – Präsident: »War Ihre Frau Mutter genau und scharf gegen die Dienstboten?« – »Das könnte ich nicht sagen, es war wie in anderen Haushalten auch. Nach dieser Richtung habe ich keinen Verdacht.«

Präsident: »Angeklagter, geben Sie die Angaben der Zeugin zu?« – »Ich bestreite diese Aussagen in keiner Weise.« – Zwischenfrage des Sachverständigen Professor Hoche: »Was war überhaupt Hau für ein Mann?« – »Wir haben Hau für einen außergewöhnlich klugen und geistig hochstehenden Mann gehalten.«

Damit war die erste Vernehmung dieser wichtigen Tatzeugin abgeschlossen. Der Geheime Medizinalrat Neumann, der langjährige Hausarzt der Familie Molitor, hatte am Tatort nur noch den Tod der Witwe feststellen können. Der Schuß hatte bei der 62 Jahre alten Frau das Herz durchbohrt und ihren Tod auf der Stelle herbeigeführt; er habe nur ihr und nicht ihrer Tochter gelten können.

Aus seiner Kenntnis der Verhältnisse in der Familie Molitor berichtete der Arzt, Lina sei wegen ihrer Überspanntheit das Schmerzenskind ihrer Eltern gewesen; ihre Mutter habe ihr nach ihrer Verheiratung viel Geld zugewendet. Von Olga könne man nur das Beste sagen. Sie sei ein liebenswürdiges, bescheidenes und heiteres Mädchen, das in Baden-Baden einen ausgezeichneten Ruf genieße.

Aus der Vernehmung der Bonne der Familie Hau, einem Fräulein Lerch, die schon in Washington mit gewesen war, erfuhr man, daß Lina Hau noch in Dover nach der Verhaftung ihres Mannes nicht an dessen Schuld geglaubt habe. In Paris habe sie den Wunsch geäußert, ihre Schwester möge nach Hause gerufen werden; man könne sie und ihren Mann nicht alleine lassen. Sie sei auf ihre Schwester sehr eifersüchtig gewesen. Hau habe übrigens auf seinen Reisen sehr luxuriös gelebt und seiner Frau große Geschenke in Juwelen gemacht.

Wieder vorgerufen und zur Stellungnahme aufgefordert, erklärte Olga Molitor, daß Lina ihr die Eifersucht nicht verheimlicht, ja sie sogar gebeten habe, nur ja keine kostbaren Kleider anzuziehen. Bei dieser Gelegenheit ließ der Vorsitzende den letzten Brief, den Olga von ihrer Schwester erhalten hatte, verlesen. Er enthielt den Passus: »Mein heißester Wunsch ist, daß Hansi (der Kosename Haus) zu einem Entschluß kommt, der allen die entsetzliche Gerichtsverhandlung erspart.«

Ein Redakteur, der Hau in Konstantinopel kennengelernt und beobachtet hatte, sagte aus, er sei dort wie ein Grandseigneur aufgetreten. Man habe ihn für einen steinreichen Mann halten müssen. Hau habe eine geradezu pathologische Manie für Edelsteine gehabt und in renommistischer Weise immer von seinen sexuellen Ausschweifungen gesprochen. Er habe den Eindruck gehabt, daß man es bei Hau mit einem außergewöhnlich begabten Menschen zu tun habe, der aber durch Exzesse an die Grenze eines pathologischen Zustandes gelangt sei.

Eine Tante des Angeklagten, in deren Haus er fünf Jahre während seiner Schulzeit gelebt hatte, meinte, der Angeklagte sei nicht mehr klar im Kopfe. Sie habe ihn in London aufgesucht und dabei den Eindruck erhalten, daß sie einen Irrsinnigen vor sich habe. Schulkameraden und Studiengenossen erklärten, der Angeklagte sei zwar hochintelligent, sicher aber auch andersgeartet als normale Menschen, vor allem unstet, sprunghaft und sexuell hemmungslos. Einem dieser Zeugen hatte er offen eingestanden, er habe in Selbstmordabsichten einen Schuß auf seine Geliebte abgegeben, aber nicht den Mut gehabt, die Waffe auch gegen sich selbst zu richten.

Von hoher Intelligenz wußten auch andere Zeugen zu berichten. Wenn er den Mord begangen habe, sagte einer von ihnen, dann nur »infolge seines komplizierten und differenzierten Nervensystems«.

Nach dem Bericht eines Pariser Zimmerkellners, der eine Eifersuchtsszene zwischen den Eheleuten schildern konnte, verweigerte der Angeklagte erneut die Stellungnahme. Der Vorsitzende gab daraufhin folgende Erklärung ab: »Die Verhandlung ist von so furchtbarem, entsetzlichem Ernst, daß Ihre schwankende Haltung nicht in Ihrem Interesse liegt. Wenn Sie jemanden zu schonen haben sollten, so ist Ihre Haltung nicht geeignet, diese Person zu schonen, und wenn Sie niemanden zu schonen haben, dann ist Ihre Haltung erst recht unverständlich.«

Angeklagter: »Da von der Eifersucht meiner Frau schon heute früh gesprochen worden ist, brauche ich nicht mehr zu schweigen. Und so kann ich jetzt erklären, daß die Auseinandersetzung im Hotel durch die Eifersucht meiner Frau heraufbeschworen worden ist. Sie machte mir Vorwürfe, daß die Beziehungen zwischen mir und Olga nicht korrekt seien, was ich aber entschieden in Abrede stellte.« – »Waren diese Beziehungen korrekt?« – »Sie waren es!« – »Warum haben Sie dann mit der gefälschten Unterschrift Ihrer Frau Ihre Schwiegermutter herbeigerufen?« – »Weil ich glaubte, es sei das beste Mittel, den Aufenthalt meiner Schwägerin abzukürzen.«

Auch Fanny Molitor hatte in Paris und anderswo nichts von Beziehungen zwischen ihrem Schwager und ihrer Schwester Olga bemerkt: »Meine Schwester Lina hat Hirngespinste gesehen.«

Frage des Präsidenten: »Wen halten Sie aber nun für den Mörder?« – Antwort von Fanny Molitor: »Niemand anders als den

Angeklagten!« In derselben Weise äußerte sich die vierte Tochter der Ermordeten, Luise Molitor: »Als ich nach Baden-Baden kam, sagte man mir, der Täter könne nur Hau gewesen sein. Als meine Schwester Lina von London eintraf, wollte sie erst nicht daran glauben, mußte sich aber schließlich davon überzeugen, daß Hau der Mörder sei. Sie hat dann das Gefühl gehabt, daß sie nicht zu ihrem Manne, sondern zu ihren Schwestern halten müsse.«

Ebenso wie seine Schwestern erklärte sich auch der Oberleutnant Molitor von der Schuld Haus überzeugt. Der Zeuge legte den Abschiedsbrief seiner Schwester vor, aus dem der Vorsitzende folgende Stelle verlesen ließ: »Meine Mutter wurde ermordet. Mein Mann ist des Mordes angeklagt, den ich über alles liebe. Ich sterbe an diesem Leid. Jeder, der menschlich fühlt, wird den grenzenlosen Jammer meiner Seele achten. Im Tode sehe ich die einzige Lösung. Furchtbar ist die Trennung von meinem Kinde.«

Auf die Frage, was er von dem Pariser Telegramm halte, sagte der Zeuge: »Meine Mutter war schwer herzleidend und mußte vor Aufregungen bewahrt werden. Das Telegramm mit der beunruhigenden Nachricht über Olga sollte sie offenbar töten.«

Vorsitzender: »War Lina auf Olga eifersüchtig?« – Zeuge: »Lina hatte Minderwertigkeitskomplexe, sie fühlte, daß ihr Mann sich zu der geistig bedeutenderen Olga stärker hingezogen fühlen könnte.«

Der Präsident unternahm jetzt noch einen letzten Versuch, Carl Hau zu einem Geständnis zu bewegen. Er sagte: »Wir kommen jetzt zum Schluß der Beweisaufnahme. Angeklagter, ich appelliere jetzt noch ein letztes Mal an Sie, die Wahrheit zu sagen. Wenn Sie es nicht waren, der am 6. November Ihre Schwiegermutter ermordet hat – warum sind Sie dann an diesem Tage heimlich nach Baden-Baden gefahren und haben sich dort zwei Stunden aufgehalten?«

Wieder lautete die Antwort: »Darauf kann ich Ihnen keine Auskunft geben, Herr Vorsitzender.«

In diesem Augenblick erhob sich der Vertreter der Anklage von seinem Stuhl und bat ums Wort: »Wir benötigen die Aussage des Angeklagten nicht mehr. Mir ist soeben mitgeteilt worden, daß er sich gegenüber einem ehemaligen Zellengenossen, einem Referendar Lenck, ausführlich über seinen Fall ausgesprochen hat. Lenck, unter Verdacht, ein Sittlichkeitsverbrechen verübt zu haben, und in Haft genommen, wurde inzwischen freigesprochen. Er ist anwesend und kann als Zeuge vernommen werden.«

Der Zeuge trat vor, wurde vereidigt, weigerte sich aber, eine Aussage zu machen. Er sei von der Unschuld des Angeklagten überzeugt und werde nichts von ihren Unterhaltungen preisgeben, da er ihm sein Wort gegeben habe, über ihre Gespräche absolutes Stillschweigen zu bewahren. Er habe zudem den Verdacht, daß er nur deshalb in Haus Zelle gelegt worden sei, um ihn auszuhorchen.

Der Präsident hielt dem Zeugen vor, daß er zur Aussage verpflichtet sei und dazu gezwungen werden könne: »Sie haben alle Fragen beantwortet ... bis auf eine, die hauptsächlichste ... Nach dem Stande unserer Gesetzgebung entbindet Sie auch der Wunsch des Angeklagten nicht von der Notwendigkeit, alles, was Sie wissen, rückhaltlos zu sagen. Sie haben gesagt, daß der Angeklagte mit Ihnen über die Tat selbst nicht gesprochen hätte, daß er aber in jenem Moment deprimierter Stimmung und Erregung Ihnen anvertraut hat, warum er plötzlich von London nach dem Kontinent zurückgekehrt ist, und was er in Baden-Baden beabsichtigte. Überlegen Sie es sich also noch einmal genau, was es heißt, wenn Sie jetzt Ihre Aussage darüber verweigern.«

Zeuge: »Ich habe mich eingehend geprüft und bin zu dem Schluß gekommen, daß aus meiner Aussage vielleicht noch nicht klar genug entnommen werden konnte, aus welchem Grund ich die Aussage hier verweigern muß. Ich tue es deshalb, weil ich mich dem Angeklagten gegenüber verpflichtet fühle zu schweigen, und weil ich aufgrund seiner Mitteilungen in Verbindung mit der Aussage der übrigen Zeugen in dieser Verhandlung der Überzeugung bin, daß der Angeklagte nicht der Täter ist.«

Staatsanwaltschaft und Verteidigung beantragten daraufhin, gegen den Zeugen das Gesetz mit aller Schärfe zur Anwendung zu bringen. Das Gericht verhängte daraufhin 30 Mark Beugestrafe über ihn. Als der Zeuge auf seiner Weigerung beharrte, stellte der Verteidiger den Antrag, ihn in Beugehaft zu nehmen. Schließlich hänge das Leben seines Klienten von der Aussage ab. Der Zeuge erwiderte, er werde auch dann nicht aussagen, wenn man ihn in Haft nehme: »Nichts kann mich bewegen, von meinem Entschluß abzugehen, weder die 30 Mark Geldstrafe noch die mir angedrohte Zwangshaft.«

Präsident: »Wenn die Frage nicht aufgeklärt wird, ist es Schuld des Angeklagten. Möge er doch seinen Richtern und den Geschworenen endlich die Wahrheit sagen!«

In diesem Augenblick erhob sich der Angeklagte, bat ums Wort und gab unter großer Spannung des überfüllten Saales folgende Erklärung ab: »Ich bin bereit, eine solche Erklärung abzugeben (große anhaltende Bewegung). Ich will nicht, daß der Zeuge meinetwegen bestraft wird. Ich will deshalb jetzt sagen, warum ich am 6. November nach Baden-Baden gefahren bin und was ich dort getan habe. Es geschah deshalb, weil ich vor der Abreise nach Amerika meine Schwägerin Olga noch einmal sehen und sprechen wollte. Ich empfand für sie leidenschaftliche Zuneigung. Der Abschied von Paris war zu unbefriedigend gewesen.«

Mit dieser Erklärung war man endlich einen Schritt weitergekommen. Alles atmete auf. »Es war der Höhepunkt des an Aufregungen reichen Prozesses«, schrieb das »Berliner Tageblatt«. »Die Sympathien des Publikums waren in diesem Moment unzweifelhaft auf der Seite des Angeklagten.« Der Präsident schlug jetzt dem Angeklagten gegenüber fühlbar freundlichere Töne an.

»Weshalb sind Sie dann aber zunächst nach Frankfurt gefahren und haben sich dort Bart und Perücke machen lassen?«

»Ich wollte nicht erkannt werden.«

»Und Sie haben Ihre Schwiegermutter auf die Post bestellt, um sich in ihrer Abwesenheit Ihrer Schwägerin nähern zu können?« – »Den ganzen Nachmittag hatte ich mich in der Umgebung der Villa aufgehalten, ohne sie aber fassen zu können.« – »Als Sie gegen Abend feststellen mußten, daß Ihr Plan mißlungen war – haben Sie dann Ihren Entschluß geändert und auf Frau Molitor geschossen, um in den Besitz der Erbschaft zu kommen?«

»Nein, so war es nicht!« rief der Angeklagte erregt aus. »Ich habe nicht geschossen, sondern eine Droschke genommen, bin in aller Eile zum Bahnhof gefahren und sofort abgereist.«

»Wer aber war es, der den Schuß abgab?«

»Das weiß ich nicht!«

»Wollten Sie vielleicht Ihre Schwägerin Olga und dann sich selbst töten?«

»Nicht im geringsten.«

»Ihre Einlassung ist nach wie vor ganz unglaubwürdig, Angeklagter«, sagte der Staatsanwalt. – »Warum haben Sie das, was wir heute erfahren haben, nicht schon in der Voruntersuchung zugegeben?« – »Meine Frau sollte unter gar keinen Umständen erfahren, daß ich nur ihrer Schwester wegen nach Baden-Baden gefahren war. Das war der Grund!«

Es wurde hierauf nochmals Olga Molitor vorgerufen.

Präsident: »Sie wußten also nichts von den Gefühlen, die der Angeklagte für Sie hegte?«

Die Zeugin: »Nein, ich habe niemals etwas davon gewußt.«

»Sie haben also wirklich keine Ahnung davon gehabt?« – Die Zeugin schweigt.

»Sie würden über das Aussehen Ihres Schwagers doch sehr erschrocken gewesen sein, wenn Sie ihn unverhofft in solchem Zustande in Baden-Baden getroffen hätten?«

»Ich glaube wohl.«

»Wenn er Ihnen bei dieser Gelegenheit gesagt hätte, daß Sie der Anlaß zu seiner Reise auf den Kontinent gewesen seien, welche Gefühle würden Sie dann ihm gegenüber gehegt haben?« – Die Zeugin schweigt.

»Was würden Sie zu Hau gesagt haben, wenn er zu Ihnen über seine Gefühle gesprochen hätte?«

»Ich würde ihm gesagt haben, er solle zu seiner Frau gehen.«

»Sie erklären also, daß Sie Hau zu seinen Gefühlen keinen Anlaß gegeben hätten?«

»Jawohl, das erkläre ich.«

»Haben Sie Zweifel über die Person dessen, der den Schuß abgegeben hat?« – Die Zeugin schweigt.

»Haben Sie eine Vermutung, wer Ihre Mutter erschossen haben könnte?« – »Nein.«

Anschließend wurden noch eine Anzahl Zeugenaussagen verlesen.

Inzwischen war es 10 Uhr abends geworden. Die Geschworenen erklärten, sie seien nicht mehr imstande, den Verhandlungen zu folgen; das Gericht beschloß aber, vor der Vertagung der Verhandlung noch die beiden letzten psychiatrischen Sachverständigen zu hören – Geheimrat Professor Dr. Hoche aus Freiburg und Professor Aschaffenburg aus Köln.

Professor Hoche, der den Angeklagten sechs Wochen in seiner Klinik beobachtet hatte, erklärte, von einer erblichen Belastung könne bei Hau keine Rede sein. Er sei ein weichlicher, sensitiver Mensch, besitze aber die Kraft, an einem gefaßten Ziele festzuhalten. Es handle sich bei ihm ohne Zweifel auch um einen außerordentlich begabten Menschen. Er sei aber ungleichmäßig veranlagt. Hohe Intelligenz sowie Sicherheit und Energie im Handeln und Auftreten seien bei ihm gepaart mit Mangel an Selbstzucht, Sprunghaftigkeit und Neigung zu impulsiven Handlungen. Eine in das Krankhafte spielende Phantasietätigkeit löse bei ihm den Anreiz zu absonderlichen Handlungen, zu Aufschneiderei und zu Größenwahn aus. Durch all diese Eigentümlichkeiten, die ihn vom Normaltyp des Menschen unterschieden, sei aber eine freie Willensbestimmung nie ausgeschlossen gewesen. Er habe auch nie gesagt, daß er nicht wisse, was am 6. November geschehen sei, vielmehr immer nur, daß er darüber keine Erklärung abgeben wolle.

Professor Aschaffenburg kam zu demselben Ergebnis wie sein Kollege. Er nannte Hau einen Psychopathen, d. h. einen Menschen, »in dem sich Licht- und Schattenseiten vermengen, sich aufs engste vereinen, ineinander übergehen«, und bedauerte, daß das deutsche Strafrecht den Begriff der verminderten Zurechnungsfähigkeit nicht kenne.

Die beiden Psychiater verabschiedeten sich von dem Angeklagten in herzlicher Weise mit Händedruck, was in einem Teil der Presse übel vermerkt wurde. Dann wurde die Verhandlung auf Montag früh vertagt.

Der Verteidiger hätte gerne sofort plädiert, obwohl es inzwischen 11 Uhr nachts geworden war. Er fühlte, daß das Geständnis, das sein Mandant abgelegt hatte, die Atmosphäre im Gerichtssaal in günstigem Sinne beeinflußt hatte. Er versprach, höchstens zwanzig Minuten zu plädieren. Die Geschworenen bestanden aber auf Vertagung. Sie waren erschöpft. Diese Entwicklung war für Carl Hau vielleicht schicksalhaft. Hätten die Geschworenen noch am gleichen Abend ihren Spruch gefällt, so wäre er womöglich freigesprochen worden. Denn es war inzwischen ein merkwürdiger Stimmungsumschlag eingetreten. War die Volksmenge dem Angeklagten ursprünglich nicht günstig gestimmt gewesen, so hatte er den Menschen durch sein entschiedenes Auftreten vor Gericht und das Geständnis seiner Liebe zu Olga Molitor imponiert und Zweifel an seiner Schuld aufkommen lassen. Es durfte angenommen werden, daß dieser Umschlag auf die Geschworenen nicht ohne Einfluß geblieben war.

Als die vieltausendköpfige Menschenmenge, die seit Stunden das Gerichtsgebäude umlagerte, von der Vertagung erfuhr, zog sie enttäuscht von dannen.

Das Opfer des geschilderten Stimmungsumschlags war die arglose Olga Molitor. Wo immer sie sich zeigte, wurde sie vom Pöbel belästigt und insultiert. Vor ihrem Hotel fanden seit der Freitagssitzung unaufhörlich Demonstrationen statt, so daß die Polizei einschreiten mußte. Als sie nach Schluß der Samstagsverhandlung zusammen mit ihren Angehörigen in einer Droschke zu ihrem Hotel fahren wollte, mußte man Polizei herbeirufen. Bei der Abfahrt stürzte ihr mit Pfeifen und Johlen eine vielhundertköpfige Menschenmenge nach und verfolgte sie bis zum Hotelgebäude. Dort mußte schnell das Tor geöffnet werden, um den Wagen aufzunehmen.

Der Zudrang zu den Verhandlungen war von Tag zu Tag größer geworden, und vor dem Justizgebäude konnte die Polizei die andrängenden Menschenmassen nur mit Mühe in Schach halten.

Am 22. Juli, dem Tage der Plädoyers und der Urteilsfällung, war die Erregung der Massen aufs höchste gestiegen. »Eine ungeheure Spannung liegt über der sonst stillen Residenzstadt Karlsruhe«, schrieb eine große Zeitung. »Vor dem Gerichtsgebäude stauen sich kolossale Menschenmassen. Das Gerichtsgebäude befindet sich förmlich im Belagerungszustand. Eine Postenkette von Gendarmen hat die Umgebung abgesperrt.«

Nachdem oben im Schwurgerichtssaal die Verhandlung wieder eröffnet worden war, wuchs die Menschenmenge immer bedrohlicher an. Die Polizeiverwaltung von Karlsruhe hatte die gesamte Polizei der Stadt und des Kreises aufgeboten, insgesamt 70 Mann. Gegen Abend wurde versucht, die Postenkette zu durchbrechen und gewaltsam in das Gebäude einzudringen. Die Schutzmannschaft griff in der Bedrängnis schließlich auf Befehl des Polizeidirektors zum Säbel und schaffte sich damit etwas Luft. Bald aber zeigte sich, daß die aufgebotenen Kräfte zu schwach waren, um die tobende Menge in Schach zu halten. Der Polizeidirektor rief deshalb auch noch berittene Gendarmerie herbei. Schließlich blieb nichts anderes übrig, als Militär anzufordern. Als zwei Kompanien des Leibgrenadierregiments mit ihren Hauptleuten zu Pferde an der Spitze anmarschiert kamen, wurden sie mit ohrenbetäubendem Lärm empfangen und mit Steinen beworfen. Nach Verlesung des Aufruhrparagraphen ging das Militär mit aufgepflanztem Seitengewehr gegen die Volksmassen vor und drängte sie aus den angrenzenden Straßen zurück. Jedesmal, wenn ein Offizier in Sicht kam, setzte das Schreien, Johlen und Pfeifen wieder ein. Erst gegen 3 Uhr morgens konnte man das Militär wieder zurückziehen.

Als Begleiterscheinung zu einer Hauptverhandlung hatte man derartige Ausschreitungen auf deutschem Boden noch nicht erlebt. In den »Münchener Neuesten Nachrichten« wurde dazu erklärt: »Man versteht gar nicht, um was der Pöbel sich eigentlich so erregte, daß er nur durch Bajonette und blanke Klingen zur Vernunft zurückgebracht werden konnte. In der Tat eine Massenpsychose unerfreulichster und bedenklichster Art.« In Karlsruhe und Umgebung wurde der sensationellen Berichterstattung einiger Zeitungen die Hauptschuld daran zugesprochen. Sie hätten um den Angeklagten einen Glorienschein gewoben und an niedrige Instinkte appelliert. –

Inzwischen war oben im Gerichtssaal die Verhandlung wieder aufgenommen worden. Vorher war etwas Ungewöhnliches geschehen: Der Vorsitzende hatte mit dem Angeklagten unter vier Augen eine längere Unterredung. Was ihr Gegenstand war, ist nicht bekanntgeworden.

Während draußen die Menschenmenge tobte, herrschte im Saal Totenstille. Der Staatsanwalt begann sein Plädoyer mit den Worten: »Wer das Bild, welches die Hauptverhandlung von dem Angeklagten enthüllte, in einem Werke von Gorki, Tolstoi oder Zola gelesen hätte, würde wohl entsetzt ausgerufen haben: ›Grauenvoll, aber nur ein Roman.‹ Leider ist es Wahrheit, und es bestätigt sich auch hier, daß die schwersten Tragödien im menschlichen Leben sich nicht auf der Bühne, sondern in unserer unmittelbaren Umgebung abspielen.«

Im vorliegenden Fall hätten maßlose Genußsucht und niedrige Geldgier unermeßliches Leid über zwei angesehene und glückliche Familien gebracht. Als Urheber dieses Unglücks sei mit Sicherheit der Angeklagte anzusehen – er habe es auf das Erbteil seiner Frau abgesehen gehabt und zu diesem Zwecke seine Schwiegermutter kaltblütig erschossen. Geldnot sei das Motiv dieses Mordes gewesen

– dies und nichts anderes. Kein Leugnen könne dem Angeklagten helfen – alle Indizien deuteten auf ihn als den Täter hin. Er habe schon einmal einen Revolver auf einen Menschen abgedrückt – als er seine damalige Braut töten wollte. Das Manöver in Paris sei ein erster Versuch gewesen, seine Schwiegermutter aus der Welt zu schaffen; er habe sie in der großen Stadt verschwinden lassen wollen. In London sei er auf einen neuen Gedanken verfallen. Der Angeklagte sei der Mörder, er bitte deshalb, die Schuldfrage zu bejahen.

Der Verteidiger behauptete demgegenüber, der von der Staatsanwaltschaft aufgebaute Indizienbeweis sei zusammengebrochen wie ein Kartenhaus. Nichts sei bewiesen, im Gegenteil – der Fall erscheine jetzt noch rätselhafter als je zuvor: »Unsere findige Kriminalpolizei soll endlich den Herrn ausfindig machen, der hinter den Damen Molitor herlief. – Fürwahr ein eigenartiger Raubmörder«, fuhr der Verteidiger fort, »der sich so maskiert, daß jedermann die Maskierung erkennt, der außerdem vor der Abfahrt nach Frankfurt offen erklärt, er gehe nach Baden-Baden.« Das sei kein Verbrecher, das sei ein »blindwütiger Verliebter«. Bei einer derartigen Beweislage komme nur ein Freispruch in Frage.

Die 12 Geschworenen, die den Schuldspruch zu fällen hatten, ließen sich durch diese Ausführungen nicht beeindrucken. Ihnen erschien der Indizienbeweis zwingend. Sie sprachen Carl Hau, nachdem der Vorsitzende ihnen die vorgeschriebene Rechtsbelehrung erteilt hatte, nach einstündiger Beratung des Mordes schuldig. Es war inzwischen 2 Uhr nachts geworden. Der Staatsanwalt stellte nunmehr den Antrag, den Angeklagten zum Tode zu verurteilen. Das Gericht entsprach diesem Antrag.

Der Angeklagte nahm den Spruch gefaßt entgegen.

Die schätzungsweise 20 000 Menschen, die in weitem Bogen das Gerichtsgebäude umlagerten, nahmen den Spruch des Gerichts mit lautem Schreien, Johlen und Pfeifen auf. Schon um 3 Uhr früh wurden Extrablätter ausgegeben.

Das Urteil stieß in einem großen Teil der Presse auf Bedenken. Auch in der Bevölkerung hielten viele den Schuldbeweis nicht für geführt. Die Möglichkeit, daß nicht Hau, sondern ein anderer den Mord begangen habe, sei durch den Spruch des Schwurgerichts nicht aus der Welt geschafft worden. Die Diskussion darüber hielt noch wochenlang an.

Die »Frankfurter Zeitung« äußerte in einem Leitartikel, die tatsächlichen Vorgänge seien fast alle aufgeklärt, nur über ihren Zusammenhang und ihre Motive stände Behauptung gegen Behauptung. Die »Berliner National-Zeitung« erhob Vorwürfe gegen die Geschworenen; sie hätten die Imponderabilien nicht genügend berücksichtigt. Das »Berliner Tageblatt« meinte, der volle Schuldbeweis sei nicht erbracht worden; der Indizienbeweis habe leider da eine Lücke, wo es um den todbringenden Schuß gehe, und so blieben Fragen und Rätsel übrig. Zweifel äußerten u. a. auch die »Berliner Morgenpost«, das »Hamburger Fremdenblatt«, der »Frankfurter Generalanzeiger« und der »Rheinische Kurier«. Auch die Wiener »Freie Presse« sprach von einer ganzen Reihe ungelöster Fragen. Vor allem das Motiv zur Tat erschien aller Welt noch ungeklärt. Als man die Berliner Strafrechtslehrer Professor Franz von Liszt und Professor Kahl um ihre Meinung fragte, erklärten sie, persönlich von der Schuld des Verurteilten überzeugt zu sein, ein abschließendes Urteil aber nicht fällen zu können.

Der Karlsruher Psychologe Willy Hellpach bezeichnete Hau im Berliner »Tag« als eine der merkwürdigsten Erscheinungen, die je auf einer Anklagebank Platz genommen hätten. »Ist er der Mörder? Ich weiß es nicht. Wenn er es ist: ein berechnender, geldgieriger Raubmörder? Ich glaube es nicht. Wenn er es ist, viel eher aus einem Chaos abnormer, perverser Leidenschaften und Instinkte heraus.« Sooft er während der Sitzung von dem Angeklagten zu den Männern auf der Geschworenenbank hinübergeblickt habe, sei ihm die Frage durch den Kopf gegangen: »Wie werdet ihr euch mit diesem Rätsel abfinden? Ihr, für die das Aufspüren und Durchspüren abnormen Seelenlebens nicht wie für unsereinen Lebensberuf ist!« Den Geschworenen, so schloß Hellpach seine Betrachtung, sei das Verdikt in später Nachtstunde abgefordert worden, also unter Umständen, bei denen ein ruhiges Abwägen des Für und Wider nicht möglich sei. Das sei ein Vorgang, der äußerst bedenklich stimmen müsse! –

In der Rechtsmittelinstanz hatte Hau keinen Erfolg. Mit Urteil vom 12. Oktober 1907 wies das Reichsgericht die Revision des Angeklagten als unbegründet zurück. Schon nach wenigen Wochen, am 1. Dezember 1907, wurde Hau vom Großherzog von Baden begnadigt. Seine Strafe wurde dabei in lebenslanges Zuchthaus umgewandelt. Er kam zur Strafverbüßung in das Zuchthaus von Bruchsal.

Der Prozeß Hau hat eine Anzahl forensischer Nachspiele erlebt. Von einem Teil der Tagespresse wurde Olga Molitor derart schwer angegriffen, daß sie nicht umhin konnte, die Strafjustiz um Schutz anzurufen. Man scheute sich nicht, sie als eine von Grund auf verderbte Person hinzustellen, die die Hand selbst gegen ihre Mutter erhoben habe. Man verdächtigte sie auf diese Weise gleichermaßen des Meineids und des Mordes.

Die angerufenen Gerichte griffen scharf durch. Ein Freiherr von Lindenau wurde wegen Beleidigung und versuchter Erpressung zu drei Jahren, ein Berliner Redakteur wegen Beleidigung zu neun Monaten Gefängnis verurteilt.

Ein dritter Beleidigungsprozeß wurde gegen den Redakteur Graf vom »Badischen Landsmann« und den Chefredakteur Herzog von der »Badischen Presse« eröffnet. Der eine hatte am 7. August 1907 in seiner Zeitung gemeldet, in Sachen Hau habe sich jetzt der Verdacht verstärkt, daß Olga Molitor die Täterin sei; der andere hatte diese Meldung übernommen und die junge Frau später offen des Meineids und der Tötung ihrer Mutter bezichtigt.

In der Hauptverhandlung, die vom 7. bis 20. Mai 1908 vor der Strafkammer des Landgerichts Karlsruhe stattfand, wurde der Fall Hau noch einmal aufgerollt. Das Verfahren gegen Graf wurde eingestellt, nachdem er sich de- und wehmütig entschuldigt und Olga Molitor daraufhin ihren Strafantrag zurückgezogen hatte. Der Chefredakteur der »Badischen Presse« aber erhielt wegen Beleidigung nicht weniger als ein Jahr Gefängnis. In der neuen Hauptverhandlung konnte die Richtigkeit des schwurgerichtlichen Verdikts trotz aller Bemühungen der Verteidigung nicht erschüttert werden.

Zwölf volle Jahre seiner Strafe verbrachte Hau in Einzelhaft. Dabei übersetzte er Rudolf Iherings berühmtes Werk: »Geist des römischen Rechts« ins Englische. Mit einem Gesuch auf Wiederaufnahme des Verfahrens hatte er keinen Erfolg. Erst nach 17 Jahren, im Jahre 1924, wurde er der Freiheit wiedergegeben. Er war jetzt 43 Jahre alt. Olga Molitor hatte inzwischen einen anderen Namen angenommen und war in die Schweiz verzogen. Das Kind Haus war in fremde Pflege gegeben und schließlich adoptiert worden.

Die vorzeitige Entlassung war an zwei Bedingungen geknüpft worden: Olga Molitor nicht anzugreifen und den Prozeß und die Haft nicht zum Gegenstand sensationeller Darstellungen zu machen; diese Einschränkungen sollten für sechs Jahre gelten. Hau setzte sich über die zweite Bedingung rasch hinweg und veröffentlichte 1925 im Ullstein-Verlag zwei Bücher über seine Erlebnisse: das erste unter dem Titel: »Das Todesurteil. Die Geschichte meines Prozesses«, und das zweite unter dem Titel: »Lebenslänglich. Erlebtes und Erlittenes«. In Karlsruhe wurde daraufhin am 27. November 1925 erneut Haftbefehl gegen ihn erlassen. Als Hau erfuhr, daß ihm neue Haft drohe, floh er nach Italien und nahm sich dort Anfang 1926 das Leben.

Der Fall Hau hat seitdem immer wieder die Phantasie der Menschen beschäftigt. Jakob Wassermann machte ihn unter dem Titel »Der Fall Maurizius« zum Gegenstand eines Romans, und der französische Regisseur Julien Duvivier erhob ihn zur Vorlage eines Films, dessen Vorführung Millionen von Menschen bewegt und erschüttert hat.

Von allen beteiligten Personen haben sicherlich die beiden namhaften Psychiater, die mit der Beobachtung seines Geisteszustands beauftragt worden waren, den tiefsten Einblick in die Seele dieses eigenartigen Menschen gewinnen können – die Professoren Alfred Erich Hoche und Gustav Aschaffenburg. Beide sind zu entgegengesetzten Ergebnissen gekommen.

Hoche, der Hau während sechs Wochen dauernder klinischer Beobachtung kennengelernt hatte wie kaum jemand sonst, berichtet in seinen Lebenserinnerungen (»Jahresringe«, 1934), daß er seiner Täterschaft völlig gewiß gewesen sei. Dunkel sei allerdings das Motiv geblieben: »Ein so kalter Rechner wie Hau hätte wegen einer bescheidenen Erbschaft seine Schwiegermutter nicht unter so unklug gesteuerten Verhältnissen erschossen.« Aschaffenburg hat demgegenüber brieflich kurz vor der Urteilsfällung erklärt, er sei vom ersten Tage ihrer Bekanntschaft an von der Unschuld des Angeklagten überzeugt gewesen.

Nachdem im Jahre 1908 einer der namhaftesten deutschen Strafverteidiger, Justizrat Dr. Erich Sello, in einer ausführlichen Buchanalyse (»Die Hau-Prozesse und ihre Lehren«) den Schuldspruch des Karlsruher Schwurgerichts als richtig hingestellt und verteidigt hatte, unternahm Hau im Jahre 1925 in seinem Buch »Das Todesurteil« noch einmal den Versuch, die gegen ihn sprechenden Indizien zu entkräften. Wenn man das Motiv der Tat in Geldnot gesehen habe, so müsse er erwidern, daß er sich keineswegs in finanziellen Schwierigkeiten befunden habe. Er sei Anwalt mit gutgehender Praxis gewesen, dem auch noch genügend andere Hilfsquellen zur Verfügung gestanden hätten. In den Jahren vor dem Prozeß seien große Summen Geldes durch seine Hände gegangen. Daß jemand in solcher Situation seine Schwiegermutter ermorde, um sich durch die – verhältnismäßig geringfügige – Erbschaft zu sanieren, sei ganz unwahrscheinlich. Hätte er wirklich vorgehabt, seine Schwiegermutter zu töten, so hätte er sich als intelligenter Mensch mit Sicherheit etwas geschickter angestellt und das Manöver mit Bart und Perücke nicht so primitiv in Szene gesetzt.

In der Tat ist an dem Fall so viel dunkel und rätselhaft geblieben, daß sich heute ein zuverlässiges Urteil über den Mann, der den tödlichen Schuß auf Frau Molitor abgegeben hat, nicht fällen läßt. Die Wahrscheinlichkeit spricht dafür, daß Hau der Täter war, und was seine eigenartigen Aussagen vor Gericht anlangt, so war seine Kalkulation wohl darauf gerichtet, durch beharrliches Ableugnen Zweifel bei den Geschworenen zu erwecken und zu einem non liquet zu gelangen. Ob aber eine solche Wahrscheinlichkeit einen Schuldspruch tragen kann – das ist die große Frage!

Schrifttum: Paul Lindau, Carl Hau und die Ermordung der Frau Josefine Molitor. Berlin 1907; Erich Sello, Die Hau-Prozesse und ihre Lehren. Berlin 1908; Carl Hau, Das Todesurteil. Die Geschichte meines Prozesses. Berlin 1925; Heinz Liepmann, Verbrechen im Zwielicht. Berlin o. J. S. 105 ff.; die Berichte der Tageszeitungen.

Ein gerissener Kapitalverbrecher
Der Fall August Sternickel

Der Name dieses Kapitalverbrechers blieb den Menschen des ersten Drittels dieses Jahrhunderts noch viele Jahre nach seiner Hinrichtung im Gedächtnis. Ein schweres Verbrechen nach dem anderen verübend, verstand er es sieben Jahre lang, sich dem Zugriff der Polizei zu entziehen. Es war nur einem Zufall zu verdanken, daß er endlich gefaßt werden konnte. Kurze Zeit vorher hatte er seine Verbrecherlaufbahn mit einem dreifachen Raubmord beendet.

August Sternickel, 1866 in Oberschlesien geboren, war der Sohn ordentlicher Bäckersleute und erlernte das Müllerhandwerk. Er führte sich zunächst einwandfrei, kam aber mit dem Strafgesetzbuch in Konflikt, als er auf den Gedanken verfiel, Heiratsschwindeleien zu begehen. Er sah gut aus, war von stattlicher Figur, hatte gute Umgangsformen und wußte auch in der Unterhaltung etwas aus sich zu machen. Kein Wunder, daß er auf junge Mädchen Eindruck machte! Wenn er – der angeblich begütert war – an den zukünftigen Schwiegervater herantrat und die Bitte an ihn richtete, ihm aus einer augenblicklichen Verlegenheit zu helfen, wurde ihm gerne Geld vorgestreckt. Die Beträge, um die es sich dabei handelte, gingen mitunter in die Tausende. Nach einiger Zeit verschwand er dann regelmäßig auf Nimmerwiedersehen. In der Gegend des Oderbruchs gelang es ihm sogar, in eine sehr vermögende Familie Eingang zu finden und die Hand der Tochter des Hauses zu gewinnen. Er hatte angegeben, sein Vater sei Eigentümer von zwei großen Rittergütern. Das eine, in der Nähe von Guben gelegen, werde von seinem Bruder bewirtschaftet, er selbst sei dabei, sich eines zu kaufen, um anschließend seine Braut heimführen zu können. Als er eines Tages den Vater seiner Verlobten bat, ihm 3000 M zu leihen, damit er seine Hypothekenzinsen zahlen könne, wurde dieser mißtrauisch und holte Erkundigungen über den jungen Mann ein. Da sie ungünstig lauteten oder zwielichtig ausfielen, erklärte er sofort die Verlobung für aufgelöst. Sternickel verschwand daraufhin und ward nicht mehr gesehen. War es ihm in diesem Falle gelungen, sich strafrechtlicher Verfolgung zu entziehen, so wurde er in anderen Fällen gefaßt und verurteilt, allerdings meist nur geringfügig. Sternickels Laufbahn weist insofern eine gewisse Verwandtschaft mit der des Pariser Massenmörders Landru auf, der sich zunächst auch auf dem Gebiete des Heiratsschwindels betätigt hat[1].

Nachdem Sternickel in dieser Weise auf die schiefe Bahn geraten war, ging er dazu über, sich an fremdem Eigentum zu vergreifen. Es begann mit harmlosen Schlafstellendiebstählen und endete mit Einbrüchen. Diese brachten ihn ins Zuchthaus. Die letzte Zuchthausstrafe wegen eines Eigentumsdelikts (Rückfalldiebstahl) erhielt er von der Strafkammer in Neiße. Nachdem er diese Strafe verbüßt hatte, ging er nach Berlin und arbeitete einige Zeit dort und in der Umgebung der Stadt. Unstet, wie er war, hielt es ihn auf die Dauer nicht an einem Platz, und so begab er sich auf Wanderschaft und nahm unterwegs Gelegenheitsarbeit an.

Auf seiner Wanderschaft kam er 1905 auch nach Niederschlesien und fand in Plagwitz bei Löwenberg bei dem Mühlenbesitzer Knappe Arbeit. Um die Plagwitzer Mühle, die etwas abseits von der Dorfstraße am Ortsausgang stand, hatten in den Befreiungskriegen schwere Kämpfe zwischen Russen und Franzosen stattgefunden, es handelte sich also um historischen Boden.

Diese Mühle nun brannte in der Nacht vom 8. zum 9. Juli 1905 vollständig ab. Am folgenden Tag konnte festgestellt werden, daß Brandstiftung vorlag. Unter den Trümmern der Mühle wurde die entsetzlich zugerichtete Leiche des Müllers gefunden, der dem Augenschein nach zunächst ermordet und dann beraubt worden war. Nach Lage der Dinge konnte kein Zweifel sein, daß Sternickel die Tat verübt hatte. Wie sich später herausstellte, hatte er sich die Mitwirkung von zwei jungen Männern gesichert, der Brüder Reinhold und Wilhelm Pietsch, auf die er in einer Herberge gestoßen war. Um die Spuren des Verbrechens zu verwischen, hatte er die Mühle in Brand gesetzt. Sternickel war seit dem Brand verschwunden.

[1] Über den Fall Landru vgl. den Band Frankreich I S. 49 ff.

Der Polizei gelang es trotz Einschaltung der Berliner Mordkommission nicht, Sternickels habhaft zu werden. Er war und blieb unauffindbar. Seine beiden Gehilfen wurden aber nach einiger Zeit gefaßt. Sie hatten sich am 20. Oktober 1910 vor dem Schwurgericht in Hirschberg wegen vollendeten Raubes bezw. Beihilfe dazu zu verantworten. Da Reinhold Pietsch eine Teilnahme an dem Mord nicht nachgewiesen werden konnte, wurde er nur wegen Raubes verurteilt, und zwar zu 10 Jahren Zuchthaus. Sein Bruder Wilhelm wurde mangels Beweises freigesprochen. Beide hatten vor Gericht Sternickel als den Urheber der Tat bezeichnet, der sie auch ausgeführt habe.

Die Polizeibehörden setzten daraufhin ihre Nachforschungen nach dem Verschwundenen in verstärktem Umfange fort; er wußte sich aber der Ergreifung zu entziehen. Als er später vor Gericht gestellt wurde, ergab sich, daß er Deutschland während jener ganzen Zeit nicht einen einzigen Tag verlassen hatte. Er war im Lande umhergewandert und hatte sich bald als Müllergeselle, bald als landwirtschaftlicher Arbeiter betätigt. Seine Arbeitgeber waren mit ihm alle sehr zufrieden. Er führte sich gut, zeigte Arbeitseifer und fiel nicht mehr unvorteilhaft auf. In der Fürsorge für die ihm anvertrauten Tiere ließ er sich von niemand übertreffen. Ab und zu fing er jedoch wieder an, sich als Heiratsschwindler zu betätigen.

Wenn er nicht gefaßt werden konnte, obwohl sein Signalement allen Behörden zugänglich gemacht worden war, so lag das in der Hauptsache wohl daran, daß die Bauern sich um die Ausweispapiere wenig kümmerten, wenn es sich um einen guten Arbeiter handelte. Der Arbeitermangel auf dem Lande war damals während der Erntezeit so groß, daß man sich hütete, die Polizei auf diejenigen aufmerksam zu machen, die man eben erst in Dienst genommen hatte.

Durch einen Steckbrief, den man jahrelang in zahlreichen Amtsräumen aushängen sah, war der Bevölkerung der Name »Sternickel« ein Begriff geworden. Damit verband sich die Vorstellung eines gerissenen Schwerverbrechers, der vor keiner Gewalttat zurückschreckte und infolgedessen als gemeingefährlich anzusehen war. War irgendwo ein einsam gelegenes Bauerngehöft überfallen, beraubt und in Brand gesetzt worden, so schrieb man die Tat unbesehen diesem Manne zu. Nacheinander kamen solche Verbrechen in den verschiedensten Teilen Deutschlands vor – am Rhein, in Westfalen, in Hannover, in Hessen, in Schlesien und in Ost- und Westpreußen. Mit Sicherheit konnten diese Straftaten nicht alle von Sternickel verübt worden sein, die Bevölkerung rechnete sie ihm aber sämtlich zu, und so breitete sich über das ganze Land wie ein Alpdruck der »Sternickel-Schrecken« aus. Man begriff im Publikum nicht, warum es nicht gelang, dieses Verbrechers habhaft zu werden.

Im Januar 1913 schlug dann doch die Stunde seiner Festnahme. Am 7. Januar 1913 wurde dem Amtsvorsteher des Gutes Ringenwalde bei Wriezen gemeldet, daß eine Strohmiete des Gutes auf freiem Felde in Flammen stehe. Nachdem die Miete niedergebrannt war, stieß man auf der Brandstelle auf zwei stark verkohlte Leichen, die man als die des Bauern Franz Kallies aus Ortwig (Kreis Lebus) und seiner Ehefrau identifizierte. Der Leichnam des Mannes trug eine festverknotete Schnur um den Hals. Es konnte nicht zweifelhaft sein, daß er und seine Frau ermordet und beraubt worden waren.

Kallies besaß ein etwa 60 Morgen großes Bauerngut, das etwas abseits des Ortes Ortwig gelegen war. Er verwaltete außerdem eine Sparkassen-Nebenstelle.

Sofort nach Auffindung der Leichen schritt die Polizei zu einer Durchsuchung des Gutsgebäudes. Türen und Fenster waren von innen mit Brettern vernagelt. Im Stall stieß man auf die Leiche der 16 Jahre alten Dienstmagd Anna Philipp. Eingeschlossen fand man in einer Stube zitternd vor Angst und Schrecken die zwei 16 und 11 Jahre alten Töchter des Ehepaares Kallies; ihnen war nichts geschehen. Der Geldschrank des Bauern war erbrochen und seines Inhalts beraubt worden.

Die verängstigten Mädchen erzählten den Polizeibeamten, daß sie von dem bei ihnen tätigen Knecht Otto Schöne eingesperrt worden seien. Schöne habe drei junge Männer bei sich gehabt und mit ihnen das Haus durchsucht. Der Jüngste habe sie eine Zeitlang bewacht und mehrfach mit einer Waffe bedroht. Man habe ihnen zu essen gegeben, ihnen dabei aber immer wieder eingeschärft, daß sie strengstes Stillschweigen zu bewahren hätten. Wenn jemand nach ihren Eltern gefragt hätte, so habe Schöne jedes Mal geantwortet, sie seien zu Verwandten über Land gefahren.

Der Verdacht, den die Aussagen der Kinder auf den Knecht

lenkten, wurde dadurch verstärkt, daß von einem anderen Zeugen zu hören war, er habe Schöne mit einem Wagen auf die später niedergebrannte Strohmiete zufahren sehen. Verdächtig war auch, daß sich Schöne bei einem Friseur den Bart hatte abnehmen lassen.

Es war nun die Frage, wie man dieses Mannes habhaft werden konnte. Schon am Tage nach der Tat wurde er aufgrund der Beschreibung im Steckbrief von zwei Radfahrern entdeckt, festgenommen und der Gendarmerie übergeben. Als er zum Tatort geführt werden sollte, unternahm er einen Fluchtversuch, wurde aber von der Gendarmerie rasch wieder ergriffen. Während des Verhörs in Ortwig machte einer der Polizeibeamten eine wichtige Beobachtung. Ihm fiel auf, daß der kleine Finger des Festgenommenen verkrüppelt war. Dabei kam ihm plötzlich in die Erinnerung, daß in dem Steckbrief des seit Jahren gesuchten Raubmörders Sternickel ein verkrüppelter Finger als besonders charakteristisches Merkmal aufgeführt war. Die zuständige Polizeidienststelle forderte daraufhin sofort beim Berliner Polizeipräsidium telegraphisch die Meßkarte Sternickels an. Es zeigte sich, daß alle Angaben auf den Festgenommenen paßten. Die Fingerabdrücke, die man ihm abnahm, behoben die letzten Zweifel. Man hatte einen ganz großen Fang gemacht: Der Festgenommene war mit Sicherheit der gefürchtete Schwerverbrecher.

Sternickel verlegte sich zunächst aufs Leugnen, gab unter der Wucht des vorliegenden Beweismaterials aber schließlich zu, daß er der Gesuchte war. Er bestritt allerdings, etwas mit der Bluttat in Ortwig zu tun zu haben, und behauptete, sie sei von vier ihm unbekannten Männern verübt worden.

Inzwischen hatte die Kriminalpolizei eine umfangreiche Fahndungsaktion gegen die drei Mittäter in die Wege geleitet und gleichzeitig die Öffentlichkeit um Unterstützung und Mitfahndung gebeten. Hinweise, die aus dem Publikum kamen, ließen es als möglich erscheinen, daß sich die Gesuchten in Berliner Verbrecherkreisen aufhielten. Bei den umfangreichen Razzien, die mit einem großen Polizeiaufgebot in den Kaschemmen und Verbrecherlokalen des Berliner Nordens und Ostens veranstaltet wurden, stieß man bald auf drei junge Burschen, die sich durch allerlei Reden verdächtig gemacht hatten. Sie hatten einer Dirne gegenüber geprahlt, »ein Ding gedreht« zu haben, das ihnen – wenn die Sache herauskäme –

eine schwere Strafe einbringen würde. Die Polizei nahm die drei Burschen fest und sah sie sich etwas genauer an: Es handelte sich um den 20 Jahre alten Arbeiter Georg Kersten, seinen 18 Jahre alten Bruder Willy Kersten und den 21 Jahre alten Arbeiter Franz Schliewenz.

In ein scharfes und langdauerndes Verhör genommen, gaben sie schließlich zu, mit Sternickel zusammengewirkt zu haben. Sie hätten in einer Herberge in Müncheberg seine Bekanntschaft gemacht, er habe sie gefragt, ob sie »dufte Berliner« seien und Lust hätten, mit ihm »ein Ding zu drehen«, und dabei habe er sie schließlich dafür gewonnen, ihm bei einem Überfall auf einen reichen Gutsbesitzer zur Seite zu stehen. Sie hätten ihn daraufhin nach Ortwig begleitet, dort in seiner Kammer genächtigt und Sternickel am anderen Morgen bei Verübung der Bluttat geholfen. Die Tötungshandlungen selbst habe Sternickel allerdings allein ausgeführt. Er habe erst den Mann, dann die Frau und schließlich die Magd erdrosselt. Dann habe er mit ihrer Hilfe den Geldschrank aufgebrochen und das darin befindliche Geld an sich genommen. Jeder von ihnen habe 100 M von der Beute erhalten. Sie seien damit nach Berlin gefahren, hätten neue Kleidung gekauft und sich in der Gesellschaft von Prostituierten herumgetrieben. Dabei seien sie aufgegriffen worden.

Als ihm diese Aussagen vorgehalten wurden, bequemte sich Sternickel endlich dazu, zuzugeben, daß er für die Bluttat die Hauptverantwortung trug. Bei dieser Gelegenheit gestand er auch, die Mordtat in der Plagwitzer Mühle verübt zu haben.

Bei der Gegenüberstellung Sternickels mit 23 Zeugen aus Schlesien erkannten mehrere in ihm auch mit Gewißheit den Heuhändler Winkler wieder, der im März 1909 die Witwe Krause und im Dezember 1910 den Kossäten Knöting ermordet hatte.

Die vier Beteiligten wurden in Sachen Kallies wegen dreifachen Mordes bezw. Beihilfe dazu und schweren Raubes unter Anklage gestellt, Sternickel außerdem wegen Brandstiftung.

Die Hauptverhandlung fand in der Zeit vom 13. bis 15. März 1913 vor dem Schwurgericht beim Landgericht Frankfurt an der Oder statt. Das Gerichtsgebäude war dauernd von einer großen Menschenmenge umlagert, und aus aller Welt waren Presseberichterstatter herbeigeeilt. Ein starkes Polizei- und Gendarmerieaufgebot sorgte dafür, daß nur die mit Eintrittskarten versehenen Personen Zutritt zu dem Gerichtsgebäude erhielten. Der Verhandlung wohnten der Kammergerichtspräsident und der zuständige Generalstaatsanwalt als Zuhörer bei. Auch die beiden Töchter des ermordeten Ehepaares waren anwesend. Allgemein war man sich darüber einig, daß dem äußeren Aussehen nach keinem der Angeklagten eine so schwere Bluttat hätte zugetraut werden können. Willy Kersten war zur Zeit der Tat noch nicht 18 Jahre alt gewesen, er wurde aber mit den anderen abgeurteilt, da es damals das Jugendgerichtsgesetz mit eigenen Strafgerichten für jugendliche Täter noch nicht gab.

Bei der Vernehmung zur Person ergab sich, daß nur der Jüngste unter den Angeklagten, Willy Kersten, nicht vorbestraft war. Georg Kersten und Franz Schliewenz waren wegen Diebstahls vorbestraft, Sternickel wegen zahlreicher Straftaten, die ihn ins Gefängnis und später auch ins Zuchthaus geführt hatten. Der Vorsitzende unterrichtete ihn, daß gegen ihn auch noch ein Verfahren wegen Mordes und vorsätzlicher Brandstiftung wegen des in der Plagwitzer Mühle verübten Verbrechens anhängig sei; dieser Fall komme aber nicht mit zur Aburteilung.

Sternickel, der gefesselt vorgeführt wurde, machte einen vollständig ruhigen und gefaßten Eindruck. Die Erörterung seiner zahlreichen Vorstrafen nahm längere Zeit in Anspruch. Mit 23 Jahren erhielt er die erste Strafe, und zwar vier Wochen Haft wegen Hausfriedensbruchs. Kurze Zeit danach folgten vier Wochen Gefängnis wegen Diebstahls und vier Wochen Gefängnis wegen Körperverletzung. An diese Strafen schlossen sich dann zahlreiche Zuchthausstrafen wegen schweren Diebstahls, Rückfalldiebstahls und Betruges an. Die letzte Zuchthausstrafe hatte er im Jahre 1905 verbüßt. Nach der Entlassung hatte er einen falschen Namen angenommen und sich auf diese Weise weiteren Nachforschungen entzogen.

Zur Sache lehnte Sternickel zunächst eine Äußerung ab, ließ sich auf Zureden des Vorsitzenden aber dann doch auf die Anklage ein.

Er sei im Oktober 1912 bei Kallies in Dienst getreten. Dieser sei mit seinen Leistungen zufrieden gewesen, habe aber Anstoß daran genommen, daß er ihm seine Personalpapiere nicht vorlegte, die er für die polizeiliche Anmeldung brauchte. Es sei ihm auch nicht recht gewesen, daß er mehrfach für einige Tage verreist sei, ohne zu sagen, wohin er gehe. Als er Ende 1912 wieder einmal weggefahren sei, habe der Bauer in seiner Abwesenheit seine Kammer durchwühlt und einiges weggenommen. Er habe das nach seiner Rückkehr bemerkt und beschlossen, sich an dem Bauern zu rächen.

Da er nun befürchtet habe, er allein werde Kallies – der sehr groß und stark war – nicht überwältigen können, habe er sich nach Gehilfen umgetan. In der Herberge in Müncheberg habe er die drei Mitangeklagten kennengelernt und sie sofort für seinen Plan gewonnen. Er habe dabei aber nicht von Ermordung, sondern nur von Betäubung seines Dienstherrn gesprochen.

Abredegemäß sei er am frühen Morgen in den Kuhstall gegangen, habe mit Kallies Streit angefangen und ihn zu Boden geworfen. Auf einen Pfiff seien die drei anderen herbeigeeilt, zwei hätten den Bauern an den Armen gepackt, der dritte ihn an den Füßen festgehalten, und er hätte ihm die Schlinge über den Kopf geworfen und sie zugezogen. Dann hätten sie ihn in die Rübenkammer getragen, wo schon kein Lebenszeichen mehr an ihm zu spüren gewesen sei.

Plötzlich sei die Magd im Stall erschienen, um die Kühe zu melken. Da zu befürchten war, die Sache werde durch sie herauskommen, habe er das Mädchen gepackt, hingeworfen und am Schreien gehindert. Gemeinsam mit den anderen habe er ihr die Beine zusammengebunden und auch sie dann mit einem Strick erdrosselt.

Anschließend seien sie zu viert ins Schlafzimmer gegangen, hätten die Bäuerin überwältigt und sie ebenfalls erdrosselt.

Zuletzt hätten sie die beiden Kinder aus den Betten geholt, sie anfangs in einen Schrank und später in ein Zimmer gesperrt und sie gezwungen, anzugeben, wo der Schlüssel zum Geldschrank zu finden sei. Die Ältere habe das gewußt. In dem Geldschrank habe er – Sternickel – 500 Mark gefunden. Nachdem er diesen Geldbetrag verteilt habe, hätten die anderen ihn verlassen. Er selbst habe die Leiche der Magd in dem Wagenschuppen versteckt. Die Leichen des Bauern und seiner Frau habe er in der Dunkelheit aufs Feld gefahren, auf eine Strohmiete gelegt und diese angezündet. Er habe gemeint, daß die Sache auf diese Weise am besten vertuscht werden könne. Dann sei er nach Hause zurückgefahren, habe den Kindern zu essen gegeben und die Schweine und Pferde gefüttert. Als Leute nach dem Ehepaar Kallies gefragt hätten, habe er gesagt, sie seien zu einer Hochzeit weggefahren und kämen erst in einigen Tagen zurück. Zur Flucht entschlossen hätte er sich erst, als ein Gendarm gekommen sei und erzählt habe, daß man auf einer Strohmiete die verkohlten Leichen des Bauern und seiner Frau gefunden habe.

Sternickel blieb dabei, daß es ihm nur auf Betäubung, nicht Tötung seiner Opfer angekommen sei. Nach Beraubung des Bauern habe er mit dem erbeuteten Geld verschwinden und untertauchen wollen.

Vorsitzender: »Mußten Sie sich denn nicht sagen, daß die Leute sterben würden, wenn Sie ihnen Schlingen um den Hals werfen und sie zuziehen?«

Sternickel: »Daran dachte ich nicht, es sollte auch nicht zugezogen werden!«

Aus der Vernehmung des Angeklagten Willy Kersten ergab sich, daß er Ende 1912 in Berlin seine Arbeitsstelle verloren hatte und dann mit seinem Bruder Georg und Schliewenz auf Wanderschaft gegangen war. Sie lebten dabei vom Bettel. Am 7. Januar 1913 lernten sie dann auf der Herberge in Müncheberg Sternickel kennen.

Zur Sache sagte Willy Kersten weiter folgendes aus: Auf den vereinbarten Pfiff hin seien sie in den Kuhstall gestürzt und hätten dort Sternickel auf dem Bauern liegen sehen. Der habe geschrien: »Otto, Otto, laß mich doch leben!« Sternickel habe darauf erwidert: »Du Aas, dir werde ick wat!« Sein Bruder und Schliewenz hätten sich auf den Bauern gestürzt und ihn festgehalten, er selbst habe ihm ein Taschentuch zwischen die Zähne gepreßt, während Sternickel ihm eine Schlinge um den Hals geworfen habe. Als der Bauer keinen Laut mehr von sich gegeben habe, sei plötzlich die Magd im Stall erschienen. Sternickel habe sie sofort gepackt, zur Erde geworfen und ihr ebenfalls eine Schlinge um den Hals gelegt. Das Mädchen habe gerade noch rufen können, man solle sie doch leben lassen, dann sei sie bewußtlos geworden. Im Schlafzimmer hätten sie dann gemeinsam auch noch die schlafende Bäuerin erledigt.

Die Kinder im Nachbarzimmer seien daraufhin wach geworden und hätten zu schreien angefangen. Sternickel habe ihm jetzt einen Revolver in die Hand gedrückt und ihm befohlen, die Kinder totzuschießen, falls sie keine Ruhe geben würden (Bewegung im Zuhörerraum).

Von dem Geld, das Sternickel dem Geldschrank entnommen hatte, habe er 120 Mark bekommen. Davon habe er sich in Berlin einen Anzug, Wäsche und einen Revolver gekauft. Den Rest habe er mit Mädchen durchgebracht. Bei seiner Verhaftung habe er noch ganze 15 Pfennig besessen.

Auf die Frage seines Verteidigers erwiderte der Angeklagte, an einen Mord habe niemand von ihnen gedacht.

Der Angeklagte Georg Kersten und sein Freund Schliewenz waren arbeitslos geworden, weil sie an einer Geschlechtskrankheit litten. Als Sternickel ihnen in Müncheberg den Vorschlag gemacht habe, »ein Ding zu drehen«, sei von einem Mord nicht die Rede gewesen. Nach der Tat hätten sie im Pferdestall alle eine Zigarette geraucht. Sternickel habe auch noch die Kinder erdrosseln wollen, sie hätten ihn aber davon abgehalten (allgemeine Bewegung).

Auch Schliewenz hatte 120 Mark von der Beute erhalten. In Berlin hatte auch er sich völlig neu eingekleidet und war dann tanzen gegangen. Die Nacht hatte er anschließend mit einem Mädchen verbracht.

Schliewenz gab an, sie hätten sich auf ihrer Wanderschaft ständig bemüht, Arbeit zu erhalten, das sei ihnen aber erst in Müncheberg gelungen, freilich nur für einige Tage. Nachdem sie von Sternickel angeworben worden waren, habe er auf dem Wege nach Ortwig vor Hunger nicht weiterlaufen können; Sternickel habe ihm deshalb in einer Gastwirtschaft erst etwas vorsetzen lassen müssen. Als die Eheleute Kallies und die Magd regungslos dagelegen hätten, habe Sternickel behauptet, sie seien nur betäubt und würden nach einer Stunde wieder aufwachen. Er habe das geglaubt. In Berlin habe auch er die Nacht und den darauffolgenden Tag mit Mädchen verbracht und sei dann mit Georg Kersten auf die Radrennbahn gegangen. Bald danach seien sie verhaftet worden.

Anläßlich der Vernehmung eines Kriminalkommissars kam zur Sprache, Sternickel habe 8000 Mark besessen und sie vergraben. Auf die Frage des Vorsitzenden, wo er sie vergraben habe, antwortete der Angeklagte: »Das wird nicht verraten!« – eine Bemerkung, die im Gerichtssaal große Heiterkeit hervorrief.

Die vernommenen Zeugen bekundeten übereinstimmend, daß sich

der Ermordete im Bezirk von Ortwig größter Wertschätzung erfreut habe. Er war ein sehr tüchtiger Landwirt, zugleich aber auch Sparkassenrendant und Inhaber verschiedener Ehrenämter. Über Sternickel sagte der Zeuge aus, er habe sich gerühmt, eine große Erbschaft gemacht zu haben; er suche jetzt eine Wohnung. Er sei zwar als fleißiger Arbeiter bekannt gewesen, habe aber als undurchsichtig und menschlich unzuverlässig gegolten.

Eine der Prostituierten, mit denen sich die Brüder Kersten und Schliewenz abgegeben hatten, sagte aus, die Angeklagten – von Kopf bis Fuß neu eingekleidet – seien außerordentlich lustig gewesen. Zwei Arbeiter und ein Gastwirt bestätigten das. Dieser Gastwirt war es gewesen, der die Polizei benachrichtigt hatte.

Aus der Aussage der medizinischen Sachverständigen ergab sich, daß bei dem Bauern der Tod durch Ersticken eingetreten war, und zwar binnen kürzester Zeit. Dasselbe war bei der Magd der Fall. Bei der Bäuerin lag die Sache anders: Bei ihr war der Tod durch einen Schlag auf den Schädel bewirkt worden; die Schlinge hatte man ihr erst hinterher umgelegt. Von der Absicht bloßer Betäubung könne keine Rede sein.

Der Staatsanwalt faßte sich kurz und beschränkte seine Ausführungen auf die Frage, ob die Angeklagten wirklich hätten annehmen können, es handle sich bloß um Fälle vorübergehender Betäubung: »Der Angeklagte Sternickel ist ein alter Verbrecher. Es wird ihm daher niemand das Märchen glauben, daß er nur die Absicht hatte, die drei Personen zu betäuben und nach einiger Zeit wieder zu entfesseln ... Ich meine aber, daß auch die drei anderen Angeklagten nicht glauben konnten, es handle sich nur um eine Fesselung zum Zwecke der Betäubung.« Sie hätten sich alle darüber klar sein müssen, fuhr der Staatsanwalt fort, daß es um Mord gehe, und eben darum seien sie mit Ausnahme von Willy Kersten zum Tode zu verurteilen.

Die Verteidiger der drei Mitangeklagten suchten alle Schuld auf Sternickel abzuwälzen, den sie als gräßlichen Verführer bezeichneten und den »wohl größten Verbrecher aller Zeiten« nannten.

Den Geschworenen wurden 41 Fragen vorgelegt. Nach fast vierstündiger Beratung verkündete der Obmann, daß die Geschworenen Sternickel des Mordes in drei Fällen, außerdem des schweren Raubes und der vorsätzlichen Brandstiftung schuldig gesprochen hätten, die drei anderen Angeklagten wegen Mordes in zwei Fällen, wegen Totschlags in einem Falle und wegen schweren Raubes.

Der Staatsanwalt beantragte daraufhin, Sternickel dreimal zum Tode, zu 5 Jahren Zuchthaus und dauerndem Verlust der bürgerlichen Ehrenrechte zu verurteilen, Georg Kersten und Franz Schliewenz zweimal zum Tode, zu 5 Jahren Zuchthaus und dauerndem Verlust der bürgerlichen Ehrenrechte und Willy Kersten zu 15 Jahren Gefängnis.

Das Gericht erkannte, gestützt auf den Wahrspruch der Geschworenen, auf folgende Strafe: Sternickel dreimal zum Tode, 5 Jahren Zuchthaus und dauerndem Verlust der bürgerlichen Ehrenrechte, Georg Kersten und Franz Schliewenz zweimal zum Tode, 5 Jahren Zuchthaus und dauerndem Verlust der bürgerlichen Ehrenrechte und Willy Kersten zu 15 Jahren Gefängnis.

Sternickel nahm das Urteil gefaßt und ruhig auf, die drei anderen waren völlig gebrochen.

Am 30. Juli 1913 meldeten die Zeitungen aus Frankfurt an der Oder: »Der Raubmörder Sternickel ist heute morgen im hiesigen Gerichtsgefängnis hingerichtet worden. Seine Mitschuldigen Kersten und Schliewenz sind zu lebenslänglichem Zuchthaus begnadigt worden.«

*

Wie eingangs erwähnt, brachte es Sternickel im Laufe der Zeit in seiner schlesischen Heimat und darüber hinaus im ganzen Deutschen Reich zu seltener Berühmtheit. Auf Jahrmärkten und Messen wurden seine Verbrechen als »Moritat« dargeboten, und in Zeitungen und Zeitschriften war noch lange davon die Rede. Die Erinnerung an seine Untaten verblaßte erst nach dem ersten Weltkrieg, als einige Massenmörder auf die Bühne traten, die Sternickels Verbrechen noch überboten. Zu ihnen gehörte aus dem schlesischen Bereich der Metzger Ernst Denke, dessen Geschichte nachfolgend deshalb erzählt werden soll, weil auch er es verstanden hat, sich Jahre hindurch dem Zugriff der Strafjustiz zu entziehen.

Um das Jahr 1910 herum wurde nicht weit von Münsterberg, einem kleinen niederschlesischen Städtchen, in einem Waldstück neben der Straße ein junges Mädchen ermordet aufgefunden. Es war auf dem Wege zu seiner Arbeitsstelle offenbar vom Weg weggelockt worden. Die Art der Verletzung deutete darauf hin, daß die

Tat von einem Metzger ausgeführt worden war. Die Kehle des Mädchens war nämlich mit einem typischen Metzgerschnitt, dem sogenannten Hammelschnitt, durchschnitten worden. Auffällig war, daß außerdem aus den Schenkeln und Beinen der Getöteten lange, schmale Streifen Haut herausgeschnitten waren.

Raubmord kam nach den Umständen des Falles nicht in Frage, und für einen Sexualmord fehlte jeder Anhaltspunkt. Der Verdacht der Täterschaft richtete sich alsbald gegen den Geliebten der Ermordeten, einen gewissen Trautmann, der gelernter Metzger war und in den Dörfern der Umgebung Hausschlachtungen durchführte. Er stand im Rufe, zu Gewalttätigkeiten zu neigen. Er hatte das Mädchen geschwängert, und es war bekannt, daß es deswegen Streitigkeiten zwischen ihnen gegeben hatte. Trautmann wurde verhaftet und später – obwohl er nicht aufgehört hatte, seine Unschuld zu betonen – vom Schwurgericht zum Tode verurteilt. Die Indizien, die ihn belasteten, waren erdrückend, und ein Alibi konnte er nicht beibringen. Die Hauptverhandlung hat damals weit über Niederschlesien hinaus Aufsehen erregt.

In der Zeit der Monarchie hatte der Landesherr die Entscheidung darüber zu treffen, ob ein Todesurteil vollstreckt oder im Gnadenwege geändert werden sollte. Als Grundlage für diese Entscheidung hatte der Justizminister einen Bericht zu erstatten und einen Vorschlag zu machen. Wie sorgsam dabei verfahren wurde, wird dadurch illustriert, daß der preußische Justizminister zur Erörterung des Für und Wider der Vollstreckung oder Begnadigung sämtliche vortragenden Räte und Abteilungsleiter des Ministeriums zusammenzurufen pflegte. Das Referat darüber übertragen zu erhalten, war für einen Hilfsarbeiter eine große Auszeichnung; bestand er diese Probe in Ehren, galt er als würdig, in den Kreis der vortragenden Räte aufgenommen zu werden. Alles an dieser Praxis war also auf Vorsicht abgestellt. War ein Urteil ausschließlich auf Indizien gegründet, wurde dem Landesherrn in jedem Falle die Begnadigung vorgeschlagen. Das geschah dann auch im Falle Trautmann. Er verschwand daraufhin hinter den Mauern des Zuchthauses in Striegau.

Trautmann verbrachte im Zuchthaus volle zwölf Jahre, unaufhörlich seine Unschuld beteuernd. Dort traf Ernst von Salomon mit ihm zusammen, der in Striegau eine Strafe wegen Beihilfe zum

Rathenau-Mord verbüßte. In seinem Buch »Der Fragebogen« schreibt er, er habe Trautmann nicht leiden können, denn er sei ein unverträglicher und roher Geselle gewesen. Eines Tages habe er – Salomon – gesagt: »Hier im Saal 1 sind hundert Mann, und hundert Mann behaupten, unschuldig zu sein. Neunundneunzig glaube ich das ohne weiteres, einem glaube ich das nicht, das ist der Trautmann.« Der sei daraufhin aufgesprungen und mit einem Schemel hinter ihm hergelaufen. Er habe sich gerade noch hinter ein Gitter flüchten können.

Trautmann war aber wirklich unschuldig. Ein Zufall förderte diese Unschuld zutage.

Bei den Polizeibehörden des Ortes, in dem sich die Affäre Trautmann abgespielt hatte, meldete sich eines Tages ein Landstreicher und brachte aufgeregt folgendes zur Anzeige: Auf einem einsam gelegenen, kleinen Anwesen habe er um eine Unterstützung vorgesprochen. Der Besitzer des Anwesens habe sie ihm in Aussicht gestellt, falls er bereit sei, für ihn einen Brief zu schreiben. Wegen einer Handverletzung könne er das nicht selbst tun. Der Besitzer habe ihm Papier, Tinte und Feder gegeben und – hinter ihm stehend – mit dem Diktat begonnen. Da ihm der Text des Briefes absonderlich vorgekommen sei, habe er sich umgewandt. Dabei habe er gesehen, daß der Besitzer im Begriffe war, ihm mit einer schweren Kreuzhacke einen Schlag auf den Kopf zu versetzen. Er habe gerade noch Zeit gehabt, dem Schlage auszuweichen. Das habe ihm das Leben gerettet. Er habe dann den Angreifer zurückgestoßen und das Haus fluchtartig verlassen.

Auf der Polizei wollte man dem Landstreicher erst keinen Glauben schenken, denn der Besitzer des Anwesens, eine gewisser Denke, Gärtner, Metzger und Fleischhändler, galt als völlig unbescholten. Er war zwar als Sonderling und Einzelgänger bekannt, niemand hätte ihm aber etwas Unrechtes zugetraut. Die Erzählung des Landstreichers war aber so bestimmt, daß man nicht umhin konnte, in dem Anwesen einmal Nachschau zu halten.

Dabei ergab sich, daß die Angaben des Anzeigeerstatters genau stimmten. Der angefangene Brief lag noch auf dem Tisch, und man fand auch die Kreuzhacke, deren eine Seite zu einer nagelscharfen Spitze zurechtgefeilt war. Denke wurde daraufhin in Haft genommen. In der Nacht nach seiner Festnahme erhängte er sich.

Bei der Durchsuchung seines Anwesens machte man grauenhafte Entdeckungen. Man stieß auf eine Anzahl größerer Gefäße, in denen sich eingepökeltes Fleisch befand – durchweg Menschenfleisch, wie sich später herausstellte. Man fand auch eine große Menge menschlicher Knochen. Im weiteren Fortgang der Durchsuchung entdeckte man ein Notizbuch, in das Denke seine etwa 10 Opfer nach Namen, Todestag, Lebend- und Schlachtgewicht gewissenhaft eingetragen hatte. An anderer Stelle lagen zusammengebunden die Ausweispapiere, die die Ermordeten bei sich getragen hatten. Selbst die Bekleidung seiner Opfer hatte Denke fein säuberlich aufbewahrt. Bei den von Denke Erschlagenen handelte es sich ausnahmslos um Landstreicher, deren Verschwinden nicht weiter auffallen konnte. Die Abgelegenheit seines Anwesens trug dazu bei, die Mordtaten im Dunkel zu halten. In der Mordliste war auch ein weiblicher Vorname zu lesen, und daneben stand das Datum des Tages, an dem das betreffende Mädchen umgebracht worden war. Beide Angaben ließen keinen Zweifel darüber, daß es sich um die Geliebte Trautmanns handelte. Lebend- und Schlachtgewicht fehlten hier, weil der Täter keine Gelegenheit gehabt hatte, die Leiche wegzuschaffen. Jetzt wurde auch klar, wohin die Hautstreifen geraten waren: Denke trug sie als Schnürsenkel an seinen Schuhen. Damit war endlich dieses Rätsel gelöst!

Trautmann wurde nach diesen Feststellungen sofort freigelassen und anschließend im Wiederaufnahmeverfahren ohne Erneuerung der Hauptverhandlung freigesprochen. Für die fast 13 Jahre Strafhaft erhielt er eine bedeutende Entschädigung, mit der er in Ostsachsen einen gutgehenden Metzgereibetrieb erwarb.

Schrifttum: Hugo Friedlaender, Interessante Kriminalprozesse. IX. Berlin 1913, S. 325 ff.; Paul Schweder, Die großen Kriminalprozesse des Jahrhunderts. Hamburg 1961, S. 167 ff. – Über den Fall Denke s. Fritz Hartung, Monatsschrift für Kriminologie 1964, S. 277 ff. (Die Darstellung des Falles bei Paul Wiegler, Schicksale und Verbrechen, 1935, ist ungenau.)

Umtriebe eines Massenmörders
Der Fall Peter Kürten

Während des Jahres 1929 und in der ersten Hälfte des Jahres 1930 wurde die Bevölkerung an Rhein und Ruhr durch einen Massenmörder monatelang in Angst und Schrecken versetzt. Neun Frauen wurden in dieser Zeit auf bestialische Weise ermordet, sieben weitere Frauen entgingen nur knapp dem gleichen Schicksal. Trotz Einsatzes eines gewaltigen Fahndungsapparates gelang es bis Ende Mai 1930 nicht, den Täter zu fassen. Er hatte es immer wieder fertiggebracht, sich dem Zugriff der Polizei zu entziehen, bis ihn schließlich eine Unvorsichtigkeit den Behörden in die Hand spielte. Es handelte sich um einen 46 Jahre alten verheirateten Arbeiter namens Peter Kürten, der aus Köln gebürtig war, in Düsseldorf aber seinen Wohnsitz hatte. Der »Fall Kürten« zählt zu den schwersten und eigenartigsten Kriminalverbrechen aller Zeiten und Völker. Professor Karl Berg, der Gerichtsmediziner, der den Täter zu begutachten hatte, hat geurteilt: »Vom gerichtsärztlichen Standpunkt aus gesehen kenne ich in der Kriminalgeschichte keine interessantere Persönlichkeit als Kürten. Das liegt an seiner Vielseitigkeit ... Kürten hat abwechselnd beinahe alle uns bekannten Formen sadistischer Betätigung angewandt.«

Kürten, am 26. Mai 1883 in Köln-Mülheim geboren, war der Sohn eines Sandformers. Sein Vater galt als fleißiger und tüchtiger Arbeiter, er war zugleich aber dem Trunke ergeben. Wenn er sich im Alkoholrausch befand, wurde er gewalttätig, fing an zu randalieren und mißhandelte dann Frau und Kinder. Der Großvater väterlicherseits, Oberlademeister bei der Bahn, war ein fleißiger Mann, trank aber gern und wilderte gelegentlich. Wegen Diebstahls wurde er aus dem Dienst entfernt und später mit Zuchthaus bestraft. Die Mutter Kürtens stammte aus ordentlicher Familie.

Peter war das drittälteste Kind der Familie. Aus seiner Kindheit wird berichtet, er habe schon im Alter von fünf Jahren einem Hundefänger beim Töten von Hunden geholfen. Als er mit acht Jahren Zeuge einer schweren Mißhandlung seiner Mutter durch seinen Vater wurde, brannte er seinen Eltern durch und trieb sich tagelang in Köln umher. Er übernachtete in Scheunen und Möbelwagen und verschaffte sich Geld durch Straßenraub, indem er Frauen und Kindern die Geldtaschen entriß. Nachdem er aufgegriffen und seiner Familie wieder zugeführt worden war, gelang es seiner Mutter nur mit Mühe, seine Überweisung in eine Erziehungsanstalt zu verhindern.

Als Peter zehn Jahre alt war, verzog die Familie von Köln-Mülheim nach Düsseldorf. Seine Schulkameraden wußten, daß sein Vater ein Trinker war und in der Trunksucht tobte und randalierte. Sie mieden ihn deshalb.

Zu Hause war mittlerweile die Zahl der Kinder auf zehn angewachsen. Die Beengtheit der Wohnverhältnisse brachte Peter frühzeitig sexuell auf Abwege. Wie es in der Familie Kürten zuging, wurde im Jahre 1897 manifest, als der Vater wegen Blutschande, verübt an einer seiner Töchter, zu einem Jahr und drei Monaten Zuchthaus verurteilt wurde. Der Sohn hat später vor Gericht behauptet, er habe die Schändung seiner Schwester durch seinen Vater mitangesehen.

Nach der Schulentlassung im Jahre 1897 trat Kürten in die Fabrik, in der sein Vater arbeitete, als Formerlehrling ein. Die Behandlung der Lehrlinge in dieser Fabrik war außerordentlich streng; körperliche Züchtigungen rohester Art waren an der Tagesordnung.

Frühzeitig gab sich Kürten mit Mädchen ab. Schon mit 14 Jahren fiel er ein Mädchen an, das er in einen Wald gelockt hatte, würgte es und versuchte, es sich gefügig zu machen. Hier zeigte sich zum ersten Male der sadistische Grundzug seines Wesens.

Wenig später unterschlug er Lohngelder und ging damit auf Reisen. In Koblenz nahm er Kontakt zu einem Straßenmädchen auf und nahm es auf eine Rheinreise mit. Am 6. Juni 1899 wurde er, eben erst 16 Jahre alt geworden, wegen der Veruntreuung zu zwei Monaten Gefängnis verurteilt. Diese Strafe verbüßte er in einer Düsseldorfer Strafanstalt. Damals kam er zum ersten Male mit erwachsenen Gewohnheitsverbrechern, Zuhältern und Räubern in Berührung, die ihm auf dem rechten Unterarm die erste Tätowierung beibrachten – sinnigerweise ein Herz, das von einem Dolch durchbohrt wird.

Aus der Strafanstalt entlassen, trieb er sich erneut umher und fristete sein Leben mit Gelegenheitsarbeit. In Düsseldorf lernte er dabei eine 42jährige, also wesentlich ältere Frau M. kennen, die mit ihrer 16jährigen Tochter zusammenlebte. Die Frau nahm ihn bei sich auf und trat in regelmäßigen Geschlechtsverkehr mit ihm. Sie war masochistisch veranlagt und gewöhnte ihn daran, sie während ihres Beieinanderseins regelmäßig zu schlagen und zu würgen. Man darf annehmen, daß seitdem das geschlechtliche Empfinden Kürtens pervertiert war. Ohne Gewaltanwendung kam er nicht mehr zum Orgasmus. Alle Grausamkeiten, die er bis zu seiner Verhaftung verübt hat, sind aus dieser Tatsache zu erklären.

Da die Hausmitbewohner nicht willens waren, das Zusammenleben des ungleichen Paares auf die Dauer zu dulden, sah sich Kürten eines Tages gezwungen auszuziehen. Er kam aber ab und zu wieder und stieß Drohungen gegen die Frau aus. Deswegen wurde er mit 19 Tagen Gefängnis bestraft. Wenig später brachte ihm eine Zechprellerei eine weitere Woche Gefängnis ein. Dann folgten sechs Monate Gefängnis wegen eines Einbruchsdiebstahls und sechs Wochen Gefängnis wegen einfachen Diebstahls. Neue Diebstähle, die er in Rheydt verübte, wurden mit zwei Jahren Gefängnis geahndet.

Diese Strafen verbüßte er bis Januar 1903 in der Strafanstalt Düsseldorf.

Nach der Entlassung gelang es ihm, Anschluß an eine frühere Mitschülerin, Elisabeth Brenner, zu finden. Als er sich mit ihr überworfen hatte und ihm durch ihre Eltern das Betreten ihrer Wohnung verboten worden war, wurde er gewalttätig: Er warf ein Beil in die Küche der Familie Brenner, tags darauf einen Stein in das Schlafzimmer des Mädchens und gab schließlich drei Revolverschüsse auf ihren Vater ab.

Wegen dieser Gewalttaten wurde er erneut vor den Strafrichter gestellt und am 1. April 1903 zu einem Jahr Gefängnis und drei Wochen Haft verurteilt.

Nach seiner Entlassung hielt er sich vorübergehend bei seiner

Mutter auf und ging dann zu Frau M. zurück, die ihn trotz ihres früheren Zerwürfnisses wieder bei sich aufnahm. Er lebte dabei von Einbruchsdiebstählen.

1904 wechselte er dann zu neuartigen Straftaten über, die wieder in anderer Art Ausdruck seines Sadismus waren. In der Erntezeit dieses Jahres machte er sich das Vergnügen, auf dem Lande Heuschober und Scheunen anzuzünden. Nach erfolgter Brandstiftung legte er sich jeweils in der Nachbarschaft auf die Lauer und beobachtete von ferne die Fortentwicklung des Brandes und das Erscheinen der Feuerwehr. Die Aufregung der Menschen, ihr Durcheinanderlaufen, ihr Rufen und Schreien, der Feuerschein, das Zusammenstürzen der Mauern usw. lösten bei ihm sexuelle Befriedigung aus. »Dem akustischen und visuellen Bilde folgte der Orgasmus[16].«

Obgleich er sich immer in der Nähe des Tatorts herumtrieb, wurde er nicht ein einziges Mal als Urheber dieser Brandstiftungen überführt. Er sah so friedlich und harmlos aus, daß kein Mensch auf den Gedanken kam, in ihm den Übeltäter zu vermuten.

Im Herbst 1904 wurde er nach Metz zum Militärdienst einberufen.

Schon am ersten Tag wurde er fahnenflüchtig, reiste nach Düsseldorf zurück und suchte und fand bei Frau M. Unterschlupf. Wiederum fristete er sein Leben durch Diebstähle.

Ende 1904 festgenommen, wurde er am 13. September 1905 von einem Kriegsgericht in Metz wegen Fahnenflucht, schweren Diebstahls in 34 Fällen und versuchten Diebstahls in 12 Fällen zu sieben Jahren Zuchthaus, Entfernung aus dem Heer und Stellung unter Polizeiaufsicht verurteilt.

Diese Zuchthausstrafe verbüßte er bis zum Jahre 1912 in der Strafanstalt Münster.

Nach Düsseldorf zurückgekehrt, wohnte er entweder bei seiner Mutter oder in Untermiete.

Wieder wurde Peter Kürten gegen Frauen gewalttätig. In einer Düsseldorfer Gaststätte belästigte er eines Tages eine Dame. Als ihn deswegen ein Kellner und ein Gast zur Rede stellten, schoß er auf sie. Als daraufhin ein Polizeibeamter erschien, richtete er die

---

[16] Hans von Hentig: Der Mord (1956) S. 71.

Waffe auch gegen ihn, der Schuß löste sich aber nicht. Kürten erhielt deswegen sechs Monate Gefängnis und eine Woche Haft.

Nach Verbüßung dieser Strafen betätigte sich Kürten in Düsseldorf erneut als Mansardendieb. Bei einer dieser Diebereien hatte er sich am 18. Mai 1913 unter Verwendung eines Dietrichs in Düsseldorf in ein Eckhaus eingeschlichen. Auf der Suche nach Wertsachen stieß er im ersten Stock dieses Hauses auf zwei junge Mädchen, die schlafend im Bett lagen. Kürten fiel sofort über das ältere her, würgte es mit der einen Hand und hielt ihm mit der anderen den Mund zu. Als dabei das jüngere Mädchen wach wurde und schrie, flüchtete er. Die überfallenen Mädchen sahen nur eine gebückte Gestalt aus dem Zimmer gleiten. Wer der Täter war, wurde damals zunächst nicht ermittelt.

Der erste Mord

Eine Woche danach, am 25. Mai 1913, verübte Peter Kürten den ersten Mord. Es war dies ein Tag vor Vollendung seines 30. Lebensjahres. Dieser Mord sollte erst 17 Jahre später aufgeklärt werden.

Kürten war an dem fraglichen Tage zur Fronleichnamskirmes nach Köln-Mülheim gefahren und hatte sich dort zur Gastwirtschaft von Peter Klein begeben. Es war spät abends, in der Wirtschaft herrschte aber noch Betrieb.

Kürten drang durch den Privateingang in das Haus ein und schlich über die Treppe in das erste Stockwerk hinauf. Dort öffnete er mit einem Dietrich eine Tür, trat in das Zimmer ein und leuchtete den Raum mit einer Taschenlampe ab. Da er keinerlei Gegenstände von Wert vorfand, öffnete er eine zweite Tür. In dem dazugehörenden Raum lag schlafend das neunjährige Töchterchen des Gastwirts. Das Zimmer wurde durch eine Straßenlaterne schwach erleuchtet. Kürten merkte zunächst gar nicht, daß sich in dem Bett ein Kind befand. Er hatte sich sofort einem Vertiko zugewandt, in dem er Geld und Wertsachen vermutete.

Als er auch hier nichts fand und nunmehr im Zimmer umherblickte, sah er plötzlich die schlafende Christine Klein. Sofort stürzte er zu dem Bett hin und packte mit Würgegriff die Kehle des Kindes. Dieses strampelte und wehrte sich, wurde aber bald ohnmächtig. Kürten nahm daraufhin die Taschenlampe in die linke Hand, zog sein Taschenmesser und schnitt dem Mädchen mit vier festen Schnitten die Kehle durch. Das Blut floß in Strömen über Bett und Bettvorleger hin. Dieses Bild versetzte den Mörder sexuell in Hochgefühl. Der Anblick fließenden Blutes ist ihm bis zum Schluß der höchste Genuß gewesen.

Als er merkte, daß das Kind tot war, reinigte er sich am Bettuch und an seinem Taschentuch von dem Blut, mit dem er befleckt war, brachte sein Taschenmesser in Ordnung, verließ vorsichtig das Zimmer und schlich über die dunkle Treppe hinweg aus dem Hause. Er hatte dabei unwahrscheinliches Glück: Niemand begegnete ihm, und niemand sah ihn. Ein Hausmitbewohner, der neben dem Raum schlief, in dem der Mord geschehen war, hatte nicht das mindeste gehört.

Kürten begab sich sofort zum Bahnhof Mülheim, befreite sich unterwegs noch an einem Brunnen von den restlichen Blutspuren und war schon eine Stunde nach der Tat wieder in Düsseldorf.

Während dies alles geschah, hielt sich die Mutter des Kindes ahnungslos unten in der Küche der Gastwirtschaft auf. Als sie etwa zehn Minuten nach der Tat nach ihrem Töchterchen sehen wollte, fand sie es tot vor. Es lag quer über dem Bett und war blutüberströmt; sein Kopf hing über den Bettrand. Die Frau brach bei diesem Anblick schreiend zusammen. Ihr Ehemann ließ sofort die Polizei kommen, diese konnte aber keine Fingerabdrücke feststellen und auch sonst nichts ausfindig machen, was der Ermittlung des Täters hätte dienlich sein können. Die Obduktion ergab, daß das Mädchen in seinem Blut erstickt war.

Neben dem Bett wurde ein Taschentuch gefunden, das zahlreiche Blutflecken aufwies. Es war mit den Buchstaben P. K. (Peter Kürten) gezeichnet. Da der Vater des Mädchens die gleichen Initialen besaß (Peter Klein), kam niemand auf den Gedanken, daß dieses Taschentuch von dem Täter stammte.

Den Vater des Kindes mit dem Mord in Verbindung zu bringen, erschien absurd. Naheliegend war aber, einen anderen aufs Korn zu nehmen: Otto Klein, den jüngeren Bruder des Vaters.

Unter dem 27. Mai 1913 brachte die Kölnische Zeitung die Meldung, als der »mutmaßliche Mörder« sei der Bruder des Wirts verhaftet worden: »Der Verhaftete ist 23 Jahre alt, gelernter Metzger, und hat schon ein bewegtes Leben hinter sich. Er war einige Zeit in Amerika...; Die ganzen Umstände ließen die Polizei darauf schließen, daß die Tat von einem Metzger ausgeführt worden sei. Klein steht mit seinem Bruder wegen einer Erbschaftssache auf gespanntem Fuße.«

Da einige Zeugen außerdem behaupteten, sie hätten um die Tatzeit einen Mann in einem Pfeffer- und Salzanzug, so wie Otto Klein einen besitze, aus dem Hause kommen sehen, wurde der junge Mann verhaftet und später vor Gericht gestellt. Das Schwurgericht sprach ihn zwar frei, aber nur mangels Beweises. 1915 fiel Otto Klein. Es war ihm nicht beschieden, seine volle Rehabilitation zu erleben.

Kürten aber besaß die Stirn, am Tage nach dem Mord nach Mülheim zurückzufahren, sich in eine dem Mordhaus gegenüberliegende Gastwirtschaft zu setzen, die Unterhaltung der Gäste über die grausige Tat und den mutmaßlichen Mörder anzuhören und sich daran zu beteiligen. –

Die Ermordung von Christine Klein geschah am 25. Mai 1913. Einige Wochen danach sehen wir Peter Kürten wieder bei neuen Gewalttaten.

Im Juni 1913 lernte er eine Hausangestellte kennen, die in Düsseldorf in Stellung war. Auf einem nächtlichen Spaziergang nahm er ihr Handtasche und Hausschlüssel weg und hinderte sie auf diese Weise daran, ihn zu verlassen. Als es hell geworden war, forderte er sie auf, mit auf sein Zimmer zu kommen; dort werde sie Tasche und Schlüssel zurückerhalten. Es blieb ihr nichts übrig, als ihm zu folgen. Auf dem Zimmer angekommen, wurde er derart zudringlich zu ihr, daß es das Mädchen mit der Angst zu tun bekam und zu schreien anfing. Er beruhigte sie daraufhin und ließ sie gehen.

Dieses eigenartige Erlebnis hinderte das Mädchen nicht, sich am nächsten Abend wiederum mit Kürten zu treffen. Diesmal führte er sie in den Grafenberger Wald und wurde tätlich gegen sie, als sie sich nicht küssen lassen wollte. Dann warf er sie auf eine Bank und würgte sie. Als sie ihn flehentlich bat, von ihr abzulassen, ließ er sie los, folgte ihr aber. Unterwegs wurde er wieder gewalttätig gegen sie, schlug sie, biß sie und riß ihr die Ohrringe aus den Ohren. Sie machte sich los und rannte davon. Er lief ihr nach, packte sie, warf sie zu Boden, würgte sie und riß ihr Haarbüschel aus. Dann trieb er sie erneut in den Wald hinein. Da es inzwischen Morgen geworden war und Leute vorbeikamen, ließ er auf ihr flehentliches Bitten hin von ihr ab. Sie gingen dann zusammen in ein Restaurant, um zu frühstücken. In einem günstigen Augenblick ergriff sie die Flucht und verschwand; sie sah ihn nie wieder. Von Erstattung einer Anzeige nahm sie Abstand, sie fürchtete wohl, daß ihr daraus Unannehmlichkeiten erwachsen könnten.

Wenig später, noch im Jahre 1913, überfiel er im Gerresheimer Park in Düsseldorf einen Mann, der friedlich auf einer Bank saß. Er schlug ihm von hinten plötzlich mit einem Beil über den Kopf. Sprachlos vor Schrecken stürzte der Angegriffene mit einer stark blutenden Kopfwunde davon und ließ den Täter entkommen. Das Beil unter dem Rock tragend, zündete dieser einige Minuten danach einen mit Stroh beladenen Wagen an. Niemand kam auf den Gedanken, daß der harmlose, friedliche Spaziergänger, als welcher Kürten in Erscheinung trat, solche Untaten verübt hatte.

Eine Woche danach schlug er mit demselben Beil in einem Hausflur ein junges Mädchen nieder. Anschließend zündete er drei Heuschober an. Auch diesmal wurde er nicht gefaßt.

Ebensowenig war das der Fall, als er bei einem Einbruchsversuch auf ein im Bett liegendes junges Mädchen gestoßen war und es mit einem Beil angegriffen hatte. Als der Vater des Mädchens herbeieilte und ihn packen wollte, gelang es ihm, sich seinem Griff zu entziehen und unerkannt zu entkommen.

Bei anderen Diebstählen in jener Zeit hatte er weniger Glück. Mitte Juli 1913 wurde er in flagranti gefaßt und im Anschluß daran wegen Rückfalldiebstahls zu sechs Jahren Zuchthaus und Stellung unter Polizeiaufsicht verurteilt. Während der Verbüßung dieser Strafe machte er sich einer Gefangenenmeuterei schuldig und erhielt eine neue Strafe. Die Freiheit sah er erst am 7. April 1921 wieder.

Den Strafvollzugsbeamten machte er wenig Kummer. Er trat höflich und bescheiden auf und war allezeit bemüht, sich ihr Wohlwollen zu erhalten. Den Mitgefangenen trat er anders gegenüber: Er erschien ihnen als frech, hinterlistig und rücksichtslos. Im Jähzorn war er brutaler Handlungen fähig. Alle hatten den Eindruck, daß er ein intelligenter und gewandter Mann sei, der es verstehe, die Chancen jeder Situation blitzartig zu erfassen und aus ihnen vollen Nutzen zu ziehen. Mehrfach rühmte er sich Kameraden gegenüber blutiger Gewalttaten an Mädchen.

In den nahezu acht Jahren seines zweiten Zuchthausaufenthaltes war er ein sehr eifriger Benutzer der Strafanstaltsbibliotheken und las nicht nur Romane (Gustav Freytag, Rudolf Herzog, Karl May, Edgar Wallace und Sienkiewicz), sondern vertiefte sich auch in Fachschriften und nahm alles in sich auf, was er an kriminologischer und medizinischer Literatur auftreiben konnte. Dank seines ausgezeichneten Gedächtnisses erwarb er sich auf diese Weise ein Wissen, das weit über seine Vorbildung hinausreichte. Es setzte ihn instand, bei seinen späteren Opfern den Eindruck eines gebildeten Mannes hervorzurufen, was – wie sich immer wieder zeigte – von nicht zu unterschätzender Bedeutung war.

Nach der Entlassung im Jahre 1921 wandte er sich nach Altenburg in Thüringen, wo eine Schwester von ihm verheiratet war. Er gab an, aus sibirischer Kriegsgefangenschaft zu kommen, und fand Arbeit in einer Maschinenfabrik.

In Altenburg war es dann auch, wo er seine spätere Frau kennenlernte. Sie war mit fünf Jahren Gefängnis vorbestraft, weil sie ihren Verlobten erschossen hatte, nachdem er das Verlöbnis mit ihr gelöst hatte. Es handelte sich bei ihr aber um eine ruhige und ordnungsliebende Frau, die gewissenhaft und untadelig ihrer Arbeit nachging. 1923 heiratete sie ihn.

Nach einigen Jahren zog es Peter Kürten indessen in seine Heimat zurück. 1925 übersiedelte er nach Düsseldorf und ließ bald seine Frau nachkommen. In seinem Strafverfahren hat er erklärt, er habe deshalb die Großstadt der Kleinstadt vorgezogen, weil er dort seinen Plan, der größte Sexualverbrecher aller Zeiten zu werden, leichter habe verwirklichen können. Aber das war wohl nur Angabe.

In Düsseldorf gab er sich sofort wieder mit zahlreichen Mädchen ab und setzte sie in der bekannten Weise unter Druck, wenn sie ihm nicht gefügig sein wollten. Er fing auch wieder an, Frauen zu würgen. Nur wenige der Betroffenen dachten an Anzeige, und bei diesen wenigen brachte es die Ehefrau Kürten durch gütliches Zureden zuwege, daß sie von dem Gang zur Polizei Abstand nahmen. In anderen Fällen entkam er seinen Opfern unerkannt. Als zwei Mädchen ihn angezeigt hatten, wurde er wegen Notzucht zwar unter Anklage gestellt, dann aber aus subjektiven Gründen freigesprochen. Ende 1927 wurde er wegen Bedrohung, Beleidigung und versuchter Nötigung zu acht Monaten Gefängnis verurteilt und daraufhin erneut in Strafhaft genommen. Im Oktober 1928 kam er wieder frei.

Und nun beginnen die Schreckensjahre 1929 und 1930.

Die Morde und Mordversuche der Jahre 1929 und 1930

1. Mordüberfall auf Frau Apollonia Kühn

Am Sonntag, dem 3. Februar 1929, kurz nach 21 Uhr, war die am Rande von Düsseldorf wohnende Frau Apollonia Kühn auf dem Wege zu ihrer Wohnung. Sie hatte Bekannte besucht und wollte nach Hause zurückkehren. Als sie in einsamer Gegend gerade um eine Straßenecke bog, hörte sie hinter sich Schritte. Ein Mann folgte ihr dichtauf; es war Peter Kürten. Beim Überholen rief er ihr »Guten Abend!« zu. Die Frau erwiderte den Gruß.

Plötzlich kehrte der Mann um, schritt auf sie zu und sagte leise zu ihr: »Keinen Laut geben!« Im nächsten Augenblick versetzte er ihr mit einer Schere mehrere heftige Schläge und Stiche auf den Kopf. Die Überfallene hielt instinktiv den Arm über ihren Kopf und rief laut den Namen ihres Mannes. Dann sank sie in die Knie. Anschließend erhielt sie von dem Unbekannten in rascher Folge eine Anzahl weiterer Stiche in den Körper, darunter mehrere in die linke Brust. Dann brach sie bewußtlos zusammen.

Kürten hatte am Abend dieses Tages seine Wohnung verlassen, um sich ein Opfer für seine sexuelle Begierde zu suchen. Als Waffe nahm er eine Schere mit sich. Als er während des Überfalls auf Frau Kühn sexuelle Befriedigung verspürte, ließ er von seinem Opfer ab und versteckte sich nicht weit vom Tatort auf freiem Feld in einem Erdloch. Er war der Meinung, er habe die Frau getötet.

Frau Kühn kam unterdessen wieder zu sich und lief, so schnell sie konnte, zu ihrer Wohnung. Der Arzt, den ihr Mann herbeigerufen hatte, stellte an ihrem Körper nicht weniger als 24 Stichverletzungen fest. Später wurde bei einer Röntgenuntersuchung festgestellt, daß sich unter der Schädelhaut der Frau eine abgebrochene Scherenspitze befand. Sie mußte durch eine Operation entfernt werden.

Kürten beobachtete aus seinem Versteck von ferne, daß sich um den Tatort ein Menschenauflauf bildete und daß diese Menschen laut und erregt miteinander sprachen. Diese Wahrnehmung löste bei ihm ein Gefühl der Befriedigung aus. Nach einiger Zeit verließ er sein Versteck, legte sich hinter einen Eisenbahndamm und ging dann zum Tatort. Dort war niemand mehr zu sehen. Unterwegs besah er die Schere und stellte dabei fest, daß die Spitze des einen Scherenschenkels abgebrochen war. Das beunruhigte ihn jedoch in keiner Weise. Innerlich gelöst und aufgeräumt wanderte er nach Hause zurück.

Einige Tage danach ging er wieder zum Tatort und stieß dort auf eine in der Nähe wohnende Frau und deren Tochter. Er sprach die beiden Frauen höflich an, lenkte das Gespräch auf den Überfall und brachte seine Entrüstung darüber zum Ausdruck, daß der Täter nicht ermittelt worden sei. Dann bot er seinen Gesprächspartnerinnen an, sie nach Hause zu begleiten. Unterwegs kam er erneut auf den Überfall zu sprechen und ereiferte sich dabei derart, daß ihm dieselbe Befriedigung zuteil wurde, die er während der Tat erlebt hatte.

Die Ermittlungen der Polizei verliefen völlig im Sande. Sonderbarerweise wurde keinerlei Nachricht an die Presse gegeben, und so konnte Kürten einige Zeit danach seine Schere in ein Stahlwarengeschäft zum Nachschleifen geben, ohne Verdacht zu erregen. Hätte die Polizei die Fachgeschäfte davon unterrichtet, daß dem Täter bei dem Überfall eine Schere abgebrochen sei, so hätte dem verbrecherischen Treiben Kürtens höchstwahrscheinlich schon jetzt Einhalt geboten werden können. Da nichts dergleichen geschah, konnte Kürten ungehindert sein verbrecherisches Tun fortsetzen.

2. *Ermordung der achtjährigen Rose Ohliger*

Eine Woche nach dem Überfall auf Frau Kühn, am 8. Februar 1929, kam Kürten das Bedürfnis, sich durch eine Gewalttat neue Befriedigung zu verschaffen.

Er verließ gegen 18 Uhr seine Wohnung und nahm diesmal eine sogenannte Kaiserschere mit sich, auf der hinter dem Scherengelenk das Bild des letzten deutschen Kaiserpaares zu sehen war.

Als er sich auf dem Wege nach Gerresheim befand, kam ihm weinend ein kleines Mädchen entgegen, das sich in der Dunkelheit verirrt hatte. Es war die acht Jahre alte Rosa Ohliger. Kürten sprach das Kind freundlich an und sagte zu ihm: »Komm, ich bringe dich nach Hause.« Dann ergriff er es bei der Hand und ging mit ihm in Richtung Kettwiger Straße weiter.

Als Kürten mit dem arglos plaudernden Mädchen den Platz erreicht hatte, an dem die Vinzenzkirche liegt, überquerte er ihn und führte das Kind an einen Bretterzaun an der Rückseite der Kirche. Dieser Zaun umschloß die Baugrube einer Badeanstalt. Die Stelle war unbeleuchtet und von Passanten des Kirchplatzes nicht einzusehen.

An diesem Bretterzaun angekommen, schritt Kürten mit dem Mädchen in eine dunkle Ecke hinein, packte das Kind am Hals und schnürte ihm die Luft ab. Das Kind strampelte zuerst heftig, wurde aber rasch still. Kürten ließ den Körper zur Erde gleiten, griff ihn mit der linken Hand und versetzte ihm mit der Schere Stiche in die rechte Schläfe und die rechte Brust. Dabei spürte er wieder sexuelle Lust.

Anschließend legte er das inzwischen verstorbene Kind an Ort und Stelle nieder und ging eilends zu seiner Wohnung, die nur wenige Schritte entfernt war. Seine Frau war noch auf ihrer Arbeitsstelle. Er reinigte Schere und Kleidung sorgsam von allen Blutspuren und begab sich in ein Kino. Der Gedanke an die Aufregung, die diese Bluttat in der Bevölkerung hervorrufen würde, machte ihn aufgeräumt und verursachte ihm im voraus Behagen.

Gegen 23 Uhr nach Hause zurückgekehrt, füllte er eine Bierflasche mit Petroleum und schlich zum Tatort zurück, um die Leiche des Kindes anzuzünden. Davon versprach er sich neue Befriedigung. Da er ständig durch Passanten gestört wurde, konnte er sein Vorhaben aber nicht durchführen. Als Frau Kürten gegen Mitternacht nach Hause kam, lag ihr Mann ruhig schlafend im Bett.

Am Morgen des nächsten Tages erhob er sich kurz nach sechs Uhr und ging, nur mit Hose und Unterwäsche bekleidet und mit Pantoffeln versehen, erneut zum Tatort. Bei seiner Frau wollte er den Anschein erwecken, er gehe nur auf das im unteren Stockwerk liegende Klosett.

An dem Bauzaun angekommen, übergoß er die Leiche mit Petroleum und zündete sie an. Dann warf er die Flasche in weitem Bogen über den Platz. Von der Kirche aus vergewisserte er sich noch einmal, daß das Feuer weiterloderte und empfand dabei einmal mehr sexuelle Befriedigung.

In der Morgendämmerung schritt er auf dem Wege zur Innenstadt erneut über den Platz vor der Kirche und stellte dabei fest, daß die Leiche des Kindes noch an der gleichen Stelle lag. Das Feuer war mittlerweile erloschen. Als er aus der Stadt zurückkam, war die Leiche nicht mehr da. Gegen neun Uhr hatte ein Bauarbeiter sie entdeckt und die Polizei alarmiert. Die Kleider des Kindes waren fast ganz verbrannt, Kopfhaare, Gesicht und Beine angesengt.

Bei der Obduktion wurden am Körper des Mädchens 14 Stiche festgestellt, einer an der Schläfe und 13 an der Brust. Einige von ihnen waren so heftig geführt worden, daß sie das Herz erreichten. Der Tod war daraufhin sofort eingetreten.

Die große Menschenansammlung, die sich am Tatort gebildet hatte, erregte bei Kürten Wohlgefallen, er suchte sie deshalb immer wieder auf. Niemand kam auf den Gedanken, daß er der Mörder des Kindes sein könnte.

Die Polizei stand vor einem Rätsel. Kein Mensch hatte Kürten bei seinen Gängen zur Mordstelle beobachtet, und der festgefrorene Boden – der Winter 1928/29 war der kälteste seit Jahren – machte die Aufnahme von Fußspuren so gut wie unmöglich. Auf die Bierflasche aber, die Kürten auf den Kirchplatz geschleudert hatte, und die sicher voll von Fingerabdrücken war, achtete niemand. Am Abend vorher war das Kind von mehreren Passanten in Gesellschaft eines Mannes gesehen worden, niemand konnte von diesem aber eine genaue Personenbeschreibung geben.

3. Die Ermordung des Invaliden Rudolf Scheer

Nachdem der Überfall auf die kleine Rosa Ohliger so großartig gelungen war, stand für Kürten nichts im Wege, nach einem neuen Opfer Ausschau zu halten. In der Manteltasche hatte er wieder die Kaiserschere griffbereit liegen.

Am Karnevalsdienstag, dem 12. Februar 1929, begegnete er kurz vor Mitternacht im Stadtteil Flingern dem 54jährigen Invaliden Rudolf Scheer, der in den Gerresheimer Schrebergärten ein kleines

Häuschen bewohnte. Scheer war stark angetrunken; in einer Wirtschaft, wo er sich bis kurz nach 23 Uhr aufgehalten hatte, waren ihm deshalb schon weitere Getränke abgeschlagen worden.

Dieser Mann versuchte nun, Kürten den Weg zu verlegen, und versetzte ihm einen solchen Stoß, daß er beinahe das Gleichgewicht verlor und stürzte.

Kürten zog aus diesem Zusammenstoß blitzschnell die Folgerung, daß sich ihm hier ein neues Opfer darbot. Er versetzte Scheer mit der Faust einen Schlag gegen das Kinn, der den Mann zu Boden gehen ließ. Während er bemüht war, sich auf Händen und Füßen wieder aufzurichten, zog Kürten seine Schere und stieß sie dem Invaliden derart heftig in den Rücken, daß er Mühe hatte, sie wieder herauszubekommen.

Scheer, noch immer kniend, zog sein Taschenmesser und versuchte es zu öffnen. Bevor er das tun konnte, hatte Kürten ihm mit seiner Schere eine Serie von Stichen in die rechte Schläfe, den Hinterkopf und den Nacken verabfolgt. Scheer sank nun auf dem Boden in sich zusammen. Das Blut floß in Strömen und bildete auf der Straße eine große Lache.

Kürten versuchte, den aus einer der Wunden hervorschießenden Blutstrahl mit dem Munde aufzufangen, das gelang ihm aber nicht. Nunmehr packte er Scheer an den Unterschenkeln und schleifte ihn zum Straßenrand hin. Dort warf er ihn die Böschung hinunter.

Als er schon im Begriffe war, sich zu entfernen, fiel ihm plötzlich ein, daß man an Scheers Hose und seinen Gamaschen Fingerabdrücke erkennen könne. Er kehrte deshalb zu dem Bewußtlosen zurück und beseitigte alle Spuren, die ihm hätten gefährlich werden können. Dann ging er nach Hause, befreite sich von den Blutspuren und legte sich schlafen.

Am Aschermittwoch gegen acht Uhr wurde die Leiche Scheers von demselben Mädchen aufgefunden, das Kürten einige Tage zuvor zusammen mit seiner Mutter nach Hause begleitet hatte. Die sofort alarmierte Mordkommission konnte nur feststellen, daß der Tod des Überfallenen erst in den Morgenstunden eingetreten war. Ein Arbeiter hatte gegen 5 Uhr 30 einen Mann stöhnen gehört, er hatte ihn im Dunkel aber nicht finden können.

Einige Minuten nach acht Uhr war auch Kürten zur Stelle, wegen der polizeilichen Absperrung konnte er aber nicht an den Tatort herankommen. Auf dem Wege dorthin hatte er die Stirn, an einen Polizeibeamten die Frage zu richten: »Ich habe eben telefonisch gehört, daß hier in der Nähe ein Mord passiert ist. Wissen Sie etwas darüber?«

Der Gerichtsarzt stellte bei der Obduktion 13 Stiche in Hinterkopf und Nacken fest, von denen einer tief in den Wirbelknochen eingedrungen war, außerdem vier Stiche im Rücken, drei Stiche hinter dem rechten Ohr und einen elf Millimeter langen Stich an der rechten Schläfe – insgesamt also nicht weniger als 21 Stiche. Der Tod war durch einen Stich ins Gehirn und einen weiteren Stich in die Lunge verursacht worden.

Die Polizei stand erneut vor einem Rätsel. Der hartgefrorene Boden hatte wiederum keine Spureneindrücke aufgenommen, und darin lag eine außerordentliche Erschwerung aller Ermittlungshandlungen. Die Verwendung einer Schere ließ auf den gleichen Täter schließen wie die in den Fällen Kühn und Ohliger. Bemerkenswert war, daß auch in diesem Falle das Opfer nicht beraubt worden war.

Da in der Nähe des Tatorts Zigeuner ihr Lager aufgeschlagen hatten, richtete sich der Verdacht zunächst gegen sie. Bald stellte sich aber heraus, daß sie als Täter nicht in Frage kamen. Anschließend nahm man sich die beiden Söhne des Ermordeten vor, kam aber auch auf diesem Wege nicht weiter. Schließlich wurden alle Personen überprüft, die im Bezirk Düsseldorf wegen Sittlichkeitsverbrechens vorbestraft waren; sie schieden ebenfalls aus. Auf das Vorstrafenregister von Kürten stieß man dabei interessanterweise nicht. Ihm blieb auch diesmal das Glück treu.

Einzig und allein das gerichtsärztliche Gutachten brachte Hinweise, mit denen die Polizei etwas anfangen konnte: Der Vergleich der drei Fälle (plötzlicher Überfall in einsamer Gegend des Stadtteils Flingern, Wahl der Nachtzeit, zahlreiche, in schneller Aufeinanderfolge abgegebene Stiche durch eine Stichwaffe von gleichartiger Beschaffenheit, fehlende Beraubung des Opfers) zwinge zu dem Schluß, daß es sich in jedem der drei Fälle um denselben Täter handle und daß dieser abnorm veranlagt sei.

Ein Verhängnis für die Suche nach dem Täter war es, daß sechs Wochen später ein Geisteskranker gefaßt wurde, der zwei Überfälle auf Frauen verübt hatte, die Ähnlichkeit mit den von Kürten begangenen Straftaten besaßen. Dieser junge Mann behauptete nach seiner Festnahme, er habe auch die anderen Überfälle verübt. Er wußte so viele Einzelheiten darüber anzugeben, daß er trotz mancher Bedenken der Täterschaft verdächtig erscheinen mußte (seine Kenntnisse hatte er aus den Zeitungen). Die Presse und ein Teil der Bevölkerung waren zeitweise fest davon überzeugt, daß er der Mörder sei. – Diese Selbstbezichtigung hielt die Polizei wochenlang auf falscher Fährte fest. Es ist bemerkenswert, daß ein fast als idiotisch anzusprechender Schwachsinniger imstande war, mit einem solchen Geständnis die Behörden zu täuschen und irrezuführen. –

Vorsichtshalber forderte jetzt der Polizeipräsident von Düsseldorf bei der Zentralmordkommission in Berlin zwei Spezialbeamte an. Trotz deren tatkräftiger Mitwirkung kamen die polizeilichen Ermittlungen aber um keinen Schritt weiter. Der Täter blieb ungreifbar.

4. Die Ermordung der Hausangestellten Maria Hahn

Nach den ersten drei Überfällen hielt Kürten sich einige Monate zurück. Im Juli ging er dann zu neuer Aktivität über. Er nahm Kontakt zu drei Hausangestellten auf, sie entkamen aber seinem Würgegriff. Sein nächstes Opfer wurde die aus Bremen stammende Hausangestellte Maria Hahn. Es war einer der Kürtenschen Sonntagsmorde.

Er lernte sie am 8. August 1929 auf dem Hansaplatz in Düsseldorf auf einer Bank kennen. Sie war eine etwas leichtlebige Natur und scheute sich nicht, ihrerseits Männer anzusprechen. So richtete sie an diesem Abend von ihrer Bank aus an einen gerade vorübergehenden Mann die Frage, ob er auch auf einem Spaziergang begriffen sei. Der Mann, an den sie sich wandte, war Peter Kürten. Er sah vertrauenswürdig aus, und sie hatte keine Bedenken, sich mit ihm einzulassen.

Beide kamen in eine sehr angeregte Unterhaltung miteinander und verabredeten sich für den nächsten Sonntag zu einem Ausflug ins Neandertal. Maria Hahn war für diesen Tag zwar schon mit einem anderen Mann verabredet, sie zog es aber vor, mit Kürten zu gehen.

Die Verabredung lautete auf Sonntag, den 11. August 1929, auf dem Hansaplatz. Kürten hatte vorsorglich seine Kaiserschere eingesteckt. Er fuhr mit seiner Begleiterin zum Hauptbahnhof und von dort mit einem Personenzug bis zur Haltestelle Neandertal. Von Neandertal wanderten sie in Richtung Erkrath weiter. Unterwegs machten sie in einem Gartenrestaurant Station. Kürten ließ Rotwein kommen, und bald waren beide in sehr lebhafter Unterhaltung begriffen. Eine Zeugin, die Maria Hahn kannte und sie mit K. zusammen sah, sagte später aus: »Er streichelte sie fortwährend.« Gegen 19 Uhr brachen die beiden auf und gingen nach Erkrath, wo sie zu Abend speisten und einige Flaschen Bier tranken. Dann setzten sie ihren Ausflug in die Umgebung Düsseldorfs fort.

In einem Eichenwäldchen machten sie halt und ließen sich nieder. Da sie beim Austausch von Zärtlichkeiten durch die Liebespaare gestört wurden, die in ihrer Nähe auf und ab gingen, schlug Kürten vor, weiterzugehen. Auf einem Wiesenstück, das durch die Sträucher eines Entwässerungsgrabens gegen Sicht gedeckt war, suchten sie sich einen Platz hinter einem Gebüsch.

Plötzlich packte Kürten seine Begleiterin am Hals und würgte sie so lange, bis sie ohnmächtig wurde. Als er sie daraufhin losließ, kam sie wieder zu sich und bat ihn mit ersterbender Stimme, er möge sie doch am Leben lassen. Dies war für ihn das Zeichen, sie erneut zu packen und zu würgen; gleichzeitig zog er mit der anderen Hand die Schere aus der Tasche und versetzte ihr mit der Spitze des Scherenschenkels mehrere tiefe Stiche in den Hals. Dann beugte er sich über sein Opfer und sog begierig das aus den Wunden hervorströmende Blut ein. Zu gleicher Zeit brachte er ihr neue Stiche in Brust und Schläfe bei.

Jetzt hatte er seine Befriedigung gehabt. Er verweilte einige Zeit bei der Leiche des Mädchens und brach dabei das Blut wieder aus. Dann schleppte er die Leiche in den Entwässerungsgraben, bog die Sträucher darüber, füllte den Hut des Mädchens mit Erde und warf ihn in ein Getreidefeld. Ihre Handtasche ging den gleichen Weg, ebenso der Schlüsselbund. Alle diese Gegenstände wurden später dort aufgefunden.

Aufgeräumt und in fröhlicher Stimmung, streckenweise sogar singend, wanderte er nach Gerresheim zurück und fuhr von dort mit der Straßenbahn nach Hause. Kurz nach Mitternacht kam er in seiner Wohnung an. Seine Frau war noch wach. Er erzählte ihr, er sei auf der Kirmes gewesen.

Als Frau Kürten am nächsten Morgen die Kleidung ihres Mannes in Ordnung bringen wollte, entdeckte sie vorne auf dem Rock mehrere Blutspritzer und auf der Manschette des Hemdes einen Blutflecken. Unter dem Eindruck dieser Feststellung erzählte sie im Laufe des Tages einer Hausgenossin, ihr Mann habe am Vorabend ausgesehen wie ein Schwein, er treibe sich mit fremden Weibern herum. Als Kürten von seiner Frau wegen der Blutspuren zur Rede gestellt wurde, erklärte er, er habe Nasenbluten gehabt.

Am Tage nach dem Mord dachte Kürten auf seiner Arbeitsstelle mit großer Genugtuung an die Bluttat des Vortages zurück. Plötzlich kam ihm der Gedanke, es müsse schön sein, wenn er eine Erinnerungsstätte an die Tötung des Mädchens besäße, die er je nach Wunsch aufsuchen könne. Von der Arbeit nach Hause zurückgekehrt, sagte er seiner Frau wahrheitswidrig, er müsse sofort zur Fabrik zurück, um einen erkrankten Arbeitskollegen zu vertreten. Statt dessen fuhr er gleich nach dem Abendessen zum Tatort nach Papendelle.

Als er dort ankam, konnte er feststellen, daß die Leiche noch unentdeckt im Graben lag. Er ging nunmehr auf die Suche nach einer Grabstelle und entschied sich schließlich für ein unbestelltes Feldstück am Rande eines Waldes, das mit Unkraut überwuchert war.

Da ihm eine Schaufel fehlte, fuhr er nach Hause zurück, wo er gegen 11 Uhr abends eintraf. Seine Frau war noch wach; sie fing an, ihm Vorwürfe wegen seines Verhaltens am Sonntag zu machen. Er entgegnete schroff, er wolle solche Vorwürfe nicht mehr hören; er werde heute allein schlafen. Dann nahm er seine Bettdecke und ging in den nebenanliegenden Raum.

Als seine Frau sich eine Stunde später vergewissern wollte, ob er schlafe, war er verschwunden. Er hatte den Nebenraum sofort durch eine zweite Tür verlassen, hatte auf dem Speicher eine Schaufel geholt und war mit dieser nach Papendelle gefahren. Er kam dort gegen Mitternacht an. An der Stelle, die er für das Grab bestimmt hatte, legte er Rock, Weste und Kragen ab und hob eine 1,30 Meter tiefe Grube aus. Dann ging er zu dem Platz, wo die Leiche lag, hob sie auf die Schulter, trug sie zum Grab und legte sie an dessen Rand nieder. Bevor er die Leiche hineinlegte, zog er ihr Schuhe und Strümpfe aus. Die Strümpfe band er sich um den

Leib. Als er darangehen wollte, das Grab zuzuschaufeln, fiel ihm ein, daß die Tote noch ihre Armbanduhr trug. Ihm kam der Gedanke, daß er mit der Uhr sich unter Umständen noch ein anderes Mädchen gefügig machen könne, und deshalb nahm er sie rasch noch an sich. Die Erde auf dem Grab stampfte er fest, wälzte dann einen Feldstein auf die Stelle. Bei diesem Vorgang empfand er wieder sexuelle Befriedigung.

Beim Transport der Leiche in das Grab war sein Hemd sehr blutig geworden. Da er so nicht unter Menschen gehen konnte, zog er es aus und wusch es in einem Bach. Feucht zog er es wieder an. Die Strümpfe der Ermordeten warf er in den Bach, und die Schaufel versteckte er in dem Gestrüpp des Entwässerungsgrabens. Dann fuhr er nach Gerresheim zurück, reinigte notdürftig seine Schuhe und erschien gegen 6 Uhr frühmorgens in seiner Wohnung. Er legte sich eine Stunde schlafen und begab sich dann zu seiner Arbeitsstelle. Seiner Frau fiel auf, daß seine Schuhe und Strümpfe schmutzig und feucht waren. Um etwaigen Fragen zuvorzukommen, sagte er ihr, er sei noch mit einem Mädchen zusammengewesen.

In einer der nächsten Nächte fuhr er wieder zur Mordstelle hinaus, holte die Schaufel aus dem Versteck heraus und bepflanzte die Grabstätte mit Unkraut, um sie möglichst unauffällig zu machen. Die Schaufel versteckte er wieder im Bewässerungsgraben.

Im Laufe des Sommers suchte er die Grabstelle noch öfter auf, ungefähr 30mal, und empfand jedesmal seine Befriedigung dabei. Das Interesse daran schwand aber schließlich. Kürten überlegte sich nunmehr, wie er mit Hilfe der begangenen Mordtat zu neuer Lust gelangen könne. Dabei kam ihm ein Gedanke, der eine Sensation auszulösen versprach.

Maria Hahn war der Polizei schon kurze Zeit nach ihrem Verschwinden als vermißt gemeldet worden, sie hatte davon der Öffentlichkeit aber keinerlei Mitteilung gemacht. Kürten versprach sich nun Befriedigung davon, wenn das Publikum erfahre, daß sie getötet worden sei.

Um die Polizeibehörden auf die Spur zu bringen, fertigte er Ende September 1929 – kurz nachdem er zwei weitere Morde und mehrere Mordversuche verübt hatte – mit einem Blaustift auf weißem Einwickelpapier eine Skizze von der Grabstelle und dem umgrenzenden Gelände an und versah sie mit dem Vermerk, daß an dem in der Skizze angegebenen Ort ein Mord geschehen sei und die Leiche vergraben liege. Diese Skizze steckte er in einen Briefumschlag, adressierte ihn an den ›Düsseldorfer Stadt-Anzeiger‹ und warf ihn in den Briefkasten der Zeitung, eine Handlung von gleichsam exhibitionistischem Charakter. Was mit diesem Brief geschehen ist, ist nicht bekannt. Irgendeine Reaktion seitens der Zeitung erfolgte nicht.

Als nichts geschah, fertigte Kürten eine neue Blauskizze an und setzte in Antiquaschrift an die rechte untere Ecke des Blattes den Vermerk: »Mord – bei Papendelle, an der angekreuzten Stelle, welche nicht mit Unkraut bewachsen ist, und mit einem Stein bezeichnet ist, liegt die Leiche begraben, 1½ Meter tief ...« Dieses Schriftstück richtete er am 13. Oktober 1929, zwei Tage nach einem weiteren Mord, an die Polizeiverwaltung Düsseldorf und warf den Brief in einen Postbriefkasten. Bei der Polizeiverwaltung ging der Brief am 14. Oktober ein. Sie leitete ihn zur Nachprüfung an den zuständigen Landjägereiposten weiter. Da die Skizze unklar und irreführend war, wurde die Grabstelle nicht gefunden.

Da auch dieser Brief die erhoffte Sensation nicht herbeiführte, fertigte Kürten am 8. November 1929, einen Tag nach Ermordung der 5jährigen Gertrud Albermann, eine dritte Skizze von der Grabstelle in Papendelle an, wobei er den früheren Text mit dem Zusatz versah: »Die Leiche der vermißten Gertrud Albermann liegt an der Mauer Haniel.« Diese Skizze hatte Kürten durch Einzeichnung eines Weges und durch genaue Bezeichnungen so übersichtlich gemacht, daß Nachforschungen diesmal zum Ziele führen mußten.

Die neue Skizze sandte Kürten in einem Briefumschlag der Düsseldorfer Zeitung ›Die Freiheit‹ zu. Dort ging sie auch ein, wurde aber zunächst nicht ernst genommen. Nachdem die Kriminalpolizei durch einen Reporter von dem Eingang der Skizze erfahren hatte, ließ sie sie abholen und am 12. November in Papendelle umfangreiche Nachforschungen und Grabungen vornehmen.

Hierbei fand man die Grabstelle zunächst wiederum nicht auf. Von einem in der Nähe wohnenden Landwirt erfuhr man aber, daß er bei den Erntearbeiten eine Damenhandtasche und Schlüssel gefunden habe. Rasch wurde festgestellt, daß diese von der als vermißt gemeldeten Maria Hahn stammten.

Am 14. November wurden die Nachforschungen daraufhin unter

Aufgebot zahlreicher Polizeibeamter erneut aufgenommen, und dabei wurde endlich die Grabstelle gefunden.

Die Obduktion der Leiche ergab, daß Maria Hahn drei Stiche in die linke Schläfe, sieben Stiche in den Hals und zehn Stiche in die Brust erhalten hatte. Einer dieser Stiche hatte das Herz des Mädchens durchbohrt.

Als die Auffindung der Leiche bekannt wurde, bemächtigte sich der Bevölkerung ungeheure Erregung. Kürten weidete sich redlich daran, und er beschloß, die entstandene Verwirrung noch etwas zu vergrößern. Zu diesem Zweck verfaßte er mit verstellter Handschrift einen neuen Brief und behauptete darin, es seien noch weitere Leichen vorhanden, er, der Mörder, sei von seinem Arbeitgeber entlassen worden und dergleichen mehr. Vorsichtshalber fuhr er mit dem Brief nach Duisburg und schickte ihn an die ›Duisburger Arbeiterzeitung‹. Die Zeitung leitete den Brief sofort an die Düsseldorfer Polizei weiter. Dort waren inzwischen unzählige andere Falschmeldungen eingegangen. An den unwahrscheinlichsten Plätzen sollten Kinderleichen gefunden worden sein.

Trotz aller Bemühungen kam die Polizei keinen Schritt weiter. Kein Mensch hatte Kürten bei seinen nächtlichen Ausflügen nach Papendelle beobachtet, und niemandem war er mit seiner Schaufel aufgefallen. Die Schaufel selbst wurde in dem Entwässerungsgraben in Papendelle gefunden, sie trug aber keinerlei Fingerabdrücke mehr. Es war auch nicht möglich herauszubekommen, woher sie stammte.

Zwar meldeten sich jetzt die Frauen, die am 8. August Maria Hahn mit Kürten in einer Gastwirtschaft gesehen hatten, sie machten aber ganz unzutreffende Angaben über sein Alter. Kürten pflegte sein Äußeres vor jeder seiner Unternehmungen so herzurichten, daß er wesentlich jünger erschien, als er war, und so gaben die Zeuginnen sein Alter auch viel zu niedrig an.

Schon im August hatte ein früherer Mithäftling Kürtens aus seiner Zuchthauszeit die Polizei darauf aufmerksam gemacht, daß er vielleicht der Urheber der Bluttat sei. Die Polizei war diesem Hinweis aber nicht mit der gebotenen Energie nachgegangen. So konnte der Verbrecher sein Tun ungehindert fortsetzen.

»Die Kriminalisten stehen hier vor einem Rätsel«, schrieb eine der Düsseldorfer Zeitungen. »Es dürfte in der Geschichte der Kriminalistik selten vorgekommen sein, daß ein Mörder der Polizei die Fundstellen angibt, wichtige Beweisstücke bewußt liegenläßt und sich so in Sicherheit weiß, daß er einen weiteren Mord noch in Erinnerung bringen kann.«

5. Mordüberfälle auf zwei Frauen und einen Mann

In der Zwischenzeit hatte Kürten sein blutiges Handwerk tatkräftig fortgesetzt. Am 11. August 1929 war von ihm Maria Hahn umgebracht worden. Noch keine zehn Tage waren vergangen, als er zu neuen Taten schritt.

Am 20. August ging er nach dem Schluß seiner Arbeitszeit gegen 10 Uhr abends nach Lierenfeld, wo gerade Kirmes war. Ihn hatte wieder die alte Gier gepackt. Auf der Kirmes hoffte er ein Opfer zu finden, und in einsamer Gegend sollte ihm das gleiche Schicksal bereitet werden wie der unglücklichen Maria Hahn. Seine Versuche, bei Frauen Anschluß zu finden, schlugen aber diesmal fehl Kürten entschloß sich deshalb, anders vorzugehen.

Gegen Mitternacht beobachtete er, wie zwei junge Mädchen den Festplatz verließen. Er folgte ihnen durch mehrere Straßen hindurch, bis sie vor dem Hause, wo die eine von ihnen wohnte, stehenblieben. Kürten ging an ihnen vorbei auf die andere Straßenseite, die unbebaut und nur schwach beleuchtet war. Hier versteckte er sich in einem Feld und sah zu, was die beiden taten.

Als das eine Mädchen in das Haus gegangen war, in dem es wohnte, schritt Kürten der anderen, Änne Goldhausen, entgegen und stieß ihr beim Vorübergehen unvermittelt einen Dolch in die linke Brustseite, in der Absicht, das Herz zu treffen. Der Stich drang dem Mädchen durch das Zwerchfell in die Leber und bis zum Magen. Das Mädchen rief laut nach seiner Mutter und lief, so schnell es konnte, stark blutend, zum Hause seiner Freundin zurück. Kürten sprang ihr nach, um ihr einen neuen Dolchstoß zu versetzen, ließ aber sofort von ihr ab, als nach dem Schellen ein Mann aus dem Haus der Freundin heraustrat. Dieser nahm sich der Blutenden an, und Kürten konnte unerkannt in der Dunkelheit entkommen. Er hatte die Stirn, sich erneut zum Kirmesplatz zu begeben und dort nach einem anderen Opfer Ausschau zu halten.

Im Schatten einer Selterswasserbude stehend, sah er gegen Mitternacht eine weibliche Person vorbeikommen. Es war eine Frau Mantel. Er ging über die Straße zu ihr hinüber und richtete die Frage an sie, ob er sie nach Hause begleiten dürfe. Sie antwortete darauf nicht und ging rasch auf die andere Straßenseite hinüber, in der Hoffnung, ihn auf diese Weise loszuwerden. Kürten folgte ihr jedoch und holte sie vor dem Eingang zu einer Fabrik ein. Gleich nachdem er sie erreicht hatte, versetzte er ihr mit seinem Dolch zwei Stiche in den Rücken; einer davon drang tief ein. Die Überfallene rief gellend um Hilfe. Kürten ließ daraufhin von ihr ab und lief auf das offene Feld hinaus. Auf die Rufe der Frau hin kam aus der Fabrik der Pförtner Bruno Platz herbeigeeilt, den Frau Mantel auf das Feld verwies. Platz sah Kürten gerade noch verschwinden. Er nahm sogleich seine Verfolgung auf, sah ihn in 40 Meter Entfernung noch einmal, verlor ihn aber dann in der Dunkelheit aus den Augen.

Kürten hatte inzwischen das Feld überquert. Als er gegen 2 Uhr plötzlich einen Mann vor sich sah, der eine Böschung hinaufkletterte, sprang er auf ihn zu und versetzte ihm von hinten einen Stich in den Rücken. Es war der Betriebskaufmann Heinrich Kornblum. Ohne sich dem Täter zuzuwenden, sprang der Überfallene die Böschung hinauf und ergriff in Richtung Kirmesplatz die Flucht. Bei der Polizei gab er an, der Täter habe ein »Bulldoggengesicht«, an dem die hervorstehenden Backenknochen auffällig seien. Davon konnte bei Kürten nun wirklich keine Rede sein. Mit derart unzuverlässigen Angaben aber mußte die Kriminalpolizei monatelang arbeiten.

Kürten fühlte sich nach diesen drei Überfällen befriedigt, ging in einem Bogen um den Kirmesplatz herum und legte den Dolch in ein Versteck. Dann begab er sich in die nahe dem Platz gelegene Erkrather Straße, um sich an der Erregung zu weiden, die die Bevölkerung ergriffen hatte. Mittlerweile waren nämlich alle drei Überfälle bekanntgeworden, und die Menschen standen überall in Gruppen herum, um die rätselhaften Vorfälle zu diskutieren. Auf dem Kirmesplatz war man gerade damit beschäftigt, Kornblum zu verbinden. Zu ihm trat der Pförtner Platz, der eben erst die Verfolgung des Angreifers von Frau Mantel hatte aufgeben müssen. Kürten schloß sich unbefangen einer Gruppe Neugieriger an und war dabei Zeuge davon, wie Frau Mantel fortgebracht wurde.

Um ein Haar hätte Kürten aber in diesem Augenblick sein Schicksal ereilt. Als er die Erkrather Straße zurückging, stand plötzlich der Pförtner Platz vor ihm. Dieser hatte sofort das Empfinden, daß das der Mann sei, den er verfolgt hatte, er hielt deshalb Kürten an und fragte ihn, woher er komme. Kürten antwortete geistesgegenwärtig in einem Tone, der keinerlei Verlegenheit oder Unruhe erkennen ließ, er komme von einem Spaziergang und sei auf dem Wege nach Hause. Platz ließ sich durch die feste und unbefangene Erwiderung täuschen und ließ Kürten passieren. Kürten holte den Dolch aus seinem Versteck und ging zufrieden mit sich selbst nach Hause.

Bei Änne Goldhausen war der Dolchstich knapp am Herzen vorbeigegangen. Sie schwebte monatelang zwischen Leben und Tod. Frau Mantel hatte zwei Stiche abbekommen, von denen einer, wenn er etwas tiefer angesetzt gewesen wäre, tödlich hätte sein können. Kornblum war nach drei Wochen wiederhergestellt. Sein Hosenträgerleder hatte die Wucht des Stoßes abgefangen. Aufgrund dessen, was die beiden Frauen von dem Täter zu sagen wußten, kam die Polizei ebensowenig weiter wie aufgrund der Angaben von Kornblum. Auch sie behaupteten, er sei 22 bis 24 Jahre alt; sie gaben dem Täter also über 20 Jahre weniger, als er hatte. In der Tat war Kürten ein schlanker und verhältnismäßig jugendlich aussehender Mann. Auf seine äußere Erscheinung legte er – wie schon erwähnt – allezeit großen Wert: er kleidete sich sorgfältig, stand lange vor dem Spiegel, achtete darauf, daß sein Haar immer ordentlich gekämmt und gescheitelt war, und sparte nicht mit Pomade und Kölnisch Wasser. Man konnte ihn infolgedessen leicht für viel jünger halten, als er war.

Wiederum wurde eine Anzahl von Personen festgenommen. Der Täter befand sich aber nicht darunter.

6. *Ermordung der Luise Lenzen und der Gertrud Hamacher*

Vier Tage nach den Überfällen in Lierenfeld, am 24. August 1929, verließ Kürten abends gegen 20 Uhr seine Wohnung, um nach neuen Opfern Ausschau zu halten. Vorsorglich hatte er den Dolch zu sich genommen.

Er begab sich zunächst zum Hauptbahnhof, um dort ein Mädchen anzusprechen. Dabei hörte er, daß in Düsseldorf-Flehe Schützenfest sei. Er fuhr daraufhin mit der Straßenbahn hinaus nach Flehe und sprach dort eine Frau an, hatte bei ihr aber keinen Erfolg. Daraufhin ging er zum Kirmesplatz und sah sich das Feuerwerk an.

Einige Zeit danach beobachtete er, wie zwei kleine Mädchen, die 13jährige Luise Lenzen und die 5jährige Gertrud Hamacher, vom Kirmesplatz auf einen Feldweg einbogen. Er ging ihnen nach und bat das ältere, ihm für 20 Pfennig Zigaretten zu holen. Das Mädchen kam dieser Bitte bereitwillig nach. Als es außer Sicht war, packte Kürten die kleine Hamacher und würgte sie am Halse so stark, daß das Kind das Bewußtsein verlor. Dann trug er es auf ein Stück Gartenland, holte den Dolch aus der Tasche und schnitt ihm den Hals durch. Das Mädchen war sofort tot. Es hatte nicht einen Laut von sich gegeben.

Nachdem dies geschehen war, ging Kürten rasch den Feldweg zurück, weil soeben das andere Kind mit den Zigaretten erschien. Er ließ sich die Zigaretten geben, packte dann auch dieses Kind, schnürte ihm mit einem Würgegriff den Hals zu und schleppte es ebenfalls auf das neben dem Feldweg liegende Gartenland. Dort legte er es nieder und versuchte, auch ihm den Hals durchzuschneiden. Unter dem Schmerz der Schnittwunde kam das Kind wieder zu sich, stand auf und sprang, laut »Mama, Mama!« rufend, in das Feld hinein. Kürten eilte hinterher, holte das Kind nach zehn Schritten ein und versetzte ihm mehrere Stiche in den Rücken. Das Mädchen stürzte daraufhin zu Boden und verstarb innerhalb weniger Augenblicke. Kürten hatte erreicht, was er wollte, ließ die beiden Leichen da liegen, wo sie sich befanden, und ging weg. Den Dolch reinigte er unterwegs vom Blut und versteckte ihn auf einem Neubau.

Die beiden Leichen wurden am nächsten Tag, einem Sonntag, in aller Frühe gefunden. Der Bevölkerung bemächtigte sich erneut ungeheure Aufregung. Schon am Sonntagvormittag trieb sich Kürten in der Nähe des Tatortes herum und lauschte den Verwünschungen, die überall gegen den Mörder laut wurden. Das war Musik für seine Ohren!

Die Obduktion der beiden Leichen ergab tödlich wirkende

Stichwunden. Bei Luise Lenzen hatte ein Stich die Brustschlagader durchstoßen und durch eine Blutung in die Brusthöhle den Tod herbeigeführt; bei Gertrud Hamacher waren die große Halsschlagader und die große Blutader durchtrennt worden.

Die Polizei gab Großalarm und setzte neben zahlreichen anderen Beamten diesmal auch dreißig berittene Polizisten ein, die den Tatort in weitem Umfang absuchten. Von dem Täter wiederum keine Spur! Zahlreiche Festnahmen wurden verfügt, von denen indessen keine einzige aufrechterhalten werden konnte.

7. Mordüberfall auf die Hausangestellte Gertrud Schulte

Am Tage nach der Ermordung der beiden Mädchen begab sich Kürten nach Oberkassel und sprach dort am Nachmittag die Hausangestellte Gertrud Schulte an. Sie war im Begriff, einen Spaziergang am Rhein entlang zu machen, und wollte dann eine Freundin besuchen. Auf die Frage, ob er sie begleiten dürfe, lehnte sie zunächst ab. Kürten wußte, wie er darauf reagieren mußte; er ging weiter neben ihr her und führte das Gespräch höflich und freundlich fort. Er erzählte ihr, er sei Postbeamter und wohne in Oberkassel. Das Mädchen erwiderte, sie sei nur eine einfache Hausangestellte. Als er darauf hinwies, daß in Neuß Kirmes sei und daß man sich diese ansehen müsse, ließ sie sich dazu bewegen, mit ihm nach Neuß zu fahren. Auf dem Wege dorthin bekam sie zu hören, daß die Postbeamten am Rhein ein Bootshaus besäßen; er lade sie ein, mit ihm am nächsten Sonntag eine Bootsfahrt auf dem Rhein zu unternehmen. Unter dem Eindruck dieser Unterhaltung schwand bei Fräulein Schulte alles Mißtrauen, und sie begleitete ihn zum Kirmesplatz in Neuß. Er kaufte ihr dort Kokosnuß, Alpenbrot und Pfirsiche. Vor einer Schaubude ließ er die Äußerung fallen: »Sehen Sie mal, diese Weiber, wie die sich so dahinstellen können.«

Als Gertrud Schulte den Wunsch äußerte, nun wieder nach Hause zu fahren, war er sofort dazu bereit und bestieg mit ihr die Straßenbahn. Unterwegs machte er ihr den Vorschlag, sich im Laufe der Woche wieder mit ihm zu treffen. Sie wollte erst nicht, war dann aber mit einem Wiedersehen in vierzehn Tagen einverstanden.

Dann suchte er sie zu bewegen, schon am Neußer Krankenhaus

auszusteigen und den Weg nach Oberkassel gemeinsam zu Fuß zurückzulegen. Als sie zögerte, sagte er bei der nächsten Haltestelle: »Hier müssen wir aussteigen!« und stieg aus; sie folgte ihm. Die Gegend, in der sie sich befanden, war ihr nicht bekannt. Er behauptete, sie müßten am Rhein entlanggehen, um nach Oberkassel zu kommen. Statt aber in Richtung Oberkassel führte er sie in entgegengesetzter Richtung weiter. Das Mädchen folgte ihm arg- und ahnungslos, und sie hatte um so weniger Grund, Verdacht zu schöpfen, als Kürten sich durch ein ihnen entgegenkommendes Paar bestätigen ließ, daß der Weg zum Rhein führe.

Der lange, nicht endenwollende Weg machte seine Begleiterin schließlich ängstlich und müde. Er sprach zu ihr in der gleichen freundlichen und teilnahmsvollen Weise, mit der er ihr anfängliches Mißtrauen überwunden hatte. Da ihr die Füße weh taten, zog sie die Schuhe aus; hilfsbereit trug er ihr Schuhe, Hut und Handtasche. Nach etwa einer Stunde kamen sie an den Rheindamm und sahen eine Anzahl Lichter vor sich. Er log ihr vor, es seien die Lichter der Oberkasseler Rheinbrücke. Kürten führte Gertrud Schulte sodann auf einen Fußweg, der durch eine längere Strecke Weidengebüsch hindurchführte. Sie hatte Angst, ihm dorthin zu folgen, und fragte, ob sie da hindurch müßten. Er bejahte es und fügte hinzu: »Jawohl, aber setzen wir uns erst einmal und ruhen uns aus.« Sie wollte erst nicht, gab dann aber nach. Als sie noch auf der Bank saßen, packte er sie, warf sie hintenüber und versuchte, ihr den Schlüpfer herunterzuziehen. Dies gelang ihm aber nicht, da sie sich heftig wehrte. Sie bat ihn inständig, sie in Ruhe zu lassen, andernfalls müsse sie um Hilfe rufen. Darauf war seine lakonische Antwort: »Hier hört dich keiner!« Verzweifelt rief sie ihm zu: »Dann laß mich sterben!« »Du sollst sterben!« Mit diesen Worten zog er seinen Dolch und brachte ihr einen Stich in den Hals bei. Sie schrie gellend um Hilfe und wurde dann bewußtlos. Er versetzte ihr neue Stiche, bis die ersehnte Befriedigung über ihn kam.

Das Mädchen kam plötzlich wieder zu sich, rief erneut laut um Hilfe, erhob sich und versuchte zu fliehen. Jetzt versetzte er ihr mit dem Dolch einen so heftigen Stich in den Rücken, daß die Spitze abbrach und im Körper des Mädchens steckenblieb. Von Schmerzen gepeinigt, sank sie erneut zu Boden. Mit den Worten: »Hier hast du deine Sachen, jetzt kannst du sterben!«, legte er Hut und Schuhe neben sie hin und verschwand in der Dunkelheit. Den Dolch warf er in die Weidenbüsche und reinigte seine Hände vom Blut. Dann ging er nach Oberkassel weiter und untersuchte in einer stillen Straße die Handtasche des Mädchens, die er noch bei sich trug. Ihre Armbanduhr steckte er ein, alles andere warf er in einen Garten, die Handtasche selbst auf einen Bauplatz. Dann wartete er auf einer Bank in der Nähe des Rheins, ob das Überfallkommando kommen würde. Als er es vorbeifahren sah, war er von Befriedigung erfüllt. Frohgemut und guter Dinge kehrte er nach Hause zurück. Die Armbanduhr versteckte er auf dem Speicher.

Die Überfallene wurde von Wassersportlern entdeckt und in ein Zelt gebracht. Von einer Ohnmacht in die andere fallend, konnte sie gerade noch den Namen nennen, unter dem Kürten sich bei ihr vorgestellt hatte. Stark ausgeblutet wurde sie in eine Klinik eingeliefert. Ihr Körper wies zahlreiche Stichverletzungen auf. Die Spitze des Dolches war im zweiten Wirbel steckengeblieben; sie mußte operativ entfernt werden. Mehrere Tage noch schwebte das Mädchen in Lebensgefahr. Erst nach monatelangem Krankenlager konnte sie entlassen werden, und sie hatte noch lange unter Lähmungserscheinungen zu leiden.

Auch diese Tat blieb zunächst unaufgeklärt. Als die Polizei von der neuen Bluttat Meldung erhielt, wurde zwar sofort die gesamte freie Schutzpolizei alarmiert und mit Scheinwerfern das Gelände am Rhein in weitem Umkreis abgesucht – gefunden wurde aber nichts.

Die Überfallene meinte, der Täter sei etwa 25 Jahre alt gewesen; später sprach sie von 34 Jahren. Als ihr ein Foto von Kürten vorgelegt wurde, das auf die Anzeige seines früheren Zuchthauskollegen hin von ihm angefertigt worden war, erkannte sie ihn nicht. Da der Polizei bei Nachfrage in dem Haus, in dem Kürten wohnte, mitgeteilt wurde, er führe ein sehr zurückgezogenes, unauffälliges Leben, unterblieben weitere Nachforschungen. Für Kürten blieb damit die Bahn frei für weitere Untaten.

8. Die Ermordung der Hausangestellten Ida Reuter

Am 29. September 1929, einem Sonntag, brachte Kürten seine Frau zu ihrer Arbeitsstelle und ging dann rasch noch einmal nach Hause, um seinen Hammer zu holen. Er befand sich wieder in dem Seelenzustand, in dem es ihn zu Gewalttaten drängte. Den Hammer wählte er, weil er es für zweckmäßig hielt, die Waffe zu wechseln, um die Bevölkerung in den Glauben zu versetzen, es sei ein neuer Täter ans Werk gegangen.

Wieder suchte er sich sein Opfer am Düsseldorfer Hauptbahnhof. Gleich nachdem er gegen sieben Uhr abends dort angekommen war, sprach er eine 40jährige Frau an, die auch sofort mit ihm ging. Es handelte sich um die Hausangestellte Ida Reuter, die in Barmen in Stellung war, in Düsseldorf aber öfter den Sonntag verbrachte.

Kürten führte sie über die Rheinbrücke nach Oberkassel und von dort über den Rheindamm in die Gegend, wo er Gertrud Schulte überfallen hatte. Es war mittlerweile dunkel geworden, und die Frau scheute davor zurück, in das unübersichtliche Ufergelände weiter mitzugehen. Sie wollte umkehren. Kürten ging sofort in freundlicher Weise darauf ein, ließ sie aber jetzt an seiner linken Seite gehen, um leichter und rascher den Hammer ziehen und zuschlagen zu können.

Nachdem er sich Gewißheit verschafft hatte, daß keine Spaziergänger in der Nähe waren, ergriff er den Hammer und versetzte der ahnungslosen Frau mit der Breitseite einen so kräftigen Schlag gegen die rechte Schläfe, daß sie, ohne einen Laut von sich zu geben, sofort zusammenbrach. Er zog sie dann schnell an den Händen den Damm hinunter in die Rheinwiese. Da jetzt Spaziergänger in die Nähe kamen, schleifte er den Körper noch ein Stück in die Wiese hinein, um ihn aus der Sicht zu bringen. Als die Frau plötzlich anfing, zu stöhnen und Schmerzenslaute auszustoßen, warf er sich über sie, schlug sie mehrere Male mit dem Hammer auf den Kopf, würgte sie und wühlte in ihren blutbefleckten Haaren umher.

Jetzt spürte er die Befriedigung, die er gesucht hatte, und damit war die Frau uninteressant für ihn geworden. Er erhob sich deshalb, nahm den Hammer zu sich und ging zum Rhein, um das Blut von seinen Händen abzuwaschen. Mit der Hose der Frau trocknete er seine Hände ab. Dann überzeugte er sich davon, daß bei der

Überfallenen inzwischen der Tod eingetreten war. Er nahm nunmehr das Handköfferchen der Ermordeten an sich und eignete sich daraus einen Ring an, um damit vielleicht ein anderes Mädchen gewinnen zu können. Das Köfferchen warf er sodann in einen Garten. Inzwischen hatte er sich überlegt, daß es besser sei, wenn er die Leiche in den Rhein werfe. Er kehrte deshalb zum Tatort zurück, ergriff sie bei den Füßen und schleifte sie nach dem Rheine zu. Da sah er plötzlich in einiger Entfernung einen Mann mit einem großen Hund auf sich zukommen. Kürten ließ sofort die Leiche fallen und machte sich eilig davon. Der Hund hatte nicht auf ihn reagiert. Zu Hause versteckte er den Ring auf dem Speicher.

Die Leiche wurde am nächsten Morgen gegen sieben Uhr von einem vorüberkommenden Mann entdeckt. Er benachrichtigte sofort die Polizei, und diese war auch schon nach wenigen Minuten mit einem Polizeihund zur Stelle. Der Hund verfolgte die Spur Kürtens von der Leiche bis zum Ufer des Rheins, kam dann aber nicht weiter. Die Spur war verwischt.

Bei der Obduktion ergab sich, daß auf den Schädel der Frau 13 Hammerschläge abgegeben worden waren. Der Schädel war zertrümmert.

Kürten blieb am nächsten Tag wegen einer Daumenquetschung der Arbeit fern und begab sich in die Nähe des Tatorts, um zu sehen, was dort vor sich ging. Vom Kaiser-Friedrich-Ring aus konnte er sehen, daß die Polizei mit einem Suchhund die Umgebung absuchte. Die emsige Tätigkeit der Polizeibeamten und die Aufregung in der Bevölkerung bereiteten ihm großes Vergnügen.

Eine der Düsseldorfer Zeitungen ließ die Aufregung erkennen, die sich der Bevölkerung bemächtigt hatte: »Wieder gellt der Ruf ›Mord!‹ durch Düsseldorf. Noch zittert die Erregung nach über die Mordüberfällle in Lierenfeld, Flingern und Oberkassel, über den Kindermord in Flehe, die ebenso wie der Mord an der Büglerin Emma Groß . . . bisher in geheimnisvolles Dunkel gehüllt geblieben sind . . .«

Aus Berlin forderte man weitere Fachleute an, darunter einen der hervorragendsten Kriminalisten Europas, den Kriminalrat Gennat. Es sollte nichtsdestoweniger noch ein halbes Jahr dauern, bis man dem Täter auf die Spur kam.

9. Die Ermordung der Elisabeth Dörrier

Nicht ganz zwei Wochen danach, am 11. Oktober 1929, trieb es Kürten zu einer neuen Tat. Er hatte deshalb den Hammer eingesteckt.

Er begab sich in das Zentrum der Stadt und wartete ab, bis die Nachtvorstellungen der Lichtspielhäuser zu Ende waren. Dann ging er zwischen den ausströmenden Menschen auf dem Bürgersteig hin und her und hielt nach einem neuen Opfer Ausschau. Dabei fiel ihm ein junges Mädchen auf, das offenbar Anschluß suchte. Es handelte sich um die 22 Jahre alte Elisabeth Dörrier. Sie ließ sich bereitwillig von Kürten in eine Wirtschaft mitnehmen.

Bei einem Glas Bier erzählte sie ihm dann, daß sie ohne Stellung und Wohnung sei. Kürten machte ihr den Vorschlag, mit ihm zu kommen, er könne sie bei sich unterbringen. Damit war sie einverstanden. Er führte sie aber nicht nach Hause, sondern in die Nähe des Rheins. Dort dirigierte er sie unauffällig auf einen Wiesenweg, begab sich an ihre rechte Seite und versetzte ihr mit einem Hammer einen heftigen Schlag gegen die rechte Schläfe. Sie sank auf der Stelle stöhnend und ächzend in sich zusammen.

Er packte sie nunmehr bei den Händen und schleppte sie in das Wiesengelände hinein unter einen Busch. Dort legte er sie hin, riß ihr die Unterwäsche herunter, warf sich auf sie und versetzte ihr mit dem Hammer neue Schläge auf den Kopf. Elisabeth Dörrier stöhnte und wimmerte zunächst noch, wurde dann aber bewußtlos.

Kürten meinte, sie sei tot, und beschloß deshalb wegzugehen. Er nahm ihren Mantel, ihre Handtasche und ihren Strohhut an sich und machte sich auf den Weg in Richtung Stadt. Den Hut steckte er, blutbefleckt, wie er war, in die Tasche, den Mantel nahm er auf die Schulter. Anschließend riß er den Mantel in drei Stücke und warf sie in Brombeersträucher hinein. Später sagte er, er habe damit den Spürsinn der Polizeihunde erproben wollen. Handtasche und Hut warf er in einen Garten. Den Hammer versteckte er nicht weit von seiner Wohnung auf einer Baustelle. Zu Hause reinigte er sich von den Blutspuren.

Elisabeth Dörrier wurde am nächsten Morgen von Passanten aufgefunden. Sie lebte noch, war aber ohne Bewußtsein. Die klinische Untersuchung ergab acht schwere Kopfwunden, von denen zwei vier Zentimeter tief in den Schädel hineinreichten. Nach 36 Stunden verstarb das Mädchen, ohne das Bewußtsein wiedererlangt zu haben. Bei der Leichenöffnung zeigte sich, daß die Schädeldecke zertrümmert war; Knochensplitter waren in das Gehirn eingedrungen.

Auch diesmal scheute sich Kürten nicht, zurück an den Tatort zu gehen. Als er zwei Tage nach der Tat an den Platz kam, wo er das junge Mädchen umgebracht hatte, stieß er auf einen Mann, der mit einem Hunde nach Spuren suchte. Kürten blieb stehen und sah eine Weile zu. Dann äußerte er, in der Nähe einer Fabrik lägen Frauenkleider und eine Handtasche, vielleicht stammten sie von der Ermordeten.

Der Mann hörte sich das an, schöpfte aber keinerlei Verdacht. Der Hund beachtete Kürten überhaupt nicht.

Die Polizei ließ später das ganze Gelände mit Spürhunden durchsuchen, fand aber keinen Anhaltspunkt, der auf den Täter hätte hindeuten können. Erfolglos blieb auch eine Suchaktion, an der mehrere Bereitschaften beteiligt waren.

10. *Mordüberfälle auf Frau Hubertine Meurer und Frau Klara Wanders*

Zwei Wochen nach der Ermordung der Elisabeth Dörrier, am 24. Oktober 1929, kam Kürten die Lust zu neuen Taten. Er holte den Hammer aus seinem Versteck heraus und begab sich erneut in den Stadtteil Flingern. Zunächst versuchte er, kleine Mädchen zum Mitgehen zu veranlassen. Als er damit keinen Erfolg hatte, gelang es ihm gegen 7 Uhr 30 abends, mit einer alleingehenden Frau, der Ehefrau Hubertine Meurer, Kontakt zu bekommen, die auf dem Wege nach Hause war.

Frau Meurer schien ihm für seine Zwecke geeignet zu sein, er folgte ihr deshalb und versuchte sie einzuholen. Als er sie nahezu erreicht hatte, stolperte er über einige Bausteine, die er in der Dunkelheit nicht wahrgenommen hatte, und kam dabei fast zu Fall. Das lenkte die Aufmerksamkeit der Frau Meurer auf ihn hin, und sie sagte: »Hoppla!« Kürten benutzte diese Bemerkung sofort, um ein Gespräch anzuknüpfen. Er beklagte die mangelhafte Beleuchtung und äußerte, man sollte die Polizei darauf aufmerksam machen.

Dann wünschte er Frau Meurer »Guten Abend« und fügte hinzu: »Da hätte ich ja beinahe meinen Gruß vergessen!« Diese Worte, in freundlichstem Ton gesprochen, ließen bei Frau Meurer keinen Verdacht aufkommen. In der Hauptverhandlung erklärte sie, sie sei froh gewesen, auf dem dunklen Weg einen so liebenswürdigen Mann als Schutz an ihrer Seite zu haben.

Bald waren sie bei den Schrebergärten angelangt, wo Kürten am Karnevalsdienstag den Invaliden Scheer ermordet hatte. Er brachte das Gespräch auf den Fall und fragte seine Begleiterin, ob ihr nicht bange sei, wenn sie an der Stelle vorbeikomme, wo so viel schon passiert sei. Sie erwiderte, sie habe keine Angst, sie gehe diesen Weg schon seit vier Jahren. Als ihnen ein Nachtwächter mit einem Hund begegnete, sagte Kürten: »Na, Sie brauchen ja keine Angst zu haben, es ist ja ein Nachtwächter da!« Bei dem Schreberhäuschen des Invaliden Scheer fing er wieder von dem Fall zu sprechen an und äußerte dabei: »Die Polizei hält sich eben nicht in einsamen, verdächtigen Straßen auf.« Dann fragte er sie, wo sie wohne. Sie erwiderte: »Gleich hinter der Eisenbahnüberführung.«

Als er plötzlich seine Schritte verlangsamte, um hinter sie zu kommen, wurde die Frau mißtrauisch. Sie sagte daher zu ihm, um ihn von sich fernzuhalten: »Hier werde ich immer von meinem Mann abgeholt, ich habe mich heute aber etwas verfrüht.« Kürten erwiderte: »So, so!« und blickte nach hinten. Mittlerweile hatten sie fast die Eisenbahnüberführung erreicht. Erneut sah sich Kürten nach allen Seiten hin um. Bei Frau Meurer steigerte sich die Besorgnis, daß ihr Unheil drohe. Schon aber hatte Kürten den Hammer hervorgeholt und zu einem wuchtigen Schlag gegen ihre rechte Schläfe ausgeholt.

Es war ihre Rettung, daß Frau Meurer in diesem Augenblick den Kopf zur Seite wendete. Der Schlag traf infolgedessen nicht ihre Schläfe, sondern ihren Hinterkopf, und durch die Baskenmütze, die sie trug, wurde seine Wucht erheblich verringert. Immerhin stürzte sie sofort zu Boden. Als sie einige gellende Schreie ausstieß, versetzte ihr Kürten noch zwei weitere Schläge auf den Kopf. Dann war seine Lust befriedigt, und er ließ von der am Boden liegenden Frau ab.

Er steckte den Hammer ein, ergriff die Aktentasche von Frau Meurer und eilte in Richtung Ostpark davon. Auf dem Wege dorthin hörte er noch immer die Hilferufe der Frau. Im Ostpark warf er die Aktentasche in ein Gebüsch; sie enthielt nichts, was ihn interessierte.

Frau Meurer war nach dem Verschwinden Kürtens imstande, sich zu erheben und – stark blutend – ihrer Wohnung zuzuwanken. Unterwegs nahmen sich zwei Passanten ihrer an und brachten sie in ein nahegelegenes Haus. Von dort wurde sie in eine Klinik transportiert, wo sie bewußtlos eintraf. Der behandelnde Arzt stellte mehrere schwere Kopfwunden fest. Die rechte Ohrmuschel war gespalten, der untere Teil des Ohres weggerissen. Die Baskenmütze war durchlöchert, hatte aber die Wucht der Schläge abgefangen. Frau Meurer genas erst nach längerem Krankenlager, sie behielt aber Nervenstörungen zurück.

Kürten gelüstete es nach neuen Taten, er fuhr deshalb nicht nach Hause zurück. Im Zentrum der Stadt hielt er nach neuen Opfern Ausschau. Der Verkehr auf den Straßen war, der Mitternachtsstunde entsprechend, nur noch schwach. Da wurde er plötzlich von einer Frau Wanders angesprochen. Kürten tat so, als sei er an ihrem Angebot interessiert, und ging mit der Frau in den Hofgarten.

Als sie ihm für einen Augenblick den Rücken zukehrte, ergriff er seinen Hammer und versetzte ihr mit der Breitseite einen heftigen Schlag gegen den Kopf. Sie fiel auf der Stelle zu Boden und fing an, laute Schreie auszustoßen. Das veranlaßte ihn, ihr in schneller Aufeinanderfolge neue Schläge mit dem Hammer zu versetzen, und zwar alle auf den Kopf. Sie wurden mit solcher Wucht geführt, daß der Stiel oben am Eisen abbrach und das Eisen in das Gebüsch flog.

Kürten hatte erreicht, was er wollte, und ließ jetzt von seinem Opfer ab. Er entfernte sich rasch und ging in die Stadt hinein. Noch lange hörte er die Hilferufe der Überfallenen und sah auch von ferne noch, daß es einen Menschenauflauf gab.

Kürten war höchst zufrieden mit dem, was er getan und erreicht hatte, und warf den Hammerstiel in ein Gewässer. Dann ging er in aller Gemächlichkeit und Ruhe an den Tatort zurück, um nach dem Hammereisen zu suchen. Als er es nicht fand, begab er sich nach Hause. Niemand hatte ihn angehalten.

Der Schädel der Überfallenen war an zwei Stellen verletzt.

Trotz der Wucht der Schläge waren aber die Verwundungen nicht schwer, sie waren deshalb bald ausgeheilt.

Nach diesen neuen Vorfällen wurde die Mordkommission um weitere acht Beamte verstärkt. Außerdem wurde die schon früher auf die Ergreifung des Täters ausgesetzte Belohnung auf 7000 Reichsmark erhöht.

11. *Die Ermordung des Kindes Gertrud Albermann*

Am 7. November 1929 drängte es Kürten zu einer neuen Untat. Als Mordwaffe benutzte er diesmal wieder die Kaiserschere; Dolch und Hammer besaß er ja nicht mehr.

Bei Beginn der Dunkelheit sah er vor einem Hause die fünfjährige Gertrud Albermann spielen. Er ging zu ihr hin, sprach sie freundlich an und forderte sie auf, mit ihm zu kommen. Dies tat das Kind, wurde aber nach einer Weile mißtrauisch und fing an zu weinen. Einer Frau fiel das auf, sie beruhigte sich aber, als der Mann sich zu dem Kind hinunterbeugte und begütigend auf es einsprach. Kürten verstand es trefflich, mit kleinen Kindern umzugehen. Später kamen sie an einem Haus vorbei, wo eine Familie wohnte, mit der die Kleine bekannt war. Sie winkte freundlich hinauf.

Auf ihrem weiteren Weg begegneten sie zwei Monteuren. Dem einen fiel auf, daß das kleine Kind allein mit einem Mann in der Dunkelheit die unbelebte Straße entlangging. Ihm kam plötzlich der Gedanke, daß dies vielleicht der so lange gesuchte Düsseldorfer Mörder sei. Er äußerte dies auch zu seinem Kollegen. In diesem Augenblick aber lachte das kleine Mädchen auf und schaute strahlend zu dem Mann empor. Sofort sagte der zweite Monteur zu seinem Begleiter: »Du bist verrrückt, das ist der Vater!« Sie gingen weiter. Das Glück war Kürten noch immer hold.

Kürten führte nun das Kind über Schrebergartengelände hinweg auf einen Acker, nahm es auf den Arm, packte es an der Kehle und würgte es. Nachdem das Mädchen bewußtlos geworden war, legte er es auf den Boden und versetzte ihm mit der Schere zwei Stiche in die linke Schläfe und zahlreiche Stiche in die Brust. Dann versuchte er, das aus der Schläfe strömende Blut zu trinken.

Jetzt fühlte er sich zufriedengestellt und trug das inzwischen verstorbene Kind an eine Fabrikmauer. Dort legte er es in ein Brennesselgebüsch. Dann reinigte er sich, steckte die Schere zurück in die Tasche und ging nach Hause. In gehobener Stimmung wanderte er eine Zeitlang in seiner Wohnung auf und ab und legte sich dann schlafen.

Das Verschwinden des Kindes wurde noch am gleichen Abend bemerkt. Wieder hieß es, als Täter komme ein »junger Mann« im Alter von etwa 25 Jahren in Betracht. Am übernächsten Tag wurde die Leiche an der Mauer, wo Kürten sie niedergelegt hatte, mit dem Gesicht nach unten liegend, gefunden.

Bereits vorher hatte Kürten, wie schon berichtet, einen Brief an die Redaktion der ›Freiheit‹ gerichtet, worin er angegeben hatte, die Leiche des Kindes sei an der Mauer Haniel-Lueg beerdigt.

Die Obduktion ergab, daß der Täter dem Kind zwei Stiche in die Schläfe und 34 in die Brust beigebracht hatte. Neun davon waren mit solcher Wucht geführt worden, daß sie das Herz durchbohrt hatten. Das Kind war sofort tot gewesen.

Als es auch diesmal nicht gelang, des Täters habhaft zu werden, schaltete sich das Preußische Innenministerium ein. Ein weiterer Kriminalfachmann wurde entsandt und die Belohnung auf 15 000 Reichsmark erhöht. Am 11. November 1929 fällten die ›Düsseldorfer Nachrichten‹ folgendes Urteil über die Lage: »Nach wie vor steht die Kriminalpolizei vor einem Rätsel. Nach wie vor fehlen ihr wichtige Zusammenhänge. Nach wie vor weiß man nicht, ob einer oder mehrere Täter unabhängig voneinander in Frage kommen.«

12. *Der Überfall auf Marie Butlies*

Die eben geschilderten Morde und Mordversuche waren nicht die einzigen Verbrechen, die Kürten in der Zeit zwischen Februar 1929 und Mai 1930 verübte. Es waren nur die schwersten. Zu ihnen tritt eine Anzahl anderer Überfälle auf Frauen hinzu, außerdem etwa 20 Brandstiftungen.

So würgte er eines Tages eine Frau C., in deren Vertrauen er sich mit der Behauptung eingeschlichen hatte, er lebe in Scheidung. Dasselbe tat er mit einer Hausangestellten, und zwar so heftig, daß die Spuren an ihr noch mehrere Tage zu sehen waren. Bei anderer Gelegenheit warf er ein Mädchen zu Boden, um ihm Gewalt anzutun. Als sie sich losriß, sprang er ihr nach und stieß sie in die Düssel, aus der sie sich mit Mühe retten konnte.

Diese Vorfälle trugen sich alle im Jahr 1929 zu. Im Jahr 1930 würgte er ein Mädchen, während es im Verkehr mit ihm begriffen war. Als sie sich darüber entsetzte, belehrte er sie dahin, das Würgen sei eine besondere Art der Liebesäußerung. Das Mädchen beruhigte sich daraufhin und folgte ihm am nächsten Abend in seine Wohnung. Das Würgen setzte er bei einer Anzahl anderer Frauen fort, ohne daß diese sich an die Polizei wandten.

Im April 1930 trat er wieder mit einem Hammer in Aktion. Im Grafenberger Wald bei Düsseldorf versetzte er einem jungen Mädchen eine Anzahl heftiger Schläge gegen den Kopf, die es bewußtlos machten. Als Kürten den Eindruck hatte, daß es tot sei, ließ er von dem Mädchen ab und entfernte sich. Die Überfallene kam jedoch mit einem leichten Schädelbruch davon.

Hatte Kürten in all diesen Fällen Glück gehabt, so wendete sich das Blatt, als er mit einem Mädchen Bekanntschaft machte, das von auswärts nach Düsseldorf gekommen war, um sich hier eine Stelle zu suchen. Dies war Marie Butlies.

Dieses junge Mädchen hatte auf einer Stellenvermittlung eine Kollegin kennengelernt, die ihr anbot, bei ihr zu wohnen, bis sie eine neue Stellung gefunden habe. Die beiden verabredeten sich für den 14. Mai abends, verfehlten sich aber, und so wußte Marie Butlies nicht, was sie tun sollte, da sie kein Geld mehr besaß.

Am Hauptbahnhof wurde sie von einem Manne angesprochen, mit dem sie stadtwärts ging. Kürten, der sich gerade wieder in der Gegend des Hauptbahnhofs herumtrieb, folgte ihnen, und als der Mann im Volksgarten das Mädchen küssen wollte, trat er dazwischen, erklärte, er sei Beamter und habe als solcher die Pflicht, das Mädchen vor Zudringlichkeiten zu schützen. Der Mann machte sich daraufhin davon, und Kürten konnte sich nun allein mit dem Mädchen beschäftigen.

Um sein Vertrauen zu gewinnen, hielt er ihm vor, es müsse vorsichtiger sein und dürfe sich nicht mit jedem x-beliebigen Fremden einlassen. In Düsseldorf seien schon viele Mädchen umgebracht worden, so daß es sich genau ansehen müsse, mit wem es sich einlasse.

Marie Butlies faßte auf die Worte hin Zutrauen zu Kürten und schilderte ihm ihre mißliche Lage. Sie wisse nicht, wo sie nächtigen solle. Kürten bot ihr daraufhin an, mit ihm zu kommen. In seiner Wohnung könne sie essen und schlafen. Sie willigte ein.

In der Wohnung wurde er bald zudringlich zu ihr. Als er sie zu umarmen versuchte, wehrte sie sich und machte Anstalten zu schreien. Als er dann von ihr abließ und wieder freundlich zu ihr wurde, äußerte sie den Wunsch, in ein Heim zu gehen. Er bot ihr an, sie in das Bethanienheim am Grafenberger Wald zu bringen und begleitete sie auf dem Wege dorthin.

Als sie den Grafenberger Wald erreicht hatten, fragte ihn das Mädchen, ob denn nun nicht bald auch das Heim komme. Er antwortete, sie kämen gleich dort an; vorher müsse sie aber noch lieb zu ihm sein. An einer unübersichtlichen Waldstelle packte er sie plötzlich am Halse, würgte sie und fiel über sie her. In heftiger Angst rief sie laut aus: »Lieber Heiland, steh mir bei!«

Nun fragte er sie, ob sie seine Wohnung wiederfinden werde. Vor Schreck halb von Sinnen, verneinte sie das; sie sei so in die Irre geführt worden, daß sie sich bestimmt nicht mehr zurechtfinden werde. Diese Antwort rettete ihr höchstwahrscheinlich das Leben. Kürten ließ sie auf diese Antwort hin in Ruhe und verschwand.

Daß er sie am Leben ließ, war der berühmte Fehler, wie ihn jeder Verbrecher einmal macht. Mit diesem Mädchen bahnte sich die große Wendung an!

Marie Butlies ging in ein Heim und schrieb dort nach einigen Tagen einen Brief an eine Freundin namens Brückner, in dem sie schilderte, was sie erlebt hatte. Dieser Brief ging versehentlich einer Familie Brückmann zu, die in der gleichen Straße wohnte. Diese übersandte den Brief der Polizei.

Die Polizei erkannte in dem geschilderten Vorgang sofort den Stil des lange gesuchten Massenmörders, setzte sich sogleich mit Marie Butlies in Verbindung und sandte sie in Begleitung von zwei Kriminalbeamten auf die Suche nach dem Haus, wo der Täter wohnte.

Nach langem Hin und Her erkannte Marie Butlies die Gegend, in die sie durch den unbekannten Mann geführt worden war. Dann identifizierte sie auch die Mettmanner Straße als die Straße, wo das Haus stand, in dem sie sich aufgehalten hatte. Schließlich hatte sie das Gefühl, daß es sich um das Haus Nr. 71 handele (in dem Kürten tatsächlich wohnte). Um sich Gewißheit zu verschaffen, ging sie in das Haus hinein und stieg die Treppen hinauf. Einer der Beamten begleitete sie, der andere wartete draußen auf sie. Oben angekommen, wurde sie zweifelnd und meinte, sie habe sich geirrt. Auf der Straße trennte sie sich von den Beamten mit der Abrede, am Nachmittag die Suche fortzusetzen.

Als die Beamten sie verlassen hatten, kam ihr plötzlich der Gedanke, das Haus Nr. 71 müsse doch das richtige sein. Sie ging deshalb zu dem Haus zurück, stieg die Treppe hinauf bis zur Wohnung Kürtens und traf dort auf eine Hausmitbewohnerin namens Wimmer. Dieser erzählte sie, was sie am 14. Mai abends erlebt hatte.

Während sie noch miteinander sprachen, wurde die Tür einer Wohnung geöffnet, und heraus kam Kürten, in Hemdsärmeln, einen Eimer in der Hand. Er ging zur Wasserleitung, füllte den Eimer und kehrte dann in die Wohnung zurück. Marie Butlies betrachtete ihn, erkannte ihn aber nicht. Wohl aber hatte er sie erkannt.

Als Fräulein Wimmer sie fragte, ob das der Mann gewesen sei, mit dem sie zu tun gehabt hatte, verneinte sie das.

Noch während die beiden sich unterhielten, verließ Kürten das Haus. Sie schauten ihm durch ein Fenster im Treppenhaus nach, und dabei hatte Marie Butlies wieder das Gefühl: Nein, er ist es nicht! Fräulein Wimmer aber schöpfte Verdacht, schrieb auf einen Zettel: »Peter Kürten« und gab ihn Marie Butlies. Diese reichte ihn am Nachmittag an die Polizeibeamten weiter und erklärte dabei, in dem Haus Nr. 71 glaube sie sich nicht mehr zu irren, Kürten habe sie freilich beim Vorübergehen nicht als den Täter erkannt.

Mittlerweile war Kürten zur Sparkasse geeilt und hatte dort von einem Sparkassenbuch seiner Frau 140 RM abgehoben. Seine Wohnung wagte er nicht wieder zu betreten. Am Abend holte er seine Frau auf ihrer Arbeitsstelle ab und äußerte, er habe wieder etwas mit einem Mädchen gehabt, dieses sei ihm auf der Spur und werde ihm die Polizei auf den Hals hetzen; er müsse deshalb ausziehen. Frau Kürten war entrüstet und drohte ihm mit Scheidung. Kürten trieb sich die ganze Nacht über in der Stadt umher. Am nächsten Tage mietete er in einem anderen Stadtteil ein Zimmer und gab sich der Wirtin gegenüber als Straßenbahner aus. Den Tag über schlief er und holte dann seine Frau wieder ab. Dabei gab es einen heftigen Auftritt zwischen beiden.

In der Frühe des folgenden Tages, des 23. Mai, begaben sich zwei Kriminalbeamte zur Wohnung Kürtens, fanden sie aber verschlossen. Die Beamten holten Frau Kürten von ihrer Arbeitsstelle herbei und unterrichteten sie über den Überfall auf Marie Butlies. Von Frau Kürten hörten sie, daß ihr Mann arbeitslos sei und am gleichen Tage auf dem Arbeitsamt seine Unterstützung ausgezahlt erhalte. Die Beamten ließen in der Wohnung eine Vorladung für ihn auf das Polizeipräsidium zurück und fuhren zum Arbeitsamt. Kürten erschien jedoch nicht.

Die Kriminalpolizei zog jetzt die im August 1929 überfallene Gertrud Schulte hinzu, die inzwischen wiederhergestellt war. Sie, die früher Kürten nicht erkannt hatte, erklärte jetzt – nach Vorlage verschiedener Bilder –, daß er der Täter sei, und zwar mit großer Bestimmtheit.

Nunmehr leitete die Polizei eine Großfahndung ein und besetzte die Wohnung Kürtens. Dieser war am Vormittag da gewesen, hatte die Vorladung gelesen und sich sofort eilig wieder entfernt. Von seiner Frau hatte er erfahren, daß man ihn wegen eines Überfalls auf Marie Butlies suche. Als sie ihn erschreckt fragte, wie es damit stehe, hatte er erwidert: »Ja, ja, ich habe alles gemacht!« und war fortgegangen. Sie war ihm nachgelaufen, er hatte sich aber auf keinerlei Auseinandersetzung mehr eingelassen, sie vielmehr gegen Mittag an eine bestimmte Stelle im Hofgarten bestellt. Dort traf sie ihn dann auch. Sie war noch immer der Meinung, die Polizei sei nur wegen des Falles Butlies hinter ihrem Mann her.

Nachdem sie über diesen Fall lange hin und her gesprochen hatten, machte er den Vorschlag, zum Mittagessen zu gehen. Sie konnte in ihrer Aufregung kaum etwas essen, er aber verzehrte seine Mahlzeit mit großem Appetit und dazu auch noch das, was seine Frau übriggelassen hatte. Nach dem Essen gingen sie nach Oberkassel zu den Rheinwiesen, d. h. in die Gegend, wo Kürten Gertrud Schulte überfallen und Ida Reuter ermordet hatte. An dieser Stelle fielen Frau Kürten plötzlich die Worte ihres Mannes vom Vormittag ein: »Ja, ja, ich habe alles gemacht!« »Was hast du eigentlich damit gemeint?«, fragte sie ihn. Er nahm ihr das Versprechen ab, nichts von dem zu verraten, was er ihr erzählen werde, und es folgte eine umfassende Beichte, die seine Frau von einem Entsetzen in das andere warf. Sie war sicherlich der einzige Mensch, dem dieser Schwerverbrecher sein Herz zu öffnen vermochte! »Alles, was in Düsseldorf geschehen ist, habe ich getan!« Als die Frau bis ins tiefste Innere erschüttert zurückfragte: »Alle Morde?« »Ja, die Morde – und alles andere.« »Auch das mit den unschuldigen Kindern?« »Auch das!« Und dann folgten fast zwei Stunden lang Tatsachen über Tatsachen.

Frau Kürten wurde von diesem grausigen Geständnis derart gepackt, daß sie verzweifelt ausrief: »Geh, mach ein Ende! Mach Schluß, dann erfährt niemand etwas. Auch ich will nicht weiterleben!«

Aber davon wollte er nichts wissen. Er meinte allen Ernstes, dem Zugriff der Polizei noch entgehen zu können: »Ich werde Düsseldorf verlassen und oft die Arbeitsstelle wechseln. Wenn du mich nicht verrätst, werde ich nicht gefaßt werden.« Bevor er sie verließ, verabredete er sich mit ihr für den nächsten Nachmittag 3 Uhr an der Rochuskirche.

Als Frau Kürten ihre Wohnung betrat, fand sie Polizeibeamte vor. Sie wurde sofort zum Polizeipräsidium gebracht und dort vernommen. Vor dem seelischen Zusammenbruch stehend, schilderte sie das Geständnis ihres Mannes und teilte mit, er erwarte sie am nächsten Tag an der Rochuskirche. Wo das Zimmer lag, das er gemietet hatte, wußte sie nicht. Trotz Verstärkung der Fahndung konnte es nicht ermittelt werden.

Am nächsten Tag 3 Uhr war der Platz an der Rochuskirche dicht umstellt. Als Kürten seine Frau sah, ging er auf sie zu. Kriminalbeamte sprangen aus ihren Verstecken heraus und packten ihn. Er trug keine Waffe bei sich.

Auf dem Polizeipräsidium wurde er sofort nach seiner Festnahme Gertrud Schulte und Marie Butlies gegenübergestellt. Beide erkannten ihn.

Anschließend legte Kürten in zusammenhängender Darstellung ein umfassendes Geständnis ab. Dabei bezichtigte er sich u. a. noch einiger Morde und Mordversuche, die er – wie sich später herausstellte – nicht begangen hatte. Vielleicht wollte er damit die Voruntersuchung verlängern.

Als die Nachricht von der Festnahme des Massenmörders bekannt wurde, die wie ein Lauffeuer die Stadt durcheilte, fühlte sich Düsseldorf von einem schweren Alpdruck befreit.

Die Hauptverhandlung

Während der gerichtlichen Voruntersuchung widerrief Kürten vor dem Untersuchungsrichter sein Geständnis hinsichtlich aller Fälle, die mit dem Tode des Opfers geendet hatten. Er wollte dadurch zweifellos der Todesstrafe entgehen. Im August ging er von dieser Taktik ab und nahm das frühere, umfassende Geständnis wieder auf.

Die Hauptverhandlung begann am 13. April 1931 und dauerte 9 Tage. Vor ihrem Beginn gab der Leiter der Justizpressestelle bekannt, daß man auf der Suche nach dem Mörder rund 12 000 Tatspuren nachgegangen sei, die sich alle als falsch erwiesen hätten. Zu ihnen seien 200 Selbstbezichtigungen getreten. Nicht weniger als 200 Hellseher und 100 Graphologen hätten sich mit dem Fall beschäftigt, ohne aber irgend etwas zur Aufklärung beitragen zu können. Es sei dahin gekommen, »daß kein Mann aus der Umgegend öfters mit seinem Auto nach Düsseldorf fahren konnte, ohne Gefahr zu laufen, als der Düsseldorfer Mörder verdächtigt zu werden«.

Das Schwurgericht war, wie vorgeschrieben, mit drei Berufsrichtern und sechs Geschworenen besetzt, die über die Schuld- und Straffrage gemeinsam berieten und entschieden.

Die Anklage warf Kürten Mord in 9 Fällen und versuchten Mord in 7 Fällen vor.

Die Verhandlung fand in einer Turnhalle statt.

Vom Vorsitzenden aufgefordert, seine Jugend und seine Erlebnisse im Zuchthaus und im Gefängnis zu schildern, erklärte er, man habe ihn in seiner Jugend zu hart angepackt und ungerecht behandelt, und darauf hätten sich bei ihm Rachegefühle entwickelt, die ihn später mit dazu gebracht hätten, das Leben anderer Menschen zu vernichten. Was die Jahre seiner Strafhaft anlange, so habe er hier vieles gesehen und erlebt, was ihn nicht besser gemacht habe. Von ungünstigem Einfluß auf ihn sei auch die ständige Lektüre von Kriminalberichten in den Zeitungen und von Kriminalromanen gewesen. Bedeutsamer noch habe sich das sexuelle Motiv ausgewirkt; es sei für ihn in allen Fällen die entscheidende Triebfeder gewesen. Die meisten seiner Straftaten habe er »wie in einem Rausch« begangen. »Wer kann hinter mein Gehirn schauen? Niemand kann hinter dieses Rätsel kommen!« Dies waren die Worte, mit denen Kürten seinen Bericht zur Person abschloß.

Die Vernehmung des Angeklagten über die Bluttaten erfolgte unter Ausschluß der Öffentlichkeit, doch wurde 86 Pressevertretern sowie Wissenschaftlern, Angehörigen der Polizei und Vertretern der Justiz die Anwesenheit gestattet.

Kürten blieb bei seinem Geständnis stehen, schilderte in stundenlanger Erzählung alle Einzelvorgänge, behauptete aber, daß er ausnahmslos ohne Überlegung (wie sie die damals geltende Fassung des § 211 StGB für den Mord forderte) gehandelt habe. Für einen Teil der Fälle stellte er sogar Tötungsvorsatz in Abrede.

Das Gericht begnügte sich nicht mit dem Geständnis des Angeklagten, sondern ließ alle erreichbaren Zeugen aufmarschieren und aussagen. Zu den Zeugen gehörten auch diejenigen Frauen, bei denen es bei Annäherungsversuchen geblieben war. Die von Kürten verwandten Waffen und die den Überfallenen weggenommenen Gegenstände wurden ebenso vorgelegt wie die Schädel der Getöteten. Um auch nach der medizinischen Seite hin volle Klarheit hinsichtlich der Zuverlässigkeit und Beweiskraft der Aussage Kürtens zu schaffen, wurde auch eine Anzahl medizinischer Sachverständiger gehört. Sie alle äußerten sich aufgrund eingehender Beobachtung ausnahmslos dahin, daß bei dem Angeklagten keinerlei Symptome für das Vorhandensein einer Geisteskrankheit festzustellen seien. Seine Gedankengänge seien völlig geordnet, er verfüge auch über ein hohes Maß an Intelligenz, eine sehr gute Auffassungsgabe und ein hervorragendes Gedächtnis.

Als abnorm sei im Bilde seines Charakters nur das Vorhandensein folgender Eigentümlichkeiten anzusprechen: ein ausgeprägter Hang zur Verstellung, ein starkes Geltungsbedürfnis, leichte Erregbarkeit, rücksichtsloser Egoismus, Rachsucht und ein deutlicher Zug zu Grausamkeit und Sadismus. Wenn diese Eigenarten ihn auch als ethisch minderwertig erscheinen ließen, so seien sie doch nicht so gewichtig, daß dadurch seine Zurechnungsfähigkeit in Frage gestellt würde. Kürten sei nicht einmal als vermindert zurechnungsfähig anzusprechen.

Dies gelte auch für sein sexuelles Leben. Der Angeklagte sei zwar als das Musterbild eines Sadisten anzusehen, der sexuelle Befriedigung in der Zufügung von Leid suche und sich hierbei wahllos an Männern, Frauen und Kindern vergreife, ja auch schon an Brandstiftung und Tierquälerei Vergnügen finde. Sein Persönlichkeitsbild weise auch masochistische und fetischistische Triebkräfte auf. Der in dieser Weise sexuell pervers orientierte Mensch sei indessen genauso imstande, seinen Trieb zu zügeln und zu regeln wie der normale. Und was speziell Peter Kürten betreffe, so sei er bei gutem Willen dank seiner beachtlichen Intelligenz sehr wohl imstande gewesen, diese sadistischen Triebkräfte im Zaum zu halten und zu verdrängen. Bei dieser Sachlage aber sei eine Anwendung des § 51 StGB ausgeschlossen.

Gestützt auf dieses Verhandlungsergebnis, beantragte der Staatsanwalt die Todesstrafe wegen Mordes in neun Fällen, dreimal begangen in Tateinheit mit Notzucht, ein weiteres Mal in Tateinheit mit gewaltsamer Vornahme unzüchtiger Handlungen; außerdem eine Gesamtstrafe von 15 Jahren Zuchthaus wegen versuchten Mordes in sieben Fällen. Die zahlreichen anderen Straftaten, deren sich Kürten noch schuldig gemacht hatte (dazu gehörten 40 Brandstiftungen), waren nicht mit angeklagt worden, weil die Sühne dafür wegen der zu erwartenden Strafe nicht ins Gewicht fiel.

In seinem Schlußwort hatte Kürten die Geschmacklosigkeit, u. a. zu erklären: »Viele meiner Opfer haben es mir sehr leichtgemacht, sie waren sofort bereit, mit mir mitzugehen, auch wenn ich sie ins Dunkle führte. Die Mädchen sollten vorsichtiger sein und sich nicht von jedem Manne ansprechen und mitnehmen lassen...«

Nach 1³/₄stündiger Beratung verkündete der Vorsitzende folgendes Urteil des Schwurgerichts: »Peter Kürten ist des Mordes in neun Fällen, in zwei Fällen in Verbindung mit vollendeter Notzucht und in zwei anderen Fällen in Verbindung mit gewaltsamer Vornahme unzüchtiger Handlungen für schuldig befunden. Er wird für jeden Mordfall mit dem Tode bestraft. Ferner wird er wegen Mordversuchs in sieben Fällen zu insgesamt 15 Jahren Zuchthaus verurteilt.«

Durch Düsseldorf ging ein Aufatmen.

Der Angeklagte nahm das Urteil sofort an.

Sogleich nach der Verurteilung setzte zwischen Anhängern und Gegnern der Todesstrafe ein heftiger Kampf um die Begnadigung Kürtens ein. Seit fast 3¹/₄ Jahren (Januar 1928) war in Preußen kein Todesurteil mehr vollstreckt worden, und der Reichsjustizminister Koch-Weser hatte alle Landesjustizverwaltungen ersucht, vor Abschluß der Strafrechtsreform keine Hinrichtung mehr durchführen zu lassen. Unter dem Eindruck der Untaten Kürtens forderten nunmehr weite Teile der öffentlichen Meinung, diese Praxis zu verlassen. Kürten selbst rechnete jedoch fest darauf, daß er ebenso begnadigt werden würde wie zahlreiche andere vor ihm.

Nach einem Meinungsstreit, an dem fast die ganze deutsche Presse teilgenommen hatte, rang sich am 30. Juni 1931 das Preußische Staatsministerium zu einer Entscheidung durch. Sie ging dahin, daß der Gerechtigkeit freier Lauf gelassen werden müsse. Die Todesstrafe gegen Peter Kürten sei demzufolge mittels Fallbeils zu vollstrecken. Nach der amtlichen Verlautbarung entsprach diese Entschließung der Stellungnahme aller mit der Frage der Begnadigung befaßten amtlichen Stellen.

Die Hinrichtung wurde auf den 2. Juli 1931 früh 6 Uhr im Gefängnis Klingelpütz in Köln festgesetzt. Kürten wurde am Tage vorher von Düsseldorf nach Köln gebracht und um 5 Uhr nachmittags von der Entschließung der Staatsregierung in Kenntnis gesetzt. Er war tief erschüttert, behielt sich aber in der Gewalt.

Auf die Frage des Staatsanwalts nach seinen Wünschen bat Kürten, sein Beichtvater, ein Düsseldorfer Franziskanerpater, möchte zu ihm kommen. Dieser Wunsch wurde ihm sofort erfüllt. Der Beichtvater verbrachte zusammen mit einem Pfarrer und einem Kaplan die Nacht bei ihm.

Während der Nacht schrieb Kürten Briefe an die Angehörigen aller seiner Opfer, in denen er tiefe Reue über seine Taten zum Ausdruck brachte und sie um Vergebung bat. Einen weiteren Brief richtete er an seine Frau, die sich inzwischen von ihm hatte scheiden lassen. Er äußerte seine Freude darüber, daß ihr von der ausgesetzten Gesamtbelohnung 4000 RM zugesprochen worden waren. Die Henkersmahlzeit – seinem Wunsche entsprechend Wiener Schnitzel mit Bratkartoffeln und eine Flasche Wein – ließ er sich gut schmecken; sie mundete ihm so, daß er sie sich noch einmal kommen ließ. Gegen 5 Uhr wohnte er einer Messe bei, beichtete und kommunizierte.

Je näher die Stunde der Vollstreckung kam, desto mehr ging er in sich. Seine Äußerungen dem Geistlichen und dem Verteidiger gegenüber vermittelten den Eindruck, daß er Reue über seine Taten empfand und sie durch den Tod sühnen wollte.

Punkt 6 Uhr betrat er den Hof, wo die Guillotine aufgebaut

war. Er ging ruhig und gefaßt in den Tod. Der Hinrichtung wohnten der Oberstaatsanwalt, der Präsident des Strafvollzugsamts, ein Vertreter der Preußischen Staatsregierung, eine Beschlußkammer des Landgerichts, ein Senat des Oberlandesgerichts und 12 unbescholtene Bürger der Stadt Köln bei.

An den Anschlagsäulen von Düsseldorf und Köln erschien folgende Bekanntmachung:

»Heute vormittag 6 Uhr ist das rechtskräftige Urteil des Schwurgerichts Düsseldorf vom 22. April 1931, durch welches der Arbeiter Peter Kürten wegen Mordes in neun Fällen, begangen zu Köln-Mülheim und Düsseldorf an Christine Klein, Rosa Ohliger, Rudolf Scheer, Maria Hahn, Gertrud Hamacher, Luise Lenzen, Ida Reuter, Elisabeth Dörrier und Gertrud Albermann, zum Tode verurteilt worden ist, durch Enthauptung vollstreckt worden.

Düsseldorf, den 2. Juli 1931

Der Oberstaatsanwalt.«

Die Frage, welche Kräfte einen Menschen wie Kürten zu derart scheußlichen Verbrechen getrieben haben, wird wohl niemals völlig aufgeklärt werden können. In der Deutschen Juristen-Zeitung stellte Max Hachenburg, einer der prominentesten Vertreter der deutschen Rechtsanwaltschaft, darüber folgende Überlegungen an: »Kürten brauchte die Entspannung durch Blutrausch. Die Tötung seiner Opfer sollte ihn befriedigen. Auch als Pyromane wurde er bezeichnet. Aber kommen wir einen Schritt weiter, wenn wir diese Eigenschaften feststellen? Erklärt werden die quälenden Fragen durch technische Ausdrücke nicht. Auch nicht durch das Zurückgreifen auf die von den Eltern ererbten Anlagen. Auch nicht durch die Unterstellung von atavistischen Erscheinungen. Wie vollzieht sich all dieses? Welche Bedeutung hat es für unsere Auffassung vom Begriffe der Schuld?« Diese Stellungnahme eines der ersten Juristen der damaligen Zeit schließt mit folgender Beobachtung ab: »Es fällt auf, daß die Stimmung, die gegen den unbekannten Mörder wilde Wellen schlug, sich gegenüber der eigenartigen Erscheinung des bekannten beruhigte.«

Schrifttum: Karl Berg, Der Sadist (Gerichtsärztliches und Kriminalpsychologisches zu den Taten des Düsseldorfer Mörders). Deutsche

Zeitschrift für die gesamte gerichtliche Medizin, 17. Band (1932) S. 247 ff.; Otto Steiner und Willy Gay, Der Fall Kürten. Sachdarstellung und Betrachtungen. Hamburg o. J.; die Berichte der Tageszeitungen.

Verbrechen in Hypnose

Der Heidelberger Hypnose-Fall

Im medizinischen Schrifttum geht eine viel erörterte Frage dahin, ob es möglich sei, bei Frauen durch Hypnose einen Zustand der Willenlosigkeit hervorzurufen, der es gestattet, an ihnen unzüchtige Handlungen vorzunehmen und sogar mit ihnen den Beischlaf zu vollziehen.

Im großen und ganzen herrscht die Auffassung vor, daß eine in Hypnose befindliche Frau den Direktiven des Hypnotiseurs dann nicht mehr nachkommt, wenn es sich um Befehle handelt, gegen die sich ihre innere Einstellung sperrt. Verlangt man beispielsweise von einer Hypnotisierten, sie möge sich bei einer Schaustellung entkleiden, so wird sie dieser Weisung in der Regel keine Folge leisten. Noch entschiedener wird sie sich dem Verlangen widersetzen, in geschlechtlichen Verkehr zu dem Hypnotiseur zu treten – es sei denn, es handelt sich um einen Mann, zu dem sie ohnehin in sexueller Bindung steht.

Es gibt von dieser Regel aber auch Ausnahmen. Durch ›hypnotische Dressur‹ kann in dem Opfer ein Zwangsmechanismus großgezüchtet werden, der alle naturgegebenen Hemmungen überwindet. In diesem Zustand führt die hypnotisierte Person als willenloses Werkzeug jede anbefohlene Handlung aus, und so kommt es mitunter vor, daß an Hypnotisierten oder mit Hypnotisierten Verbrechen begangen werden. Freilich handelt es sich dabei durchweg um sehr seltene Vorkommnisse. Im Mai und Juni 1936 hatte sich mit einem solchen Fall die Große Strafkammer des Landgerichts Heidelberg zu beschäftigen. Unter der Bezeichnung ›Heidelberger Hypnosefall‹ hat er eine weltweite Beachtung gefunden.

Im Herbst 1934 erstattete der Beamte Heinrich E. bei der Kriminalpolizei Heidelberg Anzeige, daß seine damals 24jährige Ehefrau durch einen Unbekannten, der sich ihr gegenüber als Arzt ausgegeben habe, im Verlauf mehrerer Jahre um 3000 RM geschädigt worden sei. Seine Frau sei durch diesen Mann hypnotisiert, in einen Trancezustand versetzt und sodann ausgeplündert worden. Der Anzeigeerstatter äußerte weiterhin den Verdacht, daß jener Mann seine Frau auch geschlechtlich mißbraucht habe. Sie habe bei ihm Heilung von vielerlei Beschwerden und Leiden gesucht, sei dabei in seinen Bann geraten und durch Hypnose offenbar völlig ihres Willens beraubt worden.

Er, der Anzeigeerstatter, sei im Sommer 1934 mehrfach mit seiner Frau nach Heidelberg gefahren, um mit dem Arzt, der sich nach ihren Angaben bald Professor Schnee, bald Dr. Dennick, bald Dr. Bergen genannt habe, persönlich Rücksprache zu nehmen, er habe ihn aber nie fassen können. Als er seine Frau aufgefordert habe, ihm den Weg zu zeigen, den sie mit dem Arzt gegangen sei, habe sie ihn nach Heidelberg-Handschuhsheim bis an die Tiefburg geführt, dann aber nicht weiter gewußt. In Handschuhsheim habe er einen Polizeibeamten gefragt, ob er jemand wisse, der hypnotisieren könne. Der Polizeibeamte habe ihm zwei Brüder genannt, keiner aber sei als Täter in Betracht gekommen.

Um eine Wiederholung unmöglich zu machen, habe er seiner Frau eines Tages das Geld weggeschlossen. Daraufhin habe sie angefangen, bei den Geschäftsleuten im Dorf Schulden zu machen. Von ihm deswegen zur Rede gestellt, sei sie in Krämpfe verfallen, habe aber für ihr Verhalten keinerlei Erklärung geben können. Sie habe viel geweint und stundenlang vor sich hingestarrt. Zu ihm, dem Ehemann, sei sie bald ausfallend, bald die Liebe und Fürsorge selber gewesen.

Der Anzeigeerstatter blieb dabei, daß hinter seiner Frau ein Mann stehe, der sie durch Hynose in seinen Bann gezogen habe und sie von ferne steuere und lenke. Seine Frau sei kein schlechter Mensch, sie habe aber die Freiheit des Willens eingebüßt. Einer kerngesunden, geachteten Bauernfamilie entstammend, habe sie früher niemals nervöse Störungen gezeigt. Seit einigen Jahren sei sie jedoch total verändert.

Von dem Arzt wisse seine Frau nur zu sagen, er habe sie von ihren Beschwerden immer dadurch befreit, daß er ihr die Hand auf den Kopf legte und ihr einsuggerierte, sie werde jetzt ruhig werden und einschlafen. Mehr habe er – der Ehemann – über ihre Besuche bei dem Arzt und die Behandlung durch diesen aus ihr nicht herausbringen können. Zu Hause sei sie oft ganz deprimiert gewesen, habe viel geweint und oft gesagt, sie müsse bald sterben.

Der Hausarzt der Familie war mit dem Ehemann der Überzeugung, daß die Frau das Opfer eines Verbrechens geworden sei. Die Kriminalpolizei war der Schilderung des Anzeigeerstatters gegenüber zunächst skeptisch, entschloß sich aber dann, den Heidelberger Psychiater Dr. Ludwig Mayer um eine Überprüfung des Vorgangs und um seine gutachtliche Stellungnahme dazu zu bitten.

Bei Dr. Mayer handelte es sich um einen namhaften Facharzt für Hypnose. Während der Untersuchung durch diesen Arzt benahm sich Frau E. so, wie sich eine Hypnotisierte im Hemmungszustand verhält. Bei der Befragung über ihre persönlichen und häuslichen Angelegenheiten war sie genau im Bilde und ließ keinerlei Gedächtnisstörung erkennen. Sobald der Psychiater aber auf Fragen überging, die mit ihrer Krankheit während der letzten sieben Jahre oder mit der Persönlichkeit des geheimnisvollen Arztes zu tun hatten, versagte sie. Es zeigte sich also, daß Gedächtnis, Orientierung und Merkfähigkeit bei ihr immer dann Lücken zeigten, wenn sich das Gespräch dem Arzt, ihrer Krankheit oder ihrer Behandlung zuwandte. Ihre Vernehmung durch den Psychiater und durch die Kriminalpolizei führte nicht wesentlich über das hinaus, was man bereits von ihrem Manne gehört hatte.

»Ein Dr. Bergen aus Karlsruhe, Professor Schnee und Professor Dennick haben mich behandelt. Den Dr. Bergen habe ich Ende 1927 auf der Eisenbahn kennengelernt, aber ich weiß nichts Genaues mehr davon. Es ist in meinem Kopf alles so verwirrt, und ich will Ihnen doch keine falschen Angaben machen. Ich habe Angst, etwas zu sagen, was ich nicht genau weiß.«

Ihren guten Willen beteuernd, fügte sie hinzu, das sei leider alles, was sie sagen könne. Sie schloß daran aber die Äußerung an: »Ich habe ein dumpfes Gefühl, als ob mir noch viel geschehen sei.«

Angesichts der Unmöglichkeit, auf normalem Wege weiterzukommen, bat der Arzt Frau E., sich damit einverstanden zu erklären, daß er sie in Hypnose versetze. Sie war sofort dazu bereit.

Der Arzt legte nunmehr der Frau die Hand auf die Stirn und sprach zu ihr: »Sie werden jetzt in den gleichen Zustand versetzt,

in dem Sie sich bei Dr. Bergen befanden.« Die Patientin verfiel
daraufhin in Sekundenschnelle in einen leichten hypnotischen Zustand, der von dem Arzt sofort ausgebaut und vertieft wurde.
Als Wachsuggestion erhielt sie den Befehl, sich jeden Einzelvorgang
bei dem Arzt, der sie behandelt hatte, in die Erinnerung zurückzurufen und alles zu berichten, was dabei in ihr Gedächtnis trete.
Nach stundenlanger hypnotischer Bearbeitung war Frau E. schließlich in der Lage, folgendes mitzuteilen:

Als sie noch unverheiratet war, sei sie einmal nach Heidelberg
gefahren, um zum Arzt zu gehen. Unterwegs sei sie mit einem
Herrn ins Gespräch gekommen, der gesagt habe, er habe ihr gleich
angesehen, daß sie krank sei. Er habe außerdem hinzugefügt, er
sei Naturheilkundiger und Homöopath, sein Name sei Dr. Bergen,
und er könne Leiden, wie sie sie habe, sehr gut behandeln. Bei der
Ankunft in Heidelberg sei er ihr beim Aussteigen behilflich gewesen
und habe ihr den Koffer getragen. Dann habe er sie plötzlich an
der Hand gefaßt und fest angeblickt. Die Folge dieser Einwirkung
habe sie im Augenblick verspürt: Es sei ihr mit einem Male vorgekommen, als ob sie keinen eigenen Willen mehr besitze. Später
habe dieser Mann sie viele Male mündlich oder schriftlich nach
Karlsruhe oder Heidelberg bestellt und sie anschließend behandelt.
Wo und auf welche Weise er sie behandelt habe, könne sie nicht
sagen. Für die Behandlung habe sie jeweils 15 bis 20 RM zahlen
müssen, ebenso auch für Verbandzeug und Medikamente. In Heidelberg habe sie der Dr. Bergen an einen Professor Schnee und einen
Professor Dennick überwiesen. Das alles habe sich in den Jahren
1930 bis 1934 zugetragen.

Einige Male habe sie Dr. Bergen in Handschuhsheim auch auf
ein Zimmer mitgenommen. Dabei habe er sie jeweils an der Tiefburg abgeholt, ihre Hand ergriffen und ihr eingeredet, es wäre
jetzt ganz dunkel um sie. Nachdem sie eine längere Strecke Weges
zurückgelegt hätten, seien sie in einem Haus zwei Treppen hinaufgestiegen, und dort habe Dr. Bergen die Tür zu einem Zimmer
aufgeschlossen. In dem Zimmer selbst hätten sich ein dunkler
Schreibtisch mit einer Marmoruhr, eine Chaiselongue und ein Tisch
befunden. Auf der Uhr sei es dreiviertel neun gewesen, und über
dem Bett habe ein Bild mit einem Schwarzwaldhaus und einer
Mühle gehangen. Im Zimmer angekommen, habe Dr. Bergen ihr

die Hand auf die Stirn gelegt und zu ihr gesagt: »Du wirst ruhiger, immer ruhiger!« Was er dann mit ihr angestellt habe, wisse sie nicht.

Um in der Sache weiterzukommen, begab sich Dr. Mayer mit Frau E. zunächst in die Neue Medizinische Klinik zu Heidelberg, wo sie angeblich Professor Dennick konsultiert haben wollte. Die Räume der Klinik waren ihr jedoch samt und sonders unbekannt, und als sie aufgefordert wurde, dorthin zu gehen, wohin ein innerer Drang sie leite, strebte sie immer wieder dem Ausgang zu. Dieser Umstand ließ folgende Deutung zu: entweder, daß sie zwar in der Klinik gewesen war, aber in keinem der Räume, in die man sie geführt hatte, oder aber, daß ihr durch eine posthypnotische Sperre die Erinnerung an die fraglichen Räume verwehrt wurde. Das letztere war das wahrscheinlichere.

Nachdem der Besuch in der Neuen Medizinischen Klinik ergebnislos verlaufen war, begab sich Dr. Mayer am Nachmittag des gleichen Tages mit Frau E. nach Handschuhsheim, um den Versuch zu unternehmen, dort wenigstens das Zimmer ausfindig zu machen, wo sie mit dem Arzt gewesen sein wollte. Nach einer Periode unsicheren Hinundherschwankens führte Frau E. den Arzt schließlich zur Wirtschaft »Zum Lamm« und erklärte: »Hier bin ich bestimmt mit ihm gewesen, wir haben im Nebenzimmer Bier getrunken.« Als ihr später die Räume der Gastwirtschaft gezeigt wurden, behauptete sie, daß sie eines der Zimmer mit Bestimmtheit wiedererkenne – nur habe es seinerzeit ganz anders ausgesehen als jetzt. Von der Wirtin wurde erklärt, das Zimmer sei vor kurzem renoviert worden.

Während der nächsten Tage war Frau E. trotz Fortdauer der Behandlung immer noch nicht imstande, irgendwelche genaueren Angaben über den Täter zu machen. Über seine Technik gab sie an: »Wenn wir allein beisammen waren, hat er die Hand ungefähr zehn Zentimeter von meiner Brust entfernt gehalten, ist mir dann mit zwei Fingern über die Augen gefahren und hat sie leicht gedrückt. Auf der Straße hat er mich bei der Hand genommen und dazu gesagt: es wäre alles dunkel um mich, ich würde niemand mehr sehen und alles vergessen.«

Als Dr. Mayer entsprechend dieser Schilderung verfuhr, d. h. ihr die linke Hand vor die Brust hielt und mit der rechten leicht gegen ihre Augenlider drückte, trat bei Frau E. sofort ein hypnotischer Zustand ein. Es zeigte sich, daß sie auf hypnotische Suggestion außerordentlich leicht ansprach.

Für den Sachverständigen entstand jetzt die Aufgabe, bei der Frau die Hemmungen, die ihr unverkennbar durch den unbekannten Täter aufsuggeriert waren, zu lösen und anschließend an die Reproduktion des gesperrten Gedächtnismaterials zu gehen. Durch Komplexworte und Komplexfragen wurden in tagelanger, mühseliger Kleinarbeit Erinnerungen in ihr wachgerufen und auf diese Weise die das Gedächtnis blockierenden Amnesien überwunden. Diese Bemühungen brachten schließlich einige interessante Tatsachen zutage. Zu ihnen gehörte die Behauptung der Frau, daß am linken Schienbein des Täters eine etwa drei Zentimeter lange Narbe zu sehen sei und daß er an einer Hodenerkrankung gelitten habe, durch die eine wesentliche Vergrößerung des Organs bewirkt worden sei. Weiter wußte die Frau zu berichten, daß Dr. Bergen eine blaue Badehose mit weißem Gürtel habe, daß er von schlanker Statur sei, helle Haare habe und rechts im Mund einen Goldzahn besitze.

Diese Feststellungen allein hätten höchstwahrscheinlich noch nicht zur Entdeckung des Täters geführt. Da aber kam den Strafverfolgungsbehörden ein Zufall zu Hilfe. Am 27. Juli 1934 wurde in Speyer ein gewisser Franz Walter, ein ehemaliger Bankbeamter, festgenommen, der sich einer Anzahl Betrügereien schuldig gemacht hatte. Dabei hatte er sich u. a. auch als Arzt ausgegeben. Da es nicht ausgeschlossen schien, daß er auch mit Frau E. zu tun gehabt hatte, wurde er nach Heidelberg überführt.

Der jungen Frau wurde zunächst im Wachzustand und dann in Hypnose eine Aufnahme Walters vorgelegt, und zwar nicht allein, sondern zusammen mit den Bildern von 15 anderen Männern. Sie erkannte ihn hierbei nicht als den Täter. Der Grund lag darin, wie sich später herausstellte, daß der Täter ihr eine hypnotische Sperre auferlegt hatte, die es ihr unmöglich machte, sich positiv zu erklären. Auch nachdem es Dr. Mayer gelungen war, diese Sperre zu lösen, bezeichnete Frau E. die Aufnahme Walters nur zögernd als die des Täters.

Am 17. September 1934 kam es dann im Heidelberger Untersuchungsgefängnis zu einer ersten Gegenüberstellung. Die Personenbeschreibung, die Frau E. vorher von dem Gesuchten gegeben hatte, stimmte haargenau; alles war zutreffend, auch die Angaben über die Farbe seiner Schuhe und Haare, seine Haartracht, den Goldzahn, eine Narbe am Schienbein und die anomal vergrößerten Hoden. Während der Gegenüberstellung behauptete die Frau sofort mit Bestimmtheit, daß Walter der gesuchte Mann sei und daß er sich ihr gegenüber als Dr. Bergen ausgegeben habe.

Walter stritt demgegenüber mit Entschiedenheit ab, jemals mit ihr zu tun gehabt zu haben. Er verstehe von Hypnose nichts und werde deshalb ganz zu Unrecht verdächtigt. Bei dieser Einlassung war indessen in seinem Benehmen eine gewisse Unsicherheit und eine starke Unruhe zu spüren. Er versprach sich mehrfach, stellte sich ungeschickt an und war gezwungen und überbetont in seiner Ablehnung. Frau E. blieb jedoch bei ihrer Behauptung. Über die Narbe am Schienbein befragt, erklärte Walter, er habe sie sich erst kürzlich beim Fußballspiel geholt. Was andererseits die Vergrößerung seiner Hoden anbelange, so liege ihr ein raffinierter Eingriff der Polizeibehörde zugrunde, die ihn zur Strecke bringen wolle. Frau E. sei eine hysterische Lügnerin, die er nie in seinem Leben gesehen habe.

Als Frau E. aufgefordert wurde, Zeugen für ihre Zusammenkünfte mit Walter namhaft zu machen, reagierte sie zunächst negativ. Erst bei hypnotischer Einengung auf diese Frage ging sie aus sich heraus und gab an, ein gewisser Fritz B. müsse sie in Speyer an der Brücke beim Baden mit Walter gesehen haben. Als Zeuge herbeigerufen, bestätigte der Genannte alle Angaben der Frau, erkannte Walter und fügte hinzu, dieser Mann habe seinerzeit ein dunkelblaues Auto bei sich gehabt. Zwei weitere Zeugen bestätigten die Angaben von Fritz B.

Der Sachverständige setzte anschließend sein Bemühen, Beweismaterial für die Täterschaft Walters zusammenzutragen, mit Erfolg fort.

Nachdem Frau E. erneut in Hypnose versetzt worden war, richtete Dr. Mayer die Aufforderung an sie: »Denken Sie an die Geldbörse und die Brieftasche!« Die junge Frau äußerte daraufhin: »Walter hatte eine dunkelbraune Brieftasche ohne Verschluß; auf der Vorderseite sehe ich deutlich Blätter und Blüten aus gepreßtem Leder.« Als man diesem Hinweis bei Walter nachging, entdeckte man bei ihm eine Brieftasche, die genau der Beschreibung entsprach. Die Brieftasche wurde Frau E. zusammen mit fünf anderen vorgelegt. Sie griff sofort die richtige heraus.

Nunmehr wurde Frau E. das Assoziationswort »Bad« vorgehalten. Ihre Reaktion lautete: »Ich habe deutlich ein Handtuch aus weißem Frottee in Erinnerung. Es hat oben und unten einen hellblauen Querstreifen. Auch ein lila gestreiftes Handtuch habe ich bei Walter gesehen.« Alle beschriebenen Handtücher wurden in der Wohnung Walters vorgefunden.

Im Verlauf der weiteren Befragung holte der Arzt aus der Frau die Angabe heraus, daß Walter u. a. auch versucht habe, sie dazu zu bringen, sich das Leben zu nehmen.

Nach ihrer Erzählung war er zunächst bemüht gewesen, sie zu bestimmen, eine Packung Pantopon-Tabletten einzunehmen. Aus der Sache sei nur deshalb nichts geworden, weil sie die Tabletten nicht verschrieben erhielt.

Dann habe er ihr nahegelegt, sich aus dem fahrenden Zug zu stürzen, allerdings nur, wenn sie allein im Abteil sei. Dieser Tod sei schmerzlos und dem qualvollen Tod, der ihr bevorstehe, auf jeden Fall vorzuziehen. Ihr ganzes Blut werde in Eiter übergehen, und da sei es besser, wenn sie vorher sich selbst etwas antue.

Schließlich habe er versucht, sie dazu zu bewegen, sich im Rhein zu ertränken. In ihrer Verzweiflung habe sie eines Tages auch Anstalten gemacht, ins Wasser zu gehen, sei aber von ihrer Wirtin zurückgehalten worden.

Zu diesen Versuchen Walters war es deshalb gekommen, weil Frau E. ihm erzählt hatte, ihr Mann habe festgestellt, daß es weder einen Dr. Bergen noch einen Professor Dennick, noch einen Professor Schnee gebe. Diese Mitteilung hatte Walter in Besorgnis versetzt. Er befürchtete seine Entlarvung und hielt es deshalb für geboten, sich der Frau zu entledigen. Es war nur einer Reihe glücklicher Zufälle zu verdanken, daß die Versuche Walters, Frau E. in einen Selbstmord hineinzutreiben, sämtlich mißglückten.

Dr. Mayer ging jetzt zu einem neuen Thema über. Er gab der Frau den Auftrag zu berichten, was sich anläßlich des Besuches in der Medizinischen Klinik ereignet habe. In Tiefenhypnose versetzt, war von Frau E. folgendes zu hören: »Im Herbst 1930, an einem Dienstag, in der Abenddämmerung, nahm Dr. Bergen mich bei der Hand und sagte zu mir: ›Komm, wir gehen jetzt fort vom Krankenhaus, sonst fällt es auf.‹ Nachdem wir das Krankenhaus verlassen hatten, äußerte er: ›Es wird jetzt immer dunkler und dunkler um dich. Bald kannst du gar nicht mehr sehen. Gehe nur ruhig weiter, ich führe dich.‹ Ich ging mit offenen Augen weiter, konnte aber nichts mehr sehen. Es war mir, als ob Nacht wäre.«

An diesem Punkt angelangt, unterbrach Frau E. plötzlich ihre Schilderung. Offenbar hatte sich die über sie gelegte Sperre wieder geltend gemacht. Nach vorsichtiger Ermunterung fortzufahren, nahm sie den Faden wieder auf: »Wir laufen immer noch weiter. Er sagt: ›Du weißt nicht, wo du bist, gehe nur ruhig mit, es passiert dir nichts.‹ Er hält mich noch immer an der Hand, es ist ganz dunkel. Von Zeit zu Zeit flüstert er mir zu: ›Gelt, du siehst nichts, es ist alles ganz dunkel, du weißt nicht, wo du bist.‹«

Dann habe sie sich plötzlich in einem Zimmer wiedergefunden, das durch Walter von innen abgeschlossen worden sei. Er habe ihr jetzt die Weisung gegeben, sich auf die Chaiselongue zu legen, er wolle sie behandeln. »Er legte mir die Hand auf den Kopf, fuhr mir über die Augen und sagte: ›Ruhig schlafen, ruhig schlafen!‹« Sie sei daraufhin in tiefen Schlaf gefallen, gleich nachdem er ihr zugerufen hatte: »Du weißt von nichts, was hier gewesen ist, auch später nicht!«

An dieser Stelle ihres Berichts wurde Frau E. unruhig und weinte leise vor sich hin. Als Dr. Mayer sie aufforderte, fortzufahren, sagte sie nach kurzem Zögern: »Später fragte er mich, ob ich wisse, was er mit mir gemacht habe. Ich wußte es nicht. Er sagte dann, wir müßten jetzt gehen. Er fuhr mir wieder über den Kopf und sagte: ›Ganz ruhig, du weißt nur, daß du behandelt worden bist. Es ist wieder ganz dunkel um dich, und du kannst niemand sehen, bis ich es sage.‹ Nun gingen wir wieder auf die Straße, ich sah die Straßenlaternen brennen und fand mich am Bismarckplatz wieder.«

Später sei ihr dann eingefallen, daß er ihr einen Kuß habe geben wollen, als sie auf der Chaiselongue lag. Sie habe ihn aber von sich gestoßen. Als sie habe schreien wollen, habe sie keinen Laut herausgebracht. Er habe über sie hingestrichen und beschwörend auf sie eingeredet: »Du schläfst ganz tief, du kannst nicht rufen, kannst nichts mehr machen.« Anschließend habe er ihr die Hände und

Arme nach hinten gedrückt und ausgerufen: »Du kannst dich nicht mehr rühren. Wenn du aufwachst, weißt du nichts mehr davon!«

»Ich hatte es lange Zeit vergessen und konnte mich nicht mehr daran erinnern«, fuhr Frau E. fort, »jetzt weiß ich es aber wieder. Er hat mich bestimmt geschlechtlich mißbraucht. In der Hypnose ist mir alles ins Gedächtnis zurückgekommen.«

Als sie mit dem Bericht zu Ende gekommen war, fing die Frau heftig an zu weinen und war kaum zu beruhigen. Wie stark ihr Widerstand gegen den Angriff auf ihre Geschlechtsehre gewesen war, ging daraus hervor, daß Walter nicht umhin konnte, sie für den Geschlechtsverkehr in Tiefenhypnose zu versetzen. Darüber hinaus war er gezwungen, ihr Lähmungserscheinungen aufzusuggerieren. Anders konnte er ihres Widerstandes nicht Herr werden.

Im Zuge weiterer Befragung von Frau E. wurde ermittelt, daß Walter an ihr in Hypnose in einer ganzen Reihe von Fällen den Beischlaf vollzogen hatte – nicht nur in Gasthöfen, sondern auch im Freien. Nach Lösung der Amnesien war die Frau imstande, alle diese Vorgänge zu rekonstruieren. Jedesmal bemerkte sie dazu: »Ich konnte mich nicht wehren, er hat mir die Arme und Hände gelähmt, er hat mich so tief eingeschläfert, daß ich von all diesen Sachen nichts mehr merkte.«

Wie sich hierbei ergab, wählte Walter, wenn er mit ihr ein Lokal aufsuchen wollte, niemals den geraden Weg dorthin, sondern führte sie immer auf Umwegen zum Ziel. Dabei suggerierte er ihr regelmäßig Dunkelheit auf und sorgte auf diese Weise dafür, daß ihr Gesichtssinn ausgeschaltet wurde. Zu seiner Sicherung redete er ihr schließlich noch ein, sie werde ihr ganzes Leben an heftigem Kopfweh zu leiden haben, wenn sie sich an diese oder jene Tatsache zu erinnern versuche. Sie habe alles zu vergessen. Er wußte, daß sie diese Befehle gewissenhaft ausführen würde.

Die Frage des Sachverständigen: »Was fällt Ihnen zu Ihren Periodenblutungen ein?« förderte neue Aufschlüsse ans Tageslicht. Als einmal ihre Periode ausgesetzt habe, habe sie Dr. Bergen davon unterrichtet. Er habe daraufhin erklärt, sie sei wahrscheinlich in anderen Umständen. Dagegen müsse sofort etwas unternommen werden, denn wenn das Kind ausgetragen werde, sei es nicht normal. Normale Kinder könne sie überhaupt nicht bekommen. Er – Dr. Bergen – wolle deshalb eine Frühgeburt einleiten. »Er gab mir

Agomensin-Tabletten und verordnete, ich solle alle 15 Stück auf einmal nehmen. Dazu mußte ich heißen Wein mit Pfeffer trinken. Daraufhin kam die Periode wie sonst.«

Als der Sachverständige bei der noch immer unter Hypnose stehenden Frau diesem Thema weiter nachging, ergab sich, daß Walter noch mindestens drei weitere Abtreibungsversuche an ihr vorgenommen hatte. Er hatte durch sie auch Empfängnisverhütungs- und Abtreibungsmittel vertreiben lassen. – Die Nachprüfung durch die Kriminalpolizei erbrachte volle Bestätigung all dieser Angaben.

Der Sachverständige wandte sich jetzt der Frage zu, wie sie sich das Geld verschafft hatte, das Walter von ihr als Honorar gezahlt worden war. Frau E. erwiderte, erst habe sie das Geld von ihrem Vater und dann hinter dessen Rücken von ihrer Mutter erhalten. Als ihre Eltern mißtrauisch geworden seien und ihr die Hergabe weiterer Beträge verweigert hätten, habe Walter gesagt, dann müsse sie eben Geld entwenden. Ohne Geld könne sie nicht gesund werden. Sie habe deshalb sowohl ihren Eltern wie auch ihrem Mann Geld gestohlen. »Auch eine silberne Uhr und einen goldenen Ring mußte ich zu Hause wegnehmen.«

Strafrechtlich noch aufschlußreicher wurden die Angaben der Frau, als der Sachverständige ihr im Zustand der Hypnose das Stichwort »Kleesalz« vorhielt.

In den Jahren 1933 und 1934, so berichtete sie, habe sie mit ihrem Mann dauernd Reibereien wegen der durch die Behandlung verursachten Kosten gehabt. Als Walter davon gehört hätte, habe er ihr erklärt, es sei am besten, wenn ihr Mann verschwinden werde; dann wäre sie ihn los und brauchte sich nicht mehr von ihm schikanieren zu lassen. »Geh in die Apotheke und kaufe Kleesalz zum Möbelreinigen. Das tust du ihm dann ins Essen. Es merkt niemand, wenn ihm etwas passiert!« – Sie habe sich zunächst entschieden geweigert, so etwas zu tun, sei aber dann ganz willenlos geworden und habe nicht mehr denken können. Zu Hause habe ihr der Mann das Ausgehen verboten, weil sie so aufgeregt gewesen sei; sie habe sich deshalb auch kein Kleesalz beschaffen können. Am nächsten Tage habe dann das Gefühl, unter Zwang zu stehen, nachgelassen, und sie habe den Trieb, der sie zur Tat gegen ihren Mann drängte, überwinden können.

Walter habe ihr daraufhin einen neuen Auftrag erteilt: »Wenn du nach Hause kommst, nimmst du den Browning aus dem Schreibtisch und versteckst ihn so, daß du ihn gleich zur Hand hast. Wenn dein Mann schläft, entsicherst du die Waffe, gehst nachts zu ihm, hältst die Pistole an seine Schläfe und drückst ab. Dann legst du ihm die Waffe in die Hand, damit es so aussieht, als wenn er Selbstmord begangen hätte.«

Gegen diesen Befehl habe sie sich gewehrt und ihm erwidert, daß sie so etwas nicht tun könne. Darauf sei er ihr wieder über die Augen gefahren und habe ausgerufen: »Du wirst immer müder, du wirst tun, was ich dir sage!« Sie habe am nächsten Tag tatsächlich den Browning aus dem Schreibtisch genommen und im Schlafzimmer hinter einem Bild versteckt. In der darauffolgenden Nacht sei sie mehrfach aufgestanden, um die Tat auszuführen. Eine unsichtbare Kraft habe sie gedrängt, die Waffe zu ergreifen und damit zu schießen. Als sie schließlich alle Hemmungen überwunden, den Browning an die Stirn ihres Mannes gelegt und abgedrückt habe, sei nichts passiert. – Ihr Mann hatte, wie sich herausstellte, den Browning einige Tage vorher entladen.

Am Tage danach habe ihr Mann die Waffe gesucht, sie hinter dem Bild gefunden und an sich genommen. Er habe gefragt, wie die Pistole dort hingekommen sei, habe von ihr aber keine Erklärung erhalten. – Darüber gehört, bestätigte der Mann die Angaben seiner Frau.

Einige Zeit danach habe Walter ihr erneut befohlen, ihren Mann zu erschießen. Gleichzeitig habe sie selbst ihrem verfehlten Leben ein Ende machen und sich eine Kugel durch den Kopf schießen sollen.

In einen schweren Zwangszustand versetzt, habe sie sich auftragsgemäß eines Nachts an das Bett ihres Mannes geschlichen und Anstalten gemacht, ihn zu erschießen. Sie habe nur deshalb nicht geschossen, weil er sich beim Atmen dauernd bewegt habe. Als er dann plötzlich aufgewacht sei, sei ihr der Mut zur Tat entschwunden. Ihr Mann habe ihr den Browning abgenommen und sie mit heftigen Worten zur Rede gestellt. – Auch diese Angaben wurden von E. bestätigt.

Als sie nach diesen Vorfällen Walter erzählt habe, daß ihr Mann sich mit dem Gedanken trage, Anzeige zu erstatten, habe er geäußert, nachdem er ihr über die Augen gefahren sei: »Weißt du was, du gibst ihm Pilze. Du kennst ja Pilze genau. Du kochst die ungiftigen für dich in einem Topf, und die giftigen, die Rothäute, kochst du für ihn in einem anderen. Du ziehst sie schon draußen im Wald ab und tust sie in ein besonderes Säckchen.«

Noch immer unter der Einwirkung Walters stehend, habe sie auch diesen Auftrag ausgeführt. Ihr Mann habe von dem Pilzgericht aber nur ein paar Löffel genommen und das andere stehenlassen, weil es so schlecht schmeckte. Zwei Stunden danach habe er heftige Magenschmerzen, Erbrechen und Durchfall bekommen. Er sei deswegen drei Wochen in ärztlicher Behandlung gewesen.

Als sie Walter wegen der Beschwerden ihres Mannes um Rat gefragt habe, habe er erwidert, er wisse ein ausgezeichnetes Hausmittel: »Hole dir im Wald einen Satanspilz und koche ihn so, wie man Pilze kocht. Das ist ein gutes und rasch wirkendes Mittel gegen Magenbeschwerden. Was dein Mann nicht aufißt, muß aber sofort beiseite geschafft werden; ich will nicht haben, daß andere Ärzte mir mit meinem eigenen Mittel Konkurrenz machen.«

Sie habe das zweite Pilzgericht zwar gekocht, es aber ihrem Mann nicht gegeben, weil die mitgekochte Zwiebel ganz schwarz geworden sei. Walter habe ihr deswegen heftige Vorwürfe gemacht, sei ihr mit der Hand über die Augen gefahren und habe ihr aufsuggeriert, sie wisse nichts mehr von der Pilzangelegenheit.

Wieder ein andermal habe ihr Walter ein weißes Pulver ausgehändigt mit dem Auftrag, es ihrem Manne in den Kaffee zu schütten, und zwar so, daß er es nicht merke. Auf dem Nachhauseweg habe sie das meiste davon verschüttet. Ihrem Mann habe sie nur einen kleinen Rest in den Kaffee geben können. Er habe Magenschmerzen bekommen und erneut ärztliche Behandlung aufsuchen müssen. – Auch diese Angaben mußte E. bestätigen.

Bei anderer Gelegenheit hatte Walter ihr in Hypnose den Befehl gegeben, am Motorrad ihres Mannes das Handbremskabel zu durchschneiden und die Schrauben der Hinterradbremse zu lösen. Wie beabsichtigt, erlitt der Mann infolge Versagens der Bremsen zwei Unfälle, die nur dank glücklicher Umstände nicht zu schwerer Verletzung führten.

Wie weitere Angaben von Frau E. ergaben, hatte Walter ihr in Tiefenhypnose des weiteren aufsuggeriert, ihr Mann selbst wolle sie ums Leben bringen, da er zu einer anderen Frau Beziehungen aufgenommen habe. Es sei deshalb Notwehr, wenn sie ihm zuvorkomme. – Das alles war diktiert durch die Sorge Walters, daß der Mann Anzeige erstatten werde.

Da es dem Sachverständigen an dieser Stelle Mühe machte, weiterzukommen, lag die Vermutung nahe, daß bei der Patientin noch immer Sperren wirksam waren. Um darüber Klarheit zu erlangen, wurde eine neue Gegenüberstellung mit Walter in die Wege geleitet. Es sollte dabei festgestellt werden, ob Walter durch Worte oder Gebärden auch jetzt noch imstande sei, das Gedächtnis von Frau E. zu blockieren.

Walter, aus der Untersuchungshaft vorgeführt, wurde angewiesen, langsam folgende Sätze zu sprechen: »Frau E., Sie werden müde, ruhig, immer ruhiger. Sie sind in dem Zustand wie früher, als ich Sie behandelte. Ich löse hiermit sämtliche Sperren, die ich hypnotisch um Sie gelegt habe. Ich gebe Sie frei, wie versprochen. Sie können sich an alle Einzelheiten erinnern und sind durch meine Sperrworte nicht mehr beeinflußt.« Anschließend erhielt Walter von dem Arzt die Weisung: »Schlagen Sie jetzt Frau E. auf den linken Handrücken!« Walter kam dieser Weisung nach und wurde dann abgeführt.

Es zeigte sich rasch, daß damit die Sperre immer noch nicht beseitigt war. Als der Frau dann einfiel, daß Walter den Schlag auf den Handrücken immer mit den Worten: »'s wird hell« begleitet habe, wurde Walter noch einmal vorgerufen und mußte diese Worte sprechen. Der erwartete Erfolg trat indessen nicht ein, Frau E. blieb weiter gesperrt.

Einige Tage danach fielen dem Sachverständigen an Frau E. eigenartige Bewegungen mit dem kleinen Finger auf. Er sagte ihr daraufhin, Walter habe sie wahrscheinlich nicht nur auf die Hand geschlagen, sondern ihr gleichzeitig den kleinen Finger nach oben gedrückt. Die junge Frau bejahte: »Walter hat meinen kleinen Finger so lange umgebogen, bis ich wieder frischer geworden bin. Es hat mir manchmal sehr weh getan.« – Damit war die Lösung der Sperre gefunden. Später gelang es Dr. Mayer dann auch noch, das Sperrwort ausfindig zu machen, das Walter zu verwenden pflegte. Es hieß: »Floxilla«.

Nachdem ihr dies Wort vorgehalten worden war, war es Frau

E. endlich möglich, dem Arzt volle Aufklärung zu geben: »Walter hat gesagt: ›Niemand kann Ihnen die vollständige Erinnerung an alles wiedergeben, weil dieses Sperrwort von dritter Seite unlösbar ist. Nur wenn Sie jemand auf den Handrücken schlägt, den kleinen Finger umbiegt und dazu das Wort »Floxilla« spricht, kann er Ihnen Ihr Gedächtnis wiedergeben.‹ — Jedesmal, wenn Walter mich so anfaßte und das Wort ›Floxilla‹ oder später auch andere Worte sagte, überkam mich die Hypnose.«

Walter blieb währenddessen unentwegt bei der Behauptung, daß ihm Frau E. unbekannt sei und daß er noch nie im Leben jemand hypnotisiert habe. Es mußte deshalb nach neuem Beweismaterial Ausschau gehalten werden.

Frau E. wurde jetzt gefragt, ob sie die Wirtschaft ›Zum Anker‹ in Speyer kenne. Sie antwortete: »Ja, das ist die Wirtschaft, in der ich mit Walter zusammen war. Die Kellnerin R. muß uns gesehen haben.« Vom Untersuchungsrichter vernommen, bestätigte die Kellnerin, daß sie die beiden zusammen im Lokal gesehen hatte. Sie wußte auch zu berichten, Walter, der in der Wirtschaft eine Zeitlang seine Mahlzeiten einzunehmen pflegte, habe angegeben, er sei Arzt und könne hypnotisieren.

Als Frau E. in die Wirtschaft geführt wurde, gab sie an, sie habe in einem Zimmer der Wirtschaft mit Walter Verkehr gehabt. »Wir waren zuerst baden, dann gingen wir hierher. Er hat mir über die Hand gestrichen, mich mit dem Fuß gestoßen und noch irgend etwas mit mir gemacht, was ich nicht mehr weiß.« Um die Patientin nicht abzulenken, wurden auf Veranlassung des Arztes alle Lichter abgedreht, und es wurde Ruhe geboten. Dann wurde Frau E. aufgefordert zu zeigen, in welchem Zimmer sie gewesen war. Sie ging in eines der Zimmer hinein und rief aus: »Hier bin ich gewesen! Dort in der Ecke stand das Bett.« Als Licht gemacht wurde, zeigte sich, daß in dem Zimmer kein Bett stand. Seitens der Wirtin wurde aber erklärt, Walter habe in diesem Zimmer gewohnt, und bis vor kurzem habe ein Bett an der von Frau E. bezeichneten Stelle gestanden. Die Angaben der Frau waren also wiederum in vollem Umfang bestätigt worden.

Während einer Fahrt nach ihrem Heimatort, die sie in Begleitung des Arztes und eines Kriminalbeamten unternahm, erschien Frau E. merkwürdig gehemmt. Plötzlich äußerte sie: »Eben weiß ich wieder etwas über ein Zimmer in Karlsruhe, wo ich mit Walter gewesen bin. Es liegt zwei Treppen hoch, erst kommt ein längerer Gang und dann, etwa nach zehn Schritten rechts, eine Tür. Das Bett steht links, gegenüber ein Schrank, auf dem Tisch ist eine Decke mit gelblila Karos und einem großen braunen Fleck.«

Die Beamten begaben sich daraufhin nach Karlsruhe zu der Straße, wo Walters Wirtin früher gewohnt hatte. Die Patientin wurde aufgefordert, an den Häusern entlangzugehen und zu sagen, um welches Haus es sich handle. Sie blieb plötzlich stehen und erklärte: »Hier muß ich gewesen sein.« Es war das Haus, in dem Walter gewohnt hatte.

Als der Sachverständige sie fragte, was ihr bei dem genannten Zimmer einfalle, antwortete sie: »Dort hat er mir einen Kuß gegeben und mir dabei die Zunge in den Mund gesteckt. Davon ist es mir so schlecht geworden... Damals werde ich wohl Verkehr mit ihm gehabt haben.«

Später schilderte sie die Schmerzen, von denen sie bald hier, bald dort befallen worden sei. »Heute weiß ich genau, woher alle diese Schmerzen kamen. Wenn Walter irgend etwas in meinem Verhalten nicht paßte, dann sagte er: ›Sie werden da oder dort Schmerzen bekommen, Ihr Blut vereitert, Ihre Lunge verfault!‹ Wenn ich manchmal kein Geld brachte, weil ich von den Eltern oder später von meinem Mann keines bekam, dann sagte er auch: ›Die werden mit Ihnen noch allerhand erleben! Sie werden so krank sein, daß sie gerne bezahlen.‹ Daraufhin überfielen mich die allerverschiedensten Schmerzen, die erst wieder aufhörten, nachdem er durch Bestreichung auf mich eingewirkt hatte.«

Da der Sachverständige das sichere Gefühl hatte, daß wichtige Punkte noch immer unaufgeklärt seien, erteilte er Frau E. den hypnotischen Auftrag, über weitere Sperrworte nachzudenken. – Als er auf diesem Wege nicht weiterkam, ging der Arzt dazu über, den Versuch zu machen, durch Assoziationsexperimente die noch fehlenden Sperrworte zu erschließen. Er versetzte Frau E. in Tiefenhypnose und wies sie an, alle Worte auszusprechen, die in ihrem Unterbewußtsein verborgen waren. Dabei kamen Hunderte von Einzelworten und Zahlen zum Vorschein.

Die systematische Bearbeitung des gewonnenen Materials nahm nicht weniger als zwei Monate in Anspruch. Dabei wurden zahlreiche Worte ermittelt, die Walter zu Sperrzwecken verwandt hatte. Hierbei traten bestimmte Worte in den Vordergrund. Später zeigte sich, daß den Sperrworten »Combarus« und »Filofi« entscheidende Bedeutung zukam.

Nach Abschluß dieser Experimente kam eines Tages Frau E. aufgeregt zu Dr. Mayer und berichtete: »Heute mittag ging ich in M. durch die M'straße, um Wolle zu kaufen. Als ich an dem Geschäft des Metzgermeisters Z. vorbeikam, fiel mir plötzlich ein, daß ich in diesem Geschäft irgend etwas Besonderes erlebt haben müßte. Dieser Gedanke kam mit solcher Heftigkeit über mich, daß ich in den Laden hineinging und nach dem Metzgermeister fragte. Es wurde mir gesagt, daß der bisherige Inhaber im letzten Jahr verstorben wäre ... Ich bat die Metzgerin, mich doch schnell einen Blick in das hintere Zimmer tun zu lassen, was mir ohne weiteres erlaubt wurde. Dadurch kam ich vollkommen in Verwirrung ... Ich weiß nur so viel, daß ich in diesem Hause gewesen sein muß und daß dort in hypnotischem Zustand etwas mit mir vorgenommen wurde. Ich glaube, der Metzger hat Verkehr mit mir gehabt. Wenn das die Wahrheit ist, weiß ich nicht, wie ich das ertragen soll.«

Auf ihre nachhaltige Bitte hin versetzte der Arzt Frau E. erneut in Hypnose. Sie berichtete daraufhin folgendes: »Walter und ich sind öfter in S. gewesen. Einmal saßen wir dort im ›Zähringer Hof‹, als noch ein Mann zu uns an den Tisch kam. Es war der Filialleiter B. Von seiner Unterhaltung mit Walter kommt mir heute in Erinnerung, daß dieser ihm erklärte, er würde es unbedingt fertigbringen, daß ich ihm zu Willen wäre. Ich habe gesehen, wie Walter von dem B. einen Zwanzigmarkschein erhielt. Der andere ist dann vorausgegangen, ich bin mit Walter noch sitzen geblieben. Später sind wir in die M'straße gegangen. Dort hat mich ein rotblondes Dienstmädchen in Empfang genommen und gesagt, ich solle zu Herrn B. kommen. Vorher hat Walter mir die Hand auf den Kopf gelegt, meinen Finger gedrückt und befohlen: ›Sie werden jetzt in einem vollkommen willenlosen Zustand dem Herrn alles tun, was er von Ihnen verlangt. Sie werden sich an nichts mehr erinnern können. Sie werden an das Wort ›Combarus‹ denken, dann kommen Sie in eine so tiefe Hypnose, daß Sie sich nicht mehr daran erinnern können, was mit Ihnen geschehen ist und wo Sie gewesen sind.‹ So hat Walter es noch öfter gemacht. Jedesmal sprach er das Wort ›Combarus‹ aus, und dann kam ich in einen Zustand gänzlicher Willenlosigkeit. Bis zum heutigen Tage habe ich nichts mehr davon gewußt...« – Während dieses Berichtes brach Frau E. immer wieder in heftiges Weinen aus.

Die Darstellung von Frau E. wurde durch das frühere Dienstmädchen des B. bestätigt.

Einmal sei es vorgekommen, so fuhr Frau E. fort, daß B. nach einem Verkehr mit ihr das Sperrwort nicht eingefallen sei. Sie habe sich deshalb erinnern können, was mit ihr geschehen war, und habe zur Polizei laufen wollen. Sie habe sich aber nicht bewegen können, so steif sei sie gewesen. Da habe B. den Walter herangeholt, der habe das Sperrwort genannt, und dann habe sie von dem Verkehr nichts mehr gewußt.

Nach monatelanger Behandlung der Frau kam man über das Sperrwort »Filofi« einem Mittäter des Walter auf die Spur, von dessen Existenz weder die Polizei noch der Sachverständige eine Ahnung gehabt hatten. Frau E. erzählte nämlich, sie sei auf der Straße von einem Kriminalpolizeibeamten angesprochen worden, der bestimmte Auskünfte von ihr verlangt habe.

Die Nachprüfung dieser Mitteilung ergab, daß es sich um einen gewissen Bodmer handelte, den Frau E. Alfred nannte und den sie schon seit Jahren kannte. Er war ihr vor längerer Zeit durch Walter vorgestellt worden und hatte öfter anstelle von Walter ›Honorar‹ oder Lebensmittel in Empfang genommen. Walter hatte Frau E. in Tiefenhypnose völlig auf Alfred eingestellt. Außerdem hatte er ihr posthypnotisch eingeschärft, sie dürfe im Wachzustand nie etwas von Alfred wissen. Weiterhin war sie angewiesen, bedingungslos alles auszuführen, was Alfred in Walters Auftrag von ihr forderte. Die Sperrworte für den Komplex waren die Ausdrücke »Combarus« und »Filofi«.

Aus weiteren Mitteilungen von Frau E. war zu entnehmen, daß Walter und Alfred genau festgelegt hatten, wie jeder von ihnen sich verhalten sollte, falls es zu polizeilichem oder gerichtlichem Einschreiten komme. In diesen Plan war die frühere Wirtin Walters, Frau X., eingeweiht. Auch mit Alfred hatte Frau E. in hypnotisiertem Zustand Verkehr gehabt.

Während der polizeilichen Untersuchung näherte sich dieser Alfred mehrfach Frau E. und versuchte, sie über den Stand der

Ermittlungen auszuforschen. Nachdem Alfred das Wort »Filofi« ausgesprochen und Frau E. in der mit Walter besprochenen Weise gegen den Fuß getreten hatte, geriet sie jedesmal sofort wieder in einen hypnotischen Hemmungszustand. Dabei versuchte er ihr zu suggerieren, daß es ihr verboten sei, dem Arzt in der Hypnose Angaben zu machen, und daß sie außerdem die Pflicht habe, ihre bisherigen Aussagen als unwahr zu widerrufen. Die beiden Komplicen wollten durch einen solchen Widerruf erreichen, daß die Glaubwürdigkeit von Frau E. erschüttert und die Sachlage so verwirrt würde, daß das Verfahren eingestellt werden mußte.

In der Hauptverhandlung kam es später bei der Gegenüberstellung von Frau E. mit Bodmer zu einem interessanten Zwischenfall, der die Arbeitsweise dieses Mannes charakterisierte.

Bodmer hatte Frau E. nach der Verhaftung Walters gefragt, ob sie ihn – Bodmer – beschreiben könne. Frau E. hatte darauf erwidert, sie erinnere sich, eine Warze an seiner Schulter gesehen zu haben. Bodmer erteilte ihr daraufhin den posthypnotischen Auftrag, sie habe beim Anblick dieser Warze sofort in tiefe Hypnose zu verfallen und sie nicht zu erkennen. Als sie in der Hauptverhandlung aufgefordert wurde, sich die Warze an der Schulter Bodmers anzusehen, verfiel sie denn auch gleich in eine Art von hypnotischem Zustand, aus dem sie erst durch das Eingreifen Dr. Mayers befreit werden konnte.

Am 22. Mai 1936 begann vor der 2. Großen Strafkammer des Landgerichts Heidelberg die Hauptverhandlung.

Die Staatsanwaltschaft beschuldigte Walter, Frau E. sieben Jahre lang, vom Sommer 1927 bis Sommer 1934, in hypnotischem Zustand gehalten, sie dabei finanziell ausgebeutet, sittlich mißbraucht und verkuppelt zu haben. Bodmer wurde beschuldigt, dabei Beihilfe geleistet zu haben.

Der Hauptangeklagte Walter, der eineinhalb Jahre Untersuchungshaft hinter sich hatte, äußerte auf die Anklage hin – und bei dieser Einlassung blieb er bis zum Schluß der Hauptverhandlung stehen –, daß ihm Frau E. noch nie in seinem Leben begegnet sei, daß er sie infolgedessen auch nicht hypnotisiert haben könne; er sei übrigens auch gar nicht imstande, andere Menschen in hypnotischen Zustand zu versetzen. Was gegen ihn ins Feld geführt worden sei, beruhe alles auf Lüge und Entstellung.

Die Vernehmung zur Person ergab, daß Walter in der Schweiz aufgewachsen und später Polizeibeamter geworden war. Seit dem Jahre 1925 hatte er angefangen, sich kriminell zu betätigen. Auf seine Vorstrafen wegen Betrugs hingewiesen (er hatte sich bei Kranken als Heilkundiger, Arzt oder Homöopath ausgegeben, Fingernägel- und Augendiagnosen vorgenommen und darauf gestützt Kräutertees und Medikamente verkauft), erklärte er, dabei handele es sich durchweg um unbedeutende Vorfälle, aus denen sich kein Schluß zu seinen Ungunsten ziehen lasse. Walter leugnete übrigens auch jede Bekanntschaft mit Bodmer. Genau wie Walter beteuerte auch der Mitangeklagte Bodmer, daß er mit dieser Angelegenheit nicht das geringste zu tun habe.

Der Verteidiger des Hauptangeklagten war mit dem hartnäckigen Leugnen seines Mandanten nicht einverstanden und legte deshalb vor dem Schlußvortrag des Vertreters der Staatsanwaltschaft die Verteidigung nieder. Dem Angeklagten mußte infolgedessen noch im letzten Augenblick ein Offizialverteidiger bestellt werden. –

Zu der Hauptverhandlung waren nicht weniger als 100 Zeugen geladen. Als erster Zeuge wurde der Facharzt Dr. Mayer aus Heidelberg vernommen, dem die Aufdeckung des Verbrechens zu verdanken war (Dr. Mayer wurde später auch noch als Sachverständiger gehört).

Der Arzt schilderte zunächst, wie Frau E. in seine Behandlung gekommen war und in welchem Zustand er sie vorgefunden hatte. Als er sie in seine Obhut genommen habe, habe sie alles vergessen gehabt, was mit ihrer ›Behandlung‹ durch den Angeklagten zusammenhing. Er, der Zeuge, habe bei dieser Beobachtung sofort das Empfinden gehabt, daß dieses Vergessen auf einer Gedächtnissperre beruhe. In wochenlanger mühsamer Kleinarbeit sei es ihm schließlich gelungen, die Lösung dieser Sperre zu erwirken und einige Angaben über den Täter zu erhalten. Da die von der Patientin angegebenen Merkmale auf Walter zuträfen und dieser sich Frauen gegenüber gerühmt habe, er könne hypnotisieren, sei es möglich geworden, ihn zu identifizieren.

Dr. Mayer teilte dem Gericht in diesem Zusammenhang mit, daß er im Verlaufe von 19 Monaten, jeweils in Gegenwart eines Staatsanwalts oder eines Kriminalbeamten, an der Frau nicht weniger als 4000 Explorationshypnosen vorgenommen habe.

Es folgte die Vernehmung von Frau E. als der Hauptbelastungszeugin. Sie bestätigte all das, was sie Dr. Mayer mitgeteilt hatte, nachdem dieser sie von der Sperre befreit hatte. Beide Angeklagten beteuerten auch jetzt noch, daß sie die Zeugin nie in ihrem Leben gesehen hätten. Bei der Gegenüberstellung mit dem Angeklagten Bodmer brachte Frau E. die Sprache darauf, sie habe beim Baden an Bodmer eine Warze bemerkt. Wie schon erwähnt, fand sich an seinem Körper eine solche Warze. Der Angeklagte Walter konnte nicht umhin, zuzugeben, daß er eine Brieftasche besessen habe, wie sie von der Zeugin vor seiner Festnahme beschrieben worden war.

Aus der Aussage des Ehemanns von Frau E. erfuhr man, daß die Frau schon vor ihrer Eheschließung über Krankheiten aller Art geklagt hatte. Bis dahin hatte er – der Zeuge – schon seine gesamten Ersparnisse in Höhe von 2000 RM für die Honorare ihrer angeblichen Ärzte geopfert. Während der folgenden Jahre habe die Frau ihrem Mann ununterbrochen neue Geldbeträge abgefordert, ohne ihm auch nur einmal eine Liquidation vorzulegen. Gelegentliche Versuche des Mannes, einen der Ärzte, bei denen sie sich nach ihrer Angabe in Behandlung befand, einmal selbst zu sprechen, seien immer wieder daran gescheitert, daß diese angeblich ständig unabkömmlich waren. Im Laufe der Zeit sei er – der Ehemann – etwa 30mal von den angeblichen Ärzten angerufen und über den Zustand der Frau unterrichtet worden. Damit seien jedesmal Geldforderungen verbunden gewesen. Zu Gesicht habe er sie nie bekommen.

Merkwürdigerweise hatte in der Familie der Frau kein Mensch Anstoß daran genommen, daß sich der angebliche Professor mit seiner Patientin immer nur in Anlagen und Wirtschaften traf. Verdacht hatten auch die sonderbaren medizinischen Anweisungen nicht erregt, mit denen die Frau nach Hause kam – z. B. daß sie Rinderblut trinken müsse, weil ihr Blut zu 70% schlecht sei usw.

Ohne die unbegreifliche Leichtgläubigkeit der Familie hätte Walter seine betrügerischen Manöver niemals über sieben Jahre erstrecken können.

Wie der Ehemann weiter berichtete, sei die Frau schließlich von einem Krankheitszustand in den anderen gefallen. An manchen Tagen habe sie ihn nicht mehr erkannt, zeitweise habe sie nichts mehr gesehen. Oft sei sie auch mit Selbstmordgedanken umgegangen. Das war ihr Seelenzustand, in dem sie die Angriffe auf das Leben ihres Ehemannes unternahm, ihn zu erschießen, zu vergiften oder in einen Motorradunfall hineinzutreiben suchte.

Da die Aussagen der Frau zunächst im Zustand der Tiefenhypnose gemacht worden waren (im Wachzustand hatte Dr. Mayer bei ihr völlige Erinnerungslosigkeit festgestellt), kam es darauf an, ob Zeugen in der Lage sein würden, diese Angaben zu bestätigen.

Tatsächlich war dies der Fall. So bekam das Gericht von einer Zeugin zu hören, daß Walter beim Baden, genau wie Frau E. es geschildert hatte, eine hellblaue Badehose mit einem weißen Gürtel getragen hatte. Andere Zeuginnen bestätigten, daß er mit Frau E. zusammen im Rhein gebadet hatte. Wieder andere bekundeten, daß er sich gerühmt hatte, hypnotisieren zu können. Weiteren Zeugen war der verstörte Zustand der Frau aufgefallen, der nachträglich darin seine Erklärung fand, daß sie unter fremdem Einfluß stand. Die Zeugen erschienen in so großer Zahl, daß für die Fahrt von Speyer nach Heidelberg ein Omnibus gemietet werden mußte.

Im Anschluß an die Vernehmung der Zeugen sprach Dr. Mayer – nunmehr als Sachverständiger – eingehend über das Wesen der Hypnose und erläuterte an Versuchspersonen und dem Fall der Hauptbelastungszeugin die Mittel der Hypnose, die Eigenart hypnotischer Sperren und die Möglichkeiten zu deren Lösung.

Für den Ausgang des Prozesses war von entscheidender Bedeutung, ob Frau E. als glaubwürdig angesehen werden konnte. Zwar waren fast alle Angaben, die sie im Zustand der Hypnose gemacht hatte, durch Zeugen bestätigt worden, auch wurde ihr von dem Gemeindevorsteher ihres Heimatortes, ihrem einstigen Lehrer und den Nachbarn ein gutes Leumundszeugnis ausgestellt. Da ihre Aussage aber die Hauptstütze der Anklage bildete und die Verteidigung sie bis zum Schluß der Hauptverhandlung in Zweifel zog, war es von entscheidender Bedeutung, was ärztliche Experten über die Frage ihrer Glaubwürdigkeit aussagen würden.

Zur Frage der Glaubwürdigkeit hörte das Gericht eingehend den Freiburger Psychiater Professor Beringer, der sich dahin äußerte, es habe sich nach keiner Richtung etwas feststellen lassen, was darauf hindeute, daß sie keinen Glauben verdiene. Frau E. habe eine durchschnittliche Kindheitsentwicklung gehabt und neige in keiner Weise zu Hysterie oder Pseudologie. Lügenhaftigkeit, Aufschneiderei und Neigung zu phantastischer Übertreibung habe er bei ihr nicht feststellen können. Ihre Person weise freilich gewisse infantile Züge auf, und sie sei leicht formbar. Da die erste Begegnung mit Walter in ihrem 17. Lebensjahr erfolgt sei, sei es durchaus denkbar, daß sie frühzeitig in ein Hörigkeitsverhältnis zu dem Mann geraten sei; sie habe sich damals noch in der Pubertät befunden und sei besonders labil und leicht beeinflußbar gewesen. Sie gehöre überhaupt zu den Menschen, die bei geschickter Behandlung rasch hörig würden. An ihrer Glaubwürdigkeit sei aber dessenungeachtet nicht zu zweifeln.

Mit ganz besonderer Spannung wurde der Aussage derjenigen medizinischen Sachverständigen entgegengesehen, die über die forensische Bedeutung der Hypnose, d. h. die Frage Auskunft geben sollten, ob es möglich ist, Menschen auf hypnotischem Wege zur Verübung von Verbrechen zu bringen. Diese Aufgabe war neben dem Facharzt Dr. Mayer aus Heidelberg dem Obermedizinalrat Dr. Lange aus Chemnitz übertragen worden.

Dr. Mayer kam zu Beginn seiner mehrstündigen Ausführungen zunächst auf die Erinnerungslosigkeit zu sprechen, auf die er bei Frau E. gestoßen war. Er habe sie nach eingehender Prüfung als posthypnotische Amnesie erkannt, als eine Gedächtnissperre durch hypnotischen Zwang. In der Tiefenhypnose sei es ihm dann möglich gewesen, diese Hemmungen zu beseitigen. Als es ihm später auch noch gelungen sei, ein Komplexwort zu enträtseln, seien diese Sperren endgültig erschüttert und aufgelöst worden. Bis dahin habe es der Angeklagte Bodmer fertiggebracht, mit seinen posthypnotischen Aufträgen die Bemühungen der Polizei und der Staatsanwaltschaft immer wieder zu durchkreuzen oder zu stören.

Zusammenfassend bemerkte der Sachverständige zu dem Fall, daß Walter sich als ausgezeichneter Psychologe erwiesen habe. Das von ihm verübte Verbrechen sei ein »meisterhaftes Gebäude und von wissenschaftlicher Präzision«. Freilich sei ihm dabei die Tatsache von Vorteil gewesen, daß Frau E. eine Beeinflußbarkeit aufweise, wie man sie in der Geschichte der Hypnose noch kaum je beobachtet hätte.

Seine theoretischen Ausführungen faßte der Sachverständige dahin zusammen, daß er aufgrund dieses Falles seine Ansicht über Hypnose habe revidieren müssen. Ebenso wie die meisten anderen

Autoren sei er bisher der Meinung gewesen, daß es nicht möglich sei, Menschen nach erfolgter Hypnotisierung Verbrechen ausführen zu lassen. Man habe angenommen, daß sich im Menschen ein Rest persönlicher Widerstandskraft und sittlicher Urteilsfähigkeit auch dann noch lebendig und wirksam erhalte, wenn er durch Hypnose der freien Willensbestimmung beraubt sei. Die Mordversuche, die Frau E. gegen ihren Mann unternommen habe, hätten ihn jetzt vom Gegenteil überzeugt. Offensichtlich komme es nur darauf an, daß der Hypnotiseur etwas könne und daß das Opfer leicht beeinflußbar sei. Bei einem Zusammentreffen beider Komponenten könne man Menschen zu jedem Verbrechen bringen. – Für diese Mordversuche sei Frau E. aber natürlich nicht verantwortlich zu machen.

Obermedizinalrat Dr. Lange aus Chemnitz, der anschließend als Obergutachter gehört wurde, bestätigte die Schlußfolgerungen seines Heidelberger Kollegen. Er teilte dem Gericht mit, daß er sich schon seit 20 Jahren mit Hypnose beschäftige und daß er dabei sein ganz besonderes Augenmerk auf die Technik der Scharlatane (Schaubudenhypnotiseure usw.) gerichtet habe.

Die Hypnose bewirke eine Veränderung des Bewußtseins, die sich vom Schlaf dadurch unterscheide, daß sich im Ablauf der körperlichen Funktionen nichts ändere. Zu verbrecherischen Zwecken werde sie schon seit Jahrhunderten mißbraucht, wie das berühmte Beispiel des italienischen Grafen Cagliostro zeige.

Der Sachverständige bekannte sich im Zusammenhang mit dieser Feststellung zu dem Lehrsatz, daß unter bestimmten Voraussetzungen die Möglichkeit von Verbrechen im Zustand der Hypnose durchaus gegeben sei. Es komme nur darauf an, wer hypnotisiere, wie man hypnotisiere und wen man hypnotisiere. Das Opfer jedenfalls müsse gesteigerter Suggestibilität fähig sein. Wenn demgegenüber die Auffassung vertreten werde, kein Mensch könne im hypnotischen Zustand zu einem Verbrechen gebracht werden, dessen er nicht auch in wachem Zustand fähig sei, so lehrten eben Fälle wie der vorliegende, daß gelegentlich eine Verdrängung aller Hemmungen erfolge und Verbrechen in Hypnose doch möglich seien. Hier sei jedenfalls an der Tatsache fremdhypnotischer Steuerung von sechs Mordanschlägen nicht zu zweifeln.

In seinem vierstündigen Plädoyer wies der Vertreter der Anklage darauf hin, daß es sich in dem Prozeß um einen Fall handle, wie er vor den deutschen und ausländischen Gerichten noch nicht zur Aburteilung gekommen sei. Zwar hätten die Gerichte schon öfter mit Verbrechen zu tun gehabt, die im Zustand der Hypnose verübt worden seien. Ein Fall von ›Dressur‹-Hypnose, bei der der Hypnotisierte in völlige Abhängigkeit von dem Hypnotiseur gebracht und zu wesensfremden Handlungen gezwungen werde, sei aber noch nicht beobachtet worden. Der zur Aburteilung stehende Fall zeige, daß diese ›Dressur‹-Hypnose in den Händen von Verbrechern zu einem höchst gefährlichen Mittel werden könne. Als eine besonders glückliche Fügung müsse es betrachtet werden, daß die betroffene Frau in die Behandlung des Facharztes Dr. Mayer gekommen sei. Diesem bedeutenden Fachmann sei das Kunststück gelungen, die dem Opfer auferlegten künstlichen Sperren zu lösen und der Frau das Gedächtnis wiederzugeben. Wenn der Hauptangeklagte behauptet habe, er könne gar nicht hypnotisieren, so werde das durch die Aussage von rund 20 Zeugen widerlegt. Genau ebenso sei als widerlegt zu betrachten, daß er die Frau nicht gekannt habe. Eine ganze Anzahl Zeugen hätte ihn mit ihr zusammen gesehen.

Der Staatsanwalt beantragte gegen den Angeklagten Walter wegen fortgesetzten Betrugs im Rückfall, Körperverletzung und Sittlichkeitsverbrechens zehn Jahre Zuchthaus und Aberkennung der bürgerlichen Ehrenrechte auf ebenfalls zehn Jahre. Gegen Bodmer forderte er wegen Sittlichkeitsverbrechens fünf Jahre Zuchthaus und Aberkennung der Ehrenrechte auf die gleiche Zeit.

Nach dreiwöchiger Verhandlungsdauer wurden am 13. Juni 1936 vor der Großen Strafkammer des Landgerichts Heidelberg folgende Strafen verhängt: Walter erhielt wegen fortgesetzten Betrugs im wiederholten Rückfall in Tateinheit mit gefährlicher Körperverletzung und wegen Sittlichkeitsverbrechens nach § 177 StGB zehn Jahre Zuchthaus und fünf Jahre Ehrverlust; Bodmer wegen Sittlichkeitsverbrechens nach § 177 StGB und Beihilfe zum Betrug vier Jahre Zuchthaus und drei Jahre Ehrverlust. Es wurde betont, daß die beiden Angeklagten zweifelsfrei überführt seien.

Die Revisionen der Angeklagten wurden vom Reichsgericht am 15. Januar 1937 als offensichtlich unbegründet verworfen.

Schrifttum: Ludwig Mayer, Das Verbrechen in Hypnose und seine Aufklärungsmethoden. München, Berlin 1937; die Berichte der Tageszeitungen.

War es Jack-the-Ripper?

Der Fall George Chapman

Wenn jemand durch Gift aus dem Wege geräumt werden soll, wird dazu in den meisten Fällen Arsen benutzt. Arsen ist schon seit Jahrhunderten das »Mordgift« schlechthin. Im Jahre 1903 kam vor einem Londoner Schwurgericht ein Mann mittleren Alters zur Aburteilung, der ausnahmsweise Antimon verwandt und damit drei Frauen umgebracht hatte. Die eigenartige Begehungsweise seiner Taten ließ damals den Verdacht aufkommen, daß es sich bei diesem Mann um den gleichen Verbrecher handelte, der Ende der 80er Jahre nach der Ermordung einiger Frauen den Namen »Jack-the-Ripper« (ripper = Aufschlitzer[14]) erhalten hatte. Ob dieser Verdacht begründet war, ist noch immer eine offene Frage.

Der Angeklagte, 37 Jahre alt, stammte aus Polen und hieß Severin Klosowski. Er nannte sich aber George Chapman und wurde auch unter diesem Namen verurteilt. Er war mit 15 Jahren in seiner Heimat bei einem Heilpraktiker in die Lehre gegangen und hier als Heilgehilfe und Friseur ausgebildet worden. Diese Ausbildung wurde später an einer Klinik vervollständigt. Nach anderthalb Jahren Militärdienst als »Feldscher« wanderte er nach Großbritannien aus, wo er schätzungsweise im Frühjahr 1887 eintraf. Landsleute von ihm erinnerten sich später, daß sie 1888 und 1889 mit ihm zusammengewesen waren.

Seinen Lebensunterhalt erwarb er sich in London zunächst als Friseurgehilfe, machte dann im Stadtteil Tottenham ein Friseurgeschäft auf, kehrte aber – nachdem dieses Unternehmen fehlgeschlagen war – kurze Zeit danach als Gehilfe in eine unselbständige Stelle zurück.

---

[14] Im Slang wird das Wort freilich auch in der Bedeutung: ›Prachtkerl‹, ›Teufelskerl‹ gebraucht.

Im August 1889 verheiratete sich Klosowski mit einer Polin namens Lucy Baderski. Kurze Zeit nach der Eheschließung kam eine Frau aus Polen zugereist und behauptete, sie sei die rechtmäßige Ehefrau dieses Mannes. Eine Zeitlang lebten beide Frauen mit ihm zusammen, dann kehrte die später gekommene in ihre Heimat zurück, und Klosowski wanderte mit der anderen nach den Vereinigten Staaten aus.

Da sie sich nicht miteinander vertragen konnten, kehrte die Frau schon nach wenigen Monaten nach England zurück, und ihr Mann folgte ihr 1893. In London zogen sie wieder zusammen und hatten zwei Kinder miteinander. Wegen fortgesetzter Untreue ihres Mannes verließ ihn schließlich seine Frau und lebte dann ständig von ihm getrennt.

Klosowski nahm jetzt Beziehungen zu einer jungen Frau mit Namen Annie Chapman auf und lebte ein Jahr mit ihr zusammen. Nachdem auch sie ihn verlassen hatte, nahm er ihren Familiennamen an und nannte sich George Chapman. Durch diesen Namenswechsel wollte er sich offenbar den Ansprüchen vieler Frauen entziehen, mit denen er im Laufe der Jahre zu tun gehabt hatte. Seinen alten Namen leugnete er generell ab, auch den Behörden gegenüber. Nach englischem Recht kann man durch bloßen Gebrauch einen Namen erwerben und den früheren verlieren.

Nach seiner Trennung von Annie Chapman begann er seine verbrecherische Tätigkeit. Sein erstes Opfer war eine Mrs. Spink. Sie wurde ihm – der sich auf Frauen ausgezeichnet verstand – eine leichte Beute.

Diese Frau hatte er bei einer Familie Renton kennengelernt, bei der er früher gewohnt hatte. Als er ihre Bekanntschaft machte, war sie mit einem Gepäckträger namens Spink verheiratet, der sie eben erst wegen ihrer Trunksucht verlassen hatte.

Nachdem Chapman zu einer Familie Ward gezogen war, wurden er und Mrs. Spink sehr viel zusammen gesehen. Den Leuten erklärte Chapman, sie würden bald heiraten. Im Oktober 1895 teilten sie ihren Freunden und Bekannten mit, sie hätten jetzt geheiratet. Das war jedoch eine Lüge, denn beide waren nicht geschieden.

Mit Hilfe eines kleinen Geldbetrages, über den Mrs. Spink verfügte, kauften sie ein Friseurgeschäft, in dem sie ihm bei der Bedienung der Kunden tatkräftig half. Mitunter rasierte sie die Kunden sogar selbst, was damals noch durchaus ungewöhnlich war; Frauen pflegten das nicht zu tun.

Als das Geschäft zunächst wenig florierte, kaufte Mrs. Spink ein Klavier und spielte den Kunden darauf vor, während sie von ihrem Mann bedient wurden. Wegen dieser »musikalischen Rasuren« wurde das Geschäft bald im ganzen Stadtteil bekannt und zog eine Menge Kundschaft an. Dabei verdiente Chapman so viel Geld, daß er ein Boot anschaffen konnte.

Zu den Kunden gehörte auch ein Drogist, den Chapman im April 1897 bat, ihm Brechweinstein (tartar-emetic), eine Antimon-Verbindung, zu verschaffen. Der Drogist lieferte ihm daraufhin 30 Gramm von diesem – wie er später sagte – selten verlangten Gift, und zwar in einer Flasche, die mit dem Vermerk »Gift« versehen war. Gleichzeitig legte er ihm sein Giftbuch vor. Chapman gab seine Unterschrift und schrieb in die Rubrik, die für den Verwendungszweck vorgesehen war, ein unleserliches Wort hinein.

Der Umsatz im Friseurgeschäft ging bald wieder zurück, nicht zuletzt wegen der Trunksucht der Frau. Das Geschäft mußte schließlich verkauft werden.

Chapman erwarb dann im Laufe des Jahres 1897 eine kleine Gastwirtschaft in London, die den Namen »Prince of Wales« trug. War Mrs. Spink bis dahin eine verhältnismäßig gesunde Frau gewesen, so traten jetzt bei ihr Perioden schwerster Krankheit auf. Innerhalb kurzer Zeit war ihre Gesundheit völlig zerrüttet. Schwere Brechdurchfälle wechselten mit qualvollen Unterleibsschmerzen. Eine Nachbarin, die Chapman um Hilfe bat, sorgte dafür, daß endlich ein Arzt geholt wurde. Dieser nahm den Fall aber nicht weiter wichtig und kümmerte sich nur wenig um die Kranke. Mrs. Spink wurde immer schwächer und starb am 25. Dezember 1897.

Ihren Bekannten erschien dieses Ende als Erlösung aus einem qualvollen Leid. Chapman brach zusammen, war untröstlich und fand überall Teilnahme. Das hinderte ihn aber nicht, seine Wirtschaft noch am gleichen Tag wieder zu öffnen. Der Arzt machte sich keinerlei Gedanken über das rätselhafte Ende seiner Patientin, stellte ohne weiteres den Totenschein aus und gab darin als Todesursache »Schwindsucht« an. Chapman ließ die Verstorbene, um die Kosten der Beerdigung niedrig zu halten, in einem Gemeinschaftsgrab bestatten.

Einige Monate nach dem Tode von Mrs. Spink, im Frühjahr 1898, annoncierte Chapman nach einer Kellnerin. Auf die Anzeige hin meldete sich ein junges Mädchen namens Elizabeth Taylor, die Tochter eines Landwirts, die bisher Dienstmädchen gewesen war. Chapman sah sie sich an und nahm sie in seine Dienste. In kurzer Zeit war sie seine Geliebte und sehr glücklich mit ihm.

Eines Tages teilte Chapman seinen Gästen mit, er habe »Bessie« geheiratet. In Wahrheit war er mit ihr nur ins Grüne gefahren und hatte sich mit ihr einen schönen Tag gemacht. Die junge Frau konnte er – weil noch verheiratet – ebensowenig ehelichen wie vorher Mrs. Spink. Bessie ging aber bereitwillig auf das Spiel ein und ließ sich seitdem »Mrs. Chapman« nennen.

Elizabeth Taylor, die vorher kerngesund gewesen war, fing nach der »Heirat« zu kränkeln an. Sie magerte sichtbar ab und wurde immer schwächer und mußte schließlich in eine Klinik gebracht werden. Als sie wieder nach Hause kam, wurde sie von Chapman schlecht behandelt.

Die Ärzte in der Klinik und der Hausarzt waren ratlos und wußten nicht, was sie von diesem Fall halten sollten. Als letzterer eines Tages zur Visite kam, war er überrascht, seine Patientin Klavier spielen zu hören. Zwei Tage danach – am 13. Februar 1901 – war sie tot. Im Totenschein gab der Hausarzt, Dr. Stoker, als Todesursache Erschöpfung infolge übermäßigen Brechreizes und Durchfalls an. Auch dieser Arzt sah sich nicht veranlaßt, den Ursachen des eigenartigen Todesfalles nachzugehen.

Chapman machte wieder einen untröstlichen Eindruck. »Bessie« war allgemein beliebt gewesen, und so wandte sich ihrem »Gatten« wiederum lebhafte Anteilnahme zu. Er ließ ihr einen großartigen Grabstein setzen und dichtete für die Aufschrift höchstpersönlich einige Verse.

Die Eltern der Verstorbenen hatten von Chapman schon immer eine sehr vorteilhafte Meinung gehabt. Als sie den Grabstein sahen, sagten sie, sie hätten »niemals einen besseren Gatten gesehen«.

Wenige Monate nach dem Tode von Elizabeth Taylor kam Chapman mit der Frau in Beziehung, die sein drittes Opfer werden sollte.

Im August 1901 las Chapman eine Anzeige, in der ein junges,

20 Jahre altes Mädchen namens Maud Marsh eine Stellung als Kellnerin suchte. Chapman ließ sie kommen und stellte sie sofort bei sich an. Maud Marsh war die Tochter eines Arbeiters und hatte bisher bei ihren Eltern gewohnt. Als sie ihnen mitteilte, daß sie eine neue Stelle antreten wolle, ging die Mutter zu der Gastwirtschaft, um sich einen Eindruck davon zu verschaffen. Chapman machte bei diesem Besuch ihr gegenüber verschiedene falsche Angaben. Er erzählte ihr, daß er Witwer sei und im oberen Teil des Hauses noch eine Familie wohnen habe. Dadurch wollte Chapman bei der Frau den Eindruck erwecken, daß es ein solides Haus sei, in das ihre Tochter übersiedeln wollte. Das gelang ihm auch. Die Mutter erklärte sich damit einverstanden, daß ihre Tochter die Stelle antrat.

Das Mädchen war noch nicht lange auf ihrer neuen Stelle tätig, als sie ihrer Mutter schrieb, ihr Arbeitgeber habe ihr eine goldene Uhr mit Kette geschenkt. Bald danach kam ein Brief, in dem Maud ihrer Mutter mitteilte, ihr Chef habe Zumutungen gewisser Art an sie gestellt, und falls sie nicht tue, was er wünsche, werde er sie nach Hause schicken.

Diese Nachrichten beunruhigten Mrs. Marsh, und sie gab ihrer Tochter den Rat, diese Stelle zu kündigen und nach Hause zurückzukehren. Unglückseligerweise folgte das junge Mädchen diesem Rat nicht. Statt dessen erschien eines Tages Chapman mit ihr und hielt bei ihren Eltern in aller Form um ihre Hand an. Bei dieser Gelegenheit legte er den Eltern ein Testament vor, worin er »seiner Frau« für den Fall seines Todes £ 400 vermachte.

Die Eltern Marsh blieben nach wie vor mißtrauisch und rieten ihrer Tochter, nur ja recht vorsichtig zu sein. Als diese eines Tages ihren kranken Vater im Krankenhaus besuchte, trug sie einen Ring am Finger. Befragt, ob sie geheiratet habe, bejahte sie. Die Hochzeit mit ihrem Arbeitgeber habe in einem römisch-katholischen »Raum« in der Bishopsgate Street stattgefunden.

Wie schon früher hatte Chapman auch jetzt eine Hochzeitszeremonie fingiert, um seine Umgebung und die Verwandten der jungen Frau über ihre wahren Beziehungen zu täuschen. Die »Zeremonie« bestand darin, daß er mit Maud in einer Droschke in London umherfuhr, dann zu seinem Restaurant zurückkehrte und sich dort von seinen Gästen feiern ließ. Die Pläne Chapmans wurden nur dadurch gefährdet, daß Mrs. Marsh erschien. Sie war nämlich nicht willens, der Erzählung von einer Eheschließung ohne weiteres Glauben zu schenken, und wurde den Verdacht nicht los, daß die Sache mit der Heirat nicht stimme. Ihr Mann war noch mißtrauischer und verlangte von Chapman die Vorlage seiner Heiratsurkunde. Seine Tochter dagegen war bemüht, diese Zweifel zu beschwichtigen und ihn von seiner Forderung abzubringen.

Einige Zeit danach wurde Maud plötzlich krank. Sie mußte sich ständig erbrechen, litt an Durchfall, wurde von Unterleibsschmerzen, brennendem Durst und Übelkeit gepeinigt. Chapman zeigte sich sehr besorgt um seine »Frau« und wandte ihr die aufmerksamste und liebevollste Pflege zu. Da sich der Zustand der Kranken täglich verschlechterte, beschloß man, sie in ein Krankenhaus zu bringen.

Die Klinikärzte wußten nicht, was sie mit dieser Krankheit anfangen sollten, sprachen von Krebs, Rheumatismus und einer Magenkrankheit und bewegten sich mit alledem in Vermutungen, die von der Wahrheit weit entfernt waren. Niemand kam auf den Gedanken, daß ein Giftmordanschlag vorliegen könnte.

Dabei hätte es auffallen müssen, daß sich in der Klinik der Zustand der Kranken sehr rasch besserte. Nach kurzer Zeit konnte sie als geheilt nach Hause entlassen werden.

Kaum war Maud wieder bei Chapman, als die geheimnisvolle Krankheit von neuem auftrat. Chapman wußte eine erneute Einweisung von Maud in ein Krankenhaus zu verhindern. Er ließ statt dessen den praktischen Arzt Dr. Stoker kommen, den er schon früher konsultiert hatte. Der Arzt konnte die Ursache der Krankheit nicht ausfindig machen und versuchte es mit allerhand Arzneien, die aber nicht anschlugen. Das Befinden der Kranken verschlechterte sich von Tag zu Tag, und der Arzt war ratlos.

In der Zwischenzeit hatte Chapman ein anderes Restaurant übernommen und war dorthin gezogen. Dr. Stoker behielt die Betreuung der Kranken bei und war Zeuge, wie ihre Kräfte mehr und mehr verfielen.

Als ihre Mutter und eine Frau aus der Nachbarschaft die Pflege von Maud übernahmen, bestand Chapman darauf, daß alle Speisen, die für sie bestimmt waren, von ihm selbst zubereitet wurden. Auch alle Getränke gingen durch seine Hand. Das Befinden der Kranken wurde von Tag zu Tag besorgniserregender. Ihr Zustand wurde am

Ende so schlecht, daß sie wegen Schluckbeschwerden nur noch flüssige Nahrung zu sich nehmen konnte.

Eines Tages ereignete sich ein Vorfall, der leicht für Chapman hätte zum Verhängnis werden können. Er hatte für Maud ein Branntwein- und Soda-Getränk zubereitet. Die Kranke trank davon, da sie aber zu schwach war, ließ sie den größten Teil im Glas zurück. Einige Zeit später genossen Mrs. Marsh und die andere an der Pflege beteiligte Frau davon, mit dem Erfolg, daß beide von Brechreiz und Durchfall befallen wurden.

Trotz dieser auffallenden Vorgänge schöpfte lange Zeit kein Mensch irgendeinen Verdacht. Am sonderbarsten war, daß auch dem Arzt nie der doch wirklich nicht fernliegende Gedanke kam, daß Gift die Ursache dieser geheimnisvollen Krankheit sein könne.

Erst als die Kranke fast im Sterben lag, kam Mrs. Marsh der Verdacht, daß hier etwas nicht mit rechten Dingen zugehen könne. Sie sprach mit ihrem Mann darüber, und dieser faßte den Entschluß, seinen eigenen Arzt, Dr. Grapel, ins Vertrauen zu ziehen und ihn zu bitten, sich seine Tochter anzusehen.

Dr. Grapel ging sofort zu Chapmans Restaurant und untersuchte dort die Kranke. Schon nach kurzer Prüfung kam er zu dem Ergebnis, daß eine Vergiftung vorliegen mußte. Er war sich bloß nicht darüber klar, um welches Gift es sich handeln konnte. War es Arsenik, oder hatte man es mit einem anderen Gift zu tun? – Damit hatte endlich einmal ein Arzt Verdacht geschöpft.

Überzeugt davon, daß sofort etwas geschehen müsse, telegraphierte Dr. Grapel an Dr. Stoker und teilte ihm mit, daß die Krankheit der jungen Frau seiner Ansicht nach auf eine Vergiftung zurückzuführen sei. Unglückseligerweise führte dieser Hinweis nicht dazu, daß auf der Stelle eine Untersuchung eingeleitet wurde. Wäre sofort gehandelt worden, hätte das Leben der Kranken gerettet werden können. So aber konnte der durch den Besuch des Arztes alarmierte Chapman Maud eine neue Dosis Gift geben, an der sie nach wenigen Stunden starb. Als sie tot war, fingierte Chapman einen Nervenzusammenbruch und schrie wie ein Kind.

Durch die Mitteilung seines Kollegen gewarnt, lehnte Dr. Stoker es ab, einen Totenschein auszustellen. Er begründete seine Weigerung mit der Notwendigkeit einer Sektion. Chapman war darüber ungehalten und stellte den Arzt wegen seines Verhaltens zur Rede.

»Ich kann die Todesursache nicht finden«, sagte der Arzt. – »Es war Erschöpfung, die in einer Entzündung der Därme ihre Ursache hatte«, erwiderte Chapman. – »Und was soll die Ursache der Entzündung gewesen sein?« – »Ständiges Erbrechen und Durchfall.« – »Und was war die Ursache des Erbrechens und des Durchfalls?« – Darauf blieb Chapman zunächst die Antwort schuldig. Später behauptete er, der Tod sei durch den Genuß von arsenikhaltigem Kaninchenfleisch bewirkt worden.

Dr. Stoker entschloß sich nun, eine private Obduktion der Leiche durchzuführen, und versicherte sich dabei der Hilfe von drei anderen Ärzten. Bei der Öffnung der Leiche wurde anfangs nichts gefunden, was den plötzlichen Tod der jungen Frau erklären konnte. Der Arzt löste daraufhin den Magen und andere Organe aus dem Körper heraus und gab sie einem Chemiker zur Analyse. Dabei wurde festgestellt, daß sich Antimon in den Organen befand.

Zu kriminellen Zwecken wird manchmal – wie auch im vorliegenden Fall – eine Antimonverbindung benutzt, die man Brechweinstein oder Tartarus emeticus nennt. Sie ist in Wasser löslich und hat einen fadsüßlichen, unangenehmen Geschmack. In manchen Gegenden kam es früher vor, daß man Speisen oder Getränken Brechweinstein zusetzte, um den Dienstboten das Naschen abzugewöhnen. Man hat gelegentlich auch Trunksüchtigen das Gift in die von ihnen eingenommenen alkoholischen Getränke gegeben, um ihnen den Geschmack daran zu verleiden. Giftmordanschläge mit Antimonpräparaten sind heute selten. Die Wirkung des Brechweinsteins ist der des Arsens ähnlich, sie besteht in heftigem, unstillbarem Erbrechen (daher die Bezeichnung »Brechweinstein«), Durchfall, Schluckbeschwerden, Magenschmerzen, Krämpfen, Puls- und Atemstörungen, Ohnmachts- und Schwindelanfällen[15]. Wenn dieses Gift einem Menschen zu Lebzeiten eingeflößt worden ist, hat es die Wirkung, daß seine Leiche ausgezeichnet konserviert wird, so daß die Person des Toten oft noch mehrere Jahre nach seinem Hinscheiden erkannt werden kann.

Am 23. Oktober 1902 erging Haftbefehl gegen Chapman. Nur er konnte der Verstorbenen Brechweinstein beigebracht haben. Er hatte im April 1897 eine große Menge dieses Giftes in einer Droge-

---

[15] S. dazu Louis Lewin, Gift und Vergiftungen. 4. Ausgabe des Lehrbuchs der Toxikologie. Berlin 1929, S. 207 ff.

rie gekauft, und niemand sonst hatte mit der Toten in ständigem Kontakt gestanden. Bei einer Haussuchung wurden außer 300 Pfund in Gold und Banknoten verdachterregende Büchsen mit weißem Pulver entdeckt. Weiter fand man Personalpapiere, aus denen sich ergab, daß Chapman als Pole die russische Staatsangehörigkeit besaß und Severin Klosowski hieß. Zuletzt stieß man noch auf einige Fachbücher, die von dem Umgang mit Giften handelten, sowie auf die Lebenserinnerungen eines Henkers namens Bary.

Im Verlauf der polizeilichen Ermittlungen ergab sich sehr bald die Notwendigkeit, auch noch die Leichen von Mrs. Spink und Elizabeth Taylor exhumieren zu lassen. Beide Leichen waren trotz der langen Zeit, die seit ihrer Beerdigung verstrichen war, sehr gut erhalten. Gesicht und Hände von Mrs. Spink waren nach Aussage des Pathologen, der die Sektion vornahm, so, als ob die Frau am Tage zuvor beerdigt worden sei. Schon das ließ darauf schließen, daß sich Gift im Körper befand. Die Obduktion bestätigte es. Die Körper der beiden Frauen waren, wie es ein Sachverständiger ausdrückte, gleichsam in Antimon getränkt.

Die Hauptverhandlung vor einem Londoner Schwurgericht wurde am 16. März 1903 eröffnet. Den Vorsitz hatte einer der populärsten Richter in England, Mr. Justice Grantham. Die Vertretung der Anklage hatte der damalige Solicitor General (der zweite Kronanwalt) Sir Edward Carson, der einstige Gegner von Oscar Wilde, dem drei weitere Anwälte als Gehilfen zur Seite standen. Als Verteidiger fungierten drei Rechtsanwälte.

Das Publikum war sehr an der Verhandlung interessiert, und daher waren viel mehr Menschen herbeigeströmt, als Einlaß finden konnten. Dieses Interesse hielt unvermindert bis zum Schluß der Verhandlung an.

Nachdem der Richter gegen 11 Uhr den Verhandlungssaal betreten hatte, wurde der Angeklagte hereingeführt. Hatte er vor dem Polizeigericht noch eine gleichgültige und selbstsichere Haltung gezeigt, so schien er jetzt bleich, nervös und ängstlich. Auf die Fragen, die man ihm stellte, antwortete er mit leiser Stimme, unsicher und zurückhaltend.

Der Kronanwalt beschränkte sich in seiner Eröffnungsrede auf eine kurze Zusammenfassung der festgestellten Tatsachen. Der Verteidiger versuchte in seiner schwierigen Situation Kapital daraus zu schlagen, daß Chapman Ausländer war. Dieses Argument machte jedoch wenig Eindruck auf die Geschworenen. Auch daß Chapman während der Rede seines Verteidigers bitterlich weinte, vermochte sie nicht zu rühren.

Nach der Vernehmung von nicht weniger als 37 Zeugen ergriffen ein Vertreter der Anklage und ein Vertreter der Verteidigung noch einmal kurz das Wort.

Der Richter ließ dem Angeklagten in seiner Zusammenfassung keine Chance für einen Freispruch. Seine Schuld, so erklärte er, sei klar erwiesen, und so sei der Schuldspruch die unabweisbare Konsequenz dessen, was tatsächlich festgestellt worden sei. Viele der Zuhörer empfanden diesen Schlußvortrag als eine Art Fortsetzung der Anklagerede. Die beteiligten Ärzte bekamen bei dieser Gelegenheit scharfen Tadel zu hören, und es wurde ihnen zum Vorwurf gemacht, daß sie sich durch den Angeklagten so lange hatten täuschen lassen. Der Anklagevertreter hatte die Mediziner noch in Schutz genommen und erklärt, es sei kein leichter Entschluß für einen Arzt, gegen eine Familie Mordverdacht zu äußern, denn wenn er sich nicht bestätige, sei der Arzt ernsten Konsequenzen ausgesetzt. Bei dem Richter fanden dagegen die Ärzte kein Verständnis.

Die Geschworenen benötigten für ihre Beratung nur 10 Minuten. Als Chapman verkündet wurde, daß er des Mordes schuldig gesprochen sei, fand er nicht die Kraft zu einer Erwiderung. Er blieb auch stumm, als der Richter in der üblichen Form das Todesurteil aussprach. Das Urteil wurde als gerechte Sühne empfunden, und niemand war dafür, Chapman dem Innenminister zur Begnadigung zu empfehlen.

Im Gefängnis ließ er bis zu seiner Hinrichtung niemanden zu sich – nicht einmal seine polnische Frau, die ihn besuchen wollte. Der einzige Mensch, den er um sich haben wollte, war ein russisch-orthodoxer Priester.

Bis zuletzt beteuerte er seine Unschuld und leugnete auch, mit Severin Klosowski identisch zu sein. Am 7. April 1903 wurde er im Wandsworth Prison in London durch den Strang hingerichtet.

Als die Untersuchungen gegen Chapman abgeschlossen waren und der Fall Verhandlungsreife erlangt hatte, entstand bei den Polizeibehörden der Verdacht, daß Chapman mit einem lang gesuchten Mörder identisch sei, den der Volksmund »Jack-the-Ripper« genannt hatte. Manches sprach dafür, daß es sich um die gleiche Person handelte.

Der erste Mord, der Jack-the-Ripper zugeschrieben wurde, hatte sich in den frühen Morgenstunden des 31. August 1888 ereignet. Das Opfer war eine Prostituierte, Mary Ann Nicholls, gewesen. Ihr Körper war kurz nach der Tat in Buck's Row in Whitechapel gefunden worden.

Der Hals dieser Frau war von einem Ohr bis zum anderen durchschnitten und der Unterleib gräßlich verstümmelt. Der Polizeiarzt schätzte, daß die Tote ungefähr eine halbe Stunde vor seiner Ankunft am Tatort ermordet worden war. Aus der Richtung der Schnitte glaubte er schließen zu können, daß es sich bei dem Täter um einen Linkshänder handelte. Er war mit seinem Messer offenbar sehr gewandt und sicher umgegangen, denn nirgendwo hatte man einen Schrei gehört.

Der zweite Mord war wenige Tage danach erfolgt, am 8. September 1888, nicht weit vom ersten Tatort entfernt. Opfer war wiederum eine Dirne, mit Namen Annie Chapman[16]. Ihr Körper wies noch schrecklichere Verletzungen auf als derjenige der Nicholls. Bei genauer Untersuchung entdeckte man, daß einige innere Organe fehlten. Großes Kopfzerbrechen verursachte die Frage, welche Waffe der Täter wohl verwendet habe. Unklar blieb, ob es das Bajonett eines Soldaten, das Messer eines Schlachters oder ein Seziermesser gewesen sei. Der Amtsarzt hielt jede dieser Möglichkeiten für denkbar.

Auch diesmal wurde von dem Mörder keine Spur gefunden. Die Polizei nahm einige bekannte Verbrecher aus der Gegend des Tatortes fest, jeder von ihnen konnte aber ein Alibi aufweisen und mußte wieder in Freiheit gesetzt werden. Die Strafverfolgungsbehörden setzten schließlich einen Preis von £ 100 auf den Mörder aus, hatten aber keinen Erfolg.

Drei Wochen herrschte Ruhe, dann wurde die Bevölkerung des Londoner Stadtteils Whitechapel in neue Schrecken versetzt. Wieder war eine Prostituierte ermordet worden. Am 30. September in den

---

[16] Die Frau, mit der Chapman ein Jahr zusammengelebt hat, trug eigentümlicherweise denselben Vor- und Familiennamen.

ersten Vormittagsstunden entdeckte man in Berners Street den Leichnam von Elizabeth Stride, mit durchschnittener Kehle. Der Körper der jungen Frau wies diesmal keine weiteren Verletzungen auf. In der einen Hand hielt sie Weintrauben, in der anderen einige Bonbons. Auch diesmal fanden sich nicht die geringsten Anhaltspunkte, dem Täter auf die Spur zu kommen.

In derselben Nacht wurde noch eine zweite Frau getötet, Catherine Eddows, keine 10 Minuten vom anderen Tatort entfernt. Auch dieses Opfer gehörte zu den Prostituierten Whitechapels.

Aus diesen Umständen ergab sich, wie rasch der Täter arbeitete und wie überaus geschickt er sich dem Zugriff der Behörden zu entziehen wußte. Um 1 Uhr 30 hatte ein Polizeibeamter den Platz, an dem der Mord geschah, noch umgangen und dabei nichts Ungewöhnliches beobachtet. 15 Minuten später stieß ein Mann am gleichen Platz auf den Leichnam des Mädchens mit durchschnittener Kehle und verstümmeltem Körper.

Dieser neue Doppelmord in Whitechapel rief unter den Prostituierten eine Panik hervor und wirkte auf London wie ein Schock. Für die Polizei wurde Alarm gegeben. Die Belohnung für die Ergreifung des Täters erhöhte man von £ 100 auf £ 1000.

Ungefähr um dieselbe Zeit gingen bei der Polizei ein Brief und eine Postkarte ein, die angeblich von dem Täter stammten (höchstwahrscheinlich aber von anderer Seite kamen). Hier tauchte erstmalig der Name Jack-the-Ripper auf. In dem Brief hieß es u. a.:

»Ich bin nach wie vor hinter Huren her, und ich werde nicht aufhören, sie zu zerfleischen, bis ich hinter Schloß und Riegel gebracht werde. Der letzte Job war eine große Sache. Ich gab der Frau keine Zeit zu schreien. Wie können Sie mich nur fassen? Ich liebe meine Arbeit und werde zu neuen Taten schreiten. Sie werden bald von mir hören ... Beim nächsten Job, den ich vorhabe, werde ich der Frau die Ohren abschneiden und sie den Polizeibeamten zusenden ... Mein Messer ist so ... und scharf. Alles Gute, Ihr ergebener   Jack the Ripper.«

Auf der Postkarte, die einige Tage danach kam, machte er der Polizei Mitteilung von dem Doppelmord:

»Diesmal Doppelvorgang. Nummer 1 schrie ein bißchen; konnte sie nicht sofort fertigmachen. Hatte keine Zeit, Ohren für die Polizei zu besorgen ...   Jack the Ripper.«

Die Polizei sandte Kopien von diesen Schreiben an die führenden Zeitungen, mit der Bitte, sie abzudrucken. Man hoffte, den Täter mit Hilfe des Publikums durch die Schriftzüge überführen zu können, es meldete sich aber niemand, der in der Lage gewesen wäre, der Polizei auf diesem Wege weiterzuhelfen.

Die Bevölkerung Londons hatte sich gerade wieder beruhigt, als am 9. November ein neuer Mord geschah. In einem Haus in der Dorset Street wurde eine Frauenleiche entdeckt, die furchtbar verstümmelt war. Einer der herbeigerufenen Ärzte erklärte, er habe niemals einen so gräßlich zugerichteten Körper gesehen. Die Frau, die Mary Jane Kelly hieß, hatte man am Abend noch singen hören. Während der Nacht war sie in ihrem Zimmer umgebracht worden.

Auf diese neue Schreckenstat hin ermächtigte der Innenminister die Polizei, allen Komplicen des Mörders Straffreiheit in Aussicht zu stellen, falls sie der Polizei Informationen zuleiteten, mit deren Hilfe der Mörder ergriffen werden könne. Auch auf diesem Wege kam man jedoch keinen Schritt weiter.

Nach einer Pause von mehr als einem halben Jahr wurde dann am frühen Morgen des 18. Juli 1889 eine weitere Frau ermordet, und zwar in ähnlicher Weise wie die Frauen vorher. Auch diese Tat mußte sehr rasch ausgeführt worden sein. Eine Viertelstunde nach Mitternacht hatte ein Polizeibeamter unter einer Straßenlaterne einen kleinen Imbiß zu sich genommen. Genau 10 Minuten später hatte er die Stelle verlassen, um mit einem Kollegen zu sprechen. 50 Minuten nach Mitternacht war er zu der Lampe zurückgekehrt, an der er kurz vorher gestanden hatte, und jetzt lag unter ihr die Leiche einer Frau. 40 Minuten nach Mitternacht hatte es etwas geregnet. Da der Boden unter dem Körper der Frau trocken, ihre Kleider aber naß waren, mußte die Tat zwischen 25 und 40 Minuten nach Mitternacht verübt worden sein.

Auch dieser Mord wurde niemals aufgeklärt. Wer Jack the Ripper war, wurde nie herausgebracht. Von Zeit zu Zeit behauptete jemand, er habe das Rätsel gelöst, aber keine der aufgestellten Hypothesen hat restlos überzeugen können. Am wahrscheinlichsten war noch, daß George Chapman mit Jack-the-Ripper identisch war. Die Gründe für diese Annahme sind folgende:

Jack the Ripper verübte die erste Mordserie im August 1888 im Londoner Stadtteil Whitechapel. Chapman kam im Jahre 1888 in

London an und arbeitete einige Zeit in diesem Bezirk. Die Frau, mit der er in jener Zeit zusammengelebt hatte, berichtete den Behörden später, daß Chapman damals oft erst um 3 oder 4 Uhr morgens nach Hause gekommen sei; aus welchem Grunde wisse sie nicht.

Die Art, in der Jack the Ripper seine Verbrechen ausführte, ließ darauf schließen, daß er medizinische Kenntnisse und Fertigkeiten besaß. Chapman war ausgebildeter Heilgehilfe, der einige Jahre bei einem Heilpraktiker und in einer Klinik gearbeitet hatte. Er besaß also anatomische Kenntnisse und war als ehemaliger Feldscher chirurgisch geschult.

Einer der Zeugen, der Jack the Ripper mit der Kelly gesehen hatte, hat ausgesagt, der Täter sei 34 oder 35 Jahre alt, dunkelhaarig und hätte einen Schnurrbart, dessen Enden hochfrisiert waren. Diese Beschreibung paßte auf Chapman, der immer älter ausgesehen hatte, als er war.

Im Juli 1889 war der letzte der »Ripper«-Morde geschehen. Im Mai 1890 machte Chapman in der Stadt Jersey City (USA) einen Friseurladen auf. Dort sollen zu jener Zeit ähnliche Morde vorgekommen sein, die Anfang 1892 schlagartig aufgehört haben.

Die Ansicht, daß Chapman und Jack the Ripper ein und dieselbe Person seien, wurde nicht nur von dem Autor vertreten, der das Material zum Fall Chapman veröffentlicht hatte, sondern auch von dem Beamten der Kriminalpolizei, der mit der Untersuchung der Morde in Whitechapel beauftragt war, sowie dem Biographen von Lord Carson, Edward Marjoribanks. Dieser Kriminalbeamte und ein anderer von Scotland Yard waren jahrelang um die Aufklärung der Verbrechen bemüht, kamen aber über Vermutungen nicht hinaus. Vieles spricht dafür, daß es sich bei Chapman und Jack the Ripper um die gleiche Person handelt. Von Gewißheit kann heute aber ebensowenig gesprochen werden wie damals, als Chapman hingerichtet wurde. So lebt George Chapman alias Severin Klosowski in den Annalen der Kriminalgeschichte als eine mysteriöse Persönlichkeit fort.

Schrifttum: Hargrave L. Adam, Trial of George Chapman. Edinburgh und London 1930; Edward Marjoribanks, The Life of Lord Carson. Vol. I. London 1932, S. 298 ff.; Pamela Search, Great true Crime Stories. London 1958, S. 61 ff.; Dr. Harold Dearden in: »Great unsolved Crimes«. London 1935, S. 168 ff.

Ein Giftmordprozeß aus dem Jahre 1912
Der Fall Seddon

Wenn jemand durch Gift aus dem Wege geräumt werden soll, wird dazu in den meisten Fällen Arsenik benutzt. Arsenik ist schon seit Jahrhunderten das ›Mordgift‹ schlechthin. Erst in neuester Zeit treten Schädlingsbekämpfungsmittel in den Vordergrund.

Arsenik ist eine Säure, die in porzellanartigen Stücken und als kristallinisches Pulver in den Handel kommt. Dieses Pulver sieht harmlos aus, ist geschmack- und geruchlos und läßt sich unauffällig in jeder Speise unterbringen. Arsenik ist ein starkes Capillargift, das auf den Organismus lähmend wirkt. Die Aufnahme erfolgt in den meisten Fällen vom Magen und Darm aus.

Die Arsenikvergiftung kann chronisch und sie kann akut auftreten. Die chronische Vergiftung, durch wiederholte Einführung kleiner Mengen bewirkt, führt zu dauernder Störung der Verdauung, Appetitlosigkeit, Darmkatarrh, Durchfall, Hautausschlägen, Kopfschmerzen und Lähmungen. Bei der akuten Form der Vergiftung beginnen die Vergiftungserscheinungen, sofern größere Mengen eingenommen worden sind, oft schon 10 bis 20 Minuten nach der Zuführung. Die Hauptsymptome sind Schwindel, Kopfschmerzen und Übelkeit. Fast immer ist damit, unter heftigen Schmerzen in der Magengegend, ein schwerer Brechdurchfall verbunden, der ein Bild entstehen läßt, wie es auch bei bakterieller Nahrungsmittelvergiftung und sommerlichen Brechdurchfällen, der Cholera nostras, auch Englische Cholera genannt, zu beobachten ist. Der Tod tritt im allgemeinen schon nach einigen Stunden ein.

Morde durch Arsen und seine Verbindungen spielen in der Geschichte der Kriminalität schon seit langer Zeit eine Rolle. Aus der Zeit der Borgias wird von Giftmischerinnen berichtet, die Arsengaben so zu dosieren verstanden, daß die Krankheitserscheinungen unauffällig blieben und der Tod erst nach Ablauf von etwa 20 Tagen eintrat. Während der Regierungszeit der letzten Bourbonen kam für Arsen die Bezeichnung ›poudre de succession‹ auf; man erblickte in ihm ein wirksames Mittel, lästige Konkurrenten aus dem Wege zu räumen. Im Memelgebiet hieß das Gift bei der litauischen Landbevölkerung ›Altsitzerpulver‹. Mit ihm wurden von den Jungbauern die Altsitzer beseitigt, wenn sie ihnen mit ihrem Ausgedinge allzu lästig wurden. In Ungarn hatte sich vor einigen Jahrzehnten eine Hebamme wegen Beteiligung an nicht weniger als 101 Fällen von Arsenikvergiftung zu verantworten. Sie hatte das Gift durch Extraktion von Fliegenpapier gewonnen und es an Frauen verkauft, die damit Abtreibungshandlungen oder Giftmordanschläge verübten. –

Im Jahre 1911 geriet ein Londoner Versicherungsagent namens Frederick Henry Seddon in Verdacht, eine Frau, die bei ihm wohnte, mit Arsenik vergiftet zu haben. Dieser Verdacht dehnte sich im Zuge der Ermittlungen auf seine Ehefrau aus. Beide wurden verhaftet und als Mittäter unter Mordanklage gestellt. Daraus entwickelte sich einer der größten und sensationellsten Giftmordprozesse, mit dem ein britisches Gericht jemals zu tun gehabt hat.

Der Angeklagte, zum Zeitpunkt des Geschehens 40 Jahre alt, hatte 20 Jahre lang erfolgreich in der Versicherungsbranche gearbeitet und dank seiner Tüchtigkeit in verhältnismäßig jungen Jahren die Position eines Bezirksagenten erreicht, dem eine ganze Anzahl Werber und Kassierer unterstellt war. Er war ein harter Arbeiter und nicht sehr beliebt bei seinen Untergebenen, dafür aber um so mehr geschätzt bei seinen Arbeitgebern. Man sah ihn außerhalb seines Hauses fast nur in Gehrock und Zylinder. Er war verheiratet und hatte fünf Kinder. Seine Frau war bei ihrer

Aburteilung 34 Jahre alt. Früher war Seddon als Laienprediger tätig gewesen, jetzt spielte er eine Rolle im Freimaurerwesen.

Dank eiserner Sparsamkeit hatte er es zu einem für seine Verhältnisse beachtlichen Vermögen gebracht. Einen Teil dieses Vermögens hatte er in einem Hause im Norden Londons investiert, das er selbst bewohnte. Das Erdgeschoß benutzte er als Geschäftslokal, das Dachgeschoß gab er an Mieter ab. Sein Einkommen belief sich auf rund 400 Pfund im Jahr.

Nichts Ungünstiges war bisher über diesen Mann bekanntgeworden, außer vielleicht, daß er von krankhafter Neigung zum Geldverdienen besessen war. In der Welt, in der er lebte, genoß er Respekt und Ansehen, und niemand hätte ihm etwas Schlechtes zugetraut.

Auf eine Zeitungsanzeige hin mietete sich bei diesem Manne im Juni 1910 eine 48 Jahre alte unverheiratete Frau namens Eliza *Barrow* ein. Sie brachte einen etwa zehnjährigen Jungen mit, der Ernest Grant hieß und Vollwaise war. Sie liebte dieses Kind sehr und vertrat an ihm Elternstelle. Anfangs wohnte auch noch ein Ehepaar Hook mit in ihrer Wohnung, das mit dem Jungen verwandt war. Wegen eines Streites mit Miss Barrow auf deren Veranlassung vom Hauseigentümer gekündigt, verließ das Ehepaar Hook aber nach kurzer Zeit das Haus in Unfrieden.

Miss Barrow war eine eigenartige und schwierige Person. Sie war exzentrisch, unordentlich, streitsüchtig, geizig und zu allem anderen noch fast taub. Bevor sie in das Haus Seddons zog, hatte sie bei einem Vetter namens Vonderahe gewohnt. Da sie alle ihre Verwandten in Verdacht hatte, es auf ihr Geld abgesehen zu haben, hatte es Streit gegeben, und sie war weggezogen.

Das Vermögen, das sie besaß, war für eine alleinstehende Frau ihrer sozialen Stellung nicht unbeträchtlich. Es belief sich auf insgesamt etwa 4000 Pfund. Zu ihm gehörten außer einer Gastwirtschaft, die sie verpachtet hatte, Aktien im Werte von 1600 Pfund sowie größere Mengen von Goldmünzen und Banknoten. Sie häufte Geld und Gold bei sich auf und hortete Hunderte von Pfund auf diese Weise. Sie war in beständiger Sorge um ihr Geld und wechselte im Juni 1911 nach dem Zusammenbruch einer Bank ihr ganzes Bankguthaben in Höhe von 216 Pfund in Gold um, um es bei sich zu Hause in einer Kasse aufzubewahren. Sie hatte zeitweise nicht weniger als 400 Pfund in Gold und außerdem zahlreiche Banknoten bei sich.

Seddon bekam bald heraus, daß seine neue Hausgenossin von Unruhe um ihr Geld erfüllt war, und bot ihr seine Hilfe an. Nach einigen Unterhaltungen hatte Miss Barrow das Gefühl, daß Seddon ein vernünftiger und tüchtiger Geschäftsmann sei und daß man seinem Rat vertrauen dürfe.

Nachdem sie ein Jahr lang bei ihm gewohnt hatte, hatte Seddon sie davon überzeugt, daß sie gut daran tue, ihr Vermögen auf ihn gegen Zahlung einer wöchentlichen Rente von 3 Pfund in Gold zu übertragen. Miss Barrow war anfangs nicht geneigt, auf diesen Vorschlag einzugehen, gab aber schließlich ihren Widerstand auf. Seddon hatte ihr eingeredet, sie werde bei der Transaktion einen guten Tausch machen, da sie auf Grund des geplanten Geschäftes pro Jahr 30 Pfund mehr erhalte, als ihr eine Versicherungsgesellschaft bei Abschluß eines Versicherungsvertrages gegen Hingabe ihres Vermögens gezahlt hätte. Als ihre Aktien fielen und eine Steuererhöhung drohte, war sie schließlich reif für den Abschluß des Geschäftes. Seddon ließ sofort die Aktien verkaufen und legte den Erlös in Häusern an.

Am 1. September 1911 wurde Miss Barrow plötzlich krank. Der Hausarzt der Familie Seddon, ein Dr. Sworn, stellte heftigen Durchfall und Übelkeit fest und meinte, es handle sich um eine der üblichen typhösen Magen- und Darmstörungen der Sommerzeit. Nach einigen Tagen verschlimmerte sich der Zustand der Kranken, später besserte er sich ein wenig.

Miss Barrow war eine wenig angenehme Patientin. Sie weigerte sich, die ihr verordnete Arznei zu nehmen, sie war aber auch nicht zu bewegen, in ein Krankenhaus zu gehen. Selbstsüchtig bestand sie darauf, daß der kleine Ernest Grant in ihrem Bett schlief, obgleich sie dauernd von schweren Anfällen heimgesucht wurde. Wenn die Eheleute Seddon den Jungen in sein eigenes Bett geschickt hatten, rief sie ihn jedoch immer wieder zu sich.

Der Sommer des Jahres 1911 war der heißeste seit Menschengedenken. Die Kranke litt nicht nur unter der Hitze, sondern auch unter der Fliegenplage, die unerhörte Ausmaße annahm. Der Arzt erklärte bei Gericht, er habe niemals so viel Fliegen wie in diesem Krankenzimmer erlebt. Offenbar habe der durch die vielen Entleerungen bewirkte Geruch sie angezogen.

Am 13. September erlebte Miss Barrow zum letzten Male den Besuch ihres Arztes. Da sie sich sehr elend fühlte, diktierte sie Seddon im Laufe dieses Tages ihren ›Letzten Willen‹ und vermachte darin die persönliche Habe, die ihr noch verblieben war, dem Jungen und seiner Schwester mit Seddon als Testamentsvollstrecker.

Kurz vor Mitternacht erschien Ernest Grant bei dem Ehepaar Seddon, weckte die beiden und teilte ihnen mit, ›Chicky‹, das heißt Miss Barrow, bitte Mrs. Seddon, sofort zu ihr zu kommen. Die unglückliche Frau war mittlerweile aus dem Bett geklettert und saß im Todeskampf auf dem Fußboden. »Ich bin im Sterben«, waren die einzigen Worte, die sie hervorbrachte.

Da ihr Zustand unverkennbar außerordentlich ernst war, begab sich Mrs. Seddon an die Seite der Kranken und übernahm die Wache am Bett. Seddon selbst setzte sich vor das Zimmer auf einen Treppenabsatz, las die Zeitung, rauchte Pfeife und holte sich ab und zu einen ›drink‹ von unten. Den Arzt rief er nicht herbei.

In der Morgenfrühe begann Miss Barrow schwer zu atmen und zu röcheln. Gegen 6 Uhr morgens starb sie. Seddon begab sich daraufhin sofort zu dem Arzt Dr. Sworn und bat ihn um einen Totenschein. Ohne die Tote in Augenschein zu nehmen, händigte ihm der Arzt die Urkunde aus und bescheinigte darauf, daß Miss Barrow an epidemischem Durchfall verstorben sei.

Nun geschahen einige sehr merkwürdige Dinge:

Wenige hundert Meter entfernt vom Hause Seddons wohnten die Eheleute Vonderahe, die zu den nächsten Verwandten der

Verstorbenen gehörten. Sie erfuhren weder von dem Todesfall noch von der Beerdigung etwas. Seddon behauptete später zwar, er habe Mr. Vonderahe brieflich benachrichtigt, und er legte zum Beweis dafür eine Durchschrift vor. Bei der Familie Vonderahe war aber niemals ein solcher Brief angekommen.

In der Schule hätte der kleine Ernest Grant mit einem Kind der Familie Vonderahe zusammentreffen und von dem Tode seiner Tante erzählen können. Offenbar um jedes Zusammentreffen mit den Kindern Vonderahe unmöglich zu machen, schickte Seddon den Jungen mit einigen seiner eigenen Kinder in ein Seebad.

Im Nachlaß der Verstorbenen hatte Seddon angeblich von den 400 Pfund, die Miss Barrow vor kurzem noch in Besitz gehabt hatte (sie waren auf ihn nicht mit übertragen worden), nur noch 4 Pfund und 10 Shilling in einer Kassette sowie 5 Pfund und 10 Shilling in einer Schublade vorgefunden. Er, der nicht weniger als 4000 Pfund von ihr erhalten hatte und jetzt von der Verpflichtung freigeworden war, ihr eine Rente zahlen zu müssen, hatte für ihre Beerdigung nur noch 4 Pfund übrig, und von dieser Summe ließ er sich noch 12 Shilling als Vermittlungsgebühr zahlen. Die 4 Pfund reichten gerade für eine Bestattung in einem Gemeinschaftsgrab. Dabei war Seddon bekannt, daß Miss Barrow befugt war, in einer Familiengruft beigesetzt zu werden.

Auf die Vermittlungsgebühr späterhin angesprochen, sagte er: »Wenn ein Vertreter den Auftrag hat, Nähmaschinen zu verkaufen, und er kauft selbst eine, so bekommt er natürlich die Vermittlungsgebühr.« Das Schwurgericht mußte daraus den Schluß ziehen, daß Seddon den Körper von Miss Barrow in dem gleichen Licht sah wie eine Nähmaschine, nämlich als ein Mittel, damit Geld zu machen.

Am Tage des Todes von Miss Barrow wurde Seddon von zwei der ihm unterstellten Versicherungsagenten beim Zählen einer größeren Anzahl von Goldstücken beobachtet, die er in vier Beutel verstaute. Als er sah, daß ihm seine Angestellten zusahen, sagte er aus Scherz zu einem von ihnen, indem er ihm einen dieser Beutel aufs Pult legte: »Hier, Smith, ist Ihr Gehalt.« Der so Angesprochene lächelte und sagte: »Ich wünschte, es wäre Ihnen damit ernst, Mr. Seddon.« Den Angestellten fiel bei dem Vorgang auf, daß er die Goldstücke nicht in die Kasse legte, in der alle für die Versicherungsgesellschaft eingezogenen Gelder verwahrt wurden, sondern sie in seinem Safe deponierte.

Am 20. September erfuhr der Vetter von Miss Barrow, Mr. Vonderahe, durch Zufall, daß seine Base verstorben sei. Als er sich am Abend des gleichen Tages bei Seddon nach den näheren Umständen des Todesfalles erkundigen wollte, war dieser verreist. Erst am 9. Oktober konnte er ihn erreichen. Dabei forderte er ihn auf, das Testament und die Lebensversicherungspolice der Verstorbenen vorzulegen. Seddon hielt ihm vor, daß er für ein solches Verlangen nicht legitimiert sei, weil er noch einen älteren Bruder besitze. Anschließend legte Vonderahe Seddon die Frage vor, wie es komme, daß Miss Barrow in einem Gemeinschaftsgrab beerdigt worden sei, wo es doch eine Familiengruft gebe. Darauf antwortete Seddon ausweichend, desgleichen auf die Frage, was mit den Aktien und der Gastwirtschaft geschehen sei.

Mr. Vonderahe kam das Ganze derart verdächtig vor, daß er bei der Polizei Anzeige erstattete. Daraufhin erging von seiten des Gerichts die Anordnung, den Körper zu exhumieren. Der gerichtlich bestellte Sachverständige, Sir William Willcox, stellte in gründlicher chemischer Analyse zweifelsfrei fest, daß der Körper Arsenik enthielt, daß also der Verdacht eines Giftmordes gegeben war.

Nachdem die polizeilichen Ermittlungen zu diesem schweren Verdacht geführt hatten, wurde Seddon am 4. Dezember 1911 verhaftet. Seine Frau wurde Anfang 1912 in Untersuchungshaft genommen. Man hatte festgestellt, daß von ihr laufend unter falschem Namen Banknoten in Gold umgetauscht worden waren, die von Miss Barrow stammten. Sie kam dadurch in den Verdacht, als Mittäterin an dem vermuteten Giftmord mitgewirkt zu haben.

Die Hauptverhandlung begann am 4. März 1912, und sie nahm volle 10 Tage in Anspruch. Zuständig zur Aburteilung war das Schwurgericht.

So wie es in Giftmordprozessen üblich ist, vertrat der Kronanwalt (Attorney General) persönlich die Anklage. Inhaber dieses hohen, mit Ministerrang ausgestatteten Amtes war damals einer der bedeutendsten Juristen Großbritanniens, Sir Rufus Isaacs, der später als Lord Reading Vizekönig von Indien wurde. Drei hervorragende Anwälte traten zu seiner Unterstützung an seine Seite. Es war dies eine erstklassige Besetzung der Anklagebank, die dem großen Aufsehen entsprach, das der Fall in der Öffentlichkeit hervorgerufen hatte.

Die Verteidigung des Angeklagten wurde durch drei namhafte Vertreter der Londoner Rechtsanwaltschaft wahrgenommen[1]. Der führende Kopf unter ihnen war Sir Edward Marshall Hall, einer der berühmtesten Strafverteidiger seiner Zeit, in beinahe legendärem Ruf stehend wegen der einzigartigen Rednergabe, die ihm eigen war, und wegen der Kraft der Überzeugung, die seine Plädoyers auszustrahlen pflegten. Der Fall Seddon interessierte ihn derart, daß er alle andere Arbeit zurückstellte. »Bedenken Sie«, sagte er zu seinen Mitarbeitern, »das Leben zweier Menschen hängt von uns ab. Wann immer Sie mich zu sehen wünschen, kommen Sie – sei es am Tage oder in der Nacht; ich stehe jederzeit zu Ihrer Verfügung.« Mrs. Seddon hatte einen eigenen Verteidiger.

Die Hauptverhandlung begann mit dem einführenden Vortrag des Kronanwalts zur Unterrichtung der Geschworenen.

Dieser Vortrag hat die Aufgabe, die Laienrichter in klarer und allgemein verständlicher Weise mit dem zur Aburteilung stehenden Fall vertraut zu machen. Er soll ihnen alle relevanten Tat-

---

[1] Der Umstand, daß die Anwaltshonorare sehr hoch sind und so gut wie niemals ein Anwalt als Verteidiger allein auftritt, macht die englische Justiz außerordentlich teuer. Wer – unter Anklage gestellt – gezwungen ist, sich der Hilfe von Strafverteidigern zu bedienen, muß im Regelfall ein kleines Vermögen aufwenden, um die dadurch auftretenden Kosten zu decken. Versuche zu einer Abänderung dieses Zustandes sind bisher ausnahmslos gescheitert.

sachen vor Augen führen – die *ent*lastenden nicht minder als die *be*lastenden –, zugleich aber auch Aufschluß darüber geben, welcher Weg bei der Beweisführung eingeschlagen werden soll.

Sir Rufus Isaacs wies die Geschworenen gleich im Anfang seiner Eröffnungsansprache darauf hin, daß der Fall ihre ganze Aufmerksamkeit beanspruche, nicht nur weil es sich um ein Kapitaldelikt handle, sondern vor allem deshalb, weil nur indirekter Beweis vorhanden sei. Denn niemand habe gesehen, durch wen und auf welche Weise der Verstorbenen Gift beigebracht worden sei. Man müsse deshalb das Verhalten der beiden Angeklagten vor und nach der Tat genau überprüfen und sich die Frage vorlegen, ob sie ein Interesse an einer Beseitigung der Frau gehabt hätten.

Nach diesen klarstellenden Worten konnte zur Beweisaufnahme geschritten werden.

Nach englischem Recht erfolgt, wie schon erwähnt, die Vernehmung der Zeugen und Sachverständigen, anders als auf dem Kontinent, nicht durch den Gerichtsvorsitzenden, sondern durch Anklagevertretung und Verteidigung. Aufgabe des Vorsitzenden ist es, den Gang des Verfahrens zu überwachen; er ist auch berechtigt, ergänzende Fragen zu stellen.

Das Erstverhör jedes Zeugen oder Sachverständigen liegt in den Händen desjenigen Prozeßbeteiligten, der ihn benannt hat. Die Gegenseite ist jeweils zum Kreuzverhör berechtigt und wird dabei bemüht sein, den Zeugen oder Sachverständigen in Widersprüche zu verwickeln oder auf andere Weise seine Glaubwürdigkeit zu erschüttern. – Alle bedeutenden und erfolgreichen englischen Anwälte waren Meister des Kreuzverhörs.

In seiner Eröffnungsansprache hatte der Kronanwalt behauptet, das Gift, mit dem Miss Barrow getötet worden sei, hätten sich die Angeklagten durch Extraktion von Fliegenpapier verschafft. Am 26. August 1911 habe ihre Tochter Maggie bei einem Drogisten in der Nähe ihrer Wohnung ein Paket arsenhaltiges Fliegenpapier gekauft, von dem jedes einzelne Blatt genug Gift enthalten habe, um einen erwachsenen Menschen zu töten. In der Zeit vom 1. bis zum 14. September sei Miss Barrow nun offenbar mit der Fleischbrühe, die sie auf ärztliche Anordnung erhielt, oder dem Tee, der ihr gekocht wurde, Gift verabfolgt worden, und zwar durch niemand sonst als die Angeklagten, denn nur sie hätten ein Interesse an ihrer Beseitigung gehabt.

Zum Beweis für diese These rief der Anklagevertreter eine Anzahl Zeugen in die Zeugenbox, u. a. den Vetter der Verstorbenen, Frank Vonderahe, den Drogisten Thorley, den Hausarzt Dr. Sworn und die Sachverständigen Dr. Spilsbury und Dr. Willcox.

Die Aussage des Drogisten war insofern interessant, als sie in Widerspruch zu der Aussage der Tochter Maggie des Ehepaares Seddon trat. Der Drogist hatte schon in seiner polizeilichen Vernehmung behauptet, das junge Mädchen habe am 26. August bei ihm ein Paket arsenikhaltiges Fliegenpapier gekauft. Miss Seddon hatte darauf entgegnet, sie habe das Geschäft des Drogisten an dem bewußten 26. August gar nicht betreten. Der Drogist identifizierte sie jedoch aus einer Gruppe von 20 jungen Mädchen heraus sofort als diejenige Person, die an dem fraglichen Tag bei ihm gewesen sei. Er mußte sich aber von der Verteidigung entgegenhalten lassen, daß er erstens ihr Bild in der Zeitung gesehen habe und daß sie zweitens schon einmal mit seiner Tochter bei ihm gewesen sei. Der Beweiswert dieser Aussage war damit zumindest in Frage gestellt.

Der Arzt Dr. Sworn schilderte den Verlauf der Krankheit, seine elf Besuche bei der Kranken und ihr plötzliches Ende, das er auf Herzschwäche infolge epidemischen Durchfalls zurückgeführt hatte. Auf Befragen erklärte er, daß ihm der Angeklagte mit Sicherheit keine Schwierigkeiten gemacht hätte, wenn er darauf bestanden hätte, den Körper vor Erteilung der Todesbescheinigung zu sehen.

Mit ganz besonderer Spannung sah man bei Gericht der Vernehmung der beiden Sachverständigen entgegen.

Dem Pathologen Dr. Spilsbury war bei der Sektion aufgefallen, wie gut erhalten die Leiche war. Schon das deutete auf

Arsenvergiftung hin. Den exakten chemischen Beweis dafür, daß dem Körper der Verstorbenen Arsenik zugeführt worden war, lieferte dann der Sachverständige Dr. Willcox.

Der Sachverständige hatte nach seiner Angabe ermittelt, daß der Körper von Miss Barrow noch 2,01 Korn Arsenik enthielt, das heißt mehr als die Dosis, die für einen letalen Ausgang erforderlich war. Da das Gift vom Körper verhältnismäßig schnell absorbiert und ausgeschieden wird, konnte angenommen werden, daß der Frau insgesamt sogar 5 Korn verabreicht worden war. »Die Todesursache«, so lautete die Schlußfolgerung des Sachverständigen, »war unzweifelhaft akute Arsenikvergiftung.« Und der Frau beigebracht worden sei dieses Arsenik mit Sicherheit während der letzten 24 Stunden vor ihrem Ende. –

Die Verteidigung trat dieser Annahme entgegen mit der Behauptung, daß es sich – falls nicht überhaupt epidemischer Durchfall die eigentliche Todesursache sei – nicht um einen Fall akuter, sondern chronischer Arsenikvergiftung handle, bei dem die Verstorbene das Opfer eines Vergiftungsprozesses geworden sei, dessen Anfänge Wochen, ja vielleicht sogar Monate zurücklägen.

Wenn der Verteidigung der Beweis für diese These gelang, waren die Angeklagten gerettet.

Edward Marshall Hall zog – als er den Sachverständigen ins Kreuzverhör nahm – zunächst die Zuverlässigkeit der Methode in Zweifel, deren sich dieser zur Feststellung der Giftmenge bedient hatte.

Durch exaktes Wiegen hatten die in dem Körper der Toten vorhandenen Arsenikmengen nur in der Leber und den Eingeweiden ermittelt werden können. Bei den übrigen Teilen des Körpers war man auf Stichproben angewiesen gewesen, aus denen man die Gesamtmenge des vorhandenen Giftes jeweils durch Multiplikation errechnen mußte. Auf absolut sicherer Grundlage befand man sich infolgedessen nur hinsichtlich der 0,63 Gran, die mit Hilfe der Waage in der Leber und den Eingeweiden festgestellt worden war. Alle anderen Berechnungen entbehrten gleicher Zuverlässigkeit.

Die Verteidigung nahm den schwachen Punkt in der Methode des Sachverständigen zum Ansatz, um die Berechnung als Ganzes anzuzweifeln. Es war bald zu merken, daß durch die im Wege des Kreuzverhörs geltend gemachten Bedenken bei den Geschworenen ein gewisses Mißtrauen gegen die Thesen der Sachverständigen wachgerufen worden war.

Marshall Hall hatte sich vor der Hauptverhandlung mit dem gesamten einschlägigen pharmakologischen Schrifttum genau vertraut gemacht und war auf das zu erwartende wissenschaftliche Duell bestens vorbereitet. Er war der Überzeugung, daß der Ausgang der Hauptverhandlung in erster Linie davon abhängig sei, ob es ihm gelang, die These des Sachverständigen zu erschüttern oder gar zu widerlegen.

Nach dem ersten Erfolg, den die Verteidigung errungen hatte, ging Sir Edward Marshall Hall nunmehr zum Generalangriff über: Aus dem Bericht einer Königlichen Kommission über Arsenikvergiftungsfälle, die vor Jahren einmal nach dem Genuß von Bier in starker Häufung aufgetreten waren, hatte der Verteidiger entnommen, daß Arsenik in den hautentfernten Teilen des menschlichen Haares nur dann festzustellen ist, wenn einer Person Arsenik vor längerer Zeit zugeführt worden ist, das heißt vor Monaten, ja vielleicht sogar vor Jahren. Ist es andererseits ausschließlich in den hautnahen Partien des Haares anzutreffen, so kann als bewiesen gelten, daß das Gift erst kurz vor dem Tode des Opfers in den Körper eingeführt wurde. Das Arsenik bleibt nämlich am Haare haften, wenn es wächst. Da dieses Wachstum ungefähr 5 oder 6 Zoll pro Jahr beträgt, so ist es möglich, zu errechnen, wann ungefähr das Gift dem Körper zugeführt wurde.

Gestützt auf diese Information fragte der Verteidiger den Sachverständigen: »In den hautnahen Teilen des Haares fanden Sie ein Achtzigstel eines Milligramms?« Antwort: »Ja.« – »Und was fanden Sie in den hautfernen Teilen des Haares?« – »Ungefähr ein Dreitausendstel eines Milligramms.«

Damit hatte der Verteidiger eine Tatsache von größter Bedeutung aus dem Sachverständigen herausgefragt. Wenn Arsenik in den Endstücken der Haare der Toten gefunden worden war, dann mußte Miss Barrow Arsenik schon *lange* vor ihrem Tode, Monate vorher, unter Umständen vielleicht sogar Jahre vorher, zu sich genommen haben, das heißt schon, als sie noch nicht bei den Seddons wohnte. War aber von dieser Annahme auszugehen, so konnte der Freispruch als so gut wie gesichert betrachtet werden. Denn damit schied die Möglichkeit akuter Arsenikvergiftung aus. Man mußte dann annehmen, daß die Frau tatsächlich an epidemischem Durchfall und den damit verbundenen Folgen gestorben war und daß eine *chronische* Vergiftung höchstens eine Verschlimmerung dieses Leidens bewirkt hatte.

Um den medizinischen Tatbestand den Geschworenen begreiflich zu machen, richtete der Verteidiger im Kreuzverhör folgende Fragen an den Sachverständigen: »Spricht die Entdeckung von Arsenik im Haar für akute Vergiftung oder chronische Einnahme von Arsenik?« – »Wenn Arsenik im Haar gefunden wird, so deutet das darauf hin, daß das Arsenik wahrscheinlich während eines gewissen Zeitraums eingenommen worden ist.« – »Würde sich dieser Zeitraum im Minimum auf etwa drei Monate belaufen?« – »Ich nehme an.« – »Sie würden nicht erwarten, Arsenik nach drei Monaten schon in den hautfernen Teilen zu finden?« – »Nicht in großer Menge.« – »Also nicht in der Menge, die Sie festgestellt haben?« – »Diese Menge in den hautentfernten Enden der Haare könnte möglicherweise bedeuten, daß Arsenik vor einem Jahre oder früher eingenommen wurde ...« – »Die Anwesenheit von Arsenik in den hautfernen Enden der Haare würde also darauf schließen lassen, daß Arsenik früher als ein Jahr zurück eingenommen wurde?« – »Wahrscheinlich.«

Damit war im Prozeßgeschehen ein Punkt erreicht, an dem der Freispruch beider Angeklagten so gut wie sicher erschien. In den hautfernen Teilen des Haares der Toten war Arsen festgestellt worden. Daraus ergab sich zwingend der Schluß, wie soeben der Sachverständige bestätigt hatte, daß das Gift nicht erst unmittelbar vor dem Tode der Frau, sondern schon längere Zeit vorher ihrem Körper zugeführt worden war. Die These der Anklagevertretung, daß es sich um einen Fall akuter Arsenikvergiftung handle, war damit widerlegt.

Der Verteidiger hatte indessen nicht mit der Hartnäckigkeit des Sachverständigen gerechnet. Dieser war innerlich fest davon überzeugt, daß Miss Barrow durch Seddon vergiftet worden sei, und so sann er darüber nach, auf welche Weise Arsen sonst noch in die hautfernen Teile der Haare gelangt sein konnte.

Plötzlich kam ihm ein Gedanke. Miss Barrows langes Haar war offenbar mit der blutgefärbten Flüssigkeit in Berührung gekommen, die als ›Leichenwasser‹ im Sarg vorgefunden wurde, und es war auf diese Weise mit Arsenik durchtränkt worden.

Bevor er den Zeugenstand verließ, machte Sir William Willcox eine Andeutung, daß er neue Nachforschungen anstellen werde, und behielt sich für einen der späteren Tage weitere Ausführungen vor.

Die große Wendung sollte kommen, als der Sachverständige die Probe aufs Exempel gemacht und seine Vermutung einer experimentellen Überprüfung unterzogen hatte.

Er ließ sich in einer Klinik von einer Patientin einige lange Haarsträhnen geben, reinigte sie, um sicher zu sein, daß sich an ihnen kein Arsenik befand, und legte sie 24 Stunden lang in die blutgefärbte Flüssigkeit, die sich in Miss Barrows Sarg befand und von ihrem Körper stammte. Dann unterwarf er das Haar dem sogenannten Marshall-Test: »Ich fand, daß das Haar eine beachtliche Menge von Arsenik aufgesaugt hatte.« Das Ergebnis dieses Experimentes war, daß Haare, falls sie in eine blutgefärbte, arsenikhaltige Flüssigkeit getaucht werden, das Arsenik in dieser Flüssigkeit in ihrer ganzen Länge absorbieren. Das Haar enthält Bestandteile, die Arsenik aufnehmen.

Der Sachverständige gelangte auf Grund dieser Feststellungen zu der Schlußfolgerung: In die hautentfernten Teile der Haare von Miss Barrow sei das Gift mit Sicherheit erst nach ihrem Tode eingedrungen.

Als der Sachverständige, erneut vorgerufen, Bericht über seine zusätzlichen Feststellungen erstattete, wobei er ihn so gestaltete, daß jeder Geschworene seine Darlegungen verstehen konnte, war die Situation mit einem Schlage verändert. Die Anklagevertretung konnte ihre ursprüngliche These, daß es sich um einen Fall akuter Arsenikvergiftung handele, unverändert aufrechterhalten. Der großangelegte und anfangs erfolgreiche Versuch der Verteidigung, sie zu widerlegen und aus dem Felde zu schlagen, war gescheitert. Auf den naheliegenden Gegeneinwand, daß man ein abgeschnittenes Haar mit offener Schnittfläche mit einem noch am Körper befindlichen und mit der Kopfschwarte verbundenen Haar nicht vergleichen kann, kamen die Verteidiger nicht. Sie ließen sich durch den großen Namen und die Autorität des Sachverständigen bluffen.

Dr. Willcox war der letzte aus der Reihe der Zeugen und Sachverständigen, die durch die Anklagevertretung dem Gericht präsentiert wurden. Nunmehr war es Sache der Verteidigung, den Entlastungsbeweis anzutreten.

In seiner Eröffnungsansprache wies Edward Marshall Hall das Gericht erneut darauf hin, daß nicht die Spur eines direkten Beweises vorhanden sei. Da niemand behaupten könne, daß die Angeklagten der Verstorbenen Arsenik beigebracht hätten, gründe man die Schlußfolgerung, daß sie sich des Giftmordes schuldig gemacht hätten, allein und ausschließlich auf das Interesse, das sie an der Beseitigung ihrer Mieterin gehabt hätten: Mit ihrem Tode seien sie der Verpflichtung zur Zahlung der Rente ledig geworden, außerdem hätten sie sich in den Besitz eines großen Geldbetrages in Gold und in Banknoten setzen können. Aber auch dabei sei die Anklagevertretung auf bloße Vermutung angewiesen. Man könne aber auf bloßen Verdacht hin nicht verurteilen, sondern brauche dafür klare Beweise.

»Sie mögen Verdacht haben«, rief der Verteidiger aus. »Sie mögen empfinden, daß es hier ein Motiv gibt, das den Angeklagten belastet; Sie mögen das Gefühl haben, daß er sich in der unglückseligen Begräbnisangelegenheit schlecht benommen hat; Sie mögen an mancherlei Dinge denken, die zu seinem Nachteil sprechen; aber ich behaupte vor Ihnen, daß es keinerlei Beweis gibt, auf den hin Sie ihn schuldig der Verabfolgung dieses Giftes finden können.«

Der Verteidiger rief anschließend den Angeklagten selbst in den Zeugenstand und vernahm ihn vom Nachmittag des fünften Sitzungstages ab.

Seddon erwies sich bei seiner Aussage als ein klar denkender, rasch und sicher reagierender und intelligenter Mann, der sich auch im Kreuzverhör nicht aus der Ruhe bringen ließ.

Als er erfuhr, daß er mit Sir Rufus Isaacs als Hauptankläger zu tun haben werde, war er in keiner Weise beunruhigt, vielmehr eher begeistert gewesen. Er verfügte über eine bedeutende Portion Selbstvertrauen und empfand keine Angst davor, diesem bekannten und gefürchteten Juristen gegenübergestellt zu werden. Er war fest davon überzeugt, daß er in jeder Weise seinen Mann stehen werde.

Seine Verteidiger hätten es freilich lieber gesehen, er wäre nicht in den Zeugenstand gegangen (nach englischem Recht steht es dem Angeklagten frei, ob er sich als Zeugen benennen läßt oder nicht). Sir Edward Marshall Hall vor allem hatte den Wunsch, er möchte aus der Beweisaufnahme ganz herausbleiben; er war nämlich von der Unschuld seines Mandanten nicht völlig überzeugt. Noch während der Verhandlung warnte er ihn davor, sich dem Gericht zu präsentieren. Davon wollte Seddon jedoch nichts wissen, und so wurde er als Zeuge aufgerufen.

Nach ausführlicher Schilderung seiner Beziehungen zu Miss Barrow gab er im Angesicht des Gerichtes folgende förmliche Erklärung ab:

»Ich kaufte niemals Arsenik ... Ich verabreichte niemals Arsenik ... Ich veranlaßte oder riet niemals die Verabfolgung von Arsenik. – Dies alles nehme ich hiermit auf meinen Eid.«

Die Klarheit und Bestimmtheit, mit der der Angeklagte seine Aussage machte, blieb nicht ohne Eindruck. Jetzt aber schritt der Kronanwalt zum Kreuzverhör, und bald war das Bild völlig verändert.

Die ersten Fragen schon, die Sir Rufus Isaacs in kühlem, höflichem Tone an Seddon richtete, waren so geschickt angelegt, daß die Selbstsicherheit des Befragten leicht ins Wanken kam. »Miss Barrow wohnte bei Ihnen vom 26. Juni 1910 bis zum Morgen des 14. September 1911?« – »Ja.« – »Mochten Sie die Frau?« – »Ob ich sie mochte?« – »Ja, das ist die Frage.«

Seddon zögerte mit der Antwort, das einzige Mal während seiner ganzen Vernehmung, der Gefährlichkeit dieser Fangfrage sich sogleich bewußt. Sie stellte ihn vor ein Dilemma. Sagte er ja, so stand er als Heuchler da, denn er hatte sich nach dem Tode der Frau, insbesondere bei ihrer Beerdigung, nicht so verhalten, wie man es tut, wenn man jemanden schätzt. Sagte er aber nein, so lag für ihn darin eine Festlegung, die gefährlich werden konnte.

Nach einiger Überlegung gab Seddon die beste Antwort, die unter den gegebenen Umständen möglich war: »Sie war keine Frau, die man lieben konnte, aber ich sympathisierte sehr mit ihr.«

Nunmehr ging Rufus Isaacs mit dem Angeklagten den Stand von Miss Barrows Vermögen durch. Er stellte einander gegenüber diejenigen Werte, die sie ursprünglich besessen hatte – 4000 Pfund insgesamt –, und verglich mit ihnen das Wenige, was nach Angabe des Angeklagten bei ihr verblieben war – 10 Pfund in Gold und einige andere Gegenstände im Gesamtwert von nicht mehr als 17 Pfund. Dieses Mißverhältnis verfehlte nicht, Eindruck auf die Geschworenen zu machen.

Den Rest des sechsten Tages und den größten Teil des siebenten Tages setzte der Anklagevertreter das Kreuzverhör fort – mit dem Angeklagten Schritt für Schritt geduldig und in höflichem Tone jedes Detail erörternd und ihn nie anders als mit »Mr. Seddon« ansprechend. Dabei wurde ihm mit besonderer Eindringlichkeit all das vorgehalten, was ihn in einem ungünstigen Licht erscheinen ließ und ihn belastete: die Beerdigung der Frau, von der Seddon eben erst große Vermögenswerte erhalten hatte, in einem Gemeinschaftsgrab; die Prozente, die er sich von dem Inhaber des Leichenbestattungsunternehmens hatte geben lassen; die unterbliebene Benachrichtigung der Verwandten; das Fehlen des Goldes und der Banknoten, die Miss Barrow nachweislich im Besitz gehabt hatte.

Seddon, rasch und beweglich reagierend, verstand auf alle diese Fragen geschickt und intelligent zu antworten. Nur einmal verlor er die Fassung, als ihn der Generalstaatsanwalt plötzlich fragte, ob er in seinem Büro wirklich am Tage des Todes von Miss Barrow einen größeren Betrag Goldes gezählt habe. Da rief er wütend aus: »Ich habe mein ganzes Leben lang Geld zählen müssen!«

Im Endergebnis wirkte sich freilich die Art und Weise, wie er sich vor Gericht gab, nicht vorteilhaft für den Angeklagten aus. Seine Intelligenz, zugleich aber auch eine für ihn sehr charakteristische menschliche Kühle traten im Verlauf dieses unaufhörlichen Wechsels von Fragen und Antworten derart drastisch hervor, daß bei den Geschworenen ein ungünstiges Bild vom Wesen dieses Mannes entstand.

Dem Kronanwalt gelang es, indem er durch geschicktes Fragen ein Problem bald an diesem, bald an jenem Punkte aufgriff, die Seele des Angeklagten bloßzulegen, ohne daß dieser merkte, welche Sezierarbeit an ihm vorgenommen wurde. Sein Gott, das wurde immer deutlicher, war der Mammon – waren Gold, Geld und Besitz. Man hatte den Eindruck, ihn habe im Grunde nichts anderes interessiert als Geldverdienen.

Je stärker dieser Zug hervortrat, desto entschiedener bemächtigte sich aller Anwesenden der Gedanke, daß man ihm einen Giftmord zutrauen könne. Die Belastungsmomente gewannen damit verstärktes Gewicht, und die Waagschale neigte sich zuungunsten des Angeklagten.

Bevor der vorsitzende Richter den Parteien das Wort zu ihren Schlußvorträgen erteilen konnte, mußte neben einigen Zeugen noch Mrs. Seddon gehört werden.

Einst hübsch, war Mrs. Seddon jetzt eine verbrauchte Frau, die älter aussah, als ihre 34 Jahre es gerechtfertigt hätten.

Nachdem sie die Vorgänge bis zum Tode von Miss Barrow geschildert hatte, ging es in ihrer Vernehmung vor allem darum, weshalb sie in einer Reihe von Fällen beim Umtausch von 5-Pfund-Noten in Goldmünzen einen falschen Namen angegeben hatte.

Die Anklagevertretung hatte aus diesem Umstand den Schluß gezogen, diese Noten seien Miss Barrow zuvor offenbar gestohlen worden. Die Angeklagte bestand demgegenüber darauf, daß ihr sämtliche Noten von Miss Barrow übergeben worden wären. Sie habe in der Zeit von Oktober 1910 bis August 1911 insgesamt 27 Noten eingelöst, dabei aber nur in einem Dutzend Fällen einen anderen als ihren Namen gebraucht und sich bei der falschen Namensangabe wirklich nichts gedacht.

Besonderes Aufsehen erregte die Behauptung der Angeklagten, daß sie am 4. September 1911 auf Bitten von Miss Barrow, die sehr unter der Fliegenplage litt, bei einem Drogisten vier arsenhaltige Fliegenpapiere gekauft habe. Diese habe sie nach Anfeuchtung auf vier Untertassen in das Zimmer der Kranken gestellt und sie später alle vier nach erneuter Anfeuchtung in eine Suppenterrine getan.

Während ihrer Vernehmung ließ die Angeklagte große Aufregung erkennen. Sie besaß die störende und peinliche Eigenart, zu allem, was sie sagte, zu lächeln. Deswegen von Sir Rufus Isaacs zur Rede gestellt, erklärte sie: »Ich habe die Gewohnheit, zu allem zu lächeln. Ich kann nicht anders. Es ist meine Art. Mag eine Sache noch so ernst sein, ich muß lächeln. Ich kann nichts dafür.« Als sie bei der Schilderung von Miss Barrows Todeskampf angekommen war, verschlug es ihr im Gegensatz dazu an einem bestimmten Punkt fast die Sprache, nämlich als sie berichtete, daß ihr Mann das Augenlid der Frau gelüftet habe, um festzustellen, ob sie verschieden sei. Als sie gerade dazu übergehen wollte, zu erzählen, was er geäußert habe, hielt sie inne und schluchzte: »Ich kann es nicht sagen, ich möchte es nicht sagen!« Von ihrem Verteidiger ermuntert, fortzufahren, äußerte sie schließlich: »Er sagte: ›Guter Gott, sie ist tot!‹«

Im ganzen rief die Frau bei Gericht einen vorteilhaften Eindruck hervor. Man hatte bei ihr das Empfinden, daß sie – die schon mit 16 Jahren geheiratet hatte – von ihrem intelligenten und willensstarken Mann mißbraucht und versklavt worden sei.

»Er nahm niemals irgendeine Notiz von mir, wenn ich irgend etwas zu ihm sagte. Er war immer in Gedanken bei anderen Dingen ... Ich erzählte ihm nicht immer alles, was ich getan hatte, denn er erzählte mir niemals etwas.«

Nach neuntägiger Verhandlung erhielt Edward Marshall Hall das Wort zu seinem Plädoyer.

»Meine Herren« – begann er seine Ausführungen –, »niemand wird versuchen können zu leugnen, daß dies einer der interessantesten Fälle ist, die jemals an dieser Stelle abgeurteilt worden sind.« Erneut erklärte er, daß die Anklagevertretung den Beweis schuldig geblieben sei, der für eine Verurteilung notwendig sei.

Alles sei im Dunkel geblieben. Weder sei bewiesen, daß Seddon der Verstorbenen Arsenik verabreicht habe, noch auch nur, daß ihm bekannt war, daß die Fliegenpapiere Arsenik enthielten. Der behandelnde Arzt habe angenommen, daß die Frau an den Folgen epidemischen Durchfalls gestorben sei, ein Ergebnis, das vielleicht durch chronische Zuführung von Arsenik beschleunigt worden sei – mochte diese bewußt oder zufällig erfolgt sein.

Aber auch wenn akute Arsenikvergiftung Todesursache gewesen sei, bleibe die Möglichkeit, daß die Kranke das aus dem Fliegenpapier herausgelöste Gift ihrem Körper versehentlich selbst zugeführt habe. Wer wolle und könne in Fällen dieser Art solche unglücklichen Zufälle ausschließen? Außerhalb menschlicher Berechnung lägen sie jedenfalls keineswegs. Vielleicht habe sie auch ihr Asthma mit Arsenik bekämpfen wollen.

Und wenn der Angeklagte wirklich die Tat begangen hätte – hätte es für ihn dann nicht nahegelegen, den Weg der Feuerbestattung zu wählen? Wäre die Leiche verbrannt worden, wäre es praktisch so gut wie unmöglich gewesen, das Gift nachzuweisen². Seddon sei doch ein intelligenter und alle seine Schritte sorgsam überlegender Mann. Wenn er sich des Giftmordes schuldig gemacht hätte, hätte er dann nicht ohne jeden Zweifel diesen Weg gewählt, die Spuren der Tat zu beseitigen?

Im folgenden beschäftigte sich der Verteidiger u. a. auch mit der Transaktion, die zwischen Seddon und Miss Barrow vereinbart worden war – Austausch ihres Vermögens gegen eine Rente –, und schloß mit der Behauptung, daß Seddon durch ihren Tod pro Woche ganze 1 Pfund und 10 Shilling profitiere.

»Man verübt keinen Mord für 1 Pfund und 10 Shilling pro Woche.«

Am Schluß seines Plädoyers äußerte sich Edward Marshall Hall zusammenfassend noch einmal dahin, daß es bei einer Verurteilung der beiden Angeklagten im praktischen Endergebnis ein wissenschaftliches Gutachten sei, das sie auf das Schafott bringe. »Meine Herren«, sagte er, »die großen Wissenschaftler, die hier gewesen sind, haben uns viel erzählt von den Wundern der Wissenschaft und den Schlußfolgerungen, die man auf dem Felde der Wissenschaft ziehen kann. Es gibt allerdings eines, das alle Wissenschaftler noch nicht fähig gewesen sind ausfindig zu machen, mit all ihrer Forschung und ihrem Studium nicht: Wie die kleine, entscheidende Flamme, die wir Leben nennen, ersetzt werden kann. Von Ihrem Spruch hier hängt das Leben dieses Mannes ab. Wenn Ihr Spruch gegen ihn ausfällt, so wird diese Flamme ausgelöscht werden, und keine Wissenschaft der Welt vermag sie jemals zu ersetzen.«

Das Plädoyer des berühmten Verteidigers, von dem Auditorium mit größter Spannung angehört, hatte etwas über vier Stunden gedauert. In dieser Zeit hatte Marshall Hall mit der ihm eigenen Schnelligkeit gesprochen. Man hat errechnet, daß es über 37 000 Wörter waren, die seine Lippen passierten, pro

---

² Ist eine Leiche feuerbestattet worden, so ist es hinterher theoretisch durchaus möglich, Arsenreste festzustellen. Aber diese Feststellung ist praktisch außerordentlich erschwert und meist mit der nötigen Sicherheit nicht mehr zu treffen. – Dazu Berthold Mueller: Gerichtliche Medizin (1953), S. 641 sowie H. Schrempf: Arsengehalt in Leichenaschen. D. Zeitschr. f. d. gesamte gerichtl. Medizin. 20. Bd. (1933), S. 278 ff.

Stunde also 9250 Wörter. Der Kronanwalt brauchte für seinen Vortrag ungefähr die gleiche Zeit, verwandte aber nur 29 000 Wörter.

Sir Rufus Isaacs sprach in der ihm eigenen Art, gleichmäßig im Ton, höflich und beherrscht, und entfaltete gerade durch diese Mäßigung eine außerordentliche Wirkung. Er ersparte dem Angeklagten nicht ein einziges Glied in der Beweiskette. Eingangs nahm er zu der Bemerkung des Verteidigers Stellung, daß doch wohl niemand einen Mord für 1 Pfund und 10 Shilling pro Woche begehen werde. Das sei im Prinzip gewiß richtig – Seddon sei seiner Art nach aber gerade der Mann, so etwas zu tun. Dann folgte Detail über Detail.

Erneut wurden den Angeklagten die Belastungsmomente vorgehalten, vor allem das, was an ihrem Verhalten vor und nach dem Tode von Miss Barrow auffällig war: die Angabe eines falschen Namens beim Umtausch der Noten, wofür es nur die eine Erklärung gebe, daß Mrs. Seddon sie auf verbotene Weise in ihren Besitz gebracht habe; die verspätete Benachrichtigung der Verwandten; die Tatsache, daß man den kleinen Ernest Grant der Schule ferngehalten habe; das Zählen des Goldes am Todestag; mangelnde Aufklärung des Vetters der Verstorbenen über die Übertragung des Vermögens; die eigenartigen Umstände, unter denen die Beerdigung erfolgte.

So, wie die Dinge lägen, könne kein Zweifel sein, daß man die Frau mit Arsenik vergiftet habe. Da nur die Seddons Zugang zu der Frau hatten, kämen auch nur sie als Täter in Betracht. Das Motiv liege klar auf der Hand: Die Seddons hätten von der Rentenzahlung freikommen und aller Nachforschungen über den Verbleib des Goldes und der Noten ledig werden wollen. Es seien also Geldgier und Geiz gewesen, die die Angeklagten zu ihrer Tat getrieben hätten.

Auf welche Weise das Gift der Verstorbenen beigebracht worden sei, könne er freilich auch nicht sagen. Wahrscheinlich sei es entweder mit der Fleischbrühe oder mit dem Brandy geschehen, den man ihr gegeben habe. Aber auch wenn insoweit eine Lücke bestehe, sei das Beweismaterial völlig ausreichend, eine Verurteilung zu tragen.

Das Beweismaterial, das Sir Rufus Isaacs in den vier Stunden seines Plädoyers vor dem Gericht aufbaute, war für Mrs. Seddon im Grunde ebenso belastend wie für ihren Mann. Erst gegen Schluß seiner Ausführungen ließ er eine Äußerung fallen, die zwischen beiden einen Unterschied machte: »Angenommen, Sie kämen zu dem Schluß, daß Zweifel bestehen, ob die Frau schuldig ist, so wäre es Ihre Pflicht, sie freizusprechen.«

Nun folgte der Schlußvortrag des Richters, Mr. Justice Bucknill. Entgegen der Vermutung, daß er einen ganzen Tag in Anspruch nehmen würde, dauerte er nur etwas mehr als zwei Stunden.

Der Richter betonte zunächst, daß nicht der leiseste Zweifel darüber obwalten könne, daß es sich um einen Fall akuter Arsenikvergiftung handle. War das Gift der Frau aber nun von den Angeklagten beigebracht worden, oder lag ein Unglücksfall vor?

Der Richter klagte mehrfach darüber, daß nur indirekter Beweis vorliege, und warnte die Geschworenen nachdrücklich vor einer Verurteilung auf Gerüchte, Vorurteile und bloßen Verdacht hin. Aber es war doch zu spüren, daß er eine Verurteilung des Mannes für geboten hielt, wohingegen er der Frau alle Chancen offenhielt: »Ich wäre nicht erstaunt, wenn Sie sie nichtschuldig fänden.«

Die Geschworenen zogen sich gegen 16 Uhr zur Beratung zurück. Schon nach einer Stunde kehrten sie in den Gerichtssaal zurück. Alle blickten zu Boden, keiner blickte die Angeklagten an. Die anwesenden Juristen wußten, was das bedeutete.

Der Urteilsspruch für Seddon lautete: »Des Mordes schuldig.« Seddon stieg das Blut ins Gesicht, er bewahrte aber Haltung. Unmittelbar danach wurde der Spruch für die Frau bekanntgegeben: »Nichtschuldig.«

Als Seddon das hörte, umarmte er seine Frau und gab ihr einen Kuß. Die Frau wurde auf der Stelle in Freiheit gesetzt. Sie verließ schluchzend den Sitzungssaal.

Im Gerichtssaal herrschte währenddessen Betroffenheit und Totenstille.

Dann wurde dem Gesetz entsprechend an den soeben schuldig Gesprochenen die für Kapitalsachen vorgeschriebene, aber selten beantwortete Frage gerichtet, ob er noch etwas erklären wolle: »Frederick Henry Seddon, Sie sind wegen vorsätzlichen Mordes verurteilt. Haben Sie irgend etwas vorzutragen, warum der Gerichtshof im Sinne des Gesetzes gegen Sie nicht auf Todesstrafe erkennen sollte?«

Jetzt geschah etwas, was niemand erwartet hatte. »Ich habe etwas zu sagen«, erwiderte der Angeklagte. Dann räusperte er sich, ergriff seine Notizen und hielt in ruhigem und gefaßtem Ton eine längere Rede zu seiner Verteidigung. Er behauptete erneut, daß er unschuldig sei, und leugnete jede Beteiligung an der Tat.

Dann sprach er Worte, die zum Entsetzen aller Anwesenden auf seine und des Richters gemeinschaftliche Zugehörigkeit zum Freimaurerorden Bezug nahmen. Die Mitglieder des Freimaurerordens sind feierlich darauf verpflichtet, einander im Leben beizustehen und zu helfen, insbesondere wenn sie sich in Not befinden. Auf diese Tatsache spielte er an. »Ich erkläre vor dem großen Baumeister des Weltalls« – so schloß er, indem er in Freimaurerart die rechte Hand zum Schwure erhob –, »ich bin nichtschuldig, my Lord.«

Dieser sensationelle Appell an die gemeinsame Freimaurereigenschaft raubte dem Richter vorübergehend die Fassung. Als der Gerichtsschreiber, so wie es in Großbritannien für die Verkündung von Todesurteilen vorgeschrieben ist, auf der Perücke des Richters eine schwarze Kappe befestigt und den Kaplan an seine Seite gerufen hatte, brachte der Richter vor Erregung zunächst kein Wort hervor. Auch nachdem der Gerichtsdiener die Anordnung des Richters verkündet hatte, Stillschweigen zu bewahren, während dem Verurteilten das Todesurteil verkündet werde, hatte er sich noch nicht wieder in der Gewalt. Eine Minute lang hörte man im Gerichtssaal nur das Ticken der Gerichtsuhr und das Schluchzen des Richters, der nicht die Kraft fand, die vorgeschriebenen Worte der Verurteilung zum Tode auszusprechen.

Nach einer langen, beklemmenden Pause war es endlich soweit: Mit einer Stimme, die vor Erregung bebte, hielt der Richter dem Gefangenen noch einmal sein Verbrechen vor und erklärte, daß er den Spruch der Geschworenen für wohlbegründet und richtig halte. Er schloß mit dem Satze: »Es ist nicht meine Aufgabe, Ihre Gefühle zu martern!«

»Das Urteil berührt mich nicht«, erwiderte ihm der Angeklagte, »ich habe ein reines Gewissen.«

Nach einigen anerkennenden Worten der Anklagebehörde und der Verteidigung gegenüber hielt es der Richter sodann für angebracht, kurz auf die Tatsache ihrer gemeinschaftlichen Zugehörigkeit zum Freimaurerorden einzugehen: »Sie und ich gehören zu der gleichen Bruderschaft. Um so schmerzlicher ist es für mich, das zu sagen, was ich sagen werde. Unsere Bruderschaft ermutigt nicht das Verbrechen, im Gegenteil, sie verdammt es. Ich bitte Sie erneut, Ihren Frieden mit dem großen Baumeister des Weltalls zu machen.«

»Und nun liegt es mir ob«, so fuhr der Richter fort, »zum Urteilsspruch zu kommen. Das Urteil des Gerichtshofs lautet, daß Sie von hier zu einem rechtmäßigen Gefängnis zu bringen sind, und von dort zu einer Hinrichtungsstätte, und daß Sie dort am Halse aufzuhängen sind, bis Sie tot sind; daß Ihr Körper innerhalb der Mauern des Gefängnisses zu begraben ist, wo Sie nach Ihrer Schuldigsprechung verwahrt werden. Möge der Herr Ihrer Seele gnädig sein.«

Diese Formel, noch heute üblich, erwuchs aus jahrhundertealter Überlieferung. Als er sie zu Ende gesprochen hatte, brach der Richter in Tränen aus, und die schwarzberockte Gestalt hinter ihm sagte deutlich vernehmbar: »Amen«.

Der Angeklagte legte gegen den Spruch des Schwurgerichts Berufung ein; diese wurde aber vom Berufungsgericht nach zweitägiger Verhandlung erwartungsgemäß verworfen. Nach Ansicht des Gerichtshofs, erklärte der Präsident, stehe einwandfrei fest, daß es sich um einen Fall akuter Vergiftung handele. –

Nachdem der Versuch, das Urteil in der Berufungsinstanz zu Fall zu bringen, gescheitert war, regte sich das Gewissen des Publikums, und es ergriffen plötzlich große Teile der öffentlichen Meinung für den Verurteilten Partei. Es war bekanntgeworden, daß die Verurteilung in erster Linie auf die Aussage eines Sachverständigen hin erfolgt war, und wissenschaftlichen Äußerungen steht das britische Volk skeptisch gegenüber. Eine Petition an den Innenminister fand in kurzer Zeit mehr als 300 000 Unterschriften. Der Minister jedoch lehnte einen Gnadenakt ab, und so wurde Seddon am 18. April 1912 im Gefängnis Pentonville, wenige Kilometer von seiner Wohnung entfernt, hingerichtet. Nicht weniger als 7000 Menschen umstanden das Gefängnisgebäude, die größte Menschenmenge, die jemals durch einen solchen Vorgang angezogen wurde. Es ist dies ein Beweis für das ungeheure Interesse, das dieser Prozeß gefunden hatte. Wie so mancher andere ruht Seddon seitdem innerhalb der Mauern der Strafanstalt unter einer Grasfläche, die den Hingerichteten vorbehalten ist; ein kleiner quadratischer Stein, der mit seinen Initialen und dem Datum seiner Hinrichtung versehen ist, deutet an, wo er liegt.

Als Seddon erfahren hatte, daß sein Gnadengesuch verworfen worden sei, war ihm keinerlei Erschütterung anzumerken. Während der letzten Unterredung, die er mit seinem Anwalt hatte, sagte er, dies mache ihm nichts aus. Dann ging er dazu über, über seinen Nachlaß zu sprechen. Er konnte nicht dazu gebracht werden, dieses Thema zu verlassen. Als er hörte, wie wenig der Verkauf seiner Habe erbracht hatte, war er bitter enttäuscht, denn es war sein Wunsch, seiner Familie von den Resten seines Vermögens soviel zu erhalten wie nur irgend möglich. Geradezu aufgebracht war er, als er erfahren mußte, daß bei der Veräußerung seines Kraftwagens weniger erzielt worden war, als er selbst dafür bezahlt hatte. Von seiner Frau und seinen Kindern und deren Zukunft sprach er kaum.

Mehrfach betonte er, es komme für ihn nicht in Betracht, ein Geständnis abzulegen: »Wenn Sie etwas von einem Geständnis hören, glauben Sie es nicht!« Er schrieb in gleichem Sinne an Frau und Kinder, wobei er seine vollkommene Unschuld und seinen Glauben an Jesus Christus beteuerte.

So starb er auch – »ein starrsinniger, eingebildeter, heuchlerischer, kaltblütiger, geiziger Mann«. Der Biograph von Sir Edward Marshall Hall urteilt über ihn weiter: »In ihm waren alle alltäglichen Tugenden der Angelsachsen in Laster verbildet. Er besaß nur eine echte Tugend, und das war sein Mut. Wenn nicht die eine große Versuchung an ihn herangetreten wäre, das Erscheinen einer hilflosen, wohlhabenden alten Jungfer, die in seinem Hause Wohnung nahm, so wäre er heute vielleicht eine Säule des kommunalen Lebens seiner Stadt, Direktor einer Versicherungsgesellschaft, von seinen Untergebenen als ein harter Vorgesetzter gehaßt, aber hoch in der Gunst seiner Firma stehend. Die beste Grabschrift, und zwar eine, auf die er stolz gewesen wäre, wurde ihm durch Marshall Hall, seinen berühmten Verteidiger, gegeben: ›Der fähigste Mann, den ich jemals in einem Kapitalverbrechen verteidigte.‹« Das ist das Urteil, auf das man im Schrifttum zum Fall Seddon überall stößt. Nachfolgend wird sich zeigen, daß es mit einem großen Fragezeichen versehen werden muß. –

Nach der Hinrichtung Seddons wurde die Erinnerung an seinen Fall rasch wieder wachgerufen. Wenige Monate nach dem Tode ihres Mannes hörte man, daß sich Mrs. Seddon wieder verheiratet habe. Sie erlitt deshalb viele Anfeindungen.

Dann brachte eine weitverbreitete Wochenzeitschrift, der ›Weekly Dispatch‹, am 17. November 1912 ein von ihr unterzeichnetes, romanhaft aufgemachtes ›Geständnis‹, worin sie behauptete, sie habe gesehen, daß ihr Mann Miss Barrow in der Nacht vor ihrem Tode aus Fliegenpapier herausgelöstes Arsenik gegeben habe. Sie habe das in der Hauptverhandlung nur deshalb nicht gesagt, weil ihr Mann ihr gedroht habe, sie zu erschießen, falls sie ihn preisgebe. Sie habe ein elendes Leben mit Seddon gehabt, sei von ihm unterdrückt und versklavt worden und bitte das Publikum nun inständig, sie nicht als Schwerverbrecherin zu betrachten.

Als diese Äußerung bekannt wurde, brach ein Sturm der Entrüstung los. Man hielt der Frau vor, wenn das wahr sei, was sie jetzt behaupte, habe sie sich eines Meineids schuldig gemacht. Man wies auf ihre Kinder hin, die als Träger des Namens Seddon nunmehr für alle Zeiten als Söhne und Töchter eines einwandfrei überführten Mörders gebrandmarkt seien. Man setzte auch Zweifel in ihre Angaben über die brutale Behandlung, der sie angeblich während ihrer Ehe ausgesetzt war.

Kaum zwei Wochen, nachdem das ›Geständnis‹ veröffentlicht worden war, brachte eine andere Wochenschrift, ›John Bull‹, eine zweite Darstellung zur Kenntnis der Öffentlichkeit, worin Mrs. Seddon unter Abgabe einer eidlichen Erklärung versicherte, das ›Geständnis‹ entspreche nicht der Wahrheit. Eines Tages sei bei ihr ein Journalist erschienen und habe so lange auf sie eingeredet, bis sie unterzeichnet habe, was ihr von ihm vorgelegt worden sei. Sie habe sich nur deshalb zur Abgabe einer Erklärung bereit erklärt, weil sie hoffte, dadurch dem Geschwätz ihrer Nachbarn ein Ende zu setzen, die trotz ihres Freispruchs in ihr nach wie vor eine Mörderin erblickt hätten. Sie sei für ihre Erklärung auch hoch bezahlt worden. Der Wahrheit entspreche allein das, was sie vor Gericht ausgesagt habe; alles andere sei frei erfunden. – Mrs. Seddon wanderte mit ihrem zweiten Mann später nach Australien aus, um dort ein neues Leben zu beginnen.

In seiner großen Verteidigungsrede zum Fall Seddon sprach Sir Edward Marshall Hall die Prophezeiung aus, über das Urteil werde es – ganz gleich, wie es ausfalle – zu allen Zeiten Streit und Meinungsverschiedenheit geben. Mit dieser Voraussage hat er recht behalten.

Im Lichte dessen, was nachträglich über den Fall bekannt geworden ist, verstärkt sich die Möglichkeit, daß hier ein Unschuldiger ein Opfer der Strafjustiz geworden ist.

Niemand kann bestreiten, daß Seddon, nach allem, was man von ihm weiß, ein lebenstüchtiger und intelligenter Mann war. Wenn ein solcher Mann einen Menschen durch Gift beseitigen will, läßt er dann Tag für Tag den Arzt kommen? Wählt er in einem solchen Falle die Form der Erdbestattung, wenn er mittels der Feuerbestattung mit Leichtigkeit die Giftspuren beseitigen oder zumindest verwischen kann? Und ist er dann wirklich so unvorsichtig, am Tage des Todes seines Opfers Dritten gegenüber ostentativ mit einer größeren Menge von Goldmünzen zu prunken? So handelt ein intelligenter Mann doch sicher nicht!

Was aber die Goldmünzen und die Banknoten anlangt, die die Getötete noch im Juni 1911 in Besitz gehabt hatte, so ist auffallend, daß ihr Testament keinerlei Verfügung darüber traf, vielmehr sich nur mit ihrer persönlichen Habe, ihren Möbeln und ihrem Schmuck befaßte. Deutet das nicht zwingend darauf hin, daß sie Gold und Banknoten im Zeitpunkt ihres Ablebens gar nicht mehr besaß?

Mag Seddon auch geizig und knickerig gewesen sein, so war er doch völlig unbescholten, hatte sich nie etwas zuschulden kommen lassen, genoß einen makellosen Ruf und lebte in völlig geordneten Verhältnissen. Konnte wirklich angenommen werden, daß er bereit war, um einiger 1000 Pfund willen all das aufs Spiel zu setzen? War so etwas anzunehmen?

Wie schon angedeutet, waren die letzten Zweifel gegen die Täterschaft des Angeklagten durch das Gutachten des Sachverständigen Dr. Willcox weggeräumt worden. Der Verteidiger Edward Marshall Hall hatte ja behauptet, die Tatsache, daß sich Arsenik in den hautfernen Teilen der Haare der Toten befunden hätte, deute zwingend darauf hin, daß es sich um einen Fall chronischer und nicht – wie die Anklage behauptete – um einen Fall akuter Arsenikvergiftung handle.

Der Sachverständige Dr. Willcox hatte dieses Argument damit aus dem Felde geschlagen, daß er 24 Stunden lang Haare, die vom Körper einer lebenden Frau stammten, in das Leichenwasser aus dem Sarge von Miss Barrow gelegt hatte. Nach Ablauf dieses Zeitraums konnte er feststellen, daß diese Haare auch in den hautfernen Partien Arsenik enthielten, und daraus zog er den Schluß, daß das Arsenik über das Leichenwasser auch in die hautfernen Teile der Haare gelangt sei.

Heute wissen wir, daß der Sachverständige damit einem katastrophalen Irrtum unterlegen ist. Arsen geht nämlich in der Regel nur während des Lebens in die Haare über. Nach dem Tode eines Menschen nehmen die Haare, wenn sie am Körper verbleiben, kein Arsen mehr auf, es sei denn, sie sind beschädigt und enthalten Bruchstellen[3]. Abgeschnittene Haare, die in Leichenwasser gelegt werden, können demgegenüber das Gift über ihre Kapillarröhren, also durch Diffusion, in sich aufnehmen. Die Gefäßwände entfalten bei Kapillarröhren Anziehungskräfte, die der Schwerkraft entgegenwirken; durch sie wird Flüssigkeit eingesogen. Nur so erklärt es sich, daß die Haare, die der Sachverständige in das Leichenwasser von Miss Barrow gelegt hatte, schon nach Ablauf von 24 Stunden auch in den hautfernen Teilen Arsenik aufwiesen. Das Gift war an der Schnitt- oder Bruchfläche durch die offenen Kapillarröhren in das Haar eingedrungen. Um sicherzugehen, hätte der Sachverständige Haare nehmen müssen, die noch an der Kopfschwarte einer Leiche befestigt, deren Haarwurzeln also unbeschädigt waren. Daß er Haare wählte, die von ihren Wurzeln gewaltsam getrennt worden waren, nahm seinem Experiment jede Beweiskraft. Durch die wissenschaftliche Forschung hat die These von Edward Marshall Hall, daß das Vorhandensein von Arsenik in den hautfernen Teilen der Haare auf chronische Vergiftung hindeute, damit nachträglich eine glänzende Rechtfertigung gefunden.

Es darf auch nicht übersehen werden, daß es sich bei der Vergifteten um eine exzentrische, unordentliche, schlampige und

---

[3] Heute allgemeine Auffassung der medizinischen Wissenschaft: Hans Lieb: Der gerichtlich-medizinische Nachweis von Giften. Abderhaldens Handbuch der biologischen Arbeitsmethode. Bd. IV Teil 12 (1938) S. 1451; Berthold Mueller: Gerichtliche Medizin (1953) S. 693; A. Heffter: Über die Ablagerung des Arsens in den Haaren, Vierteljahresschrift für gerichtliche Medizin und öffentl. Sanitätswesen Bd. 49 (1915) S. 194 (198, 204); S. Blumenfeldt: Die Verteilung des Arsens im Körper. D. Zeitschr. f. d. ges. gerichtl. Medizin. 15. Bd. (1930) S. 506.

unberechenbare Person handelte, bei der ein Unglücksfall keineswegs außerhalb des Bereichs der Wahrscheinlichkeit lag.

Unwiderlegt hatten die beiden Angeklagten behauptet, daß Mrs. Seddon am 14. September vier Fliegenpapiere gekauft und diese nach Anfeuchtung auf Untertassen über das Krankenzimmer verteilt hatte. Kurz vor dem Tode von Miss Barrow waren dann diese vier Papiere in eine Suppenterrine gelegt worden. Lag es nicht durchaus im Bereiche des Möglichen, daß die Kranke von diesen mit Arsenikresten bedeckten, ungereinigten Untertassen gespeist und – ohne es zu ahnen – Gift in sich aufgenommen hatte?

Die Benutzung von Gefäßen, in denen Arsenik aufbewahrt worden war, hat – wie uns die Gerichtsmediziner versichern – schon oft zu Nahrungsmittelvergiftung geführt.

Warum sollte das nicht auch hier so gewesen sein?

Gewiß hat Seddon sich durch sein Verhalten stark verdächtig gemacht.

Aber eine Verurteilung verlangt den vollen Schuldbeweis, und davon konnte hier, wo so vieles im Dunkeln geblieben ist, kaum die Rede sein.

Das Urteil des Schwurgerichts weist auch insofern einen Bruch auf, als der Mann zwar verurteilt, die Frau aber freigesprochen wurde. Die Beweisaufnahme war gegen beide Angeklagte in genau der gleichen Weise gerichtet, und der Verdacht, der daraus resultierte, war in bezug auf die Frau nicht geringer als in bezug auf den Mann. Zwischen ihnen bei der Urteilsfällung einen Unterschied zu machen, war in keiner Weise gerechtfertigt. Wenn man schon glaubte, die Frau freisprechen zu sollen, hätte man das gleiche auch bei dem Manne tun müssen.

Die Wochenzeitschrift ›John Bull‹ veröffentlichte im November und Dezember 1912 drei Briefe des Hingerichteten, von denen der erste vor der Aburteilung, der zweite nach der Verurteilung zum Tode und der dritte am Abend vor der Hinrichtung zu Papier gebracht worden waren. Diese Briefe geben zu denken. Sie lassen sich nicht mit dem Charakterbild Seddons in Einklang bringen, das über die Hauptverhandlung und das spätere ›Geständnis‹ von Mrs. Seddon in die Öffentlichkeit getragen worden war. Der letzte dieser Briefe hatte folgenden Wortlaut:

»Pentonville Prison, N. 17. April 1912

Mein liebster Bruder Will und meine liebste Schwester Edith –

Ich habe Euern höchst willkommenen Brief in der Hand. Zu der Zeit, in der Ihr diesen Lebewohlbrief empfangt, werde ich vermutlich ins Jenseits hinübergegangen sein. Kein Mitleid ist mir zuteil geworden. Ich bin ein Opfer einer schreienden Rechtsbeugung, und meine Hinrichtung wird ein Justizmord sein – *denn ich ermordete Miss Barrow nicht.* Wenn ein Gefangener der Wohltat des Zweifels[4] beraubt wird, auf die er einen rechtlichen Anspruch hat, dann ist das keine Entschuldigung für die Justiz, wenn sie den Irrtum begeht, einen unschuldigen Mann zu verurteilen und hinzurichten. Im Namen Jesu Christi, meines Heilands, vergebe ich freiwillig allen denen, die mich zu Unrecht angeklagt und verurteilt haben, dann aber auch jedermann, der mir Unrecht getan hat. Ich bin auf mein Schicksal vorbereitet und gefaßt, laßt Eure Herzen dadurch nicht bekümmert oder beunruhigt sein ... Lebt Euer Leben so, daß Ihr in jedem Augenblick bereit seid. Ich vertraue darauf, binnen kurzem Mutter zu treffen. Richtet Euch auf und setzt Euer Vertrauen auf Gott. Seine Wege sind nicht unsere Wege. Seine Gedanken sind nicht unsere Gedanken. Er bewegt sich auf sehr geheimnisvollen Wegen. Tod ist nur ein Übergang von diesem Leben zu einer höheren Daseinsform. Pflegt das als einen erhabenen Gedanken. Er richtet mich auf ...

Gott hat mich durch meine große Verhandlung hindurch gestützt. Er hat meine Frau meinen Kindern zurückgegeben. Ich werde bald das Große Geheimnis kennen. Wenn ein unschuldiger Mann verurteilt ist, verliert die Art und Weise

---

[4] Es handelt sich um eine Anspielung auf den Rechtsgrundsatz, daß im Zweifelsfall zugunsten des Angeklagten zu entscheiden ist (in dubio pro reo).

seines Todes den Stachel. Könige, Königinnen und Fürsten sind vor mir durch die Hand der Justiz gegangen, ihre Unschuld hat ihnen den Mut gegeben, ihr Schicksal tapfer zu tragen. Ich hoffe, daß ich mein Schicksal ebenso tapfer tragen werde ...

Ich bin bereit.

Der Tod ist lebenslänglicher Haft vorzuziehen. Mein großer Kummer gilt denen, die ich gebrochenen Herzens hinter mir lasse, um mein Schicksal zu beklagen ...

Laßt die Welt nun von mir denken, was sie will, all ihr Gerede wird mich nicht des Mordes schuldig machen, und wenn ich auch das Schicksal eines Mörders erleide, so bin ich des Mordes doch nicht überführt.

Euch allen Lebewohl und Gottes Segen. Ich wünsche Euch jeden Erfolg im Leben. Laßt Euch bitten, ein christliches Leben zu führen, ein Leben in einer Atmosphäre des Gebets und des Dankes für alle Gnadenerweise und Wohltaten.

Dies sind meine letzten Worte an Euch im Leben; möge Christus Euch helfen und Euch beiden einen lebendigen Glauben und einen friedlichen Tod geben. Lebt wohl.

Euer Euch herzlich zugetaner und Euch liebender Bruder
Fred
Gott sei mit Euch, bis wir uns wiedersehen.«

Ist das die Sprache und die Denkweise eines Mörders?

Alles in allem läßt sich die Möglichkeit nicht von der Hand weisen, daß man am 18. April 1912 in Pentonville einen Unschuldigen hingerichtet hat.

Schrifttum: Filson Young: Trial of Seddons. Third Edition. London 1952; Lord Darling and his famous trials. London o. J. S. 117 ff.; Earl of Birkenhead: More famous trials. London 1928 S. 91 ff.; Edward Marjoribanks The life of Sir Edward Marshall Hall. London 1929 S. 289 ff.; Derek Walter Smith: Lord Reading and his cases. London 1934 S. 270 ff.; Rufus Isaacs, First Marquess of Reading. By his son. 1860–1914. London 1950 S. 211 ff.; Bechhofer Roberts: Sir Travers Humphreys. His career and cases. London 1936 S. 62 ff.; Douglas Browne and E. V. Tullett: Bernard Spilsbury. His Life and his cases. London 1951, S. 55 ff.; Douglas A. Browne: Sir Travers Humphreys. A Biography. London 1960 S. 79 ff.; Sir Richard Muir: A memoir of a public prosecutor. London 1927 S. 117 ff.; Travers Humphreys: Criminal Days. Recollections and reflections. London 1946 S. 113 ff.

Die Französin und der Orientale

Der Fall der Madame Fahmy

Im Juli 1923 wohnte für einige Tage ein Ägypter namens Fahmy Bey mit seiner aus Paris stammenden Frau im Savoy-Hotel in London. Der junge Mann, 22 Jahre alt, war der Sohn eines Ingenieurs, der ihm ein bedeutendes Vermögen hinterlassen hatte. Eine große Stiftung für wohltätige Zwecke hatte seinem Vater in Ägypten den Titel eines Bey eingebracht. Der Sohn hatte diesen Titel übernommen.

Während er der ägyptischen Gesandtschaft in Paris zugeteilt war (im Mai 1922), hatte der junge Mann die Bekanntschaft einer charmanten und faszinierenden Pariserin gemacht, der Madame Marguérite Laurent, geborenen Alibert. Die beiden jungen Menschen waren sofort in Zuneigung und Liebe heiß füreinander entbrannt. Sie hatten die Sommermonate in Deauville und Biarritz verbracht und waren dann für kurze Zeit nach Paris zurückgekehrt. Ende des Jahres war die junge Frau ihrem Freunde nach Ägypten gefolgt und hatte sich dort im Dezember 1922 mit ihm verheiratet. Madame Laurent hatte geglaubt, einem glücklichen Leben entgegenzugehen, war doch ihr Freund seit Beginn ihrer Bekanntschaft von der größten Aufmerksamkeit und Güte ihr gegenüber gewesen. Sehr bald jedoch hatte sie erleben müssen, daß sich alles ganz anders entwickelte, als sie es sich vorgestellt hatte. Ihr Mann entpuppte sich nach der Eheschließung als ein Orientale, der von seiner europäischen Frau brutal und rücksichtslos dieselbe sklavische Unterwürfigkeit forderte, wie sie in den mohammedanischen Ländern Sitte ist. Der jungen Frau gingen die Augen über, als sie gewahr wurde, daß ihr als Ehemann ein ganz anderer Mensch gegenübertrat als der, den sie in Paris kennen und lieben gelernt hatte. Wochen und Monate bitterster Enttäuschung und schwersten Kummers lagen hinter ihr, als sie mit ihrem Manne nach London reiste.

Wie sehr die Entwicklung ihrer Ehe auf ihrer Seele lastete, kam in einer Äußerung zum Ausdruck, die die junge Frau in jenen Tagen dem Dirigenten des Hotelorchesters gegenüber tat, als dieser sie während des Lunchs fragte, ob sie gerne etwas gespielt haben möchte. Die höchst merkwürdige Antwort der jungen Frau lautete: »Ich danke Ihnen vielmals. Mein Mann wird mich in 24 Stunden töten, und ich habe nicht viel Lust auf Musik.« Der Kapellmeister in dem Luxushotel hatte schon manche eigenartige Antwort erlebt, so etwas war ihm aber noch nicht vorgekommen. Er verbeugte sich und erwiderte nur: »Ich hoffe doch, daß Sie morgen noch hier sein werden, Madame.« Die junge Frau war offenbar sehr erregt und zornig, denn sie sagte kurz danach zu ihrem Mann, sie werde auf seinem Kopf eine Flasche zerschmettern. Sie war auch nicht zu bewegen, mit ihm zu tanzen.

Dieser Vorfall ereignete sich am 9. Juli 1923 während der Nachmittagsstunden. In der darauffolgenden Nacht, gegen 2 Uhr 30 morgens, hörte ein Gepäckträger, der auf einem der Korridore des Hotels Gepäck entlangfuhr, plötzlich drei rasch aufeinanderfolgende Pistolenschüsse. Er drang in das Zimmer ein, in dem die Schüsse gefallen waren, und sah dort den Ägypter in seinem Pyjama lang ausgestreckt auf dem Boden liegen. Aus seinem Munde sickerte Blut heraus. Neben ihm stand seine junge Frau, die eben einen Browning aus der Hand gelegt hatte; drei leere Patronenhülsen lagen zu ihren Füßen. Als ein Hoteldirektor erschien, rief sie ihm auf französisch zu: »Herrgott, was habe ich getan! Was habe ich getan! Was wird jetzt mit mir geschehen?« Auf die bestürzte Frage des Direktors, was um Gottes willen sie dazu gebracht habe, so etwas Schreckliches zu tun, erwiderte sie: »Ach, Herr Direktor, ich bin seit sechs Monaten verheiratet, das war eine Tortur für mich. Ich habe in dieser Zeit fürchterlich gelitten.« Sie rief dann den Sekretär ihres Mannes in seinem Zimmer an und bat ihn, sofort zu kommen; sie habe ihren Mann erschossen. Einem Hotelangestellten gegenüber äußerte sie: »Ich verlor den Kopf.« Dem Arzt, einem Dr. Gordon, rief sie bei Betreten des Zimmers auf französisch zu: »Ich habe den Abzug dreimal gezogen.« – Es wurde festgestellt, daß sie zum Schutz ihrer Juwelen ständig eine Waffe bei sich führte.

Der dramatische Vorgang wurde von der Londoner Sensationspresse sofort aufgegriffen und aufs ausführlichste kommentiert. Auf

Grund ihrer Äußerungen wurden der Täterin wenig Chancen gegeben, mit einer milden Strafe oder gar einem Freispruch davonzukommen, obwohl sehr bald bekannt wurde, daß die Ehe der jungen Frau ein Martyrium gewesen war. »Die Dame hat vergessen, daß sie nicht in Paris war«, hieß es im Publikum. »Ohne Zweifel wäre sie dort freigesprochen worden – crime passionel – wie man so sagt; in London darf man sich aber nicht so betragen.«

Die Verteidigung übernahm Sir Edward Marshall Hall, und er war sich von Anfang an darüber klar, daß alles darauf ankam, den Charakter des Getöteten und sein Benehmen nach der Eheschließung ins rechte Licht zu rücken. Zu diesem Zweck wurden umfangreiche Nachforschungen in Paris angestellt, und was dabei über den Lebenswandel des jungen Ägypters ermittelt werden konnte, war hervorragend geeignet, die Angaben der Angeklagten über das, was sie an der Seite ihres Mannes erlebt und erlitten habe, vollauf zu bestätigen.

Ein Punkt machte der Verteidigung großes Kopfzerbrechen, nämlich die Frage, ob es richtig sei, das Schwurgericht auf eine aufschlußreiche und bezeichnende Klausel in dem Heiratskontrakt von Madame Fahmy aufmerksam zu machen. Der Ägypter war nach orientalischem Recht befugt, die Scheidung zu jeder Zeit dadurch zu bewirken, daß er seine Frau verstieß. Die junge Frau hatte sich in ihrem Heiratskontrakt ursprünglich das Recht zur Scheidung auch für ihre Person vorbehalten, auf die dringende Bitte ihres Verlobten aber schließlich auf die fragliche Klausel verzichtet.

War es nun für den Verteidiger ratsam, das Schwurgericht mit dieser Klausel bekannt zu machen? Tat er es, so riskierte er, daß das Gericht in diesem Ausschluß jeder Scheidungsmöglichkeit das Motiv der Tat sehen würde. Solange ihr Mann sie nicht freigab, war sie kontraktlich an ihn gebunden; einzig und allein sein Tod konnte ihr zur Freiheit verhelfen.

Auf der anderen Seite zeigte der Ehevertrag aber auch, in welch fürchterliche Situation diese europäische Frau nichtsahnend hineingeraten war, und das konnte dazu führen, bei Gericht Mitleid und Sympathie für sie zu erwecken. Marshall Hall entschied sich schließlich dafür, dem Gericht diese eigenartige Klausel in dem Heiratskontrakt nicht vorzuenthalten.

Die Schwurgerichtsverhandlung begann am 10. September 1923.

Seite an Seite mit den englischen Anwälten sah man einige bekannte ägyptische Strafverteidiger, die von der Familie des Getöteten zu dem Prozeß nach London geschickt worden waren. Sie hatten indes nicht das Recht, in die Verhandlung einzugreifen, und mußten sich mit der Rolle bloßer Beobachter zufriedengeben.

Der Vertreter der Anklage schloß seine Ausführungen mit den Worten: »Personen, die in dieses Land kommen, sind an die Gesetze gebunden, die hier herrschen. Jede Tötung wird als Mord betrachtet, bis das Gegenteil erwiesen ist. Aus ihrem eigenen Munde wissen wir, daß die Angeklagte den Tod ihres Mannes verursachte. Mangels aller Umstände, aus denen etwas anderes geschlossen werden kann, werden Sie sie des Mordes schuldig finden müssen.«

Der Verteidiger stellte in seinen einleitenden Bemerkungen die Behauptung auf, der Ägypter habe seine Frau in ihrem Schlafzimmer mit Erschießen bedroht; in ihrer Angst habe sie nach ihrer Waffe gegriffen und einen Schuß nach dem Fenster hin abgegeben, in der Hoffnung, ihn damit abzuschrecken. Als er dennoch von ihr nicht abgelassen habe, habe sie am Abzug gezogen, sei dabei aber der Meinung gewesen, die Waffe sei nicht mehr geladen. Zu ihrer Überraschung hätte dann ein Schuß gekracht, und ihr Mann habe zu bluten angefangen. Darüber habe sie den Kopf verloren und in totaler Verwirrung noch zwei weitere Schüsse abgegeben.

Als erster Zeuge der Anklage wurde der Sekretär des Getöteten, Said Enani, aufgerufen. Er berichtete, daß sowohl sein Herr wie auch dessen Frau ständig eine Pistole mit sich geführt hätten.

Sir Edward Marshall Hall bemühte sich im Kreuzverhör vier Stunden lang, aus ihm Einzelheiten über das Leben seines Herrn mit der Angeklagten und seine Beziehungen zu anderen Frauen herauszufragen.

»Vor der Polizei haben Sie angegeben, Sie hätten versucht, den Bey von der Heirat abzubringen?« – »Das ist richtig.«

»Sagten Sie, er sei als echter Orientale sehr leidenschaftlich gewesen?« – »Jawohl.«

»War er ursprünglich ganz vernarrt in sie?« – »Jawohl, er war sehr verliebt in sie.«

In diesem Zusammenhang erfuhr das Gericht von dem Zeugen, daß man die Angeklagte nur mittels einer Täuschung nach Kairo gebracht hatte: der Ägypter hatte ihr telegrafieren lassen, er sei lebensgefährlich erkrankt. In Kairo habe man sie dann dazu gebracht, die mohammedanische Religion anzunehmen und auf das Recht zur Scheidung zu verzichten.

Von »Mißhandlung«, »Bedrohung« und »Versklavung« wollte der Zeuge nichts bemerkt haben. Fahmy sei nur »ein bißchen ungütig« zu seiner Frau gewesen. Der Verteidiger benutzte die Gelegenheit, um das Gericht mit einem Brief bekanntzumachen, den der Getötete an seine Schwester geschrieben hatte:

»Ich bin gerade damit beschäftigt, sie zu erziehen. Gestern kam ich beispielsweise nicht zum Lunch und zum Dinner, und ich verließ sie auch im Theater. Das soll sie lehren, wie ich hoffe, meine Wünsche zu respektieren. Mit Frauen muß man energisch umgehen und streng zu ihnen sein.«

Nach Bekanntgabe dieses Briefes legte der Verteidiger dem Sekretär einige konkrete Fragen vor:

»Gab es nicht am 21. Februar eine sehr ernste Szene? Wissen Sie, daß er beim Koran schwor, er werde sie töten?« – »Nein, ist mir unbekannt.«

»Wissen Sie, daß sie ständig in Sorge um ihr Leben war?« – »Das weiß ich nicht.«

Erst nach längerer Befragung erinnerte sich der Zeuge an eine Auseinandersetzung, bei der es Schläge gegeben hatte: Fahmy habe sich nach einem Wortwechsel auf seine Frau gestürzt, ihr einen heftigen Schlag auf das Kinn versetzt und ihr eine Verletzung am Kiefer beigebracht – und zwar alles nur deswegen, weil sie allein ausgegangen war.

Frage des Verteidigers: »Sagte er: ›Ich werde sie zähmen‹?«

Antwort des Zeugen: »Ich weiß nicht, was Sie mit ›zähmen‹ meinen. Er sagte, er werde sehr nett zu ihr sein, falls sie ihm gehorchen wolle.«

»War nicht die Madame Fahmy von 1923 total verschieden von der Madame Laurent von 1922?« – »Vielleicht.« – »War nicht aus der fröhlichen, heiteren, unternehmungslustigen und faszinierenden Frau eine traurige, gebrochene, elende und unglückliche Frau geworden?« – »Sie hatten dauernd Streit miteinander.«

Damit hatte die Verteidigung doch einige wichtige Bekundungen aus dem Zeugen herausgefragt. Das bedeutete um so mehr, als es sich um einen Mann handelte, der von der Familie des Getöteten wirtschaftlich abhängig war und deshalb allen Grund hatte, mit seiner Aussage vorsichtig und zurückhaltend zu sein.

Am zweiten Verhandlungstag wurde ein Schußwaffensachverständiger gehört. Er trug dem Gericht vor, wenn in der Waffe, die die Angeklagte zur Tat benutzt habe, einer Pistole mit Automatik, ein Schuß gelöst worden sei, habe sie sich automatisch selbst wieder geladen. Die Kraft der Explosion jedes abgegebenen Schusses bringe die leere Patronenhülse zum Auswurf und führe zugleich das nächste Geschoß in den Lauf der Waffe. Eine im Umgang mit Waffen unerfahrene Person habe deshalb leicht annehmen können, die Pistole sei nicht geladen.

Das lange Verhör, dem der Sachverständige unterworfen wurde, brachte den Präsidenten des Schwurgerichtes zu der Bemerkung, daß noch viel zu viele Waffen in den Händen der Bevölkerung seien. Man müsse den Tag herbeiwünschen, an dem es zu einer strafbaren Handlung werde, Waffen in Besitz zu haben.

Der Arzt Dr. Gordon, der an den Tatort gerufen worden war, trug weiter zur Entlastung der Angeklagten bei. Am Tage nach dem Vorfall hatte ihm die junge Frau erzählt, wie es zu der verhängnisvollen Auseinandersetzung mit ihrem Mann gekommen war. Sie hatte nach Paris fahren wollen, um sich dort einer schmerzhaften Operation zu unterziehen. Sie hatte jedoch kein Geld, und er hatte ihr verboten, nach Paris zu gehen. Als es zwischen ihnen darüber in der Nacht zum Streit gekommen war, hatte er sie belästigt, gepackt und geschlagen. In der Meinung, er wolle sie umbringen, habe sie schließlich eine Pistole ergriffen, einen Schuß zum Fenster hinaus abgegeben, um den Lauf freizumachen, und ihren Mann damit bedroht, als er nicht von ihr abgelassen habe. Plötzlich habe dann ein Schuß gekracht und ihren Mann getroffen.

Der Arzt schloß seine Aussage mit der Bemerkung, er habe die Angeklagte in einer Situation angetroffen, die ihren Angaben entsprochen habe. – Die Geschworenen fingen an zu begreifen, welches Martyrium die junge Frau durchlebt hatte. –

Nach Abschluß der Vernehmung der Zeugen der Anklage wies der Verteidiger das Gericht darauf hin, wie sehr sich das Verhalten des Getöteten seiner Frau gegenüber geändert habe, nachdem sie ihm in sein Heimatland gefolgt war. Jetzt habe sich gezeigt, daß er im Grunde seines Wesens ein Sadist war, der an dem Leiden seiner

Frau Vergnügen fand. In der Nacht, in der er ein so tragisches Ende gefunden habe, habe er allem Anschein nach vorgehabt, sie zu töten. Sie sei ihm aber zuvorgekommen und habe ihn sich mit der Waffe in der Hand vom Leibe gehalten. Wenn irgend jemand in legitimer Notwehr gehandelt habe, dann sei sie es gewesen.

Als Zeugin in eigener Sache schilderte die Angeklagte sodann, wie rasch sich ihre Situation in Kairo nach erfolgter Eheschließung verändert hatte. Schon Ende Januar habe es eine schwere Auseinandersetzung gegeben, und dabei habe ihr Mann die Hand auf den Koran gelegt und gesagt: »Ich schwöre bei dem Koran, daß ich dich töten werde und daß du von meiner Hand sterben sollst.« Sie habe von diesem Vorfall sofort ihrem Anwalt Nachricht gegeben und eine Mitteilung darüber in einem versiegelten Brief zu Papier gebracht.

Auf einer Reise nach Luxor habe er dann seine Einschüchterungsversuche wieder aufgenommen. Eines Tages habe er sogar eine Waffe über ihrem Kopf abgefeuert.

Frage des Verteidigers: »Wie war das Verhalten Ihres Mannes, als Sie zu Ihrer Jacht zurückkehrten?« – »Als ich auf der Jacht ankam, fing er an, mich zu schlagen.« Diese Mißhandlungen seien von ihm später bei den verschiedensten Gelegenheiten fortgesetzt worden, und sehr bald seien Spuren davon an ihrem ganzen Körper zu sehen gewesen. In London habe er gedroht, er werde sie in die Themse werfen, und dabei ausgerufen: »Ich bin deiner so überdrüssig!«

Als ihr Mann dann in der bewußten Nacht gedroht habe, sie zu töten, und Anstalten gemacht habe, diese Drohung in die Tat umzusetzen, habe sie zunächst versucht, ihn mit der Waffe in der Hand zur Vernunft zu bringen. Erst nachdem er von ihr nicht abgelassen habe, habe sie einen Schuß abgegeben, und zwar in Richtung auf das Fenster. Ganz gegen ihre Erwartung – sie habe nie vorher aus einer Waffe einen Schuß abgegeben – sei dann ein neuer Schuß losgegangen und ihr Mann tödlich verwundet worden.

Frage des Verteidigers: »Was für eine Vorstellung hatten Sie von dem Zustand der Waffe, nachdem der erste Schuß losgegangen war?« – Die Angeklagte: »Nachdem der erste Schuß losgegangen war, hielt ich die Waffe für ungefährlich.«

Gegen 1 Uhr nachts sei ein schweres Gewitter niedergegangen, und sie habe sich deshalb noch nicht schlafen gelegt. Eine halbe Stunde später sei ihr Mann zu ihr in das Schlafzimmer gekommen und habe sie barsch aufgefordert, ihm in sein Zimmer zu folgen. Dort habe er angefangen, ihr die Kleider vom Leib zu reißen. Sie habe sich losgerissen und sei zum Telefon geeilt. Er habe sie bei den Armen gepackt und ihr ins Gesicht geschlagen. Dann habe er ihr an die Kehle gegriffen und ihr die Luft abgeschnürt. Sie habe sich losgerissen, er aber habe Anstalten gemacht, sich erneut auf sie zu stürzen, und dabei ausgerufen: »Ich werde dich töten!« Zu Tode erschrocken, habe sie die Pistole aufgenommen und den Abzug zurückgezogen. Was dann geschah, sei ihr nur nebelhaft bewußt. Insbesondere habe sie keinerlei Erinnerung daran, wie oft die Pistole noch losgegangen sei.

Die Angeklagte betonte erneut, sie habe die Pistole für ungeladen gehalten.

Als sie ihren Mann auf dem Fußboden habe liegen sehen, sei sie niedergekniet, habe seine Hand ergriffen und ihn angefleht: »Liebling, es ist nichts. Sprich, oh, sprich zu mir.«

Der Anklagevertreter richtete im Kreuzverhör die Frage an die Angeklagte: »Fürchteten Sie, er werde Sie während jener Nacht töten?« – »Jawohl, ich fürchtete das.« Ihr Mann sei immer rasender geworden.

Der Gedanke an eine Scheidung sei ihr gekommen, weil er sie so schlecht behandelte: »Ich hatte nicht den Wunsch, einem Manne anzugehören, der mich schlagen und einschließen konnte.« Da sie selbst aber auf das Recht zur Scheidung verzichtet hatte, habe alles von seiner Willkür abgehangen.

Großen Eindruck machte die Verlesung des versiegelten Briefes, den die Angeklagte am 22. Januar 1923 von Luxor aus ihrem Anwalt geschickt hatte:

»Ich, Marie Marguérite Alibert, ... klage im Falle meines Todes ... förmlich Ali Bey Fahmy an, zu meinem Verschwinden beigetragen zu haben. Gestern, am 21. Januar 1923, um 3 Uhr nachmittags, nahm er seine Bibel oder seinen Koran ..., küßte ihn, legte seine Hand darauf und schwor, sich an mir zu rächen – morgen, in acht Tagen, in einem Monat, in drei Monaten; jedenfalls müsse ich von seiner Hand verschwinden. Dieser Eid wurde geleistet ohne irgendeine Veranlassung – weder wegen Eifersucht noch wegen schlechten Betragens noch wegen einer Szene auf meiner Seite. Ich wünsche und fordere Gerechtigkeit für meine Tochter und meine Familie.«

In seinem Plädoyer betonte der Verteidiger, es gebe im vorliegenden Falle nur zwei Möglichkeiten: entweder handelte es sich um einen vorbedachten, überlegten, feigen Mord, oder aber es war ein Schuß, der sich aus einer Waffe löste, welche die Täterin für ungeladen hielt. »Ihr großer Fehler – vielleicht der größte, den eine Frau machen konnte – war, als Frau aus dem Westen einen Orientalen zu heiraten. Es war ja doch allgemein bekannt, daß die Behandlung der Frauen im Orient sich nicht mit den Vorstellungen im Einklang befindet, die die aus dem Westen stammende Frau hat . . .«

Die Angeklagte sei von ihrem Mann entwürdigend behandelt worden – er habe sie geschlagen und beleidigend behandelt, um seiner Umgebung zu zeigen, welche Macht er über diese Frau aus dem Westen habe. Er habe alles getan, um ihren Willen zu brechen und sie zu seiner Sklavin zu machen. Kein Wunder, daß es schließlich zu einer solchen Tragödie gekommen sei.

Der Vertreter der Anklage erklärte in seinen Schlußausführungen, es sei jetzt seine Aufgabe, die Geschworenen aus der theatralischen Atmosphäre, in welche die Hauptverhandlung hineingeraten sei, zurück zu den Tatsachen zu führen. Auf den Getöteten sei ein so schlechtes Licht geworfen worden, daß man bei Gericht versucht sein könnte anzunehmen, er habe sein Schicksal verdient und die Welt sei einen nichtsnutzigen, brutalen Menschen losgeworden. So sei es aber auch nicht. Was die Angeklagte betreffe, so habe sie behauptet, sie verstehe nichts von Waffen. In Wahrheit aber habe sie eine Pistole Jahre hindurch besessen. Der Umstand, daß sie einen Schuß durch das Fenster abgegeben habe, spreche ebenfalls nicht dafür, daß sie im Umgang mit Waffen völlig unerfahren gewesen sei. Ganz so eindeutig, wie die Verteidigung behaupte, liege der Fall jedenfalls nicht.

Der Richter legte in seinem Schlußresümee den Nachdruck darauf, daß die Angeklagte in ihrer Einlassung nie geschwankt hatte. Unmittelbar nach der Tragödie – insbesondere dem Arzt gegenüber – habe sie genau das gleiche erklärt wie später.

Der Richter ließ im übrigen alle Möglichkeiten offen. Sein Hinweis auf den Brief aus Luxor mit der Morddrohung des Mannes ließ jedoch deutlich erkennen, wohin er tendierte: auf Freispruch wegen wirklicher oder vermeintlicher Notwehr.

Die Geschworenen berieten etwas über eine Stunde. Dann wurde die Schuldfrage sowohl für Mord wie für Totschlag verneint. Die Angeklagte wurde daraufhin sofort in Freiheit gesetzt.

Das Publikum brach in einen Beifallssturm aus. In der Londoner Presse wurde der Freispruch einstimmig gebilligt. Die ägyptische Rechtsanwaltschaft aber richtete an den Ersten Kronanwalt ein Protesttelegramm, in dem behauptet wurde, Sir Edward Marshall Hall habe durch seine verallgemeinernden Behauptungen nicht nur alle Männer Ägyptens, sondern alle Männer im Vorderen Orient beleidigt.

Schrifttum: Edward Marjoribanks, The Life of Sir Edward Marshall Hall. London 1929, S. 434 ff.; die Londoner Tageszeitungen.

Berufsrisiko des Frauenarztes

Der Fall Dr. Pardhy

Während des Krieges ereignete sich in Birmingham ein Fall, der einen angesehenen Arzt in gefährlichen Verdacht brachte. Es handelte sich um einen Inder namens Dr. K. M. Pardhy. Er betrieb seit 35 Jahren in Birmingham eine Praxis als Frauenarzt.

Am Abend des 10. Juni 1943 teilte ein praktischer Arzt dem zuständigen Gerichtsmediziner, einem Professor Webster, telefonisch mit, einer seiner Patienten, ein Mr. Pearson, habe ihm gemeldet, seine 35jährige Ehefrau sei von dem Frauenarzt, den sie aufgesucht hatte, während einer Untersuchung sexuell mißbraucht worden. Dieser Arzt, der oben erwähnte Dr. Pardhy, hatte bei der Frau früher einmal eine Schwangerschaftsunterbrechung aus medizinischer Indikation vorgenommen. Er hatte sie später auch bei Anwendung empfängnisverhütender Mittel beraten. Die Frau und der Arzt waren also schon lange miteinander bekannt. Da bei ihr Unterleibsbeschwerden aufgetreten waren, hatte sie ihn erneut aufgesucht, und dabei sollte nun dieser Angriff auf ihre Geschlechtsehre erfolgt sein.

Die Beschuldigung traf einen Arzt, der als besonders tüchtig galt und bei der Bevölkerung der Stadt Birmingham großes Ansehen genoß. Belastend für ihn war, daß er vor Jahren schon einmal unter der Beschuldigung gestanden hatte, einem jungen Mädchen zu nahe getreten zu sein. Dieser Vorfall sollte sich seinerzeit ebenfalls während einer Behandlung zugetragen haben. Es war damals zu einer Schwurgerichtsverhandlung gekommen, der Arzt war aber freigesprochen worden.

Nach Einschaltung der Polizei wurde Professor Webster beauftragt, sofort die nötigen Ermittlungen anzustellen. Noch am gleichen Abend begab sich der Arzt zu der Frau und untersuchte sie. Es ergab sich, daß sie während des Tages Geschlechtsverkehr gehabt hatte und außerdem schwanger war. Nach kurzer Beratung mit dem Chef der Birminghamer Strafverfolgungsbehörde wurde Haftbefehl gegen Dr. Pardhy erlassen. Mit ihm versehen begaben sich sieben Polizeibeamte kurz vor Mitternacht zu dem Haus des Arztes, holten ihn aus dem Bett heraus, erklärten ihn für verhaftet und unterzogen ihn trotz der späten Nachtstunde einem peinlichen Verhör. Er stritt dabei alles ab. Die Rücksichtslosigkeit, mit der die Polizeibeamten vorgingen, wurde später von der Verteidigung heftig angegriffen. Den Polizeibeamten lag vor allem daran, die Kleidungsstücke zu fassen, die der Arzt tagsüber getragen hatte, außerdem ein Handtuch, das er während der Untersuchung benutzt hatte. Hätte man diese Gegenstände nicht sofort sichergestellt, wären sie in die Reinigung oder in die Wäsche gewandert und als Beweisstücke ausgeschieden. Die gesuchten Gegenstände konnten dann auch sichergestellt werden.

Auf der Polizeistation beteuerte der Arzt erneut seine Unschuld. »Es ist alles falsch und erlogen.« Weitere Erklärungen werde er nur in Gegenwart seines Anwalts abgeben.

Der Anwalt, dessen Unterstützung sich der Arzt gesichert hatte, beanstandete sofort das rücksichtslose Vorgehen der Polizei und das Fehlen eines Durchsuchungsbefehls. In der Tat war hier manches nicht in Ordnung gewesen.

Die Vorverhandlung, die am Montag, dem 28. Juni 1943, vor der Anklagejury in Birmingham stattfand, fand beim Publikum großes Interesse. Die Mehrheit der Zuhörer im Verhandlungssaal bestand aus Frauen. Mr. Pugh, der zuständige Prosecutor (Anklagevertreter), hatte die Verhandlung gründlich vorbereitet und ein Modell des Hauses von Dr. Pardhy und seines Behandlungsraumes anfertigen lassen.

Der angeklagte Arzt, Krishna Morishwar Pardhy, 68 Jahre alt, nahm auf der Anklagebank Platz, erklärte sich für nichtschuldig und hörte sich dann an, was ihm vom Vertreter der Anklage vorgeworfen wurde.

Der Richter, Lord Ilkeston, begann die Verhandlung mit der Bemerkung: »Achtbare Frauen sollten eigentlich keinen Wert darauf legen, sich die Details dieser Sache anzuhören. Sie haben jetzt Gelegenheit, den Verhandlungsraum zu verlassen.« Niemand rührte sich vom Platz. Der Anklagevertreter sagte, als alles sitzen blieb, der Richter habe ja doch die Möglichkeit, die Öffentlichkeit auszuschließen. Das wollte Lord Ilkeston jedoch nicht, und so verfügte er schließlich: »Leute, die so etwas gern hören, können bleiben.«

Mr. Pugh, der Anklagevertreter, legte dem Gericht jetzt den Fall dar. Bei der Anzeigeerstatterin, Mrs. Pearson, handle es sich um eine junge Frau von 35 Jahren. Sie sei seit 13 Jahren verheiratet und habe ein Kind von elf Jahren. Ihr Ehemann sei von Beruf Ingenieur und verdiene pro Jahr etwa 800 Pfund. Es handle sich um achtbare Leute, denen niemand Glaubwürdigkeit absprechen könne. Es sei für die Frau gewiß kein leichter Entschluß gewesen, mit ihrer Anzeige hervorzutreten und später vor Gericht zu erscheinen, sie habe die Unannehmlichkeit eines Strafverfahrens aber offenbar deshalb auf sich genommen, weil sie der Überzeugung sei, daß sie damit der Öffentlichkeit einen Dienst erweise.

Der Anklagevertreter ging dann dazu über, die Beziehungen zwischen dem Arzt und der jungen Frau zu schildern. Vor fünf Jahren sei sie zum erstenmal in Kontakt mit ihm gekommen. Ihr Hausarzt hatte sie zu ihm geschickt, damit er an ihr einen Eingriff vornehme. Im Januar 1943 habe sie sich von ihm untersuchen lassen und sei dann im Mai noch einmal zu ihm gegangen.

Bei der Untersuchung, die am 10. Juni zu der Verhaftung des Arztes geführt hatte, hatte ihr Ehemann im Behandlungsraum jenseits einer spanischen Wand gesessen. Für ihre Untersuchung hatte sie sich auf die Seite legen müssen. Der Arzt hatte dabei hinter ihr gestanden, um mit den (behandschuhten) Fingern seiner rechten Hand die Untersuchung vornehmen zu können. Plötzlich sei sie gewahr geworden, daß er im Begriff war, sich an ihr zu vergehen. Sie sei daraufhin aufgefahren und habe ihren Mann um Hilfe gerufen. Er sei hinter der spanischen Wand hervorgestürzt und habe gesehen, daß der Arzt ein Handtuch vor seine Hose gehalten habe. Er habe das Handtuch beiseite gestoßen und dabei wahrgenommen, daß sein Hosenschlitz offen war. Daraufhin habe er den Arzt an den Handgelenken gepackt, ihn als »Schwein« bezeichnet und dann mit seiner Frau das Haus verlassen. Professor Webster habe einige Stunden später bei der Zeugin Spuren geschlechtlichen Verkehrs festgestellt, und das habe die Verhaftung des Arztes herbeigeführt.

Der Anklagevertreter sagte zusammenfassend, es liegen dreierlei

Beweise vor: die Aussage der Frau, die Aussage des Mannes und das Ergebnis der ärztlichen Untersuchung. Damit sei die Grundlage für eine Anklageerhebung geschaffen.

Man werde nun vielleicht sagen, daß so etwas undenkbar sei – ein Angriff auf die Geschlechtsehre einer Frau in unmittelbarer Nähe ihres Ehemannes. Die tägliche Erfahrung zeige aber, daß auf diesem Gebiete alles geschehen könne. Daß die Frau an Wahnvorstellungen leide, habe noch niemand behauptet. Es spreche auch nichts dafür, daß sich die beiden verabredet hätten, bei dem Arzt Geld zu erpressen. Es sei auch sonst kein Grund ersichtlich, der die Frau bewogen haben könnte, die Unwahrheit zu sagen. Das vorliegende Beweismaterial sei einwandfrei und schlüssig, und die Anklagejury werde deshalb nicht umhin können, den Häftling zur Aburteilung an die Urteilsjury zu überweisen.

Anschließend sorgte der Anklagevertreter dafür, daß die zuständigen Polizeibeamten die Richtigkeit der Modelle, Pläne und Fotografien beschworen, die sie auf seine Veranlassung vom Tatort angefertigt hatten. Der Richter ließ es dabei aber nicht bewenden, begab sich vielmehr in der Mittagspause selbst in das Haus des Angeklagten und nahm dort dessen Behandlungszimmer in Augenschein.

Nach Wiedereintritt in die Verhandlung wurde die Anzeigeerstatterin eingehend zur Sache vernommen. Sie machte einen ziemlich erschöpften Eindruck, deshalb wurde ihr gestattet, während ihrer Vernehmung sitzen zu bleiben.

Sie berichtete, sie habe den Arzt zum erstenmal vor acht Jahren aufgesucht. Aus dieser ersten Berührung hätten sich freundschaftliche Beziehungen zwischen ihnen entwickelt, die sich im Laufe der Zeit auf die Familien ausgedehnt hätten. Bei einer ihrer früheren Konsultation sei ihr schon einmal etwas verdächtig vorgekommen.

Am 10. Juni habe sie dann bemerkt, daß etwas nicht in Ordnung sei, ihren Mann herbeigerufen und ihn ins Bild gesetzt. Dieser habe Dr. Pardhy dann »Schwein« genannt. Der Arzt habe bestritten, irgend etwas Unrechtes getan zu haben und ausgerufen: »Ich habe eine schöne Frau und zwei reizende Kinder.« Darauf habe ihr Mann erwidert: »Und ich habe auch eine Frau und ein Kind.« Als sie im Begriff gewesen sei wegzugehen, habe der Arzt gesagt: »Denken Sie nicht schlecht von mir; ich war gut zu Ihnen, als Sie von Krankheit heimgesucht wurden.«

Im Kreuzverhör kam der Verteidiger des Angeklagten sogleich auf den Verdacht zu sprechen, den die Zeugin in bezug auf eine frühere Konsultation geäußert hatte.

»Sie behaupten, Dr. Pardhy sei Ihnen bei einer früheren Konsultation schon einmal zu nahegetreten?« – »Allerdings.«

»Wobei ebenfalls Ihr Ehemann ein paar Fuß von Ihnen entfernt war?« – »Jawohl.«

»Sie sind eine verheiratete Frau mit zehnjähriger Erfahrung?«

»Dreizehneinhalb Jahren jetzt.«

»Sind Sie richtig im Kopf?« – »Allerdings.«

»Meinen Sie, irgendeine verheiratete Frau würde eine solche Geschichte erzählen?«

Hier griff nun der Richter ein und nahm die Zeugin gegen diese schroffe Art der Vernehmung in Schutz.

Der Anwalt setzte nach einer kurzen Pause die Vernehmung fort.

»Warum war es Ihr Wunsch, daß Ihr Gatte bei der Untersuchung am 10. Juni zugegen war?«

»Ich fühlte mich wohler, wenn er da war.«

»Bitte nichts beschönigen. Geben Sie zu, daß Sie mit nichts Unrechtem rechneten, als Sie zu der Untersuchung gingen?« – »Allerdings.«

»Waren Sie an jenem Tag sehr nervös?« – »Nein.«

Nach Verlauf von dreieinhalb Stunden wurde die Vernehmung der Zeugin abgebrochen und die Verhandlung auf den nächsten Morgen vertagt.

Vor dem Wiedereintritt in die Beweisaufnahme gab der Richter bekannt: »Der Saal muß von allen Personen verlassen werden, bei denen kein ausreichender Grund vorhanden ist, den Rest der Aussage der Frau mitanzuhören.« Diese Weisung wurde vom Clerk dahin erläutert, daß sie nicht für Verwandte gelte. Die meisten Zuhörer entfernten sich daraufhin. Als der Richter gefragt wurde, ob eine Anzahl Medizinstudenten, die der Fall sehr interessiere, kommen dürften, entschied der Richter: »Sie mögen zu ihrer Ausbildungsstätte gehen, wenn sie etwas erfahren wollen. Hierher können sie nicht kommen.«

Der Verteidiger nahm jetzt das Kreuzverhör wieder auf.

»Ich bin der Meinung, daß es für Dr. Pardhy nicht möglich war, die ihm nachgesagte Straftat zu verüben.« – »Das bestreite ich.«

»Als Sie Ihren Mann anriefen, kam er dann hinter der spanischen Wand hervor und sagte: ›Was machen Sie mit meiner Frau?‹« – »Nein.«

»Hörten Sie nicht Ihren Mann sagen: ›Ich werde Sie dafür bezahlen lassen. Das hat mich schon 20 Guineas gekostet?‹« – »Nein.«

»Drohte er mit der Polizei?« – »Ja.«

Jetzt ging der Anwalt dazu über, die Glaubwürdigkeit der Zeugin in Zweifel zu ziehen.

»Auf diesem Blatt ist der Name einer Frau zu lesen. (Es war der Name einer Mrs. Boswell.) Kennen Sie den Ehemann dieser Frau?«

»Es handelt sich um Freunde unserer Familie.«

»Schenkte der Mann dieser Frau Ihnen große Aufmerksamkeit?«

»Nicht, daß ich wüßte. Er war freundlich zu mir.«

»Hat sich Mrs. Boswell bei Ihnen beklagt, daß Sie ihr die Gefühle ihres Mannes entfremdet hätten?« – »Nein.«

Da griff der Richter ein und fragte: »Wirklich nicht?«

»Sie kam eines Tages zu uns und sagte etwas über ihren Mann. Sie meinte, er widme mir zuviel Aufmerksamkeit.«

»Ich behaupte, sie hat sich oftmals beklagt«, warf der Anwalt ein. Das bestritt die Zeugin.

»Vielleicht sagen Sie jetzt endlich, was vorgefallen ist.«

»Soweit ich mich erinnern kann – es ist lange her –, sagte ich zu ihr: ›Wir sind alle befreundet miteinander, und du hast keinen Anlaß, beunruhigt zu sein.‹«

Der Verteidiger präzisierte noch einmal seine Frage: »Beklagte sie sich darüber, daß Sie – die Zeugin – ihrem Mann zuviel Aufmerksamkeit gewidmet hätten?« – »Nein.«

»Oder ermutigt?«, sagte der Richter. – »Nein.«

»Verließ ihr Mann sie und zog zu Ihnen?«

»Nein. Die Frau ging zu einer Tante. Sie und ihr Mann waren in finanzielle Schwierigkeiten geraten. Mein Mann bot ihrem Mann eine Unterkunft bei uns an. Er verschaffte ihm bei seiner Firma einen Arbeitsplatz.«

»Wie lange blieb er bei Ihnen?«

»Ungefähr sechs Monate.«

Der Verteidiger griff jetzt einen anderen Punkt auf.

»Haben Sie irgendwann einmal schon einen anderen Mann wegen unsittlicher Zumutungen bei der Polizei angezeigt?«

»Nein. Vor drei Jahren zeigte ich einen Mann an, der mich geküßt und in einen Stuhl gestoßen hatte.«

»Welches waren die Umstände, unter denen dieser Angriff geschah?«

»Der Mann war mir fremd. Er wollte unser Haus besichtigen, weil er vorhatte, ein ähnliches Haus in der Nähe zu kaufen, das gerade gebaut wurde. Nachdem er sich das Haus angesehen hatte, folgte er mir in die Küche, drückte mich auf einen Stuhl hinunter und küßte mich. Das war alles. Er wurde wohl von der Polizei verwarnt.«

»Sie sagen, das Verhalten von Dr. Pardhy habe schon bei früherer Gelegenheit Ihren Verdacht erregt? Was taten Sie daraufhin?«

»Nichts.«

Auf diese Antwort setzte sich der Verteidiger und überließ die Zeugin dem Vertreter der Anklage zum Rückverhör.

»Sie sagen, Sie hätten bei jener früheren Gelegenheit nichts getan. Erwähnten Sie den Vorfall irgend jemand gegenüber?«

»Ja, ich erzählte meinem Mann davon.«

»Und was sagte er daraufhin?«

»Er sagte: ›Dr. Pardhy genießt einen zu guten Ruf, um so etwas zu tun.‹« – »Und dann?«

»Dann strich ich den Vorfall aus meinem Gedächtnis.«

Nach diesem Intermezzo rief Mr. Pugh den Ehemann als Zeugen auf. Er bat, ihm zu schildern, was er hinter der spanischen Wand wahrgenommen habe.

»Ich hörte meine Frau sagen: ›Ich muß jetzt aufstehen!‹ Dr. Pardhy erwiderte: ›Nein, nein, bleiben Sie liegen, es ist alles in Ordnung!‹ Meine Frau bestand darauf, daß sie aufstehen müsse und rief mich beim Namen.«

»Ich trat sofort hinter der spanischen Wand hervor. Meine Frau sagte: ›Sieh' dir das an!‹ und wies auf Dr. Pardhy. Er fuhr mit einem weißen Handtuch vor sich hin und her. Sein Hosenschlitz war offen.«

»Ich packte ihn an den Handgelenken, gab rasch das linke wieder frei und bedrohte ihn mit meiner rechten Faust. Dann nannte ich ihn ein ›Schwein‹. Er wurde sehr erregt und sagte: ›Nein, nein. Ich habe nichts getan.‹ Ich erwiderte: ›Sie haben eben meine Frau gar nicht untersucht.‹ Er entgegnete: ›Ihre Frau ist neurotisch und bildet sich ein, sie sei schwanger.‹ Ich sagte dem Doktor auf den Kopf zu, er habe eben doch Verkehr mit meiner Frau gehabt. Er bestritt das und sagte: ›Aber nicht doch, Sie verstehen nicht. Ich bin ein alter Mann und leide an einer vergrößerten Prostata!‹«

An dieser Stelle wurde die Vernehmung des Zeugen unterbrochen. Professor Webster, der Gerichtsmediziner, war erschienen. Seine Anhörung mußte eingeschaltet werden, weil er durch andere Termine in seiner zeitlichen Disposition beschränkt war.

Der Anklagevertreter wollte zunächst von ihm wissen, in welchem Zustand er Mrs. Pearson vorgefunden hatte. Er habe zweierlei festgestellt, sagte der Professor. Einmal, daß die junge Frau schwanger war, und zweitens, daß jemand mit ihr einige Stunden vor der Untersuchung intim zu tun gehabt hatte.

»Sie fanden, daß sie schwanger war?«, fragte ihn der Anklagevertreter. – »Jawohl.«

»Und was würden Sie gedacht haben, wenn der Angeklagte – wie ihm nachgesagt wird – bemerkt hätte: ›Ihre Frau ist neurotisch und bildet sich nur ein, sie sei schwanger?‹«

»Ich bin kein Experte in Gynäkologie, aber ich konnte in diesem Falle unschwer eine Schwangerschaft feststellen und kann nicht verstehen, wieso Dr. Pardhy keine Schwangerschaft hat feststellen können, wo er sie doch zu diesem Zwecke untersucht hat.«

»War unter den gegebenen Umständen ein Angriff auf die Geschlechtsehre der Frau möglich?«

»Die Frau lag, wie festgestellt wurde, auf einer Couch im Behandlungsraum. In dieser Lage wäre sie nicht imstande gewesen zu sehen, was vor sich ging. Ich sehe keinen Grund, warum Mr. Pardhy die Tat unter den gegebenen Umständen nicht hätte begehen können.«

»Die Geschichte, die uns hier aufgetischt worden ist, ist aber doch ganz unmöglich«, warf der Verteidiger ein.

»Ich bin anderer Auffassung«, sagte Professor Webster.

Am nächsten Tag wurde das Publikum wieder ohne Beschränkung zugelassen. Der Anklagevertreter setzte das Verhör des Ehemannes fort.

»Meine Frau rief mir zu: ›Nimm mich hinweg!‹, und ich erwiderte: ›Gut, dann komm mit!‹ Dr. Pardhy äußerte sinngemäß etwa: ›Ich habe eine schöne Frau und Kinder und genieße einen sehr guten Ruf. Ich würde so etwas nicht tun!‹ Ich erwiderte ihm: ›Doktor, wenn Sie so etwas tun würden, wären Sie ein Narr, ich weiß aber, daß Sie es getan haben.‹ Der Arzt hat mir beim Fortgehen noch die Hand geben wollen, ich habe sie aber beiseite gestoßen, die Tür geöffnet und mich entfernt. Auf dem Wege zum Wagen ist der Arzt noch einmal zu mir gekommen und hat zu mir gesagt: ›Bitte denken Sie daran, daß ich Ihnen ein sehr guter Freund war, als Sie von Krankheit heimgesucht wurden, Sie müssen deshalb freundlich von mir denken.‹ Ich entgegnete: ›Dr. Pardhy, Ihr Benehmen bestätigt Ihre Schuld.‹ Ich sagte ihm guten Abend, und er bat mich noch einmal, ohne Groll an ihn zurückzudenken und nicht zu vergessen, daß er Frau und Kinder habe. Ich sagte nur: ›Sie werden von mir hören.‹«

Er und seine Frau seien dann schnurstracks zu ihrem Hausarzt gefahren, der aber gerade nicht zu Hause gewesen sei. Er habe sie dann aber aufgesucht. Nach kurzer Rücksprache sei er mit dem Arzt zur Polizei gegangen und habe Anzeige erstattet. Man habe Professor Webster herbeigeholt, der seine Frau sofort untersucht habe.

Im Kreuzverhör brachte der Verteidiger wieder die Sprache auf den Verdacht, den die Anzeigeerstatterin bei einer früheren Untersuchung geschöpft haben wollte.

Der Zeuge bestätigte, daß seine Frau einen solchen Verdacht geäußert hatte. Er hatte sie beruhigt: »Liebling, das ist absurd. Er würde so etwas nicht tun. Wie kannst du so etwas annehmen?«

»Ich fühlte aber doch seinen Anzug. Es muß sein Ärmel gewesen sein.« Er – der Zeuge – habe ihr das ausgeredet, und beide hätten die Sache dann rasch vergessen.

»Drohten Sie dem Angeklagten am Nachmittag des 6. Juni an, etwas gegen ihn zu unternehmen?« – »Ja.«

»Sagten Sie zu ihm: ›Ich höre, daß schon eine ähnliche Beschuldigung gegen Sie erhoben worden ist?‹« – »Ja.«

»Von wem erfuhren Sie das?« – »Vor 18 Monaten von Geschäftsfreunden.«

»Sagten Sie etwas davon Ihrer Frau?« – »Ja.«

Nach Schluß der Beweisaufnahme erklärte der Verteidiger, das beigebrachte Beweismaterial sei unzureichend. Kein Schwurgericht werde daraufhin eine Verurteilung wagen: »Hier wird jemand eines Angriffs auf die Geschlechtsehre einer Frau beschuldigt, der unter den sonderbarsten je vorgekommenen Umständen geschehen sein soll – eines Angriffs auf eine Frau, die durch Gewalt oder Drohung nicht eingeschüchtert worden ist, eine Frau, die sagt, sie habe es gar nicht empfunden, daß sie geschändet worden sei. Auch ihr Mann, der zwei Fuß von ihr entfernt saß, hatte keine Vorstellung, daß ein solcher Angriff begangen wurde.«

Lord Ilkestone, der vorsitzende Richter, war anderer Ansicht. Er meinte, der Beweis des ersten Anscheins sei geführt. Deshalb müsse jetzt die Urteilsjury mit der Sache befaßt werden. So wurde denn auch entschieden.

Die Hauptverhandlung vor der Urteilsjury begann schon am 26. Juli 1943, also kaum sechs Wochen nach dem Vorgang, der zu der Anklage geführt hatte. Die englische Strafjustiz arbeitete auch in diesem Fall sehr viel rascher als die kontinentale Justiz. Inzwischen war etwas geschehen, was für den Ausgang der Sache unter Umständen von entscheidender Bedeutung werden konnte.

Eine Frau, die den Arzt und seine Familie gut kannte, hatte in der Zeitung von dem Prozeß gelesen und davon ihrem Sohn geschrieben, der in einem Gefängnis eine militärische Freiheitsstrafe abdiente. Er schrieb am 15. Juli 1943 einen Brief an Mrs. Pardhy, worin er ihr mitteilte, er sei mit der Frau, die jetzt ihren Mann in so große Bedrängnis gebracht habe, einige Wochen in freundschaftlichem Verkehr gestanden und habe mit ihr dabei mehrfach geschlechtlich zu tun gehabt. Einmal habe er mit ihr eine Nacht in einem Hotel verbracht. Der Verfasser dieses Briefes wurde daraufhin zur Hauptverhandlung geladen und nach Birmingham gebracht.

In kriegsbedingter Weise war das Schwurgericht nur mit acht Geschworenen besetzt, unter denen sich drei Frauen befanden. Die Anklagevertretung leitete ein Barrister namens Paull, dem ein zweiter Anwalt als Gehilfe zur Seite stand, und auch die Verteidigung wurde von zwei Anwälten wahrgenommen. Den Vorsitz hatte ein Richter namens Wrottesley inne.

Mr. Paull trug zunächst den Fall vor, so wie er sich nach dem Ergebnis der Beweisaufnahme vor der Anklagejury darstellte. Er sagte dann, zu den Geschworenen gewandt: »Es sind von Ihnen zwei Fragen zu beantworten. Liegt bei der Zeugin und ihrem

Mann nicht vielleicht ein Mißverständnis vor? Mehr noch: woher wissen wir, daß es sich nicht um eine bewußt erfundene Geschichte handelt?« Darauf hinzuweisen sei, daß keinerlei Gewalt angewandt worden sei; jedenfalls habe niemand davon gesprochen.

Für die Möglichkeit, daß die Eheleute etwas in die Welt gesetzt hätten, was nicht stimme, sprächen die Umstände allerdings nicht. Denn bei Bösgläubigkeit wären sie nicht zu einem anderen Arzt und erst recht nicht zur Polizei gegangen. Das Verhalten des Ehepaares nach Verlassen des Hauses von Dr. Pardhy schließe also unlautere Pläne und Absichten aus.

Professor Webster habe dann festgestellt, daß die Frau Geschlechtsverkehr gehabt hatte. Auf der Wäsche, die die Polizei sichergestellt hatte, waren Spuren menschlicher Samenflüssigkeit zu sehen. Die junge Frau hätte zwar selbst keine sicheren Wahrnehmungen gemacht – warum aber sollte nicht trotzdem etwas vorgefallen sein?

Wenn man all das zusammenfasse, bleibe kein vernünftiger Zweifel übrig, daß an jenem Nachmittag doch eine strafbare Handlung verübt worden sei.

Als erste Zeugin wurde Mrs. Pearson vorgerufen. Sie wiederholte das, was sie früher schon ausgesagt hatte. Der Verteidiger griff im Kreuzverhör noch einmal den Verdacht auf, den sie in bezug auf eine frühere Untersuchung geäußert hatte.

»Wollen Sie behaupten, daß Dr. Pardhy Sie schon einmal im Januar 1943 mißbraucht hat?« – »Nein, das will ich nicht sagen.«
»Sagen Sie, daß er keinen Verkehr mit Ihnen gehabt hat?«
»Soweit ich weiß, hatte er keinen.«
»Hatten Sie nach jener Visite irgendeinen Verdacht, daß etwas Unrechtes geschehen war?«
»Ich erzählte meinem Mann, ich hätte seine Kleidung an meinem Körper gespürt.«
»Was sagte er dazu?«
»Er sagte, es müsse sein Rockärmel gewesen sein. Dr. Pardhy habe einen zu guten Ruf, um so etwas zu tun.«

Der Verteidiger ging jetzt auf die Geschichte von der Frau ein, die sich darüber beklagt hatte, die Zeugin schenke ihrem Mann zuviel Aufmerksamkeit. Eines Tages habe sie bei der Polizei einen Mann angezeigt, der ihr unsittliche Anträge gemacht habe.

Jetzt holte der Verteidiger zu dem – wie er meinte – entscheidenden Schlag gegen die Zeugin aus, auf deren Aussage die Anklage in erster Linie beruhte. Der junge Mann wurde aufgerufen, der mit ihr zu tun gehabt haben wollte. Er hieß Ernest Boucher. Er erschien, von einem Wärter begleitet. Der Richter sagte: »Man kann sehen, woher er kommt; er ist jetzt im Gefängnis.«

Der Verteidiger fragte Mrs. Pearson: »Kennen Sie diesen Mann?« – »Nein.« – »Haben Sie ihn irgendwo gesehen?« – »Nicht, daß ich wüßte.« –

»Trafen Sie ihn im August 1942 in Grey's Café?« – »Nein.« »Ich meine, Sie hätten mit diesem Mann eine Nacht geschlafen?« – »Ich bin mit diesem Mann nie zusammengewesen.« – »Haben Sie gehört, daß von ihm ein Brief gekommen ist?« – »Nein.« – Das ist also ganz neu für Sie?« – »Ja.« – »War es ein Commercial Hotel[8] bei der Bromsgrove Street, am 15. August 1942?« – »Ich habe diesen Mann noch nie in meinem Leben gesehen.« – »Ich behaupte, daß Sie ihn insgesamt dreimal gesehen haben; bei einem dieser Rendezvous gaben Sie ihm ein Taschentuch.«

Der Anklagevertreter ging jetzt im Rückverhör auch seinerseits auf dieses Thema ein und fragte: »Schliefen Sie jemals mit einem anderen Mann in einem Commercial Hotel?«

»Nur mit meinem Mann, als wir im Januar 1942 aus Schottland zurückkamen.«

Dann fragte er Mrs. Pearson, ob das, was der aus dem Gefängnis herbeigeholte Zeuge erklärt habe, der Wahrheit entspreche. Das verneinte sie.

Vor die Frage gestellt, ob es richtig sei, daß Mr. Boswell, der Mann ihrer Freundin, ihr viel Aufmerksamkeit gewidmet habe, erwiderte sie: »Nein. Die Sache ist außerdem bereinigt worden.«

Als Mr. Pearson die Aussage des jungen Mannes vorgehalten wurde, bezeichnete er sie als »absurd«. Er erklärte außerdem, es sei völlig unmöglich, daß seine Frau eine Nacht in Birmingham ohne sein Wissen verbracht habe. Was im besonderen die Nacht des 15. August 1942 angehe, so habe sie sich in seiner Gesellschaft befunden. –

---

8 Unter einem »Commercial Hotel« versteht man ein Hotel untersten Ranges ohne Schankkonzession.

Damit war der erste Verhandlungstag am Ende angekommen. Am nächsten Morgen wurde der Ehemann vom Verteidiger ins Kreuzverhör genommen. Er wurde von ihm noch einmal nach den Vorgängen im Behandlungszimmer gefragt.

»Beschuldigten Sie ihn, mit ihr Verkehr gehabt zu haben?«

»Ich gebrauchte dieses Wort nicht.«

»Sagten Sie zu ihm: ›Meine Frau sagte, Sie hätten dasselbe schon das letzte Mal getan?‹« – »Nein.« –

»Sagten Sie: ›Wie ich höre, wurde eine ähnliche Beschuldigung schon einmal früher gegen Sie erhoben?‹« – »Ja.« – »Was meinten Sie damit?« – »Ich war durch Kollegen unterrichtet worden, daß etwas vorgekommen sei, aber ich ging darüber hinweg, weil alle Ärzte irgendwann einmal Gerüchten dieser Art zum Opfer fallen.«

»Bezog sich das Gerücht auf eine Klage wegen Verführung zur Unzucht, die vor etwa 19 Jahren gegen Dr. Pardhy erhoben worden ist?«

»Ich weiß nicht, wie lange das her ist.«

»Wußten Sie, daß das Schwurgericht Dr. Pardhy freigesprochen hat, und daß der Richter mit diesem Urteil einigging?«

»Das interessierte mich nicht, und ich diskutierte nicht darüber.«

»Erwähnten Sie den Vorfall Ihrer Frau gegenüber?«

»Ja, damals, als mir davon erzählt worden war – vor ungefähr ein oder zwei Jahren.«

»Haben Sie mit ihr seitdem die Sache diskutiert?« – »Nein.«

Anschließend wurde der Zeuge noch einmal gefragt, ob er den Angeklagten mit der Faust bedroht habe. Das bejahte er. Dann führte der Verteidiger einen neuen Gesichtspunkt in die Debatte ein.

»Sagten Sie: ›Ich werde Sie zum Zahlen bringen?‹«

»Nein. Ganz bestimmt nicht.«

»Dachten Sie sich, es gäbe einen guten Ausgangspunkt für Schadenersatzansprüche, wenn diese Beschuldigung etabliert werde?«

»Ich habe nicht den Wunsch, aus dieser Sache Geld zu machen. Ich habe einen Anwalt hier, der den Fall in meinem Interesse beobachtet, und ich überlasse ihm die Entscheidung über ein mögliches Vorgehen. Sollten mir Schadenersatzansprüche zugesprochen werden, so wird das Geld nach Abzug meiner Ausgaben an das Rote Kreuz oder andere karitative Einrichtungen gehen.«

»Dann denken Sie also doch an eine Klage?«
»Ich habe mich dazu schon geäußert. Die Sache liegt in der Hand meines Anwalts.«
»Sagten Sie, das hat mich 20 Guineas gekostet, und jetzt bekomme ich das?« – »Nein.« – »Sagte Dr. Pardhy, daß er von sechs Operationen erschöpft sei?« – »Nein.« – »Machte er geltend, daß Sie beide Male in dem Raum waren, und daß es lächerlich sei, zu behaupten, so etwas hätte einige Fuß von Ihnen geschehen können?« – »Nein, das tat er nicht.« – »Nahmen Sie einige Geldstücke aus Ihrer Tasche und klapperten Sie damit in Ihrer Hand?« – »Nein, bestimmt nicht.« – »Sagten Sie zu ihm hinblickend: ›Dr. Pardhy, Sie sind kein Psychologe?‹« – »Nein.«
Professor Webster, der Gerichtsmediziner wußte aus der Verhandlung vor der Anklagejury, daß die Verteidigung geltend machen würde, der Vorgang habe sich nicht so zutragen können, wie die Zeugin behauptet habe. Um dem entgegentreten zu können, hatte er die Couch aus dem Behandlungsraum von Dr. Pardhy herbeischaffen lassen. Vorher hatten sich der Richter und die Geschworenen zum Hause des Angeklagten begeben und dort den Behandlungsraum besichtigt. Der Hausarzt der Zeugin mußte sich jetzt auf der Couch niederlegen und in genau die Lage begeben, in der sich nach ihrer Behauptung die Zeugin befunden hatte, damit Professor Webster demonstrieren konnte, wie man dabei durchaus mit einer Frau Verkehr haben könne. Das war ein ungewöhnlicher, in englischen Gerichtshöfen kaum je vorgekommener Vorfall. Im Zuhörerraum gab es bei diesen Demonstrationen mehrfach lautes Gelächter. Der Richter drohte Räumung an, die Stimmung im Saal blieb aber gelockert, und es gab immer wieder Heiterkeitsausbrüche. Die Demonstrationen belustigten die Leute.

Der Verteidiger erklärte, er werde zum Beweis des Gegenteils – nämlich der Tatsache, daß in solcher Lage ein Verkehr nicht denkbar sei – einen Gynäkologen und drei oder vier andere Sachverständige herbeizitieren müssen.

»Es handelt sich ja schließlich um eine Sache auf Tod und Leben für meinen Mandanten!« Er betonte dabei, daß das, was die Zeugin behauptet habe, völlig unmöglich sei.

»Haben Sie jemals von einer solchen Sache gehört? Dies ist ein Mann von nahezu 70 Jahren, der nur mit Mühe noch eine Erektion erreichen kann, nichtsdestoweniger aber mit Frau und Kindern ein glückliches Leben führt...; ein Mann, der sein ganzes Leben dem Dienst am Mitmenschen gewidmet hat. Am Morgen der behaupteten Straftat stand Dr. Pardhy um 7 Uhr auf, obwohl er bis spät in die Nacht hinein gearbeitet hatte und erst um 1 Uhr zu Bett gegangen war, fuhr zum Midland Hospital und hielt dort vor Schwestern eine einstündige Vorlesung. Er führte im Krankenhaus sechs schwere Operationen aus und verließ es erst gegen 2 Uhr 30. Er kam gegen 3 Uhr zu Hause an und nahm in Eile das Mittagessen ein, bevor er die Zeugin und andere Patientinnen sah. Was kann ein Arzt mehr tun, ein Arzt, der weiblichen Beschuldigungen so sehr ausgesetzt ist, als den Ehemann einer Frau vier Fuß entfernt im gleichen Raum sitzen zu haben? Bitte überlegen Sie, daß dieser Akt von einem müden alten Mann, auf einer Fußbank stehend, vollzogen worden sein soll. Wenn das wirklich geschehen wäre, so wäre das eine gymnastische Leistung allerhöchsten Ranges gewesen. Gäbe es in diesem Fall eine Verurteilung, so würde niemand mehr sicher sein.«

Am nächsten Tag wurde Dr. Pardhy als Zeuge für sich selbst vor Gericht gerufen. Er wiederholte das, was er schon vor der Anklagejury ausgesagt hatte. Neu war seine Mitteilung, er habe die schlechte Gewohnheit, mitunter zu vergessen, nach Besuch einer Toilette seine Kleidung wieder in Ordnung zu bringen. So sei es auch am 10. Juni gewesen. Während der Untersuchung habe sich die Zeugin plötzlich aufgerichtet und ihren Mann gerufen. Er habe die Untersuchung nach einem kurzen Wortwechsel mit dem Mann fortsetzen wollen. Mr. Pearson habe ihn aber daran gehindert: »Sie werden meine Frau nicht wieder anfassen!« Auf dem Weg zum Wagen habe er gesagt, er gehe jetzt zur Polizei. Er, Dr. Pardhy, habe ihn auf sein Alter und seine Familie hingewiesen und ihn gebeten, die Sache noch einmal zu überschlafen. Mr. Pearson habe dann eine Anzahl Geldstücke herausgeholt, sie geschüttelt und dabei gesagt: »Mr. Pardhy, Sie verstehen Psychologie nicht.« Dann sei er weggefahren.

Frage des Anklagevertreters an Dr. Pardhy: »Der Mann und die Frau haben entweder die Geschichte zusammengebraut, oder Sie sind schuldig.«

»Ich weiß nicht.«

»Stimmen Sie mir zu, daß eine Frau schrecklich schockiert wäre, wenn sie glaubte, es wäre ein unsittlicher Angriff auf sie erfolgt?« – »Sicherlich.« – »Haben Sie den Hausarzt sagen hören, daß sie höchst erregt gewesen ist und am ganzen Leibe gezittert hat? Sagt Ihnen das nicht, daß sie an jenem Nachmittag einen furchtbaren Schock erlebt hat?«

»Sie konnte es sich einbilden; auch das kann Zittern hervorrufen.«

»Ist diese Erregung vereinbar mit einem bewußt geschmiedeten Komplott gegen Sie?«

»Ich bin dessen nicht sicher.«

»Muß man nicht sagen, daß ihr Zustand darauf schließen ließ, sie habe ehrlich geglaubt, mißbraucht worden zu sein?«

»Das tue ich nicht. Ich habe Frauen erlebt, die nervöse Erregung und Schockiertsein simuliert haben. Jeden Tag untersuche ich Frauen, die sich Sachen einbilden, für die es keine Grundlage gibt; ich komme dann zu dem Schluß, daß es sich um eine neurotische Frau handelt. Ich habe darüber ein Buch geschrieben. Ich will Ihnen ein Exemplar übergeben, wenn es Ihnen recht ist.«

Der Anklagevertreter meinte dazu, über den konkreten Fall habe er in seinem Buch sicherlich nichts geschrieben.

»Waren Sie der Ansicht, daß an jenem Nachmittag ein Erpressungsversuch an Ihnen verübt wurde?«

Der Arzt antwortete ausweichend.

»Nahmen Sie an, daß das Ganze ein abgekartetes Spiel zwischen Mann und Frau war, um Geld aus Ihnen herauszuholen?«

»Aufgrund dessen, was sie sagten, hatte ich einen gewissen Verdacht.«

»Wäre dem so gewesen, so hätten Sie doch wohl zu ihnen gesagt: ›Verlassen Sie sofort mein Haus!‹ und nicht erst von Ihrer wunderbaren Familie gesprochen. Wollen Sie dem Schwurgericht weismachen, daß das die Art und Weise sei, wie Sie zu einem Erpresser sprechen?«

Am vierten Verhandlungstag präsentierte die Verteidigung dem Gericht Professor Gamgee von der Universität Birmingham, der Dr. Pardhy einige Tage nach dem behaupteten Vorfall untersucht hatte. Er berichtete, daß dessen Prostataleiden sich in fortgeschrittenem Zustand befinde und ihm erhebliche Beschwerden bereite. Danach gefragt, ob er sich vorstellen könne, daß die Frau, wie behauptet, mißbraucht worden sei, sagte er: »Unmöglich!« Das sei physiologisch undenkbar. Andere medizinische Experten äußerten sich in demselben Sinne. Einer von ihnen sagte, erfundene Beschuldigungen gegen Frauenärzte kämen häufig vor. Das bezeichnete der Richter als nicht zur Sache gehörig, und so verbot er dem Zeugen, weiter auf diese Frage einzugehen.

In seinem Schlußplädoyer warnte der Verteidiger die Geschworenen, auf eine so unsichere Beweisgrundlage hin eine Verurteilung auszusprechen.

Von Anfang an habe Dr. Pardhy die Beschuldigung nachdrücklichst bestritten. Aus der Tatsache, daß die Ärzte jeden Tag weibliche Patienten untersuchen, folge zweierlei: »Erstens wird ein Doktor so vertraut mit dem menschlichen Körper, daß er in der Regel durch sexuelle Wünsche weniger in Versuchung gebracht wird. Und zweitens, daß Ärzte seit jeher Anschuldigungen besonders leicht ausgesetzt sind.« Für das Schwurgericht sei es wichtig, der Tatsache Rechnung zu tragen, daß Frauen sich häufig Dinge einbilden, die jeder realen Grundlage entbehren. Er griff dabei den gerichtsmedizinischen Sachverständigen Prof. Webster an, dessen Ansichten zum Teil als »wilde Spekulation« bezeichnet werden müßten. So sei der vorliegende Fall zu beurteilen: eine dürftige, auf unzuverlässiger Grundlage ruhende Angelegenheit, mit der man ernsthaft nichts anfangen könne. Der Angeklagte könne nach Lage der Umstände nur freigesprochen werden.

Der Anklagevertreter sagte in seinen Schlußausführungen, wenn das, was die Verteidigung Mrs. Pearson ansinne, richtig sei, so müsse sie als eine höchst verachtenswerte Person betrachtet werden. Man habe versucht, sie öffentlich zu brandmarken, indem man ihr einen jungen Mann gegenüberstellte, der behauptete, mit ihr in einem Hotel minderer Sorte geschlafen zu haben. Ein solcher Versuch, eine achtbare Zeugin unglaubwürdig zu machen, müsse scharf zurückgewiesen werden. Der Angeklagte habe auch von einem Erpressungsversuch gesprochen. »Würden Sie in einem solchen Fall – wie es der Angeklagte getan hat – den Mann bitten, nach Hause zu gehen und die Sache noch einmal zu überschlafen, oder würden Sie ihn nicht auffordern, auf der Stelle Ihr Haus zu verlassen? Ist das die Sprache, die Sie einem Erpresser gegenüber gebrauchen würden? Sind es nicht vielmehr fast die Worte eines Mannes, der sich sagt: ›Sie haben schon den richtigen Verdacht, aber sie werden ihn nicht aufrechterhalten!‹«

Der Richter widmete am nächsten Tag dem Summing up nicht weniger als drei Stunden. Für ihn sei es, so begann er, einer der ungewöhnlichsten Fälle seines Lebens. »Nur drei Personen können wissen, was in dem Behandlungsraum geschehen ist. Der Ehemann ist die erste, die Frau die zweite und der Angeklagte die dritte Person.« Von diesen drei Personen könne aber nur eine sagen, was wirklich geschehen sei – nämlich der Arzt. Der Ehemann habe hinter einer spanischen Wand gesessen, und Mrs. Pearson habe nur ein sehr beschränktes Blickfeld gehabt. Die Entscheidung des Falles hänge also davon ab, ob man der Einlassung des Angeklagten, daß nichts Unrechtes geschehen sei, Glauben schenken dürfe oder nicht. Darauf aber sei wiederum von Einfluß, was von der Glaubwürdigkeit der betroffenen Frau zu halten sei.

Man habe nun versucht, sie durch Gegenüberstellung mit dem jungen Mann unglaubwürdig zu machen, der da behauptete, mit ihr geschlafen zu haben. Mrs. Pearson habe alles abgestritten, und diese Antwort müsse nach englischem Recht als wahrheitsgemäß hingenommen werden. Die Geschworenen hätten sich aber auch ganz unabhängig davon die Frage vorzulegen, was von den Angaben der Frau zu halten sei. Sei ihr zu glauben, daß der Angeklagte sich an ihr sexuell vergangen habe, oder gäbe es Gründe, die ihre Angabe als unwahrscheinlich erscheinen ließen?

»Wenn Sie zu der Ansicht kommen sollten«, fuhr der Richter fort, »daß die Angaben von Mann und Frau Glauben verdienen, so dürfen Sie nicht zögern zu erklären, daß Mrs. Pearson sexuell mißbraucht wurde, und zwar heimlich mißbraucht. Sollte bei Ihnen aber ein Zweifel obwalten, so müssen Sie freisprechen. In einem Fall, der von Unwahrscheinlichkeiten strotzt, ist es durchaus möglich, daß der Angeklagte nichts getan hat, während die betroffene Frau meint, es sei etwas geschehen.«

Durch diese Worte wies der Richter die Geschworenen deutlich darauf hin, daß es verständlich sei, wenn sie bei dieser Beweislage zu einem Freispruch kommen würden.

Die Geschworenen berieten anderthalb Stunden und ließen dann durch ihren Obmann mitteilen, daß sie sich nicht hätten einigen können. Der Richter bat sie, es doch noch einmal zu versuchen.

Nach 15 Minuten Beratung ergab sich aber, daß es zwischen den divergierenden Meinungen keine Brücke gab. Der Richter mußte deshalb die Sitzung aufheben und die Sache an die nächste Schwurgerichtsperiode verweisen.

Wie aus einer Äußerung zu entnehmen ist, die viele Jahre nach dem Prozeß Mr. Pugh, der Vertreter der Anklage im Vorverfahren, über den Fall abgegeben hat, war durch die Aussage des aus der Strafhaft vorgeführten Soldaten an der Hauptzeugin, Mrs. Pearson, etwas hängengeblieben. Ohne sie wäre der Arzt höchstwahrscheinlich verurteilt worden. Nach der Gegenüberstellung zwischen diesem Zeugen und der jungen Frau bekamen einige Geschworene Bedenken, auf ihre Aussage hin einen Spruch zu fällen, der für den Arzt die Vernichtung seiner Existenz bedeutet hätte.

Die neue Verhandlung fand am 13. Dezember 1943 statt. Sie stand unter Leitung von Norman Birkett, der nach einer höchst erfolgreichen Verteidigertätigkeit Richter geworden war. Sie brachte wenig neue Gesichtspunkte zutage. Der Angeklagte erklärte erneut, wegen seines Prostataleidens habe er schon seit zwölf Jahren kaum sexuelle Wünsche mehr, und seit drei oder vier Jahren sei er gar nicht mehr imstande, Geschlechtsverkehr auszuüben.

Als Professor Webster auf Veranlassung der Anklagevertretung erneut Anstalten traf, den Vorfall, um den es ging, auf einer Couch vorzuführen, griff der Richter ein und unterband die Demonstration. Dabei sagte er: »Es ist schwer, den Akt genau zu rekonstruieren. Sofern man nicht eine nackte Frau auf der Couch liegen hat, was natürlich unmöglich ist, sehe ich nicht, wie man etwas vorzuführen vermöchte, auf das man sich verlassen könnte.« Eine Wiederholung der Demonstration, die in der ersten Verhandlung so viel Heiterkeit hervorgerufen hatte, unterblieb infolgedessen.

Als Zeuge für sich selbst gab der Angeklagte eine Erklärung ab, die sein Verhalten dem Ehepaar Pearson gegenüber verständlich machte. Er führte aus, es sei ihm vorgehalten worden, ein Engländer hätte sich anders verhalten, wenn ihn jemand zu Unrecht einer so schweren Straftat beschuldigt hätte. Er hätte den Angreifer auf der Stelle aus dem Hause geworfen und wäre vielleicht sogar handgreiflich geworden.

Das möge richtig sein – er sei aber kein Engländer, sondern ein Orientale, und er gehöre als solcher zu einer Rasse, die sich seit

Jahrhunderten Akten der Bedrückung ausgesetzt gesehen habe. Wenn ein Orientale einer Beschuldigung gegenüberstehe, dann versuche er, den Gegner zu besänftigen. Eben darum habe er einen milden Ton angeschlagen, von seiner Familie und ihren einst so ausgezeichneten Beziehungen gesprochen. Man dürfe deshalb seine Reaktion nicht mit den Augen eines Europäers betrachten. Der Orientale handle eben anders.

Erneut betonte der Angeklagte die Unmöglichkeit des Verhaltens, das ihm nachgesagt worden war.

Die Geschworenen berieten noch nicht eine Stunde lang und erklärten den Arzt dann für »nichtschuldig«. Der Richter verkündete daraufhin einen Freispruch.

Dieses Prozeßergebnis wurde vom Publikum mit großem Beifall aufgenommen. Überall streckten sich dem Angeklagten Hände entgegen, um ihn zu beglückwünschen, und nicht nur im Gerichtsgebäude, sondern auch auf der Straße wurde er mit Heilrufen empfangen.

So wie die Beweislage beschaffen war, hätte die Anklagejury niemals die Anklageerhebung beschließen dürfen. Als Kontrollinstanz, die sie sein sollte, hätte an ihr der Versuch der Anklagebehörde, die Sache vor die Urteilsjury zu bringen, scheitern müssen. Der Fall zeigt, welchen Gefahren Ärzte ausgesetzt sind, wenn sie an Frauen Untersuchungen vornehmen, ohne daß Zeugen zugegen sind.

Schrifttum: Allen Andrews, The Prosecutor. The Life of M. P. Pugh. London 1968 S. 120 ff.; die Berichte der Tageszeitungen.

Ein Haus des Schreckens

Der Fall Evans-Christie

Am Ende der 40er und zu Beginn der 50er Jahre dieses Jahrhunderts wohnten in dem Hause Rillington Place Nr. 10 in dem Londoner Stadtteil North Kensington der Chauffeur Timothy John Evans und der Hauptbuchhalter John Halliday Reginald Christie. Evans stammte aus Wales und war dort im Jahre 1924 geboren worden. Er kam aus unglücklichen Familienverhältnissen und hatte seinen Vater niemals kennengelernt. Als siebenjähriger Junge hatte er sich beim Baden eine schwere Fußverletzung zugezogen, derentwegen er viele Jahre im Krankenhaus verbringen mußte. Er war von kleiner, unscheinbarer Statur und konnte kaum lesen und schreiben. Im Jahre 1947 heiratete er in London eine hübsche, junge Telefonistin, die ihm 1948 eine Tochter schenkte. Was das attraktive junge Mädchen veranlaßte, diesen kümmerlich aussehenden, unbeholfenen und beschränkten Mann zu heiraten, der fast ein Analphabet war, ist ein Rätsel.

Der Fall Evans

Das Haus Rillington Place Nr. 10, in das die Eheleute Evans Ostern 1948 einzogen, war ein schäbiges, am Ende einer Sackgasse gelegenes, schmales Haus mit drei Stockwerken, in dem es weder Keller noch Badezimmer gab und eine einzige Toilette im Garten den Bedürfnissen aller Hausbewohner dienen mußte. Das Ehepaar Evans bewohnte das Obergeschoß, das mittlere Stockwerk ein älterer Mann namens Kitchener (der während der hier interessierenden Vorgänge in einem Krankenhaus lag), und im Erdgeschoß lebte das Ehepaar Christie. Da das Haus sehr schmal war, waren seine Bewohner räumlich sehr beengt; in jedem Stockwerk gab es nur zwei größere Räume.

Die Mieter im Erdgeschoß, Mr. Christie und seine Frau, führten ein sehr zurückgezogenes Leben und hielten von ihren Nachbarn im Haus und außerhalb des Hauses betont Abstand.

Als das Kind des Ehepaares Evans ein Jahr alt war, fühlte sich Mrs. Evans erneut in anderen Umständen. Da sie und ihr Mann nicht viel verdienten, kam die Frau zu dem Entschluß, eine Abtreibung vornehmen zu lassen. Durch die vielen Anschaffungen bei der Begründung ihres Hausstandes waren sie derart in Schulden geraten, daß sie für ihr Auskommen fürchten mußten, wenn sie durch eine neue Geburt und die Kosten für das zweite Kind zu weiteren Ausgaben gezwungen waren.

Nachbarn haben später ausgesagt, daß es zwischen den Eheleuten Evans öfter Streit gegeben habe. Besonders heftig gerieten beide aneinander, als die Frau eine 17jährige Freundin bei sich aufnahm und Evans dadurch gezwungen wurde, in der Küche zu schlafen. Erst nachdem die Mutter Evans', die nach ihrer Wiederverheiratung den Namen Probert trug, eingegriffen hatte, mußte das Mädchen das Haus verlassen.

Am 10. November 1949 erzählte Evans den Leuten in seiner Straße, daß er seine Stelle gekündigt habe. In Wahrheit war er entlassen worden. Obwohl er ein guter Fahrer war, hatte sein Arbeitgeber daran Anstoß genommen, daß er ständig log und durch seine Fahrigkeit und Unzuverlässigkeit allen Leuten auf die Nerven ging. Er hatte außerdem fortgesetzt um Vorschuß gebeten.

Am 11. November verkaufte Evans für £ 40 seine Möbelausstattung an einen Händler, der sie am 14. November abholte. Wie er in der Nachbarschaft erzählte, war seine Frau mit dem Kind zu ihrem Vater nach Brighton gereist. Noch in der gleichen Nacht fuhr Evans nach Cardiff in seine Heimat. Auch seiner Tante, einer Mrs. Lynch, sagte er, Frau und Kind befänden sich in Brighton bei seinem Schwiegervater. Am 23. November kehrte er für kurze Zeit in das Haus am Rillington Place zurück, sprach ein paar Worte mit Mr. Christie und fuhr anschließend noch einmal für eine Woche nach Wales. Seiner Tante erzählte er, er habe sich mit seiner Frau getroffen und beschlossen, sein Kind nach New Port zu geben.

In der Zwischenzeit hatte die Mutter von Evans erfahren, daß ihr Sohn bei der Tante in Cardiff war und daß niemand genau wußte, wo seine Frau und sein Kind sich aufhielten. Der Vater von Mrs. Evans antwortete auf telegrafische Rückfrage, daß er seine Tochter seit dem 5. November nicht mehr zu Gesicht bekommen habe. Als Evans' Stiefschwester im Hause Rillington Place vorsprach, konnte ihr niemand sagen, was aus Mrs. Evans geworden war. Mrs. Probert schrieb daraufhin einen Brief an ihre Schwägerin, Mrs. Lynch, der wenig schmeichelhaft für ihren Sohn war. Sie erwähnte darin seine ständigen Lügen, beklagte sich über die Schulden, die er gemacht hatte, und prophezeite ihm das Schicksal seines Vaters, der es auch auf keiner Arbeitsstelle ausgehalten habe. Als der Brief am 30. November in Cardiff ankam, las ihn Mrs. Lynch ihrem Neffen vor, der davon sehr betroffen war.

Noch am Nachmittag desselben Tages ging Evans zu einer Polizeistation und erstattete Selbstanzeige: »Ich habe meine Frau erledigt. Ich steckte sie in den Abwasserkanal.« Der Polizeibeamte wollte ihm zuerst nicht glauben und ermahnte ihn, mit seinen Äußerungen vorsichtig zu sein. Evans erwiderte aber: »Doch, ich weiß, was ich sage. Ich kann nicht mehr schlafen und muß mein Herz erleichtern. Ich werde Ihnen alles erzählen, und Sie können es aufschreiben. Ich bin nicht sehr gebildet und kann weder lesen noch schreiben.«

Anschließend legte Evans vor dem Polizeibeamten ein ausführliches Geständnis ab: Anfang Oktober habe ihm seine Frau mitgeteilt, daß sie ein Kind erwarte und daß sie es wegnehmen lassen wolle. Er habe darauf erwidert, daß er persönlich gegen ein weiteres Kind nichts einzuwenden habe, sie solle den Dingen lieber ihren Lauf lassen. Seine Frau habe sich aber leider von ihrem Vorhaben nicht abhalten lassen. Nach verschiedenen Abtreibungsversuchen sei sie völlig erschöpft gewesen und habe schlecht ausgesehen. So sei es zu endlosem Streit zwischen ihnen gekommen. Am 6. November habe sie erklärt, wenn die Abtreibung fehlgehe, werde sie sich und ihr Töchterchen töten. Am folgenden Tag sei er dann bei einer Fahrt über Land in einem Café zwischen Ipswich und Colchester mit einem Mann ins Gespräch gekommen. Dieser habe ihm, nachdem er von seinen häuslichen Sorgen erzählt hatte, eine kleine, in braunes Papier eingewickelte Flasche gegeben mit den Worten: »Sagen Sie Ihrer Frau, sie möchte morgen früh vor dem Tee etwas davon nehmen und sich dann hinlegen. Dann wird sich alles nach Wunsch weiterentwickeln.« Zu Hause habe er seiner Frau die Flasche gegeben und sie aufgefordert, von dem Mittel Gebrauch zu machen, ihr am anderen Morgen aber geraten, doch lieber nichts einzunehmen. Abends habe er dann beim Anzünden der Gaslampe seine Frau tot vorgefunden. Also hatte sie doch von dem Mittel eingenommen. Dann habe er das Kind versorgt und zwischen ein und zwei Uhr morgens die Leiche seiner Frau in dem Abwasserkanal vor dem Hause verschwinden lassen. Tags darauf habe er auf seiner Arbeitsstelle gekündigt und seine Möbeleinrichtung für £ 40 verkauft.

Dies war das erste Geständnis, das Evans ablegte. Auf die Polizeibeamten machte es keinen großen Eindruck. Exzentrisch veranlagte Menschen legen oft »Geständnisse« ab, die sich hinterher als nicht stichhaltig erweisen oder sogar widerrufen werden. Bemerkenswert an jener ersten Erklärung Evans' war, daß sie keinerlei Selbstbeschuldigung und auch kein einziges Wort über Christie enthielt.

Nach telefonischen Erkundigungen stellte die Londoner Polizei in dem Hause Rillington Place 10 Nachforschungen an; in dem Abwasserkanal konnte aber nicht die Spur einer Leiche gefunden werden. Da es der vereinten Bemühungen von drei Polizeibeamten bedurfte, um den Abschlußdeckel zu heben, war es von vornherein sehr unwahrscheinlich, daß Evans ihn ohne fremde Hilfe geöffnet hatte, um die Leiche in den Kanal zu werfen. Als Evans darauf bestand, daß er die Leiche hineingesteckt habe, wurde ihm erwidert, daß er dazu physisch gar nicht in der Lage gewesen sei.

Die Tatsache, daß man ihm nicht glaubte, veranlaßte Evans, noch am gleichen Tage (30. November) sein Geständnis zu widerrufen. Jetzt bekam man von ihm eine neue Version zu hören: »Ich will Ihnen jetzt die Wahrheit sagen. Die Sache mit dem Mann im Café stimmt nicht, ebensowenig die Sache mit dem Abwasserkanal. Ich sagte das alles, um einen Mann namens Christie zu decken.« Dies war das erste Mal, daß er den Namen Christie erwähnte.

Zur Wahrheit ermahnt, gab er in einer langen Erklärung am gleichen Abend folgendes an: Eine Woche vor dem Tod seiner Frau trat Christie an ihn heran und sagte zu ihm, daß er wisse, daß seine – Evans' – Frau Abtreibungsmittel einnehme. Wenn sie zu ihm gekommen wäre, hätte er ihr die Frucht gefahrlos weggenommen. Auf den Einwand, daß er medizinisch doch gar nicht versiert sei, habe Christie erwidert, daß er vor dem Krieg für einen Arzt gearbeitet habe. Dann zeigte er ihm medizinische Bücher. Schließlich behauptete er, daß bei dem Mittel, das er anwende, eine von zehn Frauen zugrunde gehe. Er – Evans – erwiderte darauf, daß er an einem Eingriff nicht interessiert sei. Als er seiner Frau von diesem Gespräch berichtete, wollte sie auf Christies Angebot eingehen, denn sie hatte Vertrauen zu Mr. Christie. Am 7. November berichtete ihm seine Frau, daß Christie alle notwendigen Vorbereitungen getroffen hätte. Dieser bestätigte ihm das am nächsten Morgen auch noch persönlich. Am Abend desselben Tages habe Christie ihn am Fuße der Treppe erwartet und ihn angesprochen: »Schlechte Nachricht. Es hat nicht funktioniert.« Im Schlafzimmer habe er dann seine Frau im Bett tot vorgefunden. Auf der Bettdecke und dem Kissen seien Blutflecke zu sehen gewesen. Christie habe den Leichnam zunächst in der Wohnung von Mr. Kitchener verborgen. Auf Evans' Frage, was nun weiter geschehen werde, habe Christie erwidert, er werde den Körper in einen der Abwasserkanäle werfen.

Das Kind wollte er, wie er sagte, am nächsten Morgen zu seiner Mutter bringen. Christie habe das aber nicht erlaubt, um nicht dadurch Verdacht zu erregen. Er habe ihm statt dessen vorgeschlagen, das Mädchen einem jungen Paar in East Acton in Verwahrung zu geben. Als er gegen Abend nach Hause gekommen sei, habe Christie ihm erzählt, die jungen Leute hätten inzwischen das Kind abgeholt. Die Leiche seiner Frau habe er in einen Abwasserkanal getan. Auf den Rat Christies habe er – Evans – anschließend seine Möbeleinrichtung verkauft und London verlassen; er sei schließlich nach Cardiff gefahren. Seiner Mutter habe er erzählt, Frau und Kind seien in die Ferien gereist.

Dieses neue Geständnis klang plausibler; die Polizei begann daraufhin umfangreiche Nachforschungen anzustellen. Sie vernahm zunächst die Mutter und dann die Tante von Evans, ohne aber Neues feststellen zu können. Evans' Mutter, Mrs. Probert, äußerte bei ihrer Vernehmung: »Ich weiß, daß mein Sohn eine sehr lebhafte Einbildungskraft besitzt und ein fürchterlicher Lügner ist.«

Schon am Tage nach diesem zweiten Geständnis mußte Evans verschiedene seiner Angaben berichtigen. So gab er an, er habe

Christie geholfen, die Leiche seiner Frau die Treppe hinunter zu befördern, um sie in der Wohnung von Mr. Kitchener zu verwahren. Seit jenem Augenblick habe er die Leiche aber nicht wieder zu Gesicht bekommen.

Die Londoner Polizei durchsuchte daraufhin erneut das Haus. Im Garten war nichts Auffälliges zu sehen. In Evans' Wohnung fand man außer einem Kriminalroman eine gestohlene Aktentasche. Von Mrs. Evans oder ihrem Kind nicht eine Spur! Die Polizeibeamten fingen an zu zweifeln, ob überhaupt ein Verbrechen vorlag. Womöglich befanden sich Mutter und Tochter wohlbehalten in Bristol oder in Brighton? Aber Nachforschungen an diesen beiden Plätzen hatten keinen Erfolg.

Man ließ nun Evans von Wales nach London kommen. Noch bevor er eingetroffen war, schritt die Polizei (am 2. Dezember 1949) zu einer neuen Durchsuchung des Hauses. Im Garten wurde wiederum nichts gefunden. Die Tür des Waschhauses war verschlossen. Die Beamten erkundigten sich nach diesem Raum. Mrs. Christie erwiderte, es handle sich um eine Art Waschküche, sie werde aber selten benutzt; das Schloß sei defekt, und man könne die Tür nur mit Hilfe eines Metallstücks öffnen. Auf Geheiß der Beamten öffnete sie die Tür. In dem Raum selbst war es dunkel. Über der Senkgrube in der Mitte des Raumes war ein Stapel Holz aufgeschichtet. Nachdem sie das Holz weggeräumt hatten, stießen die Beamten auf ein verschnürtes Paket. Sie fragten Mrs. Christie, ob ihr bekannt sei, was das Paket enthalte. Sie erwiderte, sie wisse es nicht – sie sehe dieses Paket zum erstenmal in ihrem Leben.

Die Polizeibeamten trugen das Paket auf den Hof hinaus und lösten die Verschnürung. Da zeigten sich ein Paar menschlicher Füße. Bevor das Paket ganz aufgeschnürt wurde, holte man den Pathologen des Innenministeriums, Dr. Donald Teare, herbei und schaltete ihn in die weitere Untersuchung ein. Als die Polizeibeamten das Paket vorsichtig öffneten, stießen sie auf einen menschlichen Körper, der in eine grüne Tischdecke gehüllt war. Es war der Körper von Mrs. Evans! In der gleichen Waschküche fanden sie, unter Feuerholz verborgen, die Leiche ihres 14 Monate alten Kindes. Sie war bekleidet; um den Hals des Mädchens war eine Männerkrawatte geknotet.

Eigenartigerweise ging von den beiden Leichen kein Verwesungsgeruch aus. Sie waren erstaunlich gut erhalten. Es war freilich damals ziemlich kalt gewesen. Nachbarn bekundeten später, daß Christie oft beobachtet worden sei, wie er in Haus und Garten Desinfektionsmittel versprühte. In der Zeit von Ende Oktober bis Mitte November waren Handwerker in der Waschküche ein- und ausgegangen. Sie hatten dort ihr Werkzeug gelagert und tagtäglich den Raum betreten, ohne etwas von den Leichen zu bemerken, die nach Angabe von Evans am 8. oder 10. November in der Waschküche versteckt worden waren.

Bei der gerichtlichen Obduktion entdeckte man an Hals und Nacken der jungen Frau erhebliche Verletzungen. Aus Hautabschürfungen schloß man, daß sie mit einem dicken Strick oder einem Seil erdrosselt worden war. Das rechte Auge und die Oberlippe waren geschwollen; es sah aus, als habe ihr jemand einen Faustschlag versetzt. Spuren eines Eingriffs in die Schwangerschaft waren nicht zu erkennen. – Das Kind wies ebenfalls Strangulierungsmerkmale am Hals auf. Nach Lage der Umstände konnte nicht zweifelhaft sein, daß Mutter und Kind erdrosselt worden waren.

Evans wurden auf einer Polizeiwache die Kleidungsstücke der Ermordeten vorgelegt, darunter auch die Krawatte, die bei dem Kind gefunden worden war. Dann sagte man ihm, wo man die Leichen von Mutter und Kind gefunden hatte.

Evans war bis zu diesem Augenblick ziemlich teilnahmslos aufgetreten, jetzt erschrak er aber sichtlich. Tränen traten in seine Augen.

Als ihm der Polizeiinspektor vorhielt, es bestehe Anlaß zu der Annahme, daß er – Evans – für die Erdrosselung von Mutter und Kind verantwortlich sei, antwortete er ohne Zögern: »Jawohl, das bin ich auch!« Dann legte er ein neues Geständnis ab. Es war das dritte. In zwei Erklärungen, die er bei der Polizei zu Protokoll gab, behauptete er jetzt plötzlich, *er* habe Frau und Tochter umgebracht.

Seine Frau sei immer tiefer in Schulden geraten, und das habe er nicht länger ertragen können. Am 8. November hätten sie einen Wortwechsel gehabt, in dessen Verlauf seine Frau erklärt habe, sie werde ihn jetzt verlassen und mit ihrem Kind zu ihrem Vater übersiedeln. Im Verlauf dieser Auseinandersetzung sei es zwischen ihnen zu Tätlichkeiten gekommen. Dabei habe er schließlich die Kontrolle über sich verloren und sie mit einem Tau aus seinem Lastkraftwagen erdrosselt. Die Leiche habe er zunächst in der Wohnung von Mr. Kitchener verborgen, sie nach Mitternacht aber, als er damit rechnen konnte, daß das Ehepaar Christie schlafen gegangen war, in die Waschküche geschleppt. Zwei Tage danach habe er mit seiner Krawatte auch noch das Kind erdrosselt, es ebenfalls in die Waschküche getragen und die Leiche dort verborgen. Das alles habe er allein getan.

Als er am 2. Dezember abends mit seinem Geständnis zu Ende gekommen war, erklärte Evans: »Ich bin sehr erleichtert, daß ich das los bin. Ich fühle mich entschieden besser . . .«

In diesem dritten Geständnis erwähnte er kein Wort von Christie, ebensowenig sprach er von dem Versuch einer Abtreibung. Es fehlte in seinen Angaben auch jede Erklärung, was ihn dazu bewogen haben sollte, nach der Frau auch noch das Kind zu töten.

Als ihm ein Polizeibeamter am Tage nach diesem Geständnis eröffnete, er werde nun wegen Ermordung seiner Frau unter Anklage gestellt werden, sagte er: »Ja, das ist in Ordnung.« Die Ankündigung, auch wegen Tötung des Kindes werde natürlich Anklage erhoben, nahm er schweigend hin.

Zu seiner Mutter sagte er an dem Tage, als seine Sache vor dem Polizeigerichtshof verhandelt wurde: »Ich tat es nicht, Mama, Christie tat es. Sag Christie, ich will ihn sehen. Er ist der einzige, der mir helfen kann.« Christie, von Mrs. Probert angerufen, lehnte ab, ihn aufzusuchen. Am 15. Dezember erklärte Evans auch einem seiner Anwälte gegenüber, daß Christie die Morde verübt habe.

Dem Gefängnisarzt Dr. Matheson dagegen berichtete er die Vorgänge spontan so wie in dem letzten Geständnis vor der Polizei; Christie beschuldigte er diesmal mit keinem Wort, auch in späteren Unterhaltungen mit dem Arzt nicht.

Die Hauptverhandlung gegen Evans

Die Hauptverhandlung wurde am 11. Januar 1950 vor einem Londoner Schwurgericht eröffnet. Sie stand unter dem Vorsitz von Richter Lewis, einem besonders erfahrenen und umsichtigen Strafrichter, der leider wenige Tage nach der Urteilsfällung starb. Die

Anklage vertraten die Barrister Humphreys und Elam, Verteidiger war der Barrister Morris.

Anklage wurde wegen Ermordung der Frau und des Kindes erhoben. Da nach englischem Verfahrensrecht immer nur eine Verurteilung wegen *eines* Mordes möglich ist, beschränkte sich die Anklagevertretung in der Hauptverhandlung darauf, Verurteilung nur wegen des Mordes an dem Kinde zu beantragen. Die Anklage wegen Tötung der Frau wurde fallengelassen, weil Evans möglicherweise provoziert worden war; es hatte ja handgreifliche Auseinandersetzungen zwischen den Eheleuten gegeben.

Evans erklärte sich für nicht schuldig.

Mr. Christmas Humphreys ergriff daraufhin das Wort für die Anklagevertretung. Er stützte sich auf das letzte der Geständnisse, das Evans abgelegt hatte. Das Motiv für die Bluttat sei in den dauernden Streitigkeiten zwischen dem Angeklagten und seiner Frau und in seinen Depressionen zu suchen.

Hauptzeuge der Anklagevertretung war Christie. Er wurde den Geschworenen als ein Mann vorgestellt, der – aus achtbarer Familie stammend – während der beiden Weltkriege in Armee und Polizei ehrenvoll gedient habe und darum vertrauenswürdig sei. Der Hinweis der Verteidigung, daß Christie fünfmal wegen Diebstahls, Veruntreuung und Körperverletzung bestraft worden sei, machte bei Gericht keinen Eindruck. Als später Mr. Malcolm Morris Christie im Kreuzverhör vorhielt, seiner Auffassung nach sei nicht der Angeklagte, sondern er, der Zeuge selbst, Urheber und Täter der beiden Morde, wurde diese Bemerkung nicht ernst genommen und kaum einer Beachtung gewürdigt.

Als ehemaliger Polizist wußte Christie, wie er sich vor Gericht zu verhalten hatte. Er erstattete seine Aussage höflich, klar und bestimmt und hinterließ bei den Prozeßbeteiligten, vor allem bei den Geschworenen, einen ausgezeichneten Eindruck. Er sagte aus, in der Nacht vom 8. zum 9. November seien er und seine Frau durch einen dumpfen Schlag im oberen Teil des Hauses wach geworden. Es habe geklungen, als ob jemand Möbel verrücke. Am nächsten Morgen sei ihnen Evans in den Weg gelaufen. Auf die Frage, wo Frau und Kind seien, habe Evans erwidert, sie seien in die Ferien nach Bristol gefahren. Später habe er seine Möbel verkauft und sei weggefahren. Am 23. November sei er plötzlich zurückgekommen und habe erzählt, seine Frau habe ihn verlassen, und jetzt sei er zu alledem auch noch arbeitslos. Er habe die Absicht, nach Wales überzusiedeln.

Die sensationell klingende, leider aber von niemandem genügend gewürdigte Frage, die der Verteidiger Mr. Morris plötzlich in das Kreuzverhör einschaltete, hatte folgenden Wortlaut:

»Nun, Mr. Christie, ich möchte Ihnen vorhalten, und ich will darüber kein Mißverständnis aufkommen lassen, daß Sie selbst für den Tod von Mrs. Evans und dem kleinen Mädchen verantwortlich sind; und andernfalls wissen Sie doch zumindest sehr viel mehr über diese Taten, als Sie gesagt haben?«

Christie ließ keinerlei Erregung erkennen, als ihm diese Worte vorgehalten wurden. Er beschränkte sich darauf, kühl zu erwidern: »Dies ist eine Lüge!«

Im späteren Verlauf des Kreuzverhörs legte der Verteidiger dem Zeugen eine zweite Fangfrage vor: »Haben Sie nicht an jenem Donnerstagabend mit Hilfe von Mr. Evans die Leiche seiner Frau hinunter in Mr. Kitcheners Wohnung gebracht?« – »Das ist absolut lächerlich.« Er sei wegen seines Rückenleidens so entkräftet gewesen, daß er sich nur mit Mühe außerhalb des Bettes, auf allen vieren kriechend, habe bewegen können. Es sei ihm damals jedenfalls physisch völlig unmöglich gewesen, eine Last von der Stelle zu bewegen, geschweige denn die Treppe hinunterzubefördern.

Auf Christie folgte seine Frau in den Zeugenstand. Sie bestätigte alles, was ihr Mann ausgesagt hatte, und stand ihm mit dem guten Eindruck, den sie hinterließ, nicht nach.

Die Verteidigung benannte nun den Angeklagten selbst als Zeugen. Seine Aussage entsprach im wesentlichen seinem zweiten Geständnis vor der Polizei am 30. November. Er mußte dabei zugeben, daß viele seiner Behauptungen der Polizei gegenüber nicht der Wahrheit entsprochen hatten. Befragt, warum er den Polizeibeamten diese vielen Lügen aufgetischt habe, erwiderte er, er sei zu aufgeregt gewesen, habe Furcht gehabt, man werde ihn schlagen, wenn er nicht aussage, was man von ihm erwarte, und er habe Christie decken wollen.

Die Tatsache, daß Evans im Laufe der Ermittlungen mehrfach die Aussage gewechselt hatte, wirkte in hohem Maße belastend für ihn und schränkte seine Glaubwürdigkeit erheblich ein. Die Anklagevertretung legte es im Kreuzverhör darauf an, ihn als pathologischen Lügner hinzustellen und damit seine Glaubwürdigkeit endgültig zu zerstören. Nachdem Evans Lüge über Lüge hatte zugeben müssen, fragte Mr. Humphreys:

»Nun, Sie sind derjenige, der behauptet, daß Mr. Christie der Mörder sei; können Sie sagen, warum er Ihre Frau erdrosselt haben könnte?« – »Allerdings, er war dauernd zu Hause.« – »Können Sie uns erklären, warum er Ihre Frau erdrosselt haben soll?« – »Nein, das kann ich nicht.« – »Können Sie uns erklären, warum er zwei Tage danach Ihre Tochter erdrosselt haben soll?« – »Nein.«

Gestützt auf dieses Beweisergebnis, faßte sich Mr. Humphreys in seinem Schlußplädoyer ganz kurz:

»Ein Mann, der wegen Mordes vor Gericht steht, erklärt ... durch seinen Verteidiger, daß einer der Hauptzeugen der Strafverfolgungsbehörde die Person sei, die auf die Anklagebank gehöre, und daß diese Person ein Mörder, ein Abtreiber, ein Meineidiger sei ...« Das gebe Veranlassung, sich denjenigen Zeugen, gegen den derartige Belastungen ausgesprochen würden, etwas genauer anzusehen. Mr. Christie habe am Ersten Weltkrieg teilgenommen, sei verwundet worden und habe eine Gasvergiftung erlitten, die bei ihm zu vorübergehender Erblindung geführt und ihn dreieinhalb Jahre lang seiner Stimme beraubt habe. Er sei dann später zwar mehrfach in Konflikt mit der Polizei und Strafjustiz geraten, die letzte seiner Vorstrafen liege aber 17 Jahre zurück. Im Zweiten Weltkrieg habe er wiederum mit Auszeichnung gedient. In den kritischen Tagen, vom 7. bis 9. November, sei er bettlägerig und dadurch physisch völlig außerstande gewesen, an der Ermordung einer Frau mitzuwirken.

»Glauben Sie«, so fragte er die Geschworenen, »daß an der Beschuldigung gegen Christie ein Wort wahr ist?« – Aus welchem Grunde hätte Christie Mrs. Evans auch erdrosseln sollen? Noch weniger sei ein Motiv für die Erdrosselung des Kindes erkennbar. Kein vernünftiger Mensch könne den Lügen des Angeklagten irgendwelchen Glauben schenken. Bei Christie handele es sich ohne Zweifel um einen »vollkommen unschuldigen Mann«.

Der Verteidiger, von der Unschuld seines Klienten überzeugt, hatte demgegenüber einen schweren Stand. Vergeblich machte Mr. Morris darauf aufmerksam, daß es sich bei Evans um einen friedlichen Bürger handle, dessen Vergangenheit nicht eine einzige Strafe aufweise. Vergeblich machte er geltend, daß Evans Analphabet sei. Vergeblich wies er auch auf das Fehlen eines überzeugenden Motivs für die beiden Morde hin. Mit seinen beschwörenden Worten machte er ebensowenig Eindruck wie mit einem erneuten Hinweis auf die fünf Vorstrafen des Hauptzeugen der Anklage. Christie war vier Jahre lang Polizeibeamter gewesen, und er hatte sich in dieser Zeit und früher als Soldat mit Auszeichnung geführt. Das genügte den Geschworenen; ihnen erschien dieser Mann als ein Zeuge, der volle Glaubwürdigkeit beanspruchen durfte.

In seinen zusammenfassenden Ausführungen legte auch der Richter das Hauptgewicht auf die Aussage Christies. Er erklärte es für ganz unwahrscheinlich, daß Christie selbst die Morde verübt haben könne. Keiner der Tatumstände spreche dafür, aber auch nicht sein Leumund. Welches Motiv solle ihn außerdem dazu veranlaßt haben, dieses 14 Monate alte Kind zu erdrosseln? Auf der anderen Seite habe man es bei Evans mit einem ausgekochten Lügner zu tun. Die Schlußfolgerungen, die der Richter daraus zog, waren eindeutig. Den Geschworenen wurde die Bejahung der Schuldfrage als einzig mögliche Konsequenz geradezu in den Mund gelegt.

Am 13. Januar 1950 sprachen die Geschworenen der allgemeinen Erwartung entsprechend Evans des Mordes an seinem Kinde schuldig. Daraufhin wurde er vom Richter zum Tode verurteilt. Er nahm das Urteil gefaßt auf, Christie aber brach in Tränen aus. Außerhalb des Gerichtssaales rief Evans' Mutter Christie zu: »Mörder, Mörder!« Mrs. Christie rief zurück: »Daß Sie sich nicht unterstehen, meinen Mann einen Mörder zu nennen! Er ist ein guter Mann.« Christie war einem Zusammenbruch nahe.

Die Berufung wurde schon am 20. Februar verworfen. Im Gefängnis von Pentonville fiel Evans durch seine Gelassenheit und Ruhe auf. Er aß und schlief gut und zeichnete sich durch gutes Benehmen aus. Die Ärzte und Gefängnisbeamten fanden ihn primitiv, aber nicht bösartig; als unzurechnungsfähig bezeichnete ihn niemand. Gewissensbisse waren an ihm nicht zu bemerken. Er äußerte wiederholt sehr bestimmt, daß Christie der Mörder sei.

Der Innenminister empfahl dem König, das Gnadengesuch abschlägig zu bescheiden: »Das Gesetz muß seinen Lauf nehmen.« Am 9. März 1950 wurde Evans in Pentonville hingerichtet.

Der Fall Christie

Die Eheleute Christie wohnten nach der Hinrichtung ihres Hausgenossen weiter im Hause Rillington Place 10, auch nachdem es an einen aus Jamaika stammenden Hotelportier verkauft worden war. Dieser vermietete die beiden oberen Etagen an Farbige aus seiner Heimat, die große Unruhe und viel Schmutz in das Haus hineintrugen. Christie litt an gesundheitlichen Beschwerden aller möglichen Art und mußte im Frühjahr und Sommer 1952 einige Monate im Krankenhaus zubringen. Im Herbst 1952 nahm er seine Arbeit wieder auf. Schon am 6. Dezember stellte er sie erneut ein und erklärte, er wolle in die Gegend von Sheffield ziehen und sich dort im März nach einer anderen Beschäftigung umsehen.

Am 12. Dezember, einem Freitag, wurde Mrs. Christie zum letzten Male außerhalb ihres Hauses gesehen. Sie gab ihre Wäsche in eine Wäscherei zum Waschen, holte sie aber niemals wieder ab. Kurz vor Weihnachten erhielt ihre Schwester einen Brief, worin Christie mitteilte, seine Frau habe Rheumatismus in den Fingern und könne nicht selbst schreiben; es gehe ihr aber sonst gut. Um die gleiche Zeit schrieb er auch an ihren Bruder und unterzeichnete den Brief mit ihrem und seinem Namen. Einer Nachbarin erzählte er, er sei im Begriff, nach Sheffield überzusiedeln, und bestellte ihr Grüße von seiner Frau. Einer im Haus wohnenden jungen Frau aus Jamaika fiel auf, daß er jeden Morgen Haus und Garten desinfizierte. Am 8. Januar 1953 verkaufte er an den gleichen Händler, der schon mit Evans abgeschlossen hatte, seine Möbeleinrichtung. Es gelang ihm auch, das Bankguthaben seiner Frau ausgezahlt zu erhalten.

Mitte März 1953 beobachtete Christie zufällig, daß eine Mrs. Reilly im Schaufenster einer Agentur Vermietungsanzeigen studierte. Er bot ihr seine Wohnung an, sie ging auf sein Angebot ein, und ihr Mann zahlte die Miete für drei Monate im voraus. Am 20. März zog Christie aus. Da der Hauseigentümer aber nicht bereit war, die Wohnung den Eheleuten Reilly zu überlassen, mußten sie sie sofort wieder räumen. Die Wohnung wurde statt dessen an einen Einwanderer aus Jamaika vermietet.

Als der neue Mieter am 24. März in der Küche einen Radioapparat installieren wollte, stieß er an der Wand an eine Stelle, die hohl klang. Neugierig entfernte er ein Stück Tapete und sah plötzlich in einer Nische den unbekleideten Rücken einer Leiche vor sich. Die Polizei, sofort herbeigerufen, stellte fest, daß es sich um den Körper einer Frau handelte. Er lag auf einem Schutthaufen, mit dem Rücken zur Küche hin. Der Kopf dieser Frau hing nach unten; an ihrer Nase waren Blutspuren zu erkennen. Als die Leiche aus der Nische entfernt wurde, entdeckte man einen zweiten Körper, der in eine dunkle Decke eingehüllt war, dahinter schließlich noch einen dritten. Spät abends fand die Polizei bei gründlicher Durchsuchung des Hauses noch eine vierte Frauenleiche, die in dem Schutt unter den Bretterdielen des vorderen Zimmers verborgen lag. Es war der Körper von Mrs. Christie.

Als Todesursache wurde in allen Fällen Erdrosselung festgestellt.

Bei den drei Leichen, die in der Nische gefunden wurden, handelte es sich um Prostituierte im Alter zwischen 20 und 30 Jahren. Alle drei wiesen Zeichen einer starken, freilich nicht tödlichen Gasvergiftung auf. Unverkennbar war dem Tode dieser Frauen keinerlei Kampf vorausgegangen; sie waren offenbar im Zustand beginnender Gasvergiftung erdrosselt worden. Die gerichtsärztliche Untersuchung ergab, daß im Zeitpunkt ihres Todes oder unmittelbar danach Geschlechtsverkehr stattgefunden hatte.

Innerhalb verhältnismäßig kurzer Zeit gelang es, die drei Prostituierten zu identifizieren; sie waren alle polizeibekannt. Es handelte sich um Hectorina MacLennan, Kathleen Maloney und Rita Nelson. Sie wurden erst seit einigen Wochen bzw. Monaten vermißt, ihr Tod lag also noch nicht lange zurück (schätzungsweise 20, 50 und 70 Tage). Bei Mrs. Christie waren keine Spuren einer Gasvergiftung zu erkennen. Aber auch sie war erdrosselt worden. Ihr Tod war schätzungsweise vor 12 bis 15 Wochen eingetreten.

Wo Christie sich aufhielt, als die Polizei diese aufsehenerregenden Entdeckungen machte, wußte man nicht. Sein Bild wurde in allen Tageszeitungen veröffentlicht, es dauerte aber noch eine ganze Weile, bis er gefunden wurde.

Nachdem das Haus von oben bis unten durchsucht worden war, ging man daran, den Garten umzugraben. In einem Blumenbeet stieß man am 27. März 1953 auf zahlreiche Knochen aller Art, die ein Polizeiarzt als Menschenknochen identifizierte. Man fand auch Menschenhaare. Ein Knochen, der als Stütze für den Gartenzaun benutzt worden war, entpuppte sich als menschlicher Schenkelknochen. Alles, was gefunden wurde, kam in das Gerichtsmedizinische Institut von Scotland Yard und wurde dort und in zwei weiteren Instituten untersucht. Es handelte sich um die Knochen von zwei weiteren Frauenleichen.

Dabei entdeckte man auch eine Zahnkrone von der Art, wie sie in Deutschland und Österreich üblich sind. Diese Feststellung ermöglichte innerhalb kurzer Zeit die Identifizierung der ersten im Garten vergrabenen Frauenleiche. Es handelte sich um die Überreste einer aus Österreich stammenden 21jährigen Lernschwester namens Ruth Margarete Christine Fuerst, die seit 1943 als vermißt galt. Das andere Skelett stammte von Muriel Amelia Eady, die 1944 im Alter von 32 Jahren verschwunden war. In beiden Fällen handelte es sich um Frauen, denen nichts Schlechtes nachgesagt werden konnte.

Muriel Eady hatte Christie in der Kantine der Fabrik kennengelernt, wo er damals beschäftigt war. Sie war zuletzt am 7. Oktober 1944 gesehen worden. Da die Nachforschungen nach ihrem Verbleib ergebnislos verliefen, nahm man an, sie sei durch eine der fliegenden Bomben getötet worden, mit denen London damals beschossen wurde.

Vermutlich wären die beiden Leichen nie gefunden worden, wenn die Mordlust Christie nicht zu neuen Taten gedrängt hätte. Der Gedanke, daß im Garten seit fast zehn Jahren schon zwei Frauenleichen ruhten, hielt ihn davon ebensowenig zurück wie die Erinnerung an seinen Hausgenossen Evans, der keine drei Jahre vorher gehängt worden war.

Nachdem die sechs Leichen gefunden worden waren, stellte sich für die Polizei die Frage, wie Christie die fünf fremden Frauen in seine Wohnung gelockt hatte. In dem Stadtteil, in dem er wohnte, sagte man ihm nach, daß er gegen Entgelt Abtreibungen vornehme. Der Beweis dafür konnte nicht erbracht werden. Immerhin reichte es aus, daß man ihm derartiges nachsagte, um ihm Frauen zuzuführen. Von Mrs. Christie wurde behauptet, sie habe ihrem Mann bei den Abtreibungen Hilfe geleistet; für diese Annahme war aber noch weniger ein Beweis aufzutreiben.

Mittlerweile hatten sämtliche Zeitungen das Bild Christies gebracht; trotzdem war er noch nicht gefunden worden. Am Vormittag des 31. März sah nun ein Polizeibeamter am Ufer der Themse einen Mann, der sich über die Uferbefestigung lehnte und vor sich hinstarrte. Der Mann hatte einen Hut auf; deshalb war sein Gesicht schwer zu erkennen. Der Beamte schritt auf ihn zu und fragte ihn: »Was machen Sie da? Schauen Sie nach Arbeit aus?« Der Mann bejahte. Der Polizeibeamte erkundigte sich daraufhin nach seinem Namen. Der Mann gab einen Namen an, woraufhin der Polizist fragte: »Haben Sie Ausweispapiere bei sich?« Die Antwort lautete: »Nichts.« Der Beamte forderte den Unbekannten jetzt auf, seinen Hut abzunehmen. Danach bestand kein Zweifel mehr: Das war Christie!

Auf der Fahrt zur Polizeiwache zog Christie eine Brieftasche heraus, in der der Beamte seine Identitätskarte entdeckte, außerdem seine Lebensmittelkarten und die seiner Frau mit Namen und Anschrift, ferner noch andere Legitimationspapiere. Bei der körperlichen Durchsuchung auf der Polizeiwache wurden weitere Dokumente gefunden, so daß schließlich an der Identität des Festgenommenen kein Zweifel mehr blieb.

Auf der Polizeistation wurde Christie zunächst ein gutes Frühstück gegeben. Dann kamen Beamte von Scotland Yard, um ihn zu vernehmen. Christie verlegte sich sogleich auf die Taktik, die er bis zu seinem Tode streng einhalten sollte: er log, übertrieb oder behauptete, er könne sich an nichts mehr erinnern.

Noch am 31. März 1953 gab Christie eine erste große Aussage zu Protokoll. Am 14. Dezember 1952 sei er gegen acht Uhr morgens aufgewacht und habe gesehen, daß seine Frau sich wie von Krämpfen geschüttelt im Bett hin und her bewegt habe. Ihr Gesicht sei blau gewesen, und sie habe unter Erstickungsanfällen gelitten. Er habe getan, was in seinen Kräften stand, um ihr Luft zu verschaffen, aber es sei hoffnungslos gewesen. Da er es nicht ertragen habe, sie leiden zu sehen, habe er einen Strumpf ergriffen und um ihren Hals gebunden. Dabei habe er festgestellt, daß sie fast den ganzen Inhalt einer Schachtel mit Schlaftabletten eingenommen hatte. Sie sei dann erstickt. Er habe ihren Leichnam zwei oder drei Tage lang im Bett gelassen und ihn dann unter die Bretter des Fußbodens im Vorderzimmer der Wohnung gelegt.

Bei der gerichtlichen Obduktion war im Körper von Mrs. Christie keine Spur von Schlafmitteln gefunden worden. Wohl aber stand einwandfrei fest, daß sie erdrosselt worden war. Es konnte auch nicht zweifelhaft sein, daß diese Tat mit Vorbedacht verübt worden war. Nichts sprach dafür, daß es sich um einen ›Gnadentod‹ gehandelt hatte. Christie hatte seine Frau kaltblütig umgebracht.

Kathleen Maloney hatte ihn nach seiner Angabe auf der Straße angesprochen und belästigt und war ihm schließlich in seine Wohnung gefolgt. Dort habe sie im Verlaufe eines Streites eine Bratpfanne ergriffen, um ihn zu schlagen. In einem Handgemenge mit ihm sei sie auf einen Liegestuhl gefallen, an dem ein Stück Schnur herunterhing. »Ich weiß nicht, was geschehen ist, aber ich muß völlig den Verstand verloren haben. Ich erinnere mich nur daran, daß sie dann in dem Lehnstuhl lag, mit der Schnur um den Hals.« Später habe er sie wohl in der Nische versteckt, nachdem er aus der Wand ein Brett entfernt hatte.

Einige Zeit danach habe er in einem Café Rita Nelson kennengelernt. Sie habe zusammen mit einer Freundin eine Wohnung gesucht, und auf die Bemerkung hin, daß er gerade im Begriffe sei, seine Wohnung aufzugeben, sei sie zu ihm gekommen, um sie sich anzusehen. Dabei sei sie sehr heftig geworden und habe ihn angegriffen. Er erinnere sich, daß es dann irgend etwas gegeben habe. Sie habe plötzlich tot auf dem Fußboden gelegen. »Ich muß sie geradewegs in die Nische gelegt haben.«

Nicht lange danach habe er einen Mann und eine Frau kennengelernt, die ihm erzählt hätten, ihnen sei die Wohnung gekündigt worden, und sie müßten nun etwas anderes suchen. Er, Christie, habe ihnen Unterkunft angeboten, und sie seien auch einige Tage bei ihm geblieben. Dann seien sie auf Wohnungssuche gegangen. Die Frau, Hectorina MacLennan, sei zurückgekommen und habe in der Wohnung auf ihren Begleiter warten wollen. Er habe ihr gesagt, daß sie nicht bleiben könne, und habe sie am Arm gepackt, um sie hinauszubefördern. Darüber sei es zu einem Handgemenge gekommen, sie sei zu Boden gesunken, und dabei habe ihr wohl ihr Kleid den Hals zugeschnürt. Als er ihr den Puls gefühlt habe, sei sie im Sterben gewesen. Er habe sie dann auch in die Nische hinter der Bretterwand gelegt.

Drei Wochen sei er noch in seiner Wohnung geblieben, und dann sei er fortgegangen und in London umhergeirrt.

Bemerkenswert an dieser Aussage war: kein Wort von einer Gasvergiftung oder von sexuellem Mißbrauch der jungen Frauen. Christie ahnte nicht, daß die medizinischen Sachverständigen inzwischen klare Feststellungen getroffen hatten.

Christie, der am 1. April in das Brixton-Gefängnis eingeliefert worden war, wurde wegen der Tötung seiner Frau und der drei anderen in der Nische verwahrten Frauen unter Mordanklage gestellt und einem Schwurgericht zur Aburteilung überwiesen.

Am 22. April hörte er zum ersten Mal davon, daß in seinem Garten zwei Skelette gefunden worden waren. Er gab ohne weiteres zu, daß er selbst diese beiden Frauen umgebracht hatte. Fünf Tage später eröffnete er seinem Anwalt und einem von diesem zugezogenen Arzt, daß er auch für den Tod von Mrs. Evans verantwortlich sei; mit dem Tod des Kindes Geraldine wollte er allerdings nichts zu tun haben.

Ende Mai wurde Christie in psychiatrische Untersuchung genommen. Alle Ärzte, die sich mit ihm befaßten, stimmten darin überein, daß es sich bei ihm um einen hochgradig abnormen Menschen handele, der aber noch als zurechnungsfähig anzusprechen sei.

Nach den Frauen befragt, deren Leichen er im Garten vergraben hatte, sprach er zunächst über Ruth Fuerst, die Österreicherin, die er im Sommer 1943 kennengelernt hatte. Sie habe ihn mehrfach in Abwesenheit seiner Frau in seiner Wohnung besucht, und bei einer dieser Gelegenheiten habe er sie, während er Verkehr mit ihr hatte, erdrosselt. Ihre Leiche habe er zunächst unter den Dielen seiner Wohnung verborgen, dann in der Waschküche versteckt und schließlich im Garten vergraben.

Muriel Eady hatte er nach seiner Aussage im Dezember 1943 in der Radiofabrik kennengelernt, in der er damals arbeitete. Zwischen ihnen entwickelten sich bald freundschaftliche Beziehungen; er stellte sie seiner Frau und sie ihn ihren Angehörigen vor. Als er von der jungen Frau erfuhr, daß sie an chronischem Katarrh litt, erbot er sich, sie zu heilen. Er bestellte sie zu sich, während seine Frau gerade verreist war, und schloß sie an einen Apparat an, den er selbst gebastelt hatte – eine viereckige Glasröhre mit einem metallenen Deckel, in den zwei Löcher gebohrt waren. Durch das eine Loch leitete er über einen Gummischlauch Friars Balsam (eine Flüssigkeit zum Inhalieren), durch das andere Loch, ebenfalls über einen Gummischlauch, Kochgas. Friars Balsam hatte dabei die Aufgabe, den Geruch des Gases zu überdecken. Miss Eady nahm ein Tuch über den Kopf und inhalierte arglos Balsam und Kochgas. Sie war rasch bewußtlos geworden: »Ich habe eine vage Erinnerung daran, daß ich einen Strumpf nahm und ihn ihr um den Hals band. Ich bin aber nicht ganz sicher ... Ich glaube, ich hatte Verkehr mit ihr, als ich sie erdrosselte. Ich tat sie wohl in die Waschküche. In der gleichen Nacht begrub ich sie im Garten.«

Schließlich, am 8. Juni 1953, bekannte sich Christie noch ausdrücklich zu dem Mord an Mrs. Evans, den er bei der polizeilichen Vernehmung ursprünglich abgestritten, dann aber Ende April seinem Anwalt und dem Arzt Dr. Hobson gegenüber zugegeben hatte. Anfang November 1949 habe er Mrs. Evans in ihrer Küche vorgefunden. Sie habe gerade versucht, sich mit Gas zu vergiften. Er habe sofort Türen und Fenster aufgerissen, um das Gas abströmen zu lassen. Am nächsten Tag habe sie ihm zu verstehen gegeben, daß sie Verkehr mit ihm wünsche; er sei dazu aber physisch nicht in der Lage gewesen. Dann habe sie ihn gebeten, ihr behilflich zu sein, sich das Leben zu nehmen. Er habe daraufhin den Gasschlauch dicht an ihren Kopf geführt und Gas ausströmen lassen. Als sie bewußtlos geworden sei, habe er sie wohl erdrosselt: »Ich glaube, es geschah mit einem Strumpf, den ich in dem Raume fand.« Anschließend sei er zu seiner Frau hinuntergegangen.

Gegen Abend habe er Evans erzählt, seine Frau hätte sich mit Gas das Leben genommen. Er habe hinzugefügt, ohne Zweifel werde er – Evans – jetzt der Tat verdächtigt werden, da er ständig Streit mit seiner Frau gehabt habe. Evans habe sich daraufhin bereit erklärt, die Leiche mit seinem Lieferwagen wegzuschaffen und sie irgendwo zu verscharren. Er habe sie dann aber in die Waschküche geschafft. Was mit dem Kind geschehen sei, wisse er nicht, er selbst habe es jedenfalls nicht angerührt.

Der gerichtsmedizinische Sachverständige hatte bei der Sektion der Leiche von Mrs. Evans keinerlei Spuren von Leuchtgas entdeckt. Das sprach gegen Christies Erzählung. Andere Sachverständige meinten, wenn er so vorgegangen wäre, wie er behauptete, hätte auch er sich eine Gasvergiftung zugezogen. Unwahrscheinlich erscheine auch, daß sich die jungen Frauen ohne jede Gegenwehr hätten vergiften lassen.

Die Hauptverhandlung gegen Christie

Die Hauptverhandlung gegen Christie fand vor einem Londoner Schwurgericht statt. Sie begann am 22. Juni 1953 und dauerte vier Tage. Richter war Mr. Justice Finnemore. Wegen des großen Interesses, das der Fall in der Öffentlichkeit gefunden hatte, vertrat der Attorney General (Kronanwalt), Sir Lionel Heald, persönlich die Anklage. Die Verteidigung lag in den Händen von Mr. Derek Curtis-Bennett. Beiden, dem Anklagevertreter und dem Verteidiger, standen je zwei weitere Anwälte zur Seite.

Wenn in England jemand mehrere Morde begangen hat und deswegen unter Anklage gestellt worden ist, wird er – wie schon erwähnt – nur wegen *eines* Mordes abgeurteilt. Im vorliegenden Fall beantragte der Kronanwalt die Aburteilung Christies wegen Ermordung seiner 54 Jahre alten Frau (mit der er 32 Jahre verheiratet gewesen war). Der Angeklagte erklärte sich für nicht schuldig.

Der Anklagevertreter berief sich in seiner Eröffnungsansprache zum Beweis dafür, daß Christie seine Frau ermordet habe, auf dessen eigene Angaben, auf die Feststellung der Sachverständigen und auf Christies Verhalten nach der Tat. Natürlich konnte er nicht umhin, auch auf den Fall Evans einzugehen. In der Öffentlichkeit hatte sich nach dem von Christie zuletzt abgelegten Geständnis, er habe auch Mrs. Evans getötet, die Vermutung verdichtet, Evans sei das Opfer eines Justizirrtums geworden. Deshalb legte der Kronanwalt besonderen Wert auf die Feststellung, daß Evans nur wegen Tötung seines Kindes verurteilt wurde, nicht aber wegen Tötung seiner Frau. Den Beamten von Scotland Yard, der die Sache bearbeitet hatte, fragte er: »Haben Sie im Hinblick auf die Ermittlungen, die Sie in dieser Sache angestellt haben, irgendeinen Grund anzunehmen, daß im Falle Evans der falsche Mann gehängt worden ist?« – »Nicht im geringsten.«

Nachdem der Kronanwalt alle Tatzeugen aufgerufen hatte – die an der Aufklärung des Falles beteiligten Polizeibeamten, Verwandte des Ehepaares Christie, Hausgenossen, Geschäftsleute, die mit ihnen zu tun gehabt hatten usw. –, zitierte er den Hausarzt Matthew Odess vor die Schranken des Gerichts.

Der Arzt berichtete, er habe Christie seit 1934 ärztlich betreut. Sein Gesundheitszustand lasse schon seit vielen Jahren zu wünschen übrig, er leide an Muskelrheumatismus, Darmkatarrh, depressiven Gemütszuständen und nervöser Schwäche, klage über Kopfschmerzen, Schlaflosigkeit und gelegentlichen Gedächtnisschwund und sei alles in allem als typischer Neurotiker anzusprechen.

Von Mr. Curtis-Bennett gefragt, ob Christie während seiner Muskelrheumatismusanfälle wohl fähig gewesen sei, einen menschlichen Körper die Treppe hinunter zu tragen, erwiderte der Arzt: »Als ich ihn seinerzeit sah, konnte er kaum vom Stuhl aufstehen, es wäre deshalb für ihn sehr, sehr schwer gewesen, so etwas zu tun.«

Der Verteidiger veranlaßte dann die Verlesung eines Briefes, den Dr. Odess am 18. März 1952 an eine Klinik gerichtet hatte. Darin hieß es: »Ich möchte deutlich machen, daß er ein sehr anständiger, zurückgezogen lebender, hart arbeitender und sehr gewissenhafter Mann ist. Es ist sein Wunsch, so bald wie möglich zu seiner Arbeit zurückzukehren.« Im März oder April 1952 sei Christie ärztlich geraten worden, sich in einer Klinik einer psychiatrischen Spezialuntersuchung zu unterziehen, er habe sich aber geweigert, diesen Rat zu befolgen.

Für die Verteidigung ging Mr. Curtis-Bennett in seiner Eröffnungsansprache von der These aus, daß der Angeklagte offensichtlich geisteskrank sei: »Wenn Sie hören, wie er seine Frau umbrachte, und dann diese drei Mädchen, wenn Sie weiter an die beiden Skelette denken, und wenn es stimmt, daß er auch Mrs. Evans tötete – insgesamt also sieben Frauen – unter Umständen, die... insofern ähnlich sind, als es sich durchweg um Erdrosselungen handelt –, so muß es sich um einen Wahnsinnigen und Verrückten handeln!«

Der Anwalt rief zunächst den Angeklagten selbst als Zeugen vor die Schranken des Gerichts. Christie war vage und ausweichend in seinen Antworten. Immer wieder behauptete er, er könne sich nicht mehr genau daran erinnern, was er getan habe. In seinem Kopf gebe es von allem nur noch schwache und nebelhafte Vorstellungen. Offenbar wollte er bei Gericht den Eindruck hervorrufen, daß er nicht zurechnungsfähig sei. Er sprach dabei so leise, daß der Richter ein Mikrophon an seinem Platz anmontieren ließ.

Neues brachte die Vernehmung nicht zutage. Christie bestand darauf, daß er *nicht* Evans' Kind getötet habe.

Trotz seiner Bemühungen gelang es dem Angeklagten nicht, bei Gericht Zweifel über seine Zurechnungsfähigkeit hervorzurufen.

Die Geschworenen hatten bald den Eindruck, daß hier ein verschlagener und brutaler Mörder stand. Man erinnerte sich daran, daß er laut Feststellung der medizinischen Sachverständigen immer Schwierigkeiten beim Geschlechtsverkehr hatte. Seine Impotenz hatte ihn offenbar mit einem derartigen Minderwertigkeitsgefühl erfüllt, daß er aus einem Verlangen nach Überkompensation heraus die Frauen, die Zeuge seines Versagens geworden waren, umgebracht hatte. – Rätselhaft blieb es, warum er seine eigene Frau getötet hatte. Vielleicht hatte sie zuviel gewußt und war von ihm als gefährliche Zeugin beseitigt worden.

Außer Christie selbst zitierte die Verteidigung nur noch einen einzigen Zeugen vor Gericht, den Psychiater Dr. Hobson, einen namhaften Londoner Facharzt. Er charakterisierte den Angeklagten als einen schwer hysterischen Mann, dessen zeitweiliger Stimmverlust für seinen seelischen Defekt symptomatisch gewesen sei. Die ersten Symptome für diese Abnormität seien schon im Jahre 1918 aufgetreten. Dr. Hobson war der Ansicht, daß das seelische Gleichgewicht bei Christie durch unglückliche sexuelle Erfahrungen gestört worden sei und daß sich bei ihm gewisse schockartige Erlebnisse zu einer Gemütskrankheit weiter entwickelt hätten:

»Ich glaube, daß Christie immer ein sexueller Versager (undersexed) und nicht imstande war, den sexuellen Akt richtig zu vollziehen.« Mit diesem Manko sei er nicht fertig geworden.

Der Sachverständige sagte weiter, die Erinnerungsfälschungen, die er und andere bei dem Angeklagten konstatiert hätten, seien auf den Umstand zurückzuführen, daß er sich an unangenehme und erschreckende Vorgänge nicht gerne zurückerinnere und sie gewaltsam aus seinem Bewußtsein verdränge. Oft sehe es so aus, als ob er lüge. In Wahrheit unterliege er Selbsttäuschungen und sei überzeugt, daß das, was er erzähle, wahr sei. Man könne deshalb auch keiner seiner Angaben Glauben schenken, solange sie nicht durch Tatsachen bestätigt würden.

Als der Verteidiger den Arzt an die Behauptung Christies erinnerte, daß er im Augenblick der Ausführung der sieben Morde nicht gewußt habe, was er tue, und ihn fragte, ob er das akzeptieren könne, verneinte das Dr. Hobson. Er fügte aber gleich hinzu: »Ich halte es für sehr wahrscheinlich, daß er sich im Augenblick seiner strafbaren Handlungen nicht klar darüber war, daß das, was er tat, unrecht war.« Dabei verblieb der Arzt auch, als der Kronanwalt im Kreuzverhör den Versuch unternahm, ihn von dieser Behauptung abzubringen.

Durch diese Aussage bestand die Gefahr eines Freispruchs wegen fehlender Zurechnungsfähigkeit. Der Kronanwalt sah sich infolgedessen veranlaßt, dem Experten der Verteidigung zwei ärztliche Sachverständige als Experten der Anklage entgegenzustellen. Der erste war Dr. Matheson, der leitende Arzt des Gefängnisses Brixton, in dem sich Christie seit 1. April 1953 befand; bei dem zweiten handelte es sich um den Londoner Psychiater Dr. Curran.

Auch Dr. Matheson bezeichnete den Angeklagten als schwachen Charakter und hysterische Persönlichkeit. Das Gefühl sexueller Unzulänglichkeit habe zweifellos schwer auf ihm gelastet und ihm das Gefühl der Minderwertigkeit aufgeprägt. Der Arzt fügte aber sofort hinzu, daß es sich dabei nicht etwa um eine Geisteskrankheit handle: »Ein Hysteriker leidet an einer Neurose oder Psychoneurose, und das ist meiner Ansicht nach mehr ein Mangel des Charakters, der Persönlichkeit, als eine Geisteskrankheit...« Auf die Frage, wie der Geisteszustand Christies im Augenblick der Ermordung seiner Frau gewesen sei, lautete die unmißverständliche Antwort dieses Arztes: »Ich denke, er kannte die Natur und die Schwere seiner Handlungen. Meiner Meinung nach wußte er im Augenblick der Tat, daß diese Handlungen gegen das Gesetz waren.« Bei der Behauptung, der Angeklagte sei zurechnungsfähig, blieb der Arzt auch, als der Verteidiger darauf hinwies, daß im vorliegenden Falle doch höchst sonderbare Dinge geschehen seien, z. B. Geschlechtsverkehr nach dem Tode der Frauen. Gewiß handle es sich um einen abnormen Fall, der die Grenze strafrechtlicher Verantwortlichkeit streife. Ein Mann, der sieben Menschen umgebracht habe, sei aber doch nicht schon deshalb als unzurechnungsfähig anzusprechen, weil er die Tötungshandlung mit sexuellen Gewalttaten gegen seine Opfer verbunden habe. Er müsse trotz allem als voll verantwortlich angesehen werden.

Dr. Curran äußerte sich entsprechend: Bei Christie handle es sich um einen außergewöhnlichen Menschen mit deutlich hervortretender hysterischer Wesensart, bei dem jedoch von geistiger Erkrankung keine Rede sein könne: »Christies Verhalten sowohl vor wie nach dem Verbrechen zeigt ganz klar, daß er sehr wohl wußte, was er tat, und auch wußte, daß es Unrecht war.« Was seinen angeblichen Gedächtnisschwund betreffe, so sei Skepsis am Platz: »Er ist wie andere Verbrecher auch: Er hat eine bemerkenswerte Fähigkeit, Unangenehmes aus dem Gedächtnis zu verdrängen.«

Damit war die Gefahr beseitigt, daß die Geschworenen der Ansicht von Dr. Hobson folgen könnten.

In seinem Schlußplädoyer machte Mr. Curtis-Bennett für die Verteidigung trotzdem erneut geltend, daß der Angeklagte bei Begehung seiner Tat unmöglich zurechnungsfähig gewesen sein könne, sei es auch nur, daß er sich nicht bewußt war, etwas Unrechtes zu tun (wie Dr. Hobson es behauptet habe). So wie Christie verhalte sich ein Mensch nicht, der im Besitz seiner geistigen Kräfte sei: er habe beispielsweise nächtelang andere Menschen in seinem Hause beherbergt, obwohl sich Leichen darin befanden; für den Mord an seiner Frau sei keinerlei überzeugendes Motiv erkennbar; er habe seine Wohnung aufgegeben, ohne vorher die Leichen zu beseitigen, und sich damit sicherer Entdeckung ausgesetzt; er habe schließlich im Augenblick seiner Festnahme zahlreiche Personalpapiere bei sich gehabt usw. Wenn man jemand umgebracht habe, tue man im allgemeinen genau das Gegenteil. Nur ein Geisteskranker könne sich so verhalten, wie der Angeklagte es getan habe.

Der Anklagevertreter faßte sich kurz, er konnte sich das auch durchaus leisten. Denn hier handelte es sich um einen Fall, in dem ein glaubhaftes Geständnis über sieben Morde vorlag. Wenn Christie behaupte, er habe seine Frau aus Mitleid getötet, so sei das offensichtlich Unsinn. Er habe sie wohlüberlegt erdrosselt. Hinterher habe er durch lügenhafte Behauptungen den Eindruck zu erwecken versucht, als sei sie noch am Leben. Daß Christie für seine Taten die volle Verantwortung trage, daß er insbesondere auch mit Unrechtsbewußtsein gehandelt habe, könne aufgrund der Aussage der beiden letzten medizinischen Sachverständigen ohne weiteres angenommen werden.

Der Richter hielt sich in seinem Summing up außerhalb des Streites der Parteien und entwickelte den Geschworenen nach eingehender Schilderung der Auffassungen, die die drei Ärzte vorgetragen hatten, ein unparteiisches Bild vom Für und Wider: »Wenn Sie zu der Auffassung kommen sollten, daß er nicht gewußt habe, was er tat, oder daß er nicht gewußt habe, daß sein Tun unrecht sei, so hat der Urteilsspruch auf ›schuldig‹, aber ›unzurechnungsfähig‹ zu lauten. Wenn Sie sich andererseits für die Meinung entscheiden sollten, daß er wußte, was er tat, und auch wußte, daß sein Verhalten unrecht war, so hat Ihr Urteil einfach ›schuldig des Mordes‹ zu lauten.«

Die Geschworenen berieten eine halbe Stunde lang und sprachen Christie dann des Mordes schuldig. Daraufhin wurde er von dem Richter in der üblichen Form zum Tode verurteilt. Das geschah am 25. Juni 1953.

Christie legte keine Berufung ein.

Als die Zeitungen die Meldung des Urteils brachten, wuchs in der Bevölkerung ein Gefühl des Unbehagens. Man fragte sich, ob Timothy Evans nicht für eine Tat gehängt worden war, die in Wahrheit Christie verübt hatte. Christie hatte ja vor Gericht erklärt, daß *er* Mrs. Evans getötet habe. Wenn das stimmte, lag die Vermutung nahe, daß er auch der Mörder des Kindes war.

Evans' Mutter, Mrs. Probert, wandte sich an einen Unterhausabgeordneten, dem es im Zusammenwirken mit einigen anderen Parlamentariern gelang, eine Untersuchung durchzusetzen, mit der am 6. Juli 1953 der Innenminister, Sir David Maxwell Fyfe, einen Barrister, Mr. John Scott Henderson, beauftragte. Er wurde beauftragt, festzustellen, ob eine »miscarriage of justice« (ein Justizirrtum) vorliege. Dem Beauftragten wurden zwei rechtskundige Gehilfen beigegeben. Da der 15. Juli zum Tag der Hinrichtung bestimmt worden war, sollte die Untersuchung bis dahin beendet sein. Das Ganze war als »private« Untersuchung aufgezogen, und das bedeutete, daß die Ermittlungen nicht öffentlich erfolgten und grundsätzlich keine Anwälte zugelassen wurden.

Mr. Henderson arbeitete sich durch das umfangreiche Prozeßmaterial hindurch und hörte 23 Zeugen an. Am 9. Juli vernahm er auch Christie, dessen Aussage in den entscheidenden Punkten wieder ausweichend war und nichts Neues erbrachte. Auf die Frage des Untersuchungsführers, ob er etwas mit dem Tode von Mrs. Evans zu tun habe, antwortete Christie jetzt: »Ich kann es nicht bejahen und nicht verneinen!« Dem Gefängnisgeistlichen gegenüber äußerte er am 29. und 30. Juni, er habe das Kind nicht getötet, und er glaube, auch Mrs. Evans nicht getötet zu haben. Wenn er in der Hauptverhandlung das Gegenteil behauptet habe, dann nur deshalb, weil ihm ein Geständnis ratsam erschienen sei. »The more the merrier« – je mehr, desto besser, sagte er.

Mr. Henderson schloß seine Untersuchung am 13. Juli ab. Er kam zu dem Ergebnis, es könne nicht zweifelhaft sein, daß Evans sowohl für den Tod seiner Tochter wie für den seiner Frau die Verantwortung trage. Sein drittes und letztes Geständnis sei glaubwürdig und werde durch das übrige Beweismaterial bestätigt. Soweit Christie im Laufe seines Prozesses das Gegenteil behauptet, also die Ermordung von Mrs. Evans für sich in Anspruch genommen habe, handle es sich um Behauptungen, die nicht nur als unglaubwürdig zu bezeichnen, sondern mit Sicherheit zu widerlegen seien. Von einer »miscarriage of justice« könne jedenfalls keine Rede sein.

Der Bericht von Mr. Henderson wurde am 14. Juli 1953 dem Parlament vorgelegt. Am 15. Juli wurde Christie hingerichtet.

Mit der Hinrichtung kam der Fall keineswegs zur Ruhe.

Schon am 29. Juli gab es im Unterhaus eine Debatte, in der einige Abgeordnete der Labour Party scharfe Kritik an dem Bericht von Mr. Henderson übten. Dem Berichterstatter wurde vorgeworfen, daß er keinen der Handwerker vernommen hatte, die in dem Hause tätig gewesen waren. Evans' Behauptung, daß er selbst beide Leichen in der Waschküche versteckt habe, sei ihm offenbar durch die Polizei suggeriert worden. Überhaupt fand man es höchst eigenartig, daß es in dem Hause Rillington Place zwei Mörder gegeben haben sollte, die ihre Opfer auf genau dieselbe Art umbrachten und an genau den gleichen Stellen versteckten – Verbrecher, die dann wohl unabhängig voneinander gehandelt hatten. Heftig wurde auch Klage darüber geführt, daß die Untersuchung in wenigen Tagen mit Ausschluß der Öffentlichkeit und ohne Zulassung von Anwälten durchgepeitscht worden sei. Warum diese Eile, erst mit der Untersuchung und dann mit der Hinrichtung? Hatte man die Justiz weißwaschen und die Polizei schützen wollen?

Der Innenminister, Sir David Maxwell Fyfe, stellte sich vor den Untersuchungsführer und wies alle Vorwürfe mit Nachdruck zurück. Auf die Frage, warum er die Hinrichtung nicht aufgeschoben habe, erwiderte er, er habe es aus Gründen der Humanität nicht getan. Einen Menschen, der genau wisse, daß er sterben müsse, lasse man nicht warten.

Für Mr. Henderson war diese Erörterung der Anlaß, am 28. August einen Zusatzbericht zu veröffentlichen.

Am 5. November 1953 gab es im Unterhaus eine neue Debatte, worin Mr. Henderson zum Vorwurf gemacht wurde, er habe zu wenig auf die für Evans entlastenden Umstände Rücksicht genommen. Wiederum wurde eine neue Untersuchung gefordert.

Die Zweifel, ob Evans zu Recht verurteilt worden ist, haben sich im Laufe der Zeit noch wesentlich verstärkt. Einig ist man sich heute darüber, daß die Verhandlung gegen Evans mit Sicherheit einen ganz anderen Verlauf genommen hätte, wenn bekannt gewesen wäre, daß man es bei Christie mit einem mehrfachen Mörder zu tun hatte. Evans wäre dann entweder freigesprochen oder schlimmstenfalls nur wegen Beihilfe verurteilt worden. Es war sein Verhängnis, daß die Polizei sich mit einer oberflächlichen Durchsuchung des Hauses begnügt hatte. Hätte man die Leichen im Garten gefunden, wäre Evans niemals gehängt, vielleicht nicht einmal verurteilt worden.

Die öffentliche Meinung in Großbritannien ist seitdem mehr und mehr zu der Überzeugung gekommen, daß ein Mann hingerichtet worden ist, der dieses Schicksal nicht verdient hat. Die Gegner der Todesstrafe haben nicht versäumt, gestützt auf diesen Fall, ihren Kampf für die Abschaffung dieser Strafart zu intensivieren. Namhafte Politiker, Juristen und Ärzte haben zu dem Fall Evans-Christie in Publikationen Stellung genommen und die vorhandenen Zweifel verstärkt. Man kann heute sagen, daß das gegen Evans gefällte Todesurteil von der öffentlichen Meinung in Großbritannien mißbilligt und abgelehnt wird.

Schrifttum: F. Tennyson Jesse, Trials of Timothy John Evans and John Halliday Christie. Notable British Trials. London 1957 (mit den vollständigen Verhandlungsniederschriften); Francis E. Camps, Medical and Scientific Investigations in the Christie Case. London 1953; R. T. Paget and S. S. Silverman, Hanged – and Innocent? London 1953; Michael Eddowes, The Man on our Conscience. London 1955; The Case of Timothy Evans, An Appeal to Reason. The Spectator, London 1956; Ludovic Kennedy, Rillington Place Nr. 10. Die Geschichte eines Justizmords. Stuttgart 1962.

Gedächtnisverlust und seine Folgen

Der Fall Günther Podola

Wenn man vom Kontinent nach Großbritannien kommt, fällt einem auf, daß die Polizeibeamten unbewaffnet sind. Der Brite legt Wert darauf, daß der Polizeibeamte im Dienst keine Waffe mit sich führt, und er betrachtet das als eine Garantie der Freiheit. Wird auf Polizeibeamte im Zuge einer polizeilichen Aktion geschossen, so müssen Waffen erst angefordert und herbeigeschafft werden. Dem entspricht auf der anderen Seite erhöhter Schutz seitens der Gerichte. Die Ermordung eines Polizeibeamten, der sich in Ausübung seines Dienstes befindet, gilt als eines der schwersten überhaupt denkbaren Verbrechen, und der Täter hat vor Gericht keine Gnade zu erwarten. Das sollte ein 31 Jahre alter Deutscher zu spüren bekommen, der am 13. Juli 1959 in London einen Polizeibeamten erschossen hatte.

Folgendes war geschehen: Am 3. Juli 1959 war bei einer Amerikanerin, einer Mrs. Schiffmann, in South Kensington eingebrochen worden. Dabei waren dem Täter Juwelen im Wert von fast 1800 Pfund und ein Nerz im Wert von über 500 Pfund in die Hände gefallen, außerdem drei Reisepässe. Einige Tage danach erhielt die Bestohlene einen Eilbrief, worin ihr mitgeteilt wurde, der Absender des Briefes namens Levine sei amerikanischer Detektiv, und er sei im Besitz aller Unterlagen über die zurückliegenden fünf Jahre ihres Lebens. Er habe im Auftrag interessierter Dritter dieses Material gesammelt und zusammengestellt, sei aber bereit, es ihr gegen Zahlung von 500 Dollar auszuhändigen und seiner Firma mitzuteilen, daß sie ein makelloses Leben geführt habe.

Mrs. Schiffmann wandte sich an die Polizei, die daraufhin ihr Telefon überwachen ließ. Sie erhielt dabei Weisung, möglichst deutlich zu sprechen, damit die Kontrollbeamten in die Lage versetzt würden, das Gespräch zu lokalisieren. Sie sollte es auch möglichst in die Länge ziehen, damit der Polizei genügend Zeit bliebe, sich zu der Sprechzelle zu begeben. Am Sonntag danach meldete sich – angeblich im Auftrag von Levine – ein gewisser Fisher und fragte an, was sie zu tun gedenke. Mrs. Schiffmann erwiderte, sie sei bereit, 300 Dollar für das Aktenstück zu zahlen; sie fragte, was sie jetzt tun solle. Der Anrufer erwiderte, er werde sich am nächsten Tag melden. Am darauffolgenden Morgen kam ein neuer Anruf, in dem Mrs. Schiffmann aufgefordert wurde, sich zur Entgegennahme weiterer Weisungen für den Nachmittag bereit zu halten.

Kurz vor vier Uhr läutete das Telefon, und es meldete sich erneut Mr. Fisher. Mrs. Schiffmann bot ihm gegen Aushändigung des Aktenstücks wiederum 300 Dollar an. Als sie während des Gesprächs Papier rascheln hörte, fragte sie den Anrufer, was das bedeute. Dieser erwiderte, das seien die Unterlagen für seine Fälle. Bei dem Gespräch warnte der Mann am Telefon die Frau nachdrücklich, sich mit der Polizei in Verbindung zu setzen. Wenn sie es tue, werde sie schwer dafür büßen müssen.

Entsprechend ihrer Weisung, das Gespräch möglichst in die Länge zu ziehen, zog Mrs. Schiffmann die Unterhaltung hin. Bevor ihr Gesprächspartner dazu kam, ihr Instruktionen für die Übergabe des Geldes zu erteilen, wurde er unterbrochen. Mrs. Schiffmann hörte, daß jemand in die Telefonzelle eindrang und rief: »Paß auf, Bursche! Wir sind Polizeibeamte.« Dieselbe Stimme rief unmittelbar danach in den Hörer hinein: »Mrs. Schiffmann, hier ist Detektivsergeant Purdy. Bitte merken Sie sich meinen Namen.«

In der Zwischenzeit hatten nämlich Polizeibeamte festgestellt, daß der Anruf aus einer Telefonzelle auf der Untergrundbahnstation South Kensington kam. Von der nächstgelegenen Polizeiwache wurden daraufhin sofort Beamte in Marsch gesetzt. Die ersten, die am Tatort erschienen, waren die Detektivsergeanten Purdy und Sandford. Als sie vor der Telefonzelle ankamen, sahen sie, daß darin ein junger Mann ein Gespräch führte und dabei in einem Notizblock blätterte. Purdy riß die Tür auf, nahm dem Mann den Hörer weg, steckte das Notizbuch in die Tasche und richtete an Mrs. Schiffmann die Worte, die schon berichtet wurden. Der junge Mann versuchte zu entfliehen, wurde aber festgehalten. Die beiden Beamten nahmen ihn daraufhin in ihre Mitte, um ihn die Treppe hinauf zu ihrem Wagen zu führen. Vor dem Wagen angekommen, gelang es dem Festgenommenen, sich loszureißen. Er wäre um ein Haar entschwunden, wenn Purdy nicht ein Taxi aufgetrieben hätte, mit dem er den Flüchtenden einholen konnte. Er stürzte in ein neuerbautes Appartementhaus hinein und verbarg sich in der Eingangshalle hinter einem Pfeiler. Dort spürten ihn die Beamten auf, nahmen ihm die Sonnenbrille weg und sagten ihm, sie würden ihn zur nächsten Polizeiwache bringen; er solle sich zunächst einmal auf die Fensterbank setzen und warten. Detektivsergeant Sandford hatte sich inzwischen auf die Suche nach dem Hausmeister begeben. Während er ihren Wagen heranholen wollte, sollte sein Kollege auf den jungen Mann aufpassen. Als sich in der Hausmeisterwohnung nichts rührte, rief Sandford seinem Kollegen zu, der Mann sei leider nicht zu erreichen. Dabei konnte er sehen, daß sich der Festgenommene von der Fensterbank heruntergleiten ließ und mit der rechten Hand in die innere Brusttasche seines Jacketts hineingriff. Der Beamte rief daraufhin seinem Kollegen zu: »Vorsicht – er hat vielleicht eine Waffe!«

Kaum hatte er diese Warnung geäußert, als ein Schuß krachte und Purdy getroffen zu Boden sank. Jetzt rächte es sich, daß die beiden Beamten an dem jungen Mann keine Leibesvisitation vorgenommen hatten; vielleicht lag das daran, daß ihnen ein mit einer Schußwaffe versehener Erpresser noch nicht vorgekommen war. Wenige Sekunden nach dem Schuß war der Schütze auf der Straße verschwunden. Die Hausbewohner, die aus ihren Wohnungen herausstürzten, konnten nur noch den Tod des Beamten feststellen. Wachtmeister Sandford wollte dem Täter nacheilen, mußte aber feststellen, daß er ihn nicht einholen konnte; er war bald in dem dichten Verkehr verschwunden. Telefonisch herbeigerufen, traf einige Minuten später eine Anzahl Polizeibeamter ein. Der Getötete, 40 Jahre alt, hinterließ Frau und drei Kinder. Er stand seit fast zwei Jahrzehnten im Dienst der Londoner Polizei.

Jetzt war die große Frage, wie man des Täters habhaft werden sollte. Am Tatort fand man eine leere Patronenschiene und das 9-mm-Geschoß, durch das Purdy getötet worden war; es hatte das Glas der Tür durchbohrt und war außen auf einer Matte gelandet. Auf einer marmornen Fensterbank entdeckte man auch den Abdruck einer Handfläche. Als am wertvollsten sollte sich der Notizblock erweisen, den Purdy in der Telefonzelle an sich genommen hatte.

Mit Hilfe der kanadischen Polizei bekam man in Scotland Yard binnen drei Tagen heraus, daß es sich bei dem Täter um einen Deutschen namens Günther Podola handelte, der nach Kanada ausgewandert, später aber nach Deutschland zurückgekehrt war. Er war, von Düsseldorf kommend, am 21. Mai in England eingereist und hatte dort für drei Monate Aufenthaltserlaubnis erhalten. Wo aber befand er sich jetzt?

Da die Polizei vermutete, daß er sich in einem Hotel verborgen halte, wurden im Londoner Westen in weitem Umkreis alle Hotels überprüft. In der Zwischenzeit war sein Bild von allen Zeitungen veröffentlicht worden. Als sich Polizeibeamte am Nachmittag des 16. Juli im Claremont House Hotel die Fremdenliste vorlegen ließen, fiel ihnen ein Name auf: Paul Camay. Auf die Frage, ob er zu Hause sei, wurde ihnen erwidert, daß der Fremde seit mehreren Tagen das Haus nicht verlassen habe. Der Hotelbesitzer überzeugte sich davon, daß er auf seinem Zimmer war. Die Polizisten faßten Argwohn und beschlossen, sich diesen Mann näher anzusehen. Von einem Polizeihund begleitet, begaben sie sich nach oben.

Ein Polizeiinspektor versuchte zunächst, die Tür mit der Schulter aufzubrechen. Als ihm dies nicht gelang, rief er aus: »Polizei, öffnen Sie die Tür!« Dabei hörte man ein Geräusch, das wie das Bereitmachen einer Pistole klang. Als keine Antwort zu hören war, drückte ein anderer Beamter, Inspektor Chambers, die Tür ein. Sie fiel mit Wucht auf den Mann, der sich in dem Zimmer befand, und das war kein anderer als Günther Podola. Im Gesicht verletzt, fiel er taumelnd nach hinten und landete mit dem Kopf auf der Feuerstelle des Kamins. Inspektor Chambers warf sich mit seinem ganzen Gewicht auf ihn, und zwei andere Beamte packten seine Arme und hielten ihn am Boden fest. Man mußte ja damit rechnen, daß der Mann wiederum schießen würde. Dann zog man ihm Schuhe und Strümpfe aus. Podola leistete nur kurz Widerstand. Dem Wehrlosen waren im Nu Handschellen angelegt. Bei der Leibesvisitation ergab sich, daß er diesmal keine Waffe bei sich hatte. Die ganze Aktion war das Werk von wenigen Minuten.

Bei dem Zusammenstoß hatte Podola eine Wunde oberhalb des linken Auges davongetragen und das Bewußtsein verloren. Die Beamten legten ihn deshalb auf das Bett, schütteten kaltes Wasser über seinen Kopf und legten eine Kompresse hinter seinen Nacken. Erst nach einigen Minuten fand Podola wieder zu sich. In seinem Zimmer entdeckte ein Polizeiinspektor später einen auf »Günther Podola« lautenden Paß, in einer Dachstube eine automatische Pistole, ein Pistolenhalfter und zwei Päckchen Munition.

Als Podola das Bewußtsein wiedererlangt hatte, fiel den Beamten ein eigenartiges Zittern an seinem Körper auf, das besonders stark an den Händen in Erscheinung trat. Um zu sehen, ob dieses Zittern im Stehen verschwinden werde, ließen sie ihn im Zimmer auf und ab gehen, es wurde davon aber eher noch stärker.

Podola wurde mit dem Jackett über dem Kopf auf die Polizeistation von Chelsea gebracht und dort verwahrt. Als sich aus Presseaufnahmen ergab, daß sein linkes Auge blau umrändert war, wurde behauptet, er sei von den Polizisten mißhandelt worden. Der Polizeiarzt, Dr. Shanahan, der sofort nach der Einlieferung herbeigerufen wurde, konnte jedoch keinerlei Spuren von Mißhandlung, sondern nur eine Schnittwunde oberhalb des linken Auges und einen breiten Bluterguß rund um das Auge herum feststellen. Podola machte einen mitgenommenen, verwirrten und erschöpften Eindruck. Puls, Atmung, Herztätigkeit und Blutdruck waren aber normal.

Ungewöhnlich war, daß der Arzt den Häftling nicht bewegen konnte, irgend etwas zu seinem Fall zu äußern. Er erwies sich als vollkommen unansprechbar. Er gab auf keine Frage eine Antwort. Der Arzt ordnete deshalb an, ihn vorläufig nicht zur Sache zu hören. Gegen Mitternacht kam Dr. Shanahan zu einer zweiten Untersuchung und unternahm dabei einen neuen Versuch, Podola zum Reden zu bringen. Da er damit wiederum keinen Erfolg hatte, ordnete er Überführung in eine Klinik an. Podola wurde daraufhin in einem Rotkreuzwagen nach St. Stephen's Hospital in Chelsea gebracht. Dort wurde er mit Handfesseln an sein Bett angeschlossen und unter scharfer Bewachung gehalten.

In der Klinik wurde er am 17. Juli abends einer Lumbalpunktion unterworfen, um festzustellen, ob er eine Gehirnschädigung davongetragen habe. Am nächsten Tage stellte Podola nach seiner Angabe während einer Unterhaltung mit einem der Ärzte fest, daß er für die Ereignisse vor dem 17. Juli das Gedächtnis verloren hatte, zwar nicht total, aber partiell, d. h. mit gewissen »Erinnerungsinseln«. Vor allem war – wie er behauptete – aus seiner Erinnerung alles ausgelöscht, was die Tötung des Polizeibeamten betraf. Über die Frage, ob diese Behauptung Podolas Glauben beanspruchen dürfe oder ob Podola den Gedächtnisverlust nur simuliere, sollte später zwischen den ärztlichen Sachverständigen heftiger Streit entbrennen.

Wie Karl Jaspers in seiner »Allgemeinen Psychopathologie« (4. Auflage 1946) dargelegt hat, treten solche »retrograden Amnesien« mit Verlust der Erinnerung für einen abgegrenzten Zeitraum gelegentlich als Folge von schweren Kopfverletzungen, Gehirnerschütterungen und schädigenden Ereignissen ähnlicher Art auf[9]. Der Betroffene kann sich dann aus dem in Frage kommenden Zeitraum an nichts oder wenig mehr erinnern.

Besonders häufig sind solche Zustände, wie der Tübinger Neurologe J. Hirschmann[10] gezeigt hat, nach Verkehrsunfällen zu beobachten. Es kommt dann gelegentlich zu psychogenen Dämmerzuständen, deren Erscheinung nach Hirschmann folgendermaßen zu deuten ist:

»Die Umschaltung in den psychogenen Dämmerzustand hat für das Individuum einen besonderen Sinn. Es flüchtet vor der Realität des traumatisierenden Erlebnisses, dessen innerseelische Verarbeitung nicht gelingt, in die schützende Atmosphäre abgeblendeten oder gespaltenen Bewußtseins und sperrt sich damit ab gegenüber dem unerträglichen Erlebnis.«

Das Ganze sei also eine »Flucht vor dem als furchtbar und unerträglich empfundenen Erlebnis der Schuld«. Als gesichert könne das Vorkommen solcher Zustände vor allem nach Schädel-Hirn-Traumen bezeichnet werden. »Automatisierte Handlungsschablonen«, die keine besondere Anforderung an Aufmerksamkeit, Wahrnehmung, Kritik-, Urteils- und Unterscheidungsvermögen stellen, z. B. Anziehen, Auskleiden, auf die Toilette gehen, sich ins Bett legen, ja sogar Autolenken seien damit durchaus vereinbar.

---

9 Siehe dazu auch Eugen Bleuler, Lehrbuch der Psychiatrie, 10. Auflage (1960) S. 57.
10 »Traumatischer und psychogener Dämmerzustand nach selbstverschuldetem Verkehrsunfall«, Hefte zur Unfallkunde, Heft 94 (1968) S. 242 ff.

Dr. Harvey, der Arzt, von dem Podola gleich nach seiner Einlieferung untersucht worden war, hatte am Nervensystem keinerlei Schädigung feststellen können, wohl aber einen gewissen Grad von Bewußtseinsstörung. Podola machte in seinem Bett einen halbbetäubten Eindruck und reagierte auf Fragen nicht. Er schlief meist und war sich offenbar nicht bewußt, wo er sich befand. Ab und zu äußerte er den Wunsch, auf die Toilette hinausgeführt zu werden, gelegentlich bat er auch um eine Zigarette, die er allerdings regelmäßig nur halb rauchte.

Der Arzt war aufgrund der Untersuchung zu dem Schluß gekommen, daß vielleicht doch eine Gehirnschädigung vorliege. Eine Röntgenaufnahme und eine erneute Lumbalpunktion erbrachten indessen keinen Beweis für eine Fraktur, wohl aber fanden sich Blutspuren in der Rückenmarksflüssigkeit. Aus dieser Beobachtung zog Dr. Harvey die Folgerung, daß doch eine organische Gehirnschädigung erfolgt sei. Auch über diesen Punkt sollte später zwischen den Ärzten eine Meinungsverschiedenheit entstehen.

Dr. Harvey war zu dem Ergebnis gekommen, daß der Häftling seelisch noch nicht in der Lage sei, in einem Strafverfahren Rede und Antwort zu stehen, er hatte deshalb für einige Tage Ruhe und Schonung verordnet. Am 18. Juli hatte sich der Zustand gebessert, Podola war aber noch immer kaum ansprechbar. Als der Arzt ihn untersuchte, sagte er nichts und verstand offenbar auch nicht, was er gefragt wurde. Er machte den Eindruck eines seelisch völlig aus dem Gleichgewicht geratenen Menschen. Immerhin ging er jetzt ohne fremde Hilfe auf die Toilette, wusch sich wieder und putzte sich die Zähne.

Was den Gedächtnisverlust betraf, den Podola behauptete, so kam Dr. Harvey nach langem Hin und Her zu der Überzeugung, daß er nicht fingiert sei. Es handle sich um einen Fall rückwirkenden Gedächtnisverlustes, erklärte er, der in Zusammenhang mit seiner Kopfverletzung stehe.

Bis zum 20. Juli besserte sich der Zustand des Häftlings derart, daß Dr. Harvey meinte, er sei jetzt in der Lage, die Beschuldigung, die gegen ihn erhoben wurde, zu verstehen und dazu Stellung zu nehmen. Das bedeutete, daß dem Fortgang des Verfahrens nichts mehr im Wege stand. Podola behauptete freilich nach wie vor, daß er nicht wisse, weshalb er sich in einem Krankenhaus befinde, und daß er sich an nichts von dem, was in London vor dem 17. Juli abends geschehen sei, mehr erinnern könne. An anderes erinnerte er sich, so z. B. an eine Freundin von ihm namens Ruth und ihr gemeinsames Kind namens Micky, die Skyline der New Yorker Wolkenkratzer und dergleichen mehr. Er meinte auch noch fähig zu sein, einen Wagen zu fahren. Später erzählte er dem Polizeibeamten noch, ihm sei eingefallen, daß Polizeidirektor Hislop ihm im Halbschlaf etwas ins Ohr geflüstert habe: »Sagen Sie, es war ein Unfall. Ich bin Ihr Freund.«

Am 20. Juli meldete sich ein Solicitor namens Williams bei Podola und bot ihm seine Hilfe an. Einige Geschäftsleute, die ungenannt zu bleiben wünschten, hatten ihn geschickt. Sie wollten nicht, daß er – ein Ausländer – ohne Rechtsbeistand bleibe. Als er erschien, spielte Podola gerade mit einem Polizeibeamten Schach. Am gleichen Tag eröffnete ihm der Polizeidirektor Hislop, er werde jetzt nach der Polizeistation Chelsea gebracht, um dort nunmehr förmlich unter Mordbeschuldigung gestellt zu werden. Von der Polizeistation wurde er anschließend zu dem Polizeigericht nach Fulham überführt, um noch einmal gehört und dann in das Untersuchungsgefängnis von Brixton überwiesen zu werden.

Um dieselbe Zeit wurde sein Fall im Unterhaus zur Sprache gebracht, und zwar durch R. T. Paget, einen der bekanntesten Abgeordneten der Labour Party. Der Parlamentarier, von Beruf selbst Rechtsanwalt, richtete an den Innenminister die Frage, was während der sechs Stunden geschehen sei, in denen sich Podola auf der Polizeistation in Chelsea befunden habe, und aus welchem Grunde er auf einer Tragbahre in ein Krankenhaus habe verbracht werden müssen. Mr. Butler, der Innenminister, antwortete ausweichend. Die Angelegenheit, die Ermordung eines Polizeibeamten betreffend, sei rechtshängig, und das verbiete ihm, zu ihr Stellung zu nehmen. Mr. Paget ließ sich mit einer solchen Antwort nicht abspeisen: »Mit großem Respekt – aber sind das nicht zwei ganz verschiedene Sachen? Es geht hier allerdings zunächst um die Beschuldigung, einen Polizeibeamten ermordet zu haben. Eine ganz andere Sache aber ist die Frage, ob ein Angriff auf Mr. Podola geschehen ist, bei dem dieser nach einigen Berichten Verletzungen am Schädel und am Kiefer erlitten hat.« Der Abgeordnete fügte hinzu, die Menschen sollten auf britischen Polizeistationen das Gefühl absoluter Sicherheit haben; Mißhandlungen könnten dort unter gar keinen Umständen geduldet werden. Der Innenminister sah sich daraufhin doch zu einer Antwort veranlaßt, und die lautete, er sei völlig sicher, daß der Mann auf der Polizeistation nicht geschlagen worden sei.

Der Vorfall zeigt, wie sehr in England darauf gesehen wird, daß kein Häftling – und stehe er auch unter schwerster Anklage – bei der Polizei Mißhandlungen ausgesetzt ist. Mr. Paget konnte nicht erwarten, daß die Gewerkschaft der Polizeibeamten seinen Vorstoß unwidersprochen lassen werde – trotzdem handelte er. Nachdem er in der Zeitschrift der Polizeibeamten, der Police Review, aufgefordert worden war, seine Anschuldigung öffentlich zu widerrufen, antwortete er: »Ich möchte jetzt sagen, daß ich vollkommen zufriedengestellt bin, daß Podola auf der Polizeistation von Chelsea nicht angegriffen worden ist, und daß ich gegen das Verhalten der Polizei keinerlei Kritik geltend zu machen habe. Ich habe mich andererseits aber auch nicht dafür zu entschuldigen, daß ich die Anfrage eingebracht und auf einer Antwort bestanden habe. R. T. Paget.«

Seit der Verhandlung vor dem Polizeigericht bestand für Podola kein Zweifel mehr, daß er unter schwerster Anklage stand und mit der Todesstrafe zu rechnen hatte. Falls er Gedächtnisverlust simulierte, mußte er auf der Hut sein. Es durfte nichts passieren, was geeignet war, seine Angaben unglaubwürdig zu machen. Bis zu der Hauptverhandlung lagen noch sieben Wochen vor ihm, und in dieser Zeit mußte er besonders den Ärzten gegenüber Vorsicht walten lassen. Man muß sagen, daß er seine Rolle geschickt gespielt hat – falls angenommen werden müßte, daß er Gedächtnisverlust tatsächlich simuliert hat.

Podola war inzwischen in das Untersuchungsgefängnis von Brixton verlegt worden. Dort erschien gleich nach seiner Einlieferung der Leitende Medizinaldirektor Dr. Brisby und untersuchte ihn. Diese Untersuchungen setzte der Arzt bis zum Beginn der Hauptverhandlung fort. Auch ihm gegenüber behauptete Podola, an die Vorgänge vor der Lumbalpunktion so gut wie keine Erinnerung zu haben. Das Schlußergebnis, zu dem Dr. Brisby am Ende kam, lautete: »Podola simuliert.«

Auf Dr. Brisby folgte ein Neurologe, Dr. Colin Edwards. Als dieser Arzt Podola gegenüber auf dessen Auftreten vor dem Polizeigericht am Tage vorher zu sprechen kam, bekam er zur Antwort: »Ich weiß nicht, worum es ging, aber ein Polizeibeamter sagte, ich hätte jemand umgebracht; ich weiß jedoch nichts davon.« Auf die Frage, wie er zu der Verletzung oberhalb seines Auges gekommen sei, erwiderte er: »Ich weiß es nicht.« – Auch an seine Familie, seine Arbeitsstätten und seine Aufenthaltsorte behauptete er keinerlei Erinnerung zu besitzen. Er könne über sein Vorleben überhaupt nichts sagen.

Dieser Arzt hatte wie Dr. Harvey den Eindruck, daß die Angaben Podolas samt und sonders glaubwürdig seien. Ein Simulant, so sagte er, hätte seine Rolle nicht ohne psychiatrische Schulung und einen hohen Grad von Intelligenz durchführen können. Er hätte, so äußerte sich der Arzt weiter, mit Sicherheit auch einen »totalen Blackout« (vollständigen Gedächtnisverlust) fingiert.

Nach drei weiteren Verhandlungen vor dem Polizeigerichtshof, in deren Verlauf zwölf Zeugen gehört wurden, wurde Podola am 14. August unter Anklage gestellt und an den Strafgerichtshof von Old Bailey zur Aburteilung überwiesen.

Am 19. August erschien, von der Verteidigung beauftragt, ein weiterer Neurologe, Dr. Michael Ashby, um Podola zu untersuchen. Auch dieser Arzt kam zu dem Ergebnis, daß der Gedächtnisverlust, den Podola behauptete, nicht simuliert sei. Der Erinnerungsschwund sei bei ihm auf hysterischer Grundlage als Folge des schweren seelischen Schocks erwachsen, den die Verhaftung für ihn bedeutet habe. Bei späteren Besuchen verstärkte sich bei dem Arzt der Eindruck, daß er es mit einer echten Amnesie zu tun habe.

Am 3. September stellte ein Dr. Hill auf elektrischem Wege fest, daß Podolas Gehirn keinen organischen Schaden erlitten hatte.

Auf Veranlassung der Anklagevertretung befaßte sich am 4. und 7. September auch noch der Psychiater Dr. Denis Leigh mit Podola. Er stellte bei ihm – der auf ihn einen ausgesprochen intelligenten Eindruck machte – viele Erinnerungsrückstände aus seinem früheren Leben fest. Podola kannte beispielsweise die Namen einiger Herrscher von England und Deutschland und wußte über die wichtigsten Vorgänge in den beiden Weltkriegen Bescheid. Seine Kenntnisse in der englischen Sprache hatte er ebensowenig vergessen wie vieles von dem in Kanada und den USA Erlebten. Es handelte sich äußerstenfalls also nur um einen partiellen Gedächtnisverlust.

Eigenartig war seine Reaktion, als Dr. Leigh plötzlich zu ihm äußerte, daß der von ihm behauptete Gedächtnisverlust doch wohl etwas mit Simulation zu tun habe. Er errötete und atmete beschleunigt. Bei tatsächlichem Gedächtnisverlust, erklärte der Arzt später, sei eine solche Reaktion nicht zu erwarten gewesen.

Dr. Leighs abschließende Äußerung lautete: »Podola fingiert Gedächtnisschwund.«

Der letzte Arzt, der mit dem Fall befaßt wurde, war ein Psychiater namens Dr. Edward Larkin. Auch ihn hatte die Verteidigung herbeizitiert. Auch er kam zu dem Schluß, daß bei Podola ein Fall »echten Gedächtnisschwundes« vorliege.

Bei Beginn der Hauptverhandlung stand man folgender eigenartiger Situation gegenüber: Vier Ärzte (Harvey, Edwards, Ashby und Larkin) waren zu der Überzeugung gelangt, es liege bei Podola ein Fall echten Gedächtnisverlustes vor, und zwei Ärzte (Brisby und Leigh) erklärten sich mit der gleichen Bestimmtheit für das Gegenteil.

Die Hauptverhandlung vor einem Londoner Schwurgericht begann am 10. September 1959 vormittags um 10 Uhr 30. Der Verhandlungssaal im Strafjustizgebäude von Old Bailey war überfüllt. Der Prozeß bildete die Sensation des Jahres. Zwei Monate hatte dieser eigenartige Fall in den Zeitungen Schlagzeilen gemacht. Alle Welt fragte sich, ob es so etwas wie diesen Gedächtnisverlust mit einigen wenigen Erinnerungsfetzen tatsächlich gäbe, und bejahendenfalls, was strafrechtlich die Folge davon sei.

Zur Person des Angeklagten war inzwischen festgestellt worden, daß er aus Berlin stammte. Er war dort am 8. Februar 1929 als Sohn eines später bei Stalingrad gefallenen Friseurs geboren worden. Seine Mutter war in einer Fabrik als Packerin tätig. Beide waren rechtschaffene und geachtete Leute. Mit vier Jahren hatte Podola einen Unfall, von dem er eine Narbe über dem rechten Auge davontrug.

Auf der Schule fiel er durch gutes Betragen, Fleiß und Intelligenz auf. Zu Hause las er alles, was ihm unter die Hände kam. Außerdem lernte er frühzeitig Klavierspielen und brachte es darin zu solcher Fertigkeit, daß seine Mutter ihn zeitweise auf die Ostberliner Musikhochschule schickte.

Der Tod seines Vaters und die spätere Ausbombung der Familie bewirkten einen tiefen Einschnitt in seinem Leben. Er fing an zu verwahrlosen und kam bald auch mit den Strafgesetzen in Konflikt. Mit einer Freundin aus seiner Kindheit, einer Ruth Quant, hatte er ein Verhältnis, aus dem 1951 ein Kind, Micky genannt, hervorging. Die Eltern des jungen Mädchens verhinderten, daß er sie heiratete.

1952 wanderte er nach Kanada aus, führte dort aber ein sehr unstetes Leben. 1957 wurde er wegen Einbruchsdiebstahls zu zwei Jahren Gefängnis verurteilt. 1958 kehrte er nach Deutschland zurück. –

Die Verteidigung behauptete, für ein Verbrechen, an das er sich nicht erinnern könne, könne man einen Angeklagten strafrechtlich niemals zur Verantwortung ziehen. War ein solcher Anspruch berechtigt? Noch nie hatte sich in der englischen Strafjustiz jemand einer derartigen Schutzbehauptung bedient. Was war davon zu halten? Das Publikum war gespannt, was bei dem Prozeß herauskommen würde. War ein solcher Angeklagter überhaupt fähig, sich vor Gericht ordnungsgemäß zu verantworten?

Den Vorsitz hatte der Richter Edmund Davies inne. Die Anklage vertrat der Barrister Maxwell Turner, assistiert von Mr. John Buzzard. Die Verteidigung führte der namhafte Londoner Strafverteidiger Frederick Lawton, unterstützt von Mr. John Harvey. Das Schwurgericht war mit zehn Männern und zwei Frauen besetzt. Bei dem Angeklagten war der schwarze Fleck rund um das linke Auge, der den Anlaß zu der Behauptung gegeben hatte, er sei mißhandelt worden, noch immer nicht verschwunden.

Bei Beginn der Verhandlung – noch bevor die Geschworenen ihre Plätze eingenommen hatten – erklärte Mr. Lawton, der Verteidiger von Podola, es müsse erst noch eine Vorfrage geklärt werden: »Dieser Mann«, sagte er, »hat für alle Ereignisse vor dem 17. Juli vollständig das Gedächtnis verloren. Daraus erwachsen folgende Probleme: Wer legt dem Schwurgericht das vorläufige Ergebnis dar? Wer ruft zuerst Zeugen auf? Wer hat die Beweislast? Angenommen, die Verteidigung erbringt den Beweis dafür, daß es sich um einen Fall vollständigen Erinnerungsverlustes handelt – ist das ein Grund, weshalb er nicht zur Aburteilung gebracht werden sollte?«

Die Präjudizien, so fuhr der Verteidiger fort, seien in all diesen Punkten nicht klar. Es gebe nur einen einzigen Fall, in dem die Frage erörtert worden sei, ob totaler Gedächtnisverlust den Angeklagten ungeeignet mache, sich vor Gericht zu verantworten. Der sei im Jahre 1946 in Schottland vorgekommen. Der zuständige Richter habe damals diese Frage verneint, d. h. den Angeklagten trotz des Erinnerungsschwunds abgeurteilt.

Für den Fall Podola entschied Mr. Justice Davies, es sei Sache der Verteidigung, den Nachweis dafür zu erbringen, daß der Angeklagte nicht fähig sei, sich vor Gericht zu verantworten. Damit stand dem Fortgang des Verfahrens nichts mehr im Wege. Es war aber jetzt – als Vorfrage – zu klären, ob der von Podola behauptete Gedächtnisverlust echt oder fingiert sei; bei Bejahung der Echtheit außerdem, ob er dem Angeklagten die Fähigkeit nehme, sich angemessen vor Gericht zu verantworten.

In seiner Eröffnungsansprache betonte Mr. Lawton, daß er sich als Verteidiger in einer höchst ungewöhnlichen Situation befinde. Denn es fehle ihm und seinen Mitarbeitern vollständig an der Instruktion, wie sie sonst ein Verteidiger von seinem Klienten erhalte. »Wir haben keine Idee, ob er will, daß wir sagen, er sei nicht am Tatort gewesen; wir wissen nicht, ob er der Meinung ist, daß die von der Anklagevertretung präsentierten Zeugen in einem Irrtum befangen sind, unrichtig aussagen oder lügen; wir können auch nicht sagen, ob er behaupten will, daß der Schuß sich aus der Waffe zufällig gelöst habe; wir haben keine Ahnung, ob er gesagt haben möchte, daß er zu der Tat provoziert worden sei; und wir wissen nichts aus seinem Leben.« Wenn ein Verteidiger aber vollständig uninformiert sei, dann könne er die Zeugen der Gegenseite auch nicht ins Kreuzverhör nehmen, und das mache die Ermittlung der objektiven Wahrheit beinahe unmöglich. Wenn es ihm – dem Verteidiger – gelinge, den Beweis für solchen Gedächtnisverlust zu erbringen, und er hoffe das, werde das Gericht diesen Mann kaum aburteilen können.

Mr. Lawton ging dann auf die beiden Möglichkeiten eines Gedächtnisverlustes ein, die aus dem medizinischen Schrifttum nachweisbar seien. Es gebe diesen Mangel einmal als Folge einer Gehirnerschütterung. Der Erinnerungsverlust sei hier meist total und dauernd. Es gebe ihn zweitens auf rein seelischer Grundlage, z. B. als Folge schwerer Kampferlebnisse im Krieg (»Schlachtneurose«).

Bei dem Angeklagten handle es sich offenbar um einen seelischen Schock, der durch seine Festnahme am 16. Juli ausgelöst worden sei; eine leichte Gehirnerschütterung habe ihn in seiner Wirkung verschärft. Die Begleitumstände dieser Festnahme seien so ungewöhnlich gewesen, daß man sich nicht zu wundern brauche, wenn der Angeklagte einen Schock davongetragen habe. Die Zimmertür sei auf ihn gefallen, hätte ihn verletzt und umgeworfen. Die Polizeibeamten seien dann mit Brachialgewalt in das Hotelzimmer eingedrungen und hätten sich in Blitzesschnelle auf ihn geworfen. Bei dem Handgemenge sei Blut geflossen. Zwei Kissen, eine Bettdecke und eine Matratze seien über und über mit Blut bedeckt gewesen. Blutflecken seien auch an seiner Hose zu sehen gewesen. Man habe ihm dann die Schuhe ausgezogen, ein Jackett über den Kopf gestülpt, ihn gefesselt und zu dem Streifenwagen geschleppt. Wenn so etwas im Verlauf weniger Minuten über einen Menschen hereinbreche, brauche man sich nicht zu wundern, wenn er seelisch einen Schaden davontrage. Der Polizeiarzt Dr. Shanahan habe auf der Polizeiwache einen seelisch völlig aus dem Gleichgewicht geratenen Menschen vorgefunden, der am ganzen Körper zitterte und unansprechbar war. Nach Lage der Umstände sei das nicht ungewöhnlich.

Verliere aber jemand unter dem Eindruck derart außerordentlicher und aufwühlender Erlebnisse das Gedächtnis, so bedeute das, daß er diese aus seiner Erinnerung verdrängt und seine Seele davon frei gemacht habe. Man sei auf solche Vorgänge dann eben nicht mehr ansprechbar. Dieser im Unterbewußtsein sich vollziehende Prozeß könne andere Bereiche der menschlichen Persönlichkeit durchaus unangetastet lassen. Podola spreche denn auch nach wie vor drei Sprachen, sei imstande, Karten und Schach zu spielen, und verfüge über alle sonstigen Fähigkeiten. Das sei aber für diese Art von Gedächtnisverlust charakteristisch. Ausgelöscht in ihm sei nur eben die Rückerinnerung an bestimmte Vorkommnisse in seinem persönlichen Leben. Die Beobachtungen der von ihm mit dem Fall befaßten Ärzte seien in dieser Hinsicht äußerst aufschlußreich. Sie hätten sich einem Menschen gegenüber befunden, der infolge eines schweren seelischen Schocks noch Tage nach seiner Festnahme nicht ansprechbar gewesen sei. Aus dem Schock habe sich auch der Gedächtnisverlust entwickelt.

Der Verteidiger rief nunmehr diejenigen medizinischen Sachverständigen auf, die den Angeklagten auf seine Veranlassung untersucht hatten.

Als erster trat Dr. Shanahan in die Zeugenbox. Er gab den Eindruck wieder, den Podola in der Arrestzelle der Polizeistation auf ihn gemacht hatte, schilderte seine Erschöpfung und seine Unansprechbarkeit. Die mit der Sache befaßten Polizeibeamten berichteten, was Podola geäußert hatte, als er mit der Mordbeschuldigung konfrontiert wurde. Er habe allen gegenüber mit größtem Erstaunen geäußert: »Was – ich soll jemand erschossen haben? Unmöglich!« Sein Solicitor sagte aus, Podola habe ihn erstaunt und ungläubig gefragt: »Was ist eigentlich mit meinem Auge los?«

Mit dem Aufruf des Arztes Dr. Harvey trat das Kernproblem des Falles – ob der Gedächtnisverlust simuliert sei oder echt – in den Mittelpunkt des Prozeßgeschehens. Dieser Neurologe war – wie schon erwähnt – zu dem Ergebnis gekommen, der behauptete Erinnerungsverlust liege tatsächlich vor. Er bekannte sich auch in der Hauptverhandlung zu dieser Überzeugung und mußte sich deshalb einige eindringliche Fragen im Kreuzverhör gefallen lassen. Er ließ sich aber in der Vertretung seiner These nicht erschüttern.

»Sie behaupten, Ihr Patient sage die Wahrheit?« – »Das ist das Ergebnis meiner Beobachtungen.«

Der Vertreter der Anklage hielt dem Arzt vor, Podola habe doch ein starkes Motiv gehabt, die Unwahrheit zu sagen – nämlich die auf ihm lastende Mordbeschuldigung. Der Arzt erwiderte darauf, Podola habe immerhin ein Erlebnis gehabt, mit dem Erinnerungsverlust verbunden sein könne. Er habe einen schweren seelischen Schock, eine Gehirnerschütterung und vielleicht auch eine Gehirnquetschung erfahren, und als deren Folge werde Erinnerungsverlust nicht selten beobachtet. Er (Dr. Harvey) habe den Angeklagten genau beobachtet und zu keiner Zeit den Eindruck gehabt, daß er etwas vorspiegele. Man müsse davon ausgehen, daß er die Wahrheit sage.

Im späteren Verlauf der Beweisaufnahme distanzierten sich die anderen Sachverständigen von der Behauptung, daß Podola eine leichte Gehirnquetschung erlitten habe. Die Verteidigung ließ deshalb später diese Behauptung fallen.

Der ärztliche Sachverständige, der anschließend aufgerufen wurde, Dr. Colin Edwards, hatte Podola am Tage nach seiner Überführung in das Gefängnis von Brixton untersucht. Er war, wie er erklärte, mit größtem Mißtrauen an den Fall herangegangen und hatte an den behaupteten Gedächtnisverlust nicht glauben wollen. Er sei dann aber rasch anderer Auffassung geworden.

Dr. Edwards, ein namhafter, international bekannter Neurologe, hatte während des Krieges als beratender Psychiater der Royal Air Force mit zahlreichen kriegsunwilligen Simulanten zu tun gehabt und verfügte deshalb auf diesem Gebiet über große Erfahrung. Er bestätigte, daß schockartige Erregung Teile des seelischen Apparates lahmlegen könne. Es verhalte sich hierbei so, wie wenn in einem elektrischen Stromkreis die Sicherung durchbrenne. Im Kriege sei es beispielsweise vorgekommen, daß Soldaten, die ein Befehl der Wahrscheinlichkeit des Todes ausgesetzt habe, die Herrschaft über ihre Beine verloren hätten. Derartige Störungen im psychischen oder physischen Apparat des Menschen seien unbewußt und der Kontrolle und Beherrschung seitens der betroffenen Person entzogen. Gedächtnisverlust sei eine solche Form der Störung. Dieser Mangel sei mit der Unversehrtheit anderer Fähigkeiten und Fertigkeiten durchaus vereinbar.

Er habe natürlich genau beobachtet, ob am Verhalten von Podola irgend etwas auf Simulation hindeute, er habe aber nichts dergleichen feststellen können. Gegen Simulation spreche vor allem der Umstand, daß Podola zu keiner Zeit totalen Gedächtnisverlust behauptet, vielmehr stets von gewissen Erinnerungsresten gesprochen habe. Jemand, der simuliere, verhalte sich in aller Regel anders.

Dr. Edwards wurde von dem Anklagevertreter einem langdauernden Kreuzverhör unterzogen, in das mehrfach auch der Richter eingriff. Man habe gesagt, hielt ihm der Anwalt vor, daß es sich um einen Fall des Gedächtnisverlustes auf hysterischer Grundlage handle. Gebe es in solchen Fällen des Gedächtnisverlustes noch andere Anhaltspunkte für Hysterie? »In der Regel ja, aber nicht immer. Im Falle Podolas nicht.«

Der Anklagevertreter kam dann noch einmal auf die Frage zu sprechen, ob nicht doch ein Fall von Simulation vorliege. Der Sachverständige verneinte es erneut. Er – Dr. Edwards – sei mit dem schärfsten Mißtrauen an den Fall herangegangen, weil Beispiele eines das frühere Leben ganz oder teilweise erfassenden Gedächtnisverlustes äußerst selten seien. Während fünf Jahren Kriegsdienstes habe er solche Fälle aber mehrfach erlebt. Freilich habe der Zustand nie länger als zwei Monate gedauert.

Mr. Turner fand es eigenartig, daß Podola sich an manches erinnern wollte, an anderes nicht. Er erinnere sich an eine junge Frau und ihr Kind, an die Skyline von New York, an die Tatsache, daß in den Läden von Montreal englisch und französisch gesprochen wird – nicht aber an einen Boxkampf, den er nach den Angaben in seinem Tagebuch angesehen hatte. »Wie erklären sich diese Unterschiede?«, fragte der Anklagevertreter. Es komme darauf an, erwiderte der Arzt, ob die fraglichen Tatsachen in irgendeinem Zusammenhang mit den Gründen ständen, die für den Verlust des Gedächtnisses verantwortlich seien.

Auf die Frage des Richters nach der Maximaldauer derjenigen Fälle von Gedächtnisverlust, die er erlebt habe, erwiderte Dr. Edwards, ihm seien bisher nur Fälle von kurzer Dauer unter die Augen gekommen. Der Fall Podola sei einmalig.

Frage des Richters: »Machen Sie es dem Schwurgericht ganz klar, Doktor. Sagen Sie, daß der Stand der medizinischen Wissenschaft so ist, daß kein Simulant, der behauptet, sein Gedächtnis für 30 Jahre verloren zu haben, damit durchkommen könnte?« – »Mylord, ich bin der Ansicht, daß er nur Erfolg haben könnte, wenn er über eine medizinische und psychiatrische Ausbildung verfügte, außerdem aber auch überlegene Intelligenz besäße.«

Die Verteidigung konnte mit dem Ausgang dieser Vernehmung zufrieden sein. Der Sachverständige hatte sich in seiner Behauptung, es liege keine Simulation vor, nicht wankend machen lassen.

Auf Dr. Edwards folgte als zweiter ärztlicher Sachverständiger Dr. Michael Ashby, auch er ein Neurologe von Rang. Er hatte während seiner Visiten bei dem Angeklagten versucht, Licht in dessen berufliche Vergangenheit hineinzubringen. Er konnte durch seine Fragen aber nur in Erfahrung bringen, daß Podola einmal in New York gearbeitet hatte und nicht als Mechaniker tätig gewesen war. Als Simulant war er dem Arzt dabei nicht erschienen. In eingehender, ständig wiederholter und auf wechselnde Gegenstände ausgedehnter Befragung konnte Dr. Ashby nichts feststellen, was seine Annahme, daß es sich um echten Gedächtnisverlust handelte, hätte erschüttern können.

Auch dieser Arzt schrieb die an sich mit so langer Dauer selten vorkommende Amnesie dem Schock zu, der bei Podola durch die »katastrophale Plötzlichkeit« hervorgerufen worden sei, mit der die Polizei in sein Zimmer eingedrungen war. Daß ihm dabei die Tür an den Kopf geflogen war und bei ihm eine Schädel- und

Augenverletzung bewirkt hatte, habe ihn seelisch aus dem Gleichgewicht gebracht. Die Tatsache, daß sich anschließend noch drei Polizeibeamte auf ihn geworfen hatten, habe ein übriges getan. Kein Wunder, daß er dabei das Gedächtnis verloren habe. Ein solches Erlebnis löse leicht einen Zustand hysterischer Betäubung aus.

Im Kreuzverhör sah sich auch dieser Sachverständige der Frage gegenübergestellt, ob er in seiner Praxis schon einmal einen so langdauernden Gedächtnisverlust erlebt habe. Das mußte der Arzt verneinen. Im vorliegenden Fall lägen aber eben auch außergewöhnliche Umstände vor. Amnesie auf hysterischer Grundlage entwickle sich zum Schutz gegen Vorstellungen, die ein Mensch von sich fernhalten wolle. Es sei bezeichnend, daß Podola keine Erinnerungsschwierigkeiten in bezug auf Dinge und Vorgänge habe, für die er keinen Schutz benötige. All das vollziehe sich im Bereich des Unbewußten, und der Zustand halte so lange an, wie der seelische Mechanismus des betroffenen Menschen solchen Schutz benötige, äußerstenfalls also das ganze Leben des Betreffenden.

Während des Verfahrens war an Podola eine gewisse Gleichgültigkeit aufgefallen; er war durch nichts aus der Ruhe zu bringen. Daran knüpfte jetzt der Richter mit seiner Zwischenfrage an.

Richter: »Die Tatsache, daß dieser Mann so gleichgültig auftritt – ist das etwas, was Sie mit Aufrichtigkeit in Einklang bringen können, oder deutet es auf Simulation hin?« – »Ich glaube, es läßt sich mit Aufrichtigkeit durchaus in Einklang bringen.« – »Deutet es nicht darauf hin, daß er uns etwas vorspiegelt?« – »Ein Simulant könnte kaum einen solchen Grad von Kaltblütigkeit an den Tag legen. Für mich ist dies die Kaltblütigkeit eines Menschen, der sich in einer großen Schwierigkeit befindet, aber ein klares Gewissen besitzt. Sein Gewissen ist meiner Ansicht nach unbeschwert, weil alle belastenden Momente ausgemerzt worden sind.«

So vermochte man auch diesen Sachverständigen nicht aus der schon vor Wochen eingenommenen Position herauszudrängen. Er blieb dabei: der Gedächtnisschwund sei echt.

Auch der nächste Sachverständige, Dr. Edward Larkin, war ein Mann von Rang und Namen, der über besondere Sachkunde verfügte. Er betonte zunächst, daß Podola als zurechnungsfähig zu betrachten sei. Er wisse, was er tue, und könne Recht und Unrecht unterscheiden. Zweifel könne es in dieser Beziehung nicht geben.

Mit ebensolcher Sicherheit sei aber auch festzustellen, daß es sich bei ihm um einen Fall echter Amnesie handle. Charakteristisch dafür sei sein kühles und gleichgültiges Verhalten den ihm drohenden Gefahren gegenüber. Als er – Dr. Larkin – Podola gefragt habe, ob er sich klar darüber sei, in welch fürchterlicher Lage er sich befinde, habe dieser – ohne sich beim Kartenmischen stören zu lassen – erwidert: »Aber sicher.« Das sei eine sehr bezeichnende Reaktion gewesen. Furcht und Angst spielten in seinem Bewußtsein offensichtlich nicht mehr die sonst übliche Rolle. Auch ein Hinweis auf die kommende Hauptverhandlung habe ihn in keiner Weise beunruhigt. Dieselbe Gelassenheit habe er im Gerichtssaal gezeigt. Ein Simulant, so erklärte der Sachverständige, hätte das niemals fertiggebracht. Eine solche Rolle folgerichtig durchzuführen, erfordere viel zuviel Intelligenz, Selbstbeherrschung und Wissen.

Auf die Frage, was seiner Ansicht nach sonst noch gegen Simulation spreche, äußerte auch dieser Sachverständige: »Vor allem die Tatsache, daß sich Podola einiger Dinge aus der Zeit vor der Lumbalpunktion genau und plastisch erinnert. Ein Simulant würde behauptet haben: ›Ich erinnere mich an nichts!‹« Für Echtheit spreche auch der Umstand, daß Podola bei Wiedergabe dessen, woran er vorgab, sich zu erinnern, variiere. Von einem Schwindler würde man im Gegensatz dazu immer wieder dieselbe Story gehört haben.

»Ist irgend etwas im Laufe dieses Verfahrens geschehen, was Sie Ihre Meinung ändern läßt, daß dieser Mann an echter Amnesie leidet?« fragte der Verteidiger. – »Nichts« lautete die Antwort des Arztes.

Vom Anklagevertreter erneut um eine einleuchtende Erklärung des rätselhaften Falles gebeten, sagte der Arzt: »In wahnsinniger Angst, von dem Gewicht der Polizisten erdrückt zu werden, zog sich Podola vollständig auf sich selbst zurück. Sein Gehirn schützt ihn, indem es ihm das Gedächtnis wegnimmt, so daß er durch eben dieses Gedächtnis nicht beunruhigt wird.« Dieser Prozeß habe nicht schon in dem Hotel eingesetzt, vielmehr erst später bei der ärztlichen Behandlung. Als er im Hospital langsam wieder zu sich gekommen sei, sei unter dem Eindruck drohender Gefahr sein Erinnerungsvermögen ausgeschaltet worden. Auch dieser Sachverständige erklärte es für bedeutsam, daß Podola seine Stories unzusammenhängend und variierend erzählte.

Damit war man am 5. Verhandlungstag angelangt. Jetzt ging die Prozeßführung auf den Anklagevertreter, Mr. Turner, über, und dabei legte dieser in der im englischen Verfahren üblichen Weise seine Auffassung von dem Fall in einer kurzen Ansprache dar.

Man habe es hier mit einem Mann zu tun, sagte er, zu den Geschworenen gerichtet, der allen Grund habe, Gedächtnisschwund zu simulieren; er wolle nämlich damit um die Folgen seines Verbrechens herumkommen. Die einzige Verletzung, die er erlitten habe, sei durch die auf ihn stürzende Tür verursacht worden. Sie reiche zur Erklärung für die von ihm behauptete Amnesie nicht aus.

Bevor Mr. Turner die beiden Ärzte aufrief, die zu der Überzeugung gelangt waren, daß Podola simuliere, vernahm er die Polizeibeamten, die die Festnahme durchgeführt hatten. Dabei erfuhr die Öffentlichkeit zum ersten Mal authentisch, was geschehen und wie es insbesondere zu dem blauen Auge gekommen war, das über die von den Pressefotographen aufgenommenen Bilder so viel Unruhe in der Öffentlichkeit hervorgerufen hatte.

An die Vernehmung der Polizeibeamten schloß sich die Anhörung der beiden Ärzte an, die die These der Anklagevertretung stützen sollten.

Der erste dieser Ärzte war Dr. Francis Brisby, der leitende Medizinalbeamte im Gefängnis von Brixton. Auch diesem Arzt hatte Podola erzählt, daß er an das, was vor der Lumbalpunktion liege, nur eine unvollständige Erinnerung besitze. Außer einigen »Erinnerungsfetzen« sei ihm davon überhaupt nichts mehr gegenwärtig.

Als der Arzt den Bericht über seine Gespräche mit Podola beendet hatte, fragte ihn der Anklagevertreter:

»Dr. Brisby – haben Sie als Medizinalbeamter im Strafvollzug Fälle erlebt, in denen bei Gefangenen auf hysterischer Grundlage Gedächtnisschwund eingetreten war?« – »Ja, das habe ich.«

»Haben Sie in einigen dieser Fälle zugeben müssen, daß dieser Gedächtnisschwund echt war?« – »Allerdings.«

»Meinen Sie, daß der Gedächtnisschwund auch im Falle Podola echt ist?« – »Nein, das meine ich nicht.«

»Worauf gründen Sie diese Ihre Meinung?« – »Es wird von keinem Fall totalen Gedächtnisverlustes berichtet, der nicht mit irgendeiner Veränderung der Persönlichkeit oder anderen Anhaltspunkten für Hysterie verbunden war.«

»Im vorliegenden Fall kann also von einer Veränderung der Persönlichkeit keine Rede sein?« – »Nein.«
»Gibt es andere Symptome für Hysterie?« – »Nein.«
Der Sachverständige erklärte, Podola habe einige der ihn untersuchenden Ärzte raffiniert hinters Licht geführt und es verstanden, bei ihnen den Eindruck eines Biedermannes zu erwecken. Er selbst sei sich erst nicht darüber klar gewesen, was er von dem Fall halten solle, später sei bei ihm aber jeder Zweifel geschwunden.
Von dem Verteidiger darauf aufmerksam gemacht, daß verschiedene Ärzte zu einem anderen Ergebnis gekommen seien, erwiderte der Zeuge, Podola habe ihnen eben seine Meinung aufsuggeriert. Wenn ein Schwindler bei Ärzten so etwas zuwege bringe, hielt ihm der Verteidiger entgegen, dann müsse er ein Mann von überragender Intelligenz sein; ob man das von dem Angeklagten sagen könne, sei aber doch die Frage. Ein solches Täuschungsmanöver allerdings könne nur jemandem gelingen, der gewandt und rasch im Denken sei, lautete die Antwort des Arztes. Um drei oder vier erfahrene Ärzte hinters Licht zu führen, erwiderte der Verteidiger, brauche man erheblich mehr als durchschnittliche Intelligenz. Das wollte Dr. Brisby nicht wahrhaben.
Nach einem langen Frage-und-Antwort-Spiel, in dem es darum ging, ob Podola als Schwindler anzusehen sei oder nicht, mußte Dr. Brisby schließlich zugeben, daß der Angeklagte außer über eine beträchtliche Intelligenz auch über sehr viel psychiatrische Kenntnisse verfügen müsse, um seine Rolle erfolgreich durchführen zu können. Die Vernehmung dieses Arztes nahm auf diese Weise für die Anklagevertretung keinen positiven Verlauf.
Bei dem nächsten Sachverständigen, Dr. Denis Leigh, handelte es sich um einen namhaften Psychiater, der durch das Innenministerium in die meisten Mordfälle eingeschaltet wurde. Er hatte Podola zehnmal untersucht und ihn auch im Gerichtssaal beobachtet.
Er bezeichnete den Angeklagten als einen außerordentlich intelligenten Mann, der über ein bedeutendes politisches und historisches Wissen verfüge. Nach sorgfältiger Prüfung sei auch er zu dem Ergebnis gekommen, daß er simuliere. Podola weise keinerlei Symptome für Hysterie auf, er sei seelisch in jeder Hinsicht normal, und das lasse eine Amnesie auf hysterischer Grundlage als unmöglich erscheinen. Als er – Dr. Leigh – ihm vorgehalten habe, daß er simu-

liere, habe Podola stärker geatmet als vorher, und das sei ein untrügliches Zeichen dafür, daß er Theater spiele. Davon abgesehen sprächen auch alle anderen Umstände des Falles gegen die Echtheit seines Verhaltens.

Als medizinischer Sachverständiger wurde schließlich noch Dr. Stafford Clark gehört, der insofern als Spezialist angesehen werden konnte, als er innerhalb von zehn Jahren nicht weniger als 20 Fälle totalen Gedächtnisverlustes erlebt und beobachtet hatte. In solchen Fällen, so führte der Arzt aus, gehe dem Betroffenen alle Erinnerung an persönliche Details seines früheren Lebens verloren. Er könne sich nicht mehr erinnern, wer er sei, woher er komme, wo er geboren wurde, ob seine Eltern noch lebten oder verstorben seien, ob er verheiratet sei, ob er Kinder habe, welchen Beruf er ausübe usw. Die für den Alltag notwendigen Fähigkeiten und Fertigkeiten gingen den betroffenen Menschen im Gegensatz dazu nicht verloren. Sie könnten sich waschen, rasieren, ausziehen, ihre Schuhe zubinden – sie wären sich auch klar darüber, ob sie Mann oder Frau seien. Sie könnten sich meist auch noch an das Steuer eines Wagens setzen oder Karten spielen.

Frage des Richters: »Ist totaler Gedächtnisverlust regelmäßig noch mit anderen hysterischen Symptomen, wie z. B. Zittern, verbunden?« – »Im allgemeinen nicht.«

Im Kreuzverhör mußte der Arzt zugeben, daß er Podola nicht untersucht hatte. Er hatte einen Bericht über die Aussage von Dr. Leigh in der Presse gelesen und dessen Auffassung als falsch empfunden. Auch er sei der Meinung: dieser Mann hier habe einen schweren Schock erlitten und könne dabei durchaus einen Gedächtnisverlust davongetragen haben. Er habe Fälle dieser Art erlebt. Er halte das deshalb auch im Fall Podola für möglich. Bewußt oder unbewußt flüchte sich in solchen Fällen der Patient in das Vergessen, um bestimmte ihn bedrängende Vorstellungen loszuwerden.

Damit war die Beweisaufnahme am Ende angelangt. Der Richter formulierte die Frage, auf die es jetzt ankam, dahin: »Leidet der Beschuldigte an einem Gedächtnisverlust, der mindestens alle Geschehnisse betrifft, die die Zeit zwischen dem 1. Juli 1959 und dem Tage seiner Festnahme, 16. Juli 1959, umfaßt, oder ist das nicht der Fall?«

Als Zeuge für sich selbst beharrte Podola darauf, daß er an fast alles, was sich vor seiner Einlieferung in das Hospital ereignete, die Erinnerung verloren habe. Ihm sei aus jener Zeit nur noch ganz weniges gegenwärtig. So z. B. erinnere er sich daran, daß er zwischen zwei Schienen gelegen habe und ein Zug über ihn hinweggebraust sei. Er erinnere sich außerdem an ein junges amerikanisches Mädchen namens Ruth, das ein Baby namens Micky auf dem Schoß gehabt habe.

Auf die Frage, ob er wisse, in welchem Land er aufgewachsen sei, erwiderte er: »Man hat mir erzählt, ich sei in Deutschland auf die Welt gekommen. Ich nehme an, daß ich dort auch aufgewachsen bin.« Von seinen Eltern wisse er nichts, ihm sei auch nicht bekannt, ob er Geschwister habe; er könne auch nicht sagen, wo und wie er bisher beruflich tätig gewesen sei.

An das, was nach seiner Einlieferung in das Hospital geschehen sei, erinnere er sich nur dunkel. Dr. Shanahan habe einige Fragen an ihn gerichtet, und die Polizeibeamten hätten Schach und Karten gespielt. Er habe sich schließlich an dem Kartenspiel beteiligt.

Am 20. Juli habe man ihm dann gesagt, er habe jemand erschossen. Er habe nicht gewußt, was er davon halten solle. Im Gefängnis habe er die Zeit mit Lesen und Schachspielen verbracht. Bei der Lektüre geographischer Werke sei er auf die Skyline von Manhattan gestoßen und habe sich dabei erinnert, daß er dort gewesen sei.

Nach der Verhandlung vor dem Polizeigericht befragt, erwiderte er: »Ich begriff, daß ich beschuldigt wurde, jemand getötet zu haben.« Er sei sich auch klar darüber, daß darauf Todesstrafe stehe.

Im weiteren Verlauf seiner Befragung berichtete Podola, bevor er in das Hospital St. Stephan gekommen sei, habe sich jemand über ihn gebeugt und ihm ins Ohr geflüstert: »Paß auf, ich bin dein Freund, sage, der Schuß sei durch Zufall losgegangen!« Derjenige, der ihm das gesagt habe, sei der Polizeidirektor Hislop gewesen.

Außer an diese drei Geschehnisse erinnere er sich aus der Zeit unmittelbar vor der Lumbalpunktion an so gut wie nichts.

Gestützt auf das Tagebuch, das man in seinem Hotelzimmer gefunden hatte, wurde Podola sodann zweieinhalb Stunden lang über Fakten aus seiner Vergangenheit bis zurück zu seiner Kindheit befragt. Dabei ergab sich, daß der Gedächtnisverlust bei ihm auf den persönlichen Lebensbereich beschränkt war.

In seiner Schlußansprache setzte sich der Anklagevertreter mit den Aussagen der vier Ärzte auseinander, die die Behauptung totalen Gedächtnisverlustes als wahrheitsgemäß bezeichnet hatten. Er erklärte sie als nicht schlüssig und stellte ihnen die Aussage der beiden von ihm präsentierten Ärzte entgegen. Deren Urteil beruhe auf besserer Beobachtungsgrundlage.

Mr. Lawton behauptete demgegenüber, es sei ausgeschlossen, daß Podola ein Simulant sei. Er sei so lange gründlich beobachtet worden, daß er es niemals hätte fertigbringen können, seine Umgebung über seinen wahren Geisteszustand zu täuschen.

Der Richter wies die Geschworenen in seinem Summing up zunächst darauf hin, daß sie zwei Fragen zu entscheiden hätten: »Ist ein Gedächtnisverlust, so wie er behauptet wird, erwiesen? Ist Podola jetzt in der Lage, eine Gerichtsverhandlung durchzustehen?«

Die Einlassung des Angeklagten gehe, kurz gesagt, dahin: »Gleichgültig, was ich am 13. Juli tat – Sie können mich deswegen nicht aburteilen, weil ich keine Erinnerung daran habe, was an diesem Tag geschah. An das, was sich vor dem 17. Juli ereignete, habe ich nun einmal keine Erinnerung, und das macht mich untauglich, abgeurteilt zu werden.« Darin liege eine Schutzbehauptung, die ihm – dem Richter – in vieljähriger praktischer Tätigkeit noch nicht vorgekommen sei.

Der Richter ging dann die Beweisaufnahme durch und befaßte sich dabei insbesondere mit den Äußerungen der Ärzte. In den Aussagen der von der Verteidigung benannten Sachverständigen vermisse er Angaben, durch welche die von ihnen behauptete Hysterie überzeugend bewiesen werde. Wenn es sich um eine Amnesie auf hysterischer Grundlage handle, so müsse man auch den Nachweis entsprechender Symptome verlangen. Die von Podola behauptete Gefühlskälte und Gleichgültigkeit reiche nicht aus. Im übrigen sei es zweifelhaft, ob man bei ihm eine solche Gleichgültigkeit tatsächlich annehmen dürfe, denn er sei der Verhandlung mit größter Aufmerksamkeit und Anteilnahme gefolgt. Diese angebliche Gleichgültigkeit sei aber einer der Schlüsselpunkte in dem Fall.

Die Stellungnahme des Richters ließ erkennen, daß er nicht bereit war, dem Angeklagten seine Schutzbehauptung abzunehmen. Er schloß seine Ausführungen mit den Worten:

»Die Behauptung, daß ein Mann für ein Verbrechen nicht abgeurteilt werden darf, falls er sich nicht daran erinnert, was geschehen ist, ist so neuartig, daß der Name von Günther Podola – gleichgültig, wie Sie die Frage, die Ihnen gestellt ist, beantworten – eines sicheren Platzes in der Rechtsgeschichte dieses Landes gewiß ist. Es ist für Sie ein langer und beunruhigender Fall gewesen. Ob Sie ihn auch als einen schwierigen Fall empfinden, ist Ihre und nicht meine Sache.«

Zwischen den von der Verteidigung und den von der Krone benannten Sachverständigen habe sich ein unüberbrückbarer Meinungsunterschied aufgetan.

»Welche von diesen Ansichten ist richtig? Hat der medizinische und nichtmedizinische Beweis in dieser Sache Sie so überzeugt, daß als wahrscheinlich angenommen werden muß, daß dieser Mann tatsächlich an dem behaupteten Gedächtnisverlust leidet?«

Nach fast dreistündiger Beratung verkündete der Obmann den Spruch des Schwurgerichts: »Podola leidet nicht an echtem Gedächtnisverlust.« Anschließend entschied das Schwurgericht auch noch, daß er fähig sei, sich vor Gericht zu verantworten.

Erst jetzt, nachdem diese beiden Punkte klargestellt waren, wurde Podola gefragt, ob er sich schuldig bekenne. Er antwortete mit fester Stimme: »Nicht schuldig.«

An den nächsten beiden Tagen fand dann die eigentliche Verhandlung über die auf Mord lautende Anklage statt, und zwar vor einem Schwurgericht, das mit neuen Männern und Frauen besetzt war.

Nachdem Mr. Turner, der Anklagevertreter, den Fall dargelegt hatte, meldete sich Mr. Lawton für die Verteidigung zum Wort und wies darauf hin, daß er nach wie vor ohne Instruktion von seiten seines Mandanten sei und sich infolgedessen in sehr delikater Lage befinde. Er habe Podola die Situation dargelegt, dieser habe ihn aber gebeten, weiter für ihn tätig zu sein.

Nach diesem Zwischenfall rief der Anklagevertreter die Polizeibeamten auf, die mit dem Fall des Angeklagten zu tun gehabt hatten. Fingerabdruck- und Waffensachverständige schlossen sich ihnen an.

Durch die Aussagen dieser Beamten wurde den Geschworenen ein Bild davon vermittelt, was geschehen war.

Der Verteidiger wies auf die Möglichkeit hin, daß der Schuß vielleicht zufällig gelöst worden sei. Man könne sich beispielsweise vorstellen, daß Wachtmeister Purdy, der erschossene Beamte, eine Ausbuchtung am Jackett Podolas beobachtet und diesen daraufhin aufgefordert habe, die Waffe, die er verborgen halte, herzugeben. Keiner der Zeugen hatte indes von einer solchen Aufforderung etwas gehört.

Die Beweiskette, die der Anklagevertreter aufgebaut hatte, wies schließlich keine Lücke mehr auf.

Zur Äußerung aufgefordert, machte Podola erneut geltend, er könne zu alledem nichts sagen, weil er sich nicht erinnern könne, ein solches Verbrechen begangen zu haben. Falls er tatsächlich den tödlichen Schuß abgegeben habe, könne das zufällig oder auch in Notwehr geschehen sein. Aus diesen Gründen sei er außerstande, zu der Beschuldigung Stellung zu nehmen.

Der Anklagevertreter sprach nur sechs Minuten lang und beschäftigte sich dabei ausschließlich mit der Möglichkeit, daß sich der Schuß zufällig gelöst habe. Für eine solche Möglichkeit, so erklärte er, fehle es an jedem Anhaltspunkt.

Mr. Lawton, der Verteidiger, sprach nicht sehr viel länger.

Auch der Richter faßte sich angesichts der klaren Beweislage verhältnismäßig kurz.

Nach einer Beratung von kaum 45 Minuten kehrten die Geschworenen mit einem Schuldspruch in den Saal zurück. Der Richter bezeichnete die Tat des Angeklagten als eine »gemeine und schreckliche Tat« und verurteilte ihn mit dem üblichen Zeremoniell zum Tode.

Die Anrufung des Oberhauses wurde Podola von dem damaligen Ersten Kronanwalt verwehrt. Sein Gnadengesuch wurde abschlägig beschieden. Am 5. November 1959 – als erst knapp vier Monate seit der Tötung des Polizeibeamten vergangen waren – wurde er im Gefängnis von Wandsworth hingerichtet. Die Öffentlichkeit zeigte sich uninteressiert; es gab weder Aufläufe noch Proteste. –

Der Fall Podola hinterläßt deshalb ein ungutes Gefühl, weil wegen des behaupteten Gedächtnisverlustes zuviel ungeklärt geblieben ist. Hat Podola den Polizeibeamten nur einschüchtern und dazu bringen wollen, ihm den Weg zur Flucht freizugeben, und hat sich dabei der Schuß versehentlich gelöst? War anderenfalls der Schuß nur als Schreckschuß gedacht, und sollte er den Beamten gar nicht treffen? Podola drohte wegen Erpressung schlimmstenfalls eine mehrjährige Gefängnisstrafe; schießt man in einem solchen Falle einen Polizeibeamten nieder?

Der dem Angeklagten von vier Ärzten bescheinigte Gedächtnisverlust hinderte ihn, sich vor Gericht angemessen zu verteidigen. Ihm ging das ab, was man prozessual als »Verhandlungsfähigkeit« bezeichnet. Kann man einen solchen Menschen überhaupt aburteilen? Diese Frage dürfte einem gewissenhaften Richter großes Kopfzerbrechen verursachen. Wenn man ihn aber aburteilt – kann man einem solchen Angeklagten die volle Verantwortung für sein Tun abfordern? Doch wohl kaum. In der britischen Strafjustiz hatte man einen solchen Fall noch nicht erlebt und stand ihm mangels rechtlicher Anhaltspunkte ratlos gegenüber. Wäre unter diesen Umständen aber nicht ganz besondere Vorsicht geboten gewesen? Wie andere Rechte kennt auch das englische Recht neben dem Mord den Totschlag. Wäre es nicht Pflicht der Verteidigung gewesen, den Versuch zu unternehmen, die Geschworenen unter Hinweis auf den Ausnahmecharakter des Falles auf den Tatbestand des Totschlags hinzulenken? Die Verteidigung ist offensichtlich nicht flexibel genug geführt worden, und das wurde dem Angeklagten zum Verhängnis. Daß hier einiges versäumt worden ist, kam auch in einigen Pressestimmen zum Ausdruck. Eigenartig mutet an, daß auch in der Gnadeninstanz der Einmaligkeit des Falles in keiner Weise Rechnung getragen worden ist.

Schrifttum: Rupert Furneaux, Guenther Podola. London 1960; derselbe, Famous Criminal Cases. London 1960 S. 118 ff.; die Berichte der Tageszeitungen.

Königsmord

Der Fall Ravaillac

Keiner der französischen Könige ist im Gedächtnis des französischen Volkes so fest verwurzelt wie Heinrich IV. (1553-1610). Zwei Aussprüche von ihm, die sich bis auf den heutigen Tag erhalten haben, legen Zeugnis von seiner großen Popularität ab. Der eine lautete: »Paris vaut bien une messe« (Paris ist wohl eine Messe wert) und kennzeichnet die seelische Verfassung des Königs, als er zwischen einem sich endlos fortsetzenden Bürgerkrieg und sofortiger Stabilisierung seines Regimes zu wählen hatte. Der andere betrifft die Äußerung, daß jeder Arbeiter am Sonntag sein »Huhn im Topf« (la poule au pot) haben müsse. Es bedeutet eine tiefe Tragik, daß dieser Mann dem Dolch eines religiösen Fanatikers ausgerechnet dann zum Opfer fallen mußte, nachdem er im Lande Ruhe, Ordnung und wirtschaftlichen Fortschritt sichergestellt hatte.

Als er im Jahre 1553 als Sohn des Herzogs Anton von Bourbon und der Königin Jeanne von Navarra, einer Nichte des Königs Franz I. von Frankreich, das Licht der Welt erblickte, konnte niemand voraussehen, daß er dereinst einmal französischer König werden würde. Denn das Haus Valois erschien fest gefügt und in seinem Bestand gesichert. Zwar blieb die dem Sohn Franz I., dem späteren König Heinrich II., anvermählte italienische Prinzessin Katharina von Medici zehn Jahre lang kinderlos. Dann aber schenkte sie zehn Kindern das Leben, von denen nur drei im Kindesalter verstarben. Von den drei Töchtern wurde die jüngste, Margarete von Valois, mit Heinrich von Navarra, also dem späteren Heinrich IV., vermählt. Von den vier Söhnen Heinrichs II. und Katharinas von Medici bestiegen die drei ersten nach dem frühen Tod ihres Vaters (ihm war beim Lanzenstechen in Anwesenheit des Hofes das Helmvisier gerade in dem Augenblick heruntergeglitten, als sein Kampfpartner, der Graf von Montgomery, einen Stich gegen ihn führte; die Lanze war ihm dabei ins Auge gedrungen) nacheinander den Thron, hatten ihn aber alle drei nur kurze Zeit inne. Das waren Franz II. (16jährig 1560 verstorben), Karl IX. (24jährig 1574 verstorben) und Heinrich III. (37jährig 1589 ermordet). Der vierte kam nicht mehr zum Zuge, weil er vor seinem Bruder Heinrich verstarb. So sah sich plötzlich Heinrich von Navarra im Jahre 1589 dazu aufgerufen, als erster Herrscher aus dem Hause Bourbon die Nachfolge der Herrscher aus dem Hause Valois anzutreten.

Der Weg, der Heinrich zu diesem Ziele führte, war äußerst beschwerlich und mit vielen Hindernissen versehen. Ebenso wie seine Mutter, die Königin von Navarra, stand er als überzeugter Anhänger Calvins im protestantischen Lager und rechnete zu den Führern der Hugenotten. In Navarra, auch Béarn genannt, wurde die Religion der Königin zur Staatsreligion bestimmt. Entsprechend den Forderungen Calvins wurden aus den Kirchen des Landes alle Bilder und Statuen entfernt, von den Straßen und Wegen verschwanden die Heiligenbilder, und die Klöster wurden geschlossen.

In Frankreich kam es zwischen den Anhängern der alten und der neuen Ordnung zu schweren Auseinandersetzungen. An die Spitze der Hugenotten traten der Prinz von Condé und der Admiral Coligny; die Führung der streng katholischen Partei übernahm der Herzog Franz von Guise. Als die Männer des Herzogs von Guise im März 1562 einige Hundert zum Gottesdienst versammelte Hugenotten massakrierten, brach der Bürgerkrieg aus, und eine der blutigsten Epochen der französischen Geschichte setzte ein.

Die Hugenotten bemächtigten sich unter Admiral Coligny der Stadt Orléans und wurden dort später durch Franz von Guise belagert. In der Nähe der Stadt wurde der Herzog durch einen Schuß aus dem Hinterhalt tödlich verwundet. Sein 13jähriger Sohn Heinrich machte dafür den Admiral Coligny verantwortlich und schwor am Sterbebett seines Vaters Rache. Noch keine 10 Jahre sollten vergehen, und der Tag der Rache war gekommen. In der Zwischenzeit breitete sich der Bürgerkrieg über ganz Frankreich aus, und unzählige Menschen mußten dabei ihr Leben lassen. Dieser Krieg rieb das Land auf, trug Verwüstung und Schrecken in Dörfer und Städte hinein und rief die Begehrlichkeit des Auslandes wach.

Ein Ausgleich zwischen den beiden Religionsparteien schien sich anzubahnen, als die Königin von Navarra und der König von Frankreich übereinkamen, den damals 18jährigen Heinrich von Navarra aus dem Hause Bourbon und die gleichaltrige Margarete von Valois, die Schwester König Karls IX. von Frankreich, ehelich miteinander zu verbinden. Zu der Hochzeit, die für den 18. August 1572 vorgesehen war, erschien zu allgemeiner Überraschung in Begleitung aller prominenten hugenottischen Edelleute auch der Führer der Hugenotten, Admiral Coligny. Es sollte eine Bluthochzeit werden.

Als ein böses Vorzeichen hatte man es empfunden, daß zwei Monate vor der Hochzeit Heinrichs Mutter, die Königin von Navarra, während ihres Aufenthalts in Paris unter verdächtigen Umständen plötzlich verstarb. Das geschah im Juni 1572. Die Möglichkeit eines Giftmordes ist nicht von der Hand zu weisen. Seitdem war Heinrich König von Navarra.

Coligny unternahm während seines Aufenthalts in Paris den Versuch, den ganz in seinem Banne stehenden schwachen und unselbständigen jugendlichen König dazu zu bringen, an der Seite Englands Spanien den Krieg zu erklären und in die Niederlande einzurücken. Dieser Plan widersprach jedoch den Absichten der Königinmutter, Katharina von Medici. Im Einvernehmen mit ihrem Sohn Heinrich beschloß sie, Coligny beseitigen zu lassen. Ein erster Mordanschlag am 22. August mißglückte; der Admiral wurde nur am Arm getroffen. Als von seiten der aufs äußerste erregten Hugenotten eine Gegenaktion drohte, kam sie zu dem Entschluß, alle in Paris versammelten Hugenotten niedermachen zu lassen. Sie versicherte sich vorher der Zustimmung des Königs. In der Nacht zum 24. August (Bartholomäustag) wurden alle in Paris anwesenden Hugenotten mit Admiral Coligny an der Spitze, ausgenommen Heinrich von Navarra und Heinrich von Condé, ermordet. Navarra und Condé wurden gezwungen, ihrem Glauben abzuschwören. Sie traten an jenem Tage als Hugenotten bei dem König ein und verließen ihn als Katholiken. In einigen Provinzstädten wurden ähnliche Aktionen durchgeführt. Die Gesamtzahl der Opfer wird auf 5000 bis 10 000 geschätzt.

Die Ermordung Colignys vollzog sich unter besonders grausigen Umständen. Er wurde, von 20 Dolchstichen durchbohrt, noch lebend aus dem Fenster seines Schlafzimmers hinausgeworfen. Heinrich von Guise, der Sohn seines Erzfeindes, leuchtete ihn mit der Laterne an und sagte: »Das ist er!« und trat ihm ins Gesicht. Der Leichnam des Admirals wurde dann durch die Gassen gezerrt, an einem Bein an dem Galgen von Montfaucon aufgehängt und der Neugier des Pöbels preisgegeben.

Streng überwacht wurde Heinrich an der Seite seiner Gemahlin dreieinhalb Jahre lang am Pariser Hof zurückgehalten. Es waren für ihn praktisch Jahre der Gefangenschaft. Als man Fluchtplänen auf die Spur kam, wurde er zusammen mit dem jüngsten Bruder des Königs, dem Herzog von Alençon, in Vincennes hinter Schloß und Riegel gebracht, und diese Haft dauerte bis zum Tode Karls IX. an (31. Mai 1574). Dessen Nachfolger, Heinrich III., der eben zum König von Polen gewählt worden war, söhnte sich mit seinem Schwager Heinrich von Navarra aus. Er wollte dem Bürgerkrieg ein Ende machen; seiner Meinung nach führte er zu nichts und löste nur immer neue Racheakte aus. Nichtsdestoweniger gab er Heinrich nicht frei. Am 5. Februar 1576 gelang diesem aber endlich die Flucht. Er war damals 23 Jahre alt. Erst 13 Jahre später kehrte er nach der Hauptstadt zurück, diesmal als König von Frankreich.

Nach der Flucht suchte Heinrich sofort wieder das hugenottische Lager auf, bekannte sich öffentlich erneut als Hugenotte und bezeichnete sich als Führer der Hugenotten, die im Namen der Gewissensfreiheit Gerechtigkeit verlangten. Wenn er in der Bartholomäusnacht seinem bisherigen Glauben abgeschworen habe, so sei das unter Zwang geschehen.

Der Bürgerkrieg flammte daraufhin wieder auf und brachte den Hugenotten Erfolge. Der König gab schließlich nach. Heinrich wurde im Besitz seines Königreichs Navarra bestätigt und außerdem zum Gouverneur von Guyenne (Südwestfrankreich) bestellt. Den Hugenotten wurden einige feste Plätze eingeräumt, außerdem wurden ihnen Freiheiten und Sicherheiten bestätigt. In den Gebieten, die seiner Gewalt unterstellt waren, führte Heinrich den Beweis dafür, daß ein friedliches Zusammenleben von Katholiken und Protestanten möglich war.

Das Leben Heinrichs III. stand unterdessen unter dem Druck einer quälenden Sorge. Seine Ehe blieb kinderlos, und es mußte das Erlöschen seines Hauses befürchtet werden. Unter der Herrschaft seiner beiden Brüder hatte die königliche Autorität außerdem derart gelitten, daß der Kampfbund der entschiedenen Katholiken, die französische Liga, unter Führung von Heinrich von Guise eine Art Nebenregiment entwickeln konnte.

Um 1580 herum begann für Heinrich von Navarra die Zeit seiner großen Liebesaffären. Die Reihe seiner Geliebten begann mit Diane d'Andonius, Herzogin von Gramont, von ihm Corisande genannt. Sie setzte sich mit Gabrielle d'Estrées fort und führte schließlich zu Henriette d'Entragues. Mit allen diesen

Frauen hatte er Kinder. Aus seiner Ehe mit Margarete von Valois blieben ihm Kinder versagt. Diese hatte sich nach Agen zurückgezogen und wurde später in einem Schloß gefangen gehalten. 1599 wurde ihre Ehe für nichtig erklärt.

Als im Juni 1584 der einzige noch lebende Bruder des Königs von Frankreich, der Herzog von Alençon, starb, stellte sich für Heinrich III. erneut die Frage der Thronfolge. Der nächste Anwärter darauf war Heinrich von Navarra. Der König beschwor seinen Schwager, sich vom Protestantismus loszusagen und zum Glauben seiner Väter zurückzukehren. Der König von Navarra lehnte dieses Ansinnen entschieden ab. Nicht für alle Königreiche der Welt, ließ er seinem Schwager bestellen, würde er seinen Glauben wechseln. Als ihm Heinrich III. vorstellen ließ, daß er damit einen neuen Bürgerkrieg entfesseln werde, blutiger als alles, was vorher geschehen sei, erwiderte er, man müsse dafür sorgen, daß sich die beiden Religionsparteien versöhnten. Auf diese Weise beuge man neuen Auseinandersetzungen am sichersten vor.

Die Möglichkeit, daß dieser Ketzerfürst unter Umständen den französischen Thron besteigen würde, führte eine Art Mobilmachung aller Kräfte des Katholizismus herbei. In die Liga traten unzählige Menschen ein, Mönche verließen ihre Klöster und hielten Predigten gegen Heinrich von Navarra, der Papst erklärte ihn zum rückfälligen Ketzer und exkommunizierte ihn feierlich. Es brach ein neuer Bürgerkrieg aus, in dessen Verlauf aber die Streitkräfte Heinrichs III. von den Hugenotten geschlagen wurden (Schlacht bei Courtray, 18. Oktober 1587).

Heinrich von Guise, das Haupt der Liga, hatte geschworen, Heinrich von Navarra den Weg zur Thronfolge zu versperren. Die Liga entwickelte sich unter seiner Führung mehr und mehr zum Staat im Staate und stellte eine schwere Bedrohung für die Stellung des Königs dar. Aus Spanien strömten ihr unaufhörlich Subsidien zu. Die Situation wurde für den Monarchen auf die Dauer unerträglich.

Nach einer stürmischen Auseinandersetzung mit Guise kam Heinrich III. zu der Überzeugung, daß sein Gegner beseitigt werden müsse. »Einer muß fallen, er oder ich«, sagte er.

Zu einer Ratssitzung, die der König für den 23. Dezember 1585 anberaumt hatte, wurde Heinrich von Guise geladen. Heinrich III. empfing in aller Ruhe die Mitglieder des Conseils, zu denen auch Heinrich von Guise und sein Bruder, der Kardinal von Lyon, gehörten. Der König ließ Heinrich von Guise in sein

Kabinett bitten. Als er es betreten hatte, stürzten sich acht Musketiere mit gezückten Dolchen auf ihn und töteten ihn. Der König, der sich hinter einem Wandspiegel verborgen hatte, trat daraufhin hervor, betrachtete die Leiche und durchsuchte die Taschen seines Feindes. Als die im Vorraum wartenden Großen des Landes den Tumult vernahmen, der aus den Gemächern des Königs zu hören war, fuhr der Kardinal von Guise leichenblaß hoch und rief aus: »Mein Bruder wird umgebracht!« Der Kardinal wurde daraufhin zusammen mit dem Erzbischof von Lyon festgenommen und in ein heute noch zu sehendes düsteres Gewölbe verbracht. Der Kardinal wurde dort ebenfalls umgebracht. Damit die Grabstätte der beiden Ermordeten nicht Gegenstand eines Kults werden konnten, ließ der König die Leichen im Schloß verbrennen und ihre Asche in alle Winde verstreuen.

Die todkranke Mutter des Königs, Katharina von Medici, hatte schlimme Vorahnungen, als sie von den Mordtaten hörte. »Mein Sohn«, sagte sie einige Wochen vor ihrem Tode, »Ihr werdet dem allgemeinen Abscheu anheimfallen.« In der Tat zog sich Heinrich III. durch die Morde den tödlichen Haß der katholischen Partei zu. Alles rief nach Rache, und dafür sollte ihm eines Tages die Rechnung präsentiert werden. Heinrich von Navarra war erschüttert, als er erfuhr, welch furchtbares Ende seine beiden Erzfeinde gefunden hatten. Bald sollte ihnen sein Vetter, der Prinz von Condé, der unbeugsamste unter den Führern des Protestantismus in Frankreich, nachfolgen. Er starb so rasch, daß wieder einmal der Verdacht eines Giftmordes aufkam.

Montaigne, der berühmteste Schriftsteller jener Epoche, hat dem Gefühl der Unsicherheit und des Schreckens, zugleich aber auch der Ohnmacht, von dem die Menschen damals erfaßt wurden, mit folgenden Worten Ausdruck verliehen: »Tausendmal bin ich mit dem Gedanken schlafen gegangen, daß man mich in dieser Nacht verraten oder ermorden könnte. Aber wir verhärten gegen alles, was Gewohnheit wird.« An anderer Stelle äußerte er: »Was die Bürgerkriege schlimmer als gewöhnliche Kriege macht, ist der Umstand, daß man im eigenen Hause im Schußfeld steht. Ich ducke und verberge mich in diesem Gewitter, das mich mit seiner Wut blenden und zugrunde richten will.«

In dem allgemeinen Aufruhr, den die Bluttaten hervorgerufen haben, wagte sich Heinrich III. lange Zeit nicht in die Hauptstadt hinein und irrte, vom Abscheu seines Volkes verfolgt, im Lande umher. Er nahm durch Unterhändler Fühlung zu Heinrich von Navarra auf und erreichte auch, daß dieser ihn aufsuchte. An der Loire kam es dann zu einer Einigung zwischen ihnen. Heinrich von Navarra versprach seinem Schwager, ihn nach Paris zurückzuführen und dort in seine Rechte wieder einzusetzen. Noch hielt die Liga die wichtigsten Städte des Landes in ihren Händen.

Ende Juli 1589 näherten sich die beiden Könige mit ihren Streitkräften der Hauptstadt. Am 31. Juli blickten sie von den Höhen, die die Stadt umgeben, auf Paris hinunter. In der Stadt befanden sich nur wenig Truppen, es war deshalb nur noch eine Frage von wenigen Tagen, bis sie sich ergeben würde.

Da auf einmal trat das ein, was die Mutter Heinrichs III. vorausgeahnt hatte. Der König wurde in der Nacht vom 1. zum 2. August 1589 von einem Dominikaner ermordet. Der Täter hatte sich – mit einem Beglaubigungsschreiben versehen, das den Eindruck der Echtheit machte – bei dem König melden lassen. Er sei Überbringer einer geheimen Botschaft, die dem König Mittel und Wege weisen würde, in Paris einzudringen.

Die Berater des Monarchen hatten zunächst Bedenken, den jungen Mann vorzulassen, er hatte aber erklärt, er könne seine Botschaft nur dem König selbst vortragen; sie sei streng geheim. Als der Mönch dann mit Heinrich III. allein war, zog er einen Dolch aus dem Ärmel und stieß ihn dem König in den Unterleib. Die Wachen stürzten daraufhin herbei, töteten den Attentäter und warfen die Leiche aus dem Fenster. Der König war tödlich verwundet und starb in der Nacht danach. Vorher konnte er noch Heinrich von Navarra als seinen Nachfolger bezeichnen.

Als man der Herzogin von Montpensier, der Schwester Heinrich von Guises, die Nachricht von der Ermordung des Königs überbrachte, äußerte sie nur Bedauern, daß dieses »Ungeheuer«, dieser »Teufel«, vor seinem Ableben nicht erfahren habe, daß sie es gewesen sei, die ihm den Dominikaner geschickt habe.

Der Thronwechsel stieß weithin auf Ablehnung. Man wollte keinen Hugenotten an der Spitze des Staates haben und erwartete von dem neuen Herrscher kategorisch den Übergang zum Katholizismus. Heinrich IV., wie er hinfort genannt wurde, wollte von einem Glaubenswechsel vorerst jedoch noch nichts hören. Er hoffte noch immer auf einen Ausgleich. Damals äußerte er: »Vier Prinzen standen zwischen mir und dem Thron, drei davon trugen die Krone und hätten Kinder haben sollen. Wenn ich die Gefahren bedenke, in die mich Gott täglich schickt, sollte mich Gott da nicht dazu bestimmt haben, eines Tages die

Aussöhnung der Kirche herbeizuführen und ihr den Frieden wiederzugeben?«

Heinrichs IV. Hoffnung, daß es zu einem Ausgleich zwischen den beiden Glaubensrichtungen kommen werde, sollte sich als trügerisch erweisen. Fünf Jahre lang wogte der Kampf unentschieden hin und her. Heinrich IV. gelang es nicht, die Hauptstadt einzunehmen, und so wie Paris hielten fast alle anderen großen Städte unbeirrbar an der Liga fest.

Die katholische Partei mit der Stadt Paris an der Spitze scheute nicht davor zurück, sich mit dem Erzfeind – Spanien – zu verbinden und von dort Geld anzunehmen. Frankreich aber versank in der Zwischenzeit in Unordnung und Chaos. Besonders zu leiden hatten während dieser Belagerung durch die Streitkräfte des Königs die Städte Paris (Mai bis August 1590) und Rouen (November 1591 bis April 1592). Was deren Bewohner an Hunger, Entbehrungen aller Art und Seuchengefahr ertragen mußten, ist geschichtlich einzig dastehend. Es wird berichtet, daß Heinrich IV. später jedesmal Tränen in die Augen traten, wenn er an diese schreckliche Zeit erinnert wurde.

Kein Wunder, daß sich in dem gequälten Volk vielerorten die Überzeugung festsetzte, die Tat des Dominikaners fordere eine Ergänzung: die Tötung auch noch des anderen Heinrich, des rückfälligen Ketzers und Exkommunizierten, der das Land nicht zur Ruhe kommen lasse.

Nach vier Jahren vergeblicher Versuche, die von ihm ins Auge gefaßte Lösung durchzusetzen, kam Heinrich IV. zu dem Ergebnis, daß diesem das Land verwüstenden, mörderischen Bürgerkrieg nur dadurch ein Ende gemacht werden könne, daß er den Übertritt zum Katholizismus vollziehe, so wie es mit ständig steigendem Nachdruck von ihm gefordert wurde. Er hatte um so mehr Grund, diese Entscheidung zu vollziehen, als von Spanien aus der Versuch unternommen wurde, eine Infantin oder einen Angehörigen des Hauses Guise auf den französischen Thron zu bringen.

Dieses weltgeschichtlich bedeutsame Bekenntnis zum Katholizismus vollzog Heinrich IV. am 25. Juli 1593 in der Basilika der Kathedrale von Saint-Denis.

Vor einer großen Versammlung katholischer Geistlicher entwickelte sich zwischen dem Erzbischof von Bourges und dem König folgendes Zwiegespräch:

»Wer seid Ihr?«

»Ich bin Heinrich IV., König von Frankreich.«

»Was wünscht Ihr?«

»Ich wünsche, in den Schoß der römischen, apostolischen und katholischen Kirche aufgenommen zu werden.«

»Wünscht Ihr das aus ganzem Herzen?«

»Ja, ich wünsche und verlange es.«

Danach kniete der König vor dem Erzbischof nieder, sprach laut das Glaubensbekenntnis, übergab ihm eine eigenhändige Niederschrift dieses Bekenntnisses und küßte den Ring, den ihm der Kirchenfürst zum Kusse reichte. Der Erzbischof von Bourges erteilte ihm daraufhin die Absolution und hob die Exkommunikation, die Papst Sixtus V. am 21. September 1585 über ihn verhängt hatte, auf. Die Menge brach in Vivatrufe aus. Die Städte der Liga stellten daraufhin ihren Widerstand gegen ihn ein. Der Grund dafür war weggefallen.

Einige Zeit danach, am 27. Februar 1594, ließ er sich in Chartres feierlich zum König salben und krönen. Am 22. März 1594 öffnete ihm Paris endlich seine Tore. Vor der Kathedrale von Notre Dame bestätigte er seinen katholischen Glauben. 13 Jahre waren es her, seit er zuletzt in den Mauern der Stadt geweilt hatte. Er versprach den Parisern, ihnen ihre Feindschaft gegen ihn nicht nachzutragen und alles Geschehene vergangen sein zu lassen. Er hielt sich später streng an diese Zusage. Am 17. September 1595 erhielt er durch Clemens VIII. endlich auch die päpstliche Absolution.

Der Bürgerkrieg, von den Spaniern geschürt und gefördert, dauerte noch einige Jahre an. Erst das Edikt von Nantes, am 13. April 1598 abgeschlossen, stellte den inneren Frieden wieder her. Den Protestanten (in Frankreich gab es damals 1 250 000 Protestanten – etwa ein Zwölftel der Gesamtbevölkerung – mit 950 Kirchen) wurden die vollen bürgerlichen Rechte, Gewissens- und Religionsfreiheit zugestanden, außerdem räumte man ihnen eine Anzahl fester Plätze ein (z.B. La Rochelle). Damit wurde eine Art »Staat im Staate« geschaffen, der erst durch Ludwig XIV. beseitigt wurde (Widerruf des Edikts von Nantes am 18. Oktober 1685).

Die Hetze, die von allen Pariser Kanzeln herunter systematisch gegen Heinrich betrieben worden war, zeigte ein Jahr nach dem Einmarsch in Paris ihre Wirkung. Ein junger Mann von 19 Jahren, der sich mit Edelleuten Eingang in das Schloß verschafft hatte, stürzte sich plötzlich auf ihn, um ihm einen Dolch ins Herz zu stoßen. Der König hatte sich aber so schnell gebückt, daß die Waffe nur seine Lippe aufriß und zwei Zähne zerbrach.

Man hatte Heinrich in den Gotteshäusern jahrelang in Wort und Bild als die leibhaftige Verkörperung des Teufels dargestellt, von dem man die Menschheit befreien müsse. Eine Stimme hatte dem Attentäter nach seiner Angabe den Befehl erteilt, das Geheiß der Kanzelredner zu erfüllen. Im Glauben, sich durch eine solche Tat von ewiger Verdammnis loskaufen zu können, hatte der junge Mann zum Messer gegriffen. Er wurde auf die Folter gespannt, zum Tode verurteilt, hingerichtet, sein Haus dem Erdboden gleichgemacht und seine Familie aus dem Lande gejagt. Dieses brutale Vorgehen hinderte nicht, daß Heinrich später Objekt neuer Anschläge wurde. Er hat insgesamt 18 Attentatsversuche erlebt.

Nachdem er durch seinen Übergang zum Katholizismus den Grund für die Befriedung des Landes gelegt hatte, konnte er an den Wiederaufbau denken. Diese Arbeit war schwierig, aber sie gelang ihm. In Frankreich kehrte mit Ordnung und Frieden langsam auch wieder Wohlstand ein.

Jetzt stellte sich auch für ihn die Frage der Thronfolge. Von seiner legitimen Ehefrau, Margarete von Valois, hatte er keine Kinder. Aus seiner Verwandtschaft war blutsmäßig der nächste Thronanwärter ein Prinz von Condé, d.h. also ein Hugenotte, der seines Glaubens wegen für die Mehrzahl der Franzosen als Monarch ebensowenig tragbar war wie er – Heinrich IV. – vor seinem Glaubenswechsel.

Um aus diesem gefährlichen Dilemma herauszukommen, mußte Heinrich IV. zunächst seine Ehe annullieren lassen. Dem standen keine unüberwindlichen Hindernisse entgegen. Wen aber sollte er dann an seine Seite nehmen? Zeitweise trug er sich mit dem Gedanken, seine Geliebte, Gabrielle d'Estrées, zu ehelichen. Sie hatte ihm schon zwei Söhne und eine Tochter geboren. Da auf einmal starb die junge Frau. Auf der Suche nach einem Ersatz stieß er auf Maria von Medici, eine florentinische Prinzessin, die Nichte des Großherzogs von Toscana. Sie wurde im Jahr 1600 die Frau Heinrichs IV. Ende Dezember 1600 traf sie in Lyon zum ersten Mal mit ihm zusammen. Genau neun Monate später, am 27. September 1601, wurde ihnen der erste Sohn geboren – der spätere Louis XIII. Das war ein großes Ereignis: ein halbes Jahrhundert war Frankreich kein Dauphin geschenkt worden.

Die Heirat mit Maria von Medici war für den König kein Grund, mit Henriette d'Entragues, der Mätresse, die an die Stelle von Gabrielle d'Estrées getreten war, zu brechen. Er stellte seine

Geliebte persönlich seiner neuen Frau vor und ließ sie als Ehrendame der Königin im Louvre Wohnung nehmen. »Diese Dame war meine Geliebte und wird nun Ihre ergebenste Dienerin werden«, sagte er. Daß er eine Mätresse besaß, war für ihn und seine Umgebung die selbstverständlichste Sache der Welt. Alle französischen Könige hatten Mätressen gehabt, und alle hatten auch »Bastarde« hinterlassen. – Einige Monate nach der Geburt des Dauphin schenkte Henriette d'Entragues einem Knaben das Leben.

Heinrich IV. war in diesen Jahren noch vielerlei Anfeindungen ausgesetzt, er spürte unaufhörlich Mißgunst und bösen Willen um sich, und er hatte das Gefühl, daß sein Leben permanent bedroht und in Gefahr sei, durch die Tat eines Fanatikers ausgelöscht zu werden. Aber er sah auch, daß es unter seiner Regierung mit Frankreich aufwärts ging, daß es tagtäglich an Wohlstand und Reichtum zunahm und daß seine Stimme im Kreise der Völker wieder Gewicht erhielt.

Die Vorahnungen, von denen der König verfolgt wurde, sollten sich als begründet erweisen. Heinrich IV. hatte Frankreich aus einem blutigen Bürgerkrieg heraus- und zu neuem Wohlstand emporgeführt. Bei den Fanatikern, die in ihm immer noch den ruchlosen Ketzer sahen, galt das alles nichts. Sie waren nicht bereit, das, was er für Land und Leute geleistet hatte, anzuerkennen. Im Mai 1610 hatte die Krönung der Königin stattgefunden, mit all dem Gepränge, das dabei üblich war. Nun rüstete der König zum Aufbruch ins Feld. Er hatte soeben mit der protestantischen Union in Deutschland einen Beistandspakt geschlossen und sich bereiterklärt, zugunsten der protestantischen Anwärter in den Erbstreit um Jülich und Cleve einzugreifen und dabei den Ansprüchen der Habsburger entgegenzutreten. Diese Kriegsvorbereitungen waren auf katholischer Seite mit großem Unwillen beobachtet worden. Der Abmarsch der Truppen sollte am 15. Mai stattfinden.

Der 14. Mai war ein herrlicher Frühlingstag. Der König befand sich in niedergedrückter und unruhiger Stimmung. Überall witterte er Haß, Mißgunst und Verrat. Wieder einmal hatte er Todesahnungen: »Ich werde an einem dieser Tage sterben, und zwar in einer Karosse!« Es lag etwas in der Luft. Gerüchte von einem bevorstehenden Anschlag schwirrten durch ganz Europa. In einigen Hauptstädten hatte man ihn schon totgesagt.

Dabei hatte er sich gerade erst wieder in ein neues Liebesabenteuer gestürzt. Auf einem Ball hatte er die 16jährige Mademoiselle de Montmorency kennengelernt und sich Hals über Kopf in sie verliebt. Der Baron de Bassompierre mußte seine Verlobung mit ihr lösen, und der Herzog von Condé – bekannt dafür, daß er für das weibliche Geschlecht uninteressiert war – sie heiraten. Des Königs Erwartung zuwider hatte allerdings der Herzog seine junge Frau sofort nach Flandern entführt.

Am Nachmittag des 14. Mai beschloß Heinrich, nach dem Arsenal zu fahren, um dort vor seiner Abreise noch einmal mit seinem leitenden Minister, dem Herzog von Sully, zu sprechen. Sully, ein Protestant, der den Schrecken der Bartholomäusnacht entkommen war, sollte unter der Regentschaft der Königin, während der Abwesenheit des Monarchen, die Staatsgeschäfte führen und vor dem Aufbruch ins Feld von ihm noch letzte Instruktionen erhalten.

Gegen 4 Uhr begab sich der König in seinen Wagen, und neben ihm nahmen einige Edelleute Platz. Die Equipage war von sechs Offizieren zu Pferde umgeben und damit gegen Attentate ausreichend gesichert.

Auf den Straßen herrschte reges Leben. Am kommenden Sonntag sollte die soeben gekrönte Königin ihren Einzug in Paris halten, und so war alles geschmückt und die Menge in froher Erwartung.

Der König wollte auf den ungewöhnlich belebten Straßen nicht dauernd die Aufmerksamkeit auf sich ziehen und schickte deshalb die Offiziere weg. Bei ihm blieben nur einige Diener, die die Person ihres Herrn aber nicht ständig im Auge behalten konnten, weil sie vollauf damit zu tun hatten, die Menschen beiseite zu drängen und für den Wagen Platz zu machen.

Als die Equipage in der Rue de la Ferronnerie durch einen Heuwagen und den Karren eines Händlers aufgehalten wurde, befanden sich nur noch zwei Diener in der Nähe des Königs. Seine anderen Begleiter waren in den seitwärts liegenden Kinderfriedhof hineingegangen, um sich am entgegengesetzten Ende dem Wagen wieder anzuschließen. Der eine der zurückgebliebenen Bediensteten war während des Halts damit beschäftigt, Neugierige wegzudrängen, der andere, sein Strumpfband festzubinden. Die Rue de la Ferronnerie war verhältnismäßig eng; sie wurde durch die Friedhofsmauer und durch Ladenstände begrenzt. Diese einmalige Chance benutzte ein junger Mann, der dem Wagen vom Louvre aus gefolgt war, um mit dem einen Fuß auf eine Radspeiche zu springen und sich mit dem anderen auf den Stufen zu postieren, die in einen Laden hineinführten.

In dieser Position hatte er den König zum Greifen nahe vor sich. Des schönen Wetters wegen war der Wagen offen.

Heinrich IV. las gerade ein Schriftstück, das man ihm gereicht hatte. Der junge Mann vor ihm zog einen Dolch hervor, den er unter dem Mantel versteckt hatte, und durchbohrte ihn. »Ich bin verwundet«, rief der König aus und hob den Arm. Ein zweiter Dolchstoß traf ihn mitten ins Herz. »Es ist nichts«, murmelte er. Blut stürzte hervor, und dann wurde er ohnmächtig. Kurze Zeit danach starb er. Der Täter hatte in voller Wucht noch ein drittes Mal zustoßen wollen, der Edelmann neben dem König hielt ihm aber die Hand fest.

Der Mörder ergriff nicht etwa die Flucht, sondern blieb am Wagen angeklammert stehen. Er hätte versuchen können, in der Menge unterzutauchen, tat es aber nicht. Ein Reiter wollte ihn töten, wurde aber rechtzeitig daran gehindert. Die Leiche des Königs wurde eiligst zum Louvre zurückgebracht.

Der Täter nannte sich Jean-François Ravaillac und stammte aus Angoulême, das heißt einer Stadt, die eines der Zentren des Katholizismus war. Genau wußte er sein Alter nicht anzugeben, er war aber etwa 32 Jahre alt.

Angoulême hatte während des Bürgerkriegs schlimme Zeiten durchgemacht, und diese Erlebnisse waren nicht vergessen. 1562 war die Stadt durch Hugenotten ausgeplündert und verwüstet worden. Dabei wurden die Kirchen total demoliert und wertvolle Kunstwerke zerstört. Einige Kirchen hatte man sogar dem Erdboden gleichgemacht. Gräber wurden aufgebrochen und geschändet, und Pferde aus Weihwasserkesseln getränkt. Diese Erlebnisse hatten einen tiefen Haß in der Bevölkerung zurückgelassen.

Ravaillac entstammte einer zerrütteten und ins Elend abgesunkenen Familie. Seine Mutter war eine ordentliche Frau, sein Vater, von Beruf Gemeindesekretär, aber Trinker, Wüstling und Querulant. Er schlug seine Frau und scheute sich nicht, eine Mätresse ins Haus zu nehmen. Ein Bruder von ihm war u.a. wegen Totschlags und versuchten Mordes vorbestraft.

Zwei Onkel mütterlicherseits waren Geistliche und übernahmen die Erziehung des jungen Jean-François. Bei ihnen lernte er lesen und schreiben, aber auch tiefen Haß gegen die Hugenotten.

Beruflich betätigte er sich bald als Diener, bald als Lehrer, bald als Anwaltsgehilfe, und zwar abwechselnd in Angoulême und Paris.

In Paris hatte er mit 18 Jahren zum ersten Mal Visionen. Es erschien ihm ein großer, schwarzer Hund, mit Feuer an den Füßen, und die Vision wiederholte sich später in gewissen Abständen. Er legte sich die Frage vor, wie dieses Wunder zu erklären sei, und kam zu dem Ergebnis, daß Gott ihn zum Vollstrecker seines Urteils über den Ketzer auf dem Königsthron bestimmt habe. Zusammen mit seinem Bruder eines Mordversuchs (in anderer Sache) beschuldigt und in den Kerker geworfen, beschloß er, eine Audienz bei dem Monarchen zu erwirken und mit ihm zu sprechen.

Ein Versuch, in Paris in den Orden der Feuillants aufgenommen zu werden, scheiterte. Die Feuillants waren damals der rigoroseste aller Mönchsorden. Seine Mitglieder trugen ein härenes Büßergewand, liefen barfuß, speisten kniend und ernährten sich mit Kleiebrot und gekochtem Gras. Nach einigen Wochen Probezeit schickte ihn der Ordensprovinzial fort. Die Visionen, von denen der Novize heimgesucht wurde, behagten ihm nicht.

Als ihn Weihnachten 1609 in Angoulême das Gerücht erreichte, der König bereite eine Bartholomäusnacht gegen die Katholiken vor, er wolle außerdem die deutschen Protestanten militärisch unterstützen, brach er nach Paris auf, um ihn zu überreden, von seinem gotteslästerlichen Tun abzulassen. Zahlreiche Versuche, in den Louvre eingelassen zu werden, scheiterten. Ravaillac kehrte daraufhin bettelnd nach Angoulême zurück.

Als er dort erfuhr, daß die Streitkräfte abmarschiert seien, war sein Entschluß gefaßt: er mußte nach Paris zurück. Ein langes Messer, das er in einem Hotel auf dem Tisch liegen sah, war für ihn ein Zeichen des Himmels. Erneut von Visionen heimgesucht, wälzte er seinen Plan, den König zu töten, im Kopf hin und her und brach dann plötzlich auf. In Paris waren gerade die Krönungsfeierlichkeiten im Gange.

Am 14. früh ging er zur Messe und strich dann um den Louvre herum. Als der König diesen verließ, folgte er ihm und fiel ihn in der Rue de la Ferronnerie an. Als er Blut aus dem Munde des Königs hervorstürzen sah, äußerte er, er habe damit einen göttlichen Auftrag erfüllt und sei jetzt des ewigen Lebens gewiß; eine Engelschar würde ihn zu Gott geleiten. Er könne sich deshalb auch nicht vor dem Tod fürchten.

Um ihm die Wahrheit zu entreißen, sagte man ihm beim ersten Verhör, der König sei nicht tot. »Nein, ich weiß, er ist tot!«

Befragt, warum er den Monarchen getötet habe, antwortete er: »Weil der König den Papst bekämpfen wollte!«

Ganz Paris kam, sich den Mann anzusehen, darunter auch einige Bischöfe und Erzbischöfe. Ihnen gegenüber bestand er wieder darauf, daß er nur den Willen Gottes ausgeführt habe.

Am 17., 18. und 19. Mai wurde er im Pariser Parlament durch dessen Präsidenten richterlich verhört. Man fragte ihn nach seinen Komplizen. Er leugnete, welche gehabt zu haben. Daraufhin wurde er (bis 25. Mai) dreimal in die Folter genommen. Er wurde ohnmächtig, überstand aber alle Qualen. Er blieb dabei, daß er kraft göttlichen Auftrags gehandelt habe.

Am 27. Mai 1610 wurde ihm das Urteil verkündet. Das Verfahren war in damaliger Zeit geheim und schriftlich. Es lautete auf Todesstrafe.

In Vollzug dieses Urteilsspruchs wurde er, nur mit einem Hemd bekleidet, zunächst vor die Hauptpforte der Kirche von Paris verbracht. Dort hatte er kniend noch einmal die Urteilsformel anzuhören. Dann wurde er zum Place de Grève, dem Richtplatz, gefahren, um nach dem Brauch der Zeit Fürchterliches über sich ergehen lassen zu müssen.

Zunächst wurde seine rechte Hand, die den König ermordet hatte, mit der glühend gemachten Mordwaffe durchbohrt. Als die Hand verkohlt war, wurden ihm Brust und Beine mit glühenden Zangen gezwackt. Während dieser Prozedur forderte ihn der Gerichtsschreiber zehnmal auf, endlich die Namen seiner Komplizen preiszugeben.

Als das nicht geschah, wurden flüssiges Blei, siedendes Öl und kochendes Wasser über ihn geschüttet. Dann wurde er zwischen vier Pferde gespannt und zerrissen.

Zehntausende von Menschen waren Zeugen dieser Hinrichtung. Viele empfanden die Folterung als ungenügend und äußerten laut ihre Unzufriedenheit.

Der Henker verbrannte die Überreste Ravaillacs zu Asche und zerstreute sie in alle Winde. Das Haus, in dem er geboren war, wurde zerstört. Seine Eltern wurden des Landes verwiesen und seine Verwandten zur Namensänderung gezwungen.

Es erscheint uns heute unbegreiflich, daß solch brutale Quälereien in jenen Jahrhunderten möglich waren und lange Zeit nirgendwo Protest gegen die Grausamkeit dieses Strafensystems laut wurde. In den Kreisen der Nichtprivilegierten und in den unteren Schichten des Volkes nahm man diese Zustände als unvermeidliches Schicksal hin. Aber auch aus der Mitte des Klerus war damals nicht eine einzige Stimme zugunsten eines humaneren Strafvollzugs zu hören, obwohl viele Priester aus nächster Nähe Zeugen der furchtbaren Leiden waren, die die Verurteilten zu erdulden hatten. Mit den großen Schriftstellern des 17. Jahrhunderts und beginnenden 18. Jahrhunderts verhielt es sich nicht anders; nirgendwo ein Aufbegehren gegen eine Barbarei, die ihresgleichen suchte.

Die breiten Massen des Volkes waren damals eben der Meinung, bei schweren Verbrechen könne dem Täter nicht genug Leides geschehen. Es war also der Hang zur Grausamkeit, der die Menschen in Massen zu den Richtplätzen trieb. Diderot hat zwar gemeint, es sei nicht die Freude am Leid anderer, sondern Neugier und Schaulust gewesen, die sie zu den öffentlichen Hinrichtungen gezogen habe. Diese Ansicht ist aber vereinzelt geblieben. Der Wahrheit näher dürfte die Ansicht Voltaires kommen.

Von der Überzeugung durchdrungen, daß die französische die »grausamste« aller Nationen sei, hat Voltaire gemeint: »Das Hinströmen der Menge zu allen Hinrichtungen findet seinen Grund nicht in jener Annehmlichkeit, die der Kontrast darbietet, für seine eigene Person schmerzlos zu sein, während andere leiden, sondern hier bildet die Lust am Grausamen die Triebfeder.«

»Unsere Nation ist ... grausam«, schrieb er am 26. Mai 1767 an einen Freund. »Es gibt in Frankreich vielleicht sieben- bis achthundert Personen von milder Sinnesart und Anstand. Sie sind die Blüte der Nation und täuschen den Fremden etwas vor ... Nach ihnen beurteilt man die Nation; man irrt sich gewaltig. Unsere alten Priester und unsere alten Richter sind genau das, was die alten Druiden waren, die Menschen opferten: die Sitten ändern sich gar nicht.«

Wenn Menschen wie Ravaillac oder später der Attentäter Damiens furchtbarste Qualen auszustehen hatten, wenn Pferde dazu mißbraucht wurden, sie auseinanderzureißen, so sah man in atemloser Spannung zu. War dann der Höhepunkt des Schauspiels erreicht, gelang es also etwa einem Pferde, dem Unglücklichen einen Schenkel auszureißen, so war lautes Klatschen zu hören. Bis zu welchem Grade die Gemüter abgehärtet und abgestumpft waren, bezeugt eine Äußerung der Frau eines hohen Staatsbeamten, als die Pferde Mühe hatten, den Körper Damiens' zu zerreißen: »O Jesus, wie tun mir die armen Pferde leid!«

In seinem Werk über »Voltaire und die französische Straf-

rechtspflege im 18. Jahrhundert« (1887) hat Eduard Hertz behauptet, durch die Strafjustiz der alten Monarchie sei das französische Volk systematisch zur Grausamkeit erzogen worden. So seien denn auch die Greuel der Schreckenszeit nicht etwa das Erzeugnis plötzlichen Wahnsinns, der Frankreich befiel, sondern die Frucht einer psychologischen Entwicklung, der die breitesten Schichten der Nation viele Generationen hindurch ausgesetzt worden seien. »Indem das Volk in der großen Revolution eine so namenlose Geringschätzung von Menschenleben an den Tag legt, folgt es nur dem Beispiel, das ihm tagtäglich von den Machthabern des alten Frankreich gegeben worden war. Für diese ging damit eine blutige Saat auf, die sie selbst gesät hatten.« –

Nicht nur in diesem Fall eines »Königsmordes« hat man sich über die Frage der Zurechnungsfähigkeit des Täters keine Gedanken gemacht. Ravaillac hatte es gewagt, die Hand gegen den König zu erheben, und das war ein so unerhörter Frevel, daß dieser Tat die Sühne auf dem Fuße folgen mußte. Im Volk hätte man es nicht begriffen, wenn man mit Verurteilung und Hinrichtung gezögert hätte. –

Aufgrund der vorhandenen Unterlagen kann man heute sagen, daß die Hinrichtung von Jean-François Ravaillac medizinisch nicht gerechtfertigt war. In einer Studie über seinen Fall hat der französische Arzt Jean Gendreau gezeigt, daß es sich bei ihm um einen beruflich gescheiterten, erblich schwer belasteten, degenerierten Paranoiker gehandelt hat, der von religiösen Wahnvorstellungen in einem Ausmaß besessen war, das strafrechtliche Verantwortlichkeit ausschloß. Menschen dieser Art sind bekanntlich unter den »Königsmördern« stark vertreten, und sie stellen für jeden an der Spitze eines Staates stehenden Mann eine permanente Gefahr dar. Man pflegt mit ihnen bei Gericht im allgemeinen kurzen Prozeß zu machen, das heißt, sich mit der Frage, ob sie zurechnungsfähig sind, nicht aufzuhalten.

Der Dolch Ravaillacs traf einen Monarchen, der im Begriffe war, sein großes nationales Versöhnungswerk zu vollenden. Er hatte dem Land nach 36 Jahren Bürgerkrieg den Frieden wiedergeschenkt und es zu noch nie dagewesenem Wohlstand geführt. Er war wie kein Herrscher vor ihm um die Wohlfahrt des Volkes besorgt, und das trug ihm dessen Dankbarkeit ein. Wenn auch das große Wiederaufbauwerk, das er mit solchem Erfolg begonnen und durchgeführt hatte, nicht ernsthaft in Frage gestellt werden konnte, so lenkte die Tat jenes Fanatikers doch manches in andere Bahnen. Die Folgen davon sollte vor allem der europäische Protestantismus zu spüren bekommen. Vollständig ausgerottet, so wie Ravaillac sich das vorgestellt hatte, wurde er in Frankreich freilich nicht; er lebt bis zum heutigen Tag weiter.

Noch in anderer Beziehung hatte seine Tat Folgen, die völlig seinen Absichten widersprachen. Er hatte nicht nur den Ketzer und Meineidigen vernichten, sondern auch jede Erinnerung an ihn auslöschen wollen. Um den getöteten König bildete sich stattdessen eine verklärende Legende, er wurde zum »guten König«, und man machte aus ihm einen Helden, ja eine Art Halbgott. Das förderte nicht nur den Trend zum Absolutismus hin, sondern kam auch den Wünschen der Gallikaner (franz. Katholiken) entgegen, deren Hauptziel die Festigung der Königsgewalt gegenüber den Ansprüchen des Papstes war. Innerhalb eines Menschenalters waren zwei französische Könige nacheinander ermordet worden, und zweimal hatte das Land dabei am Rande des Abgrunds gestanden. Jetzt erfuhr die Stellung des Monarchen nach innen und nach außen eine solche Erhöhung, daß kaum jemand mehr die Lehre vom Tyrannenmord zu vertreten wagte. Die Attentate hörten auf.

So hat die Bluttat vom 14. Mai 1610 Folgen gezeitigt, die sich ihr Urheber nie hat träumen lassen.

Schrifttum: Jérome et Jean Tharaud: La tragédie de Ravaillac, Paris 1922; Jean Gendreau: La vie tourmentée de Jean-François Ravaillac, Thèse, Paris 1928 (Méd.); Saint-René Thaillander: Heinrich von Frankreich, 3. Aufl., München 1947; Philippe Erlanger: L'étrange mort de Henri IV, Paris 1957; Roland Mousnier: Ein Königsmord in Frankreich. Die Ermordung Heinrichs IV., Berlin 1970.

Mysteriöse Giftmorde
Der Fall der Marquise de Brinvilliers

Der Fall der Marquise de Brinvilliers (1630-1678) ist so ungewöhnlich, daß er immer wieder das Interesse namhafter Schriftsteller wachgerufen hat. Zu den vielen, die sich mit dem Leben dieser eigenartigen Frau befaßt haben, gehören so bedeutende Historiker wie Jules Michelet (1798-1874) und so namhafte Schriftsteller wie Alexandre Dumas der Ältere (1802-1870). Durch sie wurde der Fall weltberühmt.

Michelet hat sich als Historiker dabei bemüht, den Hintergrund deutlich werden zu lassen, vor dem sich die verbrecherischen Handlungen dieser Frau abgespielt haben. Es war die Zeit Ludwigs XIV., die hinter einer prunkvollen Außenseite alle Mängel des absoluten Königtums verbarg: allgemeine Demoralisierung, Verschwendungs- und Genußsucht, Korruption, Willkür, Rechtlosigkeit und Unterdrückung. Ein Studium des Falles ermöglicht in der Tat einen tiefen Einblick in das Frankreich des 17. Jahrhunderts, in eine Epoche politischer und kultureller Hochblüte, zugleich aber auch bedenklicher Verfallserscheinungen.

Marie Madeleine d'Aubray, Marquise de Brinvilliers, wurde am 22. Juli 1630 geboren. Sie entstammte einer angesehenen und reichen Adelsfamilie und war nach zeitgenössischen Schilderungen eine Frau von Schönheit, Charme und Geist. Ihr Vater, der Seigneur Dreux d'Aubray, besaß ein großes Vermögen und nahm hohe Stellungen im öffentlichen Leben Frankreichs ein. Er hatte außer dieser Tochter noch zwei Söhne und eine weitere Tochter. Sein plötzlicher Tod im Jahre 1666 war der erste in einer Reihe mysteriöser Vorkommnisse, die die Marquise in den Mittelpunkt eines großen Kriminalfalles rücken sollten.

Der Mann, mit dem Marie Madeleine im Alter von 21 Jahren verheiratet wurde, der Marquis de Brinvilliers, kam aus einer Familie, die in der flämischen Industrie zu großem Reichtum gelangt war. Sein Adel war verhältnismäßig jungen Datums. Der Marquis, Kommandeur eines Garderegiments, war der Prototyp eines Lebemannes und Verschwenders, der eine Geliebte nach der anderen nahm, mit dem Geld um sich warf und im Sinne einer sittenlosen Zeit ein wüstes Leben führte, seiner Frau jederzeit aber dieselbe Freiheit gab, die er sich selbst einräumte.

Die junge Frau, im Laufe der Jahre Mutter von fünf Kindern geworden, machte von dieser Freiheit bedenkenlos Gebrauch und ging schließlich mit einem intimen Freund ihres Mannes, dem Chevalier de Sainte-Croix, ein festes Verhältnis ein, das 12 Jahre bis zu dessen Tod dauern sollte. Sainte-Croix, ursprünglich Kavallerie-Offizier, eine stattliche Erscheinung, war ein Mann, bei dem sich hervorragende Geistesgaben mit großer gesellschaftlicher Gewandtheit verbanden. Auf Frauen übte er eine starke Anziehungskraft aus. Sein ganz besonderes Interesse galt der Chemie. Unaufhörlich war er am Experimentiertisch tätig, versuchte Metalle umzuwandeln und Quecksilber in festen Zustand zu bringen. »Er ist auf der Suche nach dem Stein der Weisen«, raunte man sich im Volke zu. Auch Sainte-Croix führte ein verschwenderisches Leben und war deshalb ständig in Geldverlegenheit. Die junge Marquise war ihm rettungslos verfallen.

Ihrem Vater war dieses Verhältnis ein schweres Ärgernis, und so sann er auf Mittel und Wege, seine Tochter von dem unerwünschten Liebhaber zu trennen. Er bediente sich schließlich des Mittels, mit dessen Hilfe sich einflußreiche Männer jener Zeit lästiger Personen unauffällig zu entledigen pflegten. Er erwirkte gegen Sainte-Croix einen Königlichen Geheimbrief (lettre de cachet), aufgrund dessen der Chevalier im Wagen seiner Geliebten auf offener Straße verhaftet und in die Bastille eingeliefert wurde. Das war am 19. März 1663. Bei der jungen Frau rief dieser Gewaltakt eine andere als die beabsichtigte Wirkung hervor. Statt sie zur Besinnung zu bringen, fachte er ihre Leidenschaft nur noch mehr an und ließ sie auf Rache sinnen. Gekränkter Stolz hatte in ihr erbitterten Haß gegen ihren Vater hervorgerufen.

Sainte-Croix blieb einige Monate in Haft und machte dabei in der

Person eines italienischen Edelmannes namens Exili oder Eggidi eine wichtige und äußerst folgenreiche Bekanntschaft. Es hieß von diesem Italiener, er habe zeitweise im Dienst der Königin Christina von Schweden und später des Papstes gestanden. Exili war es, der den Chevalier in die Geheimnisse der italienischen Gifte einweihte. Von ihm erfuhr Sainte-Croix, daß man in Italien Gifte entdeckt hatte, deren Feststellung sich den Nachforschungen der erfahrensten Ärzte entzog. Diese Gifte – Arsenikverbindungen – wirkten langsam und hinterließen kaum Spuren. Wer sie einnahm, verfiel in ein Siechtum, das sich mitunter über Monate hinzog; niemand konnte später mit Sicherheit sagen, woran die Opfer gestorben waren. – Mit diesem Mann blieb Sainte-Croix nach der Entlassung dauernd in Verbindung.

Als der Chevalier den Italiener kennenlernte, war er auf dem Gebiete der Gifte kein Neuling mehr. Lange vor seiner Einlieferung in die Bastille hatte er die Bekanntschaft des berühmten Schweizer Chemikers Glaser gemacht, der sich in Paris niedergelassen, dort eine geachtete Stellung errungen hatte und Leibapothekarius des Königs geworden war. Als Chemielehrer, Forscher und Verfasser eines Lehrbuchs hatte er es zu einem großen Namen gebracht. Das schwefelsaure Kali, das von ihm entdeckt worden war, trug lange Zeit seinen Namen. Glaser ist ohne Zweifel derjenige gewesen, bei dem der Chevalier und seine Geliebte die Chemikalien, aus denen ihre Gifte zusammengesetzt waren, bezogen haben.

In die Freiheit zurückgekehrt, ging Sainte-Croix sofort daran, seine Geliebte in die neugewonnenen Erkenntnisse einzuweihen. Binnen kurzem gelang es ihm, aus ihr eine sachkundige, kaltblütig überlegende, skrupellose, zu allem entschlossene Giftmischerin zu machen. Als erstes Opfer wurde von ihm der Mann erkoren, dem er die Haftzeit in der Bastille zu verdanken hatte – der Vater der Marquise. War bei ihm – Sainte-Croix – Rache die entscheidende Triebfeder, so hat der jungen Frau von Anfang an zweifellos auch das Ziel vor Augen gestanden, sich durch Beseitigung ihres Vaters und ihrer Brüder in den Besitz des großen Familienvermögens zu bringen.

Ihrem Vater gegenüber ging die Marquise mit großer Verschlagenheit vor. Nachdem sie sich bei ihm durch heuchlerisches Benehmen wieder derart in Gunst gebracht hatte, daß aller Groll gegen sie geschwunden war, folgte sie ihm auf seinen Landsitz und übernahm dort seine Betreuung. Sie hielt während dieses Aufenthalts auf dem Lande alle anderen Menschen von ihm fern und bereitete ihm alle Speisen selbst zu. Sie setzte sie ihm auch eigenhändig vor und ließ ihn nicht aus den Augen, während er aß.

Als der Seigneur d'Aubray nun eines Tages eine Suppe einnahm, wurde er nach wenigen Minuten von heftigem Erbrechen befallen, klagte über unerträgliche Magenschmerzen und äußerte, er fühle sich, als ob seine Eingeweide durch Brand verzehrt würden. Als sich sein Zustand nicht besserte, sorgte seine Tochter dafür, daß er nach Paris geschafft wurde. Dort wurde der rüstige Mann nach qualvollem Schmerz wenige Tage danach – am 10. September 1666 – durch den Tod erlöst. Wir wissen heute, daß die Marquise ihren Vater mit Arsenik, dem neuerfundenen Gift, getötet hatte, und zwar durch Dosen, die sie über acht Monate verteilt hatte. Niemand kam damals auf den Gedanken, daß ein Giftmord vorliegen könne, infolgedessen unterblieb auch eine Sektion. Die Marquise machte einen derart gebrochenen Eindruck, daß alle Welt das Empfinden hatte, der Tod ihres Vaters habe sie mehr getroffen als ihre beiden Brüder und ihre Schwester.

Dies war der erste Giftmord, der der Brinvilliers später mit Sicherheit nachgewiesen werden konnte. Nach Gerüchten, die sich damals an ihre Person hefteten, soll sie den Anschlag auf ihren Vater durch einige Versuche in dem Pariser Hospital Hôtel-Dieu vorbereitet haben. Man behauptete, sie habe Zwieback vergiftet, sei damit in das Hospital gegangen und habe ihn an Arme ausgeteilt. Dabei habe sie die Wirkung des Giftes erprobt und sich zugleich vergewissert, daß die Ärzte nicht imstande waren, Giftspuren in den Leichen der Vergifteten festzustellen. Auch ihrer Kammerjungfer soll sie zu Versuchszwecken vergiftete Speisen vorgesetzt haben.

Da der größte Teil des Nachlasses ihres Vaters an ihre beiden Brüder gefallen war, kam die Marquise zusammen mit ihrem Geliebten zu dem Entschluß, auch diese aus dem Wege zu räumen. Für die Ausführung des Verbrechens sorgte diesmal Sainte-Croix. Als Gehilfen nahm er einen gewissen La Chaussée in seine Dienste, der vorher Kammerdiener bei dem Vater der Marquise gewesen war. Ihm waren für seine Mitwirkung eine hohe Belohnung in Geld und eine Pension auf Lebenszeit zugesichert worden. Die Marquise brachte es fertig, ihm eine Bedienstetenstelle bei ihrem jüngeren Bruder zu verschaffen, der mit seinem älteren Bruder die Wohnung teilte. Beide ahnten nichts von der Gefahr, die sich über ihrem Haupt zusammenzog. Sie wußten nicht einmal, daß ihre Schwester mit ihrem einstigen Geliebten noch in Verbindung stand. Bevor Sainte-Croix an die Ausführung ging, mußte ihm die Marquise zwei Schuldscheine über 25 000 und 30 000 Livres unterschreiben.

Der erste, von Sainte-Croix gesteuerte Anschlag auf das Leben des Herrn d'Aubray mißlang. La Chaussée hatte weisungsgemäß Gift in ein Glas Wein geschüttet und es dem Edelmann gereicht. Er hatte aber so viel hineingetan, daß der Wein auffallend bitter schmeckte und Verdacht erregte. Kaum hatte der Edelmann davon getrunken, als er das Glas absetzte und ausrief: »Schurke, was hast du mir gegeben? Ich glaube, du willst mich vergiften!« Er bat seinen Sekretär, davon zu kosten. Der nahm einen Löffel davon und sagte, der Wein schmecke bitter und rieche wie Vitriol. Geistesgegenwärtig nahm daraufhin La Chaussée dem Sekretär das Glas weg und goß es aus. Der Kammerdiener habe Medizin eingenommen, sagte er, und er – La Chaussée – habe aus Versehen das gleiche Glas für den Wein benutzt. Er entschuldigte sich, und der Vorfall geriet rasch in Vergessenheit.

Im April 1670 unternahm La Chaussée dann einen neuen Anlauf. Als sich die beiden Brüder um die Osterzeit auf eines ihrer Landgüter begeben hatten, wurde während einer Mahlzeit eine Torte aufgetragen, die der Diener mit Gift versetzt hatte. Nach dem Genuß dieser Torte wurden sieben Personen am nächsten Tage von einem heftigen Übelsein befallen, während diejenigen, die davon nichts genossen hatten, sich besten Wohlbefindens erfreuten. Eigenartigerweise schöpfte niemand Verdacht.

Als die beiden Brüder nach Paris zurückkehrten, fielen sie durch ihr elendes Aussehen auf. Der Ältere blieb bettlägerig und siechte langsam dahin. Er litt an quälendem Brennen im Magen und in den Eingeweiden und erbrach unaufhörlich. Am 17. Juni 1670 wurde er von den unerträglich gewordenen Leiden durch den Tod erlöst. La Chaussée hatte ihn langsam vergiftet. Bei der Leichenöffnung zeigte sich, daß Magen, Zwölffingerdarm und Leber teilweise zerstört waren. Keiner der Ärzte wußte, was er von diesem Befund zu halten hatte.

Der Jüngere überlebte seinen Bruder nur um drei Monate. Bei ihm zeigten sich dieselben Symptome – Magenbrennen, Erbrechen und dazu fliegende Unruhe. Auch für ihn bedeutete der Tod die Erlösung. Als man die Leiche öffnete, boten die Eingeweide dasselbe Ausmaß der Zerstörung dar wie bei seinem Bruder. Auch bei ihm sprachen alle Anzeichen für Giftmord; dessen ungeachtet geschah auch diesmal nichts. An La Chaussée wurden sogar 300 Livres ausgezahlt, die ihm der Verstorbene durch Vermächtnis als Belohnung für treue Dienste zugewendet hatte.

Die eigenartigen Umstände beim Tod der beiden Edelleute erregten begreiflicherweise in der Öffentlichkeit Aufsehen, und man fragte sich, was hier wohl geschehen sei. Hier und da wurde der Verdacht geäußert, daß sie und vorher ihr Vater durch Gift umgebracht worden seien. Man konnte sich aber nicht vorstellen, wer die Tat verübt haben konnte und wie und mit welchen Mitteln sie ausgeführt worden war. Sainte-Croix hielt sich unauffällig im Hintergrund, und von der Fortdauer seiner Beziehungen zu der Marquise de Brinvilliers wußte niemand etwas. La Chaussée aber galt als das Muster eines seiner Herrschaft treu ergebenen Dieners.

Inzwischen hatte die Marquise ein Verhältnis mit dem Hofmeister ihrer Kinder, einem gewissen Briancourt angeknüpft und ihn nach und nach in ihre Verbrechen eingeweiht. Dieser Umstand, ebenso wie die Tatsache, daß sie sich in die Gewalt von La Chaussée begeben hatte, sollte ihr zum Verhängnis werden. Die Aussage Briancourts wurde später vor Gericht zum Hauptbelastungsmoment für sie. Wenn wir dem Hofmeister Glauben schenken dürfen, so hat er es nur einem Zufall zu verdanken, daß er während eines nächtlichen Stelldicheins bei der Marquise nicht ermordet wurde. Er beobachtete nämlich, daß im Kamin, in Lumpen gehüllt, Sainte-Croix verborgen war.

Mit den drei männlichen Mitgliedern ihrer Familie hatten die Marquise und ihr Geliebter das Haupthindernis, das sie noch vom Besitz des großen Familienvermögens trennte, beseitigt. Noch aber stand ihnen die Schwester der Marquise im Weg, der nach dem Gesetz die Hälfte der Nachlässe zugefallen war. Sie mußte also auch noch ins Jenseits befördert werden. Thérèse d'Aubray ahnte instinktiv, daß ihrem Leben Gefahr drohte. Sie war deshalb sehr vorsichtig, prüfte jede Speise, bevor sie sie verzehrte, und war auch sonst auf ihrer Hut. Dadurch rettete sie ohne Zweifel ihr Leben. Noch bevor ihre Schwester hingerichtet worden war, wurde freilich auch sie vom Tode ereilt.

Wir wissen heute, daß der Giftmord an ihrem Vater und ihren beiden Brüdern auf das Konto der Marquise und ihres Geliebten Sainte-Croix zu setzen sind. Vieles spricht dafür, daß sie auch noch andere Mordtaten begangen haben; bei Gericht ist man den vorhandenen Spuren vielleicht deshalb nicht nachgegangen, um nicht noch mehr Personen und Familien von Rang und Namen zu kompromittieren und in das Verderben zu stürzen. Madame de Sévigny erzählt in ihren Erinnerungen, die Marquise habe auch ihrem Mann Gift beigebracht, um den Weg für eine Heirat mit Sainte-Croix frei zu bekommen. Dieser sei aber gar nicht darauf erpicht gewesen, die Marquise zu ehelichen, er habe deshalb dafür gesorgt, daß dem Marquis jeweils eine Dosis Gegengift eingegeben werde. Auf diese Weise sei er am Leben geblieben.

Die Entdeckung der Verbrechen wurde durch einen Zufall angebahnt. Sainte-Croix war unaufhörlich bemüht, sein Wissen um die Gifte und ihre Wirkungen auszubauen und zu vertiefen. Er war in seinem Laboratorium ständig damit beschäftigt, neue und noch wirksamere Verbindungen ausfindig zu machen und sie an Tieren zu erproben. Nach glaubwürdiger, allerdings bestrittener Angabe fand er dabei den Tod. Bei der Arbeit des Kochens und Destillierens im Laboratorium trug er nämlich ständig eine gläserne Maske; sie sollte ihn vor giftigen Gasen schützen. Eines Tages begab es sich nun, daß die Maske zu Boden fiel, als er gerade über einen kochenden Tiegel gelehnt stand. Die daraus entweichenden Gase töteten ihn auf der Stelle. Das war am 30. Juli 1672.

Da Sainte-Croix stark verschuldet war, ließ das Gericht seinen Nachlaß versiegeln. Dazu gehörte eine Schatulle, bei deren Öffnung man obenauf ein Schreiben fand, in dem Sainte-Croix darum bat, sie nach seinem Tode sofort der Marquise de Brinvilliers zuzuleiten. Alles, was die Schatulle enthalte, gehe nur die Marquise an und sei für niemand sonst von Nutzen. Falls die genannte Dame bei der Eröffnung schon verstorben sei, möchte man die Schatulle mit ihrem ganzen Inhalt ohne weitere Nachprüfung auf der Stelle verbrennen. Das Schreiben war unterzeichnet: »Paris, am 25. Mai nachmittags im Jahre 1670, gez. Sainte-Croix«. Auf dem Briefumschlag war außerdem zu lesen: »Ein Päckchen ist für Herrn Pennautier bestimmt, das an ihn zurückgegeben werden muß.« Pennautier war ein Mann, der es als Obersteuereinnehmer des Klerus zu einem riesigen Vermögen gebracht hatte. Er war mit Sainte-Croix befreundet gewesen, gehörte übrigens auch zu den rührigsten und intelligentesten Mitarbeitern des Finanzministers Colbert.

Die Behörden hielten sich nicht an diese Weisung, unterzogen vielmehr alles, was sich in der Schatulle fand, einer genauen Überprüfung. Sie enthielt Päckchen mit allen möglichen Giftstoffen – Merkur (eine Quecksilberverbindung), Vitriol, Opium, Antimon, Arsenik usw. In einem mit sechs Siegeln verschlossenen Päckchen fanden sich 27 kleine Papiersäckchen mit der Aufschrift: »Verschiedene sonderbare Geheimnisse.« Sechs andere Päckchen enthielten eine größere Menge sublimierten Merkurs; sie waren an verschiedene Personen adressiert. Das Ganze stellte eine Giftvorratskammer von einzigartiger Buntheit und Mannigfaltigkeit dar. Chemiker, die man als Sachverständige herangezogen hatte, erklärten, daß die vorgefundenen Giftstoffe zum Teil von völlig unerklärbarer Zusammensetzung seien. Tiere, denen man davon gegeben habe, seien auf der Stelle verendet; in ihren Kadavern habe man hinterher aber keine Spur von Gift entdecken können. Wir wissen heute, daß es sich dabei um Arsenik gehandelt hat.

Außer dieser Giftapotheke fand man in der Schatulle alle Briefe, die von der Marquise de Brinvilliers an ihren Geliebten gerichtet worden waren, außerdem die beiden Schuldscheine, die die Unterschrift der Marquise trugen. Schließlich stieß man auf eine Bescheinigung, aus der hervorging, daß Pennautier der Geistlichkeit durch Vermittlung von Sainte-Croix und Frau von Brinvilliers 10 000 Livres geliehen hatte.

Einige Blatt Papier, die zusammengerollt und verschnürt waren und die Aufschrift »Meine Beichte« trugen, wurden von den Gerichtspersonen, die mit der Feststellung des Nachlasses beschäftigt waren, ungelesen verbrannt. Man hielt sich damals nicht für berechtigt, in diese höchst persönlichen Aufzeichnungen Einblick zu nehmen. Damit beraubte man sich einer höchst wichtigen Erkenntnisquelle, was später vor Gericht nachdrücklich bedauert und getadelt wurde. Es ist zu vermuten, daß damals Kräfte am Werk gewesen waren, die eine Ausdehnung der Untersuchung über den

Kreis der schon in Verdacht geratenen Personen hinaus verhindern wollten.

Als die Marquise von dem plötzlichen Tod ihres Geliebten durch dessen Witwe erfuhr, war sie aufs höchste beunruhigt. Sie wußte von der Schatulle und ihrem Inhalt und war sich klar darüber, daß es für sie von lebenswichtiger Bedeutung war, sie in die Hand zu bekommen, bevor die Justizbehörden sich ihrer bemächtigten. Sie eilte deshalb zu dem Justizbeamten, der den Nachlaß versiegelt hatte, und bat ihn um die Kassette, mit der Begründung, daß sie ihr gehöre und ihr Inhalt nur Pennautier und sie angehe. Als ihr die Kassette nicht ausgehändigt wurde, wiederholte sie am nächsten Tag persönlich ihre Bitte und schickte dann Vertreter, unter anderen Briancourt, der dem zuständigen Justizbeamten mitteilte, die Marquise werde ihm gern schenken, was er sich nur irgend wünsche. Auf die Bemerkung eines Gerichtsbeamten, man munkele, daß sonderbare Sachen gefunden worden seien, wurde sie verlegen und errötete. Als jemand äußerte, Sainte-Croix sei offenbar ein gefährlicher Giftmischer gewesen und sie – die Marquise – habe vielleicht an seinen dunklen Machenschaften teilgehabt, wurde sie verwirrt und ängstlich und fragte zurück: »Warum denn ich?«

Die Marquise konnte unter diesen Umständen nicht mehr im Zweifel darüber sein, daß ihre Lage bedrohlich geworden war. Jeden Augenblick konnte die Verhaftung erfolgen. Sie traf deshalb Fluchtvorbereitungen. Zugleich ließ sie durch ihren Anwalt Protest gegen die Beschlagnahme der Kassette einlegen und erklären, daß ihr der Betrag von 30 000 Livres, über den man einen Schuldschein mit ihrer Unterschrift gefunden hatte, abgelistet worden sei.

Der durch den Inhalt der Schatulle begründete Verdacht hätte vielleicht noch immer nicht zur Einleitung eines Strafverfahrens gegen die hochgestellte Frau geführt, wenn den Strafverfolgungsbehörden nicht ein neuer Zufall zu Hilfe gekommen wäre. La Chaussée, der von Sainte-Croix gedungene Helfershelfer, besaß nämlich die Unverschämtheit, bei Gericht gegen die Versiegelung der Wohnung von Sainte-Croix Einspruch einzulegen. Er sei bei dem Verstorbenen sieben Jahre in Dienst gewesen und habe ihm einen größeren Geldbetrag in Verwahrung gegeben; der müsse sich in einem Leinwandbeutel hinter dem Fenster des Wohnzimmers befinden. Er sei mit einer Bescheinigung versehen, daß ihm – La

Chaussée – dieses Geld gehöre; außerdem liege dort eine Abtretungserklärung über 300 Livres, die er von dem verstorbenen Herrn d'Aubray als Legat erhalten habe. Alle diese Gegenstände verlange er heraus.

Eine Nachprüfung ergab, daß die Angaben des Lakaien richtig waren. La Chaussée hatte offenbar aber nicht damit gerechnet, daß die Ortskenntnis, die seine Beschreibung erkennen ließ, ihn selbst in Verdacht bringen würde. Der Umstand, daß er in so naher Beziehung zu Sainte-Croix gestanden hatte, legte die Annahme nahe, daß er selbst in die Sache verwickelt sei. Als man ihm eröffnete, daß bei Sainte-Croix große Mengen Gift gefunden worden seien, konnte man ihm anmerken, wie sehr ihn diese Mitteilung in Unruhe versetzte. Noch stärker lenkte er die Aufmerksamkeit der Behörden dadurch auf sich, daß er plötzlich verschwand. Als man seine Wohnung durchsuchte, stieß man auf Gift, und das brachte ihn vollends in den Verdacht der Mittäterschaft. Nachdem er einige Tage in Paris umhergeirrt war, wurde er am 4. September 1672 verhaftet.

Die gegen La Chaussée eröffnete Untersuchung förderte Tatsachen zutage, die auch die Marquise unter Mordverdacht stellten.

Ein Apotheker-Lehrling sagte nämlich aus, die Marquise sei mehrfach, von Sainte-Croix begleitet, in der Apotheke seines Lehrherrn erschienen, und dabei habe ihr Bediener einmal geäußert, er wolle seinen Kopf verwetten, wenn sie nicht gekommen seien, um sich Gift anfertigen zu lassen. Ein junges Mädchen, das öfters in das Haus der Brinvilliers gekommen war, berichtete, die Marquise habe eines Tages, unter Alkoholeinfluß stehend, auffallende Äußerungen getan. Sie habe eine Büchse aus einem Kästchen entnommen, sie der Zeugin gezeigt und dazu bemerkt, die Büchse enthalte ein Mittel, mit dem man sich an seinen Feinden rächen könne; es sei auch ein wirksames ›Sukzessionspülverchen‹. Die Marquise habe ihr Stillschweigen anbefohlen, nachdem sie ihren Rausch ausgeschlafen hatte und wieder zu sich gekommen war. La Chaussée, der Lakai, habe auf auffallend vertraulichem Fuße mit ihr verkehrt. Eine andere Zeugin sagte, sie habe zwei Tage nach dem Tode des älteren der Gebrüder d'Aubray gesehen, daß La Chaussée sich bei der Marquise aufgehalten habe. Als ihr der Sekretär des Verstorbenen gemeldet worden sei, habe sie La Chaussée hinter ihrem Bett versteckt.

Als Briancourt, der ehemalige Hofmeister der Marquise, hörte, daß La Chaussée verhaftet worden sei, entfuhr ihm der Ausruf: »Nun ist sie verloren!« Wegen dieser Worte zur Rede gestellt, gab er nach einigem Zögern die Unterhaltungen preis, die die Marquise mit ihm geführt hatte, als er noch ihr Geliebter war. Er ließ auch die Justizbehörden wissen, daß sie ständig Gift bei sich gehabt habe.

Die Behörden konnten sich noch immer nicht entschließen, gegen eine Frau von so hoher gesellschaftlicher Stellung einen Haftbefehl zu erlassen. Die Marquise war sich aber nicht mehr im Zweifel, was ihr bevorstand, wenn sie nicht sofort die Konsequenzen zog, zumal auch ihre Schwägerin als Anklägerin gegen sie auftrat. Sie faßte den Entschluß, außer Landes zu gehen, und floh nach England.

Da das Beweismaterial jetzt ausreichend erschien, wurden La Chaussée und die Marquise de Brinvilliers des Giftmordes angeklagt. Die Hauptverhandlung fand am 24. März 1673 in Paris statt. Gegen die Marquise wurde in Abwesenheit auf Enthauptung erkannt. La Chaussée erhielt ebenfalls die Todesstrafe, er aber mit der Besonderheit, daß er bei lebendigem Leibe auf das Rad zu flechten sei. Vor der Hinrichtung, so entschied das Gericht weiter, sei er der Folter zu unterwerfen.

Bei der Tortur zeigte der Lakai eine seltene Willensstärke. Er leugnete seine Schuld auch dann noch, als ihm durch die Marterwerkzeuge seine Glieder zerquetscht worden waren. Erst nach Wegnahme der Foltergeräte, im Bewußtsein, daß er nur noch kurze Zeit zu leben habe, bequemte er sich zu einem anderen Verhalten. Jetzt endlich gab er sein Wissen preis: daß Sainte-Croix es gewesen sei, der ihn durch das Versprechen einer großen Belohnung auf die Bahn des Verbrechens gebracht habe; daß der Chevalier ihm bei der Aushändigung des ersten Giftes für die Brüder d'Aubray gesagt habe, er erhalte es auf Betreiben der Marquise de Brinvilliers; daß Sainte-Croix später, nach dem Tode der beiden, behauptet habe, die Marquise wisse nicht darum, was aber unglaubhaft gewesen sei, denn sie habe ständig von Gift und Beibringung von Gift gesprochen. Sainte-Croix, so fuhr der Diener fort, habe sich nicht mit der Beseitigung der drei männlichen Mitglieder der Familie d'Aubray begnügt, er habe auch noch die Schwester der Marquise durch Gift beseitigen wollen; dieser Versuch sei aber glücklicherweise gescheitert.

Unmittelbar nach diesem Geständnis wurde La Chaussée aufs Rad geflochten und öffentlich hingerichtet.

Die Marquise hielt sich nicht lange in London auf, weil ihr in England Festnahme und Auslieferung drohten. Sie ging nach den Niederlanden und irrte dort einige Zeit umher. Zuletzt fand sie in einem Kloster in Lüttich Zuflucht.

Da sich die öffentliche Meinung in Frankreich dagegen empörte, daß sie noch nicht der Bestrafung zugeführt worden war, sannen die französischen Justizbehörden auf Mittel und Wege, ihrer habhaft zu werden. Die Stadt Lüttich lag als deutsche Reichsstadt außerhalb der Reichweite der französischen Justiz und war zu förmlicher Auslieferung nicht zu bewegen. Man schickte deshalb einen Polizeioffizier nach Lüttich und gab ihm ein königliches Schreiben an den Rat der Stadt mit, worin er unter Vorlage eines Auszuges aus den Akten gebeten wurde, die Ergreifung und den Abtransport der Verurteilten zu gestatten. Offenen Menschenraub scheute man. Die erbetene Erlaubnis wurde der französichen Abordnung von den Lütticher Behörden schließlich erteilt.

Da es der Polizeioffizier nicht wagte, die Festnahme im Kloster vorzunehmen und damit in dessen Asylrecht einzugreifen, nahm er nach zeitgenössischen Berichten (deren Richtigkeit allerdings umstritten ist) zu einer List seine Zuflucht. Er verkleidete sich als katholischer Priester und ließ sich bei der Marquise melden. Er erzählte ihr, er komme aus Frankreich und habe nicht an dem Kloster vorbeireisen wollen, ohne ihr – der durch ihre Schönheit ebenso wie durch ihre Schicksalsschläge berühmt gewordenen Dame – seine Aufwartung zu machen. Man behauptet, die Marquise sei über den Besuch entzückt gewesen und habe dem Besucher sofort ihr ganzes Vertrauen geschenkt. Auf seinen Vorschlag, mit ihm eine Spazierfahrt über Land zu machen, sei sie sofort eingegangen. Außerhalb der Stadt habe dann der Beauftragte der französischen Justizbehörden die Maske fallen lassen und die Marquise festgenommen. Das war am 25. März 1676. Anschließend habe er im Kloster ihre Habe durchsucht und ihre Papiere beschlagnahmt.

Während der Fahrt nach Paris schrieb Frau von Brinvilliers drei Briefe an einen reichen Einwohner Lüttichs und bat ihn um Hilfe. Einem Mann aus ihrer Eskorte bot sie Geld an und forderte ihn auf, die Briefe nach Lüttich weiterzuleiten; er tat das freilich nicht, sondern lieferte die Briefe ab. Sie wurden im Prozeß zu Belastungsmaterial. Durch Zufall sei der Lütticher Bürger – so wird weiter berichtet – dann in Maastricht mit der Eskorte zusammengetroffen. Er habe den Männern eine hohe Belohnung angeboten, falls sie die Marquise entkommen ließen, sie hätten sich aber ebenso unzugänglich gezeigt wie ihr Kollege. Als die Marquise zu dem Schluß gekommen sei, daß es für sie kein Entrinnen mehr gebe, habe sie mehrere Selbstmordversuche unternommen, sie seien aber alle gescheitert.

Unter den Papieren, die in der Klosterzelle gefunden worden waren, befand sich ein Heft, das die Aufschrift: »Meine Beichte« trug. Es enthielt Aufzeichnungen, in denen sich die Brinvilliers selbst als Mörderin bezeichnete; daß sie es gewesen sei, die ihren Vater, ihre Brüder und eines ihrer Kinder durch Gift umgebracht habe. In dieser »Beichte« waren außerdem Schilderungen enthalten, die Ausschweifungen niedrigster Art betrafen und von der abgrundtiefen moralischen Verkommenheit dieser Angehörigen des französischen Adels Zeugnis ablegten. – Als ihr diese Aufzeichnungen vorgehalten wurden, beschränkte sich die Marquise auf die Erwiderung, was sie da geschrieben habe, sei alles erfunden und dummes Zeug.

Sofort nach Überschreitung der französischen Grenze, am 17. August 1676, wurde sie richterlich vernommen. Man fürchtete ihre Kabalen und Intrigen und wollte Klarheit schaffen, bevor sie mit irgend jemand Verbindung aufnehmen konnte. Sie leugnete alles rundweg ab.

Vom Gefängnis in Paris aus richtete sie Hilferufe an den Freund ihres verstorbenen Geliebten, den reichen und einflußreichen Obersteuereinnehmer Pennautier. Ihm schilderte sie die Gefahr, in der sie schwebte, nämlich hingerichtet zu werden; sie ließ ihn zugleich wissen, daß sie im Prozeß alles ableugnen werde. Diese Briefe wurden abgefangen, und Pennautier hatte alle Mühe, den Verdacht von sich abzuwenden, daß er selbst auch mit den Untaten der Marquise und ihres Freundes zu tun gehabt habe.

Ihre Flucht, die im Nachlaß von Sainte-Croix gefundenen Papiere und Chemikalien, das Geständnis von La Chaussée, die Enthüllungen von Briancourt und die Briefe, die nach ihrer Festnahme beschlagnahmt worden waren, erhoben den bestehenden Tatverdacht zur Gewißheit. Für einen verständigen Menschen konnte bei dieser Beweislage nicht mehr zweifelhaft sein, daß sie es war, die am Tod ihres Vaters und ihrer beiden Brüder die Hauptschuld trug.

Als Angehörige des Adels genoß Frau von Brinvilliers das Vorrecht, von einer Kammer des Höchstgerichts abgeurteilt zu werden. Es gelang ihr, als Verteidiger einen der besten Advokaten von Paris namens Nivelle zu gewinnen. Er nahm sich der schweren und undankbaren Aufgabe mit Eifer und Energie an. Er stellte die Verteidigung auf die Behauptung ab, daß Sainte-Croix die Giftmorde allein verübt habe; daß er seine Freundin über sein Vorhaben getäuscht und sie nur soweit in das Unternehmen eingeweiht habe, als es unumgänglich gewesen sei. Was die sogenannte »Beichte« betreffe, machte der Verteidiger geltend, so dürfe sie vor Gericht deshalb nicht verwertet werden, weil es sich um ein Sakrament handle. Die Heilighaltung dieses Sakraments sei für das Wohl der Gemeinschaft von größerer Bedeutung als die Bestrafung eines einzelnen Verbrechers.

Die Hauptverhandlung dauerte vom 29. April bis zum 16. Juli 1676 und nahm 22 Sitzungen in Anspruch. Die Angeklagte verlor während dieser ganzen Zeit nicht einen Augenblick die Selbstbeherrschung, leugnete erneut alles ab und gab dabei nicht einen Punkt von ihrer Position preis. Bei aller Entschiedenheit und Festigkeit des Auftretens vergaß sie zu keiner Zeit die Achtung, die sie dem Gericht schuldig war.

Denen, die an der Verhandlung teilnahmen, nötigte ihr Verhalten Bewunderung ab.

Lange Auseinandersetzungen gab es darüber, ob eine Beichte verlesen werden dürfe oder ob das Beichtgeheimnis eine Verlesung verbiete. Man entschied sich schließlich für die Verlesung.

Vernichtend für die Angeklagte wurde die Aussage ihres ehemaligen Hofmeisters. Vergeblich versuchte die Marquise, Briancourt als liederlichen, dem Trunke ergebenen Lakaien hinzustellen, dem jede Glaubwürdigkeit abgehe. Sie fand damit kein Gehör.

Der Verteidiger hielt ein sorgsam ausgefeiltes, glänzendes Plädoyer, er vermochte aber das Schicksal seiner Mandantin damit nicht zu wenden. Die Beweislage machte alle Bemühungen von vornherein aussichtslos. Das Gericht sprach die Angeklagte schließlich am 16. Juli 1676 schuldig, ihren Vater und ihre beiden Brüder durch Gift um das Leben gebracht, außerdem ihrer (inzwischen verstorbenen) Schwester nach dem Leben getrachtet zu haben. Es verurteilte sie daraufhin zum Tode.

Für die Vollstreckung der Strafe wurde folgendes Verfahren bestimmt: sie sei auf einem Karren an die Tür der Hauptkirche von Paris zu verbringen, barfuß, eine brennende Kerze in der Hand und einen Strick um den Hals; dortselbst habe sie in der Weise Buße zu tun, daß sie kniend zu bekennen habe, was sie auf die Bahn des Verbrechens geführt habe: Ruchlosigkeit, Rachsucht und Geldgier. Danach sei sie auf den Richtplatz zu überführen, und dort sei ihr auf einem daselbst errichteten Schafott der Kopf abzuschlagen. Anschließend sei ihr Körper zu verbrennen und ihre Asche in alle Windrichtungen zu verstreuen. Vor Vollstreckung der Strafe sei sie aber noch einmal auf die Folter zu nehmen, damit sie die Namen etwa noch nicht bekannter Mitschuldiger angebe.

Über das Verhalten der Marquise bei Verkündung des Urteils gehen die Nachrichten auseinander. Manche behaupten, sie habe die Bekanntgabe ruhig und gefaßt entgegengenommen, andere bestreiten dies. Im Anschluß an die Verkündung legte sie jedenfalls mit lauter Stimme ein Geständnis aller ihrer Verbrechen ab. Vor der Hinrichtung wurde sie – wie befohlen – in die Folterkammer geführt, um wie üblich noch der Tortur unterzogen zu werden. Diese mußte sie als »Wasserfolter« in einer ihrer grausamsten Formen erleiden. Durch einen zwischen die Zähne gesteckten Trichter wurden große Mengen Wasser in den Magen eingeführt, was ihr die qualvollsten Schmerzen bereitete. Nach einigen Stunden ließ man von ihr ab und überließ sie der Fürsorge und dem Zuspruch eines Geistlichen.

Auf dem Hinrichtungsplatz hatten sich Tausende von Menschen eingefunden, um Zeugen der letzten Augenblicke der so berühmt gewordenen Verbrecherin zu werden. Unter ihnen sah man auch viele Damen der ersten Pariser Gesellschaft. Das Schafott bestieg die Marquise gefaßt und völlig Herr ihrer selbst. Als die Scharfrichter sich mit ihr zu lange zu schaffen machten, murrte das Volk. Genauso, wie es das Gericht angeordnet hatte, wurde ihr Leichnam nach der Enthauptung in das Feuer geworfen und verbrannt. Ihre Asche wurde der gerichtlichen Anordnung entsprechend in alle Himmelsrichtungen verstreut.

Für einige andere, deren Namen während des Verfahrens gegen die Marquise ins Gespräch gekommen waren, hatte der Prozeß ein unangenehmes Nachspiel.

Der Apotheker Glaser, aus dessen Apotheke Sainte-Croix und die

Marquise laufend Chemikalien bezogen hatten, hatte alle Mühe, sich von dem Verdacht zu reinigen, daß er mit den beiden unter einer Decke gesteckt habe. Es kam bei ihm nicht zu einer Hauptverhandlung. Die gegen ihn durchgeführte Untersuchung hatte aber den Erlaß eines Gesetzes zur Folge, durch das allen Apotheken und Drogerien zur Pflicht gemacht wurde, Gifte nur an ihnen bekannte, ortsansässige Personen abzugeben und die Namen der Käufer in jedem Falle in ein Giftbuch einzutragen.

Der Obersteuereinnehmer Pennautier, durch seine Freundschaft mit Sainte-Croix und die an ihn gerichteten Briefe der Marquise in Tatverdacht geraten, wurde festgenommen und einige Zeit in Haft gehalten. Die Tatsache seiner Entmachtung benutzte die Witwe seines Amtsvorgängers, ihn zu beschuldigen, daß er ihren Mann im Zusammenwirken mit Sainte-Croix durch Gift umgebracht habe. Es bedurfte des Eingreifens einflußreicher Gönner, um den steinreichen Mann den Fängen der Strafjustiz wieder zu entreißen.

Was den Fall der Marquise de Brinvilliers anlangt, so gereicht es dem Frankreich Ludwigs XIV. zu hoher Ehre, daß die Justiz vor dieser hochgestellten Verbrecherin nicht kapituliert, im Gegenteil vielmehr nicht eher Ruhe gegeben hat, bis diese Meisterin des Giftmordes von historisch einzig dastehender Skrupellosigkeit – aus dem Ausland herbeigeholt – das Schafott bestiegen und ihre Taten mit dem Leben gesühnt hatte. Mag vieles auch im Staate des Sonnenkönigs faul und korrupt gewesen sein – mit der Strafjustiz war es offenbar nicht zum schlechtesten bestellt. Denn niemand hat den Versuch unternommen, die Täterin zu decken, sie der Strafe zu entziehen oder sonst auf den Gang des Verfahrens Einfluß zu nehmen. Das Gericht aber hat unparteiisch und gerecht seines Amtes gewaltet. Das läßt erkennen, wie tief der Gedanke der Gerechtigkeit auch schon im Frankreich der absoluten Monarchie verwurzelt und gesichert war.

Schrifttum: Frantz Funck-Brentano, Die Giftmord-Tragödie. Übers. aus dem Französ. München 1905 S. 1 ff.; Karl Martin Schiller, Geschichten aus dem Neuen Pitaval. Erster Band. Leipzig 1927. S. 11 ff.; Henri-Robert, Die großen Prozesse der Weltgeschichte. Berlin 1928. S. 136 ff.

Unheimliche Macht über Frauen
Der Fall Landru

In den Jahren unmittelbar nach dem Ersten Weltkrieg wurde der Name eines Massenmörders international bekannt, der zehn Frauen und einen jungen Mann umgebracht hatte: Henri Désiré Landru. Während des Ermittlungsverfahrens wurde festgestellt, daß dieser Mann zu nicht weniger als 283 Frauen Beziehungen unterhalten hatte, von denen alle bis auf die zehn verschwundenen ausfindig gemacht und über ihre Erlebnisse verhört werden konnten. Heiratsanzeigen hatten den ersten Kontakt zu den Frauen vermittelt und Heiratsversprechen dann später den Kontakt vertieft. Ohne es zu ahnen, waren sie durch ihren Umgang mit Landru in höchste persönliche Gefahr geraten. Zehn von ihnen mußten das Vertrauen, das sie diesem Manne entgegengebracht hatten, mit ihrem Leben bezahlen, ohne daß später festgestellt werden konnte, auf welche Weise sie ums Leben gekommen waren und was aus ihren Leichen geworden war. Wie brachte es Landru fertig, sich in das Vertrauen so vieler Frauen einzuschleichen und sie auszuplündern, und worin lag das Geheimnis seines Erfolges?

Aus der äußeren Erscheinung Landrus hätte niemand schließen können, daß es ihm möglich war, auf Frauen Eindruck zu machen. Er sah unscheinbar aus, war von kleiner Statur, mager und besaß einen aschfarbenen, rötlich schimmernden Vollbart, der mit einigen grauen Strähnen durchsetzt war. Seine buschigen Augenbrauen umrahmten ein Paar Augen, in deren Glanz etwas Lauerndes lag. Er hatte eine Glatze, die von weitem den Eindruck einer Billardkugel machte. Nach dem Bericht der Zeitungen erweckte er den Eindruck, als ob es sich bei ihm um einen intelligenten Geschäftsmann handle. Im Augenblick seiner Taten schon an die 50 Jahre alt, war er bemüht, aus seiner Erscheinung alles fernzuhalten, was ihn älter aussehen lassen konnte, als er wirklich war. Fast immer trug er einen eigenartig gemusterten Überzieher und den runden, steifen Hut (die »Melone«), wie er seinerzeit üblich war. Sein allezeit höfliches und verbindliches Auftreten war geeignet, Vertrauen einzuflößen.

Er war am 12. April 1869 in Paris als Sohn rechtschaffener Leute, eines Hüttenarbeiters und einer Schneiderin, geboren worden und wuchs hier auch auf. Der Vater endete im Jahre 1912 durch Selbstmord, angeblich aus Gram über Betrügereien, die sein Sohn verübt hatte. Als Kind folgsam, eifrig und umgänglich, ging er bei den Brüdern der Rue Bretonvilliers in Paris in die Schule und fiel hier durch seinen Lerneifer und sein untadeliges Betragen derart vorteilhaft auf, daß er Chorknabe im Kirchenchor des Sprengels und schließlich Meßgehilfe wurde.

Nach Abschluß der Schulzeit bildete er sich in technischen Fortbildungslehrgängen weiter und vervollkommnete sich im Zeichnen derart, daß er Anstellung in Architektenbüros fand. Zeitweise war er auch als Buchhalter und Verkäufer tätig. Mit 20 Jahren trat er in den Militärdienst ein und brachte es dort bis zum Unteroffizier. In der Zwischenzeit heiratete er ein junges Mädchen aus seiner Verwandtschaft, mit dem er vorehelich ein Kind gehabt hatte. Später wurden ihm noch drei weitere Kinder geboren. In seiner Lebensführung war er anspruchslos und bescheiden. Weder trank er, noch rauchte er.

Bemerkenswert an Landru war ein gewisser Hang zur Pedanterie. Er äußerte sich u. a. darin, daß er in seinem Notizbuch über alles und jedes Buch führte. Kaufte er sich eine Zeitung, so unterließ er nicht, in seinem Notizbuch zu vermerken: »Journal ... 0,05 Francs.« Machte er irgendwo einen Besuch, so wurden Ort und Stunde genau festgehalten. Diese Notizen, von ihm jahrelang gewissenhaft aufbewahrt, sollten ihm in seinem Strafverfahren später zum Verhängnis werden.

Regelmäßige berufliche Arbeit sagte ihm auf die Dauer nicht zu, und so ging er frühzeitig dazu über, sich auf unredliche Weise Geld zu beschaffen. Betrügereien zogen ihm im Laufe der Jahre sieben Verurteilungen zu, die zum Teil von Liller, zum Teil von Pariser Strafgerichten ausgesprochen wurden.

Es handelte sich meist um Gaunereien unbedeutender Art, die nicht viel einbrachten. Wie er dabei zu verfahren pflegte, lehren folgende Vorfälle: Nachdem er in Paris selbst ein Architektenbüro eröffnet hatte, suchte er durch die Zeitung einen Angestellten, für den zur Bedingung gemacht war, daß er ein Fahrrad besitze, um damit die anfallenden Besorgungen erledigen zu können. Hatte er jemanden gefunden und in seine Dienste genommen, so dauerte es keine drei Tage, bis er das Fahrrad entwendet und verkauft hatte. So schreckte er nicht davor zurück, arme Teufel zu begaunern.

In einem Fall betätigte er sich vor dem Ersten Weltkriege auch schon auf dem Gebiete, das später seine Hauptdomäne werden sollte, dem des Heiratsschwindels. Mittels einer Heiratsanzeige machte er in Lille die Bekanntschaft einer Madame Izoré. Er schrieb ihr zärtliche Briefe, versprach ihr die Heirat und erleichterte sie schließlich um 10 000 Francs.

Am 18. Oktober 1912, nach Verbüßung einer dreijährigen Gefängnisstrafe aus der Strafhaft entlassen, verübte er sofort einen neuen Betrug. Er kaufte in einem kleinen Ort in Nordwestfrankreich eine Garage, verkaufte sie – ohne seinem Verkäufer einen Pfennig zu zahlen – für 20 000 Francs an einen Dritten weiter und ließ sich auf die Kaufsumme 5 000 Francs Anzahlung geben. Dann verschwand er auf Nimmerwiedersehen. In Abwesenheit wurde er deswegen am 20. Juli 1914 zu vier Jahren Gefängnis verurteilt. Wollte er der Vollstreckung dieser Strafe entgehen, so mußte er untertauchen.

In Voraussicht des Kommenden hatte er seine Familie schon am 23. April 1914 verlassen und sich in Paris eine neue Unterkunft gesucht. Er nannte sich zunächst Diard, später Petit, Frémyet, Dupont, Guillet, Barzieux und Tartempion. Die Wirren, die der Ausbruch des Krieges nach sich zog, machten es ihm nicht allzu schwer, sich in der Weltstadt Paris dem Zugriff der Polizei sieben Jahre lang zu entziehen.

Für Landru war nun die Frage, wie er sein Leben fristen sollte. Regelmäßige Arbeit kam für ihn nicht in Frage, sie hätte ihn wohl auch zu stark der Gefahr der Entdeckung ausgesetzt. Da kam ihm die Erinnerung an den Fall der Madame Izoré, der ihm eine so beachtliche Beute eingebracht hatte. Er beschloß, seine

Tätigkeit generell auf das Gebiet des Heiratsschwindels zu verlegen und sich dabei an Frauen heranzumachen, die über Vermögenswerte verfügten.

Das Mittel, an geeignete Frauen heranzukommen, war für ihn dabei, so wie er es im Falle Izoré schon ausprobiert hatte, die Heiratsannonce. Er wußte, daß auf diesem Wege zu Frauen bestimmter Art mit Leichtigkeit Kontakt herzustellen ist – unverheirateten Frauen, die die Suche nach dem Glück noch nicht aufgegeben haben, verheirateten Frauen, die in unglücklicher Ehe leben, leidgeprüften Witwen, die nach Wiederverheiratung drängen, und geschiedenen Frauen, die auf der Suche nach einem Ersatzglück sind. Frauen dieser Art, insbesondere in den mittleren Jahren, sah er als leicht ansprechbar an, und der Gang der Geschehnisse sollte zeigen, daß er die Situation psychologisch völlig richtig eingeschätzt hatte. Das Vorhaben gelang über alles Erwarten gut. Dieser »Don Juan der kleinen Anzeigen« stieß auf ein Echo, das alle Erwartungen übertraf.

Wenn Landru in den Jahren seiner verbrecherischen Betätigung immer wieder den gleichen Weg einschlug, bei Ausführung seiner Straftaten also nur wenig Phantasie und Einfallsreichtum entwickelte, so ist das eine Erscheinung, für welche die Geschichte des Mordes zahlreiche Parallelen aufweist. In seinem 1956 erschienenen Buch über den »Mord« hat Hans von Hentig, gestützt auf ein umfangreiches Tatsachenmaterial, die interessante Feststellung getroffen: »Nichts ist erstaunlicher als die immer wiederkehrende Gleichförmigkeit der Vorstellungen, Kunstgriffe und Ausreden.« Und Robert Heindl hat in seinem Buch: »Der Berufsverbrecher« (1928) betont, daß es eine charakteristische Eigentümlichkeit des Berufsverbrechers sei, seinen Straftaten stets dieselbe Arbeitsmethode zugrunde zu legen: »Verbrecher, die unablässig neue verblüffende Tricks ersinnen, sind in der Praxis außerordentlich selten ... Wenn dem Berufsverbrecher ein Trick einmal gelingt, so wiederholt er ihn in sklavisch getreuer Kopie immer wieder.«

Das erste Opfer lockte Landru im Februar 1914 durch folgende »kleine Anzeige« an:

»Seriöser Herr wünscht sich mit Witwe oder unverstandener Frau, 35 bis 45 Jahre alt, zu verheiraten.«

Welche ledige, verwitwete, geschiedene oder unverstandene Frau in den mittleren Jahren sollte nicht den Wunsch haben, sich mit einem »seriösen Herrn« zu verheiraten? Auf die Anzeige hin liefen zahlreiche Offerten ein, aus denen Landru diejenige der 34jährigen Witwe Georgette Cuchet herausgriff.

Madame Cuchet wohnte in Paris, war Witwe und Mutter eines Sohnes, verdiente sich ihr Brot als Wäschereiarbeiterin und besaß einige Ersparnisse. Sie war ziemlich hübsch, lebensfroh, anschmiegsam und von dem Wunsch erfüllt, sich bald wieder zu verheiraten.

Bei dem Treffen im Luxembourg-Garten, das brieflich vereinbart worden war, stellte sich ihr Landru als Monsieur Diard, von Beruf Postinspektor, vor. Er war von ausgesuchter Liebenswürdigkeit zu der jungen Frau und ließ bald durchblicken, daß sie ihm gefalle. Bei einer Tasse Kaffee gestand sie ihm, daß sie einen Sohn habe, der jetzt 17 Jahre alt sei. Oh, das mache ihm gar nichts aus, im Gegenteil, er werde bemüht sein, ihm eine vorteilhafte Anstellung zu verschaffen. Man kam überein, am nächsten Tage wieder zusammenzutreffen.

Diesmal erschien Landru mit Blumen. Das Gespräch lenkte er mit Geschick auf die Frage einer möglichen Heirat, und damit war er bei dem Thema angelangt, das bei der jungen Frau sofort jede kritische Regung verstummen ließ und sie dem Manne gegenüber, der eben erst in ihr Leben getreten und ihr noch völlig unbekannt war, blind gläubig machte.

Mit einem Beamten verheiratet zu sein, das hatte sie sich schon immer gewünscht. Denn einen Beamten zum Manne zu haben, das bedeutete Sicherheit für das weitere Leben und Aussicht auf eine Pension.

Madame Cuchet faßte im Handumdrehen Vertrauen zu dem fremden Mann, der so liebenswürdig, aufmerksam und rücksichtsvoll auftrat, und bald war auch die große Liebe da. Landru konnte alles von ihr haben.

Eine der 283 Frauen, zu denen Landru Beziehungen angeknüpft hatte, hat später vor der Polizei ausgesagt: »Dieser Mann wußte zu betören, er hatte dämonische Kräfte ... Er verstand es, zu den Frauen zu sprechen ...« Nie unterließ er es, den Frauen, zu denen er Fühlung aufgenommen hatte, jene kleinen Aufmerksamkeiten zu erweisen, die wenig kosten, aber selten ihren Eindruck verfehlen. Er brachte ihnen Blumen, Parfüm oder Schokolade mit, und wenn er sie zum Essen in ein Restaurant einlud, erwies er sich als ein höchst aufmerksamer und großzügiger Gastgeber. Geradezu ein Meister aber war er in der Abfassung von Liebesbriefen. Er wußte darin mit großartigem Einfühlungsvermögen genau zu sagen, was vom Leben hart mitgenommene und enttäuschte Frauen so gerne hören, und was sie nicht oft genug hören können. Sein Vokabular war für einen Mann seines Bildungsstandes beachtlich. –

Landru und Madame Cuchet trafen bald täglich zusammen; Landru, beschäftigungslos, hatte ja nichts anderes zu tun. Georgette Cuchet gab ihren Angehörigen und Freunden zu verstehen, daß sie sich demnächst wieder verheiraten werde, und diese äußerten den Wunsch, ihren neuen Bekannten kennenzulernen.

Der Eindruck, den Landru auf diese Menschen machte, war schlecht, und sie machten Georgette gegenüber kein Hehl daraus. Die aber war längst nicht mehr fähig, die Dinge klar und nüchtern zu betrachten. Zu ihrer Schwester sagte sie: »Ich weiß wohl, daß er nicht schön ist, aber er ist so liebenswürdig. Und dann trägt er das violette Band[1], aber so unauffällig, daß man sieht, er ist ein Mann von gutem Geschmack.« Sie empfand das Leben allein als unerträglich, sie wollte aus ihrer Einsamkeit endlich heraus. Dieser Mann wollte sie daraus befreien, er war persönlich und beruflich auch in der Lage dazu, einer Frau ein sorgenloses Leben zu vermitteln, folglich *mußte* er gut sein.

Als sie auf Heirat drängte, erklärte er, er habe als Flüchtling aus dem Norden leider einen Teil seiner Papiere eingebüßt und müsse nun erst für Ersatz sorgen. Sie nahm diese Ausrede arglos hin, auch als der Termin von ihm immer und immer wieder hinausgeschoben wurde. In der Zwischenzeit ließ er sich einen Vorschuß auf das Glück gewähren, das sie ihm für die Zeit nach der Heirat versprochen hatte; sie war nicht abweisend und gewährte reichlich, was er begehrte.

Da er befürchten mußte, daß die Polizei hinter ihm her sei, hatte Landru es schon im April 1914 für ratsam gehalten, in La

[1] Gemeint ist das Band der Ehrenlegion.

Chaussée bei Chantilly eine kleine Wohnung zu mieten und sich dort tageweise aufzuhalten. Anfang Dezember 1914 nahm er Georgette Cuchet mit sich nach La Chaussée und gab sie dort als seine Frau aus. Bei einer Bank in Chantilly richtete er mit ihrem Gelde ein Konto über 5000 Francs ein.

Das bedeutete indessen keineswegs, daß er die Beziehungen zu seiner in Paris lebenden Familie abgebrochen hätte. Im Gegenteil – Frau und Kinder wurden von ihm regelmäßig besucht, er ließ sie auch am finanziellen Ergebnis seiner Bemühungen teilnehmen. Seine Pflichten als Ehegatte und Vater hat er zu keiner Zeit völlig vernachlässigt.

Während Landru einmal in Paris war, machte Georgette eines Tages in La Chaussée eine aufregende Entdeckung. Ihr war aufgefallen, daß ihr Liebhaber ständig einen kleinen Koffer bei sich führte. Da dessen Inhalt sie interessierte, versuchte sie ihn zu öffnen. Mit Hilfe eines Nachschlüssels gelang ihr das auch. Was fand sie in dem Koffer? Die Personalpapiere ihres Freundes, und aus ihnen ergab sich, daß er nicht Diard, sondern Landru hieß, verheiratet war und Kinder hatte. Diese Feststellungen versetzten sie in helle Aufregung.

Als Landru heimkam, machte sie ihm eine Szene: »Ich weiß alles. Du bist nicht Diard, du heißt Landru. Du bist verheiratet, hast Frau und Kinder!«

Landru ließ sich durch diesen Auftritt nicht im geringsten aus der Ruhe bringen. »Vollkommen richtig« – erwiderte er –, »ich bin verheiratet und habe Kinder ... Ich bin aber dabei, mich scheiden zu lassen, und das ist auch der Grund, weshalb ich dir meinen wahren Namen verschwiegen habe.«

Es dauerte nicht lange, da hatte er Georgette völlig beruhigt. Dieser Mann wußte, wie man mit Frauen umzugehen hat. Als Landru, der über eine beachtliche Baritonstimme verfügte, ihr am gleichen Abend Lieder vortrug, war sie hingerissen und ließ alle Bedenken fallen. Bald war der ganze Zwischenfall vergessen.

Dabei war dieser Vorfall für sie und, wie sich später zeigen sollte, auch für ihren Sohn von schicksalhafter Bedeutung. *Vor* jener Entdeckung hätte Landru beide vermutlich laufen lassen, so wie er Madame Izoré laufen ließ, nachdem er sie ausgeplündert hatte. *Jetzt* mußte er daran denken, sie zu beseitigen. Denn seine Freundin hatte in Erfahrung gebracht, daß er in Wahrheit Landru hieß, und damit war sie in den Besitz eines Geheimnisses gelangt, das ihm gefährlich werden konnte. Ihre Entdeckung schuf also eine völlig veränderte Sachlage.

Schwester und Schwager von Georgette Cuchet machten einen neuen Versuch, sie von Landru zu lösen. »Dieser Mann flößt mir Furcht ein«, sagte die Schwester, »seine Augen beeindrucken mich bis zu einem Grade, den ich nicht schildern kann.« Diese Warnungen prallten an Georgette wirkungslos ab, und statt mit ihm zu brechen, schloß sie sich nur noch enger an Landru an und ließ schließlich bei sich zu Hause nichts mehr von sich hören. Sie war mit Landru und ihrem Sohn inzwischen nach Vernouillet bei Paris übergesiedelt, wo er in der Rue de Mantes Nr. 47 eine kleine Villa gemietet hatte.

Vernouillet ist mit einem der ständig verkehrenden Vorortzüge in 50 Minuten vom Pariser Bahnhof St. Lazare leicht zu erreichen. Es liegt an der Seine. Am gegenüberliegenden Ufer des Flusses ziehen sich Höhenzüge hin, auf denen man stundenlang durch Wald wandern kann. Vernouillet ist ein idyllisch gelegener Platz, an dem von der Hast und der Unruhe der Großstadt nur mehr wenig zu spüren ist. Kein Wunder, daß Landrus Freundinnen ihm gerne dorthin folgten.

Ende Januar 1915 verlieren sich die Spuren von Madame Cuchet und ihrem Sohn im Dunkel. Während des Monats Januar fuhr der junge Cuchet noch zweimal nach Paris, um in der alten Wohnung Besorgungen zu erledigen. Seitdem wurde er nicht mehr gesehen. Seine Mutter richtete am 27. Januar an einen ihrer Onkel einen Brief und gratulierte ihm darin zu einer militärischen Auszeichnung. Das war das letzte Lebenszeichen, das sie von sich gab.

Nach Lage der Dinge muß angenommen werden, daß Landru die Frau und ihren Sohn in Vernouillet umgebracht hat.

Am 20. April verkaufte er unter dem Namen Cuchet eine Lebensversicherungspolice, die ihr Eigentum gewesen war. Am 13. Juli tat er das gleiche mit einer Obligation, die aus ihrem Besitz stammte. Ihr Mobiliar ließ er in einen von ihm gemieteten Schuppen nach Clichy transportieren, wo es später zum Teil aufgefunden wurde. Ebendort wurden später auch die Personalpapiere des verstorbenen Mannes von Madame Cuchet entdeckt. Eine Uhr und eine goldene Kette, die ihr Eigentum gewesen waren, schenkte er seiner Frau.

Freunden und Bekannten der Verschwundenen teilte er mit, sie sei mit ihrem Sohn nach England gegangen, und dort sei der Sohn in die englische Armee eingetreten. Dieselbe Geschichte erzählte er den Leuten in Vernouillet.

Um die gleiche Zeit kaufte er sich einen kleinen Wagen, den er nur mit dem Geld bezahlt haben kann, das Madame Cuchet gehört hatte. Mit ihm fuhr er zwischen Vernouillet und Paris hin und her.

In der Hauptverhandlung richtete der Generalstaatsanwalt die Frage an ihn: »Nun, Landru, was ist aus Madame Cuchet und ihrem Sohn geworden?«

»Ich habe nichts dazu zu sagen. Ich bin ein galanter Mann. Ich werde nichts von dem Geheimnis preisgeben, das Madame Cuchet mir anvertraut hat.«

»Sie wollen also nicht antworten?«

»Nein, Herr Generalstaatsanwalt!«

»Selbst, wenn Ihr Kopf auf dem Spiele steht, nicht?«

»Ja, Herr Generalstaatsanwalt.«

So wie hier wird er sich auch in den anderen Fällen äußern. Er wird dabei mehrfach betonen, er sei weder der Vormund noch der Pfleger der verschwundenen Frau gewesen, diese habe tun und lassen können, was sie wollte. Woher solle er wissen, wo sie sich aufhalte? Wenn man behaupten wolle, er habe die Verschwundene umgebracht, so sei es Sache der Staatsanwaltschaft, den Beweis dafür zu erbringen. Er für seine Person könne nur immer wieder das folgende sagen: er sei Möbelhändler, aber kein Mörder. Von dieser Einlassung wird er sich durch keinen Vorhalt abbringen lassen.

Hier wie in allen übrigen Fällen wird er, ungeachtet aller entgegenstehenden Zeugenaussagen, hartnäckig auch leugnen, jemals ein Eheversprechen abgegeben zu haben. –

Mit der Beseitigung von Georgette Cuchet war der Mund, der ihn hätte verraten können, für immer geschlossen worden. Nun hinderte Landru nichts daran, zu neuen Taten zu schreiten.

Der Gedanke zu einem neuen Unternehmen kam ihm, als er wie üblich die »kleinen Anzeigen« einer großen Pariser Tageszeitung daraufhin durchsah, ob sich darunter etwas Passendes finde.

Eine Frau namens Laborde-Line, aus Südamerika gebürtig, 46 Jahre alt, Witwe eine Hoteliers und Mutter eines erwachsenen Sohnes, suchte da eines Tages eine Beschäftigung. Landru begab sich auf diese Anzeige hin sofort in ihre Wohnung und bot ihr eine Stelle bei sich an.

Als er die Wohnung betrat, genügten wenige Blicke, um ihm die Gewißheit zu verschaffen, daß das Mobiliar einen gewissen Wert repräsentierte. Rasch brachte Landru aus der Frau auch heraus, daß sie Ersparnisse besaß, die in Schuldverschreibungen angelegt waren. Es lohnte sich also, sich mit ihr zu beschäftigen.

Sorgsam vermerkte er in seinem Notizbuch: »4 h, rue de Patay, Raoul, Ier à droite.«

Schon am ersten Abend kam er seinem Ziele ein wesentliches Stück näher. Er ließ alle Register seiner Liebenswürdigkeit spielen und betörte die Witwe derart, daß sie ihm rasch verfallen war.

Am nächsten Abend suchte er sie erneut auf, erzählte ihr von seinem Landhaus und prahlte mit seinem Auto. Dann beklagte er sich über sein trauriges Schicksal als alleinstehender Mann und Flüchtling aus dem von den Deutschen besetzten Norden Frankreichs. Mit tränenerstickter Stimme bekannte er ihr, wie glücklich er sein würde, eine Lebensgefährtin zu finden. Madame Laborde-Line war begeistert von dem Charme dieses Mannes, der auch noch über eine so herrliche Baritonstimme verfügte. In der folgenden Nacht behielt sie ihn schon bei sich.

Am nächsten Tage erzählte sie glückstrahlend ihren Freunden und Bekannten, daß sie sich wieder verheiraten werde – mit einem »schicken Herrn«, der in der Bannmeile von Paris wohne und einen Wagen besitze. Sie habe schon nach Argentinien geschrieben und ihre Personalpapiere angefordert.

Landru holte sie tags darauf in seinem Wagen ab, um ihr sein Haus in Vernouillet zu zeigen. Am Abend kam sie, hochgestimmt, mit Blumen beschenkt, wieder.

Als er ihr den Vorschlag machte, zu ihm nach Vernouillet zu

ziehen, war sie sofort Feuer und Flamme dafür. Sie kündigte ihre Wohnung und siedelte am 15. Juni über. Freudestrahlend verabschiedete sie sich von der Pförtnerin. »Ich werde Ihnen schreiben«, sagte sie beim Weggehen. »Mein Sohn in Troyes wird Ihnen sagen, wo ich mich nach meiner Heirat aufhalte.«

Am Bahnhof in Paris erstand Landru zwei Fahrkarten, eine Rückfahrkarte für sich und eine einfache Fahrkarte für seine Begleiterin. Am Abend schrieb er in sein Notizbuch:

»Eine Rückfahrkarte 4,95
eine einfache Fahrkarte 3,95«

Nach dem 26. Juni 1915 hat nie wieder jemand etwas von Madame Laborde-Line gehört.

Die Möbel, die der Verschwundenen gehörten, verkaufte Landru, einige Reststücke, ihre Wertsachen und ihre Papiere lagerte er in Clichy in seinem Abstellraum ein, wo sie nach seiner Verhaftung gefunden wurden.

In seinen Notizen wurde er jetzt etwas vorsichtiger und bezeichnete seine Opfer nicht mehr mit ihrem Namen oder ihrer Adresse, sondern mit einem Tarnwort. So z. B. verwendete er für Madame Laborde-Line die Bezeichnung »Brasilien«, obwohl sie aus Argentinien stammte. Die Entdeckung, die Madame Cuchet gemacht hatte, ließ es ihm ratsam erscheinen, diese Vorsicht walten zu lassen.

Bis zur Liquidation dieses Falles hatte Landru keine zwei Monate benötigt. Bei Gericht wird er auch in diesem Falle erklären, über den Verbleib der Verschwundenen nichts aussagen zu können.

Das dritte Opfer, Madame Laborde-Line, war noch am Leben, als Landru schon einen neuen Fall in Angriff nahm.

In einer Pariser Zeitung ließ er folgende Heiratsanzeige erscheinen:

»Herr, 45 Jahre, alleinstehend, ohne Familie, Situation 4000, wünscht sich eine Frau. Dame. Alter, Situation entsprechend.«

Landru erhielt wieder eine Menge Offerten und entschied sich schließlich für das Angebot einer Madame Guillin. Sie wohnte in Paris, war verwitwet und hatte eine verheiratete Tochter.

Sie war 51 Jahre alt, ziemlich korpulent, trug eine Perücke und hatte falsche Zähne. Es war ihr lebhafter Wunsch, wieder eine Ehe einzugehen.

Am 15. Juni 1915 erschien Landru bei ihr und stellte sich ihr als Monsieur Guillet vor. Nach seiner Angabe stammte er aus dem Norden Frankreichs und war im Begriff, als Konsul nach Australien zu gehen.

Landru hatte bald heraus, daß ihm bei seiner neuen Bekannten beachtliche Beute in Aussicht stand. Sie war bei einem alten Herrn Haushälterin gewesen und hatte von ihm 20 000 Francs geerbt. Dieses Geld durfte nicht bei ihr bleiben; Landru beschloß, rasch zu handeln.

Am nächsten Tag ließ er alle seine Verführungskünste spielen, überschüttete die Frau mit Liebenswürdigkeiten und ließ am Schluß noch seinen Bariton ertönen. Alles verlief planmäßig; Madame Guillin war rasch erobert.

Tags darauf erzählte sie in ihrer ganzen Bekanntschaft: »Ich habe einen reichen Mann kennengelernt, der Konsul in Australien ist. Er ist ein Flüchtling aus Lille, und wir werden vor seiner Abreise heiraten.«

Bei einer ihrer Fahrten nach Vernouillet wäre um ein Haar ein großes Malheur passiert. Der Frau fiel auf, daß eine der Kammern des Hauses ständig abgeschlossen war. Neugierig, wie sie war, blickte sie durch das Schlüsselloch und entdeckte in der Kammer eine Anzahl Damenkleider und einige Paar Damenschuhe. Es handelte sich um diejenigen Sachen, die Madame Cuchet und Madame Laborde-Line bei ihrer Übersiedlung nach Vernouillet mitgebracht hatten.

Madame Guillin hatte sofort den Verdacht, daß es sich um Kleidungsstücke einer Mätresse ihres neuen Bekannten handelte. Als sie diesen Verdacht Landru vorhielt, spielte er den Gekränkten und äußerte, sie wolle wohl Scherz mit ihm treiben; wie sie solch einen Gedanken überhaupt fassen könne. Es sei die Kammer seiner Mutter, in die diese sich ab und zu zurückziehe und in der sie Kleidungsstücke aufbewahre. Von einer Mätresse könne bei ihm gar keine Rede sein. Es sei kränkend für ihn, wenn sie an so etwas überhaupt denke.

Diese Erklärung erfolgte auf seiten Landrus mit solcher Bestimmtheit und Sicherheit, daß Madame Guillin jeden Argwohn fallenließ. »Oh, mein armer Liebling!« rief sie aus und fiel ihm um den Hals.

Landru fuhr mit ihr noch zweimal nach Vernouillet. Beim zweiten Male löste er für sich eine Rückfahrkarte, für sie aber nur ein einfaches Billett. Das war am 2. August 1915, kaum sechs Wochen, nachdem er ihre Bekanntschaft gemacht hatte. Seitdem wurde von der Witwe nie wieder etwas wahrgenommen.

Nun schritt Landru zur Liquidation ihrer Habe.

Am 15. Oktober ließ er aus der Pariser Wohnung der Verschwundenen das Mobiliar abholen; niemand hinderte ihn daran. Um an die Werte herankommen zu können, die sich bei der Bank von Frankreich befanden, setzte er ein Täuschungsmanöver in Szene. In der (vornehmen) Avenue Mac-Mahon im Pariser Westen mietete er ein möbliertes Zimmer und gab dabei an, im Auftrage einer Madame Guillin zu handeln. Der Pförtnerin erzählte er, es handle sich um eine Verwandte von ihm, die krank sei und ihn gebeten habe, das Zimmer für sie zu mieten und ihre Post entgegenzunehmen. Unter dieser Adresse wandte er sich dann an die Bank von Frankreich. Diese war der Meinung, daß sie mit der Eigentümerin korrespondiere, und überwies die vorhandenen Werte an eine andere Bank, wo Landru sie unter Vorlage einer von ihm gefälschten Vollmacht in der zweiten Hälfte des Dezember 1915 in Empfang nahm.

In dem Abstellraum Landrus fand man später Kleidungsstücke, die er der Verschwundenen abgekauft haben wollte, Wäsche mit ihren Initialen, ihre Personalpapiere und ihre Perücke. In dieser Anhäufung von Kleidungsstücken traten fetischistische Neigungen zutage, wie sie sich bei vielen Mördern finden. Sie sind Belastungsmaterial gefährlichster Art, der Mörder vermag sich von diesen Gegenständen aber nicht zu trennen. Er steht gleichsam unter einer Art inneren Zwanges, an ihnen festzuhalten.

Auch in diesem Falle stellte er jedes Heiratsversprechen entschieden in Abrede. Die Frage, was aus der Frau geworden sei, beantwortete er ebenso ausweichend wie die Frage nach dem Verbleib der anderen Frauen.

*

Das fünfte Opfer des Verbrechers war eine Madame Héon, Witwe, aus Le Havre gebürtig und unter diesem Stichwort im Tagebuch vermerkt.

Diese Frau hatte gerade ihren Lebensgefährten, ihre Tochter und ihren Schwiegersohn verloren und fühlte sich völlig verlassen und vereinsamt.

Der Kontakt wurde auch zu ihr durch eine Heiratsanzeige hergestellt. Sie erschien am 12. Juni 1915 in einer Pariser Zeitung und brachte ihm wieder zahlreiche Offerten ein. Madame Héon wohnte in einem kleinen Ort in der Provinz, wo gerade ihre Tochter verstorben war. Sie befand sich deshalb im Besitz von zwei Wohnungseinrichtungen.

Landru stellte sich der Frau unter dem Namen Petit vor und gab sich als Ingenieur mit dem Wohnsitz in Tunis aus. Er behauptete, am Ende eines längeren Urlaubs zu stehen; vor der Rückreise wolle er sich rasch noch verheiraten.

Die von so schweren Schicksalsschlägen heimgesuchte, vereinsamte Frau war für die schönen Sprüche, die sie aus dem Munde ihres neuen Bekannten zu hören bekam, besonders empfänglich und wurde eine leichte Beute für ihn. Binnen kurzem war sie seine Mätresse. Sie zog zu ihm und lebte mit ihm zusammen, zuerst in einem Hotel, dann in einer Kammer.

Während seiner Liaison mit Madame Héon kam Landru der Gedanke, daß es besser sei, die Villa in Vernouillet aufzugeben und nach einem anderen Haus Ausschau zu halten. Er brauchte eine Unterkunft, die nicht allen Blicken preisgegeben war. Landru begab sich mit seinem Wagen auf die Suche nach einem geeigneten Objekt in der weiteren Umgebung von Paris und fand schließlich im Dezember in Gambais, 40 Kilometer entfernt von der Stadt, die Villa »L'Ermitage«.

Gambais war noch schöner gelegen als Vernouillet. Es war ein kleiner, weit auseinandergezogener Marktflecken, weitab von allem Verkehr. Es gab dort eine alte Festung, ein großes Schloß und einen schönen, alten Park. Ganz in der Nähe begannen die Forste von Rambouillet. Alles in allem ein Platz, mit dem man bei Frauen aus der Großstadt schon Eindruck machen konnte!

Das Haus, für das er sich entschied, stand für sich und konnte von außen nicht eingesehen werden. Es war von einem Eisengitter umgeben, vor dem Spindel- und Fliederbäume standen. Hinter dem Haus befand sich ein großer Garten mit Obstbäumen. Das Gebäude selbst hatte im Erdgeschoß vier kleine Räume, im 1. Stock eine große und eine kleine Kammer.

Dem Eigentümer stellte sich Landru schriftlich unter dem Namen Dupont vor und gab sich als Ingenieur aus. Er bezahlte regelmäßig seine Miete, ließ sich bei dem Eigentümer aber niemals sehen. Wie er in der Hauptverhandlung darlegte, gab er auch hier einen falschen Namen an, weil er auf Grund seiner Verurteilung vom Jahre 1914 noch immer steckbrieflich verfolgt wurde.

Eine Eintragung in Landrus Notizbuch ergab, daß Madame Héon der erste Mensch war, der in diesem Hause als Gast des neuen Mieters nächtigte. Das war am 8. Dezember 1915. Sie sollte es lebend nicht wieder verlassen. Wie aus dem Notizbuch ebenfalls entnommen werden konnte, hatte Landru für sie in Paris nur eine einfache Fahrkarte gelöst.

Später fand man in dem Abstellraum Landrus ihren Mantel, ihren Pelz und ihre Personalpapiere. Ihre Möbel hatte er verkauft. Deswegen in der Hauptverhandlung zur Rede gestellt, ließ sich Landru in derselben Weise aus wie in allen anderen Fällen. Er gab nichts zu, was ihn hätte belasten können.

Nachdem Landru mit Madame Héon die vierte Frau umgebracht hatte, legte er bis Dezember 1916 eine Pause ein.

In dieser Zeit begnügte er sich mit Rendezvous und intimen Begegnungen. Seine »kleinen Anzeigen« führten ihm in diesem schweren Kriegsjahr so viele Frauen zu, daß er schließlich über eine Art von Harem verfügte und sich je nach Lust und Laune mühelos Gesellschaft für eine oder mehrere Nächte beschaffen konnte.

Die Briefe der Frauen, zu denen er in Verbindung trat, wurden sorgfältig verwahrt und in Schnellheftern jederzeit griffbereit gehalten. Auf die Führung seiner Akten verwendete er wie immer große Sorgfalt.

Wenn eine Frau ihm gefiel, ließ er allen Charme spielen, über den er verfügte, und beschenkte sie mit Blumen, Konfekt und Wein. War man warm miteinander geworden, begab man sich zu einer Bootspartie in den Bois de Boulogne und anschließend zu einem Abendessen in ein Restaurant. Seinen Ausklang fand dieses Zusammensein dann meist in einem Hotelzimmer oder in einem der Appartements, die Landru nacheinander unter falschem Namen in Paris mietete.

Die Polizeibeamten, durch die Landru im ersten Stadium seines Verfahrens vernommen wurde, interessierte es zu erfahren, welchen Umständen es zuzuschreiben war, daß er so viele Frauen erobert und sich gefügig gemacht hatte. Dabei kam heraus, daß der Grund dafür außer in seinem allezeit höflichen, aufmerksamen und rücksichtsvollen Auftreten in einer Potenz lag, die für einen Mann seines Alters ungewöhnlich war. Seine letzte Freundin sagte von ihm aus: »Er huldigte Venus nachts vor dem Einschlafen, während der Nacht und beim Aufwachen.« Diese Potenz ließ ihn als Prototyp männlicher Kraft und Stärke erscheinen und machte die beteiligten Frauen ihm gegenüber sexuell rasch hörig. Ohne Zweifel hatte auch eine Rolle gespielt, daß Hunderttausende von Männern an der Front festgehalten wurden. Männer der Altersjahrgänge, zu denen Landru gehörte, hatten Seltenheitswert und waren deshalb doppelt begehrt. In normalen Zeiten hätte ein so unscheinbar aussehender Mann wie Landru bei französischen Frauen sicherlich niemals so reüssieren können, wie es während des Weltkrieges der Fall war.

Da der Heiratsschwindel sein Erwerbszweig geworden war, sah sich Landru gezwungen, nach neuen Frauen Ausschau zu halten, die er ausplündern konnte.

Zu seinem nächsten Opfer erkor er sich Madame Anna Collomb, die ihm schon seit einiger Zeit bekannt war. Es handelte sich bei dieser Frau um die 39 Jahre alte Witwe eines Vertreters in Seidenwaren, eine noch jugendlich aussehende, lebenslustige, elegante Erscheinung, die als Stenotypistin bei einer Versicherungsgesellschaft tätig war. Sie war für Landru deshalb interessant, weil sie 8000 Francs Ersparnisse besaß. Auch zu ihr hatte er die Verbindung durch eine Heiratsanzeige hergestellt.

Als er sie kennenlernte, gab er sich als Flüchtling aus Lille namens Cuchet aus. Er habe vor, so fügte er hinzu, eine Fabrik im Süden Frankreichs zu errichten und stehe in günstigen Verhandlungen. Es handle sich um eine große und zukunftsreiche Sache. Wieder gab sich Landru als unverheiratet aus.

Das war ein Bericht, der das Herz einer Frau wie Madame Collomb höher schlagen lassen mußte. Gleich bei ihrem ersten Zusammensein bestrickte er sie auch durch seine Höflichkeit und den Glanz seiner Augen. Als Landru merkte, welchen Eindruck er gemacht hatte, versuchte er, Geld aus ihr herauszulocken. Madame Collomb wollte aber anstelle von Worten Tatsachen sehen, und so stieß er zunächst lange Zeit auf Ablehnung.

Erst nach Monaten ununterbrochener, geduldiger Kleinarbeit war sie zur Übergabe bereit, fiel dann aber gleich völlig in den Bann dieses Mannes, gegen den sie sich innerlich so lange gesperrt hatte. Sie war jetzt bereit, zu ihm nach Gambais zu ziehen, und wurde dort mehrfach im Dorfe gesehen.

Am 15. November 1916 kündigte sie ihre Stelle bei der Versicherungsgesellschaft und anschließend ihre Pariser Wohnung. Ihre Möbel ließ Landru in seinen Abstellraum nach Clichy transportieren.

Am 27. Dezember 1916 fuhr sie mit ihm nach Paris, besuchte ihre Verwandten und sagte sich für eine gemeinsame Neujahrsfeier an. Für die Rückfahrt nach Gambais löste Landru für sich eine Rückfahrkarte, für sie aber nur eine einfache Fahrkarte. Seitdem hat kein Mensch wieder etwas von Madame Collomb gehört. Die Zahl »4«, die sich unter dem Datum des 27. Dezembers im Notizbuch Landrus findet, läßt darauf schließen, daß in dieser Nachmittagsstunde Madame Collomb in dem Haus in Gambais ihr Leben lassen mußte.

In dem gleichen Notizbuch ist auch der Betrag von 5 067,85 Francs vermerkt. Das ist offenbar die Summe, die Landru von dem Bankkonto der Ermordeten abgehoben hat.

In dem Abstellraum fand man später Wäsche und Kleidungsstücke, die der Verschwundenen gehört hatten, ihr Meßbuch, ihren Serviettenring und ihre Personalpapiere.

Den Verwandten und Freunden der Frau suchte er einzureden, daß sie sich ins Ausland begeben habe. Die Familie war beunruhigt und ließ Nachforschungen anstellen, diese verliefen aber ergebnislos. Krieg und Personalmangel bei der Polizei standen einer energischen Suchaktion hindernd im Wege. Die Taten Landrus blieben unentdeckt.

Das nächste Opfer war ausnahmsweise nicht eine Frau mittleren Alters, sondern eine kleine Hausangestellte von 19 Jahren, die Landru im Januar 1917 auf der Untergrundbahn kennengelernt hatte. Unter der großen Zahl von Frauen, zu denen er Beziehungen aufnahm, war dies das einzige junge Mädchen.

Das Motiv für diese Tat liegt völlig im dunkeln, weil das Mädchen, das Andrée Babelay hieß, nichts besaß. Sie war allerdings hübsch, nicht unintelligent und verstand etwas aus sich zu machen.

Landru lud sie, nachdem er sie kennengelernt hatte, zuerst in ein Restaurant und dann zu einer Varietévorstellung ein. Bei einem späteren Zusammentreffen brachte er sie dazu, mit ihm auf das Zimmer zu kommen, das er in Paris besaß. Der Portiersfrau stellte er sie als seine Nichte vor.

Um sie an sich zu fesseln, versprach er ihr später die Heirat.

Das junge Mädchen war sofort Feuer und Flamme für diese neue Bekanntschaft und vertraute ihrer Arbeitgeberin, einer Kartenlegerin, glückstrahlend an: »Ich habe die Bekanntschaft eines netten Mannes gemacht. Er ist 35 Jahre alt und besitzt ein Auto. Er wird mir schöne Kleider schenken.« Die Kartenlegerin hielt es für geraten, das Mädchen zu warnen: »Sei vorsichtig, Kleine, informiere dich über diesen Herrn.« Diese Warnung prallte eindruckslos an Andrée Babelay ab.

Am 29. März 1917 fuhr Landru mit ihr nach Gambais. Dabei löste er für das Mädchen nur eine einfache Fahrkarte. Die Dorfbewohner sahen sie während der nächsten Tage von ferne im Garten arbeiten, sie war auch gelegentlich auf dem Rade Landrus zu sehen.

Im Notizbuch Landrus findet sich unter dem 12. April 1917 folgender Vermerk: »4 Uhr nachmittags.« Es ist kein Zweifel, daß dies die Todesstunde des Mädchens war.

Ihre Mutter, bei der Andrée Babelay zum letztenmal am 11. März zu Besuch gewesen war, alarmierte später die Polizei, die eine Suchaktion in ganz Frankreich veranstaltete. Sie verlief ohne jedes Ergebnis. Landru entging erstaunlicherweise wieder der Entdeckung. In dem schon mehrfach erwähnten Abstellraum in Clichy wurden später einige Gegenstände gefunden, die Eigentum der Verschwundenen gewesen waren.

Höchstwahrscheinlich mußte Andrée Babelay aus dem Grunde sterben, weil sie – wie Madame Cuchet – Dinge in Erfahrung gebracht hatte, die für Landru nachteilig werden konnten. Es scheint, daß sie eines Tages eine Kommode geöffnet hatte und dabei an die Akten geraten war, die Landru über seine Bekanntschaften führte. Was sie dabei in Erfahrung brachte, hätte ihm gefährlich werden können, er mußte deshalb an ihre Beseitigung denken.

In der Hauptverhandlung verlegte sich Landru auch in diesem Falle aufs Leugnen. Von einem Heiratsversprechen wisse er nichts, und der Verbleib des Mädchens sei ihm total unbekannt. In dieser Einlassung ließ er sich auch durch nachdrückliche Vorhalte des Gerichtspräsidenten und des Generalstaatsanwaltes nicht erschüttern.

Das achte seiner Opfer, eine Madame Buisson, hatte er durch eine Heiratsanzeige schon im Mai 1915 kennengelernt. Es handelte sich um eine hübsche, gepflegte, liebenswürdige und noch jugendlich aussehende 46 Jahre alte Witwe, die zudem auch eine tüchtige Hausfrau war. Er hatte sich ihr unter dem Namen Frémyet vorgestellt und wie in einigen der anderen Fälle behauptet, er sei Flüchtling aus Nordfrankreich.

Nach sechs Monaten brach er die Beziehungen zu dieser Frau wieder ab, weil er bei ihr nicht recht weiterkam, nahm sie aber im Jahre 1917 wieder auf. Inzwischen hatte Frankreich im Kriege eine Million Männer verloren, und damit war für viele Frauen jede Chance geschwunden, jemals wieder zu ehelichem Glück zu kommen.

Landru zog Madame Buisson gegenüber Nutzen aus der veränderten Lage und spürte bald, daß seine Bewerbung ganz andere Resonanz fand als früher. Als er gar von Heirat sprach, schmolz aller Widerstand dahin, und rasch war sie ihm total verfallen. Sie versicherte ihm brieflich, sie werde ihn verwöhnen und mit Liebe überschütten; sie liebe zwar auch ihren Sohn, die Neigung zu ihm übertreffe aber doch alles, was ihr bisher begegnet sei.

Als Landru sie aufforderte, ihre bisherige Wohnung in Paris

aufzugeben und mit ihm in eine andere zu ziehen, war sie sofort dazu bereit. Arglos ließ sie sich auch nach Gambais mitnehmen. Seit einer dieser Fahrten nach Gambais, die laut Vermerk im Notizbuch am 19. August 1917 stattfand und für die Landru wie üblich eine einfache und eine Rückfahrkarte löste, ward sie in Paris nicht mehr gesehen.

Unter dem 1. September 1917 schrieb Landru in sein Notizbuch: »10 Uhr 15.« Man darf annehmen, daß dies die Stunde ist, in der Madame Buisson ihr blindes Vertrauen zu dem Manne, den sie liebte, mit dem Leben bezahlen mußte.

Unter dem gleichen Tag verbuchte Landru den Betrag von 10 381 Francs – Geld, das zweifellos aus dem Vermögen der getöteten Frau stammte.

Am 3. September löste er die Pariser Wohnung auf und ging anschließend mit seiner Ehefrau, zu der er immer Fühlung gehalten hatte, zu einer Bank, stellte sie dort als Madame Buisson vor und ließ sie einen Rentenbrief verkaufen, der der Ermordeten gehört hatte.

In dem Abstellraum in Clichy fand die Polizei später eine Mappe, die Eigentum von Madame Buisson gewesen war, außerdem ihre sämtlichen Familienpapiere.

Ihrer Schwester schickte er eine Fotografie der Verschwundenen, die sie auf dem Rade zeigte. Diese Schwester wurde zwei Jahre später dem Verbrecher zum Verhängnis. Sie traf mit ihm zufällig in einem Pariser Geschäft zusammen, erkannte ihn und benachrichtigte die Polizei, die ihn in seiner Wohnung festnahm.

Auch im Falle Buisson erklärte Landru vor Gericht, daß ihm der Verbleib der Frau unbekannt sei.

Noch während Landru in Beziehungen zu Madame Buisson stand, ließ er sich in ein neues Unternehmen ein.

Am 2. März 1917 kam er durch eine Anzeige im »Echo de Paris« mit einer neuen Frau in Kontakt, Madame Jaume, die 57 Jahre alt war und von ihrem Mann getrennt und in bescheidenen Verhältnissen lebte. Es handelte sich bei dieser Frau um eine gläubige Katholikin, die viel in die Kirche ging. Landru paßte sich sofort ihrer Wesensart an und spielte ihr gegenüber den frommen Mann. Sein Notizbuch berichtet von einer Anzahl gemeinsamer Kirchenbesuche. Er nannte sich diesmal Guillet.

Obwohl er auch in diesem Falle alle Liebenswürdigkeit aufbot, deren er fähig war, hatte er bei Madame Jaume zunächst kein Glück. Auch als er sie nach Gambais mitnahm, kam er nicht weiter. Einer Freundin vertraute sie nach der Rückkehr von dort an: »Er hat zudringlich werden wollen, aber ich habe widerstanden und bin noch am gleichen Abend nach Paris zurückgekehrt.«

Landru war nicht der Mann, sich durch Widerstand entmutigen zu lassen. Im Gegenteil – er war für ihn ein Anreiz, seine Bemühungen um diese Frau zu intensivieren und immer nachdrücklicher zu gestalten. Daß eine Frau ihm auf die Dauer widerstand – so etwas gab es doch nicht! Als er ihr dann zu verstehen gab, daß ihn nichts so glücklich machen könne wie eine Heirat mit ihr, spürte er, daß er gewonnenes Spiel hatte. Im November 1917 erfolgte dann die Kapitulation. Am 25. November 1917 gingen beide zum Gottesdienst in die Kirche Sacré-Coeur und flehten dort den Segen des Himmels auf die Verbindung herab, über die sie sich gerade einig geworden waren. Noch am gleichen Abend reisten sie nach Gambais ab. Für sich löste Landru ausweislich des Notizbuches eine Rückfahrkarte, für seine Begleiterin genügte eine einfache Fahrkarte.

Unter dem Datum des folgenden Tages las man später in dem Notizbuch die Worte: »Recapitulation Lyanes« (Lyanes war der Name der Straße, in der Madame Jaume gewohnt hatte), und dann war da von zwei Geldbeträgen die Rede (827,20 und 274,60 Francs).

Noch am gleichen Abend begab sich Landru nach Paris zurück und löste tags darauf die Wohnung der Frau auf. Ihren Bekannten erzählte er, sie sei nach Amerika abgereist, wo sie günstige Arbeitsgelegenheit gefunden habe. Von der Verschwundenen wurde nach dem 26. November 1917 nie wieder etwas gehört.

In dem Abstellraum fand man später die Kleider, die Wäsche und die Personalpapiere von Madame Jaume.

Inzwischen war das Jahr 1918 herangekommen. Landru wandte sich jetzt einer zwar etwas leichtlebigen, aber sehr gutaussehenden, temperamentvollen und intelligenten Frau zu, die Maria Pascal hieß, 36 Jahre alt und geschieden war. Man nannte sie die »schöne Arlesienne«. Den Weg zu dieser Frau hatte er wiederum durch eine Heiratsanzeige gefunden. Er stellte sich ihr als Louis Forest, Regierungsangestellter, vor.

Madame Pascal betrieb ein gutgehendes Schneideratelier, sie verdiente gut, war eine stattliche Frau und war auf einen Mann von dem unscheinbaren Aussehen Landrus gewiß nicht angewiesen. Eine Stimme in ihrem Innern warnte sie auch vor ihm: »Ich weiß nicht, was mit diesem Manne los ist, aber er erschreckt mich«, vertraute sie ihrer Tante an. »Mit seinem erschreckenden Blick flößt er mir Angst ein, man könnte meinen, er sei der Teufel.«

Der Dämonie Landrus vermochte aber auch diese Frau nicht standzuhalten. Bei den fast täglichen Besuchen in ihrem Atelier wußte er sie so geschickt zu nehmen, daß ihr Widerstand Stück für Stück dahinschmolz. Auch hier wirkte das Wort »Heirat« Wunder. Im März 1918 hatte Landru auch in diesem Falle erreicht, was er wollte, und bald war ihm die Frau willenlos ergeben. Als er ihr vorschlug, ihr Geschäft aufzugeben und zu ihm nach Gambais zu ziehen, war sie zu diesem Schritt, der ihr die Existenzgrundlage raubte und sie ihrem Freund in die Hand gab, ohne weiteres bereit.

Bei einer der Fahrten nach Gambais löste Landru laut Angabe in seinem Notizbuch für seine Begleiterin wiederum nur eine einfache Fahrkarte. Unter dem Datum des darauffolgenden Tages (5. April 1918) war zu lesen: »17 Uhr 15.« Was das bedeutete, ist klar.

Aus Tarnungsgründen schrieb er, mit Datum vom 19. April 1918, einen Brief an die Schwester der Getöteten, dem er mit verstellter Schrift den Anschein gab, als stamme er von dieser.

Später sorgte er für rasche Entfernung der Möbel, die Madame Pascal gehört hatten. Ein Teil davon wurde in dem Abstellraum in Clichy gefunden.

*

Nun kam der letzte Mord. Es war inzwischen Ende 1918 geworden.

Einer Demoiselle Marchadier, der Inhaberin eines Absteigequartiers, wo man stunden-, tage- und nächteweise Zimmer mieten konnte, war von ihrem Hauswirt gekündigt worden; sie war deshalb gezwungen, ihren Betrieb aufzulösen und ihre Möbel zu veräußern.

Mit Möbeln und ihrem Verkauf kannte Landru sich aus, er war deshalb sofort zur Stelle, als er durch eine Zeitungsanzeige auf Mademoiselle Marchadier aufmerksam geworden war.

Als er sie kennenlernte, stellte er sich als Lucien Guillet vor und gab sich als wohlhabender Mann aus. Er merkte bald, daß er mit ihr leichtes Spiel haben werde. Es handelte sich bei ihr um eine ehemalige Prostituierte, die – älter geworden – zu gewerbsmäßiger Kuppelei übergegangen war und sich nun in der Ausübung ihres Gewerbes durch die Kündigung ihres Appartements bedroht sah.

Landru brauchte nur das Wort »Heirat« in den Mund zu nehmen, um sie zu veranlassen, ihm um den Hals zu fallen. Sie war begeistert von ihm, und es gab im Nu nichts mehr, was sie ihm verweigerte.

Am 1. Januar 1919 schrieb sie ihm: »Ich habe genau darüber nachgedacht, was Sie mir vorgeschlagen haben. Ich will nichts lieber als auf dem Lande leben. Das war mein Traum seit langer Zeit. Meine Situation hat es mir bis jetzt noch nicht erlaubt.«

Der Pförtnerin des Hauses, in dem sie wohnte, vertraute sie folgendes an: »Ihr Chef hat geglaubt, mir einen üblen Streich zu spielen, indem er mir die Türe wies. Nun, nichts von alledem! Er hat mir einen großen Dienst erwiesen. Ich habe einen Mann gefunden, einen reizenden Mann, er wird mich heiraten. Er hat zwei Schlösser, und ich ziehe mit ihm auf das Land. Da haben Sie es, meine Kleine!«

Landru nahm sich der Veräußerung der Möbel an, die Mademoiselle Marchadier abstoßen mußte, und hatte binnen kurzem 2000 Francs dafür erlöst.

Am 13. Januar 1919 reisten beide zusammen mit den drei Hunden, die der Frau gehörten, nach Gambais ab. Wieder löste Landru eine einfache und eine Rückfahrkarte. Und auch diesmal enthält sein Notizbuch einen Zeitvermerk. Tags darauf kehrte Landru allein nach Paris zurück und bezahlte mit dem Geld, das aus dem Verkauf der Möbel stammte, Schulden. Mademoiselle Marchadier war seit jenem Tag verschwunden.

Im Garten des Hauses in Gambais wurden am 13. April 1919 bei der polizeilichen Durchsuchung die Leichen der drei Hunde gefunden, die Landru durch Erhängen getötet hatte. In seinem Abstellraum fand man Kleidungsstücke, die der Verschwundenen gehört hatten, ihre Personalpapiere und andere Dokumente aus ihrem Besitz, u. a. ihre Zuckerkarte.

Am 14. Januar war Landru in der Lage, seine und seiner Frau Miete und eine Schuld von 550 Francs zu bezahlen. Vorher hatte er sich in großer Geldverlegenheit befunden.

Unter normalen Umständen wäre es unbegreiflich, warum die französischen Polizeibehörden dem verbrecherischen Treiben dieses Mannes erst nach Jahren auf die Spur gekommen sind. In der Hauptsache lag es wohl daran, daß Frankreich in einen blutigen Krieg verwickelt war und die Ordnungskräfte mit anderen Aufgaben vollauf ausgelastet waren. Sicherlich war auch von Bedeutung, daß ein Menschenleben damals nicht viel galt. Wegen des Verschwindens alleinstehender Frauen setzte man den Polizeiapparat nicht ohne weiteres in Bewegung; es gab Wichtigeres zu tun.

Dabei hätten sich den Ermittlungsorganen Verdachtsmomente geradezu aufdrängen müssen. Die Frauen, deren Verschwinden gemeldet worden war, waren zuletzt entweder in Vernouillet oder in Gambais gesehen worden. Jedesmal spielte ein Mann dabei eine Rolle, der ihnen die Ehe versprochen hatte. Und das war derselbe, der hinterher die Möbel der Verschwundenen veräußerte und ihre Guthaben einzog. Was er den Angehörigen und Bekannten der betroffenen Frauen über ihren Verbleib erzählte, war so unwahrscheinlich, ja sogar derart handgreiflich unwahr, daß schon dieser Umstand die Organe der Polizei hätte stutzig machen müssen. Diese traten aber aus ihrer Passivität nicht heraus.

Nur durch einen großen Zufall kamen die französischen Behörden dem Treiben des Massenmörders endlich auf die Spur.

Landru bewohnte damals ein Zwischengeschoß im Hause Rue Rochechouart Nr. 76 zu Paris, und zwar zusammen mit einer achtbaren jüngeren Frau aus guter Familie, die seine Mätresse geworden war. Sie hieß Fernande Segret.

Landru hatte sie im Mai 1917 in einem Autobus kennengelernt. Als höflicher Mann hatte er ihr in dem überfüllten Wagen seinen Platz angeboten. Er hatte sich ihr als Lucien Guillet vorgestellt und als Ingenieur ausgegeben. Wie er ihr weiter vorlog, stamme er aus Rocroi und habe vor den Deutschen fliehen müssen. Er sei jetzt Eigentümer eines Landhauses in Gambais und einer Garage in der Nähe von Paris und habe die Absicht, sich wieder zu verheiraten.

Auf Fernande Segret machte Landru so großen Eindruck, daß sie ihre Verlobung mit einem jungen Mann, der sich in Deutschland als Kriegsgefangener befand, auflöste und Landru aufforderte, bei ihren Eltern offiziell um ihre Hand anzuhalten. Dies tat er Anfang 1918 denn auch und hinterließ bei den Eltern einen guten Eindruck. Sie willigten in die geplante Verbindung ihrer Tochter mit diesem – wie sie glaubten – seriösen und wohlhabenden Manne gern ein und setzten die Hochzeit auf die Woche nach Ostern an.

Als Landru den Heiratstermin dann unter dem Vorwand, er müsse sich in seiner Heimat erst noch Personalpapiere besorgen, von Woche zu Woche hinausschob, wurden die zukünftigen Schwiegereltern mißtrauisch. Mutter und Tochter begaben sich persönlich zum Bürgermeister von Rocroi, um Erkundigungen einzuziehen. Dort wurde ihnen zu ihrer Bestürzung mitgeteilt, daß es in Rocroi einen Fabrikanten namens Guillet nicht gebe und auch nie gegeben habe.

Die Mutter von Fernande Segret sah durch diese Feststellung ihre Zweifel in bezug auf die Persönlichkeit Landrus bestätigt und bestürmte ihre Tochter, sich von diesem unheimlichen Mann zu trennen. Fernande war dazu jedoch nicht zu bewegen. Sie liebte Landru, und das machte es ihr unmöglich, ihn fallenzulassen. Sie brachte es im Gegenteil sogar fertig, ihrer Mutter das Versprechen abzubetteln, niemandem etwas von diesem Besuch in Rocroi zu verraten. Daß er ihr und ihren Eltern gegenüber falsche Angaben gemacht hatte, tat ihrer Liebe und ihrem Glauben an ihn nicht den geringsten Abbruch. Einen Mann, den sie liebt, gibt eine Französin nicht ohne weiteres preis!

Müde der unaufhörlichen Szenen beschloß Fernande schließlich, mit ihren Eltern zu brechen und zu ihrem Geliebten zu ziehen. Dieser hatte in der Rue Rochechouart 76 unter dem Namen Guillet gerade eine neue Wohnung gemietet und nahm sie bereitwillig auf. Hatte er ihr früher gesagt, daß er in der Automobilbranche tätig sei, so log er ihr jetzt vor, er sei Inspektor bei den Sicherheitsbehörden. Sie glaubte ihm das alles aufs Wort.

Wie Fernande Segret vor Gericht aussagte, waren die Monate des Zusammenlebens mit diesem Massenmörder für sie eine Zeit reinsten und ungetrübtesten Glückes: »Ich bin sehr, sehr glücklich mit Landru gewesen.«

Er ließ ihr die freundlichste und aufmerksamste Behandlung zuteil werden. »Er war reizend«, erzählte sie dem Schwurgericht. »Abends führte er mich oft in die Komische Oper. Ich genoß das Leben an seiner Seite. Er war immer so gleichmäßiger Laune, ausgeglichen, sprach sehr leise, höflich. Er hatte einen Schlaf wie ein Kind. Wie oft habe ich ihn, ausgestreckt ruhend, im Schlaf betrachtet. Sein Schlummer war ruhig, er atmete regelmäßig.«

Als nach Kriegsende der Kriegsgefangene heimkehrte, mit dem Fernande verlobt gewesen war, bestand Landru darauf, daß sie sich mit ihm treffe und sich überlege, ob er ihm nicht vorzuziehen sei. »Jugend will zu Jugend«, sagte er. »Wenn du ihn vorziehst, bleiben wir Kameraden; wenn du mich aber trotz meines Alters akzeptierst, will ich in deinen Augen nie einen Schatten des Bedauerns sehen.«

Gerührt von so viel Entsagungsfähigkeit, Takt und Edelmut fiel Fernande ihm um den Hals. Selbstverständlich werde sie bei ihm bleiben und ihm bis an den Tod die Treue halten.

Durch das Idyll, das sich in der Rue Rochechouart entwickelt hatte, ließ sich Landru freilich keineswegs hindern, auch noch zu anderen Frauen Verbindung zu suchen. Noch am Abend vor seiner Verhaftung hatte er in der Untergrundbahn eine junge Frau angesprochen. Nachdem er ihr Platz gemacht hatte, richtete er die Frage an sie: »Wollen Sie aussteigen?« Als sie bejahte, sagte er: »Hier kann man sich gar nicht unterhalten. Ich würde mich freuen, wenn ich Sie einen Augenblick für mich haben könnte!« Die junge Frau fand ihn sympathisch und ging mit ihm in ein Café.

Vor Gericht erklärte sie: »Dieser Mann verstand einen zu betören, er besaß dämonische Kräfte. Er verstand mit Frauen zu reden. Er sprach von Projekten, die mich begeisterten. Er erzählte, er habe auf dem Lande ein hübsches grünes Nest und ein Auto...« –

Als Landru am 12. April 1919 von dem Polizeiinspektor Belin in der Rue Rochechouart verhaftet wurde, fiel Fernande aus allen Wolken[1]. Sie hatte von dem Doppelleben ihres Freundes nicht die geringste Ahnung gehabt.

Der Festnahme Landrus waren Nachforschungen in Gambais vorausgegangen, sie hatten aber zu keinem Ergebnis geführt. Im Januar 1919 hatten die Angehörigen von Madame Collomb an den Bürgermeister von Gambais die Anfrage gerichtet, ob dort der Tod ihrer Verwandten beurkundet worden sei. Sie habe vorgehabt, sich mit einem gewissen Frémyet zu verheiraten, der in Gambais ein Landhaus besitze, man habe aber nichts wieder von ihr gehört. – Der Bürgermeister hatte erwidert, ein solcher Todesfall sei bei ihm nicht beurkundet worden. Einen Monsieur Frémyet kenne er nicht.

Ungefähr um dieselbe Zeit hatten auch die Angehörigen von Madame Buisson an den Bürgermeister geschrieben und sich bei ihm erkundigt, ob er etwas über deren Verbleib wisse. Ihre Verwandte habe sich mit einem gewissen Dupont verheiraten wollen, der in Gambais ein Landhaus besitze. – Der Bürgermeister hatte zurückgeschrieben, wo Madame Buisson verblieben sei, könne er nicht sagen. Ein Monsieur Dupont sei ihm als Mieter einer Villa bekannt, er komme aber selten nach Gambais, stets in Begleitung einer Frau, niemals der gleichen.

Als sich die beiden Familien mit diesen Auskünften nicht zufriedengaben, leitete der Bürgermeister die Anfragen an die

[1] Über die Vorgänge unmittelbar vor und nach der Verhaftung Landrus sind wir durch die 1953 veröffentlichten Erinnerungen des Inspektors J. Belin genau unterrichtet (Revue Internationale de Criminologie et de Police Technique Jg. 1953 Heft 2 und 3). Die nachfolgenden Ausführungen stützen sich auf diesen Bericht.

Polizei weiter. Dort widmete man ihnen zunächst keine besondere Aufmerksamkeit. In Frankreich verschwinden alljährlich Hunderte von Menschen, und eine ganze Dienststelle beim Polizeipräfekten von Paris ist damit beschäftigt, Vorfälle dieser Art aufzuklären. Da diese Bemühungen meist erfolglos ausgehen, muß der Verdacht, daß ein Verbrechen vorliegt, schon sehr dringend sein, damit der polizeiliche Fahndungsapparat in Bewegung gesetzt wird.

Gegen alle Regel entschloß sich der Abteilungschef bei der Pariser Kriminalpolizei, die Angelegenheiten Buisson und Collomb an Ort und Stelle überprüfen zu lassen, und so erhielt Inspektor Belin am 6. April 1919 morgens acht Uhr den Befehl, nach Gambais hinauszufahren und den Anzeigen nachzugehen.

Bevor er sich auf den Weg machte, nahm der Inspektor zu den beiden Familien Fühlung auf. Mademoiselle Lacoste, die Schwester von Madame Buisson, empfing ihn mißtrauisch und abweisend.

»Ich kann Ihnen von diesem Monsieur Frémyet nichts sagen, ausgenommen, daß er einen Bart trägt. Ich kenne ihn nicht. Wenn ich etwas erfahre, werde ich Sie antelefonieren. Geben Sie mir Ihre Karte.«

Schon gegen 19 Uhr desselben Tages rief Mademoiselle Lacoste bei dem Inspektor an: »Kommen Sie sofort, Monsieur Belin. Ich habe ihn gesehen – den Mann mit dem Bart.« Dann folgte eine detaillierte Schilderung dessen, was sie beobachtet hatte.

Der Inspektor eilte zu ihr.

»Gegen sechs Uhr war ich für einen Augenblick in der Rue de Rivoli. Plötzlich kam ›der Mann mit dem Bart‹ vorbei. Sie hatten mir gesagt, ich sollte ihn durch einen Polizeibeamten festnehmen lassen, sobald er mir vor die Augen trete, ich aber war derart erschreckt, daß ich vergaß, es zu tun. Er war es, der Mörder, am Arm einer Frau, die er liebkoste, so wie er meine Schwester liebkost hat. Ich gehe hinter ihnen her. Sie treten in ein Geschäft ein. Dieses Geschäft heißt ›Lion de Faience‹, und sie haben dort Tafelgeschirr ausgesucht. Ich habe sie überallhin begleitet. Sie fragen mich, ob er mich gesehen hat. Gewiß hat er mich gesehen ... Ich habe den Preis des Service gehört, das er ausgesucht hat: 325 Francs. Er hat 100 Francs angezahlt. Er hat seine Adresse zurückgelassen, aber ich habe sie nicht lesen können. Sie sind zum Platz du Châtelet gegangen und dann in einem Autobus Richtung Montmartre gefahren. Ich habe ihnen nicht folgen können ...«

Als der Inspektor das hörte, war er enttäuscht. Sicherlich hatte »Frémyet« die junge Frau erkannt und sich rasch davongemacht. Offenbar war er ihnen entwischt.

Vielleicht aber gab es noch eine Chance, seiner Adresse über das Porzellangeschäft habhaft zu werden. Der Inspektor entschloß sich, mit der jungen Frau sofort zu dem Geschäft hinzufahren. Als sie ankamen, waren alle Jalousien heruntergelassen und der Laden fest verschlossen. Mit einiger Mühe bekam man in dem Hause heraus, daß der Geschäftsinhaber in der Nähe des Etoile wohnte. Als man ihn nach der Person des Käufers des fraglichen Service fragte, erwiderte er:

»Bedaure, ich habe diesem Mann keinerlei Aufmerksamkeit gewidmet. Vielleicht erinnert sich aber mein Verkäufer an ihn.«

Der Verkäufer, der weit draußen in einem Pariser Vorort wohnte, hatte die Adresse des Käufers vergessen.

Nun blieb als letzte Hoffnung das Buch, in das die Verkäufe eingetragen werden. Gegen Mitternacht fand man darin endlich die Anschrift des mysteriösen Käufers:

Guillet, Lucien
Ingénieur
76, rue Rochechouart – Paris

Inspektor Belin war außer sich über diese Entdeckung. Er war auf der Suche nach einem gewissen Frémyet und einem gewissen Dupont, und nun stieß man auf den Namen Guillet. Die junge Frau war offensichtlich das Opfer einer Verwechslung geworden!

Als er ihr das in erregten Worten vorhielt, bekam er zu hören:

»Monsieur Belin, ich habe mich nicht geirrt. Er war es – der Mörder, der meine arme Schwester auf dem Gewissen hat. Ich bin meiner Sache ganz sicher.«

Der Polizeibeamte entschloß sich daraufhin, sofort zur Rue Rochechouart zu fahren und den Versuch zu unternehmen, dort weiterzukommen. Es war zwei Uhr in der Frühe. Das französische Recht verbietet eine Durchsuchung während der Nachtzeit[1], und so waren dem Beamten zunächst die Hände gebunden. Damit der Gesuchte aber nicht entweichen konnte, legte er sich vor dem Hauseingang auf die Lauer.

Um sechs Uhr erschien die Hausbesorgerin an der Pforte. Der Inspektor fragte sie in gleichgültigem Tone nach dem, den er suchte.

»Monsieur Guillet und seine Hausgenossin sind gestern abend mit viel Gepäck verreist. Sie werden vielleicht in etwa acht Tagen zurückkommen.«

Welch niederschmetternde Nachricht! Sicherlich hatte der Mann Verdacht geschöpft und auf der Stelle das Weite gesucht.

Immerhin ließ der Vorfall einen wichtigen Schluß zu: Bei dem angeblichen Guillet handelte es sich um Frémyet, dieser hatte Mademoiselle Lacoste in der Rue de Rivoli erkannt und sich aus Furcht davongemacht. Wo aber war dieser Frémyet jetzt?

Inspektor Belin fuhr nach Gambais hinaus, um über den Gesuchten Näheres zu erfahren, er erkundigte sich auch bei den Hausbesorgerinnen der Häuser, wo Madame Collomb und Madame Buisson gewohnt hatten. Niemand konnte ihm mit brauchbaren Auskünften dienen.

Tag für Tag ging er zum Hause Rue Rochechouart 76, um nach Monsieur Guillet zu fragen, und Tag für Tag lautete die Antwort der Hausbesorgerin: »Monsieur Guillet ist leider noch nicht zurückgekehrt!«

Am 11. April abends war Inspektor Belin mit Kollegen zu einer Feier zusammen, die bis elf Uhr dauerte. Trotz der vorgerückten Stunde beschloß er, noch einmal in der Rue Rochechouart nachzufragen. Diesmal lautete die Antwort: »Er ist wieder da!«

Jetzt kam alles darauf an, daß ihm der Mann nicht wieder entwischte. Am liebsten wäre der Inspektor sofort eingeschritten – Festnahmen während der Nacht sind aber streng verboten.

---

[1] Nach Nr. 169 der Ausführungsbestimmungen zu Art. 9 des Code d' Instr. Crim. ist den Organen der Polizei der Zutritt zu den Wohnungen verwehrt: Vom 1. Oktober bis 31. März in der Zeit von sechs Uhr abends bis sechs Uhr morgens, vom 1. April bis 30. September in der Zeit von neun Uhr abends bis vier Uhr morgens.

Die Wohnung des Bürgers ist von Sonnenuntergang bis Sonnenaufgang unverletzlich.

Der Beamte beschloß deshalb, dazubleiben und das Haus nicht aus den Augen zu lassen. Bis ein Uhr nachts verbarg er sich hinter den Bäumen, die dem Hause gegenüberstanden, und wartete, bis in der 1. Etage das Licht gelöscht wurde. Dann ging er in das Haus hinein und setzte sich vor die Wohnung des Gesuchten, und zwar mit dem Rücken gegen die Tür, um sofort wach zu werden, falls die Türe geöffnet würde. Damit war dem Manne nach menschlichem Ermessen der Weg zur Flucht abgeschnitten.

Gegen vier Uhr kam ein Mieter zurück und ließ sich die Haustüre öffnen. Das zwang den Beamten – um kein Aufsehen zu erregen –, bis in den 5. Stock hinauf auszuweichen. Anschließend nahm er seinen alten Platz vor der Wohnungstüre wieder ein.

Um sieben Uhr morgens ließ er einen Polizeibeamten von der Straße herbeiholen. Dieser erhielt den Auftrag, die Kriminalpolizei anzurufen und Verstärkung anzufordern. Bis ein zweiter Beamter kam, mußte der Polizist, auf der Straße stehend, darüber wachen, daß Guillet nicht aus den Fenstern seiner Wohnung entwich.

Als der angeforderte zweite Kriminalpolizeibeamte endlich erschienen war, klopfte Inspektor Belin an die Tür.

Zunächst rührte sich nichts. Dann hörte man fragen: »Wer ist da?« – »Ich möchte Sie sprechen!« – »Kommen Sie später wieder. Ich bin noch nicht aufgestanden.« – »Ich kann nicht wiederkommen. Es ist eilig. Es handelt sich um einen Wagen.«

Das Stichwort »Wagen« zog. Ein Schlüssel wurde umgedreht, und dann öffnete sich die Türe. Im Türrahmen sahen die beiden Beamten einen Mann im Pyjama vor sich – klein, hager, glatzköpfig, mit rotmeliertem, struppigem Bart, wulstig hervortretenden, dichten Augenbrauen, alles in allem eine kümmerliche und lächerliche Erscheinung.

Mit einem Blick musterte er die beiden Beamten von oben bis unten, und dann versuchte er, die Türe wieder zu schließen. Inspektor Belin stieß die Türe mit Wucht zurück und traf ihn damit mitten ins Gesicht.

Landru war wütend, protestierte und warf den Beamten

Hausfriedensbruch vor. Er werde sie dafür gerichtlich zur Verantwortung zu ziehen wissen.

»Wir sind Polizeibeamte«, erwiderte Inspektor Belin. »Ziehen Sie sich an und kommen Sie mit uns.«

»Zeigen Sie mir Ihre Ausweise!«

»Hier sind sie.«

»Ich weigere mich, mit Ihnen zu kommen!«

»Sie werden mit uns kommen – freiwillig oder gezwungen!«

Jetzt mischte sich eine dürftig bekleidete Frau in die Unterhaltung ein. Es war Fernande. Als sie erfuhr, daß ihr Freund festgenommen worden sei, fing sie an zu schreien und wurde dann ohnmächtig.

Landru hatte jetzt nur noch Sinn für seine Freundin, er tat alles, sie ins Bewußtsein zurückzurufen. Die Anwesenheit der beiden Polizeibeamten erschien bei ihm wie ausgelöscht. Mit vereinten Kräften trugen die drei Fernande in das Schlafzimmer und legten sie auf ihr Bett. Eine wahrhaft tragikomische Situation, wie sich die beiden Polizeibeamten und der Massenmörder gemeinsam um die ohnmächtig gewordene junge Frau bemühten! Landru hielt ihr Riechsalz unter die Nase. Endlich kam sie wieder zu sich. Sie wimmerte leise vor sich hin.

Inspektor Belin forderte Landru jetzt auf, sich anzukleiden und mit zur Polizeipräfektur zu fahren.

»Ihnen steht ohne Zweifel eine lange Haft bevor, Monsieur Guillet.«

Landru gab seiner Freundin zum Abschied einen Kuß und sagte zu ihr, auf den eben erworbenen Tisch im Eßzimmer deutend: »Lebewohl, unser kleiner Tisch!« Er sollte ihn nicht wiedersehen! –

Auf der Polizeipräfektur begannen die Beamten sofort mit der Vernehmung. Für das Verhör stehen der Polizei nach französischem Recht 24 Stunden zur Verfügung; dann muß der Fall nach den gesetzlichen Vorschriften an das Gericht weitergeleitet werden.

Bei der körperlichen Durchsuchung des Festgenommenen, die während der Vernehmung durchgeführt wurde, fand man außer einigen Geldstücken die zwei Notizbücher, die – wie sich später herausstellte – das ganze Mordregister dieses Mannes enthielten.

Bei der Befragung nach den Personalien gab Landru (der sich noch immer Guillet nannte) als Geburtsort Verdun an.

»Haben Sie Personalpapiere?« – »Nein, ich habe meine militärischen Ausweispapiere verloren!« – »Wir werden an das Bürgermeisteramt schreiben.« – »Hat keinen Sinn. Alle Archive in Verdun sind durch das Bombardement im Jahre 1917 zerstört worden.«

Die Polizeibeamten hatten bei dieser Antwort das Empfinden, wieder in eine Sackgasse geraten zu sein. Dieser Mann wußte auf alles eine Antwort!

»Haben Sie Madame Buisson oder Madame Collomb gekannt?«

»Nein – mir vollkommen unbekannt.« –

Inspektor Belin hatte in diesem Augenblick einen Einfall, der sich als äußerst folgenreich erweisen sollte. Er beschloß, zur Rue Rochechouart zurückzufahren und dort alles noch einmal gründlich zu durchsuchen. Unter einem Haufen von Rechnungen und Briefen entdeckte er plötzlich ein zerknülltes Blatt Papier, auf das mit Bleistift der Name »Landru« gekritzelt war.

Ohne zu ahnen, was für eine wichtige Entdeckung er gemacht hatte, steckte Inspektor Belin das Blatt zu sich und sah auf seiner Dienststelle das Strafregister durch. Der Name »Landru« kam darin nur einmal vor. Das Register wies für diesen Mann acht Vorstrafen auf. Der Vollstreckung der letzten Strafe hatte er sich durch die Flucht entzogen.

Diese Tatsachen waren auffallend. Inspektor Belin ließ sich sofort die Fotografie Landrus kommen. Wen sah er da vor sich: Guillet. Kein Zweifel, er war es. Alle Kennzeichen – Augen, Bart, Augenbrauen, Glatze – stimmten, stimmten aufs Haar genau. Welch eine Überraschung!

Die überwältigende Freude über diese Entdeckung riß den Beamten zu einer Unvorsichtigkeit hin, wie sie einem geschulten Kriminalpolizeibeamten eigentlich nicht passieren soll und die er zeit seines Lebens schwer bereut hat. Er ließ den Häftling kommen, blickte ihn fest an und rief ihm zu:

»Landru!«

Der urplötzlich so Angesprochene ließ sich nicht einen Augenblick aus der Ruhe bringen.

»Landru?« sagte er und strich seinen Bart.

»Ja, jetzt habe ich Sie, Landru, ich habe Ihre Polizeipapiere in der Hand. Machen Sie Schluß mit der Komödie, lieber Freund, jetzt heraus mit der Sprache.«

»Ich bin Landru, gewiß«, murmelte der Häftling. »Aber ich will Ihnen folgendes sagen: Sie haben Ihre Pflicht getan, Sie müssen aber verstehen, daß ich als steckbrieflich gesuchter Vorbestrafter nichts anderes tun konnte als mich zu verbergen. Jetzt sagen Sie mir Verbrechen, ja selbst Mordtaten nach, wobei Sie doch wissen sollten, daß ein Schwindler niemals ein Mörder ist. Was ich zu sagen habe, habe ich Ihnen mitgeteilt. Führen Sie Beweis gegen mich, Monsieur Belin.«

Von nun an ging Landru auf Deckung und war bis zu seinem Tode nicht zu bewegen, zur Aufklärung über das Schicksal der zehn Frauen, die in seinem Notizbuch vermerkt waren, auch nur das geringste beizutragen. Inspektor Belin hatte zu früh gesprochen.

Anläßlich der Durchsuchung der Wohnung in der Rue Rochechouart hatte der Beamte auch eine Quittung über Mietzahlungen für einen Schuppen in Clichy gefunden. Als er ihn öffnen ließ, stieß er auf Möbel, Wäsche, Kleider, Gebisse, falsche Zöpfe, den Familienstand betreffende Urkunden allerverschiedenster Art und die Personalpapiere von Madame Buisson und Madame Collomb. Außerdem fanden sich dort die Papiere von vier anderen Frauen, die nie identifiziert wurden.

Als ihm die Funde vorgehalten wurden, gab Landru wieder eine ausweichende Antwort. –

Da sie so nicht weiterkommen, beschließen die Polizeibeamten, mit Landru das zu veranstalten, was sie »la grande musique« nennen. Das heißt: fünf Polizeibeamte vernehmen den Beschuldigten mit stündlicher Ablösung pausenlos, ohne ihm Zeit zur Besinnung zu geben, während der Tages- und der Nachtstunden.[1]

---

[1] Derartige Dauervernehmungen – von dem französischen Polizeihandbuch von Louis Lambert für statthaft erklärt – kommen auch sonst vor. Als im Falle Dominici anderthalb Jahre nach Verübung der Mordtaten an der Durance noch keinerlei Klarheit über die Person des Täters erzielt worden war, wurde (nach Pressemeldungen) der eine Sohn des Bauern 47 Stunden und der Bauer selbst 34 Stunden lang vernommen. Entschiedene Proteste in Presse und Parlament derartigen Praktiken gegenüber sind nicht ausgeblieben (dazu Wilfried Glatthaar, Die Rechtsstellung der Polizei im französischen Strafverfahren. Marburg 1960, S. 49 ff.).

Was wenige schaffen – Landru schafft es. Die »große Musik« verfehlt bei ihm ihre Wirkung. Noch nach Stunden überlegt er genau, was er antwortet.

Gegen Mitternacht legt er den Kopf auf den Tisch, schläft ein und fängt an zu schnarchen. Die Beamten rütteln ihn wach, um mit der Vernehmung fortzufahren, er schläft aber immer gleich wieder ein.

Während die Polizeibeamten noch bemüht sind, ihn dem Schlafe zu entreißen, kommt ein Luftpostbrief für Landru an. Eine Frau bestellt ihn für den nächsten Sonntag zum Bahnhof St. Lazare, um mit ihm nach Gambais hinauszufahren. Der Brief ist unterzeichnet mit »Nini«.

Ohne in der Vernehmung vorangekommen zu sein, müssen die Polizeibeamten am nächsten Tag ihren Häftling an den Untersuchungsrichter abliefern, und das ist ein sehr bedeutsamer Punkt im Verfahren, denn von jetzt an steht der Beschuldigte bei allen Vernehmungen unter dem Schutze eines Anwalts. Der Versuch, den Verbrecher in diesem ersten Stadium zu demaskieren und von ihm zu erfahren, wen er ermordet hat und was mit den Leichen geschehen ist, ist restlos mißlungen.

Bei erneuter Haussuchung in der Rue Rochechouart fand man in einem Versteck die ganze Korrespondenz, die Landru mit den 283 Frauen seiner Bekanntschaft geführt hatte. Diese Briefe waren sämtlich in Schnellheftern untergebracht.

Für jede dieser Frauen gab es in den Akten eine kurze Charakteristik – etwa dergestalt, daß es hieß:

»Madame X, Rue Montmirail. Seit einem Jahr verwitwet, Mann viel älter als sie. Hat ihre Mutter kürzlich verloren. Klein, blond, temperamentvoll, Möbel, Ersparnisse.«

Der Einfachheit halber verwendete Landru bei seiner Buchführung in großem Umfang auch Abkürzungen. F bedeutete fortune (= Vermögen), sans F: sans fortune (= ohne Vermögen), SF: sans famille (= ohne Familie), RAF: rien à faire (= nichts zu machen) usw.

Nach jedem Rendezvous nahm er gewissenhaft einen Vermerk zu den Akten. Das tat er auch dann, wenn er im Verlaufe eines Tages vier oder fünf Rendezvous gehabt hatte, was öfter vorkam.

Auf Grund der Buchungen war es möglich, die Summe zu errechnen, die Landru während vier Jahren verbrecherischer Tätigkeit ergaunert hatte. Es waren genau 35 642 Francs. –

Auf die Haussuchung in der Rue Rochechouart ließ die Polizei am 13. April 1919 eine Durchsuchung des Landhauses in Gambais folgen.

In Gambais fand man außer den Leichen der drei Hunde, die Mademoiselle Marchadier gehört hatten, zunächst nichts von Belang.

Es war eine unbegreifliche Unterlassungssünde der beteiligten Polizeiorgane, daß Haus und Garten nicht sofort, sondern erst am 25. April versiegelt wurden. In den dazwischenliegenden zwölf Tagen waren aus Sensationsgier zahlreiche Menschen in das Anwesen eingedrungen und hatten darin allerhand Unfug getrieben. Die Verteidigung wurde nicht müde, auf diesen Mangel während des Prozesses immer wieder aufmerksam zu machen.

An demselben 13. April wurde auch die Villa in Vernouillet durchsucht. Hier entdeckte man im Garten Damenstrümpfe, Reste von Damenschuhen und Korsettbestandteile.

Am 30. April und den folgenden Tagen wurde die Durchsuchung des Landhauses in Gambais in Anwesenheit der Spitzen der Staatsanwaltschaft und der Polizei und unter Mitwirkung von fünf ärztlichen Sachverständigen in größtem Umfang wiederholt – freilich ohne den Beschuldigten zuzuziehen.

Jetzt stieß man auf verkohlte Teile menschlicher Knochen und ermittelte drei Schädel, fünf Füße und sechs Hände. Die Leichen, von denen diese Fragmente stammten, waren, wie es schien, in dem Küchenofen verbrannt worden. Zeugen aus dem Orte Gambais erklärten jetzt, sie hätten aus dem Schornstein der Villa mehrfach dichten Rauch aufsteigen sehen, der abscheulich nach verbranntem Fleisch gerochen habe.

Die Gutachten der fünf ärztlichen Sachverständigen über diese Funde umfaßten nicht weniger als 300 Seiten.

Als Landru später diese Funde vorgehalten wurden, wandte er zunächst ein, es handele sich samt und sonders um Tier- und nicht um Menschenknochen.

Später erklärte er: »Machenschaften der Polizei!« Am 13. April sei nichts dergleichen gefunden worden, die Leichenteile müßten deshalb später in das unversiegelte und unbewachte Grundstück hineingeschmuggelt worden sein. Ihre Aufgabe sei es, das fehlende Beweismaterial gegen ihn zu ersetzen. Damit könne man ihn jedenfalls nicht überführen. Die angeblich gefundenen Leichenreste reichten ja auch nur für drei und nicht für elf Menschen aus.

Als man die Suche nach Leichenteilen auf einen in der Nachbarschaft des Ortes Gambais liegenden Weiher ausdehnte, war das Ergebnis völlig negativ.

Die Ermittlungen nahmen insgesamt nicht weniger als zweieinhalb Jahre in Anspruch. Die Nachforschungen nach den verschwundenen Frauen wurden über alle Länder ausgedehnt und dauerten entsprechend lange. Die Vernehmung der 273 noch lebenden Frauen, zu denen der Verbrecher in Kontakt gestanden hatte, benötigte ebenfalls Monate.

Die Akten umfaßten schließlich 7000 Blatt.

Landru gelang es, einen der ersten Strafverteidiger Frankreichs, Maître de Moro-Giafferi, als Verteidiger zu gewinnen. Er war nicht nur ein hervorragender Jurist, sondern auch ein unvergleichlicher Meister des Wortes.

Eine der ersten Handlungen der Verteidigung war es, die psychiatrische Begutachtung Landrus in die Wege zu leiten.

Landru war schon zweimal, im Jahre 1904 und im Jahre 1906, auf seine strafrechtliche Verantwortlichkeit überprüft worden. Beide Male waren die Gutachten zu dem Ergebnis gelangt, daß bei ihm eine schwere erbliche Belastung vorliege (»antécédents pathologiques héréditaires«) und daß er infolgedessen nur als vermindert zurechnungsfähig zu betrachten sei.

Jetzt wurden gleich drei Sachverständige mit der Beobachtung seines Geisteszustandes beauftragt. Ihr Urteil fiel nicht so aus, wie die Verteidigung gehofft hatte. Die drei Ärzte erklärten Landru übereinstimmend für geistig gesund und strafrechtlich voll verantwortlich.

Die Hauptverhandlung

Endlich war die Voruntersuchung so weit gediehen, daß am 7. November 1921 vor dem Versailler Schwurgericht die Hauptverhandlung eröffnet werden konnte. Sie dauerte bis zum 30. desselben Monats. Nicht weniger als 150 Zeugen waren aufmarschiert.

Das Gerichtsgebäude war am Eröffnungstage von einer großen Menschenmenge umlagert, die von dem polizeilichen Ordnungsdienst nur mit Mühe in Schach gehalten werden konnte. Das Interesse der Öffentlichkeit hielt bis zum Schlußtage unvermindert an. Vertreten war die Presse aller Länder.

Am 7. November gab die große Pariser Tageszeitung »Le Temps« folgenden bezeichnenden Kommentar zu dem Prozeß: »Man spricht nur von Landru: er ist der Held des Tages. Alle Zeitungen widmen ihm lange Berichte... Landru würde sicherlich nicht eine solche Presse haben, wenn er irgendeinen Akt der Unredlichkeit begangen hätte oder auch irgendeine banale Übeltat. Er hat es verstanden, Aufmerksamkeit zu wecken, den Blick auf sich zu lenken, zum großen Star zu werden. Das ist immer ein Indiz, wenn nicht eines wahren Talents, so doch zumindest von Qualitäten, die das Gewöhnliche überragen und ihren Preis haben.«

Den Vorsitz in der Verhandlung hatte ein Appellationsgerichtsrat, ihm zur Seite standen zwei weitere Berufsrichter. Die Geschworenenbank setzte sich, damaligem Recht entsprechend, aus zwölf Laienrichtern zusammen, und diese waren dazu berufen, allein und ausschließlich über die Schuldfrage zu befinden. Die drei Berufsrichter waren auf die Festsetzung der Strafe beschränkt. Als Landru, von zwei Gendarmen bewacht, im Gerichtssaal erschien, richteten sich alle Blicke auf ihn. Er wirkte gelassen und unbewegt. In seinem Verhalten trat auch dann keine Änderung ein, als ihm bei der drei Stunden in Anspruch nehmenden Verlesung der Anklageschrift alle seine Untaten noch einmal vorgehalten wurden.

Der Angeklagte wird auch an allen übrigen Verhandlungstagen nicht einen Augenblick seine Ruhe und Selbstbeherrschung verlieren. In seinen Reaktionen auf die Fragen des Generalstaatsanwalts und des Präsidenten erweist er sich als intelligent und anpassungsfähig. Er hat auf alles eine Antwort bereit und streift gelegentlich in seinen Erwiderungen die Grenze der Unverschämtheit.

Als ihm der Generalstaatsanwalt zum soundsovielten Male vorhält, daß sein Kopf auf dem Spiele stehe, hat er die Kühnheit zu antworten: »Ich bedauere, Herr Generalstaatsanwalt, Ihnen nur einen Kopf anbieten zu können.« Und als er wieder einmal zu hören bekommt, daß er doch wissen müsse, was aus den Frauen geworden sei, die man zuletzt bei ihm gesehen habe, scheute er sich nicht zurückzufragen: »Könnte der unbescholtenste Richter immer sagen, was aus den Frauen geworden ist, mit denen er im Laufe seines Lebens zu tun gehabt hat? Doch wohl nicht. Dann darf man aber auch keine strengeren Anforderungen an einen Beschuldigten stellen.«

Nach Verlesung der Anklageschrift zur Stellungnahme aufgefordert, erklärt er wie in der Voruntersuchung höflich und mit sicherer Stimme, daß er vollkommen unschuldig sei. Daran schließt er die Behauptung an, daß während der zweieinhalb Jahre der Voruntersuchung nicht ein einziger durchschlagender Beweis gegen ihn ausfindig gemacht worden sei. In Vernouillet sei nichts von Belang gefunden worden, in Gambais habe man nur zweifelhafte Gegenstände entdeckt.

Schon gleich zu Beginn der Verhandlung kam der Präsident auf die entscheidende Frage zu sprechen: »Erklären Sie den Herren Geschworenen, was diese Liste von Namen bedeutet, die sich in Ihrem Tagebuch findet, diese Liste, von der die Anklage behauptet, daß sie die schauerlichste aller Grabinschriften darstellt – jene Familien- und standesamtlichen Urkunden, die bei Ihnen gefunden worden sind?

Man hat bei Ihnen die Namen von 283 Frauen entdeckt«, so fuhr der Präsident ergänzend fort. »Man hat diese Frauen alle aufgefunden und identifiziert bis auf jene zehn, die unauffindbar verschwunden sind.«

Nach Angabe des Angeklagten handelt es sich bei diesen Vermerken um weiter nichts als um seine geschäftlichen Notizen als Möbelhändler, die seine Kundschaft und seine An- und Verkäufe betrafen.

Er habe es mit Frauen zu tun gehabt, die durch Krieg und Geldentwertung in Schwierigkeiten geraten waren und Möbel abstoßen mußten. Er – Landru – sei es gewesen, der ihnen diese Möbel abkaufte, um sie später nach Friedensschluß in die von den Deutschen geräumten Gebiete weiterzuveräußern.

Auf die Frage des Präsidenten, warum er für seinen Möbelhandel das ungewöhnliche Mittel der Heiratsanzeige gewählt habe, statt in seinen Anzeigen direkt die Interessenten anzusprechen, erwiderte Landru, die Heiratsanzeige sei von ihm eine »geschäftliche List« gewesen: »Wenn ich den Ankauf von Möbeln direkt angeboten hätte, hätte man mir nicht geantwortet.« Derjenige Typ von Frauen, der auf Heiratsanzeigen reagiert habe, habe in jener wirtschaftlich so schwierigen Zeit immer auch Möbel zu verkaufen gehabt.

Die zahlreichen Möbel und sonstigen Gegenstände, die in seinem Abstellraum vorgefunden worden waren, habe er von ihren früheren Eigentümerinnen alle gekauft oder geschenkt erhalten.

Der Angeklagte blieb in der Hauptverhandlung auch dabei, daß die zehn verschwundenen Frauen alle ins Ausland gegangen seien oder sich irgendwo verborgen hielten. Wenn man jemand nicht auffinde, bedeute das doch nicht, daß er tot sei. Die Polizei möge sich anstrengen und nach den verschwundenen Frauen suchen. Wenn sie sich entsprechend Mühe gebe, werde sie sie schon auffinden.

So wie schon vor der Polizei erklärte er auch vor Gericht: »Möglich, daß die Damen, von denen Sie sprechen, verschwunden sind. Hat aber jemand das Recht zu behaupten, ich hätte sie verschwinden lassen? Solange Sie sie nicht gefunden haben, können Sie mich nicht beschuldigen. Wenn ich diese Damen getötet habe, so zeigen Sie mir bitte ihre Leichen!«

Durch den Vorhalt, daß seine Einlassung doch völlig unglaubwürdig sei, ließ er sich von dieser Verteidigung nicht abbringen. Ungeachtet des erdrückenden Belastungsmaterials bestand er darauf, daß er auch nicht eine jener Frauen auf dem Gewissen habe.

Als die Schwester von Madame Cuchet vernommen wurde und dabei wieder einmal erörtert wurde, was aus den verschwundenen Frauen geworden sei, hatte Landru die Stirn, die Frage an die Zeugin zu richten, ob sie – die Zeugin – ernsthaft glaube, daß er ihre Schwester ermordet habe. Die Antwort, die er darauf zu hören bekam, rief lebhafte Bewegung unter den Zuhörern hervor: »Wenn Sie meine Schwester nicht getötet hätten, wäre sie hier, um Sie zu verteidigen, denn sie war eine Frau mit Herz, die einen Mann nicht hätte verurteilen lassen, den sie so sehr liebte.«

Wenn ihm die Frage, ob seine Beziehungen zu einer bestimmten Frau intimer Natur gewesen seien, lästig erschien, so zog er sich hinter die »Mauer des privaten Lebens« zurück.

Gleich bei Erörterung des Verschwindens von Madame Cuchet bekam das Schwurgericht von ihm zu hören: »Es gibt kein Mysterium: es gibt persönliche Abreden, Angelegenheiten privater Natur, die nicht den guten Sitten widerstreiten. Das ist der Grundsatz der individuellen Freiheit...« Später erklärte er: »Ich bin ein galanter Mann. Ich werde nichts von dem Geheimnis verraten, das mir Madame Cuchet anvertraut hat.«

In einem späteren Verfahrensabschnitt, als der Fall Laborde-Line verhandelt wurde, äußerte er in gleichem Sinne: »Es gab zwischen Madame Laborde-Line und mir Abreden, derentwegen ich niemandem Rechenschaft schulde. Wie für Madame Cuchet gibt es auch für diese Dame und mich die Mauer des privaten Lebens. Ich weigere mich, in dieser Beziehung Eröffnungen zu machen.« Auf diese sonderbare Einlassung wird er sich auch in den anderen Fällen zurückziehen, wenn ihm Fragen lästig sind.

Als ihm der Generalstaatsanwalt vorhielt, daß er – der doch mit insgesamt 283 Frauen Verbindung gehabt habe – pro Tag manchmal fünf bis sechs Rendezvous absolviert haben müsse, erwiderte Landru mit dem ernsthaftesten Gesicht der Welt: »Richtig. Aber immer nur Rendezvous geschäftlicher Natur!«

Befragt, was es bedeute, daß er bei den Fahrten aufs Land für die beteiligten Frauen immer nur eine einfache Fahrkarte genommen habe, antwortete er, ohne einen Augenblick zu zögern: »Ich bin ein galanter Mann, Herr Präsident. Hätte ich eine Rückfahrkarte für die Dame genommen, so hätte ich ihr zu verstehen gegeben, daß sie in Gambais nur begrenzte Zeit bleiben dürfe.«

Nachdem die Sachverständigen noch einmal betont hatten, daß man in dem Landhaus in Gambais nur die verkohlten Überreste von drei menschlichen Körpern habe feststellen können und daß es zwar denkbar, aber nicht sicher sei, daß Landru die Leichen seiner Opfer zerstückelt und im Ofen seiner Küche verbrannt habe, ergriff am 29. Verhandlungstag der Generalstaatsanwalt das Wort zu seinem Schlußvortrag.

Dabei stellte er es zunächst als ein erstaunliches Faktum hin, daß es im 20. Jahrhundert noch möglich sei, elf Menschen spurlos verschwinden zu lassen: »Diese Verbrechen reihen Landru in die Linie der großen Mörder ein... Wie aber sind sie verübt worden? Auf diesen Punkt erklärt die Anklage in aller Offenheit, keine Antwort geben zu können!«

Ungeachtet dieser Lücke sei jedoch der Tat- und Schuldbeweis durch eine Kette von Indizien eindeutig als geführt zu betrachten: das Tagebuch, die Reisen nach Vernouillet und Gambais (von denen keine der verschwundenen Personen zurückgekehrt sei), die Fahrkarten, die Isolierung aller Frauen, bevor Landru sie verschwinden ließ, die aufgefundenen Leichenteile, die aus dem Besitz der Verschwundenen stammenden Gegenstände (Möbel, Geld, Wertpapiere, Personalpapiere), das Ausbleiben jeder Nachricht der angeblich ins Ausland gegangenen Frauen.

»Landru hat Beweise verlangt«, rief der Generalstaatsanwalt aus. »Hier sind sie. Sein Tagebuch war das automatische Kontrollbuch seiner Verbrechen, seiner Verkäufe, seiner vielen Wohnsitze, seines Kommens und Gehens in Vernouillet und Gambais.«

Zu den Geschworenen gewandt, schloß der Vertreter der Anklage seine Ausführungen mit folgenden Worten ab: »Es ist jetzt an Ihnen, zu entscheiden, ob die Anklage den Beweis der Schuld des Angeklagten erbracht hat. Ich habe Ihnen dargelegt, daß Landru ein Interesse daran hatte, diese Frauen verschwinden zu lassen, ich habe Ihnen seine Bemühungen geschildert, die darauf gerichtet waren, den Nachforschungen entgegenzuarbeiten, die in die Wege geleitet werden konnten. Ich habe die tiefe, unerschütterliche Überzeugung, daß Landru doch der Mörder dieser zehn Frauen und des unglücklichen André Cuchet ist. Diese abscheulichen Verbrechen, durch die niedrigsten Motive eingegeben, gehören zu denen, die vom menschlichen Gewissen verworfen werden. Landru hat elfmal ohne Zögern den Tod gegeben, mit einer Grausamkeit, die ihresgleichen sucht... Der

Tod allein steht zu diesen abscheulichen Verbrechen in dem richtigen Verhältnis.«

Landru ließ während dieses Vortrags keinerlei Bewegung erkennen. Ab und zu machte er sich Notizen.

Nun ergriff der Verteidiger, Maître de Moro-Giafferi, das Wort. Er stand vor einer schwierigen, weil aussichtslosen Aufgabe. Der Verteidiger gehörte zu jenen Meistern des Wortes, an denen die Anwaltschaft Frankreichs reicher ist als die jedes anderen Landes. Das oratorische Feuerwerk, das in dem düsteren Gerichtssaal leuchtend niederging, schlug vom ersten Satze an jeden Zuhörer sogleich in Bann und ließ ihn Raum und Zeit vergessen. Es vermochte die Schwäche der Position, auf der die Verteidigung operieren mußte, vorübergehend zu verdunkeln.

An den Beginn seiner Ausführungen stellte der Verteidiger ein eigenartiges formaljuristisches Argument.

Er machte darauf aufmerksam, daß der Code Civil, das Bürgerliche Gesetzbuch der Franzosen, Verschollene erst nach Ablauf von 30 Jahren ihr Eigentum verlieren läßt. Die bloße Tatsache, daß jemand verschwunden sei, genüge – so fuhr der Verteidiger fort – also nicht, um ihn rechtlich als tot erscheinen zu lassen. Wie könne man dann aber Landru vor Ablauf dieser Frist von 30 Jahren als Mörder verurteilen?

Im übrigen sei ein tragfähiger und überzeugender Schuldbeweis gegen den Angeklagten in keiner Weise erbracht worden. »Die Staatsanwaltschaft verlangt die Bestrafung von Verbrechen, von denen sie gesteht, sie nicht zu kennen. Ein Verschwundener ist kein Toter. Man kann jemand erst als tot bezeichnen, wenn man seine Leiche besitzt. Dieser Mangel zwingt zu einer besonders gründlichen Überprüfung der festgestellten Tatsachen ... Da die Leichen fehlen, hat man uns Sachverständigengutachten vorgelegt – die größte Gefahr, die den Richter bedroht, der dogmatische Wahnsinn, wie Montaigne gesagt hat, die leider allzu reichlich fließende Quelle der schlimmsten richterlichen Irrtümer!«

»Wo sind die Leichen?« so fragte der Verteidiger immer und immer wieder. »Wenn Sie es nicht wissen, wie können Sie Landru schuldig sprechen?«

Die Knochen und Leichenteile, die man in Gambais gefunden habe, seien gewiß verdächtig; dasselbe gelte von den Notizbucheinträgen. Die Notizen zeigten aber auch, daß Landru nie mehr als 24 Stunden in Gambais geblieben sei; er habe ja auch immer eine Rückfahrkarte genommen, deren Gültigkeit zeitlich begrenzt sei. Innerhalb von 24 Stunden sei es aber kaum möglich, einen Menschen umzubringen und zugleich die Spuren der Mordtat verschwinden zu lassen. Nicht ein einziger Tropfen Blut sei gefunden worden!

Wäre es nicht auch von Landru eine komplette Narretei gewesen, in seinem Abstellraum in Clichy Möbel, Kleidungsstücke und Personalpapiere aufzubewahren, wenn er deren frühere Eigentümer tatsächlich ermordet hätte? So etwas tue ein überlegt handelnder, vernünftiger Mensch nicht. »Entweder Landru ist närrisch, oder er hat nicht getötet!«

Gestützt auf die Schwächen der Beweisführung beantragte der Verteidiger den Freispruch seines Mandanten.

Im letzten Wort beteuerte der Angeklagte erneut, daß er völlig unschuldig sei. Er tat es maßvoll, korrekt und in gewählter Sprache.

Gegen sieben Uhr abends zogen sich die Geschworenen zur Beratung zurück. Der Sitzungssaal war überfüllt und die Luft derart verbraucht, daß Frauen in Ohnmacht fielen und hinausgetragen werden mußten. Über den Menschen im Gerichtssaal lastete eine unerhörte Spannung.

Nach zweistündiger Beratung kamen die Geschworenen in den Sitzungssaal zurück, bleich und mit niedergeschlagenen Augen. Das Urteil war von ihren Gesichtern abzulesen. Es lautete: »Des Mordes schuldig«.

Das französische Prozeßrecht bestimmt, daß die Verkündung des Urteilsspruchs in Abwesenheit des Angeklagten zu erfolgen hat.

Der Präsident gab nunmehr Weisung, den Verurteilten hereinzuführen, damit ihm der Spruch bekanntgegeben werde. Er nahm das Ergebnis gefaßt entgegen: »Ich habe nichts dazu zu sagen.«

Jetzt war es Aufgabe der drei Berufsrichter, die Strafe festzusetzen. Sie konnte bei diesem Schuldspruch nur auf Todesstrafe lauten. Bei Mord gab es keine andere Möglichkeit.

Nachdem ihm verkündet worden war, daß er zum Tode verurteilt worden sei, gab Landru folgende Erklärung ab: »Ich lege Wert darauf festzustellen, daß das Gericht sich getäuscht hat. Ich bin nicht schuldig.« Er sprach diese zwei Sätze ohne jedes Zeichen von Erschütterung. Er hatte sich vollständig in der Gewalt.

Jedermann im Saale war überzeugt, daß das Urteil gerecht und richtig war.

Landrus Kassationsgesuch wurde vom Kassationshof in Paris am 2. Februar 1922 verworfen. Seine Frau hatte sich in der Zwischenzeit von ihm scheiden lassen, und seine Kinder hatten eine Namensänderung erwirkt.

Nun blieb Landru nur noch die Möglichkeit, durch Anrufung der Gnadeninstanz die Vollstreckung des Urteils zu verhindern. Die Geschworenen hatten das Gnadengesuch des Verurteilten im voraus befürwortet (im Falle eines Massenmörders ein ungewöhnlicher Vorgang!), ohne Zweifel eine Verbeugung vor der hervorragenden forensischen Leistung von Maître de Moro-Giafferi.

So wie es der französischen Übung entspricht, wurden die Verteidiger vor der Entscheidung über das Gnadengesuch zu einer letzten Rücksprache über den Fall vom Präsidenten der Republik empfangen. Diese Audienz vermochte das Schicksal des Verurteilten jedoch nicht zu wenden. Schon am nächsten Tag war in den Zeitungen zu lesen, daß der Präsident das Gnadengesuch verworfen habe.

Am 25. Februar 1922, kurz nach sechs Uhr morgens, wurde Landru in Versailles mit der Guillotine hingerichtet.

Als er vom Gefängnisgeistlichen gefragt wurde, ob er die Messe hören wolle, erwiderte er: »An sich mit Vergnügen, Herr Abbé, ich glaube aber, worauf es jetzt ankommt, ist, schnell zu machen. Ich kann diese Herren nicht warten lassen.« Das Glas Rum, das ihm, wie üblich, angeboten wurde, wies er zurück: »Danke, ich trinke nicht.« – »Eine Zigarette vielleicht?« – »Danke, ich rauche nicht.« Bis zuletzt beteuerte er seine Unschuld.

Polizei, Staatsanwaltschaft und Gericht waren während des ganzen Verfahrens auf zwei Fragen ohne jede Antwort geblieben: »Wie haben Sie Ihre Opfer umgebracht?« und »Wie haben

Sie die Leichen Ihrer Opfer verschwinden lassen?« Das Geheimnis, das diese beiden Fragen umschließt, hat Landru mit sich ins Grab genommen. Wir wissen auch nicht, ob er nicht noch mehr Frauen umgebracht hat. –

Eine der großen Pariser Tageszeitungen kommentierte die Nachricht von der Vollstreckung des Todesurteils mit folgenden Worten:

»Es gab notgedrungen auch Mörder vor Landru, man muß aber sagen, daß er den Verbrechen, deren er angeklagt war, seinen persönlichen Stempel aufgeprägt hat.«

Die eigenartige Persönlichkeit dieses Massenmörders beschäftigt die Phantasie der Menschen noch heute – 40 Jahre nach seinem Tode. Immer wieder erscheinen Untersuchungen, die sich mit ihm und seiner »Affäre« befassen. In Kürze wird sie sogar im Film zu sehen sein.

Schrifttum: William Le Queux, Landru. His secret love affairs. London 1922; F. A. Mackenzie, Landru. London 1928; H. Russell Wakefield, Landru. The French Bluebeard. London 1936; William Bolitho, Murder for profit. London 1953 S. 120 ff.; J. Belin, L'affaire Landru. Revue Internationale de Criminologie et de Police Technique. 1953 Nr. 2 und 3; Jean Normand, Le secret de Landru. Paris 1953 (ausführlichste und zuverlässigste Darstellung); Maurice Garçon, Histoire de la Justice sous la IIIe République. Bd. III: La fin du régime. Paris 1957 S. 63 ff.; die Berichte der Pariser Tageszeitungen.

Ein Harvard-Professor als Mörder
Der Fall Professor Webster

Der Fall, daß ein Professor einer weltberühmten Universität des Mordes überführt und deswegen gehängt worden ist, steht im Hochschulleben ohne Parallele da. Im Jahre 1849 ereignete sich dieser Fall in Cambridge (USA), dem Sitz der Harvard University. Bei dem Hingerichteten handelte es sich um den 60jährigen Professor für Chemie und Mineralogie Webster an der Harvard Universität, der angesehensten und ältesten Universität der USA, der zugleich als Lehrbeauftragter an der Medical School von Boston tätig war. Er hatte einen international bekannten Namen, war der Verfasser zahlreicher Fachbücher und Mitglied vieler gelehrter Gesellschaften.

John White Webster war als Sohn eines wohlhabenden Apothekers aufgewachsen, hatte niemals Not und Entbehrung kennengelernt und von seinem Vater im Jahre 1833 etwa 50 000 Dollar geerbt. Mit diesem Gelde hatte er sich in Cambridge ein großes Haus gebaut, in dem er zusammen mit seiner Frau und seinen drei unverheirateten Töchtern ein so aufwendiges Leben führte, daß er schließlich tief in Schulden geriet. Bald wußte er nicht mehr ein noch aus.

In seiner Not wandte er sich schließlich an Dr. George Parkman, einen Graduierten der Harvard Universität schottischer Abstammung, mit dem er seit ihrer gemeinsamen Studentenzeit bekannt war. Dr. Parkman entstammte dem Patriziat der Stadt Boston (der Nachbarstadt von Cambridge) und besaß dort bedeutenden Grundbesitz. Als einer der reichsten Männer von Massachusetts war er auf Gelderwerb nicht angewiesen und hatte seine ärztliche Praxis schon vor vielen Jahren aufgegeben. Von großer und hagerer Statur mit einem auffallend weit vorspringenden Unterkiefer, allezeit mit Gehrock, schwarzem Binder und Zylinder bekleidet, den rechten Arm auf dem Rücken haltend, war er eine stadtbekannte Persönlichkeit, wohlgelitten in allen Schichten der Bevölkerung und hochangesehen. Der medizinischen Fakultät der Universität hatte er ein eigenes Institutsgebäude errichtet. Der anatomische Lehrstuhl der medizinischen Fakultät war nach ihm benannt. Er gehörte zu denjenigen Geldmännern des Landes, die den Universitätsbetrieb durch regelmäßige Stiftungen möglich machten.

An diesen Mann nun wandte sich Professor Webster, als er sein väterliches Erbteil aufgebraucht hatte und in Schulden geraten war. Das Einkommen eines Professors an der Harvard Universität war damals nicht groß – 1200 Dollar pro Jahr und die (nicht sehr beträchtlichen) Einnahmen aus den Vorlesungen. Auf dieser Basis konnte Professor Webster sein Leben im bisherigen Stile nicht weiterführen. Er fand aber nicht die Kraft, seine Ausgaben den wesentlich verminderten Einnahmen anzupassen.

Zum ersten Male ging Professor Webster Dr. Parkman im Jahre 1842 um ein Darlehen an. Dr. Parkman streckte ihm 400 Dollar vor, von denen er im Laufe der Zeit nur 68 Dollar zurückerhielt. Dr. Parkman war aber zufrieden, daß er regelmäßig die vereinbarten 6% Zinsen erhielt. Als die Bedrängnis bei Webster in den darauffolgenden Jahren immer stärker wurde, streckten ihm Freunde den Betrag von 1600 Dollar vor, zu denen Dr. Parkman noch 500 Dollar hinzulegte. Dr. Parkman übernahm die Bürgschaft für die Gesamtsumme, ließ sich dafür aber von Professor Webster die Möbel, die Bibliothek und eine Anzahl Gegenstände aus den wissenschaftlichen Sammlungen verpfänden und diese Verpfändung amtlich registrieren. Webster versprach, den ihm kreditierten Betrag mit je einem Viertel pro Jahr zurückzuzahlen.

Bis April 1848 hatte die Verschuldung von Professor Webster solche Ausmaße angenommen, daß er mit der Zwangsversteigerung seines Hauses rechnen mußte. In seiner Ratlosigkeit wandte er sich an einen Schwager von Dr. Parkman, Mr. Robert Shaw, mit dem er befreundet war, und erhielt von diesem ein Darlehen von 1200 Dollar. Zur Sicherheit verpfändete er Mr. Shaw sein Mineralienkabinett, obwohl er es schon an Dr. Parkman verpfändet hatte. Als Webster mit den Zinszahlungen in Rückstand kam, unternahm Mr. Shaw nichts gegen ihn, erzählte davon aber Dr. Parkman. Als dieser dabei erfuhr, daß Webster dieselben Gegenstände zweimal verpfändet hatte, einmal an ihn und dann an seinen Schwager, packte ihn die Wut, und er beschloß, sein Verhalten Professor Webster gegenüber von Grund auf zu ändern. Er setzte ihm von Stund an ständig mit Rückzahlungsforderungen zu und ließ ihm keine Ruhe mehr. Er ging sogar ab und zu in seine Vorlesungen hinein, setzte sich in die ersten Bankreihen und starrte seinen Schuldner unverwandt an. Als er von Webster selbst kein Geld erlangen konnte, unternahm er den Versuch, wenigstens an seine Vorlesungseinnahmen heranzukommen, scheiterte aber am Widerstand der Universitätskasse. Anläßlich einer seiner Rücksprachen bei dem Universitätsquaestor ließ Dr. Parkman die Äußerung fallen, daß Webster ein unaufrichtiger und unehrlicher Mann sei, und er bat seinen Gesprächspartner dabei, dies Webster auszurichten.

Zwei Tage danach suchte Dr. Parkman Professor Webster in seinem Institut auf und fragte ihn, ob er jetzt endlich mit Geld rechnen könne. Webster mußte diese Frage verneinen. Nach einigem Hin und Her sagte Dr. Parkman: »Professor, morgen muß endlich etwas geschehen!«

Es geschah indessen nichts. Am Donnerstag, dem 22. November 1848, ging Dr. Parkman auf die Suche nach seinem Schuldner, fand ihn aber nicht. Am darauffolgenden Freitag setzte sich Webster mit Parkman in Verbindung und verabredete sich mit ihm auf 1 Uhr 30 in seinem Institut. Dr. Parkman verließ gegen Mittag seine Wohnung. Er wurde nie wieder gesehen.

Als er am Abend dieses Tages noch nicht wieder nach Hause zurückgekehrt war, wurde seine Familie unruhig. Man wußte von ihm nur, daß er sich für 1 Uhr 30 mit jemandem verabredet hatte.

Die Familie Parkman ließ am nächsten Tage, einem Samstag, als immer noch keine Spur von einem Verbleib entdeckt worden war, eine große Suchaktion veranstalten. Tausende von Flugblättern wurden in den Städten Cambridge und Boston verteilt und darin 3000 Dollar Belohnung für seine Wiederauffindung ausgesetzt. Flüsse und Bäche wurden mit Schleppnetzen abgesucht und zahlreiche Gebäude Raum für Raum inspiziert. Dr. Parkman war 60 Jahre alt und gesundheitlich anfällig gewesen; es hätte ja sein können, daß ihn irgendwo ein Herz- oder Gehirnschlag getroffen hatte. Durchsucht wurde auch das Gebäude, in dem sich das Institut von Professor Webster befand. Dabei kam aber niemand auf den Gedanken, daß etwa Webster der Täter gewesen sein könne. Der Professor empfing die Polizei höflich und öffnete bereitwillig alle zu seinem Institut gehörenden Räume.

Am Sonntagnachmittag sprach Webster bei dem Reverend Francis Parkman vor, einem Bruder des Verschwundenen, und erzählte ihm, er sei es gewesen, der am Freitag eine Verabredung mit Dr. Parkman gehabt habe. Bei diesem Zusammensein habe er an ihn 483 Dollar zurückgezahlt. Als er – Webster – daraufhin den Pfandschein zurückverlangt habe, habe Dr. Parkman erwidert: »Ich werde das in Ordnung bringen«, und ihn nach diesen Worten rasch verlassen. Auf den Pfandschein warte er – Webster – noch heute.

Als ihn am nächsten Tage ein Neffe des Verschwundenen auf den Vorfall ansprach, erzählte er ihm dieselbe Geschichte. Den Polizeibehörden gegenüber war Webster in all diesen Tagen von gleichbleibender Sicherheit und Höflichkeit. Nicht das geringste ließ vermuten, daß er ein schlechtes Gewissen habe.

Vielleicht wäre niemals ein Verdacht auf ihn gefallen, wenn nicht jemand aus seiner nächsten Umgebung Argwohn gegen ihn gefaßt hätte. Das war der Institutsdiener Littlefield. Er hatte seine Wohnung im Institutsgebäude und zusammen mit seiner Frau die Aufsicht darüber. Dazu gehörten auch die Diensträume von Professor Webster. Sie bestanden aus einem Arbeitszimmer, einem Laboratorium und einer Toilette. Unterhalb dieser Toilette befand sich ein Keller, der durch eine Mauer von dem Raum abgetrennt war, in dem die für die Sektion bestimmten Leichen verwahrt wurden. In diesen Raum drang ab und zu Seewasser ein, aber nicht so, daß feste Gegenstände herein oder herausgespült werden konnten. Da samstags und sonntags keinerlei Vorlesungen gehalten wurden, pflegte Professor Webster sein Institut an diesen Tagen nicht zu besuchen.

Littlefield hätte von sich aus vielleicht auch keinen Verdacht gegen seinen bei aller Welt hochangesehenen Vorgesetzten geschöpft, wenn Bekannte nicht die Vermutung geäußert hätten, vielleicht sei die Leiche Dr. Parkmans irgendwo im Institutsgebäude verborgen. Er war über die gespannten Beziehungen zwischen seinem Chef und Dr. Parkman im Bilde, er war auch zufällig Zeuge der Äußerung Dr. Parkmans gewesen, es müsse nun etwas geschehen. Nachträglich fiel ihm noch ein, daß Professor Webster ihn gefragt hatte, ob in dem Sektionsraum alles in Ordnung sei. Er erinnerte sich auch, daß er an dem bewußten Freitag in einem von Websters Räumen einen Schmiedehammer gesehen hatte. Dieser Hammer fand sich kurze Zeit danach im Laboratorium wieder, war aber seitdem verschwunden.

Der Institutsdiener erinnerte sich bei genauem Nachdenken weiter, daß am frühen Nachmittag jenes Freitags Dr. Parkman auf das Institutsgebäude zugegangen war. Entsprechend seiner Gewohnheit war er sehr rasch gelaufen. Daß er in das Gebäude eingetreten war, hatte Littlefield nicht beobachtet, weil er vorher in seine Wohnung zurückgekehrt war. Später hatte er – wie üblich zu dieser Zeit – die Öfen im Hause inspiziert. Als er anschließend das Laboratorium von Professor Webster auskehren wollte, fand er den Raum von innen verriegelt vor, ein höchst ungewöhnlicher Vorgang um diese Zeit. Es war aber zu hören, daß Professor Webster sich darin aufhielt. Auffallend war, daß zu gleicher Zeit auch Websters Hörsaal verschlossen war. Noch gegen 4 Uhr 15 war es ihm nicht möglich gewesen, einen der Räume zu betreten; dabei gehörte es zu seinen Obliegenheiten, alltäglich bei Anbruch der Dunkelheit die Lampen anzuzünden. Eine Viertelstunde später beobachtete er, daß Professor Webster, eine Kerze in der Hand, das Haus über die Hintertreppe verließ. Als Littlefield gegen 10 Uhr abends den üblichen Rundgang durch das Institutsgebäude unternahm, waren die Räume Websters entgegen allem Brauch noch immer verschlossen. Dem Diener fiel auf, daß der Professor am nächsten Tag, einem Samstag, ausnahmsweise erschien und einige Stunden arbeitend in seinen Räumen verbrachte. Das war an diesem vorlesungsfreien Tage noch nie vorgekommen.

Dem Institutsdiener gingen alle diese eigenartigen Vorgänge

lange Zeit durch den Kopf, zu einem Verdacht gegen seinen Chef verdichteten sie sich aber nicht, weil es ihm unvorstellbar erschien, daß ein Professor von dieser hochangesehenen Universität einen Menschen umgebracht haben könnte. Das wurde mit einem Schlage anders, als Professor Webster am Sonntagabend eine eigenartige Frage an ihn richtete.

Littlefield stand an jenem Abend auf der Straße mit einem Bekannten zusammen und unterhielt sich mit ihm über das rätselhafte Verschwinden von Dr. Parkman. Da trat plötzlich Professor Webster an ihn heran und fragte ihn, wann er den Doktor zuletzt gesehen habe. Littlefield antwortete, es sei am Freitag gegen 1 Uhr 30 gewesen, und zwar in der Nähe des Institutsgebäudes. Professor Webster stampfte auf diese Mitteilung hin mit seinem Spazierstock auf den Boden und rief aus: »Das ist genau die Zeit, zu der ich ihm 483 Dollar und 60 Cents zahlte!« Dann beschrieb er die näheren Umstände der Zahlung. Dem Institutsdiener fiel auf, daß Websters Gesicht sich bei dieser Erzählung verfärbte und daß er seinem Blick auswich. Schlagartig durchzuckte es ihn: »Dieser Mann und kein anderer hat den Mord an Dr. Parkman begangen!«

Nach Hause zurückgekehrt, erzählte der Diener seiner Frau von seinen Beobachtungen und fügte hinzu, er werde hinfort jeden Schritt seines Chefs beobachten. Die Frau war entsetzt. Sie beschwor ihn, seine Hände von dieser Sache zu lassen, es werde ihm die Existenz kosten. Ein Gelehrter von der Harvard University bringe keinen Menschen um.

Littlefield dachte bei sich: »Typisch weiblich!« Nur ja nichts tun, was einen in Ungelegenheiten mit anderen Menschen bringen kann, und wenn es sich um schreiendes Unrecht handelt. Der Diener beschloß, seine Beobachtungen fortzusetzen, dabei aber sehr vorsichtig vorzugehen. Er kam aber zunächst nicht weiter, weil er in die Räume von Professor Webster weder am Montag noch am Dienstag hineingelassen wurde, obwohl Webster dauernd darin tätig war.

Am Dienstagnachmittag benahm sich Webster dem Diener gegenüber erneut in einer Weise, die dieser als ungewöhnlich und auffallend empfand. Der Professor schenkte ihm nämlich für den Thanksgiving-Day (das amerikanische Erntedankfest), der am

Donnerstag bevorstand, einen Truthahn. So etwas hatte Littlefield noch nie erlebt; nicht einen Cent hatte ihm sein Chef bisher zugewendet. Der Diener fragte sich: »Was bedeutet das alles?«

Am Mittwoch versuchte Littlefield durch das Schlüsselloch zu erspähen, was Webster eigentlich tue. Er konnte aber nichts Genaues feststellen, auch nicht, als er sich platt auf den Boden legte, um von unten her einen Blick in den Raum hineinzuwerfen. Das einzige, was er sehen konnte, waren Websters Füße, die sich im Zimmer hin und her bewegten.

Die Kette auffallender Ereignisse setzte sich am Donnerstag fort. Obwohl Feiertag war, erschien Professor Webster wieder in seinem Laboratorium und arbeitete darin. Auch diesmal vermochte Littlefield nicht herauszubekommen, was er eigentlich tat.

Am Donnerstagnachmittag gelang dem Diener endlich eine Feststellung, die sich als höchst aufschlußreich erweisen sollte. Im Treppenhaus hinter dem Laboratorium fühlte sich die Wand plötzlich sehr heiß an. Die Hitze mußte aus einem Ofen kommen, der ihm – dem Diener – bisher nicht bekannt gewesen war. Littlefield beschloß zu warten, bis sein Chef weggegangen war und dann in die Räume mit Gewalt einzudringen. Das war indessen gar nicht einfach. Schließlich glückte es ihm, durch ein kleines Fenster an der Hinterfront des Gebäudes kriechend in das Laboratorium hineinzukommen. Das Feuer im Ofen war niedergebrannt, die viele Asche im Aschenkübel ließ aber erkennen, daß der Ofen stark benutzt worden war. Littlefield sah sich die Aschenreste an und ließ sie durch seine Finger gleiten, konnte aber nichts Auffälliges entdecken. Bis auf einige Spritzer auf dem Fußboden war nichts Bemerkenswertes in dem Raum festzustellen. Littlefield betrachtete die Flecke eine Weile, nahm mit dem feuchten Finger eine Spur der Substanz auf und führte sie zu seinem Munde. Sie schmeckte nach irgendeiner Säure – welcher Säure, wußte Littlefield im Augenblick nicht zu sagen.

In der Bevölkerung verdichtete sich mittlerweile aus ungeklärten Gründen der Verdacht, daß die Leiche von Dr. Parkman irgendwo in dem Institutsgebäude versteckt sei. Littlefield blieb hierbei nicht verborgen, daß man anfing, in ihm den Mörder zu sehen. Wer sollte sonst den reichen Mann umgebracht haben – der hochangesehene, weltweit bekannte Gelehrte doch nicht! Offenbar hatte es der Institutsdiener auf den Geldbetrag abgesehen gehabt, den Dr. Parkman bei sich zu führen pflegte.

Die Gefahr, selbst verdächtigt und wegen Mordes in ein Verfahren gezogen zu werden, trieb Littlefield zu verdoppelter Anstrengung an.

Neben seinem Laboratorium hatte Professor Webster vor längerer Zeit eine Privattoilette einrichten lassen. Als die Polizei die Institutsräume durchsuchte, hatte er den Beamten nichts von diesem Nebenraum gesagt, und der Zugang dazu war seit Tagen fest verschlossen.

Es gab für den Diener nur eine einzige Möglichkeit, unauffällig in diese Toilette hineinzukommen: vom Keller aus den Fußboden aufzubrechen und hineinzukriechen. Littlefield besorgte sich Hacke und Meißel und begann mit dem Durchbruch. Es war dies eine äußerst mühselige Arbeit, mit der er bis zum Abend des Thanksgiving-Day nur wenig vorankam. Am nächsten Vormittag war Professor Webster im Institut, und das machte jede Fortsetzung der Arbeit unmöglich. Erst am Nachmittag konnte er sie wieder aufnehmen. Seine Frau mußte aufpassen, ob der Professor etwa zurückkehren werde.

Mit einem Brecheisen und einem Hammer hatte er den Durchbruch nahezu beendet, als er plötzlich im Treppenhaus Stimmen hörte. Er nahm zuerst an, Professor Webster sei gekommen, stellte dann aber fest, daß es sich um Polizeibeamte und einen Vertreter der Familie Parkman handelte. Er setzte sie ins Bild und teilte ihnen mit, daß er mit dem Durchbruch in wenigen Minuten fertig sei. Bevor er ihn beenden konnte, erschien Professor Webster im Hause und erzählte den Anwesenden, ein Ire habe auf einer Brücke dadurch den Verdacht der Polizei erregt, daß er den Brückenzoll zu einem Cent mit einer 20-Dollar-Note habe bezahlen wollen. Man habe ihn sofort gefragt, ob er diese Note etwa von Dr. Parkman erhalten habe, der Ire habe das aber verneint. Immerhin habe der Mann sich stark verdächtig gemacht.

Diese Erzählung war von Anfang bis zum Ende erfunden, sie sollte die Polizei nur auf eine falsche Fährte locken. Vor Gericht kamen später anonyme Briefe zur Sprache, durch die bei der Polizei andere Personen verdächtigt worden waren. Schriftsachverständige stellten fest, daß diese Briefe von Webster herrührten.

Nachdem der Professor das Institut verlassen hatte, bat Littlefield die Polizeibeamten, einige Augenblicke auf ihn zu warten. Er ging wieder hinunter in den Keller und hatte binnen weniger Minuten die Öffnung in der Decke so verbreitert, daß er ein Licht hindurchführen konnte. Als er in den Raum hineinleuchtete, sah er ein menschliches Becken und Stücke von zwei menschlichen Beinen darin liegen.

Von Entsetzen gepackt, stürzte er nach oben zu den Polizeibeamten, die sofort Verstärkung anforderten. Dann fuhren sie nach Cambridge hinein, um Professor Webster festzunehmen.

Der Professor hatte gerade einem Bekannten Lebewohl gesagt und war im Begriff, die Stufen zu seiner Haustür hinaufzusteigen. Einer der Polizeibeamten eröffnete ihm, daß man im Begriffe sei, die Institutsräume erneut zu durchsuchen, und daß man ihn dabeihaben wolle. Webster erklärte sich sofort bereit mitzukommen. Auf der Fahrt nach Boston sprach er wieder von seinem letzten Zusammensein mit Dr. Parkman, bei dem er ihm 483 Dollar zurückgezahlt habe.

Als er bemerkte, daß der Wagen eine andere Richtung einschlug, hielt er betroffen inne. Seine Bestürzung ließ ihn schließlich ganz verstummen, als der Wagen vor dem Gefängnis von Cambridge anhielt. Widerstandslos folgte er den Beamten in das Gebäude hinein. Dann blieb er plötzlich stehen und fragte: »Wollen Sie mir bitte sagen, was das bedeuten soll?«

Die Antwort des führenden Polizeibeamten lautete: »Wir haben uns tagelang bemüht, den Körper von Dr. Parkman ausfindig zu machen. Jetzt brauchen wir uns darum nicht mehr zu bemühen. Sie werden beschuldigt, den Doktor ermordet zu haben, und sind deshalb jetzt in Haft.«

Der Professor schrak zusammen und murmelte einige unverständliche Worte vor sich hin. Dann bat er, seine Familie zu benachrichtigen. Bei seiner körperlichen Durchsuchung fand man bei ihm einen großen Schlüssel, der mit dem Kennzeichen »privat« versehen war.

Nachdem sich einer der Polizeibeamten entfernt hatte, um den Polizeichef zu holen, fragte Webster den bei ihm verbliebenen

Polizisten, ob Dr. Parkman gefunden worden sei. Der Beamte lehnte es ab, ihm darauf eine Antwort zu geben.

Webster ließ aber nicht locker: »Sie sollten mir doch etwas sagen«, äußerte er. »Wo fand man ihn? Fand man den ganzen Körper? Wie kam man dazu, mich zu verdächtigen?« Dann sprach er von seinen Kindern und wie sie die Nachricht von seiner Festnahme aufnehmen würden.

Mehr und mehr verlor der Professor die Herrschaft über sich selbst. Er bezeichnete sich als einen ruinierten Mann, rang die Hände und schritt ruhelos hin und her. Plötzlich griff er in die Westentasche und steckte, bevor der Beamte zugreifen konnte, etwas in den Mund. Unmittelbar danach wurde er von heftigen Krämpfen gepackt und mußte in einer Zelle auf ein Bett gelegt werden. Er hatte Strychnin zu sich genommen, freilich nicht genug, um seinen Tod herbeizuführen.

Trotz seines ernsten Zustandes wurde er nach zwei Stunden in einen Wagen gelegt und nach dem Institutsgebäude transportiert. Unterwegs jammerte er derart über den Kummer, der seiner Familie durch seine Verhaftung verursacht werde, daß ein Polizeibeamter sich veranlaßt fühlte, ihn darauf hinzuweisen, daß es noch eine andere Familie gebe, die großen Schmerz erleide, und zwar schon seit einer Woche.

In Anwesenheit von Webster wurde sodann die neben dem Laboratorium liegende Toilette aufgebrochen. Im Ofen entdeckte man verkohlte Knochen, von denen man jetzt feststellen mußte, ob es sich um Tier- oder Menschenknochen handelte. Die Leichenteile hatte man mittlerweile entfernt. Bei der Durchsuchung eines Schranks in seinem Arbeitszimmer fand man mit Bindfaden zusammengebundene Angelhaken, die offenbar zum Hantieren mit den Leichenteilen im Ofen benutzt worden waren. Erst kurz vor Mitternacht wurde die Durchsuchung abgebrochen.

Während der Rückfahrt zum Gefängnis sprach Webster plötzlich von seinem Institutsdiener. »Warum fragt man nicht Littlefield? Er kann alles erklären. Was soll meine Familie von mir denken?« Anschließend verfiel er wieder in Stillschweigen.

Am nächsten Morgen war er gesundheitlich wieder so weit hergestellt, daß er in einem Stuhl sitzen konnte. Er hatte inzwischen seine alte Selbstsicherheit wiedergewonnen. Auf die Leichenteile hingewiesen, erklärte er: »Diese Teile stammen ebenso wenig von Dr. Parkman, wie sie von mir stammen.« Wie sie in seine Toilette gekommen seien, wisse er nicht. Wieder erwähnte er den Namen Littlefield.

Am nächsten Tag wurden Experten zu der Durchsuchung herangezogen, sämtliche Kollegen und Bekannte von Webster, für welche die ihnen gestellte Aufgabe alles andere als ein Vergnügen war. Bei erneuter gründlicher Durchsuchung des Laboratoriums fand man im Aschenkasten des Ofens Knochenteile und eine Anzahl angekohlter falscher Zähne. In einer mit Mineralien bedeckten Teekiste stieß man auf den linken Oberschenkel eines Beines, einen Brustkasten und ein Jagdmesser. Der Schädel Dr. Parkmans wurde nicht gefunden, auch Blutspuren waren nirgendwo zu sehen.

Größe und Gestalt der Körperteile, die man gefunden hatte, sprachen dafür, daß sie von einem Manne vom Körperbau und Lebensalter des Verschwundenen herstammten. Freilich ergab das alles nur eine Vermutung – eine sichere Behauptung konnte niemand aufstellen, zumal nicht ein einziges Kleidungsstück oder sonstige persönliche Habe des Verschwundenen gefunden wurde.

Hätte man nur die erwähnten Körperteile als Beweisgegenstände gehabt, so wäre eine Verurteilung des Professors nicht wahrscheinlich gewesen. Das fehlende Glied in der Beweiskette lieferten aber die falschen Zähne, die man im Aschenkasten gefunden hatte. Einer der Bostoner Zahnärzte stellte an gewissen Merkmalen eindeutig fest, daß es sich um ein Gebiß handelte, das er 1846 für Dr. Parkman angefertigt hatte. Er besaß noch die Gußformen davon, und sie ließen eine Abnormität erkennen, die sich in dem Fundstück wiederfand. Jetzt konnte kein Zweifel mehr sein, daß der Verschwundene in dem Laboratorium umgebracht worden war. Diese Aussage sollte für das Schicksal des Angeklagten ausschlaggebend werden.

Bei einer Durchsuchung im Hause des Beschuldigten fand man auch Banknoten und Schuldscheine, die aus dem Besitz von Dr. Parkman stammen mußten.

Offen war nur noch die Frage, auf welche Weise er den Tod gefunden hatte. Eine gewisse Wahrscheinlichkeit sprach dafür, daß Webster seinen Gläubiger erstochen hatte. Gegen diese Annahme sprach aber wieder, daß nirgendwo Blutspuren zu sehen waren. Freilich waren auf dem Fußboden Reste von Kupfernitrat nachzuweisen, und dieses wird verwandt, um Blutspuren zu beseitigen. Die Art und Weise, wie der Körper seziert worden war, zeigte die kundige Hand des Fachmannes. Der Bindfaden schließlich, der zum Zusammenbinden der Leichenteile benutzt worden war, war identisch mit dem Bindfaden, den man im Laboratorium fand.

Alles in allem ergab sich auf Grund dieses Beweismaterials das Bild eines kaltblütig geplanten und durchgeführten Mordes. Der Täter hatte es dabei offenbar von Anfang an darauf angelegt, die Leichenteile nach und nach verschwinden zu lassen, und zwar mit Hilfe von erhitzter Pottasche, die in einem allerdings nicht sehr rasch verlaufenden Prozeß Fleisch und Knochen zu Asche zerfallen läßt. Einen großen Teil des Körpers von Dr. Parkman hatte er auf diese Weise schon zum Verschwinden gebracht. Wenn ihm noch etwas Zeit geblieben wäre, hätte er ohne Zweifel den ganzen Körper beseitigt, als ob es ihn nie gegeben hätte. Dann hätte ihm seine Tat vermutlich niemals nachgewiesen werden können.

Nach kurzer Beweisaufnahme beschloß die Grand Jury am 26. Januar 1850, daß Webster wegen Mordes in den Anklagezustand zu versetzen sei.

Die Hauptverhandlung vor dem mit vier Berufsrichtern besetzten Obersten Gerichtshof von Massachusetts und den 12 Geschworenen begann am 17. März 1850. Der Generalstaatsanwalt des Staates Massachusetts vertrat höchstpersönlich die Anklage. Professor Webster wurde durch einen namhaften Anwalt aus Boston verteidigt. Der Angeklagte erklärte sich für nichtschuldig. Die zwölf Tage dauernde Hauptverhandlung war reich an bewegenden Augenblicken, da Menschen einander gegenübertraten, die eben noch in engster persönlicher Beziehung zueinander gestanden hatten. Besonders dramatisch verlief die Vernehmung des Zahnarztes, der mit beiden Beteiligten eng befreundet gewesen war.

Die Anklagevertretung war gezwungen, ihre Beweisführung auf Indizienbeweis zu stützen. Niemand hatte wahrgenommen, daß Webster Dr. Parkman umgebracht hatte. Die Umstände lagen aber so, daß kein vernünftiger Mensch an seiner Täterschaft zweifeln konnte. Er war bei Dr. Parkman schwer verschuldet gewesen und hatte sich dieses hartnäckigen Gläubigers kaum noch zu erwehren gewußt. Dazu waren in seinem Institut Leichenteile gefunden worden. Das Schlußglied für die Überzeugung des Gerichts von der Schuld des Angeklagten lieferte der Zahnarzt Dr. Keep. Das Gebiß, das man im Aschenkasten gefunden hatte, sprach eine eindeutige Sprache.

Die Verteidigung hatte demgegenüber einen schweren Stand. Man konnte nicht mehr behaupten, daß die in dem Institut gefundenen Leichenteile gar nicht von Dr. Parkman stammten; das hätte das Gericht dem Angeklagten angesichts der Aussage des Zahnarztes nicht abgenommen. Man konnte auch nicht geltend machen, Dr. Parkmans Leichenteile seien von einem unbekannten Täter in das Institut von Professor Webster eingeschmuggelt worden, um den Verdacht auf ihn oder den Institutsdiener zu lenken; auch das hätte keinen Glauben gefunden.

So mußte sich die Verteidigung darauf beschränken, zu behaupten, daß das Gebiß gar nicht von Dr. Parkman stamme, und außerdem Beweis dafür anzutreten, daß der Verschwundene zu der Zeit, in der er getötet sein sollte, außerhalb von Boston gesehen worden sei. Eindruck machte diese Erklärung bei Gericht nicht.

Der Angeklagte selbst leugnete die Tat nach wie vor beharrlich.

Die Geschworenen zogen sich am letzten Verhandlungstage gegen 8 Uhr abends zur Beratung zurück und kamen rasch zum Schuldspruch. Bis auf einen Mann, der Bedenken hatte, waren alle schon bei Schluß der Verhandlung von der Schuld des Angeklagten fest überzeugt. Sie wurden dann rasch einig. Ihr Spruch lautete auf »Mord«.

Als der Obmann der Geschworenen den Spruch bekanntgab, brach der Angeklagte zusammen. Die Todesstrafe konnte erst am folgenden Tage verkündet werden. Als er vor der Verkündung gefragt wurde, ob er eine Erklärung abzugeben wünsche, schüttelte er verneinend den Kopf.

Nach Ausspruch der Strafe brach Webster in Schluchzen aus.

Seine Berufung wurde verworfen. Die Vollstreckung des Todesurteils wurde auf den 30. August 1850 festgesetzt.

Bevor ein letzter Versuch unternommen wurde, seine Begnadigung zu erwirken, legte Webster vor einem Geistlichen ein Geständnis ab. Bis zu diesem Augenblick hatten seine Frau und seine Töchter fest auf seine Unschuld vertraut.

In der Aussage, die Webster zu Protokoll gab, schilderte er, daß er gehofft habe, Dr. Parkman werde ihm anläßlich seines Besuches im Institut einen neuen Zahlungsaufschub bewilligen. Parkman habe indessen einen weiteren Aufschub glatt abgelehnt und ihn im Gespräch derart herabsetzend und verächtlich behandelt, daß ihn – Webster – die Wut gepackt und er Parkman mit einem schweren Holzknüppel zu Boden geschlagen habe. Feierlich erklärte er, es habe sich niemals um überlegten Mord gehandelt. Alles sei das Werk eines Augenblicks gewesen.

Erschreckt und von panischer Furcht ergriffen, habe er sich nach der Tat dann in seinen Räumen eingeschlossen und angefangen, den Körper des Toten zu zergliedern. Mit Hilfe von ganzen Fluten von Wasser sei es ihm gelungen, alle Blutspuren sofort wegzuspülen. Teile des Körpers habe er im Ofen verbrannt, andere in einem Teekasten und in seiner Privattoilette versteckt, um sie bei nächster Gelegenheit auch noch verschwinden zu lassen. Nach der Tat habe er ständig eine Dosis Strychnin mit sich geführt, um sich das Leben zu nehmen, sobald er festgenommen werde.

Nachdem er erfahren hatte, daß sein Schicksal besiegelt sei, fügte er sich in das Unvermeidliche, bat den Institutsdiener und dessen Frau zu sich und entschuldigte sich bei ihnen wegen des Unrechts, das er ihnen zugefügt hatte. »Alles, was Sie ausgesagt haben, entsprach der Wahrheit«, sagte er.

Dem Sheriff versicherte er, er brauche nicht zu befürchten, daß er einen neuen Selbstmordversuch unternehmen werde: »Alles in meinem Verfahren war in Ordnung. Es entspricht dem Recht und der Gerechtigkeit, daß ich auf dem Schafott dem Urteil entsprechend sterbe.«

So machte er Frieden mit der Welt, bevor er gefaßt in den Tod ging.

Schrifttum: George Eliot, The trial of Professor John White Webster. London 1929; The Earl of Birkenhead, More famous trials. London 1928 S. 183 ff.

Irregeleitet durch Nietzsche

Der Fall Loeb-Leopold

Chicago steht seit Jahrzehnten im Ruf, eine Brutstätte der Kriminalität zu sein. In der Tat pflegen dort verbrecherische Energien entfaltet zu werden wie kaum irgendwo sonst in der Welt. Einige Beispiele dafür wurden in dieser Reihe bereits behandelt[1]. Meist handelt es sich bei diesen Verbrechen um Mord, Raub, Erpressung, Alkoholverbrechen, Rauschgiftschmuggel und Glücksspiel, in der Regel im Zusammenspiel eines »Gangs« verübt. Die Dunkelziffer ist hoch. Nur ein Bruchteil der Täter wird gefaßt und bestraft.

Im Mai 1924 geschah nun in Chicago etwas, was aus dem üblichen Rahmen herausfiel. Ein schweres Verbrechen spielte sich in den Reihen der oberen Zehntausend ab, und es zeigte sich, daß dort verbrecherische Energien schlummerten, die niemand an dieser Stelle der Gesellschaft vermutet hätte. Der Vorfall, der sich damals ereignete, sollte zu einem der sensationellsten Strafprozesse führen, den die Justiz der USA jemals erlebt hat.

Am 21. Mai 1924 verließ gegen 5 Uhr nachmittags ein 13 Jahre alter Schüler namens Robert Franks seine Schule, in der eben der Unterricht beendet worden war. Es handelte sich um den Sohn von Jacob Franks, einem bekannten und hochgeachteten Chicagoer Finanzmann, der in dem Villenvorort South Side Kennwood eine exklusive Privatschule, die Harvard School for Boys, besuchte. Das Haus seiner Eltern lag vier Häuserblöcke von der Schule entfernt und war zu Fuß in einer knappen halben Stunde zu erreichen. Da in der Familie Franks gegen 18.30 Uhr zu Abend gegessen wurde, pflegte Robert den Heimweg so einzurichten, daß er spätestens gegen 17 Uhr zu Hause war.

Am 21. Mai nun blieb er aus. Als es 7 Uhr abends geworden

war, rief der Vater die Schule und dann einige Freunde seines Sohnes an. Niemand vermochte ihm zu sagen, wo sich der Junge befand. Man konnte ihn weder im Schulgebäude noch in den angrenzenden Straßen finden. Gegen 10 Uhr abends wurde die Suche eingestellt. Die besorgten Eltern setzten ihre Hoffnung auf den nächsten Tag.

Nach Hause zurückgekehrt, wollte Mr. Franks gerade die Polizei benachrichtigen, als das Telefon klingelte. Der Anrufer stellte sich als »George Johnson« vor und sagte: »Ihnen ist sicher schon klar geworden, daß Robert gekidnappt worden ist. Sie brauchen sich deswegen aber nicht zu beunruhigen. Er befindet sich in Sicherheit und ist wohlauf. Versuchen Sie aber nicht, uns nachzuspüren. Wir brauchen Geld. Wir werden Sie wissen lassen, was wir benötigen. Wenn Sie auf unsere Bedingungen nicht eingehen oder die Polizei benachrichtigen, werden wir den Jungen töten.«

Mr. Franks besprach die Angelegenheit mit seinem Anwalt und setzte auf dessen Rat die Polizei ins Bild. Er ließ sich aber die Zusicherung geben, daß keine Meldung an die Presse gehen werde, solange noch Verhandlungen mit den Entführern im Gange waren.

Die Familie Franks hielt das Telefon während der ganzen Nacht besetzt, es erfolgte aber kein neuer Anruf. Am nächsten Morgen brachte der Postbote einen Eilbrief, in dem die Geldforderung der Kidnapper maschinenschriftlich spezifiziert wurde. Dabei hieß es noch einmal, der Junge sei wohlauf, seine Eltern brauchten sich also keine Sorge zu machen. Es werde ihm auch nichts geschehen, wenn die nachfolgenden Instruktionen genau beachtet würden. »Sollten Sie indessen eine unserer Instruktionen nicht beachten, wird sein Tod die Strafe sein.«

Diese Instruktionen lauteten folgendermaßen:

»1. Aus klaren Gründen machen Sie absolut keinen Versuch, zu den Polizeibehörden oder privaten Agenturen Verbindung aufzunehmen. Sollten Sie schon Verbindung zu der Polizei aufgenommen haben, so erlauben Sie ihr, die Untersuchung aufzunehmen, erwähnen Sie aber diesen Brief nicht.

2. Besorgen Sie sich bis heute nachmittag 10 000 Dollar. Dieser Betrag muß vollständig aus alten Geldscheinen bestehen und folgende Werte umfassen:
2000 Dollar in 20-Dollar-Scheinen
8000 Dollar in 50-Dollar-Scheinen.
Das Geld muß alt sein. Jeder Versuch, neue oder gezeichnete Geldscheine in den Betrag hineinzunehmen, wird das ganze Unternehmen zum Scheitern bringen.

3. Das Geld muß in einer kleinen Zigarrenschachtel untergebracht werden, oder, falls dies unmöglich sein sollte, in einem schweren Pappkarton, sicher verschlossen und in weißes Papier eingewickelt. Das Einschlagpapier ist an allen Öffnungen mit Siegellack zu versiegeln.

4. Nehmen Sie dieses Geld, nachdem es, wie oben angegeben, verpackt worden ist, an sich und bleiben Sie nach ein Uhr nachmittags zu Hause. Sehen Sie zu, daß das Telefon nicht belegt ist. Sie werden weitere Instruktionen erhalten. Als endgültige Warnung lassen Sie sich sagen, daß dies ein strikt kommerzieller Vorschlag ist, und daß wir darauf vorbereitet sind, unsere Drohung zur Ausführung zu bringen, falls wir vernünftige Gründe dafür haben, annehmen zu müssen, daß Sie unseren oben angegebenen Instruktionen zuwidergehandelt haben. Sollten Sie aber gewissenhaft ausführen, was wir von Ihnen verlangen, so können wir Ihnen versichern, daß Ihr Sohn innerhalb von sechs Stunden nach Empfang des Geldes sicher zu Ihnen zurückgekehrt sein wird.«

Der Brief war mit »George Johnson« unterschrieben.

Der tief erschreckte Vater tat, wie ihm befohlen, besorgte sich die verlangten Geldscheine, legte sie in eine Zigarrenschachtel, verpackte diese in Umschlagpapier und versiegelte das Ganze. Dann setzte er sich an das Telefon und wartete.

Am frühen Nachmittag kam ein Anruf von der Polizei, in einem Sumpf in den Außenbezirken der Stadt sei der nackte Körper eines Knaben gefunden worden. Die Leiche habe man in ein Abflußrohr hineingezwängt. Ob es sich vielleicht um seinen vermißten Sohn handle, wurde der Vater gefragt.

Franks erklärte das für unmöglich. Er vertraute auf die Zusicherung der Kidnapper, daß seinem Sohn nichts geschehen werde. Als ihn die Polizei bat, jemand aus seiner Familie zur Leichenschauhalle zu schicken, erklärte er sich nach einigem Zögern dazu bereit und bat seinen Schwager, sich die Leiche anzusehen.

Während dieser unterwegs klar, klingelte das Telefon. Es meldete sich wieder der angebliche Johnson, der hastig sagte: »Ich schicke Ihnen ein Taxi. Steigen Sie hinein und fahren Sie zu dem Drugstore 1463 East 63rd Street. Dort werden Sie weitere Weisungen erhalten. Nehmen Sie das Geld mit.« Bevor Franks die Nummer wiederholen lassen konnte, riß die Verbindung ab.

Als er noch über die Adresse nachdachte, die ihm genannt worden war, schellte es an der Tür. Es war ein Taxifahrer, der ihm sagte, er warte draußen mit seinem Wagen, der Herr möge einsteigen. Als Franks gerade im Begriff war, das Haus zu verlassen, klingelte das Telefon noch einmal. Es war sein Schwager, der ihm eine erschütternde Mitteilung zu machen hatte: Die Leiche, die er eben in Augenschein genommen hatte, war die seines Sohnes Robert. Es könne mit Sicherheit angenommen werden, daß der Junge einem brutalen Mordanschlag zum Opfer gefallen sei.

In der Bevölkerung löste die Nachricht von diesem Verbrechen ein gewaltiges Echo aus. Bei der Polizei wurde Großalarm gegeben, und es begann die umfassendste und schärfste Menschenjagd, die Chicago jemals erlebt hat.

Binnen kürzester Frist war das Taxi ermittelt, das den Vater des Jungen mit dem Lösegeld den Tätern hatte zuführen sollen. Der Fahrer war an einer Taxihaltestelle angerufen und telefonisch beordert worden, zu dem Hause eines gewissen Mr. Franks zu fahren, dort zu klingeln und den Hausherrn an eine bestimmte Stelle zu bringen. Wer diesen Auftrag erteilt hatte, konnte der Taxifahrer nicht sagen, er hatte den Auftraggeber ja gar nicht zu Gesicht bekommen. Die Polizei war damit rasch am Ende ihrer Weisheit.

Um aus dieser Sackgasse herauszukommen, richtete der Polizeipräsident von Chicago einen dringenden Appell an die

Bevölkerung und bat, der Polizei alle ungewöhnlichen Umstände mitzuteilen, die auf der Suche nach dem Täter weiterhelfen konnten. Von Personen, die in der Nähe der Schule des ermordeten Jungen wohnten, wurde daraufhin gemeldet, sie hätten an dem fraglichen Nachmittag einen grauen Personenkraftwagen Marke Winton beobachtet, der in verdächtiger Weise auf und ab gefahren sei. Andere wollten ihn am Abend nicht weit von der 118. Straße und den Sümpfen gesehen haben, wo der Mord verübt worden war.

Die Polizei ging allen Hinweisen nach und vernahm Dutzende von Personen, die einen Wagen des angegebenen Typs besaßen, kam auf diesem Weg aber auch nicht weiter.

Der Arzt, der die Leichenschau vorgenommen hatte, meldete, an dem Körper des Knaben hätten sich Anzeichen gefunden, daß er möglicherweise einem sexuell pervers veranlagten Mann zum Opfer gefallen sei. In einer Großaktion überprüfte die Polizei daraufhin im Bereich von Chicago sämtliche Personen, die als sexuell abnorm bekannt waren. Viele von ihnen wurden festgenommen und mußten es sich gefallen lassen, stundenlang verhört zu werden. Einige wurden sogar denen gegenübergestellt, die den grauen Winton gesehen hatten. Alle Festgenommenen mußten wieder in Freiheit gesetzt werden, weil niemand in Beziehung zu dem Verbrechen gebracht werden konnte.

Da man nicht weiter kam, wandte man sich jetzt an eine in Kansas lebende bekannte Hellseherin, die der Polizei schon mehrfach bei der Aufklärung von Verbrechen geholfen hatte. Sie lieferte ein Psychogramm der Kidnapper, das neue Ermittlungshandlungen auslöste. Sie behauptete nämlich, die Tat sei von zwei jungen Männern und einer etwa 35 Jahre alten rothaarigen Frau verübt worden. Daraufhin wurde der ganze Stadtteil, in dem die Familie Franks wohnte, nach rothaarigen Frauen durchsucht. Einige wurden sogar festgenommen und den Strafverfolgungsbehörden zur Vernehmung vorgeführt. Indessen auch auf diesem Wege kam man nicht weiter.

Jetzt nahm man sich den Brief vor, den die Täter zu dem Erpressungsversuch benutzt hatten. Experten stellten fest, daß er auf einer Corona-Schreibmaschine geschrieben worden war. Daraufhin wurde die Harvard-School mitsamt ihrer Nachbarschaft nach Corona-Maschinen durchkämmt. Auch diese Aktion endete mit einem Fehlschlag.

Während man noch damit beschäftigt war, teilte jemand telefonisch mit, drei junge Männer hätten aus einem Gebäude im Norden der Stadt eine Schreibmaschine herausgetragen und sie in ihren Wagen verstaut. Das sei eine Corona gewesen. Der Anrufer konnte den Wagen beschreiben und war auch imstande, dessen Nummer anzugeben. Daraufhin wurden alle Polizeifahrzeuge mittels Funkspruchs auf den Wagen aufmerksam gemacht. Er wurde auch gesehen. Polizeifahrzeuge folgten ihm unauffällig und ließen ihn nicht mehr aus den Augen. Vor einer Schreibmaschinenhandlung hielt er schließlich an. Es ergab sich, daß ein Kaufmann telefonisch gebeten hatte, die Maschine bei ihm abzuholen und instandzusetzen. Es zeigte sich weiter, daß weder der Kaufmann noch der Schreibmaschinenhändler irgend etwas mit dem Verbrechen zu tun hatten. Sie waren beide völlig unverdächtig. Die Polizei war wieder einem Phantom nachgejagt.

Die Fahndungsorgane ließen sich durch diese Mißerfolge indessen nicht entmutigen. Sie dehnten die Nachforschungen nach neuen Richtungen aus. Die Stelle, wo die Leiche gelegen hatte, wurde in weitem Umkreis Meter für Meter überprüft. Man fand nichts. Auf der angrenzenden Fernverkehrsstraße wurden alle Autospuren aufgenommen. Sie waren nicht exakt genug zu rekonstruieren, um der Aufklärung von Nutzen sein zu können. Nicht weit von der Fundstelle spürte man im Wasser einen Strumpf auf, der offenbar von dem Ermordeten stammte. Diese Entdeckung half aber auch nicht weiter. In der Nähe des gleichen Platzes fand man eine Anzahl Backsteine, die denen glichen, die man bei einem Neubau in der Nähe der Harvard School verwandte. Schlüsse auf den Täter ließ leider auch dieser Fund nicht zu. Schließlich erfuhr man von einem in der Nähe der Fundstelle wohnenden Mann, er habe in dem Sumpf einen blutbefleckten Meißel gefunden, den offenbar jemand am Tage des Mordes hineingeworfen hatte. Das waren gewiß interessante

Funde, sie hellten aber die Frage, wer die Tat verübt hatte, noch immer nicht auf.

Am Ende kam aber dann doch eine Entdeckung, die den Schlüssel zur Lösung des Falles lieferte. Ein in der Nähe der Fundstelle beschäftigter Arbeiter stieß eines Tages bei einem Abzugskanal auf eine Hornbrille, die ihm verdächtig erschien und die er deshalb an die Polizei weiterleitete. Diese wandte sich sofort an alle Optiker im Zentrum und Süden der Stadt und bat sie, an Hand der Brillenrezepte sämtliche Verkäufe von Hornbrillen zu überprüfen. Am 30. Mai meldete ein Optiker aus dem Stadtzentrum, Hornbrillen des angegebenen Typs seien bei ihm zweimal gekauft worden. Die Adressen der Käufer konnte der Optiker angeben. Die eine war unverdächtig. Die Anschrift des anderen Käufers lautete: Nathan F. Leopold jun. Es handelte sich um einen jungen Studenten, der nicht weit von der Familie Franks wohnte.

Der junge Mann wurde daraufhin von der Polizei festgenommen und dem Leiter der Strafverfolgungsbehörde zur Vernehmung vorgeführt. Nathan Leopold war 19 Jahre alt, Sohn eines millionenschweren Kofferfabrikanten, Inhaber eines akademischen Grades der Universität von Chicago (des Bachelor of Philosophy) und derzeit Student der Rechte ebendort. Nach seinem Verbleib am 21. Mai gefragt, gab er an, er sei am Nachmittag und Abend dieses Tages in seinem Wagen mit seinem Freund Richard Loeb in der Stadt spazieren gefahren.

Auf diese Angabe hin wurde auch Richard Loeb festgenommen. Auch er, 18 Jahre alt, war der Sohn eines steinreichen Mannes. Sein Vater, kürzlich in den Ruhestand getreten, war früher Vizepräsident von Sears, Roebuck and Company gewesen, des größten Versandhauses in den USA, und besaß ein bedeutendes Vermögen, zu dem unter anderem ein riesiges Waldgut im Süden des Staates Michigan gehörte.

Beide waren in Überfluß und Luxus aufgewachsen, mit Kammerdienern, Gouvernanten und Chauffeuren. Reitpferde, Kraftwagen und Motorboote standen jederzeit zu ihrer Verfügung. Sie bezogen hohe Taschengelder und verfügten über beachtliche Bankkonten. Fehlte ihnen Geld, brauchten sie sich bloß an die Sekretäre ihrer Väter zu wenden.

Was Nathan Leopold anging, so hatten seine Eltern nichts getan, ihm eine gesunde und vernünftige Einstellung zum Leben anzuerziehen. Im Gegenteil – von seinem Vater hörte er immer nur, Geld regiere die Welt, und wer über entsprechend Geld verfüge, könne alles tun, was ihm in den Kopf komme, sich auch über die Gesetze hinwegsetzen. Weder er noch seine Frau machten ihm begreiflich, daß Reichtum Verpflichtungen gegenüber der Gesellschaft begründet, nach denen sich ein verantwortungsbewußter Mensch richtet. Nathan Leopold wuchs so in der Meinung auf, daß er vieles tun dürfe, was dem gewöhnlichen Bürger verboten ist – eine Meinung, in der er durch das Studium moderner philosophischer Autoren bestärkt wurde.

Diese gefährliche Einstellung zu Welt und Leben hatte sich in einem jungen Menschen herausgebildet, der als ausgesprochen intelligent anzusprechen war. Den Anforderungen von Schule und College hatte er spielend entsprochen. Als er im Alter von 18 Jahren an der Universität von Chicago seinen ersten akademischen Grad erwarb, erzielte er eine Rekordleistung; noch nie hatte ein Student diesen Grad in so jungen Jahren errungen. Weit entfernt, sich auf sein engeres Fach zu beschränken, hatte er sich durch umfangreiche Lektüre ein breites Wissen in Philosophie, Literatur und den Naturwissenschaften erlesen. Er besaß auch bedeutende Kenntnisse in den modernen Sprachen. Daneben war er ein hervorragender Kenner der Vogelwelt. Er veranstaltete regelmäßig Führungen an Plätze, wo es seltene Vögel gab und man ihre Lebensgewohnheiten studieren konnte. Den Durchschnitt seiner Studienkameraden überragte er durch seine Intelligenz und seine Bildung um ein Beträchtliches.

Seine äußere Erscheinung war freilich nicht dazu angetan, Sympathien zu erwecken. Er war klein von Statur, hatte Plattfüße, eine eingesunkene Brust, hervorquellende Augen, und sein Haar war ungepflegt und struwwelig.

In seiner Entwicklung hatte eine Erzieherin eine unheilvolle Rolle gespielt. Unter ihrem Einfluß war es bei ihm zu einer Pervertierung der sexuellen Empfindungen gekommen, die so tiefgreifend war, daß ihm der Geschmack an normalen sexuellen Beziehungen verlorengegangen war. Daß sich daraus homosexuelle Bindungen zu seinem Freund Loeb entwickelt hatten, war nicht überraschend.

Richard Loeb war das ganze Gegenteil zu Nathan Leopold. Er sah gut aus, war groß, von athletischer Statur und besaß regelmäßige, sympathische Gesichtszüge. Auffallend an ihm waren lebhafte, funkelnde, ausdrucksvolle Augen. Er war ein Mensch mit einem starken Willen.

Auch Loeb stand der Intelligenz nach erheblich über dem Durchschnitt. Er durchlief mühelos Schule und College und erwarb an der Universität schon mit 17 Jahren einen akademischen Grad. Bei seinen Kommilitonen genoß er nicht viel Achtung; er galt als unreif und kindlich und erregte Anstoß durch seine Arroganz. Ihm wurde infolgedessen auch nie die Betreuung eines Studienanfängers anvertraut.

Ähnlich wie Leopold hatte auch Loeb durch eine ungeeignete Erzieherin Schaden genommen. Sie forderte ihm in den Jahren, bevor er zum College überging, ein Übermaß an Leistung ab, verwehrte ihm die Beschäftigung mit Dingen, die ihm Freude machten, und zwang ihn zu Arbeit, die ihm nicht zusagte. Was aber noch schlimmer war – sie griff gängelnd und kommandierend in seinen persönlichsten Lebensbereich ein. Die Folge davon war, daß Richard Loeb Abwehrstellung bezog. Durch Ausreden, Lügen und Tricks war er ständig bemüht, sich ihren Anforderungen zu entziehen. Diese Haltung blieb bei ihm charakterlich nicht ohne Wirkung. Aus dem einst geradlinigen, offenen und liebenswürdigen jungen Menschen wurde eine gespaltene, verklemmte und verschlagene Natur, der Tarnung, Verstellung und Lüge zur Gewohnheit wurden.

Für Leopold und Loeb wurde es schicksalhaft, daß sie in den Bann der Philosophie von Friedrich Nietzsche (1844–1900) gerieten.

Man kann sich heute kaum noch eine Vorstellung davon machen, welchen Einfluß dieser Denker im ersten Drittel dieses Jahrhunderts auf die Jugend ausgeübt hat. Er war viele Jahre für sie der Philosoph schlechthin.

1902 sagte der klassische Philologe Hermann Diels in einer Rede vor der Preußischen Akademie der Wissenschaften: »Heute ist er (Nietzsche) eine Macht, ein Heros geworden, wenigstens bei der Jugend; sein Bild ist das anerkannte Symbol alles dessen, was jetzt in Sturm und Drang nach Höherbildung vorwärts strebt.«

1906 hat Reichsgerichtsrat Adelbert Düringer in einer Schrift: »Nietzsches Philosophie vom Standpunkt des modernen Rechts« die Situation folgendermaßen geschildert: »Von wem werden die Schriften Nietzsches am eifrigsten gelesen? In welchen Kreisen findet er vorzugsweise seine enthusiastischen Bewunderer und begeisterten Verehrer? Es sind die Primaner unserer höheren Lehranstalten, welche vormittags noch die Schulbank drücken, in den Freistunden aber für das unbekannte Land ihrer goldenen Zukunft schwärmen. Es sind junge Kaufleute, welche tagsüber Mühe haben, einen verständlichen kaufmännischen Brief zu schreiben oder ihre Bücher korrekt einzutragen, dafür aber am Abend sich durch die Lektüre ›Also sprach Zarathustra‹ entschädigen. Es sind junge Schauspieler oder Kunstschüler, die das Bedürfnis empfinden, sich ästhetisch anregen zu lassen, es dabei aber gerne vermeiden, durch ein ernsteres Studium ihren Geist anzustrengen!«

Was bei den jungen Leuten besonderen Widerhall fand, war Nietzsches Lehre vom Übermenschen und von der Herrenmoral. Der »Übermensch«, darunter verstand Nietzsche eine höhere Gattung von Mensch, die sich über das Niveau der »unheilbar mittelmäßigen«, der »Herdenmenschen«, »Vielzuvielen« erhebt. Das ist also ein Menschentypus, welcher der landläufigen Moral entrückt ist, jenseits von Gut und Böse steht und auch der Rechtsordnung gegenüber Handlungsfreiheit besitzt.

Von dem Boden dieser Anschauungen aus gelangte Nietzsche zu der Gestalt des »großen, überwertigen Verbrechers«, der vom »gemeinen Verbrecher« wohl zu unterscheiden sei. Die Taten dieser großen Verbrecher sind »höchste Vorrechte und keine Brandmale«. Sie unterscheiden sich von den verbrecherischen Handlungen, die üblicherweise von den Gerichten abzuurteilen sind, durch ihren »großen Stil«.

In diesem »großen Verbrecher« erblickte Nietzsche die »höchste kraftgeladene Gestalt des Menschen«. »Gelobt sei, was hart macht!« »Ein Verbrecher ist jedenfalls ein Mensch, der sein Leben, seine Ehre, seine Freiheit riskiert – ein Mann des Muts.«

Ein Blick in die Geschichte lehre, daß »alle großen Menschen Verbrecher waren (nur im großen Stile, nicht im erbärmlichen), daß das Verbrechen zur Größe gehört«. »Wenn unsereiner kein Verbrechen, z. B. keinen Mord auf dem Gewissen hat – woran liegt es? Daß uns ein paar begünstigende Umstände gefehlt haben ... An sich würde man uns verachten, wenn man uns nicht die Kraft zutraute, unter Umständen einen Menschen zu töten.«

Daß diese Verherrlichung verbrecherischen Tuns durch jenen »Vogelsteller für unvorsichtige Seelen«, wie Alois Riehl Nietzsche 1897 genannt hat, in unreifen und überspannten Köpfen Unheil anrichten und eines Tages zu einer Explosion führen mußte, lag auf der Hand. Reichsgerichtsrat Düringer meinte schon 1906, es gehöre keine Prophetengabe dazu, daß man unter dem Bann dieser Lehren eines Tages praktische Nietzsche-Philosophie treiben und die Welt durch Großverbrechen schokkieren werde. 1924 war es soweit.

Richard Loeb fühlte sich als ein solcher »Übermensch«, der – jenseits von Gut und Böse stehend – dazu aufgerufen sei, eines jener großen, spektakulären Verbrechen im Sinne seines philosophischen Lehrers und Meisters zu begehen.

Loeb weihte frühzeitig Leopold in seine Gedanken und Pläne ein und bat ihn um Mitwirkung. Willenlos ergeben, wie er Loeb war, erklärte sich Leopold sofort dazu bereit. Da sie im Begriff waren, ihr Studium an verschiedenen Orten fortzusetzen, schien ihnen jetzt der Zeitpunkt zum Handeln gekommen zu sein. Und so kam es am 21. Mai 1924 zu der Bluttat, die für sie das »große Verbrechen« bedeutete.

Als den jungen Leuten auf dem Polizeipräsidium die Frage vorgelegt wurde, ob sie etwas mit dem Mord an Robert Franks zu tun hätten, verlegten sie sich zunächst aufs Leugnen. Leopold bestritt zwar nicht, der Eigentümer der aufgefundenen Brille zu sein, behauptete aber, er müsse sie auf einer seiner Exkursionen in die Vogelwelt verloren haben. Er veranstalte öfter Führungen in die Gegend, wo sie gefunden worden sei, und dabei nehme er regelmäßig auch seine Brille mit.

Auf die Frage, ob er Robert Franks gekannt habe, erwiderte er: »Allerdings. Er war ein hübscher kleiner Bursche.« Erneut gefragt, ob er etwas mit dem Mord zu tun habe, antwortete er: »Was für einen Grund sollte ich gehabt haben, ihn zu töten? Ich habe Geld nicht nötig, mein Vater ist reich. Wenn ich Geld haben will, dann ist alles, was ich zu tun habe, ihn darum zu bitten.« Außerdem verdiene er durch seine Exkursionen in die Vogelwelt selbst schon Geld. Der Gedanke, er habe Geld erpressen wollen, sei deshalb absurd.

Als diese Angaben überprüft wurden, ergab sich, daß einiges, was die beiden behauptet hatten, nicht stimmte. Zwar bestätigte es sich, daß Leopold eine Art Experte in Vogelkunde war. Als unrichtig erwies sich aber die Behauptung, daß sie bei ihrer Kreuz- und Querfahrt durch die Stadt den Wagen der Familie Leopold benutzt hätten. Der Chauffeur der Leopolds sagte nämlich aus, der Wagen sei am 21. Mai in der Zeit zwischen ein Uhr mittags und 10 Uhr abends nicht aus der Garage herausgekommen.

Beide wurden daraufhin getrennt vernommen. Mit der Aussage des Chauffeurs konfrontiert, verfingen sie sich in bezug auf das, was am Nachmittag des 21. Mai geschehen war, in unauflösbare Widersprüche. Die vernehmenden Polizeibeamten verwickelten sie daraufhin in Dauerverhöre, die sich ohne Unterbrechung über 24 Stunden hinzogen. Der Streß, dem die beiden dabei ausgesetzt waren, machte sie schließlich mürbe.

Der erste, der zusammenbrach und ein Geständnis ablegte, war Loeb. Er sagte, Leopold sei mit Franks in Streit geraten und habe ihm dabei in seiner Wut mit einem Meißel einen Schlag über den Kopf gegeben. Er – Loeb – habe inzwischen am Steuer des Wagens gesessen.

Leopold war empört, als ihm mitgeteilt wurde, daß sein Freund die Tat gestanden habe. So ein Schwächling, sagte er. Nachdem der andere gesprochen hatte, gab aber auch er das Leugnen auf. Er bestritt jedoch, den tödlichen Schlag getan zu haben. Der komme auf das alleinige Konto von Loeb.

Wie sie sagten, hatten sie den Plan zu einem spektakulären, einem »großen« Verbrechen schon im November des vergangenen Jahres gefaßt. Sie waren damals übereingekommen, irgendeinen reichen Jungen zu kidnappen, ihn dann zu töten und von seiner Familie Geld zu erpressen.

Im einzelnen waren sie folgendermaßen vorgegangen: Vier Wochen vor der Tat ließen sie sich unter angenommenem Namen bei einer Bank Konten eröffnen – Leopold unter dem Namen Morton D. Ballard und Loeb unter dem Namen Louis Mason. Dann ließ sich Leopold unter dem Namen Ballard bei einer Leihwagen-Agentur einen Kredit einräumen, der es ihm möglich machte, dort jederzeit einen Wagen zu leihen. Als Referenz gab er dabei Mason an. Durch Gebrauch dieser falschen Namen wollte man es unmöglich machen, auf ihre Spur zu kommen. In einem Hotel im Stadtzentrum mietete Leopold außerdem unter seinem Decknamen ein Zimmer und ließ Post dorthin dirigieren. Alle diese Maßnahmen waren dazu bestimmt, die Polizei irrezuführen.

Zu der Ermordung von Robert Franks war es auf folgende Weise gekommen: Noch bevor sie sich schlüssig geworden waren, wer ihr Opfer werden sollte, besorgten sich die beiden diejenigen Gegenstände, mit denen sie die Tat ausführen wollten. In einer Eisenhandlung erstanden sie zunächst einen Meißel und ein Stück Seil. Mit dem Seil wollten sie ursprünglich ihr Opfer erdrosseln. In einem Drugstore kauften sie sodann eine Flasche Salzsäure. Aus dem Hause Leopold nahmen sie außerdem ein Paar Wasserstiefel, eine Reisedecke und Stoffreste mit, die als Knebel dienen sollten. Nachdem sie den Meißel mit Leukoplast umwickelt hatten, legten sie ihn und die anderen Gegenstände in ein Versteck und bewahrten sie dort bis zum nächsten Morgen auf. Dann trugen sie alles in den Wagen der Familie Leopold, fuhren mit ihm in das Stadtzentrum und parkten ihn in der Nähe der Wagenverleih-Agentur, bei der sich Leopold einen Kredit hatte einräumen lassen. Bei der Agentur mieteten sie einen Wagen, lagerten die Instrumente um und fuhren mit dem Leopoldschen Wagen in die Garage zurück. Als sie unterwegs an einem Neubau vorüberkamen, nahmen sie einige Backsteine auf. Sie waren dazu bestimmt, bei der Versenkung der Leiche als Ballast zu dienen.

In dem Mietwagen begaben sich dann die beiden jungen Männer auf die Suche nach einem Opfer. Am ungefährlichsten erschien es ihnen, einen Schuljungen zu kidnappen, denn ihn konnten sie leicht überwältigen. Zuerst dachten sie an einen

Enkel von Julius Rosenwald, dem steinreichen Präsidenten von Sears, Roebuck and Company. Später einigten sie sich auf einen jungen Burschen namens Rubel. Sie kamen von diesem jedoch wieder ab, weil dessen Vater als Geizkragen bekannt war, der das geforderte Lösegeld womöglich nicht zahlen werde. Sie erwogen dann auch, ein junges Mädchen verschwinden zu lassen. Am Ende aber beschlossen sie, die Entscheidung dem Zufall zu überlassen und fuhren los.

In der Nähe der Harvard School stieg Loeb aus und sah sich nach einem passenden Objekt um. Leopold durchstreifte mittlerweile mit dem Wagen die benachbarten Straßenzüge. Auf seinem Rundgang stieß Loeb auf einen jungen Burschen namens Levinson, der ihm geeignet erschien. Er eilte zu seinem Freund, um ihn ins Bild zu setzen, als sie dann aber mit ihrem Wagen auf die Suche nach Levinson gingen, konnten sie ihn nicht finden und mußten von ihm Abstand nehmen.

Da erblickten sie auf der Ellis Avenue einige Knaben. Der erste, der ihnen vor die Augen kam, war der 13jährige Robert Franks. An ihn hatten sie bisher noch nicht gedacht. Jetzt kam er ihnen zurecht. Sie luden ihn ein, in ihren Wagen zu kommen und ihren neuen Tennisschläger anzusehen; anschließend würden sie ihn nach Hause fahren. Der Junge stieg ahnungslos in den Wagen ein und ließ sich wegfahren. Wenige Minuten danach schlug Loeb ihn mit dem Meißel so schwer auf den Schädel, daß das Blut im Wagen umherspritzte. Dann stopften sie ihm einen mit Salzsäure getränkten Wattebausch in den Mund und hüllten ihn, nachdem er das Bewußtsein verloren hatte, mit ihrer Reisedecke ein. Das noch immer strömende Blut quoll durch die Decke hindurch und bildete auf dem Boden des Wagens eine große Lache.

Die beiden fuhren jetzt in rascher Fahrt durch die stark belebten Straßen nach dem Südosten der Stadt, um sich dort, am Michigansee, des Leichnams zu entledigen. Unterwegs gingen sie in ein Restaurant und verzehrten einen Sandwich. Dann fuhren sie auf einen abgelegenen Weg, zogen dem Jungen die Schuhe aus und warfen sie in die Büsche. Später öffneten sie seinen Gürtel und streiften auch noch Hose und Strümpfe ab. Gürtel und

Gürtelschnalle warfen sie aus dem Wagen, Hose und Strümpfe beließen sie zunächst darin, um sich davon später zu befreien.

Mittlerweile war es dunkel geworden. Als sie an einem Rasthaus vorüberkamen, beschlossen sie, dort einzukehren. Während draußen der Wagen mit der Leiche ihres Opfers stand, nahmen sie in aller Seelenruhe das Abendessen zu sich. Dann gingen sie daran, sich des Leichnams zu entledigen. Als Ort, der dafür geeignet war, hatten sie das am Michigansee gelegene Industriegebiet tief im Süden der Stadt ausersehen, in dem nach Einbruch der Dunkelheit kaum noch ein Mensch anzutreffen ist. Sie fuhren mit dem Wagen bis dicht an den Rand eines großen, wasserbedeckten Sumpfgebiets und hielten nach einer passenden Stelle Ausschau. Sie stießen dort auf einen verrohrten Entwässerungskanal, dessen eines Ende offen war. Obwohl sie den Eindruck hatten, daß der Tod längst eingetreten war, drückten sie, um ganz sicher zu gehen, den Kopf des Jungen noch einige Minuten unter Wasser. Dann gossen sie Salzsäure über den Körper und zwängten ihn, den Kopf voran, in die Betonröhre hinein. Darauf stapfte Leopold mit seinen Wasserstiefeln in den Sumpf hinein, ergriff die blutbefleckten Kleidungsstücke des Ermordeten und ließ sie im Wasser verschwinden. Anschließend säuberte er sich von Schmutz und Blut und tauschte seine Wasserstiefel gegen seine Schuhe aus. Von einem Drugstore rief er bei sich zu Hause an und teilte mit, es werde spät werden, bis er heimkomme.

Inzwischen war es 9 Uhr abends geworden. Da sie sich jetzt der Leiche entledigt hatten, traten sie die Rückfahrt an. Unterwegs warfen sie noch den blutbefleckten Meißel aus dem Wagen. Im Hause der Familie Loeb angekommen, zündeten sie im Keller ein Feuer an und verbrannten, was sie noch an Reststücken besaßen. Dann versuchten sie, die Blutflecken vom Wagenboden und aus der Reisedecke wegzubekommen, kamen damit aber nicht zurecht.

Als nächstes rief Leopold den Vater Franks an, setzte ihn ins Bild, daß sein Sohn entführt worden sei und kündigte die Forderung eines Lösegelds an. Dann gaben sie den Erpresserbrief auf, den Franks am nächsten Morgen per Eilpost erhalten sollte. Sie hatten ihn schon am Abend vorher, als das Opfer noch gar nicht feststand, entworfen und auf ihrer Schreibmaschine zu Papier gebracht.

Beide überlegten daraufhin, welche Weisungen Franks am nächsten Morgen erhalten sollte. Sie einigten sich auf folgendes Vorgehen: Franks sollte von ihnen telefonisch aufgefordert werden, mit einem ihm zugesandten Taxi sich unter Mitnahme des Geldes sofort nach einem Drugstore in der 63. Straße zu begeben. Dort hatte er einen zweiten Anruf abzuwarten. Durch ihn sollte er aufgefordert werden, einen südwärts fahrenden Zug zu besteigen und den Pullman-Wagen aufzusuchen. An einer näher bezeichneten Stelle würden dort auf einem Notizzettel die endgültigen Instruktionen für ihn bereitliegen.

Diesen Notizzettel sollte Loeb, durch dunkle Brillengläser unkenntlich gemacht, vorher in dem Abteil deponieren. Er sollte zu diesem Zweck den Zug auf der Station nördlich der 63. Straße besteigen und ihn auf der nächsten Haltestelle wieder verlassen. Auf dem Notizzettel sollte Franks aufgefordert werden, sich sofort in den rückwärtigen Teil des Zuges zu begeben, auf die östliche Seite der Strecke zu treten, auf ein neben einem großen schwarzen Wasserturm stehendes Fabrikgebäude aus rotem Sandstein acht zu geben und am Südende dieses Gebäudes das Paket mit den Geldscheinen so weit in das Fabrikgelände hineinzuwerfen, als ihm möglich sei.

Das war alles raffiniert und erfolgversprechend ausgetüftelt worden, scheiterte aber daran, daß die Leiche wider Erwarten schon am Tage nach der Tat aufgefunden wurde.

In der Nacht zum 22. Mai fuhren die beiden ihren Mietwagen in eine Straße in der Nähe des Hauses der Familie Leopold, parkten ihn dort und gingen in das Haus. Das war gegen 11 Uhr abends. Sie spielten bis nach Mitternacht Karten miteinander und tranken. Dann fuhr Leopold seinen Freund nach Hause.

Am nächsten Morgen fuhren sie den gemieteten Wagen in die zum Hause Leopold gehörende Garage und versuchten erneut, die Blutflecken heraus zu bekommen. Sie ahnten nicht, daß der Leopoldsche Chauffeur sie dabei beobachtete.

Am Nachmittag fuhren sie zu der Stelle, wo Loeb den Zug besteigen sollte, um in dem Pullman-Wagen den Notizzettel zu deponieren. Kurz vorher hatte Leopold in dem Drugstore angerufen, wo Vater Franks die abschließenden Weisungen erhalten sollte. Er war nicht da. Mit einigen späteren Anrufen hatte Leopold genau so wenig Glück. Er konnte sich nicht erklären, warum Franks nicht gekommen war. Loeb deponierte mittlerweile den Notizzettel im Pullman-Wagen, so wie es vereinbart worden war.

Als Leopold die Telefonzelle verließ, von der aus er einen letzten Versuch unternommen hatte, zu Franks Verbindung zu bekommen, fiel sein Blick auf eine Schlagzeile in einer Abendzeitung. Sie meldete die Auffindung der Leiche des jungen Franks.

Leopold begab sich daraufhin sofort mit dem gemieteten Wagen nach Hause. Dort erzählte ihm der Chauffeur von dem Mord und dem Aufsehen, das die schwere Bluttat erregt hatte.

Am nächsten Morgen ergriffen Loeb und Leopold die Schreibmaschine und fuhren mit ihr in dem Leopoldschen Wagen zu einer Lagune am Jackson-Park. Mit einer Zange kniffen sie die Tasten ab und warfen sie einzeln an verschiedenen Stellen ins Wasser. Dann ließen sie auch die Schreibmaschine im Wasser verschwinden. In die Garage der Leopolds zurückgekehrt, nahmen sie sich die Reisedecke vor, übergossen sie mit Benzin, fuhren mit ihr zu einem einsamen Ort in den Außenbezirken der Stadt und verbrannten sie. Damit glaubten sie alles getan zu haben, um gegen eine Entdeckung gesichert zu sein. Wäre nicht die Hornbrille gewesen, so wäre der Fall vielleicht ebenso in die Liste der ungelösten Morde eingegangen, wie in Chicago zahlreiche andere Fälle vorher.

Als die Beamten der Kriminalpolizei an die Überprüfung der Geständnisse gingen, ergab sich, daß die Beschuldigten in allen Punkten die Wahrheit gesagt hatten. Bank- und Hotelangestellte bestätigten, daß sich die beiden vor ihnen als Ballard und Mason ausgegeben hatten. Bei der Mietwagen-Agentur wurde ohne Mühe der Wagen ausfindig gemacht, den sie zur Ausführung des Verbrechens benutzt hatten. Die Geschäfte, in denen der Meißel, das Seil, die Salzsäure und das Briefpapier gekauft worden waren, wurden ebenfalls rasch ermittelt. Ausfindig gemacht wurde auch der Bahnbeamte, der an Loeb die Fahrkarte verkauft hatte. In dem Pullman-Wagen lag – wie beschrieben – der für Mr. Franks bestimmte Notizzettel. Die beiseitegebrachten Kleidungsstücke fanden sich an den angegebenen Stellen ebenso wie die Schreibmaschine. Alles stimmte.

Das Strafverfahren wurde mit großem Nachdruck betrieben. Am 21. Mai war die Bluttat geschehen. Schon am 6. Juni trat eine Grand Jury zusammen und beschloß, Richard Loeb und Nathan Leopold wegen Mordes und Entführung (kidnapping) unter Anklage zu stellen.

Nachdem daraufhin am 11. Juni ihre Sache einem Schwurgericht zur Aburteilung überwiesen worden war, plädierten die Angeklagten auf »nichtschuldig«. Der Beginn der Hauptverhandlung vor der Jury wurde demzufolge auf den 4. August anberaumt.

Als die beiden dann aber am 21. Juli ihre Einlassung änderten und auf »schuldig« plädierten, mußte der Termin vor dem Schwurgericht aufgehoben werden. Diese Erklärung hatte nämlich zur Folge, daß der Richter allein – ohne Mitwirkung von Laienrichtern – das Urteil zu fällen hatte.

Dieser Wechsel war deshalb erfolgt, weil die Verteidiger der Ansicht waren, man gehe mit einer Jury ein zu großes Risiko ein. Die Hysterie, die der Fall im ganzen Lande ausgelöst hatte, und der Druck, der von der Bevölkerung ausging, hätten das Votum der Geschworenen unheilvoll beeinflussen können. Dem Richter traute man viel eher ein sachliches, von Emotionen unbeeinflußtes Urteil zu als den Männern und Frauen aus dem Volke, die der Zufall auf die Geschworenenbank führen würde.

Der Termin zur Hauptverhandlung konnte jetzt auf den 23. Juli vorverlegt werden. Zu ihr strömten Tausende herbei, um eine Einlaßkarte zu erhalten. Die Massen fieberten, Millionen diskutierten alltäglich den Verlauf der Verhandlung. Tagelang beherrschten die Prozeßberichte die Titelseite der Zeitungen. Auf den Ausgang des Prozesses wurden riesige Wetten abgeschlossen.

Das Richteramt nahm der Chefrichter des Strafgerichtshofes von Cook County, John R. Caverley, wahr. Es handelte sich um einen älteren Mann mit vieljähriger forensischer Erfahrung. Er hatte schon in vielen Strafsachen den Vorsitz geführt und genoß den Ruf, ein gütiger und humaner Richter zu sein. Das war denn wohl auch der Grund gewesen, weshalb die Verteidiger mittels des Schuldbekenntnisses der Angeklagten die Geschworenen von dem Richteramt ferngehalten hatten. Bei Mr. Justice Caverley wußte man, woran man war; bei einer Geschworenenbank konnte man nicht im voraus sagen, was herauskam.

Die Vertretung der Anklage lag in den Händen von nicht weniger als fünf Anwälten. Die Leitung hatte der Attorney Robert E. Crowe inne, der früher einmal selbst Richter gewesen war. Bei ihm handelte es sich um einen rasch reagierenden, scharfzüngigen und angriffslustigen Mann, der wie der vorsitzende Richter auf viele Jahre forensischer Erfahrung zurückblicken konnte. Ihm stand das Ziel, das er anstreben und durchsetzen mußte, klar vor Augen. Diese beiden Angeklagten mußten unter allen Umständen an den Galgen und das Aufgebot von einer Million Dollar zur Rettung des Lebens von zwei kaltblütigen Mördern zum Scheitern gebracht werden. Mr. Crowe war sich gewiß, daß er damit ganz im Sinne der öffentlichen Meinung handelte.

Die Verteidigung war dem Attorney Clarence Darrow aus Chicago und zwei Vettern des Angeklagten Loeb, den Gebrüdern Bachrach, anvertraut worden.

Darrow galt damals schon als einer der ersten Strafverteidiger Amerikas. An das Mandat war er auf ziemlich ungewöhnliche Weise gekommen. In den frühen Morgenstunden des 2. Juni 1924, als das Ehepaar Darrow noch schlief, wurde heftig die Türklingel gezogen. Mrs. Darrow sprang aus dem Bett und eilte zur Haustür. Als sie die Tür öffnete, sah sie vier Gestalten vor sich, die stürmisch nach ihrem Mann verlangten. Die Mitteilung, daß er noch schlafe und sich außerdem nicht wohlfühle, beeindruckte die Männer nicht im geringsten. Sie drängten Mrs. Darrow beiseite und stürmten in das Schlafzimmer hinein. Dort stürzte sich der Führer der Gruppe, Richard Loebs Onkel, auf den Anwalt und umfaßte seine Schultern: »Dem Himmel sei Dank, daß Sie hier sind. Niemand sonst kann uns helfen. Sie müssen unsere beiden Boys retten!«

Darrow war mit der Familie Loeb seit vielen Jahren bekannt.

Er hatte aus den Zeitungen erfahren, daß der junge Loeb und sein Freund Leopold unter Mordverdacht festgenommen worden seien, er war aber überzeugt, daß dieser Verdacht nicht begründet sei. Im Vertrauen darauf verwies er seine Besucher auf die beiden Neffen von Loeb senior, die Rechtsanwälte Bachrach. Er mußte sich daraufhin belehren lassen, daß die beiden jungen Leute bereits gestanden hatten.

Als er das erfuhr, fuhr Darrow im Bett hoch. Er wollte einfach nicht glauben, daß die Söhne aus so angesehenen Familien fähig gewesen seien, einen brutalen Mord zu begehen. Die Erschütterung und die Verzweiflung, die bei seinen Besuchern zu spüren waren, belehrten ihn schließlich aber eines Besseren.

Er fragte: »Was kann ich tun?« – »Ihnen das Leben retten! Verschaffen Sie ihnen ein Urteil auf lebenslänglich. Das ist das, worum wir Sie bitten!« – »Das ist leicht gesagt. Millionen von Menschen fordern ihren Tod!«, erwiderte Darrow. Der Onkel von Richard Loeb fiel vor ihm auf die Knie: »Sie werden es trotzdem tun. Geld spielt keine Rolle. Wir bezahlen alles, was Sie verlangen. Um Gottes willen, verhindern Sie, daß sie gehängt werden. Sie haben an die hundert andere gerettet. Warum wollen Sie diesen Ihre Hilfe versagen?«

Darrow dachte angestrengt nach. Konnte er es wirklich auf sich nehmen, diese jungen Leute aus reicher Familie nach einer so abscheulichen Bluttat zu verteidigen? Er, der immer betont hatte, daß allein Not und Armut Triebfeder für das Verbrechen seien! Lud er sich nicht Wut und Haß der ganzen Bevölkerung auf den Hals? Würde er nicht im ganzen Lande geschmäht und verflucht werden, wenn er den Urhebern dieser schändlichen Bluttat seinen Schutz angedeihen lasse? Sicherlich würde man ihn wieder einen Anarchisten, Unheilsbrüter und Feind der Gesellschaft nennen. Man würde ihm vorhalten, wer nichts daran finde, solche Leute zu verteidigen, stelle sich mit ihnen auf eine Ebene und sei selbst ein Verbrecher. War er mit seinen 67 Jahren auch nicht schon zu alt, um die mit einem solchen Unterfangen verbundene Nervenbelastung tragen zu können?

Er hatte aber auch folgendes zu bedenken: Er – Clarence Darrow – war bekannt als einer der entschiedensten Gegner der Todesstrafe in den USA. Durfte er – der in Wort und Schrift für ihre Abschaffung plädiert hatte – es geschehen lassen, daß zwei jungen Menschen das Leben genommen wurde, nur weil sie etwas getan hatten, was in der Bevölkerung Gefühle wachgerufen hatte, die ihm als Verteidiger gefährlich werden konnten?

Nein, das durfte er nicht. Er durfte es um so weniger, als es durchaus nicht ausgeschlossen erschien, daß es ihm gelingen würde, das Gericht davon zu überzeugen, daß es Gründe gab, von der Todesstrafe Abstand zu nehmen. Die seelische Struktur der Angeklagten wies anormale Züge auf, aus denen sich vieles erklären ließ. In ihren Elternhäusern hatte man sie außerdem mehr oder weniger sich selbst überlassen und es an der nötigen erzieherischen Beeinflussung fehlen lassen. Anlage und Umwelt waren bei ihnen also so geartet, daß es durchaus möglich erschien, das Gericht dahin zu bringen, mildernde Umstände anzunehmen. Gelang das, dann waren die zwei gerettet.

Von solchen Überlegungen bestimmt, entschloß sich Darrow schließlich, die Verteidigung zu übernehmen. Er war sich dabei von vornherein klar darüber, daß es darauf ankam, namhafte Sachverständige aus dem Bereich der Psychiatrie zu gewinnen. Hier lag die einzige Chance für die Verteidigung.

Was den Anwalt sehr bekümmerte, war der Umstand, daß die Eltern Loebs jeden Verkehr mit ihrem Sohn ablehnten. »Wenn Sie Ihrem Sohn keine Barmherzigkeit erweisen«, sagte er, »wie können Sie dann erwarten, daß der Richter Milde zeigt?« Er beschwor sie, ihn im Gefängnis regelmäßig zu besuchen, drang mit dieser Bitte aber nur bei Mrs. Loeb durch. Ihr Mann erwies sich auf die Dauer als völlig unansprechbar. Sein Sohn war für ihn gestorben. Er verlor nie wieder ein Wort über ihn und duldete auch nicht, daß in seiner Gegenwart über ihn gesprochen wurde. Er existierte für ihn nicht mehr.

Wenn Darrow auch bei dem Vater Loeb nichts auszurichten vermochte, so gelang es ihm doch, zwischen den beiden jungen Leuten das Einvernehmen wiederherzustellen. Die Behauptung Loebs, Leopold habe den tödlichen Schlag versetzt, hatte diesen in Empörung versetzt. Er ließ seinem Freund bestellen, er solle sich ja nicht einbilden, daß er auf diese Weise billiger davon kommen könne. Ganz gleich, wer den Schlag getan habe, sie seien beide als Haupttäter zu betrachten, und es sei so gut wie ausgeschlossen, daß man zwischen ihnen einen Unterschied machen werde. Das sah Loeb schließlich ein, und damit war die Voraussetzung dafür geschaffen, daß der Friede zwischen ihnen wieder hergestellt werden konnte.

Darrow war darauf vorbereitet, daß die Übernahme dieser Verteidigung eine Welle des Protestes auslösen werde. Das, was dann kam, übertraf jedoch seine schlimmsten Erwartungen. Chicago hatte im Lauf der Jahrzehnte schwere und schwerste Verbrechen erlebt. Der Fall Loeb–Leopold aber wühlte die Menschen mehr als alles vorher auf. Jeder Vater und jede Mutter fühlten sich in Mitleidenschaft versetzt. Konnte es ihren Kindern nicht ebenso ergehen? Die meisten Bürger von Chicago hätten es am liebsten gesehen, mit den beiden Übeltätern wäre kurzer Prozeß gemacht worden, das heißt, man hätte sie am nächsten Baum aufgehängt. Als jetzt zu hören war, Clarence Darrow – der angebliche Anwalt der Armen und Unterdrückten – werde sie verteidigen, war alle Welt empört. Man wußte, daß das Vermögen der Familien Loeb und Leopold zusammengerechnet etwa 15 bis 20 Millionen Dollar betrug. Mit Geld ließ sich in den USA offenbar alles erreichen. Sicherlich würde Darrow auf Unzurechnungsfähigkeit plädieren und die Einweisung der beiden Mordbuben in eine Heil- und Pflegeanstalt, zumindest aber eine Freiheitsstrafe, durchsetzen. (In dieser Richtung lag in der Tat die einzige Möglichkeit, den Angeklagten zu helfen!) Nach einigen Jahren bequemer Haft würde es ihnen dann dank der Millionen ihrer Väter möglich sein, vorzeitig begnadigt und entlassen zu werden. Und für so etwas gebe sich dieser Anwalt her! Schon wurde behauptet, Darrow werde für die Verteidigung eine Million Dollar kassieren, das heißt das höchste Honorar der amerikanischen Geschichte. Dieses Gerücht durchlief im Nu das ganze Land, und ihm konnte lange Zeit kein Dementi beikommen.

Als die beiden Angeklagten den Gerichtssaal betraten, konstatierte man, daß sie tadellos gekleidet waren. Sie machten einen gefaßten Eindruck. Sie sahen beinahe aus, als ob sie zufrieden seien, durch ein ungewöhnliches Verbrechen Unsterblichkeit errungen zu haben.

In der Hauptverhandlung hätte sich die Anklagevertretung

darauf beschränken können, das verlesen zu lassen, was die Angeklagten im Vorverfahren gestanden und zu Protokoll gegeben hatten. Aus wohlüberlegten prozeßtaktischen Erwägungen wählte sie einen anderen Weg. Sie ließ eine große Zahl Zeugen aufmarschieren und durch sie jede Einzelheit des grausigen Geschehens einschließlich des Planungs- und Vorbereitungsstadiums rekonstruieren. Zusätzlich präsentierte sie dem Gericht zwei namhafte Schriftsachverständige, die bekundeten, daß die Worte »George Johnson« unter dem Erpresserbrief die Handschrift von Leopold erkennen ließen, und daß sowohl dieser Brief als auch der in dem Pullman-Wagen zurückgelassene Notizzettel mit der Schreibmaschine geschrieben worden waren, die Leopold bei der Lagune ins Wasser geworfen hatte.

Für die Verteidigung erklärte Darrow, es sei nicht seine Absicht, den Beweis dafür anzutreten, daß die Angeklagten zur Zeit der Tat unzurechnungsfähig gewesen seien, wohl aber werde er zeigen, daß sie als geistig gestört betrachtet werden müßten. Zu diesem Zweck rief er vier namhafte Psychiater in den Zeugenstand. Die beiden beteiligten Familien hatten keine Kosten gescheut, erste Fachkräfte für eine gutachtliche Äußerung zu gewinnen.

Die Anklagevertretung setzte der Anhörung der vier Ärzte entschiedensten Widerstand entgegen. Wenn hier die (ganze oder teilweise) Verantwortlichkeit der Angeklagten für ihr Tun in Zweifel gezogen werden solle, so müsse darauf hingewiesen werden, daß sie sich als schuldig bekannt hätten. Nach dem Recht von Illinois sei die Anzweiflung der Schuldfrage auch nur vor einem Schwurgericht zulässig.

Die Antwort, die Darrow darauf gab, brachte noch einmal zum Ausdruck, daß die Verteidigung nicht behaupte, daß die beiden Angeklagten unzurechnungsfähig im Sinne des Gesetzes seien; sie seien aber seelisch so abnorm und defekt, daß dieser Zustand als mildernder Umstand gewertet werden müsse.

Die Anklagevertretung erwiderte, auf solche Zwischenzustände zwischen Zurechnungsfähigkeit und Unzurechnungsfähigkeit könne keine Rücksicht genommen werden. Außerdem könne von irgendwelchen seelischen Defekten gar keine Rede sein. Denn das Beweismaterial lasse einen genau vorbedachten, grausamen und bösartigen Mord erkennen, für den die Täter voll verantwortlich gemacht werden müßten. Die aufgebrachte Bevölkerung und die Gerechtigkeit forderten kategorisch die Todesstrafe, und sie werde darauf auch bestehen.

Diesen Ausführungen trat Darrow mit der Bemerkung entgegen, er bedauere tief, welche Leidenschaft bei dieser Forderung auf die Kapitalstrafe in Erscheinung getreten sei. Er für seine Person meine, man dürfe die Todesstrafe immer nur mit tiefem Bedauern und lebhaftem Mitgefühl für den Betroffenen ins Auge fassen. Von einer solchen Gesinnung sei leider in den Ausführungen des Anklagevertreters nichts zu spüren gewesen.

Der Richter ging über den Protest der Anklagevertretung hinweg und beschied alle auf den Nachweis von mildernden Umständen gerichteten Beweisanträge positiv.

Das Zeugnis dieser psychiatrischen Sachverständigen gründete sich auf zahlreiche Untersuchungen und eingehende Befragungen, durch welche nicht nur die Jugend, sondern auch die Kindheit der beiden jungen Leute durchleuchtet worden war.

Bei Leopold führte die ärztliche Untersuchung zur Aufdekkung von Drüsenstörungen mannigfacher Art. Sie betrafen die Brustdrüsen, die Zirbeldrüse und die Schilddrüse; bei letzterer wurde eine auffallende Überaktivität festgestellt. Einer der Sachverständigen meinte, diese Abnormitäten hätten bei Leopold frühzeitig ein starkes sexuelles Verlangen ausgelöst, sie ständen außerdem in Zusammenhang mit dessen allgemeiner Frühreife.

Bei Loeb wurde ermittelt, daß der Blutdruck unternormal war, das Blut zu wenig Kohlendioxyd enthielt und der Stoffwechsel erhebliche Minuswerte aufwies. Die Sachverständigen führten auf diese Defekte das Zittern und Zucken im Gesicht und die häufigen Ohnmachtsanfälle zurück.

Einen unheilvollen Einfluß sprachen die Experten der Erzieherin zu, unter deren Obhut Loeb seit dem 11. Lebensjahr gestanden hatte. Die eiserne Disziplin, unter die sie ihn genommen, habe ihn dazu verleitet, nach Möglichkeit heimlich immer das Gegenteil dessen zu tun, was sie angeordnet hatte. Durch ihre zahlreichen Verbote und mannigfachen Strafen habe sie ihn auf den Weg der Verstellung und Lüge gebracht und moralisch pervertiert. Aus der verbotenen Lektüre von Abenteuer- und Kriminalromanen hätten sich bei ihm dann Phantasievorstellungen entwickelt, die sein ganzes Innenleben auf eine unheilvolle Bahn gebracht und denaturiert hätten. Bald habe er sich als Wild-West-Mann gefühlt, der Indianer und Viehdiebe verfolgte und zur Strecke bringe; bald als Spitzenkrimineller, dem es mit List und Tücke immer gelinge, sich dem Zugriff der Polizei zu entziehen; bald als Meisterdetektiv, der die Aufdeckung von Straftaten ermöglicht habe, denen gegenüber die Polizei machtlos gewesen sei. In dieser Geistesverfassung sei bei ihm dann eines Tages der Gedanke entstanden, das in die Wirklichkeit umzusetzen, was Friedrich Nietzsche seiner Generation als Ziel vor Augen gestellt hatte – das alle traditionellen Schranken sprengende spektakuläre, überwertige »Großverbrechen«, durch das der Täter ein für allemal über die Sphäre der Mittelmäßigen, Herdenmenschen und Vielzuvielen hinausgehoben werde. Dafür sei mindestens ein Mord vonnöten gewesen, und zwar einer, der die Bevölkerung verblüffen und schockieren, die Polizei zugleich aber vor eine unlösbare Ermittlungsaufgabe stellen würde. Daß er damit schwere Schuld auf sich laden würde, habe ihn nicht gestört. Die Unterscheidung zwischen Recht und Unrecht habe ihn nicht sonderlich beschäftigt.

So sah es nach dem Bericht der Sachverständigen in der Seele von Richard Loeb aus, als er in Beziehung zu Nathan Leopold trat. Er habe bei diesem eine Gemütslage angetroffen, sagte Loeb, die es ihm leicht gemacht habe, ihn für seine Pläne zu gewinnen.

In ihrer Verachtung für die Grundsätze des Rechts und der Moral, führten die Experten weiter aus, seien die beiden jungen Leute völlig konform gegangen. Die Erziehung, die er genossen habe, habe in Loeb die Überzeugung entstehen lassen, der Reichtum, in den er hineingeboren worden war, habe ihn in eine Stellung versetzt, in der man sich über die Normen des Rechts und der Ethik nach Belieben hinwegsetzen dürfe. Der »Übermensch« im Sinne Nietzsches sei an keinerlei Code gebunden und könne deshalb auch kein Unrecht tun. Dementsprechend habe er auch alles als erlaubt angesehen: Diebstahl, Betrug, widernatürliche Unzucht, Einbruch und Mord. Er, der Sohn eines millionenschweren Mannes, sei demgemäß auch nicht davor zurückgeschreckt, als Student eine Serie kleinerer Diebstähle zu verüben. Auch Leopold sei von eigenartigen Vorstellungen beherrscht worden. Von ihm habe eines Tages der Gedanke Besitz ergriffen, er sei zum Sklaven eines »Übermenschen« geschaffen, und als solcher sei er gehalten, in blindem Gehorsam alles zu tun, was ihm dieser befehle.

Als Leopold und Loeb einander fanden, waren sie einige Jahre jünger. Leopold entbrannte sogleich in heißer Liebe zu Loeb, glaubte er doch in ihm seinen »Übermenschen« gefunden zu haben. Wie vernarrt er in ihn war, kam in dem zum Ausdruck, was er den Psychiatern über sein Verhältnis zu ihm erzählte. Er habe seinen Freund so geliebt, daß er sogar auf die Speisen, die er gegessen, und das Wasser, das er getrunken habe, eifersüchtig gewesen sei. Wenn er von den Plänen gesprochen habe, die ihm Tag und Nacht durch den Kopf gegangen seien, habe Loeb sich keinen aufmerksameren Zuhörer wünschen können als ihn. – Diese Pläne setzten sich im Bewußtsein beider derart fest, daß am Ende vom Gedanken zur Tat nur noch ein kleiner Schritt war.

Um die letzten Hemmungen zu überwinden und sich die nötige Härte und Kaltblütigkeit anzugewöhnen, so erzählten die beiden den Psychiatern weiter, hätten sie vor das »Schlußverbrechen«, das ihnen vorschwebte, eine Serie kleinerer Straftaten gelegt, bei denen allen sie unentdeckt geblieben seien. Sie hätten an Kraftwagen Windschutzscheiben eingeworfen, Ladenfensterscheiben zertrümmert, Baulichkeiten in Brand gesetzt und Häuser ausgeplündert. Sie hätten auch gelegentlich Feueralarm ausgelöst. Dies alles hätten sie aus reiner Mutwilligkeit getan. Persönliche Abneigung gegen die Betroffenen oder Gewinnsucht hätten dabei keine Rolle gespielt.

Über die Ermordung von Robert Franks sprachen sie mit den Ärzten ohne das geringste Zeichen von Gewissensbissen oder Reue. Loeb betonte immer wieder, der Mord sei für ihn die Verwirklichung jenes »Großverbrechens« gewesen, dessen Plan er so lange mit sich herumgetragen habe. Leopold sagte, er habe an dessen Ausführung mitgewirkt, weil es der Wunsch seines Freundes gewesen sei.

Die Psychiater zogen aus der Sachlage den Schluß, daß beide

als seelisch krank anzusehen seien. Nur daraus sei ihr Verhalten zu erklären.

Als erster trat Dr. Bernard Glueck von Sing Sing vor das Gericht. Er hatte sich mit Loeb beschäftigt und bezeichnete ihn als eine zerrissene Persönlichkeit: »Ich war erstaunt über das absolute Fehlen von Zeichen normalen Fühlens. Loeb leidet an einer unharmonischen (»disordered«) Persönlichkeit; die Natur dieser fehlenden Harmonie liegt in erster Linie in einem tiefen pathologischen Widerspruch zwischen seinem intellektuellen und seinem emotionalen Leben. Wir möchten ihn als eine gespaltene Persönlichkeit bezeichnen.« Auf der einen Seite sei er als der freundliche, gefällige und wohlerzogene junge Mann in Erscheinung getreten. Auf der anderen Seite habe er sich als Dieb, Schwindler und Mörder betätigt.

Der Psychiater Dr. William J. Healy, der als zweiter Arzt in den Zeugenstand trat, bezeichnete Leopold als Paranoiker: »Meiner Ansicht nach ist dieses Verbrechen die Frucht einer kranken Motivation. Es war nur möglich, weil Leopold diese abnormen seelischen Züge mit den typischen Empfindungen und Ideen einer paranoischen Persönlichkeit verbindet. Die Ergänzung dazu war das, was Loeb ihm geben konnte ... Alles, was dieser ihm abverlangte, war richtig, sogar Kidnapping und Mord ... Er besaß eine vollständige pathologische Persönlichkeit, bevor er auf Loeb stieß, seine Aktivität würde ohne diese Verbindung aber wahrscheinlich eine andere Richtung eingeschlagen haben. Er ist im Recht, die Welt hat Unrecht ...« Von Hause aus habe Leopold keine kriminellen Neigungen gehabt, und er hätte vermutlich auch niemals ein Verbrechen begangen, wenn er nicht auf Loeb gestoßen wäre. Andererseits hätte auch Loeb niemals ein so schweres Verbrechen verübt, wenn er nicht in Leopold einen so ergebenen Gehilfen gefunden hätte. »Daß zwei solche Naturen aufeinander trafen«, sagte der Psychiater, »machte das Verbrechen unvermeidlich.«

Die Ansicht, daß die beiden Angeklagten nicht als normal und geistig gesund zu betrachten seien, vertrat auch der Psychiater William A. White, langjähriger Direktor der Nervenheilanstalt in Washington und allererste Autorität auf seinem Gebiet. Sowohl Loeb wie Leopold seien in ihrem Gefühlsleben auf infantiler Stufe stehen geblieben. Dem hohen Intelligenzgrad stehe eine unterdurchschnittliche Entwicklung im Bereich des Emotionalen gegenüber. Ihr »emotionales Alter« betrage nicht mehr als sieben oder acht Jahre. Dieser tiefe Zwiespalt zwischen dem intellektuellen und dem emotionalen Sein ihres Wesens stemple sie zu Paranoikern. Der Mord sei in der Tat nur aus der Verbindung zwischen beiden zu erklären. Leopold allein würde einen solchen nie verübt haben.

In dieser Weise wurde im Gerichtssaal tagelang über »krankhafte Motivation«, »nervöse Labilität«, »paranoische und pathologische Persönlichkeiten«, »Doppelleben«, »gespaltene Persönlichkeiten« und »pathologischen Zwiespalt zwischen dem intellektuellen und dem emotionalen Leben« diskutiert. Als dann auch noch der Einfluß von Drüsenstörungen auf das Seelenleben zur Erörterung gebracht wurde, protestierte die Anklagevertretung und machte geltend, die Wissenschaft sei hier noch viel zu weit zurück, um brauchbare Ergebnisse liefern zu können.

Die Äußerungen der Ärzte füllen in dem Sitzungsprotokoll mehrere tausend Seiten.

Als man dazu überging, die sexuellen Beziehungen Leopolds zu seiner Erzieherin und die homosexuellen Beziehungen zu erörtern, die zwischen den Angeklagten bestanden hatten, wurde sehr zur Enttäuschung der Zuhörer die Öffentlichkeit ausgeschlossen.

Das Interesse des Publikums hielt unvermindert an. Für Millionen von Menschen war der Prozeß täglicher Gesprächsstoff. Als bekannt wurde, daß in dem gleichen Gefängnis, in dem die Angeklagten verwahrt wurden, ein aus armer Familie stammender 19jähriger junger Mann namens Grant, der einen Polizeibeamten ermordet hatte, vor der Hinrichtung stand, ging ein Aufschrei durch das Land: »Haben wir ein Recht für die Reichen und ein anderes Recht für die Armen? Wenn Grant hängen muß, warum dann nicht auch Loeb und Leopold? Grants Verbrechen war weit weniger bösartig als das dieser beiden, denn es wurde nicht mit Überlegung ausgeführt.« – Darrow mußte zeitweise fürchten, der Fall Grant werde ihm alle Chancen zerstören, von seinen Mandanten die Todesstrafe abzuwenden.

Die Anklagevertretung versuchte im Kreuzverhör, das Bild, das die Sachverständigen von der seelischen Struktur der Angeklagten entworfen hatten, als nicht haltbar zu erweisen, sie hatte damit aber wenig Erfolg. Die vernommenen Psychiater gaben zu, ihre Beobachtungen großenteils auf das gestützt zu haben, was ihnen die beiden von sich erzählt hatten. Sie räumten auch ein, daß diese einer Anzahl Lügen überführt worden seien. Sie betonten aber, trotz allem in ihrer Beurteilung ganz sicher zu gehen.

Nach den Ärzten präsentierte die Verteidigung noch eine Anzahl anderer Zeugen, die von abnormen Zügen im Wesen der Angeklagten berichten konnten. Von Loeb sagten Schulkameraden, Studienfreunde und Bekannte übereinstimmend aus, er sei von etwas kindischer Gemütsart, lache häufig unmotiviert, finde Spaß daran, Menschen durch rücksichtsloses Fahren zu erschrecken und spiele gern den Possenreißer. Zeichen einer gewissen Nervosität seien gelegentliches Stottern und ständiges Zucken im Gesicht. Mitunter werde er im Gespräch ohne erkennbaren Anlaß ausfallend, verliere beim Diskutieren manchmal den springenden Punkt aus den Augen und irre dann auf Nebensächlichkeiten ab. Einige Zeugen hatten bei ihm auch Ohnmachtsanfälle erlebt. Ein Arzt aus dem Ort, in dem die Familie Loeb ein Sommerhaus besaß, sagte aus, er habe einmal im Verlauf eines einzigen Tages sechs solcher Anfälle erlebt. Dabei trete jedesmal eine auffallende Veränderung bei ihm ein: sein Körper werde steif, seine Augen nähmen ein glasiges Aussehen an und es trete Schaum vor seinen Mund.

Das Bild, das Zeugen von Leopold entwarfen, war nicht besser. Seine Kollegen von der Universität von Chicago schilderten ihn als egozentrisch, eingebildet und streitsüchtig. Als überzeugter Anhänger der Philosophie von Friedrich Nietzsche habe er immer wieder betont, für den »Übermenschen« hätten die Gebote des Rechts und der Ethik keine verpflichtende Kraft; er sei infolgedessen auch zu jedem Eingriff in fremdes Eigentum und fremdes Leben befugt.

Den Ärzten, die den Angeklagten seelische Abnormität attestiert hatten, stellte die Anklagevertretung fünf Experten gegenüber, die das Gegenteil behaupteten.

Am 15. August wurde die Beweisaufnahme geschlossen. Es war jetzt Sache der Anklagevertretung, das vorgetragene Tatsachenmaterial zusammenzufassen, es kritisch zu würdigen und die sich daraus ergebenden Anträge zu stellen.

Den Reigen der Redner eröffnete für die Anklagevertretung Mr. Marshall. Er hatte es sich zur Aufgabe gemacht, alle Bedenken gegen eine Verurteilung zum Tode aus dem Wege zu räumen, die man daraus herleiten konnte, daß beide Angeklagte noch minderjährig waren. Unter Anführung zahlreicher Autoren von Blackstone (1723–1780) bis zur Gegenwart unternahm der Redner den Nachweis, daß solche Bedenken nicht begründet seien. Gleichzeitig behauptete er, daß es für die Hinrichtung von Mördern im Alter zwischen 14 und 19 Jahren Dutzende von Präzedenzfällen gebe.

Hatte Mr. Marshall die Meinung des Schrifttums zur Frage der Behandlung jugendlicher Mörder und die dazu gehörende Praxis vorgetragen, so befaßte sich Mr. Savage als zweiter Vertreter der Prosecution ausschließlich mit dem zur Aburteilung stehenden Fall. Er gebrauchte dabei sehr entschiedene Wendungen: »der kaltblütigste Mord, den die zivilisierte Welt jemals erlebt hat«; »wenn es jemals in der Geschichte einen Fall gab, bei dem die strengste Strafe gerechtfertigt war, dann ist es dieser Fall«; »wenn diese beiden dem Galgen entschlüpfen, kann hinfort von keiner Jury erwartet werden, daß sie über einen Angeklagten, so verworfen er auch sei, die Kapitalstrafe verhängt« usw.

Das war ein Plädoyer, das darauf angelegt war, gegen die Angeklagten Stimmung zu machen und sie dem Galgen zuzuführen. Hätte man es mit einem Schwurgericht zu tun gehabt, wäre diese Rechnung mit Sicherheit auch aufgegangen. So aber stand man vor einem Berufsrichter, und bei diesem konnte man auf eine ruhige und leidenschaftslose Beurteilung rechnen.

Die Verteidiger stellten sich in ihren Plädoyers in sehr geschickter Weise auf dessen Psyche ein. Die Anwälte Walter und Benjamin Bachrach, die als erste sprachen, beriefen sich auf das, was die von der Verteidigung benannten Sachverständigen ausgesagt hatten, und forderten, den von diesen festgestellten seelischen Abnormitäten bei der Urteilsfällung Rechnung zu tragen. Der Auffassung dieser Experten komme ungleich größeres

Gewicht zu als derjenigen der Gegengutachter, weil deren Untersuchung allzu flüchtig und unfundiert gewesen sei.

Damit war die Grundlage geschaffen, auf der Clarence Darrow seine Ausführungen aufbauen konnte. Er begann damit am 22. August und sprach zwölf Stunden lang, das Tatsachenmaterial vollständig beherrschend und kaum je zu seinen Unterlagen greifend.

Die Ankündigung, daß der berühmte Verteidiger sprechen werde, hatte Tausende angelockt, von denen nur ein Bruchteil in den Sitzungssaal Eingang finden konnte. Die Menschen füllten das ganze große Gerichtsgebäude und den Platz davor. Die Einstellung der Massen war feindselig, sie forderten den Kopf der Angeklagten. Darrow war sich klar darüber, daß es der Druck der öffentlichen Meinung war, den er und seine beiden Schützlinge zu fürchten hatten. Durch die Aussage der medizinischen Sachverständigen war eine reale Chance für die Annahme von mildernden Umständen geschaffen worden. Würde aber der Richter den Mut aufbringen, der öffentlichen Meinung zu trotzen? Das war die große Frage.

Darrow wies in seinem Plädoyer zunächst darauf hin, durch die ungeheure Publizität, die der Fall erlangt habe, seien soviele Vorurteile ins Leben gerufen worden, daß es in den USA kaum noch jemand gebe, der sich nicht schon ein Urteil gebildet habe. Dieses Urteil gehe leider in den allermeisten Fällen dahin, daß der Prozeß nur mit einem Todesurteil enden dürfe. Nun denke gewiß niemand daran, einen Freispruch oder auch nur eine zeitlich befristete Freiheitsstrafe zu fordern. Mit Rücksicht auf die Persönlichkeitsstruktur der Angeklagten müsse man aber verlangen, daß das Äußerste von ihnen abgewendet werde.

In Chicago, fuhr Darrow fort, sei es vor dem Fall Grant noch nie vorgekommen, daß man einen jungen Menschen unter 21 Jahren zum Tode verurteilt habe. Jetzt bedränge man den Gerichtshof, diesen Weg zu verlassen und zur Todesstrafe zu greifen. Warum eigentlich? Es sei keinerlei Notwendigkeit für eine solche Brutalisierung der Strafjustiz ersichtlich.

Mr. Marshall von der Anklagevertretung habe Blackstone zitiert. Damit sei der Name einer großen Autorität aus der angelsächsischen Juristenwelt in die Debatte eingeführt worden.

Sei ein solcher Hinweis hier wirklich am Platze? Sei Blackstones Ansichten gegenüber nicht alle Vorsicht geboten? Blackstone habe die Todesstrafe nicht nur bei 18- und 19jährigen Tätern für unbedenklich erklärt, er habe in einem Fall sogar die Verbrennung eines 13jährigen Mädchens gebilligt. Ja, er habe nicht einmal an der Hinrichtung zweier 9- und 10jähriger Knaben Anstoß genommen. Auf jemand, der vor 200 Jahren solche Ansichten vertreten habe, könne man sich heute nicht mehr berufen.

Darrow wandte sich jetzt auch seinerseits der Frage der seelischen Struktur der Angeklagten zu. Diese sinnlose und grausame Bluttat könne nur als Produkt kranker Gehirne betrachtet werden; eine andere Erklärung dafür gebe es nicht. Wie absurd sei doch dies alles! Mit der Leiche im Wagen seien die Täter in den belebtesten Gegenden von Chicago umhergefahren und hätten sich dabei der Gefahr jederzeitiger Entdeckung ausgesetzt. Nach dem Mord hätten sie die Tat mit Freunden und Journalisten diskutiert und sie zu dem Drugstore geführt, von wo aus der Vater Franks angerufen worden sei. Habe man so etwas schon je gehört? Nur aus kranken Gehirnen könne solch unbegreifliches Tun hervorgegangen sein.

Auf die Kindheit und Jugend der Angeklagten eingehend, schilderte der Anwalt zunächst den Druck, den eine Erzieherin auf Loeb ausgeübt hatte, mit der Folge, daß dieser sich in verbotene Lektüre flüchtete, und daß ihm Verstellung und Lüge zur Gewohnheit wurden. Diesem Jungen habe es völlig an gesunder Führung gefehlt. Die Folgen sehe man jetzt.

Bei Leopold liege die Tragik einmal darin, daß ihm eine seiner Erzieherinnen den Geschmack an sexuellen Abirrungen beigebracht habe. Zum eigentlichen Verhängnis aber sei ihm geworden, daß er der Philosophie Friedrich Nietzsches verfallen sei und mit der Begeisterung dafür seinen Freund Loeb angesteckt habe. Die letzte Ursache für das grausige Geschehen, dem Robert Franks zum Opfer gefallen sei, liege unzweifelhaft in der Lehre vom »Übermenschen«. Diese Philosophie habe aber nicht nur diesen 13jährigen Jungen ins Verderben gestürzt, sie habe auch das Leben seiner Mörder zerstört. Sei es ein Wunder, daß der Schöpfer dieser Lehre selbst geisteskrank geworden sei?

Wenn man sich die Frage nach dem Maß der Schuld vorlege – könne man diesen jungen Menschen wirklich die volle und letzte Verantwortung dafür aufbürden, daß sie die Lehren dieses Denkers wörtlich genommen hätten? Sie seien auf der Universität damit bekannt gemacht worden. Wenn irgend jemand zu tadeln sei, sei es also die Universität. Er freilich tadele die Universitäten nicht, denn sie seien die großen Schatzhäuser der Geschichte und könnten an keiner Meinung vorübergehen. Sei aber einmal ein junger Mann durch das, was ihm auf der Universität geboten worden sei, irregeführt worden, dann sei es nicht fair, ihn deswegen aufzuhängen. Da müsse man schon Nachsicht üben.

Den letzten Teil seines Plädoyers benutzte Darrow dazu, seine Auffassung über die Todesstrafe zu entwickeln. Er war als entschiedener Gegner dieser Strafart bekannt und schon in unzähligen Reden und Abhandlungen für ihre Abschaffung eingetreten. Jetzt faßte er seine Argumente noch einmal zusammen und widmete sich vor allem der nach seiner Behauptung längst widerlegten These, die Zahl der Kapitalverbrechen werde nach Abschaffung zunehmen.

Am Schluß seiner Rede wandte er sich mit Worten, die im Saal tiefen Eindruck machten, unmittelbar an den Richter und beschwor ihn, den Blick nicht in die Vergangenheit, sondern in die Zukunft zu richten. Wenn er diese jungen Leute aufhängen lasse, orientiere er sich an den überholten Maßstäben der Vergangenheit. Er als Verteidiger hoffe und wünsche, daß er das nicht tun werde: »Ich plädiere für Verstehen, Nächstenliebe, Barmherzigkeit und Gnade. Ich plädiere dafür, daß wir Grausamkeit durch Güte und Haß durch Liebe überwinden. Ich weiß, die Zukunft ist auf meiner Seite . . .«

Als Darrow geendet hatte, herrschte einige Minuten totale Stille im Saal. Seine Worte waren den Menschen zu Herzen gegangen, und viele unter ihnen – auch der Richter – waren zu Tränen gerührt. Alle Chicagoer Zeitungen und viele außerhalb brachten das Plädoyer in vollem Wortlaut – eine Auszeichnung, die in den USA einem Strafverteidiger nur selten zuteil wird.

Für die Anklagevertretung gab sich Mr. Crowe in stundenlangen Ausführungen die größte Mühe, den tiefen Eindruck, den Darrow hinterlassen hatte, zu verwischen. Seine Rede enthielt heftige, zum Teil grob beleidigende Ausfälle gegen die Verteidiger und die von ihnen benannten ärztlichen Sachverständigen, und daran schlossen sich beispiellose Ausfälle gegen die Angeklagten an. Die Ärzte, welche die Verteidigung präsentiert hatte, bezeichnete er als gekaufte, betrügerische und leichtgläubige Werkzeuge der »Eine-Million-Dollar-Verteidigung«, bereit, alles auf ihren Eid zu nehmen und zu beschwören. Die Angeklagten, sagte Mr. Crowe weiter, seien brutale »Killers«, eine Gefahr für die Gesellschaft und so wenig legitimiert, Anspruch auf Sympathie und Barmherzigkeit zu erheben »wie ein paar Klapperschlangen, die, mit Gift angefüllt, im Begriffe sind zuzuschlagen«. Darrow selber sei genau so wie seine Mandanten Atheist, der Exponent einer gefährlichen Philosophie und ein käuflicher Advokat, der seinen Beruf darin erblicke, den Mördern im Lande und anderen Schwerverbrechern seinen Schutz angedeihen zu lassen. Bezeichnend sei, daß sich Einbrecher nach seiner Gesundheit zu erkundigen pflegten, bevor sie zur Tat schritten. – Anschließend setzte sich der Anklagevertreter mit Darrows Ansichten über die Todesstrafe auseinander.

Die Entscheidung über das Schicksal der Angeklagten lag nun in den Händen des Richters. Termin zur Verkündung seiner Entscheidung beraumte er auf den 10. September an. Er teilte bei dieser Gelegenheit mit, er habe während der Hauptverhandlung zahlreiche Drohbriefe erhalten, von denen die einen ihm Konsequenzen für den Fall angedroht hätten, daß er die Angeklagten aufhängen lasse, die anderen das gleiche für den Fall, daß er dies nicht tue. Um am 10. September Demonstrationen unmöglich zu machen, werde er an diesem Tag nur die Angeklagten, ihre Angehörigen und ihre Verteidiger in den Sitzungssaal lassen.

Als er am 10. September die Sitzung für eröffnet erklärte, war dem Richter große Nervosität anzumerken.

Daß die Angeklagten im Sinne der zwei Anklagepunkte schuldig gesprochen werden würden, stand nach ihrem Schuldeingeständnis außer Frage. Es ging jetzt nur noch um die Strafe.

Der Richter führte dazu folgendes aus: »Mit Rücksicht auf das tiefe und ungewöhnliche Interesse, das dieser Fall nicht nur in dieser Stadt, sondern im ganzen Land und sogar jenseits von dessen Grenzen gefunden hat, betrachtet es der Gerichtshof als seine Pflicht, die Gründe darzulegen, welche zu der Entscheidung geführt haben, zu der er gelangt ist.«

Die Angeklagten hätten sich zwar schuldig erklärt, dieses Eingeständnis könne aber deshalb nicht zu ihren Gunsten wirken, weil die Anklagevertretung erdrückenden Beweis für ihre Schuld habe vorweisen können. Es wäre ihnen deshalb am Ende gar nichts anderes übrig geblieben, als ihre Täterschaft einzugestehen. Wenn die Verhandlung Anhaltspunkte dafür ergeben habe, daß die Angeklagten in gewisser Beziehung als abnorm anzusehen seien, so sei doch zu berücksichtigen, daß eine entsprechende psychiatrische Untersuchung bei vielen anderen Kriminellen ähnliche Unregelmäßigkeiten ans Licht gebracht hätte.

»Die Beweisaufnahme«, fuhr der Richter fort, »hat in diesem Fall ein Verbrechen von besonderer Grausamkeit enthüllt. Es ist in gewissem Sinne unerklärbar, aber es ist deshalb nicht minder abstoßend und unhuman. Es wurde während eines beträchtlichen Zeitraums mit aller Überlegung geplant und vorbereitet. Es wurde auch mit aller Gefühllosigkeit und Grausamkeit ausgeführt.«

Zusammenfassend betonte der Richter, er könne weder in der Art und Weise, wie das Verbrechen ausgeführt worden sei, noch in dem Fehlen eines einleuchtenden Motivs, noch im Vorleben der Angeklagten irgendeinen mildernden Umstand entdecken.

Die Zuhörer hielten den Atem an – das bedeutete offenbar die Todesstrafe.

Der Richter kam dann auf die in Frage kommenden Gesetzesvorschriften zu sprechen und wies dabei darauf hin, daß es weder bei Mord noch bei Entführung (kidnapping) Normen gebe, die ihn an eine bestimmte Strafe bänden. Es wäre leicht, erklärte er, den bequemsten Weg zu beschreiten und auf die Höchststrafe zu erkennen. So einfach habe er es sich aber nicht gemacht. Es liege in solchen Fällen im Ermessen des Gerichts, sich statt für die Todesstrafe für eine Freiheitsstrafe zu entscheiden, und von dieser Ermessensfreiheit habe er Gebrauch gemacht. Entscheidend sei dabei für ihn das Alter der Angeklagten gewesen. Ein Todesurteil über Menschen zu verhängen, die erst 18 bzw. 19 Jahre alt seien, habe er sich nicht entschließen können. Seine Entscheidung stehe nicht nur in Einklang mit der Entwicklung, die das Strafrecht in allen fortschrittlich eingestellten Ländern der Welt genommen habe, sie werde auch dem Gedanken der Humanität gerecht.

Der Richter verurteilte daraufhin die beiden Angeklagten zu lebenslänglichem Gefängnis für den Mord und zu 99 Jahren Gefängnis für die Entführung.

Die Angeklagten, ihre Angehörigen und ihre Verteidiger atmeten auf. Ein ungeheurer Druck war von ihnen genommen. Die Vertreter der Anklage waren konsterniert und schüttelten ungläubig den Kopf. Das hatten sie nicht erwartet! Die breiten Massen des Volkes waren empört und ergingen sich noch Tage nach der Urteilsverkündung in gehässigen Kommentaren über den Richter.

Die beiden Angeklagten wurden sofort in das Joliet-Gefängnis überführt und dort eingekleidet und mit einer Nummer versehen. Nach einigen Wochen verschwand ihr Name aus den Zeitungen.

Elf Jahre nach ihrer Einweisung in den Strafvollzug machte ihr Name und ihr Fall vorübergehend erneut Schlagzeilen. Am 28. Januar 1936 wurde Loeb mit einem der Mitgefangenen namens Day in eine Schlägerei verwickelt, in deren Verlauf dieser Loeb einen Schnitt mit einer Rasierklinge beibrachte, an dem er starb.

Wie es zu dieser Auseinandersetzung gekommen ist, konnte nicht einwandfrei geklärt werden. Die Gefängnisbehörde behauptete, Day habe Loeb, ohne von ihm provoziert worden zu sein, angegriffen und getötet. Day sei der Meinung gewesen, Loeb übe auf die Gefängnisbehörde zu großen Einfluß aus. Er habe ihm Freundschaft vorgespiegelt und versprochen, ihm einen leichten Job bei der Gefängnisverwaltung zu verschaffen. Er habe dann aber angefangen, ihn zu belästigen und ihm zu drohen, er werde dafür sorgen, daß ihm der Job wieder genommen werde, es sei denn, er lasse sich auf seine – Loebs – Wünsche ein und entspreche seinen perversen Wünschen.

Day selber stellte die Sache anders dar. Loeb habe ihn im Baderaum des Gefängnisses angesprochen und von ihm verlangt, sich zu entkleiden. Er habe dabei eine Rasierklinge in der Hand gehabt und gedroht, ihn damit zu töten, falls er nicht seinem Wunsche entspreche. Er – Day – habe Loeb daraufhin einen Schlag in die Leistengegend versetzt. Beim Hinfallen sei ihm die Rasierklinge entglitten. Da Loeb von ihm nicht abgelassen und ihn mit den Fäusten bearbeitet habe, habe er die Klinge ergriffen und ihm damit mehrere Wunden beigebracht. Er sei dann zu Boden gegangen und verblutet.

Day wurde deswegen des Mordes angeklagt und vor ein Schwurgericht gestellt, aber freigesprochen.

Leopold wurde im Strafvollzug anfänglich als Lehrer an der Gefängnisschule beschäftigt. Später kam er als Pfleger in das Gefängnishospital. Im Juni 1945 meldete er sich zusammen mit einigen anderen Häftlingen für medizinische Experimente, die man an menschlichen Objekten vornehmen wollte. Nachdem ihnen Malariabakterien eingeimpft worden waren, wurde geprüft, wie ein damals entwickeltes Anti-Malaria-Serum auf den Menschen wirkte. Er wurde schwer krank, erholte sich aber nach einigen Wochen wieder. Im Januar 1948 richtete er an die Exekutive des Staates von Illinois ein Gnadengesuch, auf das hin die 99-Jahr-Strafe für die Entführung durch Gouverneur Stevenson auf 85 Jahre herabgesetzt wurde; dieser Gnadenakt gab Leopold nach dem Recht von Illinois die Möglichkeit, endgültig im Dezember 1952 entlassen zu werden. Seine Entlassung erfolgte freilich erst im Jahre 1958, d. h. nach einer Haft von 34 Jahren. Er zog nach Puerto Rico, verheiratete sich und wurde Verwalter des Aussätzigen-Hospitals der Insel. 1972 ist er dort 66jährig verstorben.

Clarence Darrow erlangte durch seine Verteidigung Weltruhm. Vorher war er nur einer von vielen amerikanischen Staranwälten gewesen. Nachdem es ihm gelungen war, die beiden jungen Männer in Chicago dem Henker zu entreißen, rückte er an die Spitze aller Strafverteidiger in den USA.

Eigenartig war das Verhalten der beteiligten Familien ihm gegenüber. Die 10 000 Dollar, die er seinerzeit erhalten hatte, waren durch die gewaltigen Unkosten rasch aufgezehrt worden. Nach allem, was er geleistet und erreicht hatte, durfte er erwarten, daß man ihm ein Zusatzhonorar anbieten würde, und zwar

eines von beträchtlicher Höhe. Doch nichts dergleichen geschah
– keiner der beiden Väter rührte sich.

Nach Verlauf von vier Monaten schrieb Darrow an Loeb
senior, erhielt aber keine Antwort. Als er ihn nach weiteren
zwei Monaten brieflich bat, doch einmal in sein Büro zu kommen, um die Honorarfrage zu regeln, erschien einige Wochen
danach der Onkel des jungen Loeb, der ihn seinerzeit kniefällig
um Übernahme des Mandats gebeten hatte, und erklärte: »Sie
wissen, die Welt ist voller hervorragender Anwälte, die ein Vermögen für die Chance ausgegeben hätten, sich in diesem Falle
auszuzeichnen!« Dann sagte er, mehr als 100 000 Dollar insgesamt könnten sie nicht zahlen. 10 000 Dollar seien schon geleistet, und so blieben noch 30 000 Dollar für jeden der Verteidiger. Daraufhin legte er Darrow einen Scheck über 30 000 Dollar vor und forderte ihn auf, durch seine Unterschrift zu bestätigen, daß damit die Angelegenheit bereinigt sei.

Darrow hatte tiefen Groll im Herzen, als er unterschrieb.
Einmal bedeutete es für ihn eine schwere Kränkung, daß er mit
den beiden anderen unbedeutenden Kollegen auf eine Stufe gestellt wurde. Sodann aber war sicher, daß 30 000 Dollar weit
unter dem Betrag lagen, der ihm zustand. Wenn er die Gerichte
angerufen hätte, hätte er mit Leichtigkeit ein Mehrfaches
durchsetzen können. Aber in dieser Sache zu Gericht gehen
wollte er nicht. Er mochte nach außen hin nicht den Anschein
erwecken, als ob bei dieser Verteidigung für ihn Geld die ausschlaggebende Rolle gespielt hätte. Ihm war es darauf angekommen, einen Präzedenzfall zu schaffen, daß Jugendliche nicht mit
dem gleichen Maßstab gemessen werden können wie Erwachsene. Das war ihm gelungen, und dabei sollte es verbleiben. Er
leistete infolgedessen die Unterschrift, die ihm abverlangt
wurde. Er tat es aber widerstrebend und mit dem Gefühl der
Bitterkeit im Herzen.

Schrifttum: Alvin Sellers, The Loeb-Leopold Case. New York 1930; Irving
Stone, Clarence Darrow for the Defense. A Biography. New York 1941
S. 380 ff.; Francis X. Busch, Prisoners at the Bar. New York 1951 S. 143 ff.;
die Berichte der Tageszeitungen.

Die Rechnung ging nicht auf

Der Fall Ch. H. Schwartz

Im Juli 1925 ereignete sich an der amerikanischen Westküste in Walnut Greek bei Berkeley ein Verbrechen, das aufs feinste ausgeklügelt war und doch innerhalb kurzer Zeit aufgedeckt werden konnte.

Im Mittelpunkt dieses Falles stand der 36jährige Mitinhaber und Geschäftsführer einer kleinen Zellulose-Fabrik, der »Pacific Cellulose Company«, namens Charles Henry Schwartz. Er war verheiratet und Vater von drei Kindern. Von Hause aus Chemiker, hatte er – von einflußreichen Geldgebern unterstützt – innerhalb von zwei Jahren ein Unternehmen aufgebaut, dessen Entwicklung zu guten Hoffnungen berechtigte. In letzter Zeit waren allerdings Zahlungsschwierigkeiten aufgetreten. Verschiedene Gläubiger waren gegen ihn gerichtlich vorgegangen und drohten mit Vollstreckungsmaßnahmen. Ein junges Mädchen hatte ihn außerdem auf 75 000 Dollar Schadensersatz wegen Bruchs eines gegebenen Eheversprechens verklagt.

Am 30. Juli 1925 geschah es nun, daß dieser Mann nach Schluß der regulären Arbeitszeit in seinem Laboratorium blieb, um – wie er sagte – noch einige Experimente durchzuführen. Man war gewohnt, daß er die Fabrik oft erst spät in der Nacht verließ. Er war ständig bemüht, den Fabrikationsvorgang für die synthetischen Fasern, die er in seinem Betrieb herstellte, zu rationalisieren und zu verbessern, und diese Aufgabe nahm ihn so sehr in Anspruch, daß er die Welt um sich herum völlig vergaß und häufig nicht einmal an Frau und Kinder dachte.

Am Abend des 30. Juli war er wieder einmal ausgeblieben.

Einige Minuten nach 21 Uhr erhielt Mrs. Schwartz einen Anruf von ihrem Mann, in dem er sich entschuldigte, daß es wieder so spät geworden sei. Er werde aber in etwa 20 Minuten zu Hause sein. Seine Frau wartete vergebens; er erschien nicht. Sie bekam ihn lebend überhaupt nicht wieder zu sehen.

Fünf Minuten nach diesem Anruf ereignete sich nämlich in dem Laboratorium der Fabrik eine furchtbare Explosion. Sie verwandelte das ganze Gebäude in ein Trümmerfeld, dem dichte Rauchwolken entströmten. In einer Lokalzeitung wurde behauptet, die Erschütterung sei so schwer gewesen, daß man hätte annehmen können, eine Bombe aus der Zeit des Weltkrieges sei explodiert. Die Fensterscheiben waren in weitem Umkreis zersplittert, und die gen Himmel schießenden Flammen tauchten die ganze Gegend in ein gespenstisches Licht. Als Polizei und Feuerwehr erschienen, war nur noch wenig zu retten. Das, was von der Fabrik übriggeblieben war, bestand aus unentwirrbaren Haufen von verkohltem Holz und verbogenen Stahlträgern. Immerhin gelang es der Feuerwehr, den Brand rasch unter Kontrolle zu bekommen, so daß weiterer Schaden verhütet wurde.

Mrs. Schwartz erlitt einen Nervenzusammenbruch. Sie mußte ja annehmen, daß ihr Mann ein Opfer des Unglücks geworden sei. Nachdem die Polizei erfuhr, daß ihr Mann sie kurz nach 21 Uhr noch aus der Fabrik angerufen hatte, nahm man sofort die Suche nach seinem Leichnam auf. Der Fabrikant hatte in seinem Laboratorium mit feuergefährlichen Chemikalien (Zellulose-Verbindungen) experimentiert. Was lag da näher als die Möglichkeit, daß es eine Explosion gegeben habe und er dabei umgekommen sei!

Die Suche nach etwaigen Überresten des Verschwundenen wurde zunächst durch ausströmende Gase und große Hitze unmöglich gemacht. Als später die Brandstelle betreten werden konnte, stieß man in der Nähe der Tür, die in das Laboratorium hineinführte, auf die Reste eines Menschenbeins. Nachdem die Trümmer vorsichtig beiseite geräumt worden waren, kam ein menschlicher Körper zum Vorschein, der bis zur Unkenntlichkeit verbrannt war. Die vorhandenen Überreste wurden auf einer Trage gesammelt und in das Leichenschauhaus gebracht.

Dort war man bemüht, die Person aufgrund der Leichenreste zu identifizieren. Bei diesem Versuch stieß man aber auf Schwierigkeiten. Denn Kopf und Gesicht des Toten waren derart verkohlt, daß niemand mit Sicherheit sagen konnte, um wen es sich handelte. Auf der einen Seite sprachen mancherlei Umstände dafür, daß es die sterblichen Überreste von Schwartz waren. Gestalt und Größe der Leiche entsprachen ungefähr seiner Statur, und auch die Reste eines Schnurrbarts deuteten darauf hin, daß man es mit dem Fabrikanten zu tun hatte. Besonders überzeugend wirkte die Feststellung, daß der Tote eine Zahnlücke an genau der gleichen Stelle aufwies wie Schwartz.

Als man Mrs. Schwartz vom Ergebnis der Ermittlungen unterrichtete, fiel sie in Ohnmacht. In das Leichenschauhaus gerufen, erklärte sie die dort liegenden Überreste für die Leiche ihres Mannes und blieb auch dann bei dieser Behauptung, als sich im Laufe der späteren Ermittlungen Zweifel an der Identität ergaben.

Ihre Aussage wurde durch die des Nachtwächters Gonzales bestätigt. Er war am Abend des Unglückstages bis kurz vor 21 Uhr in der Fabrik gewesen und hatte dabei mehrfach mit Schwartz gesprochen. »Es ist Mr. Schwartz«, erklärte er. »Ich ließ ihn kurz vor der Explosion allein in diesem Raum zurück. Er stellte Experimente an und bat mich, ihn zu verlassen, weil er bei der Arbeit allein sein wollte.« Während er sich bei seinem Chef befunden habe, wußte Gonzales noch zu berichten, habe dieser das Geld in seiner Geldbörse laut nachgezählt. Er erinnere sich, daß es ein Dollar und 73 Cents gewesen seien. Diesen Betrag entdeckte man später, auf den Cent genau, in der Geldbörse des Toten. Neben der Leiche fand man außerdem eine Uhr und einige Ringe, die Eigentum des Fabrikanten gewesen waren.

Der Hausarzt der Familie Schwartz, ein Dr. Ruldy, war ebenfalls der Ansicht, daß es sich nur um die Leiche von Schwartz handeln könne: »Ich habe den Leichnam gesehen, es ist der von Mr. Schwartz.« Als man sich wegen des fehlenden Zahns an den Zahnarzt wandte, der die Angehörigen der Familie Schwartz zu behandeln pflegte, erklärte dieser, er habe Schwartz an der angegebenen Stelle vor kurzer Zeit einen Zahn gezogen; er erinnere sich noch sehr genau daran. Darin sah man eine erneute Bestätigung dafür, daß ein Unglücksfall vorliege und Schwartz dessen Opfer geworden sei. Als sich schließlich auch noch der örtliche Sheriff in diesem Sinne äußerte, schien die Angelegenheit endgültig klargestellt zu sein. Das Publikum und die Presse akzeptierten die offizielle These. Dem Dahingegangenen und seiner Ehefrau wandte sich die allgemeine Anteilnahme zu.

Eines Tages wurde aber ruchbar, daß Schwartz nicht lange vor der Explosion eine hohe Lebensversicherung eingegangen war, und zwar auf nicht weniger als 200 000 Dollar. Dieser Umstand erregte Verdacht. Der Chef der Feuerwehr überprüfte jetzt noch einmal genau den Tatort und kam dabei zu dem überraschenden Ergebnis, daß das Feuer nicht durch einen Zufall, sondern durch vorsätzliche Brandstiftung entstanden war. Man entdeckte nämlich die Überreste von sechs Fackeln, deren Enden in eine hochbrennbare Lösung getaucht worden waren. Man stieß weiter auf einige Kisten mit Explosivstoffen, die nur deshalb nicht zur Entzündung kamen, weil die Feuerwehr den Brand rasch in der Gewalt hatte. Wären sie – wie offenbar beabsichtigt – explodiert, so wäre der Leichnam in nicht mehr erkennbare Stücke zerrissen worden.

Diese Feststellungen erregten den Argwohn des Sheriffs, der daraufhin den Gerichtsmediziner Dr. E. O. Heinrich aus San Francisco zu den Ermittlungen hinzuzog. Er ließ die Leiche ausgraben und in sein Institut transportieren. Dort fand man zunächst nichts, was zu der Annahme berechtigt hätte, daß es sich um die Leiche eines anderen handle. Der vorhandene Argwohn wurde aber durch zwei Umstände verstärkt: Ein junger Mann meldete sich bei der Polizei und gab zu Protokoll, er habe unmittelbar nach der Explosion nicht weit von der Fabrik einen Wagen mit abgeblendeten Lichtern vorbeirasen sehen, an dessen Steuer Mr. Schwartz gesessen habe. Auffallend war weiter, daß man am Tage nach der Explosion in der Nähe der Fabrik zwei Hüte gefunden hatte, von denen der eine als Schwartz gehörend identifiziert wurde. Eigenartig berührte auch eine Anzeige von Mrs. Schwartz. Bei ihr war drei Tage nach dem Vorfall eingebrochen worden, der Dieb hatte aber merkwürdigerweise nur in den Familienpapieren herumgewühlt und daraus alle Photographien des Hausherrn entfernt. An Wertgegenständen zeigte er sich nicht interessiert.

Bevor der Gerichtsmediziner an die Untersuchung des Falles ging, ließ er durch den Sheriff feststellen, was Schwartz am Abend vor der Explosion gegessen hatte: »Gurken und Bohnen.« Dann ließ er sich von Mrs. Schwartz einen Kamm ihres Mannes geben. Zwei Tage danach rief der Arzt den Sheriff an und erklärte ihm: »Die Sache liegt klar. Der Tote ist nicht Schwartz.«

Der Arzt war auf folgende Weise zu diesem Ergebnis gekommen: Im Magen des toten Mannes fand er bei der chemischen Analyse nicht den geringsten Anhaltspunkt dafür, daß der Tote Gurken oder Bohnen genossen hatte. Ein Vergleich der Haare, die sich in dem Kamm befanden, ergab zweitens nicht die mindeste Ähnlichkeit mit Haaren vom Schädel des Toten. Anhand von Photographien konnte man drittens feststellen, daß das rechte Ohr von Schwartz ganz anders aussah als das (verhältnismäßig unversehrt gebliebene) rechte Ohr des Umgekommenen. Geradezu durchschlagend aber war die vierte Beobachtung des gerichtsmedizinischen Sachverständigen: Er hatte die Zahnlücke an der Leiche mit einem Vergrößerungsglas genau betrachtet und dabei festgestellt, daß der fehlende Zahn nicht gezogen, sondern mit einem Meißel herausgebrochen worden war; die Wurzel steckte noch im Kiefer. Der Zahnarzt der Familie Schwartz hatte den Zahn aber gezogen.

»Dieser Mann wurde ermordet«, schloß der Sachverständige seinen Bericht. »Ich bin dessen ganz gewiß. Am Hinterkopf ist eine Wunde zu sehen, die mit einem stumpfen Gegenstand verursacht wurde. Der Täter war bemüht, die Situation so zu gestalten, daß die Leiche als die von Schwartz identifiziert werden mußte – daher die Sache mit dem Backenzahn. »Deutet das nicht darauf hin, daß Schwartz der Mörder ist?« fragte der Sheriff. »Geben Sie mir noch etwas Zeit. Ich will mich noch einige Tage mit seinem Fall beschäftigen.«

Um der Ursache der Explosion auf die Spur zu kommen, nahm der Experte jetzt noch eine gründliche Untersuchung des Laboratoriums vor. Da es darin kein elektrisches Licht gab, pflegte Schwartz eine Paraffinlampe zu benutzen. Der Arzt zerlegte die Lampe, die er vorfand, prüfte jedes Einzelteil und stellte schließlich fest: Die Explosion konnte durch diese Lampe nicht ausgelöst worden sein. Bei den Versuchen ergab sich aber, daß jemand am Tatort mit einer leicht entzündbaren Kohlenstoffverbindung gearbeitet hatte. Die Dämpfe, die durch diese Verbindung beim Verbrennungsprozeß entstanden, machten den Feuerwehrleuten später schwer zu schaffen.

Im Laboratorium fiel dem Mediziner weiterhin auf, daß nur die Türen aus ihren Angeln herausgepreßt waren; die Fenster blieben intakt. Diese Tatsache führte den Sachverständigen zu dem Schluß, daß die Zündung außerhalb des Laboratoriums, auf dem Gang davor, erfolgt war. Der Täter hatte offensichtlich vorher Brennstoff auf den Fußboden geschüttet, und zwar so, daß die Flamme um die Leiche herumlaufen mußte. Die Nachforschungen ergaben weiter: Die Zündung erfolgte gleichzeitig an fünf Stellen. Schon dies schloß die Annahme eines Unglücksfalles aus. Durch Feuer oder Explosion war der vorgefundene Mensch jedenfalls nicht ums Leben gekommen. Rote Flecken, die man auf dem Fußboden entdeckte, erwiesen sich als Blutspuren.

Der Tote, argumentierte der Experte weiter, müsse einige Stunden vor der Explosion außerhalb der Fabrik durch Schlag auf den Kopf ermordet und dann in einem Schrank innerhalb des Gebäudes bis zum Abend verborgen worden sein. Eine Blutlache, aus dem Schrank herausgeflossen, mache diese Schlußfolgerung zur Gewißheit. Nach Eintritt der Dunkelheit habe Schwartz offensichtlich die Leiche in das Laboratorium transportiert und neben ihr seine Ringe und die Uhr deponiert. Anschließend habe er den Backenzahn herausgemeißelt, dann die Zündung vorbereitet, sie ausgelöst und sich nach rückwärts rasch entfernt.

Um ganz sicherzugehen, nahm der Sachverständige noch eine zweite Leichenschau vor. Dabei entdeckte er an der Schädelbasis eine Fraktur, die den sofortigen Tod herbeigeführt haben mußte. Aus dem Zustand der Kehlkopfpartie und der Lunge des Toten ergab sich weiter, daß er nicht mehr am Leben gewesen sein konnte, als die durch die Explosion freigesetzten giftigen Gase den Raum erfüllten. An der raschen und erfolgreichen Arbeit der Feuerwehr sei dieser fein ausgeklügelte Plan eines hervorragenden Sachkenners auf dem Gebiete der Chemie wider Erwarten gescheitert.

Die Polizei konzentrierte ihre Nachforschungen jetzt ganz und gar auf Schwartz, sorgte für Erlaß eines Haftbefehls, verschickte nach allen Himmelsrichtungen Personalbeschreibungen und sandte Fahndungsersuchen nicht nur an die amerikanischen, sondern auch die kanadischen und europäischen Polizeibehörden. Außerdem wurde in weitem Umkreis jeder Fahrkartenverkäufer gefragt, ob er innerhalb eines Zeitraums von 24 Stunden nach der Explosion Fahrkarten an jemanden verkauft habe, auf den die Personenbeschreibung zutreffe. Das Ergebnis dieser Ermittlungsaktion war negativ. Kein Mensch erinnerte sich, nach der Explosion mit einem solchen Mann zu tun gehabt zu haben. Als das Gerücht aufkam, Schwartz sei nach Deutschland oder Mexiko geflohen, wurden die Nachforschungen auch auf diese Länder ausgedehnt. Allein weder an den Grenzübergangsstellen noch bei den Schiffahrtslinien konnte ein Mann dieses Namens oder Aussehens identifiziert werden.

Als man nicht weiterwußte, kam man bei der Polizei auf den Gedanken, das Personal der Fabrik zu überprüfen. Dabei ergab sich, daß einer der Arbeiter plötzlich verschwunden war. Es handelte sich um einen aus Mexiko eingewanderten Mann namens Joe Rodriguez, der ungefähr von derselben Gestalt und Größe wie Schwartz war. Manche behaupteten, man habe ihn seinem Aussehen nach für einen Verwandten seines Chefs halten können.

Ob sich Rodriguez im Zeitpunkt der Explosion auf dem Fabrikgelände aufhielt, wußte niemand zu sagen. Man hatte ihn dort zuletzt am Nachmittag vorher gesehen. Die Polizei sandte daraufhin an sämtliche Polizeibehörden Kaliforniens eine Suchmeldung und machte auch die Presse mobil. Doch von nirgendwoher kam ein Lebenszeichen. Freilich wurden die Nachforschungen von Anfang an dadurch erschwert, daß man keine Photographie vom Verschwundenen auftreiben konnte. Die Tatsache, daß alle Versuche ohne Ergebnis blieben, ließ bei den Strafverfolgungsbehörden den Verdacht entstehen, Rodriguez sei der Tote, den Schwartz zum Zwecke eines großangelegten Versicherungsschwindels umgebracht habe.

Da geschah etwas, was diese Deutung im Handumdrehen widerlegte. Auf einer Polizeistation erschien nämlich der totgesagte Rodriguez und sagte aus, er habe die Fabrik am Nachmittag vor der Explosion verlassen und sei auf Wanderschaft gegangen, um anderswo einen besser bezahlten Job zu suchen. Das sei ihm nach einigen Tagen in einer anderen Stadt auch gelungen. Da er sich wenig um Zeitungen kümmere, habe er die Nachricht von der Explosion erst mit großer Verspätung erfahren; er habe auch erst jetzt gehört, daß er als Opfer des Unglücks betrachtet werde.

Mit dem Erscheinen von Rodriguez sah sich die Polizei auf den Ausgangspunkt zurückgeworfen. Es erhob sich erneut die Frage: Wer war der Tote? Eine Entdeckung, die der medizinische Experte noch am Tatort gemacht hatte, verhalf den Strafverfolgungsbehörden endlich zur Lösung des Falles. Bei der Durchsicht des Laboratoriums stieß der Arzt auf verkohlte Papierreste, die er mit Hilfe chemischer Prozesse so weit rekonstruieren konnte, daß man sah, worum es sich handelte: Es waren Bücher und Zeitungen religiöser Natur, wie sie von Predigern und Missionaren benutzt werden. Dr. Heinrich stieß bei dieser Gelegenheit auch auf Bruchstücke eines Briefes, von dem man annehmen mußte, daß ihn der Tote geschrieben habe. Von Schwartz selbst konnten diese Dokumente nicht herrühren, da er zu keiner Zeit religiöse Interessen gezeigt hatte. Von wem stammten diese Schriftzeichen aber dann?

Nachdem der zuständige Sheriff in den Zeitungen ein Faksimile des Briefes hatte veröffentlichen lassen, meldete sich bei der Polizei ein Leichenbestatter und gab an, dies sei die Schrift eines Freundes von ihm namens Gilbert Warren Babe. Bei Babe handle es sich um einen aus Pennsylvanien stammenden Reisemissionar, der mit der Bibel kreuz und quer durch die Vereinigten Staaten ziehe. Das, was er während des Ersten Weltkriegs als Soldat erlebt hatte, habe seinen Glauben an die Menschheit erschüttert, und so habe er sich entschlossen, das Gewissen der Menschen wachzurütteln und sie als Missionar auf den Pfad christlicher Tugend zurückzuführen.

Als dem Zeugen die Leiche gezeigt wurde, erkannte er sie an einigen charakteristischen Eigentümlichkeiten sofort als die seines Freundes. In dem Zimmer, das der Missionar bewohnt hatte, fand man einen Sack mit Kaffee und Nähzeug; beides gab die Frau des Zeugen Babe bei seinem letzten Besuch.

Diesen jungen Mann verschlug es eines Tages in die Nähe von Walnut Greek, und dabei hatte er die Bekanntschaft von Schwartz gemacht. Das sollte sein Verderben werden. Als er ab Ende Juli 1925 nicht mehr gesehen wurde, fiel das nicht weiter auf, weil alle Welt annahm, er sei weitergezogen. Daß er sich nirgendwo verabschiedet hatte, schrieb man seinem wunderlichen Wesen zu. Tatsächlich aber war er Schwartz zum Opfer gefallen.

Die Sektion ließ schließlich keinen Zweifel mehr übrig, daß es sich bei dem Toten um Babe handelte. Auch die Notizen auf den religiösen Schriften konnten nur von ihm stammen. Ein Schriftsachverständiger behauptete das jedenfalls. Folgendes durfte als sicher angenommen werden: Schwartz hatte ihn in die Fabrik gelockt, durch Schlag auf den Kopf getötet und dann später die Explosion ausgelöst. Dabei war seine Berechnung offenbar dahin gegangen, der Körper des Missionars werde durch die Explosion und das Feuer derart verunstaltet werden, daß eine Identifizierung nicht mehr möglich sei. Diese Rechnung wäre vermutlich auch aufgegangen, wenn nicht die Feuerwehr so rasch an Ort und Stelle erschienen wäre.

Die Suche nach Schwartz lief jetzt auf hohen Touren. Alle Polizeidienststellen wurden auf seine Spur gesetzt, sein Bild in allen Zeitungen veröffentlicht. Die Lösung des Rätsels sollte nicht lange auf sich warten lassen. Im Endstadium der Ermittlungstätigkeit verlagerte sich der Schauplatz nach der an der Bucht von San Francisco gelegenen Stadt Oakland.

Der Verwalter eines der modernen Appartement-Häuser in Oakland, ein Mr. Hayward, machte eines Tages die Bekanntschaft eines Mannes namens Harold Warren. Er hatte von ihm einen sehr positiven Eindruck, der sich bei näherer Bekanntschaft noch verstärkte. Kurze Zeit, nachdem sie miteinander bekannt waren, rief der Fremde bei Mr. Hayward an und fragte, ob er eine Wohnung für ihn habe. »Sicherlich«, erwiderte der Gefragte, »es wird mir ein Vergnügen sein.«

Warren warf bei der Besichtigung kaum einen Blick auf die

Räume, sondern mietete sofort, was ihm angeboten wurde. Es war am Nachmittag vor der Explosion. Er äußerte sich über den Termin des Einzugs nicht klar, ließ aber durchblicken, er werde höchstwahrscheinlich noch am gleichen Tage spät in der Nacht erfolgen. Um 4 Uhr früh wurde Hayward dann plötzlich durch den neuen Mieter aus dem Schlaf geklingelt und um die Schlüssel zur Wohnung gebeten. Ihm fiel dabei auf, daß Warren abgerissen und schmutzig war. Sein Anzug wies Löcher auf, er hinkte, sein Gesicht und seine Hände waren voller Flecke. Auf die Frage, ob ihm etwas zugestoßen sei, gab Warren zur Antwort, er habe einen Kraftwagenunfall gehabt und sei dabei der Polizei aufgefallen. Da Whisky in seinem Wagen war, habe er sich rasch davongemacht und dabei verletzt; er müsse deshalb auch viel liegen.

Das klang dem Vermieter nicht gut in den Ohren, er zog aber keine Konsequenzen. Es fiel ihm auf, daß sein Mieter selten die Wohnung verließ. Nach einigen Tagen entwickelten sich jedoch freundschaftliche Beziehungen, und Warren ging bald in der Familie seines Vermieters ein und aus. Dabei kam auch das Explosionsunglück in Walnut Greek zur Sprache; Hayward äußerte den Verdacht, es könne ein Verbrechen vorliegen. Dieser Annahme setzte der angebliche Warren heftigen Widerspruch entgegen. Schwartz sei kein Mensch, der ein solches Verbrechen begehen könne. Es handle sich zweifellos um einen Unglücksfall.

Eines Tages wurde nun Mr. Hayward durch einen Freund auf eine Zeitung aufmerksam gemacht, die ein Bild von Schwartz enthielt. Als Hayward es erblickte, stutzte er. War das nicht sein Mieter? Zwar hatte der Mann auf dem Bild einen Schnurrbart und sein Mieter nicht, sonst aber stimmte alles ganz genau. Er besprach die Sache mit seinem Freund. Kein Zweifel – das war der Gesuchte. Er eilte zum Telephon und machte der Polizei noch in der Nacht Mitteilung von dem, was er und sein Freund festgestellt zu haben glaubten; die Beamten zeigten aber wenig Interesse. Erst als er darauf bestand, daß sofort jemand kommen müsse, erklärten sie sich bereit, etwas zu unternehmen. Es war am 9. August 3 Uhr morgens.

Hayward und ein Polizeibeamter begaben sich in das zweite Stockwerk vor die Wohnung des Gesuchten und klopften. Hayward rief: »Harold, laß mich ein; hier ist Hayward!« Als der Mieter nicht reagierte, klopften sie noch einmal und baten, die Türe zu öffnen. Wieder keine Antwort. Es war aber deutlich zu hören, daß sich jemand in der Wohnung befand. Da auch die rückwärtige Tür nicht geöffnet wurde, rief einer der Polizeibeamten laut in die Stille der Nacht hinein: »Im Namen des Gesetzes – öffnen Sie die Tür!« Daraufhin geschah wiederum nichts. Nunmehr beschlossen die Polizeibeamten, die Türe einzudrücken. Bevor ihnen das gelungen war, krachte ein Schuß. Als die Türe endlich nachgab, sahen sie Pulverrauch in der Diele, und auf einer Couch in dem angrenzenden Schlafzimmer lag ein Mann, dem aus einer Wunde unterhalb des rechten Auges Blut entströmte. Es war Charles Henry Schwartz, nach dem man wochenlang vergeblich gefahndet hatte. Er wurde sofort in ein Krankenhaus verbracht, um operiert zu werden, war aber schon verstorben, als man dort ankam. Seine Frau fiel in Ohnmacht, als sie von alledem erfuhr. Sie war vom Gang der Ereignisse ebenso überrascht worden wie die Polizei.

In der Wohnung, in der sich Schwartz selbst gerichtet hatte, fand man einen Brief mit der Aufschrift: »Meine liebe Frau und Kinder.« Schwartz bestritt darin, sich eines Verbrechens schuldig gemacht zu haben. Ein Mann sei bei ihm erschienen und habe ihn um Arbeit gebeten. Im Laufe ihres Gesprächs habe dieser ihm dann plötzlich viel Geld abverlangt und sei tätlich geworden. In Notwehr habe er ihm einige Schläge über den Kopf versetzt und ihn dabei offenbar getötet. Anschließend habe er nur noch den einen Gedanken gehabt, die Leiche zu beseitigen. Er habe versucht, sie zu verbrennen, man wisse aber jetzt, was dabei herausgekommen sei. Die verschwundenen Photographien habe er sich verschafft. Auf einem Tisch fand man eine Karte von Mexiko, wohin Schwartz hatte fliehen wollen.

Die Polizei schenkte diesen Angaben keinen Glauben. Sie war der Meinung, daß er den Missionar Babe, als dieser arglos bei ihm erschienen sei, kaltblütig ermordet habe, um in den Besitz der Versicherungssumme zu gelangen. Dabei war es sein Verhängnis, daß die Explosion nicht so ablief, wie er es sich vorgestellt hatte. Im amerikanischen Schrifttum lebt dieses Verbrechen unter der Bezeichnung »the too perfect crime« weiter.

Der Fall läßt eine Reihe von Fragen offen. Unklar ist, wie Schwartz an die Versicherungssumme herankommen wollte. Er selbst konnte sie nicht zur Auszahlung bringen lassen, und seine Frau war offensichtlich in die verbrecherischen Pläne nicht eingeweiht. Es ist ja auch kaum anzunehmen, daß er das Geld allein ihr zuwenden wollte. Vielleicht war die Sache so, daß sie zunächst des Glaubens sein sollte, er sei umgekommen. Sie mußte der Versicherungsgesellschaft gegenüber unbefangen auftreten können. Später konnte er sich dann bei ihr melden und in einem entfernten Teil der USA unter einem anderen Namen ein neues Leben beginnen. Daß die Frau nichts von allem wußte, ist aus ihrer Strafanzeige zu schließen.

Schrifttum: Leonard R. Gribble, Famous Deats of Detection and Deduction. New York 1934. S. 259 ff.; George Barton, Thrilling Triumphs of Crime Detection. Philadelphia 1937. S. 56 ff.; Alan Hynd, Great True Crime Cases. Pinguin book. London 1947. S. 111 ff. (romanhafte, dem tatsächlichen Verlauf z. T. grob widerstreitende, unvollständige Darstellung); Eugene B. Block, The Chemist of Crime. London 1959. S. 112 ff.

Gangstertum

Der Fall Al Capone

In den 20er Jahren dieses Jahrhunderts trieb in den USA ein junger Mann sein Unwesen, der in der Geschichte des Verbrechens eine einzig dastehende Erscheinung bildet. Das war der Italiener Alphonse Capone, den man gemeinhin Al Capone nannte und der unter dieser Bezeichnung in die Geschichte der Vereinigten Staaten als der größte Organisator eingegangen ist, den es jemals in der Welt des Verbrechens gegeben hat.

Al Capone wurde im Jahre 1899 in Neapel als Sohn eines ehrsamen Friseurs geboren. Wenige Jahre nach seiner Geburt wanderte sein Vater mit Frau und vier kleinen Kindern nach den USA aus. Die Familie ließ sich im Italiener-Viertel des New Yorker Stadtteils Brooklyn nieder und führte dort eine kümmerliche Existenz. Der Vater Capones war als Erdarbeiter tätig, die Mutter als Putzfrau. Die vier Kinder waren ganz sich selbst überlassen und wuchsen ohne elterliche Überwachung praktisch auf der Straße auf. Schon als Schuljunge gehörte Al einer jener Banden (gangs) von Jugendlichen an, die damals ganze Straßenzüge unsicher machten und die Bevölkerung terrorisierten. Obst- und Gemüsehändlern legten sie feste Abgaben auf, die auch bezahlt wurden, da den Betroffenen im Weigerungsfalle die Fenster eingeworfen oder die Marktstände zerstört worden wären. Hand in Hand damit gingen Diebstähle größeren oder geringeren Ausmaßes. Die Polizei erwies sich diesen »kid gangs« (jugendlichen Banden) gegenüber als machtlos.

Endgültig auf die Bahn des Verbrechens geriet Al Capone, als er in Kontakt zu Johnny Torrio kam, einem Mitglied der Mafia, dem Chef der »Five Points Gang« im Distrikt Williamsburg

(New York). Torrio war damals einer der führenden Männer in den Branchen Glücksspiel und Erpressung und genoß in den großen Städten an der Ostküste der USA einen geradezu legendären Ruf. Im Alter von 19 Jahren wurde Al Capone Mitglied dieser Bande und schloß sich aufs engste an Torrio an, der für ihn das Ideal eines Führers war. Damals dürfte er an den ersten Raubüberfällen und Morden teilgenommen haben. Äußerlich machte Capone einen harmlosen Eindruck: Er sah vertrauenerweckend aus, hatte eine leise Stimme und sprach die Menschen höflich an; nichts ließ auf kriminelle Neigungen schließen. Als er eines Tages mit einem sizilianischen Landsmann in Streit geriet, der in eine Messerstecherei ausartete, trug er eine Schnittnarbe davon, die vom oberen Ende seines linken Ohrs bis zum linken Mundwinkel reichte und seinem Gesicht ein martialisches Aussehen verlieh. Seitdem trug er den Spitznamen »Scarface« (Narbengesicht).

1916 wurde Torrio nach Chicago geholt, wo der Chef der Unterwelt, »Diamond Jim« Colosimo, einen Leibwächter brauchte, der ihn gegen Diebe, Räuber, Erpresser und Kidnapper schützte. Sie bedrängten ihn in größer werdender Zahl. Colosimo besaß nicht weit vom Zentrum der großen Stadt – dem Wolkenkratzer-Viertel »The Loop« – ein Café, in dem Slumbewohner, Prostituierte, Zuhälter und Erpresser verkehrten. Seine Haupteinnahmequelle bestand damals aber im Betrieb einer Anzahl Bordelle, die über das ganze Stadtgebiet verstreut waren. Dieser Erwerbszweig nahm im Laufe der Zeit einen solchen Umfang an, daß Colosimo allein damit nicht mehr fertig wurde; er machte Torrio zu seinem Partner und beteiligte ihn entsprechend am Gewinn. Torrio war es dann auch, der im Sommer 1919 Al Capone nach Chicago nachkommen ließ. Hier begann für den damals erst 20 Jahre alten Italiener ein Aufstieg, der ans Sagenhafte grenzte und ihm in kurzer Zeit bedeutenden Reichtum verschaffte.

Al Capones erster Job bestand in der Leitung eines der Bordelle Colosimos. In dieser Stellung verblieb er aber nur kurze Zeit, weil sich ihm rasch sehr viel größere Chancen eröffneten. Das hing mit der »Trockenlegung« der USA zusammen: Seitdem waren Herstellung, Verkauf, Ein- und Ausfuhr, Tausch und

Besitz berauschender Getränke mit einem bestimmten Alkoholgehalt verboten. Sein damaliger Chef Colosimo erfaßte mit Seherblick die ungeheuren Verdienstmöglichkeiten, die sich hier auftaten. Instinktiv hatte er auch das richtige Empfinden, daß nur der monopolartig die Herrschaft über den Markt erringen werde, der mit einer festen Kontrollorganisation aufwarten könne. So gründete er die erste Gang von Alkoholherstellern und Händlern, die es in den USA gegeben hat, und erwies sich dabei als Meister der Organisation. Der Erfolg war durchschlagend. Als am 16. Januar 1920 die Prohibitionsgesetzgebung in Kraft trat, hatte Colosimo überall schon seine Leute sitzen, und so gelang es ihm auch rasch, in Chicago den Löwenanteil an dem aufblühenden Alkoholschmuggel an sich zu reißen und ihn gegenüber einer gefährlichen und rücksichtslos vorgehenden Konkurrenz zu behaupten. Damit begannen gewaltige Geldquellen zu fließen, an denen alle Mitglieder seiner Bande partizipierten.

Colosimos brutales Gewinnstreben rief Gegenkräfte auf den Plan, die den lästig gewordenen Mann aus dem Wege zu räumen beschlossen. An einem Juni-Tag des Jahres 1920 wurde Colosimo durch ein fingiertes Telefongespräch in sein Café gelockt; als er es wieder verließ, lief er in eine Geschoßgarbe hinein und war auf der Stelle tot. Dabei verschwanden unauffindbar ein großer Geldbetrag und ein Notizbuch mit wichtigen Angaben.

Dieses gewaltsame Ende des Gangsterchefs wurde niemals aufgeklärt, kein Mensch zur Verantwortung gezogen. Zeugnis in Gangsterangelegenheiten abzulegen, war lebensgefährlich. Die Zeugen zogen es vor, entweder nichts gesehen zu haben oder sich an nichts zu erinnern. Das war die sog. »italienische Mauer des Schweigens«. Die Justiz war machtlos.

Die junge Witwe Colosimos, ein ehemaliger Operettenstar, gab für die Trauerfeierlichkeiten viele tausend Dollar aus. Zur Beerdigung erschienen Hunderte von Trauergästen, unter ihnen Behördenchefs, Richter und Abgeordnete. Chicago hatte lange kein so pompöses Begräbnis erlebt.

Die Nachfolge Colosimos übernahm Torrio, damals 39 Jahre alt, und zu seinem nächsten Mitarbeiter und Teilhaber machte er den jungen New Yorker Gefolgsmann Al Capone. Sie bauten gemeinsam ihre Organisation zu einem Trust aus und sicherten damit ihre marktbeherrschende Stellung im Gebiet von Chicago. Sie schufen sich auch dadurch wichtige neue Einnahmequellen, daß sie geheime Produktionsstätten für scharfe Getränke und Bier errichteten. Auf diese Weise wurden sie von der Einfuhr aus dem Ausland unabhängig. Einen ganz neuen Erwerbszweig erschlossen sie endlich durch die Einrichtung von Spielsälen, wo man jeder Art von Glücksspiel frönen konnte. Als das Unternehmen auf diese Weise immer größeren Umfang annahm, wurde auch noch Al Capones Bruder Ralph in die Geschäftsführung aufgenommen.

Sehr bald brachten sie auch Behörden unter ihren Einfluß. Zum Mittelpunkt seiner geschäftlichen Wirksamkeit hatte Al Capone seit 1924 den Chicagoer Vorort Cicero gemacht, eine Gemeinde von damals etwa 70 000 Einwohnern. 1924 wurde dort ein Mann zum Bürgermeister gewählt, der von ihm für dieses Amt ausgesucht worden war. Bei den Wahlen wurde entsprechend Propaganda für ihn gemacht. Mit seiner Hilfe bestimmte er dann auch den Polizeichef. Eine Hand wusch die andere. Wenn die Polizei bei Straftaten überhaupt einschritt, waren Torrio, Al Capone und ihre Leute immer imstande, den Alibibeweis zu führen. Männer und Frauen, die Meineide leisteten, gab es damals in Chicago mehr als genug. In ihren vielerlei Unternehmungen beschäftigten Torrio und Al Capone schließlich an die 700 Personen. Wer ihre Weisungen nicht befolgte, hatte schwer dafür zu büßen. Er wurde entweder windelweich geschlagen oder beseitigt. Es war lebensgefährlich, gegen den Willen der Bosse aufzubegehren. In ihrem Trust herrschte straffe Disziplin.

Das Einkommen Torrios und Capones ging bald in die Millionen. Beide lebten auf entsprechend großem Fuße. Sie gaben luxuriöse Parties mit mitunter mehreren hundert Gästen und fuhren im Lande in stahlgepanzerten Limousinen mit kugelsicherem Glas einher, stets von bewaffneten Leibwächtern umgeben. Sie ließen ihre Anzüge und Hemden bei den teuersten Schneidern anfertigen und kauften immer nur das Beste. Sie warfen sogar mit Geschenken um sich. Das alles hatte ein junger Mann erreicht, der gerade erst 25 Jahre alt geworden war!

Freilich gab es bald auch Schwierigkeiten und Gefahren. Andere Banden machten ihnen das Feld streitig. Dazu gehörten Männer, die an Rücksichts- und Skrupellosigkeit nicht nachstanden und bei denen die Revolver ebenso locker saßen.

Als besonders gefährlich erwies sich auf die Dauer eine Bande, die unter der Führung eines jungen Iren namens O'Banion stand. Ursprünglich hatte er sowohl für Torrio wie auch für Capone gearbeitet. Er hatte sich dann aber selbständig gemacht und war beim Bier- und Alkoholschmuggel in Bezirke eingebrochen, die als Reservate von Torrio galten. Er stand auch im Verdacht, eine ihrer Geheimbrauereien an die Polizei verraten zu haben. Das sollte ihm teuer zu stehen kommen.

Mitglieder der Torrio-Capone-Gruppe ergriffen die Initiative. O'Banion betrieb aus Tarnungsgründen u. a. ein Blumengeschäft. Er hielt sich dort meist auf und verließ den Laden nur unter dem Schutz einer Leibwache. Am 10. November 1924 erschien vor diesem Geschäft der Lieferwagen eines Bestattungsunternehmens, und heraus sprangen drei Männer, traten in den Laden und fragten nach Kränzen, die sie tags zuvor bestellt hatten. O'Banion, immer drei Revolver bei sich, streckte ihnen arglos die Hand entgegen und wurde mit einem Hagel von Schüssen empfangen. Er starb auf der Stelle. Die Täter entkamen unerkannt.

Bei den Bestattungsfeierlichkeiten wurde noch größerer Pomp entfaltet als seinerzeit bei Colosimo. Die Aufwendungen gingen auch hier wieder in die Tausende. Die Blumenspenden füllten sechs Lastkraftwagen. Die Zahl der Trauergäste war so groß, daß berittene Polizei aufgeboten werden mußte. An der Feier nahmen auch, als ob ihrerseits nichts geschehen sei, Torrio und Al Capone teil. Dabei war sich alle Welt darüber einig, daß die drei Täter unter ihrer Gefolgschaft zu suchen waren. Bei polizeilichen Vernehmungen konnten alle in Frage kommenden Personen mit handfesten Alibis aufwarten, und so verlief auch diese Untersuchung im Sande. Die Mörder O'Banions blieben unentdeckt.

Unter den Anhängern des Ermordeten sann man auf Rache. Die Gegenschläge ließen nicht lange auf sich warten. Ein Anschlag auf Al Capone schlug fehl; er zog daraus die Konsequenz, nur noch in einem gepanzerten Wagen auszufahren. Ein Feuerüberfall auf Torrio hatte nur einige Schußwunden zur Folge. Bei seiner polizeilichen Vernehmung im Krankenhaus wurde er gefragt, ob er wisse, wer auf ihn geschossen habe. Darauf erwiderte er: »Sicher ist mir bekannt, wer auf mich geschossen hat – außer mich geht das aber niemand etwas an!«

Als seine Entlassung aus dem Krankenhaus bevorstand, sorgte Torrio dafür, daß er zum Antritt einer Strafe geladen wurde, die wegen Einrichtung einer Geheimbrauerei über ihn verhängt worden war. Im Gefängnis fühlte er sich wesentlich sicherer als in der Freiheit, wo ihm täglich und stündlich ein neuer Überfall drohen konnte. Vorsichtshalber ließ er aber das Fenster seiner Zelle mit einem Stahlgitter versehen.

In der Strafanstalt blieb er die vollen neun Monate seiner Strafe. Dann zog er es vor, mit seiner millionenschweren Beute und vier Leibwächtern nach Italien zurückzukehren. Dort blieb er einige Jahre und kehrte erst wieder nach Chicago zurück, als über seine frühere Tätigkeit Gras gewachsen war. Seine Nachfolge trat – nunmehr als Alleinherrscher – Al Capone an, obwohl er als Neapolitaner nicht wie Torrio und die meisten seiner Mitarbeiter Mitglied der Mafia war (und als Neapolitaner auch nicht werden konnte).

Als erstes sann Capone darauf, alter Banditentradition entsprechend, wie er den Überfall auf Torrio rächen könne. Nachdem er die zwei Hauptverantwortlichen ausfindig gemacht hatte, wurden diese bei einem Feuerüberfall auf der belebten Michigan Avenue in Chicago mit einer Salve von Gewehrschüssen eingedeckt, aber nicht getroffen. Nur ein Unbeteiligter erhielt einen Schuß in das Bein. Die Polizei kam wieder einmal zu spät. Sie konnte zwar einen Mann festnehmen, der zu der Gefolgschaft Capones gehörte, es fand sich aber niemand, der gegen ihn ausgesagt hätte. So blieb auch diese Schießerei ohne strafrechtliche Sühne.

Jetzt war die Gruppe O'Banion an der Reihe. An einem warmen Septemberabend fuhren vor dem Hotel, das Capone in Cicero bewohnte, plötzlich acht gepanzerte Wagen auf. Sie standen unter der Führung eines gewissen Weiß, der zur Gang O'Banions gehörte. Ihre Insassen stiegen aus, umstellten das Hotel, brachten Maschinengewehre in Stellung und gaben auf das

Gebäude ungefähr 600 Schuß ab. Zahlreiche Personen erlitten dabei Schußverletzungen. Capone selbst blieb unverletzt; er hatte sich auf den Boden des Hofelcafés geworfen und war in dieser Stellung verblieben, bis ihm einer seiner Leibwächter mitteilte, daß die Luft wieder rein sei.

Die Polizei konnte einen der MG-Schützen identifizieren. Als ihm Weiß und zwei andere Mittäter gegenübergestellt wurden, sagte er, er habe noch nie in seinem Leben einen von ihnen gesehen. Auch diese Untersuchung ging ergebnislos aus. Den Verwundeten bezahlte Capone alle Arztrechnungen und entschädigte auch alle Geschäftsleute, die bei dem Überfall Schaden erlitten hatten. Zwei Monate danach wurde der Fahrer Capones tot in einem stillgelegten Brunnen gefunden. Seine Leiche war verstümmelt. Unverkennbar hatte man versucht, ihn durch Torturen dazu zu bringen, den Aufenthaltsort seines Chefs zu verraten.

Der Überfall auf das Hotel in Cicero und die Ermordung des Fahrers lösten ihrerseits wieder eine Vergeltungsaktion von seiten der Gruppe Capones aus. Als dort bekanntwurde, daß sich einer der nächsten Mitarbeiter von Weiß wegen Ermordung eines Bierschmugglers vor Gericht zu verantworten habe, nahm man an, Weiß werde an dieser Verhandlung als Zuhörer teilnehmen. Diese Erwartung trog nicht, er kam tatsächlich und brachte einige Leute aus seiner Bande mit. Als er in einer Sitzungspause mit dem Anwalt des Angeklagten, seinem Chauffeur und zwei seiner Leute das Gerichtsgebäude verließ, wurde er vom zweiten Stock eines Hauses auf der gegenüberliegenden Straßenseite mit einer Maschinengewehrsalve bedacht. Weiß und der eine seiner Männer waren sofort tot, die drei anderen trugen schwere Schußverletzungen davon. Die Täter entkamen unerkannt. Sie konnten auch diesmal nicht ausfindig gemacht werden.

Mit Weiß war Capone seinen gefährlichsten Konkurrenten losgeworden. Die anderen Bandenchefs waren alle zweitrangig – sie reichten an das Format von Torrio, O'Banion und Weiß nicht entfernt heran.

Kaum hatte sich die öffentliche Meinung über den Fall Weiß beruhigt, als eine neue Bluttat die Gemüter in Aufregung versetzte. Diesmal galt der Schlag einer Gruppe von Alkoholschmugglern, die in der Gang eines gewissen O'Donnell zusammengefaßt waren. Diese Gruppe war in das Reservat Capones eingebrochen und hatte ihm wichtige Kunden aus dem Bierhandel abspenstig gemacht. Bittere Feindschaft unter den Konkurrenten war die Folge.

Die Antwort auf dieses Verhalten sollte nicht lange auf sich warten lassen. Am 27. April 1926 fuhr einer der Unterführer O'Donnells, ein gewisser Doherty, nach Cicero, um dort bei Kunden vorzusprechen. In seiner Begleitung befanden sich zwei weitere Alkoholschmuggler und ein Staatsanwalt namens McSwiggin. Doherty war eben in einer Gerichtsverhandlung, an der McSwiggin als Anklagevertreter mitgewirkt hatte, von der Beschuldigung, einen Konkurrenten erschossen zu haben, freigesprochen worden. Unterwegs hatten die vier Männer noch O'Donnell und einen gewissen Hanley in ihren Wagen aufgenommen.

Am Ziel angekommen, stiegen Doherty, McSwiggin und der eine der beiden Schmuggler, ein Mann namens Duffy, aus. Sie hatten kaum das Fahrzeug verlassen, als Maschinengewehrfeuer auf sie eröffnet wurde. Der Schütze saß in einem Wagen, der kurz hielt und dann rasch verschwand. Doherty, McSwiggin und Duffy wurden tödlich verwundet, O'Donnell und Hanley blieben unversehrt.

Diese neue Bluttat versetzte die Bevölkerung von Chicago in große Erregung. Die Öffentlichkeit forderte schärfstes Durchgreifen. Der Verdacht richtete sich auf Al Capone, nachdem festgestellt worden war, daß ein Waffenhändler an ein Mitglied seiner Gang drei Maschinengewehre verkauft hatte. Ein Zeuge sah ihn außerdem am Abend des 27. April zusammen mit seinem Bruder Ralph und drei seiner Leute in einem Restaurant in Cicero.

Gegen Capone erging Haftbefehl, er konnte aber nicht vollzogen werden, weil der Gesuchte verschwunden war, trotz umfangreicher Fahndungsmaßnahmen. Drei Monate nach der Bluttat erschien er dann plötzlich, von einem Rechtsanwalt begleitet, bei dem Leiter des zuständigen Strafgerichts und stellte sich. Der so lang Gesuchte machte geltend, mit McSwiggin, Doherty und Duffy sei er befreundet gewesen, es sei deshalb absurd, ihn ihrer Ermordung zu zeihen. Der Richter hob daraufhin den Haftbefehl auf und setzte ihn in Freiheit. Zu einer Anklage kam es nicht. So blieb auch dieses schwere Verbrechen ohne jede Sühne.

Im Laufe des Jahres 1926 wurden die Chicagoer Gangster dieser blutigen Auseinandersetzungen müde, und es kam zu Ausgleichsverhandlungen. Der erste Anstoß ging von einem jüdischen Mitglied der Unterwelt aus, einem gewissen Maxie Eisen. Er begab sich zunächst zu dem Vorsitzenden der Unione Sicilione (Sizilianische Union), einem Italiener namens Antonio Lombardo, der als Vertrauensmann Capones galt, und setzte sich dann auch mit Mittelsmännern der anderen Bandenchefs in Verbindung. Überall fand die Anregung, dem Kampf ein Ende zu setzen, bereitwillige Aufnahme.

Am 20. Oktober 1926 fand dann im Hotel Sherman in Chicago eine Konferenz statt, zu der alle Gangsterchefs erschienen, und zwar unbewaffnet und ohne ihre Leibwächter (von denen Capone damals allein 15 besaß). Man kam rasch zu einer Einigung. Das Gebiet von Chicago und Umgebung wurde trustartig in Einflußsphären aufgeteilt, an die sich die Beteiligten in Zukunft streng zu halten hatten. Gleichzeitig verpflichteten sich die Vertragspartner feierlich, in eine Generalamnestie einzuwilligen, von Mordtaten und Schlägereien Abstand zu nehmen, alle geschehenen Schießereien als erledigt zu betrachten, in Zukunft gegenüber Publikum, Presse und Polizei dichtzuhalten, sowie gegen jeden Bruch dieser Vereinbarung einzuschreiten und die Verantwortlichen zur Rechenschaft zu ziehen.

Damit fand ein Krieg um die Vorherrschaft ein Ende, der fast vier Jahre gedauert und nach amtlicher Schätzung mindestens 135 Menschenleben gekostet hatte. Zu den Opfern hatte auch ein Bruder Al Capones gehört, und er selbst war mehrere Male dem Tod nur um Haaresbreite entgangen.

Die amerikanische Justiz hatte sich dieser Entwicklung gegenüber praktisch als ohnmächtig erwiesen. Soweit überhaupt Verfahren eingeleitet wurden, mußten sie später größtenteils eingestellt werden. Es wurden zwar viele Verdächtige festgenommen, vor Gericht gestellt aber bloß sechs Mann. Von ihnen wurde nur ein einziger verurteilt: ein minderjähriger Gangster namens Vinci hatte einen anderen Gangster namens Minatti erschossen, weil dieser seinen Bruder getötet hatte. Vinci erhielt dafür von einem Schwurgericht 25 Jahre Freiheitsstrafe.

Alle Welt war sich darüber einig, daß bei den meisten dieser Bluttaten Al Capone seine Hand im Spiele hatte, es gelang aber nicht, ihn auch nur in einem einzigen Fall zu überführen. Er gab sich vor Gericht jedesmal als Händler in gebrauchten Möbeln aus, spielte den Harmlosen und stellte jede Beteiligung an den Bluttaten in Abrede. Niemand fand sich, der das Gegenteil beschwor.

Die Vereinbarung vom 20. Oktober 1926 wurde einige Monate strikt eingehalten. Erst im März 1927 kam es wieder zu Überfällen, bei denen Blut floß. Anschließend begann der Bandenkrieg von neuem und forderte wiederum zahlreiche Menschenleben.

Am 6. September 1928 fiel ihm Capones Freund Antonio Lombardo zum Opfer, der sich um das Zustandekommen der Vereinbarung vom Hotel Sherman so große Verdienste erworben hatte. Der Überfall geschah an einer der belebtesten Stellen von Chicago und im Zeitpunkt des stärksten Verkehrs. Als er, von zwei Leibwächtern begleitet, ein Restaurant betreten wollte, wurde er von zwei Männern erschossen. Der eine der beiden Leibwächter wurde schwer verwundet. Er starb später ebenfalls. In dem Menschengewühl konnten die Täter mit Leichtigkeit entkommen. Auch sie wurden nie zur Verantwortung gezogen.

Wie üblich ging es beim Begräbnis dieses Gangsterchefs pompös zu. Der Silbersarg, in dem er zu Grabe getragen wurde, hatte dem Vernehmen nach 50 000 Dollar gekostet. Auch der Blumenschmuck war äußerst wertvoll. Der Trauerzug betrug mehrere Kilometer. Nach Zeitungsmeldungen waren es nicht weniger als 20 000 Menschen, unter ihnen namhafte Persönlichkeiten des öffentlichen Lebens. Einzig und allein die katholische Kirche war nicht vertreten; der Erzbischof von Chicago hatte es seinen Geistlichen generell untersagt, an Leichenbegängnissen von Gangstern teilzunehmen.

Lombardo war Inhaber einer vielbegehrten Stellung gewesen

– Präsident der Unione Sicilione, eine der höchsten Würden, die man im »Gangsterland« erreichen konnte. Diese Position bedeutete nämlich die Kontrolle über Tausende von Alkoholfabrikanten und Bier- und Weinverteilern. Damit war auch bedeutende politische Macht verbunden. Von den Amtsvorgängern Lombardos starb (1924) nur der erste eines natürlichen Todes. Seine fünf Nachfolger wurden nach verhältnismäßig kurzer Amtsdauer erschossen. Während er noch zur Gefolgschaft Capones gehörte, hatte sich der Nachfolger des Letzterschossenen mit einem Gangster namens Moran liiert, der an der Spitze der »Gang« von O'Banion stand. Das war eine Entwicklung, die Capone nicht paßte. Am 14. Februar 1929 kam es zu einem Zusammenstoß der feindlichen Banden, bei dem mit Sicherheit Capone wieder mitmischte.

Es war bekannt, daß die Anhänger Morans ihren Treffpunkt in einer Garage im Norden Chicagos hatten. An dem bewußten Tag drangen plötzlich fünf Männer – drei davon in Polizeiuniform – in die Garage ein, zwangen den Eigentümer, fünf Mitglieder der Moran-Gang und einen Optiker aus der Nachbarschaft, der sich zufällig an Ort und Stelle befand, an einer Mauer Aufstellung zu nehmen, und töteten sie durch Gewehrsalven. Moran selbst und zwei seiner Anhänger entgingen dem Tod nur um Haaresbreite. Sie waren gerade von einer Alkoholschiebung zurückgekehrt, als sie beobachteten, daß Polizeibeamte die Garage betraten. In dem Glauben, es handle sich um eine polizeiliche Durchsuchung, hielten sie sich verborgen, bis die Polizeibeamten wieder abgefahren waren. Erst jetzt sahen sie, was geschehen war.

Das blutige Massaker am St.-Valentins-Tag erregte weltweites Aufsehen und versetzte die öffentliche Meinung in den USA in Weißglut. Die Zeitungen brachten Berichte darüber mit riesigen Schlagzeilen: »Vollkommener Zusammenbruch von Recht und Ordnung! Polizei unfähig, mit Massenmord bei Tageslicht fertig zu werden! Befinden wir uns unter der Herrschaft von Gangstern?«

Die Polizei führte ein Dutzend Verhaftungen durch. Unter den Sistierten befanden sich drei bekannte Anhänger Capones – Scalise, Anselmi und McGurn. Eine Grand Jury betrachtete die Verdachtsmomente für Scalise und McGurn als ausreichend und verfügte ihre Anklage. Gegen Sicherheitsleistung von 50 000 Dollar, die mit Leichtigkeit aufgebracht werden konnten, wurden sie aus der Haft entlassen. Bevor das Verfahren weiterging, wurden am 8. Mai 1929 weitab von Chicago, im Norden des Staates Indiana, die durchlöcherten Körper von Scalise, Anselmi und einem dritten Gangster aufgefunden. Sie waren auf einem Festmahl überfallen und umgebracht worden. McGurn entzog sich dem Zugriff der Strafjustiz durch einen Trick. Nach einem Gesetz des Staates Illinois muß eine Strafsache endgültig von der Terminliste abgesetzt werden, wenn der Beschuldigte dreimal innerhalb einer bestimmten Frist die Anberaumung einer Hauptverhandlung beantragt hat. McGurn hatte dreimal einen solchen Antrag gestellt, von der Anklagevertretung war ihm aber jedesmal mitgeteilt worden, die Sache sei noch nicht verhandlungsreif. Da er beim vierten Antrag dieser Art denselben Bescheid erhalten hatte, blieb dem Gericht nichts weiter übrig, als die Sache abzuweisen und McGurn in Freiheit zu setzen. Wegen der Morde am St.-Valentins-Tag erhielt infolgedessen kein Mensch je eine Strafe.

Inzwischen weiteten sich die Geschäfte Capones langsam aus. Schon 1927 hatte er im Bereich von Chicago eine marktbeherrschende Stellung errungen. Er vermochte seinen Wirkungskreis auch auf andere große Städte auszudehnen und verschaffte sich damit neue Einnahmequellen. Er erwarb u. a. einen Anteil an dem Ringverein, der den Schutz von Wäschereien, Reinigungsanstalten und Färbereien gegen die Bombenanschläge wahrnahm, die damals in Chicago einrissen. (In einem Jahr waren nicht weniger als 115 solcher Bombenanschläge auf derartige Geschäfte erfolgt.) Weiter trat er 1927 als Gesellschafter in den größten Chicagoer Filialbetrieb der Reinigungs- und Färbereibranche ein. Der Inhaber dieser Firma hatte den Betrieb bisher allein geführt, er war aber glücklich, Capone als Partner zu gewinnen, weil er jetzt den Schutz der Polizei und der Staatsanwaltschaft nicht mehr benötigte – ein Schutz, der sich als unzureichend erwiesen hatte.

Die Gewinne Al Capones wuchsen schließlich ins Gigantische. In einem amerikanischen Magazin wurde sein Umsatz für das

Jahr 1928 auf nicht weniger als 105 Millionen Dollar geschätzt. Von dieser riesigen Summe stammte das meiste (etwa 60 Millionen) vom Alkoholschmuggel; dann folgten etwa 25 Millionen aus verbotenem Glücksspiel, 10 Millionen aus dem Betrieb von Bordellen und 10 Millionen aus verschiedenartigen Quellen.

Capone mußte den Reichtum freilich mit dem Gefühl dauernder Unsicherheit bezahlen, denn von konkurrierenden Banden wurde ihm unaufhörlich nach dem Leben getrachtet. Er konnte keinen Schritt tun, ohne von schwerbewaffneten Leibwächtern umgeben zu sein. Im Theater, im Kino und bei Sportveranstaltungen mietete er oft ganze Sitzreihen, um sich vor Feuerüberfällen zu schützen. Kein Wunder, daß er schon im Alter von 30 Jahren zu dem Entschluß kam, sich aus dieser aufreibenden und lebensbedrohenden Tätigkeit zurückzuziehen und irgendwo in Ruhe und Frieden die Früchte seiner Arbeit zu genießen.

Wo aber sollte er sich niederlassen? Niemand wollte ihn haben. Ihm ging ein allzu bedenklicher Ruf voraus. Als er mit seiner Familie und zwei Leibwächtern in Los Angeles erschien, um dort seinen Wohnsitz zu nehmen, wurde er durch die alarmierte Polizei schon auf dem Bahnhof am Betreten der Stadt gehindert. Anschließend schob man ihn als »unerwünschte Person« per Flugzeug nach dem Osten ab. In New York, Atlantic City und New Orleans konnte er auf keinen anderen Empfang rechnen. Capone entschied sich deshalb, seinen Wohnsitz nach St. Petersburg in Florida zu verlegen. Kaum war durch die Presse bekanntgeworden, daß er dort bleiben wolle, als sich die Bevölkerung wie ein Mann erhob und heftig protestierte. Man fürchtete nämlich, der Name Capone werde die Grundstückspreise ruinieren. Wo er auch hinkam, überall lehnte man ihn ab. Ein Versuch, auf einer der westindischen Inseln, auf Nassau, eine Bleibe zu finden, scheiterte am Widerstand der britischen Behörden.

Capone versuchte es jetzt noch einmal mit Florida. Er mietete in Miami einen geräumigen Bungalow, um dorthin zu übersiedeln. Aber auch hier wollte man ihn nicht haben. Die angesehensten Clubs des Ortes, die Handelskammer und die Kirche vereinigten sich zu einem gemeinsamen Schritt bei den Justiz-

und Verwaltungsbehörden, in dem gegen die Anwesenheit dieses notorischen Schwerkriminellen protestiert und Maßnahmen gefordert wurden, ihn zum Verlassen des Ortes zu bewegen. Capone hatte es satt: Er verschwand.

Nach langen Bemühungen gelang es ihm schließlich, auf Palm Beach, einer kleinen Insel an der Küste von Florida, nicht weit von Miami, Fuß zu fassen und jemand ausfindig zu machen, der bereit war, ihm eine Villa zu verkaufen. Als dieser Kauf perfekt wurde, verlangte der Justitiar des Landkreises, zu dem die Insel gehörte, von Capone, das Haus wieder herzugeben und raschestens zu verschwinden. Diesmal gab der Exgangster dem Druck nicht nach. Er machte geltend, sein Strafregisterauszug weise keinerlei Eintrag auf – was richtig war! – und wenn er in einem anderen Ruf stehe, so seien die Verleumdungen der Asphaltpresse daran schuld. Er ließ keinen Zweifel, daß er bis zur letzten Instanz gehen werde, um seine Rechte zu wahren. Der Behörde blieb schließlich nichts anderes übrig, als nachzugeben. Capone hütete sich, den Behörden Gründe zum Eingreifen zu liefern. Er gab viel Geld aus und spendete namhafte Beträge für wohltätige Zwecke. Er tat auch sonst alles, die Vorurteile, die gegen ihn bestanden, zu widerlegen. Damit hatte er auf die Dauer Erfolg. Am Ende erlebte er den Triumph, daß in seinem Hause (mit einem großen Swimming-pool und einem wundervollen Golfplatz) ein großer Teil der Prominenz von Miami ein und aus ging.

Im Frühsommer 1929 wurde in Atlantic City ein neuer Versuch gemacht, den blutigen Auseinandersetzungen ein Ende zu bereiten. Diesmal traten die Chefs der großen Chicagoer Gangs – Capone, Moran, Johnny Torrio und Aiello – zu einer Konferenz zusammen und überlegten, wie sie zu einem Ausgleich kommen könnten. Nach dreitägiger Beratung kam man überein, mit der Jagd aufeinander Schluß zu machen und auf kaufmännischer Basis ein Syndikat zu gründen, dem alle Einnahmen zufließen sollten. Die Gewinne sollten sie nach Abzug der notwendigen Ausgaben teilen. Diese Art von Gentlemen's Agreement unter Gangstern war ohne Beispiel.

Nach Unterzeichnung der Vereinbarung von Atlantic City kamen die vier Vertragspartner überein, sofort nach Chicago zu reisen und an Ort und Stelle einige noch offengebliebene Punkte zu regeln. Drei fuhren sofort weiter, Capone blieb mit einem seiner Leibwächter einen Tag am Meer. Als beide am nächsten Tag (dem 16. Mai) mit ihrem Kraftwagen starteten, um in Philadelphia den Zug nach Chicago zu besteigen, hatten sie eine Panne und verfehlten den Zuganschluß. Während der Reparatur besuchten sie ein Kino. Am Ausgang wurden sie von zwei Beamten der Kriminalpolizei gestellt und identifiziert. Capone händigte sofort seinen Revolver aus, sein Begleiter tat das gleiche. Die Beamten nahmen sie daraufhin fest, und der zuständige Staatsanwalt erhob Anklage wegen heimlichen Waffentragens. Mit einer Schnelligkeit, die alle Rekorde schlug, nahm die Strafjustiz diese großartige Gelegenheit, den berühmten Gangster endlich einmal zu fassen, auf der Stelle wahr. Schon einen Tag später wurden Capone und sein Begleiter vor Gericht gestellt und wegen »heimlichen Führens tödlicher Waffen« zu der ungewöhnlich hohen Strafe von je einem Jahr Gefängnis verurteilt. Als man sie zur Strafverbüßung abtransportierte, waren noch keine 17 Stunden seit der Festnahme vergangen.

In allen Zeitungen machte der Vorfall Schlagzeilen. Endlich war es gelungen, diesen Gangster, dem gegenüber sich die Justiz bisher als machtlos erwiesen hatte, zu packen und hinter Schloß und Riegel zu bringen. Die Polizei- und Justizbehörden von Philadelphia bekamen viel Lob zu hören.

Es gab freilich auch eine andere Deutung des Vorgangs. Capone habe trotz der Vereinbarung von Atlantic City, so sagte man, um sein Leben gezittert und es ratsam gefunden, sich für einige Zeit in den Schutz von Gefängnismauern zu begeben. Er habe deshalb auch vor Gericht auf »schuldig« plädiert, statt sich durch einen der üblichen Tricks einer Bestrafung zu entziehen. Die Verurteilung habe er dann auch erreicht. Diese Vermutung wurde durch eine Verlautbarung des Oberbürgermeisters von Philadelphia gestützt. »Nach Berichten, die ich empfangen habe«, erklärte dieser, »war Capone auf der Flucht vor einer Gang, die ihn töten wollte. Wenn es nicht in seinem Sinn gewesen wäre, ins Gefängnis zu kommen, würde er vor Gericht bis zuletzt gekämpft haben.«

Eine gewisse Bestätigung erfuhr diese Hypothese weiter durch eine Unterredung, die Capone mit dem Polizeichef von Philadelphia führte. In ihr beklagte er sich darüber, daß er sich seit Jahren täglich und stündlich in Lebensgefahr befinde. Innerhalb der letzten drei Wochen seien wieder drei seiner Freunde in Chicago umgebracht worden. Auch wenn es jetzt zu einem Ausgleich mit den Hauptrivalen gekommen wäre, fühle er sich nach wie vor bedroht und gefährdet. Es sei sein sehnlicher Wunsch, sich aus der Verstrickung in die Welt des Verbrechens zu lösen – er sei der Gang-Morde und Gang-Schießereien restlos überdrüssig –, aber es sehe so aus, als ob für ihn kein Entrinnen möglich wäre.

Im Gefängnis von Holmesburg wurden dem berühmten Mann alle Erleichterungen zugestanden, die überhaupt nur denkbar waren. Er durfte mit seinen Mitarbeitern in Chicago lange Telefongespräche führen, er durfte sie auch im Gefängnis empfangen und ihnen Instruktionen erteilen. Der Gefängnisarzt gab folgendes Urteil ab: »In meiner siebenjährigen Erfahrung habe ich niemals einen so gütigen, heiteren und gefälligen Gefangenen erlebt. Er erledigt seine Arbeit gewissenhaft und mit einem hohen Grad von Intelligenz. Er ist ein idealer Gefangener.«

Am 17. März 1930 wurde er nach Erlaß eines Strafrestes von zwei Monaten in Freiheit gesetzt. Der Waffenstillstand, der im Frühsommer 1929 in Atlantic City geschlossen worden war, funktionierte noch weniger als der von Chicago vom Oktober 1926. Die Gangster-Morde wollten kein Ende nehmen!

Ganz besonderes Aufsehen erregte die Ermordung des Journalisten Alfred Lingle in Chicago. Er wurde am 10. Juni 1930 auf einer Station der Untergrundbahn mitten in der Stadt überfallen und erschossen. Da es sich um die Hauptverkehrszeit handelte, konnte der Täter in der Menge unerkannt entkommen.

Bei Lingle handelte es sich um einen Reporter der Zeitung »Chicago Tribune«, der über ausgedehnte Beziehungen zu allen Polizeidienststellen der großen Stadt, zugleich aber auch zu ihrer Unterwelt verfügte. Nach seinem Tode kam man großen finanziellen Transaktionen auf die Spur, die erkennen ließen, daß er aktiv an der Arbeit der großen Gangs mitgewirkt und ein riesiges Einkommen bezogen hatte. Es wurde auch bekannt, daß er ein intimer Freund Al Capones gewesen war. Von dieser Doppelexistenz hatte niemand etwas geahnt.

Wer hatte diesen Mann umgebracht? Waren es seine Freunde aus »Gangland« gewesen, die mit ihm einen gefährlichen Mitwisser beseitigen wollten? Hatten Feinde Al Capones die Tat verübt? War Al Capone selber der Schuldige? Oder aber waren die Täter in den Reihen der Polizei zu suchen, die Lingle fürchten mußten, weil er über unerlaubte Beziehungen von Polizeiangehörigen zur Unterwelt unterrichtet war?

Von den unzähligen Gangstermorden in Chicago erregte das Publikum keiner so sehr wie der Mord an diesem Journalisten. Die Frage: »Wer hat Lingle getötet, und was war der Grund dafür?« beschäftigte die Gemüter monatelang. Für die Ermittlung der Täter wurde seitens einiger Zeitungen nicht weniger als 55 000 Dollar Belohnung ausgesetzt. Aber obwohl in Chicago eine Gruppe von sechs Polizeiexperten den Fall bearbeitete, kam man dem Mörder nicht auf die Spur. Auch dieses Verbrechen mußte unaufgeklärt zu den Akten gelegt werden. Man befaßte sich eingehend auch mit Al Capone, aber der bestritt, irgend etwas mit dem Mord zu tun zu haben, und so mußte man ihn bald aus dem Spiele lassen.

Strafrechtlich hatte man dem berüchtigten Al bis zum Jahre 1930 nur in einem einzigen Falle beikommen können; alle anderen Versuche, ihn zu fassen, waren gescheitert. Eines Tages kam dann jemand auf die Idee, es mit den Mitteln des Steuerrechts zu versuchen. Der Gangsterchef hatte nämlich noch nie Einkommensteuer bezahlt. Dabei stieß man freilich sofort auf neue Schwierigkeiten.

Es war den Behörden zwar bekannt, daß Capone eine Anzahl Bordelle und Spielhöllen betrieb, an zahlreichen Rennwettbüros und über 1000 Alkohol-Ausschankstellen beteiligt war, einige Brauereien und jede Kiste Whisky kontrollierte, die in das Gebiet von Chicago gelangte. Man hatte ihn bisher jedoch steuerlich noch in keiner Weise fassen können; er führte keine Handelsbücher, besaß keinerlei Bankguthaben, die auf seinen eigenen Namen lauteten, hatte niemals eine Bilanz gezogen und auch niemals eine Einkommensteuererklärung abgegeben. Es war auch niemand ausfindig zu machen, der bereit gewesen wäre, gegen ihn auszusagen. Die Steuerbehörden hatten es also sehr schwer, Ansatzpunkte zum Einschreiten zu finden. Andererseits waren aber genug Indizien dafür vorhanden, daß der Gangsterchef ein riesiges Einkommen haben mußte: seine kostspieligen Besitzungen in Chicago und auf Palm Island, seine ungeheuren Hotelrechnungen, seine fürstlichen Einladungen, seine teuren Kraftwagen und seine gewaltigen Ausgaben für Dienstboten und Leibwächter.

Nach intensiver zweijähriger Arbeit kamen die ermittelnden Beamten endlich Dokumenten und Büchern auf die Spur. Sie entdeckten Notizen, die von zwei Angestellten Capones herrührten. Sie wurden ausfindig gemacht, zum Reden gebracht und sichergestellt. Der erste wurde in ein verschärftes Verhör genommen, der andere in ein Spezialgefängnis gebracht. Anschließend brachte man beide nach Südamerika. Dort wurden sie an einem geheimen Ort sechs Monate bis zum Tag der Hauptverhandlung verborgen gehalten. Man durfte nicht riskieren, daß diese Zeugen vor der Hauptverhandlung verschwanden.

Am 5. Juni 1931 wurde Al Capone dann wegen Verletzung der Steuergesetze vor eine Grand Jury in Chicago gestellt. Man legte ihm zur Last, für die Jahre 1924 bis 1929 keine Einkommensteuer gezahlt zu haben. Gleichzeitig wurde Haftbefehl verfügt. Gegen 50 000 Dollar Sicherheit gelangte er aber sogleich wieder in Freiheit. Die Verhandlung endete mit einem Indictment (Anklageerhebung). Eine Woche danach erhob die Grand Jury gegen Capone und 59 andere Anklage wegen Verschwörung, gerichtet auf Verletzung der Gesetze gegen die Prohibition.

Damit verbunden wurde eine dritte Anklage gegen Al Capone allein wegen »Contempt of Court« (Mißachtung des Gerichts), weil er im Februar 1929 einer Ladung vor Gericht nach Chicago nicht Folge geleistet hatte, mit der Angabe, er sei gesundheitlich außerstande zu erscheinen. Mittlerweile war festgestellt worden, daß alle Angaben über seinen gefährdeten Gesundheitszustand und seine totale Reiseunfähigkeit erlogen waren. Er wurde deshalb später von einer »Trial Jury« zu sechs Monaten Gefängnis verurteilt.

Die Hauptverhandlung wegen des Steuerdelikts fand erst am

30. Juli 1932 statt. Sie wurde aber aus formellen Gründen rasch vertagt, und dasselbe geschah noch einmal am 6. September. Am 6. Oktober 1932 begann dann endlich die Verhandlung. Den Vorsitz hatte ein Richter namens James H. Wilkerson, ein (wie alle Richter in den angelsächsischen Ländern) aus der Anwaltschaft hervorgegangener Jurist, der seines Amtes ausgezeichnet waltete. Die Anklage wurde von fünf Bundesanwälten vertreten, ebenfalls hervorragenden Vertretern ihres Faches. Zu Verteidigern hatte Capone zwei der namhaftesten Anwälte Chicagos gewählt.

Der Prozeß fand in den USA größtes Interesse. Zahlreiche Zeitungen hatten Vertreter entsandt. Besondere Aufmerksamkeit weckte naturgemäß der Angeklagte. Durch seine untersetzte, stämmige Erscheinung, sein breites, narbenbedecktes, bleiches Gesicht und seine elegante schwarze Kleidung hob er sich von den Anwälten, die ihn umgaben, deutlich ab. Auch bei Gericht hatte er einen athletisch gebauten Leibwächter bei sich, der ihm nicht von der Seite wich, gleichgültig, ob er sich innerhalb oder außerhalb des Gerichtssaales befand.

In ihrer Eröffnungsansprache warf die Anklagevertretung dem Beschuldigten vor, er habe den Staatsfiskus bei einem Einkommen von schätzungsweise 1 Million Dollar um insgesamt rund 185 000 Dollar geschädigt. Wie hoch das Einkommen Capones tatsächlich gewesen sei, könne nicht genau angegeben werden, weil er Zahlungen nur bar oder durch Schecks leistete, die auf andere Personen ausgestellt waren. Man sei deshalb auf die vorgefundenen Unterlagen angewiesen.

Durch Präsentation zahlreicher Zeugen – ehemaliger Buchhalter Capones, sonstiger Angestellter, einiger Freunde, Juweliere, Möbelhändler, Autohändler, Schneider, Metzger und Bäcker – unternahm die Anklagevertretung den Versuch, Anhaltspunkte für das Einkommen des Angeklagten in den Jahren 1924 bis 1929 zu schaffen. Das gelang ihr auch. Denn aus den Aussagen der Zeugen konnte man entnehmen, daß Capone einen sehr kostspieligen Lebenswandel geführt hatte. Nach einer Woche Verhandlung war soviel Beweismaterial zusammen, daß die Staatsanwälte das Empfinden haben konnten, ihrer Aufgabe Genüge getan zu haben.

Die Verteidigung wußte nicht recht, was sie dem entgegenstellen sollte. Sie beschränkte sich im wesentlichen darauf, einige Zeugen vor das Gericht zu zitieren, die von großen Verlusten des Angeklagten bei Rennwetten berichteten. Capone habe bei seinen Wetten fast nur verloren, und zwar riesige Summen. Durch die Vertreter der Anklage in ein scharfes Kreuzverhör genommen, konnte freilich keiner dieser Zeugen Angaben darüber machen, wann und bei welchen konkreten Gelegenheiten Capone diese Verluste erlitten hatte. Eindruck auf die Geschworenen machte die Verteidigung mit dieser Art von Beweisführung nicht.

Als den beiden Parteien das Wort zur Schlußausführung erteilt wurde, zog der erste der Anklagevertreter das Fazit aus der Beweisaufnahme. Aus dem, was die Zeugen ausgesagt hätten, könne geschlossen werden, daß Capone 1925 15 000 Dollar, 1926 35 000 Dollar, 1927 40 000 Dollar, 1928 50 000 Dollar und 1929 26 000 Dollar ausgegeben habe, insgesamt also 166 000 Dollar. Wenn man der Verteidigung und den Angaben der von ihr benannten Zeugen folge, könne man außerdem davon ausgehen, daß er bei Rennwetten 1924 24 000 Dollar, 1925 41 000 Dollar, 1926 45 000 Dollar und 1927 90 000 Dollar verloren habe, zusammen also 200 000 Dollar. Aus diesen Zahlen sei der Schluß zu ziehen, daß er in den Jahren 1924 bis 1929 mindestens 366 000 Dollar ausgegeben habe. Gegenüber Zeugen aus Florida habe er den Schleier gelüftet, woher er diese gewaltigen Summen bezog: aus seinen Spielhöllen, seinen Wettbüros, seinen Bordells und seinen vielerlei Beteiligungen.

Gestützt auf Angaben der Buchprüfer, die die Finanzbehörden auf Capone angesetzt hatten, kam ein anderer der Anklagevertreter zu dem Ergebnis, daß Capone von 1926 bis 1929 ein Einkommen von wenigstens 266 000 Dollar gehabt habe. Er habe es nur eben mit Hilfe aller möglichen Tricks verstanden, dieses Einkommen zu verschleiern und es dem Zugriff der Behörden vollständig zu entziehen.

Gegenüber diesem erdrückenden Beweismaterial befand sich die Verteidigung in einer hoffnungslosen Lage. Capone hatte nie einen Cent Einkommensteuer gezahlt! Sie beschränkte sich deshalb darauf, die Stichhaltigkeit des Beweismaterials zu bestreiten und die Regierung zu beschuldigen, den Angeklagten, an den sie sonst nicht herankomme, mit Hilfe eines Steuerstrafverfahrens aus dem Wege räumen zu wollen. Die Deduktion der Anklagevertretung, daß aus den nachgewiesenen hohen Ausgaben des Angeklagten auf die Höhe seines Einkommens geschlossen werden könne, wurde von ihr bestritten: »Wir wissen nicht, welches seine Verluste waren. Woher wissen Sie, daß das ausgegebene Geld nicht geborgt war?« Capone sei ein edelmütiger, freigiebiger, »guter Bursche« – ein Mann, der von allen, die mit ihm in Berührung gekommen seien, geachtet und geliebt werde. Bei den Buchmachern habe sein Wort den Wert von Tausenden von Dollars gehabt.

In seinem Summing-up ging der Richter davon aus, daß der Angeklagte bis zum Beweise des Gegenteils als unschuldig betrachtet werden müsse. Der Tat- und Schuldbeweis, der für eine Verurteilung unerläßlich sei, könne freilich auch mittelbar, durch Indizien, geführt werden. Ein solch mittelbarer Beweis sei aber über jeden Zweifel erbracht, denn es sei bewiesen, daß Capone in den Jahren 1924 bis 1929 ein Einkommen besessen habe, das über die Besteuerungsgrenze weit hinausging. Er habe der Finanzbehörde durch seinen Anwalt ja schließlich auch selbst ein Abkommen angeboten und damit zugegeben, was ihm die Anklage angelastet habe. Sein äußerst kostspieliger Lebenswandel und die vielen Transaktionen rundeten das Bild ab. »Geldausgaben allein reichen nicht aus«, fuhr der Richter fort, »um versteuerbares Einkommen darzutun, noch reicht der bloße Besitz von Geld dafür aus. Diese Tatsachen können als Teil einer Kette von Umständen gewertet werden, die darüber entscheiden, ob jemand Einkommen hatte oder nicht.« Mit diesen Ausführungen hatte der Richter den Geschworenen eine Verurteilung nahegelegt.

In den ersten Nachmittagsstunden des 17. Oktober 1931 zogen sie sich zur Beratung zurück. Sie dauerte nicht weniger als acht Stunden. Dann sprachen sie Al Capone schuldig, weil er für die Jahre 1928 und 1929 keine Einkommensteuererklärungen abgegeben und für die Jahre 1925, 1926 und 1927 keine Einkommensteuer gezahlt hatte.

Am 24. Oktober setzte der Richter die Strafe fest: Der Angeklagte erhielt fünf Jahre Gefängnis sowie 10 000 Dollar Geldstrafe wegen Nichtzahlung der Einkommensteuer in drei Fällen und ein Jahr Gefängnis sowie 10 000 Dollar Geldstrafe wegen Nichtabgabe der Einkommensteuererklärungen in zwei Fällen. Das bedeutete praktisch, daß der Gangsterchef für viele Jahre hinter Gefängnismauern verschwand.

Dieses Urteil wurde in der Öffentlichkeit mit Genugtuung aufgenommen. Man war erleichtert, daß dem gefährlichen und skrupellosen Außenseiter der Gesellschaft endlich für eine gewisse Zeit das Handwerk gelegt wurde, empfand es freilich zugleich auch als peinlich, daß man ihn nicht wegen der schändlichen Übeltaten, die auf sein Konto kamen, ins Gefängnis schickte, sondern wegen einer bloßen Steuerstraftat.

Die Verteidiger legten Berufung ein, hatten aber keinen Erfolg. Am 7. Februar 1932 wurde das Rechtsmittel durch einstimmiges Votum des Berufungsgerichts als völlig unbegründet zurückgewiesen. Am 2. Mai 1932 lehnte es schließlich auch der Oberste Gerichtshof in Washington ab, eine Überprüfung des Falles vorzunehmen.

Nach Eintritt der Rechtskraft kam Capone in die Bundesstrafanstalt nach Atlanta und zwei Jahre danach in das sicherere Gefängnis von Alcatraz in der Bucht von San Francisco. Anfang 1939 wurde er als schwerkranker Mann in das Hospital des Terminal Prison bei San Pedro verlegt. Eine nicht behandelte Syphilis forderte ihren Tribut und machte aus ihm körperlich und seelisch eine Ruine. Im November 1939 zahlten Verwandte und Freunde die fast 58 000 Dollar, die an Strafe und Verfahrenskosten zu entrichten waren, und erreichten damit die Entlassung des leidenden Mannes. Er hatte insgesamt sieben Jahre und sechs Monate von seiner Strafe abgebüßt.

Nach der Entlassung wurden Befürchtungen laut, er könne seine Tätigkeit als Chef der Unterwelt von Chicago wieder aufnehmen. Diese Sorgen waren aber unbegründet. Capone kehrte auf seine Insel an der Küste Floridas zurück und lebte nur noch seiner Gesundheit. Die Krankheit verschlimmerte sich aber von Jahr zu Jahr und fesselte ihn schließlich ganz ans Bett. Am 25. Januar 1947 traf ihn ein Gehirnschlag und erlöste den 48jährigen von seinem schweren Leiden. Anders als viele seiner

Freunde und Feinde starb er friedlich im Bett. Seine Leiche wurde nach Chicago überführt und dort im engsten Familien- und Freundeskreis der Erde übergeben. So unauffällig schloß das Leben des Mannes, der eine Reihe von Jahren der Chef eines großen Gangster-Empires gewesen war und auf kriminellem Gebiet bisher unerreichte Spitzenleistungen erzielte.

Noch zu Lebzeiten Al Capones hatte die Kriminalität in den USA neue Bahnen eingeschlagen. Die Aufhebung der Prohibition im Jahre 1933 zwang das Berufs- und Gewohnheitsverbrechertum in den Vereinigten Staaten zu einer Neuorientierung. An die Stelle des Alkoholschmuggels trat der Handel mit Rauschgiften. Als Einnahmequellen wurden ferner Glücksspiel und Wette ausgebaut, die in allen Staaten der Union mit Ausnahme von Nevada verboten waren und sind. Auch einige sensationelle Fälle von Menschenraub, die weltweite Beachtung fanden und von denen einer, der Fall Urschel, am Schlusse dieses Buches geschildert wird, gehören in den Rahmen dieser Entwicklung zu neuen Formen der Kriminalität. Die Nachfolger Al Capones wandten sich dabei feineren Methoden zu. Der Kopf ersetzte die Muskeln als beherrschender Faktor in der Bandenarbeit! An die Stelle der rauhen, ungehobelten Burschen der zwanziger Jahre traten untadelig gekleidete, dialektfrei sprechende »White Collar«-Typen. Wer sie als »Feinde der Gesellschaft« bezeichnete, erhielt empört zur Antwort: »Wir sind Geschäftsleute, friedliche Staatsbürger, zahlen Einkommensteuer und geben der Allgemeinheit, was sie von uns fordert.« In gewisser Weise waren diese Männer freilich noch gefährlicher als ihre Vorgänger in den zwanziger Jahren: Von ihnen drohte eine allgemeine Korrumpierung des Lebens in den USA.

Es war das Verdienst des Senators Estes Kefauver, dieser Tendenz Einhalt geboten zu haben. Auf seine Initiative ging die Gründung des Senatsausschusses »Crime in America« zurück, der in der Zeit vom 10. Mai 1951 bis zum 1. Mai 1952 in 92 Sitzungen der höchst interessierten amerikanischen Öffentlichkeit die Augen geöffnet hat. Durch diese Klarlegung wurde die Grundlage für eine wirksame Bekämpfung des Gangstertums geschaffen. Im dritten Amerika-Band dieser Reihe wird die angedeutete Entwicklung detailliert geschildert.

Schrifttum: Fred D. Pastey, Al Capone. The Biography of a Selfmade Man. New York 1930; Jack Bilbo, Carrying a Gun for Al Capone. London and New York 1932. Francis X. Busch, Enemies of the State. London und Melbourne 1957 S. 173 ff.; die Berichte der Tageszeitungen.